E. S. Varga
Ausgewählte Schriften 1918—1964

**Erster Band:**
Der Beginn der allgemeinen Krise des Kapitalismus

Herausgegeben vom

Institut für Internationale Politik und Wirtschaft der DDR, Berlin

Wissenschaftliche Bearbeitung: Prof. Dr. habil. Horst Heininger
Prof. Dr. habil. Lutz Maier

E. S. Varga

# Ausgewählte Schriften 1918—1964

Erster Band:
Der Beginn der allgemeinen Krise des Kapitalismus

Zweite, durchgesehene Auflage
mit erweiterter Bibliographie

Akademie-Verlag · Berlin
1982

*Diesem Band liegen folgende Quellen zugrunde:*

Е. С. Варга

Избранные произведения. Начало общего кризиса капитализма,

Москва 1974, издательство „Наука“

J. Varga

A pénz uralma a békében, bukása a háboruban

Budapest 1918, Verlag „Népszava“

E. Varga

Die wirtschaftspolitischen Probleme der proletarischen Diktatur

Hamburg 1921, Verlag der Kommunistischen Internationale, Auslieferungsstelle für Deutschland: Carl Hoym Nachf./Louis Cahnbley (Bibliothek der Kommunistischen Internationale, Band VIII)

E. Varga

Die Krise der kapitalistischen Weltwirtschaft. Zweite, vermehrte und umgearbeitete Auflage

Hamburg 1922, Verlag der Kommunistischen Internationale, Auslieferungsstelle für Deutschland: Carl Hoym Nachf./Louis Cahnbley (Bibliothek der Kommunistischen Internationale, Band 25)

E. Varga

Die Niedergangsperiode des Kapitalismus

Hamburg 1922, Verlag der Kommunistischen Internationale, Auslieferungsstelle für Deutschland: Carl Hoym Nachf./Louis Cahnbley

E. Varga

Wirtschaft und Wirtschaftspolitik im 4. Vierteljahr 1929

in: Internationale Pressekorrespondenz, Berlin, 10 (1930), Nr. 12, S. 265—304

E. Varga

Die historischen Wurzeln der Besonderheiten des deutschen Imperialismus

Berlin—Leipzig 1946, Verlag der Sowjetischen Militärverwaltung in Deutschland

*Übertragung* des Textes „Das Geld: Seine Herrschaft in Friedenszeiten und sein Zusammenbruch während des Krieges“ *aus der ungarischen in die deutsche Sprache: Volker Zurbuchen*

# Inhalt des ersten Bandes

DRITTER TEIL

# Inhalt des zweiten Bandes

# Inhalt des dritten Bandes

**Anhang**

# Zu dieser Ausgabe

In diesem Jahr begehen wir den 100. Geburtstag des bedeutenden marxistisch-leninistischen Wissenschaftlers Eugen Varga (1879—1964). Es kann wohl kaum eine bessere Form der Würdigung seines Lebenswerks in unserer Deutschen Demokratischen Republik geben, als seine Schriften in einer möglichst repräsentativen Auswahl neu herauszugeben. Eugen Vargas Werk hat bis heute seine Aktualität für die politökonomische Forschung und Lehre sowie für die gesamte ideologische Auseinandersetzung mit dem Imperialismus bewahrt. Seine schöpferischen Leistungen als Politökonom wie sein leidenschaftliches Eintreten für den revolutionären Kampf der Arbeiterklasse waren ein Vorbild für Generationen kommunistischer Gesellschaftswissenschaftler in vielen Ländern der Erde.

Eugen Varga wurde 1879 in Ungarn geboren. Seit seiner Jugend war er mit der Arbeiterbewegung verbunden und gehörte zum linken Flügel der Sozialdemokratie. In den Jahren vor dem ersten Weltkrieg veröffentlichte Varga Beiträge im theoretischen Organ der deutschen Sozialdemokratie „Neue Zeit“ vor allem über die ökonomische Entwicklung und die Lage der Arbeiterklasse in Ungarn sowie über Probleme der Geldtheorie. Einen Höhepunkt im Leben des Revolutionärs und Wissenschaftlers bildete seine Tätigkeit während der Ungarischen Räterepublik im Jahre 1919. In den Funktionen eines Volkskommissars und später des Vorsitzenden des Obersten Volkswirtschaftsrates gehörte Eugen Varga zu den führenden Persönlichkeiten der Ungarischen Räterepublik. In dieser Periode des schärfsten Klassenkampfes setzte er sich mit ganzer Kraft für sozialistische Umgestaltungen der durch den Krieg und die konterrevolutionäre Intervention zerrütteten Wirtschaft Ungarns ein. In seiner berühmten Schrift „Die wirtschaftspolitischen Probleme der proletarischen Diktatur“ hat Eugen Varga unmittelbar nach der Niederlage der sozialistischen Revolution in Ungarn diese Tätigkeit kritisch eingeschätzt, die gewonnenen Erfahrungen zu verallgemeinern gesucht, um sie für den weiteren Kampf der internationalen Arbeiterklasse nutzbar zu machen.

Nach dem Zusammenbruch der Ungarischen Räterepublik entkam Eugen Varga zunächst nach Österreich und siedelte 1920 in die Sowjetunion über. Hier, in dem ersten sozialistischen Staat, in dem Bollwerk des revolutionären Kampfes der internationalen Arbeiterklasse, fand er seine zweite Heimat. Es begann eine neue wichtige Periode im politischen und wissenschaftlichen Leben Eugen Vargas. Auf Empfehlung der Kommunistischen Internationale übernahm der die verantwortungsvolle Aufgabe, regelmäßig Analysen über die Entwicklung der Weltwirtschaft und über die Wirtschaftspolitik in den kapitalistischen Ländern anzufertigen. Diese Tätigkeit, die auch mit einer Funktion eines Wirtschaftsberaters der Kommunistischen Internationale verbunden war, fand ihren Niederschlag vor allem in den Vierteljahresberichten zur Wirtschaft und Wirtschaftspolitik (1922—1939) sowie in zahlreichen Schriften über die Nachkriegskrise und die Niedergangsperiode im Kapitalismus nach dem ersten Weltkrieg. Im Jahre 1927 übernahm Eugen Varga die Leitung des neugegründeten „Instituts für Weltwirtschaft und Weltpolitik", das bis zum Jahre 1947 bestand. Jahrelang wirkte Eugen Varga auch als Herausgeber der gleichnamigen Zeitschrift in der UdSSR. Gerade die Zeitspanne zwischen den beiden Weltkriegen ist durch ein außerordentlich umfangreiches und fruchtbares Schaffen Eugen Vargas auf dem Gebiet der politischen Ökonomie des Kapitalismus gekennzeichnet. In dieser Zeit entstanden seine berühmten Arbeiten über die „Große Krise" 1929—1933, über die Depression besonderer Art und die zyklische Bewegung der kapitalistischen Wirtschaft am Vorabend des zweiten Weltkrieges. Zugleich beschäftigte sich Eugen Varga eingehend mit den sozialen Prozessen in den Hauptländern des Kapitals. Besonders hervorzuheben ist sein grundlegender Beitrag zur Ausarbeitung einer Theorie der allgemeinen Krise des Kapitalismus. In diesen Jahren wurden Eugen Varga auch zahlreiche politische Aufgaben durch die Kommunistische Internationale und die Sowjetregierung übertragen. So wirkte er u. a. von 1922 bis 1927 als wissenschaftlicher Berater der Handelsvertretung Sowjetrußlands in Deutschland.

Gleichzeitig übte Eugen Varga eine umfangreiche Lehrtätigkeit aus. Er erzog eine ganze Generation marxistisch-leninistischer Gesellschaftswissenschaftler, die in vielen kommunistischen Parteien tätig waren. So spielte er eine maßgebliche Rolle an dem von ihm geleiteten Institut der Roten Professur für Weltwirtschaft und Weltpolitik, das in den 30er Jahren bestand. Im Jahre 1939 wurde er zum Ordentlichen Mitglied der Akademie der Wissenschaften der UdSSR gewählt und gehörte lange Zeit dem Präsidium dieser Akademie an. In dieser Tätigkeit erwies sich Eugen Varga als ein umfassend gebildeter kenntnisreicher Wissenschaftler, der durch viele anregende Beiträge auch in wissenschaftlichen Diskussionen über naturwissenschaftliche und technische Probleme auftrat.

In der Zeit des zweiten Weltkrieges erschienen aus seiner Feder zahlreiche Schriften über die Entwicklung der Wirtschaft und Politik in den kriegführenden Staaten. Er beschäftigte sich besonders mit der Entwicklung der Kriegswirtschaft und der inneren politischen Lage im faschistischen Deutschland. Als Zusammenfassung seiner einzelnen Studien und als Verallgemeinerung seiner Forschung über die Entwicklungstendenzen des Kapitalismus erschien 1946 sein Buch „Veränderungen in der Wirtschaft des Kapitalismus im Ergebnis des zweiten Weltkrieges", das die bekannte „Varga-Diskussion" auslöste.

Als 1956 das neue „Institut für Weltwirtschaft und Internationale Beziehungen" an der Akademie der Wissenschaften der UdSSR gegründet wurde, gehörte Eugen Varga zu den Begründern und aktiven Beratern dieser neuen Einrichtung, die seitdem eine bedeutende, international anerkannte wissenschaftliche Tätigkeit ausübt.

Eugen Varga hat sich auch nach dem zweiten Weltkrieg bis zu seinem Tode im Jahre 1964 weiter mit den grundlegenden Entwicklungstendenzen des Kapitalismus beschäftigt. Als Ergebnis dieser Untersuchungen entstanden zahlreiche Artikel und Schriften, in denen Eugen Varga den Versuch unternahm, die Veränderungen in der zyklischen Bewegung der kapitalistischen Wirtschaft und in den langfristigen Entwicklungstendenzen des Kapitalismus unter den Bedingungen der Vertiefung der allgemeinen Krise zu untersuchen. Seine bekannteste Schrift aus dieser letzten Schaffensperiode ist die Arbeit „Der Kapitalismus des zwanzigsten Jahrhunderts".

Auch wenn die Schilderung des Lebensweges Eugen Vargas im Rahmen dieses Vorwortes nur sehr knapp ausfallen kann, so gibt sie doch eine Vorstellung von dem Revolutionär und Wissenschaftler Eugen Varga. Eine Würdigung dieser hervorragenden Persönlichkeit bliebe aber unvollständig, würde man nicht wenigstens den Versuch unternehmen, seine persönlichen Eigenschaften und seine Arbeitsmethoden wenigstens mit einigen Strichen zu skizzieren.[1]

Von Eugen Varga läßt sich sagen, daß er das Leben eines kommunistischen Wissenschaftlers vorgelebt hat. Für ihn bildeten konsequente Parteinahme für die Sache der Arbeiterklasse und gründliche wissenschaftliche Analyse immer eine Einheit. Für ihn war die politische Ökonomie wie für die Klassiker des Marxismus-Leninismus immer eine Wissenschaft, die sich als Anleitung zum Handeln für den revolutionären Klassenkampf des Proletariats verstehen muß.

Dabei würde man der Arbeit Eugen Vargas nicht gerecht, wollte man nur seine Beiträge auf dem Gebiete der Theorie der allgemeinen Krise, der Krisentheorie und der aktuellen Wirtschaftseinschätzung hervorheben. Sein Werk umfaßt grundlegende Aufsätze zu methodologischen Fragen in den Arbeiten der Klassiker, zur Theorie der Lage der Arbeiterklasse, zur Ungleichmäßigkeit der Entwicklung der imperialistischen Länder und zu vielen anderen Fragen der politischen Ökonomie des Kapitalismus. Aber auch auf dem Gebiet der politischen Ökonomie des Sozialismus — vor allem zu Agrarproblemen — hat Eugen Varga gerade in seiner Schaffensperiode zwischen den beiden Weltkriegen Wichtiges geleistet.

Eugen Varga war ein hervorragender Kenner der Werke der Klassiker des Marxismus-Leninismus. Was ihn aber vor allem auszeichnete, war das ständige erfolgreiche Bemühen, die Lehren der Klassiker auf die Analyse der konkreten Situation anzuwenden. Er entsprach damit der Forderung Lenins nach einer „konkreten Analyse in konkreten Situationen"[2]. Eugen Varga hielt nichts von einer bloßen Wiederholung der Thesen der Klassiker ohne eine gründliche Analyse der jeweiligen Situation. In einer Auseinandersetzung mit seinen Kritikern formulierte er im Jahre 1925: „Ich sehe eben die Aufgabe eines wirklichen Marxisten nicht darin, die Marxschen Grundlehren immer von neuem fehlerlos herzusagen, sondern diese Lehren, auf die — seit deren Niederschrift so stark modifizierte — gegenwärtige Wirklichkeit selbständig sinngemäß anzuwenden."[3] Varga bemühte sich immer, ein möglichst umfassendes Bild von den tatsächlichen Vorgängen in der Wirtschaft *und* Politik des Kapitalismus zu erhalten und diese in ihrer Wechselwirkung zu analysieren. Die *Einheit von empirischer und theoretischer Analyse* ist ein besonderer Wesenszug der wissenschaftlichen Arbeitsmethode Eugen Vargas. Besonders hervorzuheben ist in diesem Zusammenhang noch ein weiteres Moment. Eugen Varga gab ein Beispiel dafür, wie die bürgerliche Statistik möglichst umfassend für eine marxistische Analyse zu nutzen ist. Dabei standen ihm zu seiner Zeit viel weniger statistische Grunddaten zur Verfügung als heute.

Gestützt auf eine gründliche Analyse, suchte Eugen Varga immer an bestimmten

1 Jürgen Kuczynski, der sich um die Propagierung der Werke Eugen Vargas in unserer Republik besonders verdient gemacht hat, legte eine interessante Studie über „Die Schule Eugen Vargas" vor. Sie ist abgedruckt in: J. Kuczynski, Studien zu einer Geschichte der Gesellschaftswissenschaften, Bd. 7, Berlin 1977.

2 W. I. Lenin, Kommunismus, in: Werke, Bd. 31, Berlin 1959, S. 154.

3 E. Varga, Wirtschaft und Wirtschaftspolitik im IV. Vierteljahr 1924, in: Internationale Pressekorrespondenz, Deutsche Ausgabe, 5. Jg., Wien 1925, Nr. 21, S. 278.
Dieser wie auch alle anderen zitierten „Vierteljahresberichte" sind in der 5bändigen Faksimileausgabe (Hrsg. Jörg Goldberg), Berlin (West) 1977, enthalten. Vgl. hierzu Fußnote 60! In den folgenden Fußnoten wird die verkürzte Quellenangabe E. Varga, „Wirtschaft und Wirtschaftspolitik . . .", a. a. O. verwendet.

Schnittpunkten der Entwicklung des Kapitalismus eine theoretische Verallgemeinerung. Er gab sich nicht damit zufrieden, nur kurzfristige Einschätzungen zu liefern, obwohl diese bereits einen eigenen hohen Aussagewert besaßen. Hervorstechende Ergebnisse erzielte er dabei auf den Gebieten der Theorie der allgemeinen Krise und der Krisentheorie. Berühmt geworden sind seine Einschätzungen des historischen Niederganges des Kapitalismus seit dem ersten Weltkrieg, der zeitweiligen relativen Stabilisierung des Kapitalismus in den 20er Jahren, des zyklischen Verlaufs nach der „Großen Krise" (mit seiner Einschätzung der Depression besonderer Art) und der weiteren Entwicklung des Imperialismus am Vorabend des zweiten Weltkrieges. Hier erbrachte Eugen Varga den Beweis, daß eine gründliche marxistisch-leninistische Analyse zu wertvollen prognostischen Einschätzungen gelangen kann, zu denen die bürgerliche Wissenschaft infolge ihrer klassenmäßigen Beschränktheit nicht fähig ist. Seine Voraussagen wurden in der kommunistischen Bewegung hoch eingeschätzt und haben sogar dem Klassenfeind widerwillige Anerkennung abgerungen.

Wenn man von dieser erfolgreichen Forschungsarbeit Eugen Vargas spricht, muß man sogleich noch etwas hinzufügen. Eugen Varga zeichnete sich auch dadurch aus, daß er seine Forschungsergebnisse nach einer gründlichen Analyse mit Entschiedenheit und wissenschaftlicher Standhaftigkeit vertrat, auch wenn die Wahrheit manchmal dem Wunschdenken und falschverstandener revolutionärer Ungeduld widersprach. Berühmt geworden sind die Äußerungen Vargas an die Adresse der Kritiker seiner Einschätzung der relativen Stabilisierung des Kapitalismus. Eugen Varga sagte damals: „Wir haben in unseren Berichten und weltwirtschaftlichen Arbeiten wiederholt auf die immanenten und bewußten Tendenzen zu einer Neustabilisierung des Kapitalismus hingewiesen. Manchmal wurde uns dies von Genossen, die von der Möglichkeit einer gewissen Stabilisierung nicht einmal hören wollten, von Genossen, die in ihrer revolutionären Ungeduld den Zusammenbruch des Kapitalismus in unmittelbarer Nähe sahen, sehr übel genommen. So insbesondere auf dem III. und V. Kongreß der Kommunistischen Internationale. Ich wurde ‚Rechter', ein ‚Opportunist' genannt. Mit Unrecht! Es gibt keine ‚linke' oder ‚rechte' Analyse; es gibt keine ‚opportunistische' oder ‚revolutionäre' Perspektive. Es gibt nur ‚richtige' oder ‚unrichtige' Analysen; eine richtige oder eine unrichtige Perspektive. Und mag sich jemand für einen noch so guten Revolutionär halten, weil er die Perspektive des Sieges des Proletariats ständig in kürzester Zeit vor sich sieht: Eine erfolgreiche revolutionäre Politik läßt sich nur auf Grundlage einer richtigen, den Tatsachen entsprechenden Analyse und einer darauf sich gründenden Perspektive erreichen."[4]

Natürlich sind in den Arbeiten Eugen Vargas auch Fehler enthalten, und in manchen Prognoseeinschätzungen der Entwicklung des Kapitalismus hat er geirrt. Aber hinsichtlich der Prognosefehler Eugen Vargas ist Jürgen Kuczynski völlig zuzustimmen, wenn er sagt: „Natürlich hat Varga auch Prognosefehler gemacht — sind wir doch immer noch erst am Anfang der Prognosewissenschaft, was die nichtsozialistische Wirtschaft betrifft ... Aber wenn wir überhaupt einen sinnvollen Anfang gemacht haben, dann verdanken wir das der unermüdlichen Pionierarbeit Vargas — echter, Mut erfordernder Pionierarbeit, denn jede solcher Prognosen unterliegt zwei Gefahren: der Widerlegung durch die Wirklichkeit und dem Angriff derjenigen, denen die Prognose ‚nicht gefällt'".[5]

4 E. Varga, Vierteljahresbericht I/1925, in: Wirtschaft und Wirtschaftspolitik ..., a. a. O., Bd. 2.

5 Jürgen Kuczynski, Die Schule Eugen Vargas, in: Studien zu einer Geschichte der Gesellschaftswissenschaften, Bd. 7, a. a. O., S. 35.

Eugen Varga hat auch eigene Fehler eingestanden und unhaltbare Thesen korrigiert. Aber manche der theoretischen Auffassungen Eugen Vargas, die seine Kritiker als falsch bezeichneten, haben mittlerweile ihre Bestätigung gefunden bzw. sind heute als wichtige Beiträge zum weiteren wissenschaftlichen Meinungsstreit einzuschätzen. Eugen Varga setzte sich dafür ein, sich den neuen Prozessen in der Entwicklung des Kapitalismus zuzuwenden, neue Fragen aufzuwerfen und undogmatisch an deren Analyse heranzugehen. Nichts war ihm mehr verhaßt als leeres Wortgeklingel und dogmatische Engstirnigkeit. Noch in der letzten Arbeit, die im Jahre seines Todes veröffentlicht wurde, in den „Beiträgen zu Problemen der politischen Ökonomie des Kapitalismus", sagt er über die Dogmatiker: „. . . die nicht dem Schema entsprechenden neuen Fakten werden ignoriert, statt sie zu untersuchen und die für den gegenwärtigen Kapitalismus typischen neuen Erscheinungen zu analysieren. Die Dogmatiker versuchen, mit einzelnen untypischen Fakten zu beweisen, daß alle Erkenntnisse von Marx unverändert gültig sind. Wie W. I. Lenin sagte, lassen sich bei der Kompliziertheit der kapitalistischen Gesellschaft immer einzelne Fakten ausfindig machen, um eine beliebige Theorie zu beweisen."[6]

Und noch etwas zeichnet die Arbeiten Eugen Vargas aus: ihre allgemeine Verständlichkeit und damit ihre Popularität innerhalb der Arbeiterbewegung. Eugen Varga verstand seine Arbeiten immer als eine Anleitung zum Handeln für die Arbeiterklasse und wirkte selbst als hervorragender Propagandist des Marxismus-Leninismus.

In diesem Geist eines marxistischen Wissenschaftlers und mit diesen Arbeitsmethoden hat Eugen Varga über den Kreis seiner unmittelbaren Mitarbeiter hinaus eine große Schar von Gesellschaftswissenschaftlern in vielen Ländern maßgeblich beeinflußt. Auch in unserer Deutschen Demokratischen Republik waren und sind seine Schriften wie auch die seiner bedeutenden Mitarbeiter wie E. L. Chmel'nickaja und L. A. Mendel'son von grundlegender Bedeutung für die politökonomische Lehre und Forschung.

Es ist leider in dieser Vorbemerkung zu der dreibändigen Ausgabe nicht möglich, die verschiedenen theoretischen Arbeiten Eugen Vargas im einzelnen zu würdigen und auf besondere Ergebnisse der theoretischen Arbeit Eugen Vargas hinzuweisen. Wir wollen hier lediglich auf zwei wichtige Forschungsgebiete Eugen Vargas etwas näher eingehen. Es geht um seinen maßgeblichen Anteil an der Herausarbeitung der Theorie von der allgemeinen Krise des Kapitalismus und um seine umfassende Arbeit auf dem Gebiet der marxistischen Krisentheorie und der Wirtschaftsanalysen.

*

Man kann ohne Übertreibung Eugen Varga als einen Schöpfer der Theorie von der allgemeinen Krise des Kapitalismus bezeichnen. Den methodologischen Ausgangspunkt bildete jene Fragestellung, mit der Varga seine im Zusammenhang mit dem III. Weltkongreß der Komintern verfaßte Schrift „Die Krise der kapitalistischen Weltwirtschaft" (1921) einleitete: „Unsere Aufgabe ist es nicht, die Krise zu beschreiben, sondern zu untersuchen, inwiefern diese Krise sich von den gewöhnlichen Krisen unterscheidet: zu untersuchen, ob die gegenwärtige Krise eine ebenso vorübergehende Erscheinung ist wie alle bisherigen Krisen, wie die meisten Kapitalisten und Sozialdemokraten behaupten, oder aber, ob sie

6 E. Varga, Beiträge zu Problemen der politischen Ökonomie des Kapitalismus, in: Bd. 3 dieser Ausgabe, S. 103.

einen Schritt zur vollständigen Zersetzung der kapitalistischen Gesellschaftsordnung bedeutet . . ."[7]

„Die gegenwärtige Wirtschaftskrise", so schrieb Varga in der gleichen Arbeit, „ist keine gewöhnliche Überproduktionskrise, wie sie der Kapitalismus seit seinem Bestehen wohl ein Dutzend überdauert hat. Sie ist eine Folge jener Veränderungen, welche in der Weltwirtschaft während des Weltkrieges vor sich gegangen sind."[8] „Das weitere Schicksal des Kapitalismus (ist) aufs engste mit der Stärke des revolutionären Kampfes des Proletariats verknüpft. Bei der Beurteilung der Grundfrage: Überwindet der Kapitalismus die durch den Weltkrieg verursachte schwere Erschütterung oder nicht, mußte auch dieser Faktor in Betracht gezogen werden."[9]

Diese Fragestellungen: Was ist an der jeweiligen Erscheinung zeitweilig, was sind langfristige Veränderungen im Gesamtzustand des Weltkapitalismus, in den Grundtendenzen seiner Entwicklung? greift Varga in vielen seiner Schriften immer wieder auf, und das Suchen nach möglichst exakten Antworten bringt immer wieder neue und reifere theoretische Gedanken hervor. Es ist eine beispielhafte Anwendung des marxistischen Prinzips der Einheit und Wechselwirkung von konkreter Analyse und theoretischer Verallgemeinerung. Varga wies dabei auf die außerordentliche Schwierigkeit einer solchen Aufgabe hin, aus einer konkreten Situation heraus „ein allgemeines Urteil" über die Entwicklung des Kapitalismus zu fällen, „da die Erscheinungen sehr kompliziert sind und einander entgegengesetzte Strömungen sich im Gesamtbild kreuzen", die es stets gelte „gegeneinander abzuwägen".[10]

Diese Schwierigkeiten, die unvermeidlich Unvollkommenheiten und Einseitigkeiten der Einschätzungen und auch Fehlurteile hervorbringen, waren Varga durchaus bewußt. Er selbst war deshalb immer wieder um die Überprüfung seiner eigenen Analysen, um die Vervollkommnung und Korrektur seiner Schlußfolgerungen bemüht.

So fällt auf, daß besonders in den Arbeiten der 20er Jahre die kurzfristigen Erscheinungen der konkreten Situation noch recht unscharf von langfristigen Faktoren und Grundprozessen abgehoben sind, daß die Idee einer dauernden, nicht mehr überwindbaren Krise eine ganze Zeitlang faktisch mit der Wirtschaftskrise und ihren zyklischen Momenten identifiziert oder unmittelbar damit verflochten ist u. a. m. Erst später — stets aus der Analyse neuer Erscheinungen in der Wirklichkeit abgeleitet — schälen sich bei Varga die spezifischen Begriffe und Kategorien der allgemeinen Krise des Kapitalismus, ihre Triebkräfte und Merkmale deutlicher heraus.

Logisch ist daher auch, daß das Problem der Unterschiede und qualitativer Veränderungen im Verlauf der allgemeinen Krise des Kapitalismus — vor allem also die Frage der Etappen und der Unterschiede zwischen ihnen erst nach dem zweiten Weltkrieg für Varga ins Blickfeld rückt.

Eine erste grundlegendere Ausarbeitung erfuhr die Problematik der allgemeinen Krise des Kapitalismus in Vargas Schrift „Die Niedergangsperiode des Kapitalismus" (1922). Dieser erste theoretische Entwurf für das Erfassen der neuen Qualität der Existenzbedingungen des Kapitalismus nach dem ersten Weltkrieg und der Oktoberrevolution stellt eine große wissenschaftliche Leistung dar, die sich in ihrer Bedeutung für die Strategie und

7 E. Varga, Die Krise der kapitalistischen Weltwirtschaft, in: Bd. 1 dieser Ausgabe, S. 180.
8 Ebenda, S. 184.
9 Ebenda, Vorwort zur zweiten Aufl., S. 181.
10 Ebenda, S. 278.

Taktik des Klassenkampfes in der Folgezeit, bei den Diskussionen um den Charakter der Stabilisierungsperiode und um die Besonderheiten der Wirtschaftskrise 1929 bis 1933 voll bewährte. Varga war durch die Analyse der Tatsachen darauf gestoßen, daß sich in den Jahren 1921/1922 und dann stärker in den folgenden Jahren Anzeichen einer Verbesserung der wirtschaftlichen Lage in den kapitalistischen Ländern zeigten. Was bedeutet dies? Handelte es sich um eine Neustabilisierung des Kapitalismus? Welchen Charakter hat diese Stabilisierung? Führt sie zu einer Wiederherstellung seines alten Gleichgewichts oder geht es um eine zeitweilige Erscheinung? Ist der Kapitalismus überhaupt zu einer wenn auch zeitweiligen Stabilisierung seiner Lage fähig? Um diese Fragen entwickelten sich scharfe Diskussionen auch innerhalb der Komintern, wobei sowohl rechtsopportunistische wie auch linksopportunistische Kritiker von Vargas Auffassungen auftraten.

Varga schlußfolgerte vor allem aus seinen Analysen Mitte der 20er Jahre die Neustabilisierung des Kapitalismus. Das ökonomische Kriterium war für ihn — neben anderen Faktoren — der Übergang zur erneuten erweiterten Reproduktion. Politisch war für Varga die Tatsache maßgebend, daß vor allem in Mitteleuropa keine akut revolutionäre Situation mehr vorhanden war.

Gestützt auf seine Erkenntnisse über den Eintritt des Kapitalismus in eine qualitativ neue Periode seiner historischen Entwicklung, eben der Niedergangsperiode des Kapitalismus, die Periode seiner allgemeinen Krise, unterstreicht Varga zugleich unzweideutig den zeitweiligen, relativen Charakter dieser Neustabilisierung und leistet damit einen hervorragenden Beitrag sowohl zur Einschätzung einer komplizierten historischen Situation als auch zum weiteren Ausreifen der Elemente einer Theorie der allgemeinen Krise des Kapitalismus.

Varga benutzt längere Zeit zur generellen Kennzeichnung der Situation des Kapitalismus noch die verschiedensten Begriffe. Er spricht vom „Verfallstadium des Kapitalismus", von der „Periode der ständigen Krise", von der „ununterbrochenen Krise", der „Periode der langandauernden Krise im Weltmaßstabe" oder auch nur von der „Krisenperiode des Kapitalismus". Seiner oben genannten Schrift gibt er, wie bereits erwähnt, den Titel „Die Niedergangsperiode des Kapitalismus".

In Verbindung mit der Suche nach dem treffendsten Begriff wies Varga auf die Kompliziertheit der Entwicklungsprozesse hin und warnte vor vereinfachten Vorstellungen: „Diese Züge sind natürlich nicht in allen Ländern der Welt gleich stark vorhanden ... Die Periode der ständigen Krise muß im Weltmaßstab als langandauernd angenommen werden. Innerhalb derselben wird es Zeiten besserer Konjunktur und der akuten Krisen (gemeint sind zyklische Wirtschaftskrisen — d. Hrsg.) geben."[11] „Der Niedergang des Kapitalismus ist eben kein automatischer Prozeß, sondern eine Kampfperiode mit wechselnden Erfolgen und Mißerfolgen für das kämpfende Proletariat."[12]

Bei der Analyse der großen Weltwirtschaftskrise benutzte dann Varga immer häufiger den Begriff der „allgemeinen Krise des Kapitalismus", der sich schließlich in den 30er Jahren in den kollektiven Einschätzungen der Komintern, in den Analysen der KPdSU und zahlreicher anderer kommunistischer Parteien endgültig durchsetzte.

In dieser Zeit arbeitet Varga immer präziser eine Bestimmung des Inhalts, des Wesens der allgemeinen Krise des Kapitalismus heraus. Gestützt auf die vielfältigen Erfahrungen der wechselhaften ökonomischen und politischen Entwicklung nach dem ersten Weltkrieg,

11 E. Varga, Die Niedergangsperiode des Kapitalismus, in: Bd. 1 dieser Ausgabe, S. 286.
12 Ebenda, S. 297.

vor allem auf die Erkenntnisse, die die Weltwirtschaftskrise 1929 bis 1933 vermittelte, formuliert Varga 1933 seine für die damalige Periode wohl reifste Definition: „Die allgemeine Krise ist jene Periode des Imperialismus, in der sich der sterbende Kapitalismus in einen zum Teil bereits gestorbenen Kapitalismus verwandelt hat, in der das kapitalistische Gesellschaftssystem auf einem sechsten Teil der Erde bereits gestürzt ist und der Kampf des Proletariats gegen die Bourgeoisie bereits die Form des Kampfes zweier Wirtschaftssysteme angenommen hat.“[13]

In den heutigen gesellschaftswissenschaftlichen Diskussionen über die Probleme der allgemeinen Krise des Kapitalismus taucht immer wieder die Frage nach dem Beginn der allgemeinen Krise des Kapitalismus auf, die theoretisch mit der Bestimmung ihres Inhalts eng verknüpft ist. Es geht dabei vor allem um die Frage, ob die allgemeine Krise des Kapitalismus unmittelbar mit der Oktoberrevolution, oder schon vorher, also mit dem Weltkrieg oder gar mit dem Übergang zum Monopolkapitalismus datiert werden kann, in welchem Verhältnis die „inneren“ Krisenprozesse des Kapitalismus einerseits und der „äußere“ Einfluß der siegreichen proletarischen Revolution anderseits als Triebkräfte der allgemeinen Krise stehen. Was läßt sich über die Position Vargas dazu sagen?

*Erstens* sah Varga den Weltkrieg und die Oktoberrevolution in einem sehr engen, in einer konkreten historischen Situation entstandenen, Ursache—Wirkung-Verhältnis. Seine Art der Betrachtung läßt eigentlich keine scholastische Gegenüberstellung zu: „Der Weltkrieg, den wir als eine besondere äußerst scharfe Krise auffassen können, führte zum Sturz der Bourgeoisie in einem der mächtigsten Staaten der Welt.“[14]

Diese Kennzeichnung des Krieges als eine historische spezifische Form einer das ganze kapitalistische System erfassenden Krise ist besonders heute, für die Analyse der dritten Etappe der allgemeinen Krise wichtig, deren Besonderheit bekanntlich darin besteht, daß sie sich ohne einen Weltkrieg herausbildete. Varga beschäftigt sich mit dieser Frage, wenn auch nicht mehr sehr umfassend, in einigen seiner Arbeiten nach dem zweiten Weltkrieg, besonders Anfang der 60er Jahre.

Der *zweite* Aspekt der Vargaschen Betrachtungsweise ist die Unterstreichung des Zusammenhangs von allgemeiner Krise und Monopolkapitalismus bzw. Imperialismus. „Der Imperialismus, der monopolistische Kapitalismus ist der *historisch konkrete Weg*, der auf Grundlage der allgemeinen Bewegungsgesetze der kapitalistischen Gesellschaftsordnung zur allgemeinen Krise des Systems, zu einem revolutionären Zusammenbruch führen muß.“[15]

Wiederholt berief sich Varga bei der Ausarbeitung von Fragen der allgemeinen Krise auf Lenins Imperialismustheorie: „Wichtig ist für uns in diesem Zusammenhang nur die Feststellung Lenins, daß der Imperialismus sterbender Kapitalismus ist. Dies bedeutet, daß die Periode der allgemeinen Krise des Kapitalismus durch keine festen Grenzen, durch keine chinesische Mauer vom Imperialismus geschieden ist.“[16] „Den Monopolkapitalismus von der allgemeinen Krise zu trennen oder gegenüberzustellen, ist undialektisch und unrichtig.“[17] In diesem Sinne ist wohl auch Vargas polemische Bemerkung in der Diskussion im Jahre 1947 zu verstehen, daß für ihn die erste Etappe der allgemeinen Krise „mit

13 E. Varga, Vierteljahresbericht III/1933, in: Wirtschaft und Wirtschaftspolitik . . ., a. a. O., Bd. 5.
14 E. Varga, Vierteljahresbericht I/1931, in: Wirtschaft und Wirtschaftspolitik . . ., a. a. O., Bd. 4.
15 E. Varga, Vierteljahresbericht III/1933, in: Wirtschaft und Wirtschaftspolitik . . ., a. a. O., Bd. 5.
16 E. Varga, Vierteljahresbericht I/1931, in: Wirtschaft und Wirtschaftspolitik . . ., a. a. O., Bd. 4.
17 E. Varga, Vierteljahresbericht III/1933, in: Wirtschaft und Wirtschaftspolitik . . ., a. a. O., Bd. 5.

der vollen Entwicklung des monopolistischen Stadiums des Kapitalismus zusammenfällt".[18]

Der *dritte* Aspekt der Vargaschen Betrachtungsweise besteht aber eben darin, die allgemeine Krise nicht nur in ihrem Zusammenhang mit dem monopolkapitalistischen, imperialistischen Stadium des Kapitalismus zu sehen, sondern sie in ihrer qualitativen Spezifik zu erfassen und zu kennzeichnen. Und hier liegt bei Varga der Hauptakzent, der springende Punkt für das Verständnis des Wesens der allgemeinen Krise eindeutig bei der Oktoberrevolution, beim Sturz der Bourgeoisie in einem Teil der Welt, oder allgemeiner ausgedrückt, in der tatsächlichen, realen Verknüpfung einer „ungewöhnlichen" Krise mit dem siegreichen revolutionären Kampf des Proletariats und der Schaffung eines neuen, dem Kapitalismus gegenüberstehenden Gesellschaftssystems.

Das ist bereits aus den von Varga formulierten Grundzügen der Niedergangsperiode zu erkennen. Später, im Jahre 1927, hebt Varga in seiner Schrift „Die ersten zehn Jahre der Niedergangsperiode des Kapitalismus" die entscheidende Qualität der neuen Existenzbedingungen des Kapitalismus mit den Worten hervor: „Der heutige Kapitalismus ist nicht mehr nur ein ‚sterbender Kapitalismus', sondern ein zum Teil gestorbener Kapitalismus."[19] In diesem Sinne spricht er auch von der allgemeinen Krise des Kapitalismus als einer „besonderen Periode des Imperialismus".[20]

*Sowohl* die innere tiefe Krise des kapitalistischen Systems *als auch* die tatsächliche revolutionäre Überwindung des Kapitalismus in einem oder in mehreren Ländern waren — als dialektische Einheit betrachtet — somit für Varga die wichtigsten qualitativen Bestimmungsfaktoren der allgemeinen Krise des Kapitalismus und die Haupttriebkräfte ihrer Entwicklung.

Diese Wesensbestimmung der allgemeinen Krise des Kapitalismus schält sich in Vargas Arbeiten immer deutlicher heraus. Sie wird zugleich das methodologische Grundprinzip seiner weiteren Forschungen, die schließlich — nach dem zweiten Weltkrieg — ihre prägnanteste Zusammenfassung in seiner Schrift „Der Kapitalismus des zwanzigsten Jahrhunderts" finden, wo auch die Charakterisierung der Etappen der allgemeinen Krise, die Bestimmung der Haupttriebkräfte für die Herausbildung einer jeweils neuen Etappe von diesen dargestellten theoretischen Grundpositionen aus vorgenommen wird. Varga periodisiert:

— die Periode vor dem ersten Weltkrieg;
— die erste Etappe der allgemeinen Krise;
— die zweite Etappe der allgemeinen Krise;
— die neue (dritte) Etappe der allgemeinen Krise.

Vargas Stärke war zweifellos die organische Verknüpfung von Ökonomie und Politik in buchstäblich allen seinen Arbeiten, und sicher führte ihn gerade diese Fähigkeit zum Erkennen der allgemeinen Systemkrise des Kapitalismus, deren Ursachen und Wesen eben nur in dieser Einheit zu begreifen sind. Varga knüpfte an seine ökonomischen Untersuchungen stets die Frage, welche Probleme und Möglichkeiten sich daraus für den

18 Diskussion über das Buch „Veränderungen in der kapitalistischen Wirtschaft im Gefolge des zweiten Weltkrieges" von Eugen Varga, 1. Beiheft zur „Sowjetwissenschaft", Berlin (1948), S. 127.

19 E. Varga, Die ersten zehn Jahre der Niedergangsperiode des Kapitalismus, in: Die Kommunistische Internationale, Hamburg—Berlin, 8/1927, S. 2206.

20 E. Varga, Vierteljahresbericht IV/1933, in: Wirtschaft und Wirtschaftspolitik . . ., a. a. O., Bd. 5.

revolutionären Kampf der Arbeiterklasse ergeben und lenkte seine politischen Schlußfolgerungen vor allem in diese Richtung. Von seinen „Vierteljahresberichten" sagte er, daß es ihr Zweck ist, „den Genossen eine skizzenhafte Übersicht der Zusammenhänge zwischen den wirtschaftlichen, wirtschaftspolitischen und außenpolitischen Ereignissen in den wichtigeren kapitalistischen Ländern zu vermitteln."[21] Zugleich unterstrich Varga immer wieder die Notwendigkeit, gerade im Interesse einer erfolgreichen revolutionären Politik „die Weltlage theoretisch unvoreingenommen ohne Illusionen zu untersuchen".[22]

Es versteht sich, daß Varga als Politökonom seine Hauptaufmerksamkeit auf die Ökonomie konzentrierte. Dabei ist bemerkenswert, daß solche Kennzeichnungen stets aus der Analyse jeweils konkreter Situationen, in denen sich die Widersprüche verschärften und miteinander verknüpften, abgeleitet werden.

Diese bei Varga stark ausgeprägte engste Verknüpfung von konkreter Analyse und allgemein-theoretischen Schlußfolgerungen, auf die er in der Regel später prüfend und teils bestätigend, teils korrigierend zurückkam, muß man berücksichtigen, wenn man sich mit seinen theoretischen Grundgedanken heute beschäftigt, nach den Erfahrungen von mehr als drei Jahrzehnten kapitalistischer Entwicklung nach dem zweiten Weltkrieg mit wesentlichen Veränderungen der Existenzbedingungen des kapitalistischen Systems, aus denen viele neue Erscheinungen resultieren, die Varga nur noch teilweise verfolgen konnte.

Versuchte man, die wichtigsten der in Vargas Arbeiten als ökonomische Merkmale der allgemeinen Krise des Kapitalismus hervorgehobenen Erscheinungen und Tendenzen einmal ohne Anspruch auf Systematik aufzuzählen, so sind das:

1. der chronische Überfluß an fixem Kapital;
2. das Entstehen einer chronischen (strukturellen, technologischen) Arbeitslosigkeit;
3. das Fehlen des weltwirtschaftlichen Gleichgewichts bzw. das Entstehen einer chronischen weltwirtschaftlichen Disproportionalität (vor allem als Störung der Arbeitsteilung zwischen imperialistischen „Mutter"ländern und Kolonien, als Asynchronität der zyklischen Entwicklung, als Ungleichmäßigkeit der Entwicklung der kapitalistischen Länder und starke Verschiebung der Kräfteverhältnisse zwischen ihnen);
4. die chronische Agrarkrise;
5. die Einengung des inneren und äußeren Marktes und die tendenziell chronische Verschärfung des Marktproblems;
6. die Tendenz des Rückgangs der internationalen Arbeitsteilung;
7. die Inflation, der Zusammenbruch des Goldstandards und die Labilität der Devisenkurse;
8. die Tendenz, daß alle ökonomischen Widersprüche, die in den zyklischen Krisen eine zeitweilige Lösung erfahren, eine mehr oder weniger ständige Schärfe erhalten und der Krisenzyklus selbst deformiert wird (vor allem, indem die Aufschwungsphasen tendenziell kürzer, die Belebungs- und Depressionsphasen länger und qualvoller werden).

Für das Verständnis der Vargaschen Konzeption verdient besondere Hervorhebung, was er selbst als „ökonomische Wurzel der allgemeinen Krise des Kapitalismus" bezeichnete: „Am schärfsten tritt in der Periode der allgemeinen Krise der Widerspruch zwischen dem durch die Konkurrenz erzwungenen Bestreben des Kapitals — ungeachtet der monopolistischen Verfaulung — nach einer unbegrenzten Ausdehnung der Produktion und der

21 E. Varga, Vierteljahresbericht II/1929, in: Wirtschaft und Wirtschaftspolitik . . ., a. a. O., Bd. 4.
22 E. Varga, Die Niedergangsperiode des Kapitalismus, in: Bd. 1 dieser Ausgabe, S. 283.

durch die inneren Bewegungsgesetze der kapitalistischen Produktionsweise relativ immer enger beschränkten Konsumtionskraft der kapitalistischen Gesellschaft hervor. Während dieser Widerspruch in den früheren Perioden des Kapitalismus nur in den periodisch wiederkehrenden Wirtschaftskrisen zum offenen Ausbruch kam, zeigt er in der Periode der allgemeinen Krise des Kapitalismus die Tendenz, chronisch scharf zu werden. Die Aufnahmefähigkeit des kapitalistischen Absatzmarktes genügt selbst in den Hochkonjunkturphasen nicht, um eine volle Ausnutzung des Produktionsapparates zu ermöglichen ... Die andere Seite der gleichen Erscheinung: Die Aufnahmefähigkeit des kapitalistischen Absatzmarktes genügt nicht, um dem ganzen Proletariat Arbeitsgelegenheit zu verschaffen."[23]

Und Varga faßt diesen seinen Gedanken in der von ihm später in verschiedenen Varianten wiederholten Formulierung zusammen: „Unausgenützte Produktionsmittel und unausgenützte Arbeitskräfte, Überfluß an Kapital bei Überfluß an Bevölkerung — wie Marx sagt — ist unseres Erachtens das wichtigste ökonomische Merkmal der allgemeinen Krise des Kapitalismus."[24]

Betrachtet man diese von Varga dargestellten Zusammenhänge vom heutigen Standpunkt, so kann man feststellen, daß sie sich vielfach bestätigt und ihre Gültigkeit bis in die Gegenwart behalten haben. Auch der heutige, der Kapitalismus der 70er Jahre ist gezeichnet von diesen ökonomischen Grundkonflikten und Grundprozessen der allgemeinen Krise. Allerdings darf man bei dieser Feststellung keinesfalls stehenbleiben, da die konkreten Zusammenhänge, die Ursachen und Wirkungen, die quantitativen Ausmaße, der Stellenwert der einzelnen ökonomischen Erscheinungen und Tendenzen usw. sich heute doch beträchtlich von den 20er und 30er Jahren unterscheiden und überhaupt in den einzelnen Entwicklungsetappen der allgemeinen Krise Veränderungen erfahren haben. Und gerade dieses Erfassen der konkreten Situation, der Veränderungen, der neuen Momente ist zumindest ebenso wichtig wie das Hervorheben der Parallelen zu früheren Perioden. Nur so können auch richtige Schlußfolgerungen für die jeweiligen Bedingungen des Klassenkampfes gezogen werden.

Varga stieß selbst auf diese Problematik im Ergebnis seiner Untersuchungen über die Veränderungen des Kapitalismus in und nach dem zweiten Weltkrieg und über die neuen ökonomischen Prozesse, die sich nach der Wiederherstellungsperiode in der ökonomischen Entwicklung der kapitalistischen Länder in den 50er Jahren zeigten.

In seiner Schrift „Der Kapitalismus des zwanzigsten Jahrhunderts" sind für Varga die Wirkungen der großen Veränderungen des internationalen Kräfteverhältnisses auf die inneren Prozesse und Gesetzmäßigkeiten des Kapitalismus der Ausgangspunkt und der entscheidende Aspekt seiner Betrachtung. Faktisch stößt Varga hier auf das Problem der Anpassung des Kapitalismus, ohne es allerdings schon als selbständige Frage und in seinen Hauptrichtungen auszuarbeiten. Varga behandelt z. B. die neuen Momente der Frage Krieg und Frieden: „Die dem Imperialismus eigenen Gesetzmäßigkeiten drängen nach wie vor zum Krieg. Seit Beendigung des zweiten Weltkrieges fanden bereits mehr als zehn „lokale" Kriege statt (Korea, Vietnam, Suez, Algerien usw.). Aber die Entfesselung eines neuen Weltkrieges ist für die Imperialisten gegenwärtig nicht so einfach. In unserer Zeit gibt es Kräfte, die einen neuen Weltkrieg zu verhindern vermögen."[25]

23 E. Varga, Vierteljahresbericht I/1931, in: Wirtschaft und Wirtschaftspolitik ..., a. a. O., Bd. 4.

24 Ebenda.

25 E. Varga, Der Kapitalismus des zwanzigsten Jahrhunderts, in: Bd. 3 dieser Ausgabe, S. 61.

In einem ähnlichen Sinne geht Varga auf den prinzipiellen Unterschied in den Beziehungen zwischen schwachentwickelten und imperialistischen Ländern heute und in der Vorkriegsperiode ein.[26] Besondere Aufmerksamkeit widmet er dem staatsmonopolistischen Kapitalismus, der sich, wie er schreibt, nunmehr vollständig entwickelt hat und zur Entwicklungsform des Kapitalismus unter den Bedingungen seiner allgemeinen Krise geworden ist.[27]

Varga beschäftigt sich mit der schnellen Einführung der neuen Technik, die durch den hohen und sich weiterentwickelnden Grad der Monopolisierung und die Einbeziehung des Staates in die ökonomischen Prozesse ermöglicht wird und auf diese wiederum stimulierend zurückwirkt. Varga macht darauf aufmerksam, daß die heutige Technik viele neue Züge trägt, daß sich neue Energiequellen, die Elektroenergie und die Kernkraft und die darauf basierenden Antriebskräfte durchsetzen, daß ganze Maschinensysteme zum Einsatz kommen und vollautomatische Fabriken zunehmend errichtet werden.[28] Varga knüpft hier an seine Grundposition zur Entwicklung des wissenschaftlich-technischen Fortschritts an, wie er sie in den 30er Jahren formulierte: „Alle ... Daten zeigen klar, daß von einer Stagnation oder gar von einer Verkrüppelung der Produktivkräfte der kapitalistischen Weltwirtschaft in der Periode der allgemeinen Krise keine Rede sein kann. Wenn auch in verlangsamten Tempo, wenn auch nach Ländern und Produktionszweigen höchst ungleichmäßig, wenn auch stark durch die Kriegsvorbereitungen deformiert, so geht doch die Entwicklung der Produktivkräfte weiter. Die allgemeine Krise des Kapitalismus macht sich nicht in einer Stagnation der Entwicklung der Produktivkräfte geltend, sondern in der Unfähigkeit des Kapitalismus, die vorhandenen und unter dem Druck der Konkurrenz stetig vergrößerten Produktivkräfte auszunutzen."[29]

In Verbindung mit seinen Beobachtungen über die Entwicklung der Produktivkräfte nach dem Weltkrieg präzisiert Varga seine Auffassungen zu verschiedenen politökonomischen Problemen und setzt sich dabei mit dogmatischen Entwicklungen marxistischer Standpunkte auseinander. Hier ist seine Schrift „Beiträge zu Problemen der politischen Ökonomie des Kapitalismus" von außerordentlichem Interesse. Sicher ist es nicht zufällig, daß sich Varga dabei u. a. mit dem Problem des Umfangs bzw. der Einengung des kapitalistischen Marktes beschäftigt. Er hebt hervor, daß man auf keinen Fall davon ausgehen kann, daß etwa der Umfang des Marktes oder auch der Produktion im Kapitalismus sich in der Nachkriegsperiode verringert habe, wie das verschiedentlich (z. B. in Arbeiten J. W. Stalins) vorausgesagt wurde. „Die Grenzen des Marktes ergeben sich aus den Produktionskapazitäten und den Möglichkeiten für den Absatz der Waren. Beide Seiten dieses Verhältnisses können sich entgegengesetzt entwickeln. Das Marktvolumen kann absolut zunehmen und gleichzeitig im Verhältnis zu den wachsenden Produktionskapazitäten relativ schrumpfen, das heißt, die Absatzschwierigkeiten können trotz zunehmenden Marktvolumens größer werden. Das ist nicht nur möglich, sondern in der Geschichte des Kapitalismus die bestimmende Tendenz."[30]

26 Vgl. ebenda, S. 63.
27 Vgl. ebenda, S. 70.
28 Ebenda, S. 68—69.
29 E. Varga, 20 Jahre Kapitalismus und Sozialismus, Straßburg—Moskau 1938, S. 35.
30 E. Varga, Beiträge zu Problemen der politischen Ökonomie des Kapitalismus, in: Bd. 3 dieser Ausgabe, S. 222.

In ähnlicher Weise untersuchte Varga die Entwicklung des Reallohnes und anderer Faktoren der Lage der Arbeiterklasse und polemisierte gegen den Dogmatismus in der Darstellung des Gesetzes der absoluten Verelendung der Arbeiterklasse, wie er sich vor allem in der Negierung von Tatsachen und der Unterschätzung der Möglichkeiten eines erfolgreichen Kampfes der Arbeiterklasse gegen die Wirkungen dieses Gesetzes äußerte.[31]

Besonders faszinierend bei der Lektüre der Werke Vargas sind eindeutig seine Prognosen. In unseren Tagen, da sich eine spezielle Prognosewissenschaft zu entwickeln beginnt, können die Werke Vargas als methodologische Lehrbücher, als großartige Entwürfe und Muster marxistischer Prognosen genutzt werden. Sie machen vor allem deutlich, daß die gründliche Beherrschung der marxistischen Theorie, das allseitige Studium der Tatsachen und die tiefe Einsicht in die Probleme des lebendigen Klassenkampfes, in die Rolle des subjektiven Faktors die entscheidenden Grundlagen einer marxistischen Gesellschaftsprognose darstellen.

Viele der Vargaschen Vierteljahresberichte enthalten einen speziellen Abschnitt mit der Überschrift „Die Perspektive der weiteren Entwicklung". Hier, bzw. unmittelbar eingefügt in die Analyse der wirtschaftlichen und meist auch politischen Situation, formuliert Varga Voraussagen, die er aus dem empirischen Material und aus theoretischen Schlußfolgerungen ableitet. Sie tragen in den Vierteljahresberichten meist kurz- oder mittelfristigen Charakter, prognostizieren die nächste Phase des Wirtschaftszyklus, das Herannahen qualitativer Veränderungen der Situation und beschäftigen sich z. T. auch mit prinzipielleren und längerfristigen ökonomischen und politischen Perspektiven.

So gab Varga, wie bereits erwähnt, eine vorausschauende Einschätzung der auf die Nachkriegskrise folgenden Periode der Stabilisierung. Er sagte ihre Labilität und ihr baldiges Ende durch eine neue Wirtschaftskrise voraus. Berühmt wurden die Vargaschen Voraussagen der großen Weltwirtschaftskrise, die er entgegen und in Polemik mit den bürgerlichen Konjunkturprognosen gab, die nur kurzfristige konjunkturelle Schwierigkeiten zu sehen glaubten.

Nach der wesentlich auf Vargas Studien beruhenden Einschätzung der Komintern im Jahre 1928, daß das Ende der Stabilisierung und eine neue zyklische Krise heranreift, schrieb Varga im Sommer 1929: „Wir können mit Sicherheit behaupten, daß die amerikanische Hochkonjunktur das Jahr 1929 nicht umfassen wird."[32] Und Anfang 1930 registrierte Varga den Beginn der Wirtschaftskrise in den Vereinigten Staaten und gab die Prognose: „Es ist daher wahrscheinlich, daß wir nach dem Jahre 1920 in diesem Jahre das erste Mal wieder eine die ganze kapitalistische Welt umfassende Wirtschaftskrise haben werden."[33] Bereits in der Anfangsphase der 1929 ausgebrochenen Krise sagte Varga voraus, daß sich ein kapitalistischer Ausweg aus ihr in jenen deformierten Formen vollziehen wird, die den Zyklus unter den Bedingungen der allgemeinen Krise kennzeichnen, daß eine langwierige Depressionsphase bevorsteht, was sich dann voll bestätigte.

Vargas Prognosen hatten in der von ihm immer allseitiger entwickelten Theorie der allgemeinen Krise des Kapitalismus ihre entscheidende wissenschaftliche Grundlage, z. T. bildeten sie einen organischen Bestandteil dieser Theorie.

31 Ebenda, S. 179—188.

32 Rede auf dem X. Plenum des EKKI im Juli 1929, zit. in: E. Varga, Vierteljahresbericht IV/1929, in: Wirtschaft und Wirtschaftspolitik . . ., a. a. O., Bd. 4.

33 Ebenda, S. 287.

Vor allem gilt das für die aus der Analyse der Weltwirtschaftskrise 1929 bis 1933 und ihrer ökonomischen und politischen Folgen abgeleitete Voraussage über das Bevorstehen eines neuen, des „zweiten Turnus der Revolutionen". Aus Vargas Einschätzungen am Beginn und während der Krise geht hervor, daß er zunächst in einer direkteren Verknüpfung mit dieser Krise das Ausreifen revolutionärer Situationen erwartet hatte. Das bestätigte sich nicht, zumindest nicht in der erwarteten Schärfe. Doch der komplizierte Ausgang der Krise, die schwere Depression, die Verschärfung des Kampfes um die Märkte, die bewegten Ereignisse in Ländern wie Deutschland, Frankreich u. a. beschäftigten Varga eben vom Standpunkt dieser Perspektive. Lesen wir Vargas 1934 gegebene hochinteressante Prognose: „Der entscheidende historische Hauptunterschied des heranreifenden zweiten Turnus der Revolutionen gegenüber dem ersten ist, daß die revolutionäre Krise gegenwärtig vor dem zweiten Turnus der Kriege heranreift. Dies bedeutet keinesfalls, daß der zweite Turnus der Revolutionen nicht zeitlich mit dem neuen Weltkrieg zusammenfallen, sich mit ihm verflechten wird. Dies ist sogar höchstwahrscheinlich ... Es wäre voreilig im vorhinein entscheiden zu wollen, ob der zweite Turnus der Revolutionen vor dem Ausbruch des Weltkrieges beginnen wird oder in Verflechtung mit demselben ... Sicher aber ist folgendes: Falls der imperialistische Krieg früher beginnt, als der neue Turnus der Revolutionen, so wird derselbe den Beginn der Revolutionen ungemein beschleunigen ..."[34]

Welch hervorragendes Beispiel des Feingefühls Vargas für den widersprüchlichen Ablauf der Geschichte und für seine Fähigkeit, Keime neuer Wechselwirkungen von Krieg und Revolution zu erkennen. In direkter Beziehung dazu steht ein weiteres *Prognosebeispiel*: Die in den Schlußfolgerungen von Vargas Schrift „Der Kapitalismus des zwanzigsten Jahrhunderts" enthaltene Voraussage der Möglichkeit, einen dritten Weltkrieg zu verhindern: „Ein dritter Weltkrieg zwischen Kapitalismus und Sozialismus wird kaum ausbrechen, wenn die Völker aller Länder aktiv für den Frieden kämpfen und wenn die Frage ‚Krieg oder Frieden' auch in den kapitalistischen Ländern von vernünftig denkenden Staatsmännern entschieden wird."[35] Und Varga knüpft daran Gedanken über die Notwendigkeit eines langwierigen Kampfes um diese Frage, über die Schwierigkeiten effektiver Schritte in Richtung einer Abrüstung, über die Wahrscheinlichkeit „kleiner Kriege" u. a.

Vargas Prognosen waren keineswegs immer richtig. Er irrte aber weniger hinsichtlich genereller ökonomisch-politischer Entwicklungstendenzen, sondern mehr in bezug auf konkrete Prozesse und Ereignisse, vor allem hinsichtlich ihrer Zeiträume, ihrer Dauer, ihres Ausmaßes usw. So bestätigten sich z. B. Vargas Voraussagen, daß nach dem zweiten Weltkrieg die internationale Arbeitsteilung zurückgehen wird, daß die Arbeitslosigkeit größer sein wird als zwischen den beiden Weltkriegen, nicht. Sicher unterschätzte Varga auch das Ausmaß und die Wirkungen der ökonomisch-technischen Veränderungen in der Landwirtschaft, konnte sich nur in Anfängen mit den neuen Problemen der ökonomischen Entwicklung in der „dritten Welt" beschäftigen usw.

Das führte zu Fehlprognosen, die Varga oft selbst später mutig korrigierte und die in ihrem Gewicht mit der Größe seiner weitsichtigen wissenschaftlichen Aussagen nicht vergleichbar sind. Die Quelle der Arbeitsweise Vargas, der er stets treu blieb, war seine Überzeugung, daß die lebendige marxistische Theorie keine für alle Zeit gültigen absoluten Wahrheiten kennt und in einem widersprüchlichen Erkenntnisprozeß zu immer vollkommneren Einsichten in die Gesetzmäßigkeiten der Entwicklung gelangt.

34 E. Varga, Vierteljahresbericht II/1934, in: Wirtschaft und Wirtschaftspolitik ..., a. a. O., Bd. 5.
35 E. Varga, Der Kapitalismus des zwanzigsten Jahrhunderts, in: Bd. 3 dieser Ausgabe, S. 98.

Ein zweites Gebiet der politischen Ökonomie des Kapitalismus, auf dem Eugen Varga Bedeutendes geschaffen hat, ist die marxistisch-leninistische Krisentheorie. Auch aus heutiger Sicht sind seine wissenschaftlichen Ergebnisse für die Weiterentwicklung der marxistischen Krisentheorie unter den Bedingungen der weiteren Vertiefung der allgemeinen Krise des Kapitalismus von unschätzbarem Wert. Es muß daher eigentlich verwundern, daß es bis heute keine Arbeit gibt, die sich gründlich mit diesem wesentlichen Baustein des Vargaschen Lebenswerkes beschäftigt hat. Als erste wichtige Beiträge zu einer solchen Würdigung können die bereits erwähnte Studie von Jürgen Kuczynski sowie das Vorwort von Jörg Goldberg zu der 5bändigen Faksimileausgabe der Vargaschen Vierteljahresberichte angesehen werden.[36] Eine umfassende Würdigung und kritische Sichtung der Vargaschen Arbeiten auf dem Gebiet der Krisentheorie steht aber noch aus. Auch in den Werken bekannter marxistischer Krisentheoretiker wie L. A. Mendel'son, I. A. Trachtenberg und Fred Oelßner findet man keine Einschätzung des Vargaschen Beitrages zur marxistisch-leninistischen Krisentheorie.[37]

Dabei gibt gerade der Krisenforscher Eugen Varga ein hervorragendes Beispiel für die umfassende Anwendung und eine Bereicherung der Marxschen Theorie. Eugen Varga war ein hervorragender Kenner der Marxschen Krisentheorie, und er leistete Pionierarbeit bei deren Anwendung auf die Analyse des konkreten wirtschaftlichen Verlaufs in den kapitalistischen Ländern. Von ihm stammt der erste bedeutende Beitrag zur Weiterentwicklung der marxistischen Krisentheorie für die Periode der allgemeinen Krise des Kapitalismus.

Als erstes muß man hervorheben, daß Eugen Varga in den 20er und 30er Jahren bedeutende wissenschaftliche Leistungen bei der Systematisierung und Propagierung der Marxschen Krisentheorie vollbrachte. Bekanntlich war es Karl Marx nicht mehr vergönnt, eine geschlossene Abhandlung über die Krisentheorie zu schreiben. Sein theoretisches Konzept zu diesem Problem hat Marx in den „Grundrissen zur Kritik der politischen Ökonomie", in den drei Bänden des Werkes „Das Kapital" und vor allem im zweiten Band der „Theorien über den Mehrwert" niedergelegt. Weitere grundlegende Beiträge zur marxistischen Krisentheorie finden sich in den Arbeiten von Friedrich Engels, so vor allem in seiner Schrift „Herrn Eugen Dührings Umwälzung der Wissenschaft" (Anti-Dühring) sowie in mehreren Schriften W. I. Lenins. Es blieb aber eine wesentliche wissenschaftliche Aufgabe, diese Grundthesen der Klassiker des Marxismus-Leninismus in einem geschlossenen theoretischen Gebäude zusammenzutragen und zu systematisieren, um sie für die Forschung und Lehre und den Kampf der internationalen Arbeiterklasse allseitig nutzbar zu machen. Was mitunter in Vergessenheit gerät: Es war gerade das Verdienst Eugen Vargas, sich dieser Aufgabe unterzogen zu haben. Als erster hat er für die kommunistische Bewegung in scharfer Auseinandersetzung mit dem Opportunismus und bürgerlichen Konzeptionen die Marxschen krisentheoretischen Grundthesen zusammengefaßt.

36 J. Kuczynski, Die Schule Eugen Vargas, in: Studien zu einer Geschichte der Gesellschaftswissenschaften, Bd. 7, a. a. O.;
J. Goldberg, Methodische und theoretische Probleme in Vargas Vierteljahresberichten, in: E. Varga, Wirtschaft und Wirtschaftspolitik, Vierteljahresbericht 1922—1939 (Faksimileausgabe) Bd. 1, a. a. O.

37 L. A. Mendel'son, Teorija i istorija ėkonomičeskich krizisov i ciklov, Bd. 1—3, Moskva 1959—1964; I. A. Trachtenberg, Kapitalistische Reproduktion und Wirtschaftskrisen (Theoretischer Abriß), Berlin 1957; F Oelßner, Die Wirtschaftskrisen. Erster Band. Die Krisen im vormonopolistischen Kapitalismus, Berlin 1949.

Wesentliche Bausteine dieser theoretischen Arbeit Eugen Vargas sind in der vorliegenden Ausgabe enthalten. Es handelt sich dabei vor allem um die Schriften „Die Große Krise und ihre politischen Folgen", „Die Weltwirtschaftskrisen", „Die kapitalistische Welt vor einer neuen Krise" und der Abschnitt „Veränderungen im zyklischen Verlauf der Reproduktion nach dem zweiten Weltkrieg" in den „Beiträgen zu Problemen der politischen Ökonomie des Kapitalismus". Weitere krisentheoretische Überlegungen Vargas finden sich in den Vierteljahresberichten zur Wirtschaft und Wirtschaftspolitik, z. B. der Abschnitt „Die Krisentheorie von Marx und die Probleme der gegenwärtigen Krise" im Bericht über das I. Vierteljahr 1931.[38]

In allen seinen Schriften, die den Problemen der Marxschen Krisentheorie gewidmet sind, geht Eugen Varga konsequent von Marx' Grundthese aus, daß der kapitalistische Grundwiderspruch die Hauptursache der Krisen darstellt. Dabei greift Eugen Varga den bei Marx formulierten Gedanken auf, daß dies nicht nur im Sinne eines allgemeinen Zusammenhanges, nämlich der gesetzmäßigen Unvermeidlichkeit von Überproduktionskrisen im Kapitalismus, zu verstehen ist, sondern daß die Krisen zugleich wesentliche Einschnitte und „Durchgangsstationen" in der weiteren Entfaltung des kapitalistischen Grundwiderspruchs und damit des historischen Niedergangs des Kapitalismus darstellen. So formuliert Eugen Varga im ersten Teil des Buches „Die Weltwirtschaftskrisen": „. . . der eigentliche Grund für die periodisch wiederkehrenden Krisen und den historisch unvermeidlichen Niedergang des Kapitalismus ist derselbe, nämlich der Widerspruch zwischen dem gesellschaftlichen Charakter der Produktion und der kapitalistischen Form der Aneignung. Die periodisch wiederkehrenden Überproduktionskrisen bedeuten den Ausbruch aller Widersprüche der kapitalistischen Gesellschaftsordnung. Die Hauptursache der Krisen ist der Grundwiderspruch zwischen der gesellschaftlichen Produktion und der privatkapitalistischen Form der Aneignung. Die Krisen stellen eine vorübergehende (‚momentane') gewaltsame Lösung der entstandenen scharfen Widersprüche in der erweiterten Reproduktion dar. Doch der Grundwiderspruch des Kapitalismus bleibt nicht nur erhalten, sondern wird mit jeder Krise tiefer und führt unvermeidlich zu einer neuen Überproduktionskrise."[39] Dieser Ausgangspunkt ermöglichte Eugen Varga, sich konsequent mit den verschiedensten opportunistischen und bürgerlichen Verfälschungen der Marxschen Krisentheorie auseinanderzusetzen und anhand des konkreten Verlaufs der zyklischen Entwicklung der kapitalistischen Wirtschaft immer aufs neue nachzuweisen, daß die periodisch wiederkehrenden Überproduktionskrisen unvermeidlich aus der ökonomischen Grundstruktur des kapitalistischen Systems hervorgehen. Zugleich sucht Eugen Varga bei der Analyse der jeweiligen Krise deren Rolle im langfristigen Prozeß der kapitalistischen Wirtschaftsentwicklung zu erfassen.

In dem krisentheoretischen Konzept Eugen Vargas folgt dann die Behandlung der aus dem kapitalistischen Grundwiderspruch erwachsenden inneren Widersprüche der kapitalistischen Produktion, deren Entfaltung unmittelbar zur allgemeinen, relativen Überproduktion führt, die Krise verursacht. Natürlich geht Eugen Varga auch hier von Marx aus. Sein eigenes Verdienst besteht aber darin, die bei Marx an verschiedenen Stellen seines Werkes verstreuten Bemerkungen über die gesetzmäßig zur Krise führenden Widersprüche der kapitalistischen Produktion systematisiert und aufbereitet zu haben. Gestützt auf die Reproduktionsschemata und die Realisationstheorie im zweiten Band des

38 Siehe: Wirtschaft und Wirtschaftspolitik . . ., a. a. O., Bd. 4.

39 E. Varga, Die Weltwirtschaftskrisen, in: Bd. 2 dieser Ausgabe, S. 6.

Werkes „Das Kapital" zeigt er, wie sich innerhalb des kapitalistischen Reproduktionsprozesses vor allem zwei Widersprüche entfalten: die Disproportionalität zwischen den beiden Abteilungen und den Zweigen sowie der Widerspruch zwischen Produktion und Markt, der sich aus dem Zurückbleiben der Konsumtionskraft der Massen hinter der Produktion ergibt.

Dabei sind es vor allem zwei methodologische Grundfragen, die bei Eugen Varga immer wieder zu Recht in den Vordergrund gestellt werden. Zum einen unterstreicht Eugen Varga den dialektischen Zusammenhang zwischen beiden Widersprüchen. Er bezieht sich dabei auf die Feststellung W. I. Lenins: „Die ‚Konsumtionskraft der Gesellschaft' und die ‚Proportionalität der verschiedenen Produktionszweige' sind keineswegs irgendwelche isolierten, selbständigen, nicht miteinander verbundenen Bedingungen. Im Gegenteil, ein bestimmter Stand der Konsumtion ist eines der Elemente der Proportionalität."[40] Eugen Varga beginnt seine Darlegungen daher einmal mit den Reproduktionsschemata und entwickelt im direkten Anschluß das Problem des kapitalistischen Marktes, und ein anderes Mal verfährt er umgekehrt. Varga vermeidet auch eine in manchen krisentheoretischen Arbeiten anzutreffende schematische Zergliederung dieser beiden Widersprüche in eine Vielzahl von „Unter"-Widersprüchen. Eine zweite methodologische Grundfrage ist bei Eugen Varga die Hervorhebung des Unterschiedes zwischen der Kaufkraft und der Konsumtionskraft der Gesellschaft. Bekanntlich setzte sich Karl Marx grundlegend mit dem „Sayschen Theorem" auseinander, das die Behauptung enthielt, mit der Produktion einer Ware werde auch die entsprechende Kaufkraft produziert, die Summe des Produktenwertes sei gleich der Kaufkraft der Gesellschaft, und folglich sei eine allgemeine Überproduktion nicht möglich. Dieses Theorem geistert noch immer durch die bürgerliche politische Ökonomie. Eugen Varga hat in allen seinen Schriften zur Krisentheorie auf den wesentlichen Unterschied zwischen *Kaufkraft* und *Konsumtionskraft* der Gesellschaft hingewiesen. So formuliert er z. B.: „Die Kaufkraft der kapitalistischen Gesellschaft entspricht tatsächlich $c + v + m$, sie ist gleich der Summe des Wertes der in einem Jahr hergestellten Waren. Doch nutzt diese allgemeine Wahrheit wenig, um das Marktproblem zu lösen. Entscheidend ist nicht die Kaufkraft der Gesellschaft, sondern deren Konsumtionsfähigkeit. Unter der Konsumtionsfähigkeit der Gesellschaft versteht Marx jenen Teil der Kaufkraft, den Arbeiter und Kapitalisten für Konsumtionsmittel, für Waren der Abteilung II aufwenden können. Das bestimmt letztlich die Aufnahmefähigkeit des Marktes für alle Arten von Waren, denn die Produktionsmittel werden von den Kapitalisten nur deshalb erworben, um damit Konsumtionsmittel herzustellen."[41]

Eugen Varga zeigt dann auf, daß die Konsumtionsfähigkeit der Gesellschaft durch die Kapitalakkumulation relativ, d. h. im Vergleich zum Gesamtwert der hergestellten Waren verringert wird. Je größer der Teil des Kapitals ist, der für die Akkumulation aufgewendet wird, desto geringer ist zwangsläufig der für die Konsumtion bestimmte Teil. Deshalb: „Die Konsumtionsfähigkeit der Gesellschaft entspricht also der Formel: $v + (m - a)$, d. h. der Lohnsumme plus der Mehrwertsumme nach Abzug der Akumulation."[42] Der durch die Gesetze der Konkurrenz verursachte Zwang des Kapitals zur Akkumulation, zur Beschränkung der Konsumtionskraft der Werktätigen bringt also unausweichlich

40 Siehe: W. I. Lenin, Notiz zur Frage der Theorie der Märkte, in: Werke, Bd. 4, Berlin 1955, S. 48/49.
41 E. Varga, Die kapitalistische Welt vor einer neuen Krise, in: Bd. 2 dieser Ausgabe, S. 400–401.
42 Ebenda, S. 401.

den Widerspruch zwischen der begrenzten Konsumtionsfähigkeit der Gesellschaft und dem Streben des Kapitals nach unbegrenzter Ausdehnung der Produktion hervor. Dieser Widerspruch, den Marx als „den letzten Grund aller wirklichen Krisen" bezeichnet, muß unausweichlich zu periodisch wiederkehrenden Überproduktionskrisen führen.

Als nächsten Schritt in der Entwicklung seines krisentheoretischen Konzepts wirft Eugen Varga die Frage auf, warum es bei der Anarchie der Produktion in der kapitalistischen Gesellschaft keine „permanenten" Krisen gibt, warum sich die kapitalistische Wirtschaft in Zyklen entwickelt. Hier entwickelt Eugen Varga, wie die kapitalistische Akkumulation zunächst über die Schranken des Marktes hinaustreibt, ohne daß die Überproduktion bereits sichtbar wird und Realisierungsschwierigkeiten auftauchen. Es vollzieht sich eine „Produktion für die Produktion". Da diese aber letztlich von der individuellen Konsumtion abhängt, tritt infolge der begrenzten Konsumtionskraft der Massen schließlich Überproduktion auf, bricht die Krise aus. Der kapitalistische Akkumulationsprozeß ist also die Ursache für ein zeitweiliges schrankenloses Hinaustreiben über die Grenzen der Konsumtionsfähigkeit, das sich in zyklischer Form, in einzelnen Phasen eines Zyklus vollzieht. Eugen Varga hat in diesem Zusammenhang auch einen selbständigen Beitrag zur Einteilung und Charakterisierung der einzelnen Zyklusphasen geleistet. So versucht er bei der Analyse der konkreten Wirtschaftslage immer, bestimmte Kriterien für die einzelnen Phasen Krise, Depression, Belebung, Aufschwung und Prosperität herauszuarbeiten. Methodologisch ist in diesem Zusammenhang besonders hervorzuheben, daß Varga konsequent von der Krise als der konstituierenden Phase des Zyklus ausgeht. Er hebt damit die Marxsche These hervor, daß die zyklischen Krisen eine wesentliche Rolle im Funktionsmechanismus der kapitalistischen Ökonomik spielen, da sie durch die „momentane" Lösung der inneren Widersprüche der kapitalistischen Produktion die Grundlage für einen neuen Aufschwung bereiten und in ihrer periodischen Wiederholung damit auch die hauptsächliche Bedingung für die erweiterte Reproduktion des Kapitalismus überhaupt darstellen. Bekanntlich setzt die heutige marxistische Krisenforschung gerade an dieser These an, inwieweit diese Funktion der Krisen unter staatsmonopolistischen Bedingungen noch voll wirken kann, inwieweit andere Krisenprozesse solche Funktionen in allen bzw. mehreren Phasen des Zyklus ausüben und welche Modifikationen des Zyklusverlaufs daraus erwachsen. Von besonderem Interesse sind Eugen Vargas Untersuchungen über die Depressionsphase, die er anläßlich der „Großen Krise" von 1929—1933 anstellte.[43] Die Aktualität dieser Fragestellungen zeigte sich erst unlängst in der Diskussion über die Einschätzung der kapitalistischen Wirtschaftsentwicklung nach der Weltwirtschaftskrise von 1974—1975. Eine weitere wichtige Frage, die Eugen Varga bei seiner Darlegung der Marxschen Krisentheorie behandelt, ist die Periodizität der Krisen. Ausgehend von Marx, der den Umschlagszyklus des fixen Kapitals als die materielle Basis des zyklischen Ganges der kapitalistischen Reproduktion nachwies, sucht Eugen Varga in seiner Analyse des Zyklusverlaufes während der allgemeinen Krise des Kapitalismus die neuen Tendenzen im Umschlag des fixen Kapitals herauszuarbeiten.

Dies alles sind Hauptelemente einer Systematisierung der Marxschen Krisentheorie, die bis heute zum methodologischen Rüstzeug der marxistischen Krisenforscher gehören. Wenn auch in den einzelnen Arbeiten marxistischer Politökonomen dem einen oder anderen Aspekt ein größeres Gewicht beigemessen wird und auch in verschiedenen Fragen

43 E. Varga, Vierteljahresbericht I/1934, in: Wirtschaft und Wirtschaftspolitik . . ., a. a. O., Bd. 5.

unterschiedliche Auffassungen bestehen, so bleibt es das Verdienst Eugen Vargas, erstmalig den umfassenden Versuch unternommen zu haben, die Marxschen Thesen über die zyklischen Krisen in ein systematisches Konzept gebracht zu haben.

Wie bereits erwähnt, erwarb sich Eugen Varga besondere Verdienste um die konkrete Anwendung der Marxschen Krisentheorie auf die Analyse der aktuellen Wirtschaftsprozesse im Kapitalismus. Eugen Varga hat es wie kaum ein anderer meisterhaft verstanden, das Faktenmaterial zu analysieren, um Kriterien für den erreichten Stand des jeweiligen Wirtschaftszyklus herauszufinden. Sein besonderes Augenmerk richtete sich auf Daten über den Akkumulationsprozeß, den Widerspruch zwischen Produktion und Markt, die Bewegung der Aktienkurse und Neuemissionen, die Preisentwicklung und andere Hauptkennziffern der Wirtschaftsentwicklung. Es gelang Eugen Varga, selbst mit den lückenhaften Angaben, die ihm damals zur Verfügung standen, rechtzeitig und vorausschauend Veränderungen im ökonomischen Zyklus des Kapitalismus zu erkennen und vorausschauende Aussagen für dessen weiteren Verlauf zu treffen. Wir können uns hier mit diesem Tätigkeitsfeld Eugen Vargas nicht näher beschäftigen und verweisen auf den interessanten Aufsatz von Jörg Goldberg in der mehrfach erwähnten Neuausgabe der Vargaschen Vierteljahresberichte, in welchem der Anwendung der Marxschen Krisentheorie durch Eugen Varga auf die konkrete Wirtschaftsanalyse besonderer Raum gegeben wird.[44]

Einen eigenständigen Beitrag leistete Eugen Varga auch bei der Analyse der Agrarkrise des Kapitalismus. Diese Frage, die in der Forschungsarbeit und in der wissenschaftlichen Diskussion unter den marxistisch-leninistischen Ökonomen in den letzten Jahren in den Hintergrund getreten ist, nimmt in den krisentheoretischen Arbeiten Eugen Vargas einen besonderen Platz ein. Es ist sicherlich eine Aufgabe der politökonomischen Forschung, sich dieser Problematik erneut anzunehmen und dabei die wertvollen Hinweise Eugen Vargas auszuwerten.

Gleiches gilt für seine Beiträge zu den Teilkrisen und strukturellen Krisen der kapitalistischen Wirtschaft. So finden sich in den Vierteljahresberichten wichtige methodologische Auffassungen Eugen Vargas, die er anläßlich der Zwischenkrisen 1924 und 1927 in den USA formulierte. Außerdem beschäftigte er sich eingehend mit der Finanzkrise, mit den Preisbewegungen auf dem kapitalistischen Weltmarkt und mit strukturellen Krisen in einzelnen Wirtschaftszweigen. Gerade diese Arbeiten sind für die Analyse des ökonomischen Zyklus in der gegenwärtigen Entwicklungsetappe des Kapitalismus von ganz besonderer Bedeutung. Sie weisen uns auf Momente hin, die bisher in der theoretischen Forschung nicht genügend ausgewertet wurden.[45] Schließlich leistete Eugen Varga einen entscheidenden Beitrag zur Erforschung der Geschichte der Wirtschaftskrisen. Von ihm wie auch von seinen Mitarbeitern stammen zahlreiche Arbeiten über die Entwicklung der Krisen im Kapitalismus seit 1825. Besonders zu erwähnen sind hierbei das Werk Eugen Vargas „Die Weltwirtschaftskrisen 1857—1938" sowie die Arbeiten von L. A. Mendel'son über Theorie und Geschichte der Krisen im Kapitalismus.

Auf eine Frage soll schließlich noch näher eingegangen werden, weil sie für die heutige Forschung einen besonderen Stellenwert besitzt: die Darstellung des Zusammenhanges zwischen allgemeiner Krise und zyklischer Krise in den Arbeiten Eugen Vargas.

44 Siehe Fußnote 36, S. XXIX.

45 Die „Vierteljahresberichte" sind gerade in dieser Hinsicht eine wahre Fundgrube. Die meisten Beiträge finden sich in den Berichten von 1925—1932 (Bd. 3 und 4 der fünfbändigen Faksimileausgabe).

Seit den 20er Jahren stehen im Zentrum von Vargas Untersuchungen über die ökonomischen Merkmale der allgemeinen Krise des Kapitalismus vor allem die Veränderungen in der zyklischen Bewegung und in den zyklischen Krisen der kapitalistischen Wirtschaft, nämlich ihre Tendenz zu chronischer Schärfe und zur Deformierung des Phasenablaufs. Die realen Prozesse, so die Wirtschaftskrise von 1920, die komplizierte Veränderung der ökonomischen Situation in der „relativen Stabilisierung" und dann vor allem die tiefe Krise von 1929 bis 1933 und die ihr folgende lange Depressionsphase waren die Ursache dafür, daß Varga einen großen Teil seiner Aufmerksamkeit eben auf die Wechselwirkung zwischen zyklischer Bewegung und allgemeiner Krise konzentrierte und damit den entscheidenden Grundstock für das Erkennen der ökonomischen Züge der allgemeinen Krise — speziell in ihrer ersten Etappe — legte.

Für Eugen Varga zeigt sich diese Wechselwirkung darin, daß die Schärfe der zyklischen Krisen der Tatsache geschuldet ist, daß sich die zyklische Entwicklung auf der Basis der allgemeinen Krise des Kapitalismus vollzieht, wobei die zyklischen Krisen wiederum die Vertiefung der allgemeinen Krise weiter vorantreiben. Zu dieser Auffassung gelangte Eugen Varga vor allem durch die Analyse der Krise von 1929—1933, der „ersten Weltkrise" nach dem ersten Weltkrieg, in der Periode der allgemeinen Krise. Er schrieb: „Diese ihre historische Stelle bestimmt auch ihre konkreten Besonderheiten. Sie ist zwar zweifellos eine zyklische Überproduktionskrise, aber keinesfalls eine ‚normale' Krise, ‚keine einfache Wiederholung der vorhergehenden Krisen'. Ihr Verlauf wurde stark modifiziert durch den Einfluß der allgemeinen Krise des Kapitalismus, auf deren Basis sie abläuft . . ."[46] Diese Krise war „tiefer, länger und in jeder Beziehung verheerender" als irgendeine der früheren zyklischen Krisen und hat, wie Varga hervorhebt, durch die „tiefgehende Erschütterung des ganzen kapitalistischen Systems eine neue, höhere Stufe der allgemeinen Krise des Kapitalismus geschaffen . . ."[47].

Diese Wechselwirkung — oder wie Varga auch schon 1932 formuliert: „Die Verflechtung der allgemeinen Krise des Kapitalismus mit der zyklischen Krise"[48] — wird auch bei der Analyse der folgenden Krisen, so vor allem der Krise von 1937/1938, hervorgehoben und als eine neue Grundtendenz herausgestellt.

Welches sind die Hauptfaktoren der allgemeinen Krise, die auf den Zyklus einwirken? In dem Buch „Die Weltwirtschaftskrisen" gibt Eugen Varga eine verallgemeinernde Zusammenfassung. Es sind vor allem: die Verschärfung des Marktproblems, der chronische Überfluß an fixem Kapital, chronische Massenarbeitslosigkeit und rasch fortschreitende Verelendung der Arbeiterklasse sowie die Verflechtung der zyklischen Krisen mit der chronischen Agrarkrise. Zugleich verweist Varga auf den krisenverschärfenden Einfluß der Monopole (weitere Einschränkung der Konsumtionskraft der Gesellschaft; Rolle der Monopolherrschaft, besonders der Monopolpreise, die den Ausweg aus der Krise erschweren), der bereits seit der Anfangsperiode des Imperialismus vorhanden ist.[49]

Eine besondere Rolle spielt bei dieser Einschätzung die Verschärfung des Marktproblems. Varga unterstreicht hier vor allem zwei Aspekte: die zunehmende relative Einschränkung der Konsumtionskraft der Gesellschaft und die chronische Nichtauslastung der Produktionskapazitäten, die die Reproduktion des fixen Kapitals erschwert. Für beide Aspekte

46 E. Varga, Vierteljahresbericht IV/1933, in: Wirtschaft und Wirtschaftspolitik . . ., a. a. O., Bd. 5.
47 Ebenda.
48 E. Varga, Vierteljahresbericht III/1932, in: Wirtschaft und Wirtschaftspolitik . . ., a. a. O., Bd. 4.
49 E. Varga, Die Weltwirtschaftskrisen, in: Bd. 2 dieser Ausgabe, S. 25.

nennt Varga als Ursachen: die historische Tendenz des immer stärkeren Zurückbleibens der Konsumtionskraft der Gesellschaft hinter der Produktion („relative Einengungstendenz des kapitalistischen Marktes") und in diesem Zusammenhang die den Markt einengende Wirkung der Monopole sowie als „äußeren Faktor" die Einengung des kapitalistischen Marktes durch das Bestehen der Sowjetunion.[50] „Die Aufnahmefähigkeit des Marktes ... (ist) ... chronisch — nicht nur in der Krise und Depressionsphase des Zyklus — zu gering ..., um den Absatz der Waren bei voller Ausnutzung der vorhandenen Produktionskräfte zu ermöglichen".[51] Für den Krisenzyklus ergeben sich im Ergebnis der Herrschaft der Monopole einschneidende Wirkungen durch die Veränderungen im Prozeß der Reproduktion des fixen Kapitals. „Im monopolistischen Kapitalismus reißen die Monopolisten einen wachsenden Teil des Gesamtprofites an sich, akkumulieren Riesensummen, aber die Notwendigkeit, das Angebot der Monopolware in entsprechend engen Grenzen zu halten, ist ein schweres Hindernis der produktiven Anlage des neuakkumulierten Kapitals. Die Möglichkeit der Ausdehnung des kapitalistischen Marktes durch ‚Produktion für die Produktion', auf die Lenin so großes Gewicht gelegt hatte, wird durch die Monopole stark eingeengt!"[52] Gerade in der Verschärfung des Marktproblems, besonders in den Veränderungen der Reproduktion des fixen Kapitals, sieht Eugen Varga eine wesentliche Ursache für die Modifikation des Ganges der zyklischen Entwicklung in der allgemeinen Krise des Kapitalismus. „Das bereits vorhandene, nicht ausgenutzte fixe Kapital wird zu einem Hemmnis für die Erweiterung des fixen Kapitals. Dieser Umstand deformiert den Verlauf des Zyklus in der Periode der allgemeinen Krise des Kapitalismus noch mehr: Die Phasen der Krise und der Depression dauern länger und sind tiefer, während die Phasen der Belebung und des Aufschwungs kürzer und weniger umfassend sind."[53] Diese Verallgemeinerung seiner Analyse der Modifikation des Krisenzyklus hat Eugen Varga an vielen Stellen wiederholt und präzisiert.

Bevor wir auf einige Gesichtspunkte der Vargaschen Analyse des Zyklus nach dem zweiten Weltkrieg eingehen, müssen noch zwei wichtige methodologische Fragen erwähnt werden. Eugen Varga ging auch bei der Einschätzung der Modifikationen des Krisenzyklus in der allgemeinen Krise von der *Funktion der Krisen im Mechanismus* der kapitalistischen Reproduktion aus. Der allgemeine Ausdruck dieser Modifikation ist eben die veränderte Funktion der Krisen bei der zeitweiligen Lösung der inneren Widersprüche der kapitalistischen Produktion. „Unter dem Einfluß der allgemeinen Krise des Kapitalismus kann dieser Prozeß seine Funktion — die gewaltsame, vorübergehende Lösung der Widersprüche — nicht wie früher erfüllen."[54] Dieser methodologische Ansatz ist gerade für die heutige Krisenanalyse von Bedeutung, da sich hier sofort die Frage anschließt, welche anderen Krisenprozesse neben der zyklischen Krise unter staatsmonopolistischen Bedin-

50 E. Varga, Vierteljahresbericht II/1933, in: Wirtschaft und Wirtschaftspolitik ..., a. a. O., Bd. 5.

51 Ebenda.

52 Ebenda. An einigen Stellen verweist Eugen Varga auch darauf, daß die großen Monopole „eine gewisse Möglichkeit" haben, die Produktion einzuschränken, bevor sich große unverkäufliche Vorräte bei ihnen anhäufen und die Krisen „in ihrem Charakter insofern modifiziert werden können".[50] Allerdings ist dieser Gedanke von Varga später bei seinen Untersuchungen über den Widerspruch zwischen Produktion und Markt nicht weiter entwickelt worden. Siehe hierzu u. a.: Vierteljahresberichte III/1929 und I/1931, in: Wirtschaft und Wirtschaftspolitik ..., a. a. O., Bd. 4.

53 E. Varga, Die kapitalistische Welt vor einer neuen Krise, in: Bd. 2 dieser Ausgabe, S. 407.

54 E. Varga, Vierteljahresbericht III/1932, in: Wirtschaft und Wirtschaftspolitik ..., a. a. O., Bd. 4.

gungen „Krisenfunktionen" im zyklischen Gang der kapitalistischen Wirtschaftsentwicklung ausüben, dadurch die Kapitalverwertung beeinflussen und den Zyklus weiter modifizieren können. Eugen Varga ist auf diese Fragen auch in späteren Schriften leider nur wenig eingegangen.

Zweitens sind in methodologischer Hinsicht seine Untersuchungen zur *Synchronität* des Krisenzyklus im kapitalistischen System von besonderem Interesse. Varga ist dieser Frage bereits vor der Krise von 1929—1933 nachgegangen. Er hat dabei stets den Zusammenhang zwischen der Ungleichmäßigkeit der ökonomischen und politischen Entwicklung der kapitalistischen Länder und dem Verlauf des Krisenzyklus in ihnen hervorgehoben. Er sagte am Vorabend der „Großen Krise" voraus, daß sich die Synchronität in einer umfassenden Weltwirtschaftskrise herstellen wird, wies aber zugleich nach Ausbruch dieser Krise darauf hin, daß diese Synchronisierung nicht von Dauer sein muß. „Erstreckt sich die Krisenphase auf die ganze kapitalistische Welt, so ist dies keinesfalls ein Beweis, daß auch ein einheitlicher Aufschwung und Hochkonjunktur für alle Länder erfolgen wird! . . . Wir glauben im Gegenteil, daß zwar die gegenwärtige Krisenphase selbstverständlich nach einer gewissen Zeit in die Depression übergehen, daß aber ein großer Teil der kapitalistischen Welt zu keiner Hochkonjunktur gelangen wird; daß sich die Einheitlichkeit der kapitalistischen Weltwirtschaft wohl in gemeinsamen Krisenphasen, nicht aber in einer gemeinsamen Hochkonjunkturphase dokumentieren wird."[55] Varga hat mit dieser Einschätzung recht behalten und zugleich in seiner Beweisführung wichtige Hinweise für die heutige Analyse der Synchronität des Krisenzyklus gegeben.

Eugen Varga leistete also eine bedeutende Pionierarbeit bei der Aufdeckung der Verflechtung der allgemeinen Krise des Kapitalismus mit den zyklischen Krisen. Das gilt vor allem für die grundlegende Arbeit bei der umfassenden Einschätzung der ökonomischen Widersprüche und für seine Voraussagen über den weiteren Verlauf des Zyklus *speziell in der ersten Etappe der allgemeinen Krise des Kapitalismus.*

Dieser Hinweis erscheint uns wesentlich, weil z. B. in der zweiten Etappe der allgemeinen Krise diese ökonomischen Widersprüche des Krisenzyklus nicht die bestimmende Rolle für die Entfaltung der allgemeinen Krise spielten. Hier muß man vielmehr die Auswirkungen des Entstehens eines sozialistischen Weltsystems und des beginnenden Zerfalls des Kolonialsystems auf die kapitalistische Weltwirtschaft, die Nachkriegszerrüttung der Wirtschaft vor allem in Westeuropa, die neue Rolle und weltweite Expansion der USA als imperialistischer Hauptmacht, die Einflüsse der staatsmonopolistischen Regulierung usw. in den Vordergrund rücken. Natürlich spielten auch die erneute Entfaltung der Widersprüche zwischen Produktion und Markt, vor allem die starke Asynchronität des Krisenzyklus eine Rolle, aber eben mit einem anderen Gewicht in der Gesamtheit der Faktoren. Mit der Entfaltung der dritten Etappe der allgemeinen Krise des Kapitalismus hat vor allem seit Mitte der 70er Jahre die Verflechtung von allgemeiner Krise und zyklischer Entwicklung wieder besonders deutliche Züge angenommen, was auch die von Varga hervorgehobenen Erscheinungen des Kapitalüberflusses und der Massenarbeitslosigkeit erneut in den Vordergrund der ökonomischen Erscheinungen rückt. Gleichzeitig unterscheiden sich jedoch das Gesamtbild des Kapitalismus, die Verflechtung der verschiedenen Faktoren, der Einfluß der revolutionären Veränderungen in der Welt beträchtlich von den Bedingungen der ersten und zweiten Etappe der allgemeinen Krise. Auch der Stellenwert der für die zyklische Entwicklung und Krise verantwortlichen

55 E. Varga, Vierteljahresbericht I/1930, in: Wirtschaft und Wirtschaftspolitik . . ., a. a. O., Bd. 4.

Widersprüche, die Verknüpfung der Ursachen, die heute dem Kapitalüberfluß und der Arbeitslosigkeit zugrunde liegen, ihr Ausmaß und ihre Wirkungen gilt es sehr konkret für die Gegenwart zu untersuchen, wenn wir im Sinne Vargas die Theorie der allgemeinen Krise des Kapitalismus auf die Bedingungen ihrer dritten Etappe anwenden wollen.

Nach dem zweiten Weltkrieg beschäftigte sich Varga mit den Besonderheiten des zyklischen Verlaufs der Reproduktion in den 50er Jahren und Anfang der 60er Jahre. Er stellte bestimmte Veränderungen der zyklischen Bewegung im Vergleich zur Periode zwischen den beiden Weltkriegen fest, vor allem das Auseinanderfallen des zyklischen Rhythmus in den USA einerseits und in Westeuropa anderseits. Für die weitere Entwicklung sagte Varga die Verstärkung der Tendenz zur Verkürzung des Zyklus und zur Vertiefung der Krisen voraus.[56] „Die Wirtschaftskrisen werden tiefer sein, als sie in den ersten 15 Jahren nach dem zweiten Weltkrieg waren“, lautete Vargas Prognose in seiner Schrift „Der Kapitalismus des zwanzigsten Jahrhunderts“[57], und seine Voraussage hat sich — wenn auch mit einiger Verzögerung — in den 70er Jahren eindeutig erfüllt.

In den „Beiträgen zu Problemen der politischen Ökonomie des Kapitalismus“ hat Varga einige seiner Grundthesen aus den 20er und 30er Jahren wieder aufgegriffen und um neue Momente bereichert. So bezieht er bei der Analyse der Reproduktion des fixen Kapitals solche Faktoren wie den beschleunigten wissenschaftlich-technischen Fortschritt und die Rolle des Staates bei der Erneuerung des fixen Kapitals ein. Zusammenfassend kommt Varga dann zu der Schlußfolgerung, daß die Voraussetzungen für eine Überproduktionskrise beschleunigt heranreifen, der Zyklus verkürzt wird, weil infolge der nichtausgelasteten Kapazitäten mit denselben Investmitteln eine weit größere Erweiterung der Kapazitäten erreicht wird als beim Bau neuer Betriebe und sich der Zeitraum verringert, innerhalb dessen die Neuinvestitionen produktionswirksam werden.[58] Diese These spielt, wie auch andere Thesen Eugen Vargas — so zum Marktproblem in der Periode nach dem zweiten Weltkrieg —, in der gegenwärtigen Diskussion der marxistischen Krisenforscher nach wie vor eine wichtige Rolle.

Die neuesten Entwicklungstendenzen zeigen, daß die dritte Etappe der allgemeinen Krise dem Krisenzyklus ihren spezifischen Stempel aufdrückt und wir nunmehr vor der Aufgabe stehen, die neuen Tatsachen und Tendenzen sorgfältig zu studieren und Schlußfolgerungen für die weitere Perspektive abzuleiten. Dabei geben uns die Arbeiten Eugen Vargas wesentliche Anregungen.

*

Angesichts des reichen wissenschaftlichen Werkes von Eugen Varga ist es eine schwierige Aufgabe, eine repräsentative Auswahl zusammenzustellen. Die vorliegende 3bändige Ausgabe unternimmt den Versuch, einen möglichst umfassenden Einblick in das Schaffen Eugen Vargas über fünf Jahrzehnte hinweg zu geben. Als Grundlage diente die 3bändige Ausgabe, die 1974 im Moskauer Verlag „Nauka“ erschienen ist.[59] Die vorliegende Ausgabe

56 E. Varga, Beiträge zu Problemen der politischen Ökonomie des Kapitalismus, in: Bd. 3 dieser Ausgabe, S. 248—272.

57 E. Varga, Der Kapitalismus des zwanzigsten Jahrhunderts, in: Bd. 3 dieser Ausgabe, S. 99.

58 E. Varga, Beiträge zu Problemen der politischen Ökonomie des Kapitalismus, in: Bd. 3 dieser Ausgabe, S. 269.

59 E. S. Varga, Izbrannye proizvedenija, Bd. 1—3, Moskva 1974, izdatel'stvo „Nauka“.

geht jedoch über die in der UdSSR veröffentlichte Fassung hinaus, da für den Leserkreis in der Deutschen Demokratischen Republik weitere Arbeiten aufgenommen wurden. Dabei handelt es sich vor allem um solche Schriften, die von besonderer Aktualität für die heutige Imperialismusanalyse sind bzw. die bisher nicht in deutscher Sprache vorgelegen haben.

Die bereits erwähnten Vierteljahresberichte über Wirtschaft und Wirtschaftspolitik (1922—1939) konnten in dieser Ausgabe nur unter einigen Aspekten berücksichtigt werden. Dabei kann darauf verwiesen werden, daß diese Vierteljahresberichte im Jahre 1977 im Verlag „Das europäische Buch", Westberlin, in einer fünfbändigen Faksimileausgabe, vollständig neu herausgegeben wurden.[60] Diese verdienstvolle Buchausgabe ist zweifellos eine wesentliche Ergänzung der hiermit vorgelegten dreibändigen Ausgabe der ausgewählten Schriften Eugen Vargas.

Die Dreiteilung der Bände — „Der Beginn der allgemeinen Krise des Kapitalismus", „Die Wirtschaftskrisen", „Der Kapitalismus nach dem zweiten Weltkrieg" — widerspiegelt gleichermaßen die theoretischen Schwerpunkte wie auch die Entwicklungsetappen des wissenschaftlichen Lebenswerks Eugen Vargas.

Der *erste* Band beginnt mit der Schrift „Das Geld: Seine Herrschaft in Friedenszeiten und sein Zusammenbruch während des Krieges". Es handelt sich hier um die erste größere theoretische Arbeit Eugen Vargas, die bereits zu wesentlichen Teilen im Jahre 1914 fertiggestellt war und nach ergänzenden Analysen über die Kriegswirtschaft im Jahre 1918 erschien. Sie ist eine glänzende Darstellung der Marxschen Geldtheorie in ihrer Anwendung auf die konkreten Verhältnisse in Ungarn und in anderen kapitalistischen Ländern. Diese Arbeit erscheint erstmalig in deutscher Sprache. Sie kann in ihren theoretisch-methodologischen Ansätzen als ein wichtiger Beitrag auch zur Analyse der heutigen Entwicklung des Geldes und der Inflation im Kapitalismus gelten. Es folgt dann die bereits erwähnte Arbeit Eugen Vargas „Die wirtschaftspolitischen Probleme der proletarischen Diktatur", die erstmalig in deutscher Sprache im Jahre 1920 erschien und in mehrere Sprachen übersetzt wurde. Der Verfasser schrieb die Arbeit während der Emigration unmittelbar nach der Niederlage der Ungarischen Räterepublik. W. I. Lenin hat diese Arbeit hoch eingeschätzt, dabei zugleich auch einzelne ihrer Aussagen kritisiert. Auf dem zweiten Kongreß der Kommunistischen Internationale bezog sich Lenin auf diese Schrift Eugen Vargas, als er die falschen Thesen Crispiens über die Politik gegenüber den Kleinbauern kritisierte.[61]

Die Arbeiten „Die Krise der kapitalistischen Weltwirtschaft" (1922) und „Die Niedergangsperiode des Kapitalismus" (1923) sind gleichermaßen interessant für die Einschätzung des zyklischen Verlaufs der kapitalistischen Wirtschaft nach dem ersten Weltkrieg wie auch für die Herausarbeitung der ersten Thesen Eugen Vargas zur Theorie der allgemeinen Krise des Kapitalismus. In den ersten Band wurde außerdem einer der Vieteljahresberichte Eugen Vargas aufgenommen. Es handelt sich hierbei um den Bericht über das vierte Vierteljahr 1929, in dem Eugen Varga seine berühmte Prognose über den Verlauf der Weltwirtschaftskrise von 1929—1933 formulierte. An diesem Beispiel soll auch verdeutlicht werden, wie Eugen Varga in jedem dieser Berichte versuchte, drei wesentliche Elemente miteinander

60 E. Varga, Wirtschaft und Wirtschaftspolitik, Vierteljahresberichte 1922—1939 (Faksimileausgabe Bd. 1—5), hg. von J. Goldberg, Berlin (West) 1977.

61 W. I. Lenin, II. Kongreß der Kommunistischen Internationale, Rede über die Bedingungen für die Aufnahme in die Kommunistische Internationale, 30. Juli 1920, in: Werke, Bd. 31, Berlin 1959, S. 237.

zu verbinden: eine Einschätzung der aktuellen Wirtschaftsentwicklung mit Voraussagen über deren weiteren Verlauf, Beiträge zu einem ausgewählten theoretischen Problem sowie kurze Länderanalysen. Als letzter Beitrag findet sich im ersten Band die Schrift Eugen Vargas „Die historischen Wurzeln der Besonderheiten des deutschen Imperialismus". Sie wurde 1943 geschrieben und in deutscher Sprache 1946 veröffentlicht. Die besondere Bedeutung dieser Arbeit ergibt sich daraus, daß sie eine der ersten marxistischen Analysen der Entwicklung des deutschen Imperialismus war, die nach dem zweiten Weltkrieg einen großen Leserkreis fand und viele junge marxistische Wissenschaftler in unserer Republik über die Grundzusammenhänge der Entwicklung des deutschen Imperialismus aufgeklärt hat.

Im *zweiten* Band sind vor allem Arbeiten Eugen Vargas zur Einschätzung der zyklischen Krisen des Kapitalismus enthalten. Als erstes sind die theoretischen Kapitel des großen Sammelbandes über „Die Weltwirtschaftskrisen" abgedruckt. Der Band wurde 1937 von Eugen Varga unter der Mitwirkung zahlreicher Mitarbeiter des damaligen Instituts für Weltwirtschaft und Weltpolitik herausgegeben. Diese Abschnitte enthalten eine Darlegung der Marxschen Krisentheorie, ergänzt um neue theoretische Verallgemeinerungen Vargas, sowie eine kurze Darstellung des Verlaufs der zyklischen Krisen seit ihrem Beginn im Jahre 1825.

Es folgt dann der Beitrag von Eugen Varga „Konjunkturforschung und Krisentheorie", der in einem der Vierteljahresberichte im Jahre 1927 abgedruckt wurde. Diese Schrift ist unter zwei Gesichtspunkten von besonderem Interesse. Zum einen stellt sie eine Auseinandersetzung mit der bürgerlichen Konjunkturforschung dar, und zugleich gibt sie wertvolle Hinweise für die marxistischen Wissenschaftler, die sich mit der Analyse des zyklischen Verlaufs der kapitalistischen Wirtschaft beschäftigen. Dies gilt insbesondere für die Methodik der Ausnutzung der bürgerlichen Statistik und der Daten und Fakten der bürgerlichen Presse überhaupt.

Im dritten Teil des zweiten Bandes sind einige Studien über die Entwicklung einzelner imperialistischer Hauptländer zusammengefaßt. Diese Auszüge über die Entwicklung Englands, Deutschlands, Frankreichs, der USA, Italiens und Japans sollen verdeutlichen, nach welcher Methode Eugen Varga die Länderanalysen anfertigte, und wie er es verstand, historische Wurzeln der Besonderheiten der ökonomischen Entwicklung in den einzelnen Ländern, langfristige Entwicklungstendenzen, einschließlich des Einflusses wesentlicher politischer Faktoren, mit der Einschätzung des aktuellen Ganges der kapitalistischen Wirtschaft zu verbinden. Sie geben somit gleichermaßen Aufschluß über die marxistische Analyse der damaligen Situation in den einzelnen kapitalistischen Ländern wie auch für die Methode einer Länderanalyse unter den heutigen Bedingungen. Es folgen dann zwei Arbeiten über die große Krise von 1929—1933.

Im vierten Teil des Bandes sind die ersten fünf Kapitel des berühmten Buches Eugen Vargas „Die Große Krise und ihre politischen Folgen. Wirtschaft und Politik 1928—1934" abgedruckt. In diesem Hauptteil des Vargaschen Werkes finden sich die Grundaussagen Eugen Vargas über die Ursachen der besonderen Tiefe der Weltwirtschaftskrise von 1929—1933 sowie seine Einschätzung der erfolglosen Bemühungen der Bourgeoisie zur „künstlichen" Überwindung der Krise. In engem Zusammenhang damit ist die zweite Arbeit aus dieser Periode „Neue Erscheinungen während der Weltwirtschaftskrise" anzusehen. Sie wurde erstmalig im Jahre 1934 veröffentlicht und ergänzt die vorher genannte Schrift hinsichtlich der Einschätzung der neuen Tendenzen des zyklischen Verlaufs unter den Bedingungen der allgemeinen Krise des Kapitalismus. Es folgt dann die Arbeit Vargas „Die kapitalistische

Welt vor einer neuen Krise" aus dem Jahre 1938. In ihr ist die Voraussage Eugen Vargas enthalten, daß die kapitalistische Wirtschaft unausweichlich einer neuen Weltwirtschaftskrise entgegengeht, wenn nicht der Ausbruch eines neuen Weltkrieges diese Krise deformiert. Die beiden letztgenannten Schriften erscheinen erstmals vollständig in deutscher Sprache.

Als letzte Arbeit im zweiten Band finden sich einzelne Auszüge aus der umstrittenen Arbeit Eugen Vargas „Veränderungen in der Wirtschaft des Kapitalismus im Ergebnis des zweiten Weltkrieges". Die bereits erwähnte „Varga-Diskussion" wurde seinerzeit auch in unserer Republik als Beilage zur „Sowjetwissenschaft" veröffentlicht.[62] Eugen Varga hat sich später von einigen der in dieser Arbeit enthaltenen Thesen distanziert. Trotzdem ist gerade diese Arbeit, die unmittelbar nach Beendigung des zweiten Weltkrieges geschrieben wurde, als Beitrag für den wissenschaftlichen Meinungsstreit über grundlegende Entwicklungstendenzen des Kapitalismus auch und gerade heute von besonderem Interesse. Ausschnitte aus diesem Buch sind bisher in deutscher Sprache noch nicht erschienen. Die Herausgeber folgten bei der Auswahl der Kapitel aus diesem Buch der dreibändigen sowjetischen Ausgabe.

Als letzte Arbeit enthält der zweite Band die Schrift Eugen Vargas „Das ‚Kapital' von Karl Marx und der moderne Kapitalismus", die im Jahre 1962 geschrieben wurde. In ihr gibt Eugen Varga wichtige Hinweise für die Methodik der Auseinandersetzung mit der bürgerlichen Wissenschaft und die aktuelle Anwendung der Marxschen Grundthesen.

Der *dritte* Band enthält zwei bedeutende Arbeiten Eugen Vargas aus seiner letzten Schaffensperiode. Es handelt sich einmal um die Arbeit „Der Kapitalismus des zwanzigsten Jahrhunderts", die im Jahre 1961 fertiggestellt wurde und 1962 in unserer Republik in deutscher Sprache erschien. Diese Arbeit hat bis heute ihre große Aktualität bewahrt. Eugen Varga gibt in ihr einen Überblick über Haupttendenzen der kapitalistischen Entwicklung seit dem Beginn unseres Jahrhunderts. Es ist die umfassendste und reifste Einschätzung, die Eugen Varga über den Verlauf und die Etappen der allgemeinen Krise des Kapitalismus hinterlassen hat. Manche seiner prognostischen Einschätzungen im letzten Teil der Arbeit sind bis heute umstritten. Sie zeugen, wie auch die früheren Arbeiten Eugen Vargas, von dem wissenschaftlichen Streben des Verfassers, langfristige Entwicklungstendenzen des Kapitalismus zu erfassen, und von seinem Mut zu prognostischen Aussagen.

Die zweite Arbeit bildet der Sammelband „Beiträge zur Problemen der politischen Ökonomie des Kapitalismus", der im Jahre 1964 veröffentlicht wurde. In dieser Arbeit nimmt Eugen Varga zu vielen politökonomischen Fragen Stellung, die in seinem gesamten wissenschaftlichen Lebensweg in der Diskussion eine große Rolle gespielt haben. Das Spektrum der in dieser Schrift enthaltenen Fragen ist außerordentlich breit und reicht von einer Abhandlung über das ökonomische Grundgesetz des Kapitalismus, eine Frage, die gerade im Zusammenhang mit der Arbeit J. W. Stalins „Ökonomische Probleme des Sozialismus in der UdSSR" heftig diskutiert wurde, bis zu dem Problem der asiatischen Produktionsweise, das in den Arbeiten Eugen Vargas in den zwanziger Jahren und zu Beginn der dreißiger Jahre eine große Rolle gespielt und zu heftigem Meinungsstreit geführt hatte. Eugen Varga setzt sich in allen von ihm behandelten Fragen leidenschaftlich mit dogmatischen Entstellungen auseinander, orientiert auf die Analyse der neuen Entwicklungs-

62 Diskussion über das Buch „Veränderungen in der kapitalistischen Wirtschaft im Gefolge des zweiten Weltkrieges" von E. Varga, a. a. O.

prozesse des Kapitalismus und leistet einen eigenständigen wertvollen Beitrag für die weitere theoretische Diskussion. Dies bezieht sich sowohl auf seine Thesen zum staatsmonopolistischen Kapitalismus als auch auf die Probleme der Theorie der Lage der Arbeiterklasse wie die Fragen der relativen und absoluten Verelendung des Proletariats oder die Probleme der Arbeiteraristokratie. Gleichzeitig behandelt Eugen Varga wichtige Probleme der Veränderung des kapitalistischen Zyklus nach dem zweiten Weltkrieg und grundlegende Entwicklungstendenzen der kapitalistischen Weltwirtschaft wie die Fragen der Entwicklung des kapitalistischen Marktes, die Agrarkrisen und Fragen des gemeinsamen Marktes. Dabei geht Eugen Varga auch, wie er das in früheren Schriften getan hat, auf eigene Irrtümer und Fehler ein, legt seine neuen Erkenntnisse dar und gibt damit ein Beispiel für die schöpferische Analyse der marxistisch-leninistischen politischen Ökonomie unter den heutigen Bedingungen.

Der dritte Band enthält auch eine umfassende Bibliographie der Arbeiten Eugen Vargas. Sie ist die bisher umfangreichste Erfassung aller Schriften Eugen Vargas und besitzt dadurch einen eigenständigen wissenschaftlichen Wert. Sie wird es den Forschern und Lehrern auf dem Gebiete der politischen Ökonomie des Kapitalismus ermöglichen, sich noch eingehender mit den Schriften Eugen Vargas bekannt zu machen. Dem Akademie-Verlag, besonders seinem Mitarbeiter Rainer Sämisch, gebührt Dank und Anerkennung für die gesamte Förderung dieser dem Jubiläum Eugen Vargas gewidmeten 3bändigen Ausgabe.

Die Herausgeber

Erster Teil

# Das Geld

## Seine Herrschaft in Friedenszeiten und sein Zusammenbruch während des Krieges*

* A pénz uralma a békében bukása a háboruban, Budapest 1918, A Népszava-könyvkereskedés kiadása

# Vorwort des Verfassers

Den ersten Teil dieser kleinen Schrift verfaßte ich im Frühjahr des letzten Vorkriegsjahres. Im Juni 1914 übergab ich das fertige Manuskript dem Verlag. Durch die Kriegswirtschaft verzögerte sich das Erscheinen um drei Jahre. Als die Herausgabe wieder möglich war, nahm ich das Manuskript zurück, um es auf Grund der veränderten Situation zu überarbeiten. Im Verlauf der Arbeit nahm ich davon jedoch Abstand. Mir war klar, daß eine Überarbeitung des Buches unter genauer Berücksichtigung der gegenwärtigen Verhältnisse bedeutet hätte, daß es bei Kriegsende seinen Wert ebenso verliert, wie die meisten Bücher, die ökonomische Probleme der Kriegszeit behandeln. Deshalb ließ ich das Manuskript in der ursprünglichen Form, die es vor dem Kriege hatte. Ich berichtigte lediglich einige Irrtümer, auf die ich nach weiterem drei- bis vierjährigem Studium des Problems gestoßen war und fügte einige Angaben aus Büchern hinzu, die erst nach Abschluß der Arbeit am Manuskript erschienen waren. Sehr oft benutzte ich das Buch von Hóman „Finanzgeschichte Ungarns", das sehr viele wertvolle Angaben enthält. *Im ersten Teil meines Buches wird die Rolle des Geldes in Friedenszeiten behandelt.* Ich halte es für notwendig, den Leser besonders darauf aufmerksam zu machen, damit er sich nicht über einzelne Ausführungen und Thesen wundert, die angesichts der heutigen Kriegswirtschaft offensichtlich falsch sind. Von Fall zu Fall weise ich auf diesen Umstand auch besonders hin. Damit sich der Leser jedoch mit den Veränderungen in der Rolle des Geldes während des Krieges vertraut macht, analysiere ich im zweiten Teil des Buches speziell die Bedingungen der Kriegszeit und vergleiche sie ständig mit denjenigen der Friedenszeit. Ich hoffe, daß eine solche Gliederung des Buches besser die unterschiedliche Rolle des Geldes zum Ausdruck bringt, als wenn ich die Erscheinungen der Friedens- und der Kriegswirtschaft miteinander vermischt behandelt hätte. Der erste Teil des Buches wird so seine Bedeutung auch nach dem Kriege behalten. Der zweite Teil des Buches wird auch in der Zukunft nützlich sein, wenn sich jemand in den Tagen des langersehnten Friedens für die Wirtschaft der blutigen Wirklichkeit von heute interessieren sollte. Konnte der Verfasser im ersten Teil auf schon vorhandene Untersuchungen zurückgreifen, so mußten im zweiten Teil die neuen Erscheinungen selbständig erklärt werden. Deshalb empfehle ich der Aufmerksamkeit des Fachmannes vor allem den zweiten Teil.

Budapest, Dezember 1917 — Der Verfasser

# Teil I
# Die Herrschaft des Geldes in der Friedenswirtschaft

*Geld*! Gibt es irgend etwas anderes in der Welt von heute, von dem die Menschen mehr träumen, das sie mehr verfluchen würden! Notleidende Arbeiter, die sechs Tage hindurch die höllische Hitze der Hochöfen, die mörderischen Dämpfe der Fabriken erdulden, die sich zwischen den menschenvernichtenden Eisenteilen der Maschinen bewegen, um am sechsten Tage abends ein Goldstück oder einen zerknüllten Geldschein nach Hause zu bringen, wie oft haben sie schon sehnsüchtig geseufzt: „Hätte ich doch einmal viel Geld!" Geld zu besitzen bedeutet, sich vom Proletariat abzuheben, auf die Sonnenseite zu gelangen. Geld bedeutet, gesund zu sein und der Kultur teilhaftig zu werden. Aber wegen Geld, wegen der verfluchten Macht des Geldes ging auch Vanderbilt zugrunde, jener amerikanische Milliardär, der nach Meinung der Ärzte wegen Überlastung und ungenügender Ernährung vorzeitig starb. Das Geld jagt die Menschen in die Tiefe der Bergwerke, stürzt sie in den Wirbel der Großstädte oder die Weiten der Wüsten. Wegen des Geldes werden Menschen heute zu Raubmördern, Falschspielern, Betrügern und Streikbrechern! Es ist, als wenn die gesamte Menschheit ein Wahnsinn ergriffen hätte: jeder kämpft darum, ist besessen davon, läßt sich in Stücke reißen, so viel wie möglich von diesem sonderbaren Gut zu erlangen, von diesen silbernen und goldenen Münzen, von diesen blauen Scheinen, die keinerlei unmittelbaren Nutzen haben, die man weder als Nahrung, noch als Kleidung, noch zum Vergnügen benutzen kann! Aber die klingenden Goldmünzen, die knisternden Banknoten haben eine erstaunliche Eigenschaft: man kann sie gegen alles eintauschen, was sich der Mensch nur wünscht. Man kann sich alles dafür kaufen: Brot und Liebe, Ruhe und Gesundheit. Woher kommt diese erstaunliche übermenschliche Macht der Goldmünzen und Banknoten, worin besteht sie? Warum besitzen sie einige im Überfluß, während andere daran Mangel leiden? Warum duldet die Menschheit die Tyrannei des klingenden Goldes und der nichtssagenden Papierscheine? Warum vergöttern wir, obwohl bei uns der Glaube an den alten Gott schon ins Wanken geraten ist, immer noch das Geld, dieses große Idol? Wir wollen versuchen, in diesem Büchlein diese Fragen zu beantworten, die sich der Leser vermutlich schon öfter gestellt hat.

Um ausführlich antworten zu können, müssen wir in einigen Fällen vom Gegenstand der Untersuchung anscheinend etwas abschweifen und uns grundlegenden Thesen der marxistischen Ökonomie zuwenden. Möge der Leser nicht erschrecken: Schwierige Fragen sind nicht leicht zu beantworten . . .

## 1. Das Geld — ein gesellschaftliches Produkt

Wenn wir das Wesen des Geldes verstehen wollen, so müssen wir vor allem mit solchen Vorstellungen vom Geld brechen, wie sie durch die täglichen Beobachtungen bei uns entstehen: daß die wichtigste Eigenschaft des Geldes — nämlich *die Möglichkeit, alles dafür zu kaufen* — vom Material abhängt, aus dem das Geld besteht oder unmittelbar in der Natur des Geldes liegt. Wir, die wir von Kindheit an im Geiste der Achtung vor dem Geld erzogen wurden und uns tagtäglich davon überzeugt haben, daß wir alles haben können, wenn wir Geld haben, können nur schwer von dem Gedanken loskommen, daß Geld immer Geld ist, daß es etwas sehr Wertvolles ist, für das man alles erwerben kann.

Ich will ein kleines arabisches Märchen erzählen, um diese Vorstellung zu zerstreuen.

Zwei Reisende verirrten sich in der Wüste. Die Nahrung ging zu Ende. Sie waren schon am Ende ihrer Kräfte, als sie zufällig auf einen Karawanenpfad stießen. Hungrig, wie sie waren, schleppten sie sich nur mit Mühe fort. Plötzlich erblickten sie auf dem Pfad einen gefüllten Sack. Die Reisenden dachten, daß in dem Sack Datteln seien. Der Stärkere von ihnen schnitt den Sack mit dem Messer auf. Aber statt Freudengeschrei stieß er einen Ruf der Enttäuschung aus: Der Sack war bis oben hin mit Gold gefüllt. Unter normalen Bedingungen bedeutete dies einen großen Reichtum, aber hier in der Wüste, wo keine Menschen waren, bei denen man Gold gegen etwas anderes eintauschen konnte, war es eine genauso nutzlose, wertlose Sache, wie der Sand in der Wüste.

Dieses Beispiel zeigt deutlich, daß nicht das Material, sondern die menschliche Gesellschaft das Geld zu Geld werden läßt. Isolieren wir das Gold, das Silber oder auch die Banknoten von der menschlichen Umwelt, verschwindet sogleich ihre Geldcharakter.

Wir brauchen aber einen solchen Zustand nicht einmal herbeizuführen, um zu zeigen, wovon der Charakter des Geldes abhängt.

Es genügt, wenn wir die Gesellschaften betrachten, die der unsrigen vorangingen. Je niedriger das kulturelle Niveau des Volkes, um so geringer ist die Arbeitsteilung entwickelt. Ein Stamm produziert zum Beispiel alles, was er benötigt. Befriedigt eine Gruppe von Menschen ihre Bedürfnisse, ohne daß ein Austausch mit anderen Menschen erfolgt und will sie von diesen nichts erwerben, dann benötigt sie kein Geld. Und da sie kein Geld benötigen, ist es ihr unbekannt.

*Die spezifische Eigenschaft des Geldes wird also nicht durch das Material bestimmt, aus dem das Geld hergestellt wurde, sondern sie ist ein Produkt des gesellschaftlichen Lebens der Menschen. Nicht in jeder Gesellschaft existiert Geld, sondern nur in einer Gesellschaft, in der es Warenaustausch gibt.* Natürlich entstehen der Warenaustausch und damit das Geld im Verlauf der historischen Entwicklung der menschlichen Gesellschaft nicht auf einmal. Wir möchten den Ablauf dieses Prozesses skizzieren.

Die ersten Keime der Arbeitsteilung und des Warenaustausches entstanden nicht im Rahmen eines Stammes, wie viele behaupten. Schon Marx wies darauf hin, daß der erste Warenaustausch zwischen *benachbarten Stämmen* erfolgte, nicht aber zwischen einzelnen Angehörigen desselben Stammes. Die verschiedenen Völker lebten unter unterschiedlichen geographischen Bedingungen. Das Territorium eines Stammes verfügte über gute Weiden, was die Entwicklung der Viehzucht förderte. Auf dem Gebiet eines anderen Stammes fand sich guter Lehm, was der Töpferei Auftrieb gab. Andere Stämme befaßten sich vor allem mit der Jagd oder dem Fischfang usw. Dadurch sammelte sich bei jedem Stamm ein Überschuß an bestimmten Produkten an, und die Stämme nutzten diese überschüssigen Produkte gern für den Austausch. So entstand der erste Warenaustausch. Er war noch sehr primitiv und erfolgte auf der Grundlage des *Gebrauchswertes*. Jeder beteiligte Partner stellte für den Austausch zur Verfügung, was er selbst nicht benötigte, also das, was für ihn selbst nicht von Wert war. Deshalb interessierte es ihn auch nicht, wieviel derjenige Gegenstand, den er im Austausch für seine überschüssige Ware erhielt, kostete und welches Quantum Arbeit er enthielt. Genauso verhält es sich mit dem Austausch bei Kindern, die der tatsächliche Wert der auszutauschenden Gegenstände auch nicht interessiert. Bekanntlich haben Eingeborene bei europäischen Händlern einfache Glasperlen gegen tausendmal wertvolleres Gold eingetauscht.

Mit der Entwicklung des gegenseitigen Austausches der Produkte erfaßten die Völker rasch dessen Nutzen, und der Austausch erfolgte immer häufiger und regelmäßiger. Das verursachte allmählich auch Veränderungen in der Produktionstätigkeit der Völker, denn die Stämme begannen jenes Erzeugnis in größeren Mengen zu produzieren, für das bei den benachbarten Völkern eine besondere Nachfrage vorhanden war, und andererseits die Herstellung jener Gegenstände einzustellen, die benachbarte Stämme vorzugsweise im Austausch anboten. So bildete sich eine gewisse primitive Arbeitsteilung zwischen den einzelnen Stämmen heraus.

Mit der Weiterentwicklung des Austauschprozesses wuchs der Austausch aus den „Kinderschuhen" heraus. Die Menschen begannen abzuwägen, ob es lohnt, eine bestimmte Menge ihres Produkts gegen eine bestimmte Menge eines solchen Produkts auszutauschen, das sie selbst auch herstellen könnten. Diese Überlegungen konnten nur in der Schlußfolgerung gipfeln: Man muß prüfen, *wieviel menschliche Arbeit man für die Herstellung des Gegenstandes benötigt, der für den Austausch bestimmt ist, und wieviel Arbeit aufzuwenden wäre, um das im Austausch erhaltene Erzeugnis selbst herzustellen, wenn man es zu Hause produzieren würde*. In der Sprache der Ökonomie lautete die Frage: Wie groß ist der *Wert* des Produkts, das in den Austausch geht, und wie groß ist der *Wert* des Produkts, das im Wege des Austausches erworben wird?

Bereits auf dieser primitiven Entwicklungsstufe der Wirtschaft zeigt sich anschaulich die Richtigkeit des bekannten Satzes der Ökonomie, daß nämlich der Wert jeder Ware nichts anderes darstellt, als die Menge der in ihm verkörperten gesellschaftlichen Arbeit . . .

Hat sich der Austauschprozeß so weit entwickelt, daß die Menschen die in den Austausch gegebenen und die im Austausch erhaltenen Gegenstände zu schätzen beginnen, dann beginnt auch der Warenaustausch innerhalb des Stammes. Allmählich entwickelt sich damit die Arbeitsteilung. Die Menschen verwandelten nicht mehr nur das überschüssige Produkt in eine Ware, sondern sie begannen auch, Produkte speziell für den Verkauf herzustellen. Immer öfter kommt es vor, daß jemand eine Ware besitzt, die er tauschen will — wir können das Produkt jetzt Ware nennen, weil es für den *Verkauf* hergestellt wird —, während ein anderer, der diese Ware benötigt, keine Ware hat, die der erstere benötigt. Der Austausch kann deshalb nur erfolgen, wenn der zweite seine Ware bei einem dritten gegen eine Ware tauscht, die ersterer benötigt. Ein solcher Warenaustausch ist mit zahlreichen Schwierigkeiten verbunden, wie beispielsweise die Aufzeichnungen eines bekannten Afrika-Reisenden zeigen:

„Für die Fahrt über den Tanganjikasee wollte ich einen Kahn mieten. Ich wandte mich an Syde ibn-Habid mit der Bitte, mir einen Kahn zu vermieten. Er forderte aber Elfenbein als Bezahlung. Ich hatte kein Elfenbein, erfuhr aber, daß Muhammed-ben-Salib solches hat. Das half mit aber nichts, weil jener gegen das Elfenbein Baumwollstoff eingetauscht haben wollte. Stoff hatte ich ebenfalls nicht. Da sagte man mir, daß Muhammed-ibn-Garib Baumwollstoff hat, aber Draht benötigt. Zum Glück hatte ich Draht. So gab ich Muhammed-ibn-Garib die entsprechende Menge Draht, dieser gab Muhammed-ben-Salib den Baumwollstoff, und dieser gab seinerseits Syde-ibn-Habib das Elfenbein. Letzterer erlaubte mir dann, den Kahn zu benutzen." (B. L. Cameron, Across Afrika, I/246 — zit. in „Handwörterbuch der Staatswissenschaften")

Wo solche Schwierigkeiten auftauchen, fanden die Menschen einen Ausweg, indem sie *zuerst ihre Ware gegen eine solche Ware eintauschten, die alle gebrauchen konnten und die jeder zum Tausch annahm*. Erst diese Ware wurde gegen das eingetauscht, was man gerade benötigte.

*Ohne irgendeine vorherige Vereinbarung und ohne jeden Zwang schält sich damit eine bestimmte Ware aus dem Kreis der gewöhnlichen Waren heraus. Sie beginnt die Rolle eines Vermittlers beim Tausch, eines Tauschmittels zu spielen, sie verwandelt sich in Geld!* Welcher Ware diese Rolle zuteil wird, hängt von den wirtschaftlichen Bedingungen der entsprechenden Völker ab. Bei Völkern, die sich mit Viehzucht befaßten, spielten Rinder diese Rolle, weil das die Ware war, die alle gebrauchen konnten. Ebenso verhielt es sich bei den alten Griechen, den Römern, den Germanen und den Ungarn. Noch vor zweihundert Jahren bezeichnete man jedes Vermögen, sogar Gold und Silber, in der ungarischen Sprache mit dem Wort „marha"* wie in der lateinischen Sprache mit dem Wort „pecunia"**. Bei anderen Völkern spielten Waren, die speziell für den Export hergestellt wurden, eine ähnliche Rolle. In Rußland traf dies zum Beispiel auf Pelze zu, die immer gefragt waren.[1] Wenn in anderen Fällen mehrere verschiedenartige Waren exportiert wurden, aber nur eine Ware importiert wurde, die alle benötigten, so verwandelte sich diese Ware in das Tauschmittel. In vielen Ländern dienten Salzblöcke, Tee, Eisen, Kupfer, Blei, Silber- und Goldbarren sowie Draht als allgemeines Tauschmittel. In einigen Ländern sonderten sich Gegenstände, die überhaupt keinen praktischen Wert besaßen und nur als Schmuck dienten (z. B. Muscheln und Edelsteine) von den anderen Waren ab und übernahmen die Rolle einer allgemein anerkannten Ware, also die Rolle des Geldes. Alle diese Fakten beweisen in ausreichendem Maße, daß nicht das Material, aus dem man das Geld herstellte (wie wir gesehen haben, war es bei den einzelnen Völkern völlig unterschiedlich), irgendeinen Gegenstand in die Rolle des Geldes erhebt, sondern daß es die Bedürfnisse der regelmäßig am Warenaustausch teilnehmenden Völker sind. Welche Ware die Rolle des Geldes übernehmen wird, hängt von den besonderen Lebensbedingungen des jeweiligen Volkes ab: Diese Ware muß aber so beschaffen sein, daß jeder sie nutzen könne, daß sie *Wert* hat, das heißt, daß sie nur durch Arbeit erlangt werden kann. Was einem Menschen nützlich ist, aber ohne besonderen Arbeitsaufwand erworben werden kann, kann nie als Geld fungieren (z. B. Holz oder Früchte in einem waldreichen Land).

Wir halten somit fest: Es ist die Gesellschaft, und zwar die Gesellschaft mit Warenproduktion, die das Geld zum Geld macht, nicht aber irgendeine rätselhafte Eigenschaft des Materials, aus dem das Geld hergestellt ist.

## 2. Geld als Maß der Werte und Maßstab der Preise

In einer Gesellschaft mit stärker entwickelten Warenaustausch spielt das Geld nicht nur die Rolle des Vermittlers beim Austausch, sondern fungiert auch als Maß der Werte und Maßstab der Preise.

In einer sehr frühen Etappe des Warenaustausches wurde keine Ware benötigt, von der eine bestimmte Menge in der Lage war, den Wert anderer Waren auszudrücken. In dieser Etappe wurde die Menge der aufgewandten Arbeit noch unmittelbar verglichen: Die Menschen konnten noch einschätzen, wieviel Arbeit für die Herstellung derjenigen Ware aufgewendet werden muß, die sie im Ergebnis des Austausches erhalten wollten. Da

1 Kroatien bezahlte im Mittelalter als jährliche Abgabe an die ungarischen Könige eine bestimmte Anzahl Marderfelle.

* marha – Rind (im Ungarischen; Anm. d. Übers.).

** pecunia – Vieh (lateinisch; Anm. d. Übers.).

sie wußten, welcher Aufwand für die Herstellung der eigenen Ware erforderlich war, entschieden sie, ob es lohnte, sie für die entsprechende Ware einzutauschen. Mit zunehmender Arbeitsteilung zwischen den einzelnen Stämmen und zwischen den Angehörigen eines Stammes wurde es immer schwieriger, festzustellen, welche Menge an Arbeit zur Herstellung einer Ware aufzuwenden war, die man im Austausch beziehen kann. So erwies es sich als notwendig, eine Ware zu haben, die die Rolle eines Vermittlers spielt und den Wert aller Waren zum Ausdruck bringt. Da die Menschen ihre Waren nicht mehr unmittelbar gegen andere Waren zu tauschen brauchten, sondern sie gegen eine *allgemeine Ware*, d. h. gegen Geld tauschen und für das Geld die von ihnen benötigten Waren kaufen, so wurde ganz natürlich das Geld zu einer Sache, in der sich der Wert der Waren ausdrückt. In dieser Etappe genügte es den Menschen, wenn sie wußten, welche Menge an Arbeit für die Herstellung ihrer Ware und für die Herstellung derjenigen Ware notwendig war, die die Rolle des Geldes ausübte, d. h. welchen Wert die einzelnen Waren im Verhältnis zur allgemeinen Ware, dem Geld, hatten.

Übten Rinder die Rolle des Geldes aus, so kostete zum Beispiel ein Sklave 20 Rinder, ein Schild aus Metall 100 Rinder, zwei Pfund Silber kosteten 60 Rinder usw., das heißt, die Menschen drückten den Wert und den Preis der verschiedenen Waren in einer bestimmten Anzahl Rinder aus. So verhielt es sich bei den alten Griechen oder vor 1000 Jahren bei den Ungarn. Im Prinzip entspricht dies bereits der heutigen Situation, wo wir den Preis aller Waren in Geld, bei uns in einer bestimmten Menge Gold ausdrücken.

*In diesem Stadium des Warenaustausches war es noch nicht notwendig, einen Unterschied zwischen Wert und Preis zu machen!*

Natürlich konnte es vorkommen, daß man infolge der erhöhten Nachfrage nach einer bestimmten Ware diese gegen eine größere Anzahl von Rindern eintauschen konnte, als dies der zu ihrer Herstellung aufgewendeten Arbeit entsprach. Das ist aber nur von zufälligen Veränderungen auf dem Markt abhängig. In diesem Stadium gibt es noch keinen ständigen und zwingenden Unterschied zwischen Preis und Wert, wie in der kapitalistischen Produktionsweise, wo die organische Zusammensetzung des Kapitals in den verschiedenen Produktionszweigen unterschiedlich ist.

Da das Geld aber nicht nur als Tauschmittel, sondern auch als Maß der Werte fungieren muß, hoben sich aus der Vielfalt der Waren, die jeweils die Rolle des Geldes übernehmen, die Metalle als besonders geeignet hervor. Metalle als Maß der Werte verfügen über den Vorteil, daß zur Produktion einer Gewichtseinheit immer ungefähr die gleiche Menge Arbeit benötigt wird. Wendet der Mensch z. B. eine bestimmte Menge Arbeit im Ackerbau oder in der Viehzucht auf, so weiß er im voraus nicht, welche Menge Erzeugnisse er erhalten wird, da im Ackerbau die Witterungsverhältnisse entscheidend sind und die Viehzucht durch ansteckende Krankheiten Verluste erleiden kann. Beim Metall verhält es sich anders: Für die Herstellung einer bestimmten Menge Metall muß ständig eine annähernd gleiche Menge an Arbeit aufgewendet werden. Die Verwendung von Metall als Geld hat auch andere Vorzüge: Durch Abwiegen kann man das Gewicht der Metallstücke genau feststellen, und die einzelnen Stücke aus demselben Metall haben gleiche Qualität, so daß der Wert eines Metallstückes von bestimmtem Gewicht dem Wert eines anderen Stückes von gleichem Gewicht entspricht. Dient aber zum Beispiel das Rind als Geld, so ist das mit einigen Unbequemlichkeiten verbunden, weil es gutes und schlechtes, großes und kleines Vieh gibt. Genauso verhält es sich auch, wenn Pelze die Rolle von Geld übernehmen: Es gibt gute und schlechte, kleine und große Pelze. Ist also die Maßeinheit selbst schon nicht einheitlich, so kann man mit ihr nur sehr schwer etwas messen.

Die Rolle des Geldes als Maßstab der Preise macht es ebenfalls vorteilhaft, Metall als Geld zu verwenden. Der Maßstab der Preise muß so beschaffen sein, daß man durch ihn jeden beliebigen Preis ausdrücken kann. Der Wert derjenigen Ware, die als Maßstab der Preise fungiert, darf sich bei der Teilung in einzelne Stücke, oder umgekehrt bei deren Zusammenfügen, nicht verändern. Das Metall wird diesen Forderungen gerecht. Das Vieh ist dafür ungeeignet, denn lebendes Vieh läßt sich nicht teilen und wieder zusammensetzen. Auch Felle, Edelsteine oder Sklaven entsprachen diesen Anforderungen nicht. In dem Maße, wie der Warenaustausch innerhalb eines Stammes anwuchs und vor allem der Austausch kleinerer Warenmengen zunahm, wurde die Einführung von Metallgeld immer dringender. Bei den verschiedenen Völkern übernahmen Eisen, Kupfer, Bronze, Gold, Silber und Platin die Rolle des Geldes.

Aus verständlichen Gründen wählten die zivilisierten Völker aus der großen Anzahl von Metallen die Edelmetalle Gold und Silber als Material zur Geldherstellung. Die Spartaner, deren Warenaustausch sich auf einer sehr niedrigen Stufe befand, konnten sich noch mit Eisengeld zufriedengeben. Die Athener hatten Silber- und Goldgeld. Heute ist Eisengeld im Umlauf unvorstellbar. Jeder Arbeiter würde am Lohnzahlungstag etwa eine Dezitonne Eisengeld erhalten. Da die Edelmetalle, mit geringem Gewicht und kleinem Volumen einen großen Wert verkörpern; da zu ihrer Herstellung ständig annähernd das gleiche Quantum Arbeit aufgewendet wird, da man sie beliebig in kleinere Stücke teilen und wieder einschmelzen kann, ohne daß sie dabei an Wert verlieren, und da schließlich eine ständige Nachfrage nach ihnen besteht, ging man bei den zivilisierten Völkern letztlich dazu über, diese zur Herstellung von Geld zu verwenden.

## 3. Die Rolle des Staates bei der Entstehung des Geldes

Nachdem Gold und Silber die Rolle des Geldes übernahmen, konnte der Warenaustausch wesentlich leichter abgewickelt werden. Aber noch immer gab es große Schwierigkeiten.

Gold und Silber kommen in der Natur nur selten in reiner Form, sondern meistens in Verbindung mit anderen, weniger wertvollen oder wertlosen Metallen vor. Deshalb mußte man beim Verkauf der Waren gegen rohes Gold oder Silber prüfen, wie fein Gold oder Silber waren, das heißt, man mußte feststellen, wieviel reines Gold in eintausend Gewichtseinheiten enthalten ist. Das kostete natürlich große Mühe.

Aber auch dann, wenn man die Reinheit des Goldes festgestellt hatte, war dessen Verwendung als Geld mit Schwierigkeiten verbunden. Bei jedem Kauf mußte die entsprechende Menge Gold abgewogen werden. Bei kleinen Mengen war dies schwierig, weil genaue Waagen fehlten. Außerdem verwandelte sich durch die ständige Zerteilung des Goldes ein gewisser Teil davon in Staub und ging verloren.

Um diese Schwierigkeiten zu beseitigen, brachten einzelne Herrscher, Oberpriester, Städte und Könige Gold- und Silberstücke mit festgelegtem Gewicht und Feingehalt in Umlauf. Auf diesen Stücken wurden Prägestempel angebracht, die Auskunft gaben, wer sie in Umlauf gesetzt hatte. Dieser war dafür verantwortlich, daß die Stücke das entsprechende Gewicht und den ausgewiesenen Feingehalt besaßen.[2] So wurde begonnen, aus Silber

2 Wie historische Forschungen ergeben haben, wurden die ersten Münzen in Lydien in Kleinasien vor ungefähr 2600 Jahren hergestellt. Die Münzen bestanden aus einer Silber- und Goldlegierung im Verhältnis von 27 zu 73%, dem sogenannten Elektron. Später wurde bei den Münzen der Anteil des Silbers auf Kosten des Goldes erhäht. Die Athener prägten bereits Silbermünzen.

und Gold Geld, also Münzen[3] zu prägen, die jenen Goldmünzen im Wert von 10 und 20 Kronen sowie den Silbermünzen im Wert von 1, 2 und 5 Kronen ähneln, wie sie uns bekannt sind. Diese Münzen stellen nichts anderes dar, als eine bestimmte Menge Gold und Silber. Der Staat gibt ihnen eine bestimmte Form und ein bestimmtes Aussehen und bestätigt damit, daß sie tatsächlich die entsprechende Menge Gold und Silber enthalten. Der Staat schafft also nicht den Wert des Goldgeldes, sondern reguliert diesen nur.

Mit der Zeit ging das Recht auf Emission und Prägung von Goldmünzen ausschließlich auf die Könige und Fürsten über. Mit der Verbreitung von geprägtem Geld wurde dieses zum Maß der Werte und Maßstab der Preise, und die Menschen vergaßen allmählich den Zusammenhang zwischen der Münze und ihrem Gold- oder Silbergehalt. Kaufen wir heute irgendeine Ware, zum Beispiel ein Paar Schuhe, sprechen wir nicht davon, daß es 5 bis 10 Gramm Gold kostet, sondern sagen, daß es 15 bis 30 Kronen bzw. Mark oder Franc kostet. Die Kluft zwischen dem Nominalwert der Münze und ihrem realen Metallgehalt wird vollkommen, wenn die Münzprägung in dem betreffenden Staat so regelmäßig erfolgt, daß als Geld nur noch Münzen dieses Staates angenommen werden. In Ungarn nimmt man zum Beispiel keine anderen als ungarische und österreichische Münzen an, obwohl die anderen Münzen ebenfalls aus Gold geprägt sind.

Die Staaten und Fürsten haben das Recht der Münzprägung oft mißbraucht. Die Menschen gewöhnten sich an die Münzen und interessierten sich nicht mehr sonderlich für deren Gold- oder Silbergehalt, so daß es für die Könige zu einem profitablen Geschäft wurde, Münzen ohne Veränderung ihrer Bezeichnung mit einem geringeren Gold- oder Silbergehalt in Umlauf zu bringen. Das Geld mußte damals sehr oft ausgewechselt werden, weil die Prägetechnik noch unvollkommen war, die im Umlauf befindlichen Münzen einen raschen Verschleiß aufwiesen, die staatlichen Prägezeichen auf den Münzen bald abgenutzt waren und somit die Bestätigung der staatlichen Garantie verlorenging. Die Könige nutzten dies bis zum äußersten aus. Die Geschichte der Münzprägung im Mittelalter ist im Prinzip die Geschichte der Geldfälschung durch die Könige, deren Gewährsleute sowie durch private Geldfälscher. Nehmen wir einige Beispiele der Münzprägung in Ungarn.

Wenn wir ausführlichere Bücher über die Geschichte Ungarns durchblättern, so finden wir dort Abbildungen von Silbergeld, den sogenannten Denaren, die unter verschiedenen Königen der Árpádenzeit geprägt wurden. Die Münzen sehen auf den Abbildungen im wesentlichen gleich aus, doch haben sich ihr Gewicht und ihr Wert ständig verringert. Das Durchschnittsgewicht der Denare, die unter der Herrschaft der Árpáden-Dynastie geprägt wurden, veränderte sich folgendermaßen:

3 Bei den alten Römern war die Prägetechnik sehr weit entwickelt. Andererseits waren im Mittelalter beträchtliche Abweichungen in bezug auf Reinheit und Gewicht der verschiedenen Silbermünzen festzustellen. Untersucht man beispielsweise die Münzsammlung von König Béla II., so kann man feststellen, daß unter den 2800 bekannten Denarii (Denare), die mit dem Index C. N. H. 59 gekennzeichnet sind, die schwerste Münze ein Gewicht von 0,297 g und die leichteste von 0,101 g hat. Der Silbergehalt schwankt zwischen 810 und 675 Einheiten. Solche Abweichungen lassen sich durch die Art der Prägung erklären, die unter der Bezeichnung „al marco" bekannt ist; es wurde eine bestimmte Menge (ein Maß) Silber (300 bis 500 g) abgemessen und festgelegt, wieviele Münzen aus einem Maß geprägt werden sollen. Das Gewicht jeder Münze wurde nicht gemessen, sondern nach Augenmaß ermittelt.

| | (in Gramm) |
|---|---|
| ein halber Denar des Heiligen Stephan | 0,77 |
| ein halber Denar von Andreas I. | 0,60 |
| ein halber Denar von Salomon | 0,38 |
| ein Denar des Heiligen Ladislaus | 0,67 |

Der Wert der von den ungarischen Königen geprägten Silbermünzen lautet in heutigen Preisen wie folgt:

| | (in Fillér) |
|---|---|
| ein halber Denar des Heiligen Stephan | 24,0 |
| ein halber Denar Béla I. | 16,0 |
| ein Denar des Heiligen Ladislaus | 36,0 |
| ein Denar Kolomans | 13,0 |
| ein Denar Béla II. | 4,5 |
| ein Denar Gézan II. | 3,0 |
| ein anderer Denar Géza II. | 1,0 |

Die Angaben stammen aus dem Buch von Bálint Hóman „Magyar Pénztörténet az Árpádok Korában" (Ungarische Finanzgeschichte der Arpadenzeit).

„Der Hauptmangel der Silbermünzen der Árpáden bestand darin, daß sie rasch verschlissen und laufend umgetauscht werden mußten. Abgesehen vom Mißbrauch beim Umtausch war dieser für die Bevölkerung nicht sehr vorteilhaft, da der Umtausch nicht stückweise, sondern nach Gewicht erfolgte", schrieb Acsádi in seinem Buch „Geschichte des ungarischen Reichs"[4].

Mit jedem neuen Geldumtausch erhielt die Bevölkerung Münzen von immer geringerem Silbergehalt. Die Bezeichnung der Münzen blieb die gleiche, aber ihr wirklicher Wert war gesunken. Der Gewinn aus dieser Verringerung des tatsächlichen Wertes wurde zu einer ständigen Einnahmequelle der ungarischen Könige, man nannte diese Einnahmegewinne der lucrum camerae (der königlichen Kammer). Damit diese Einnahmen jährlich flossen, tauschten manche Könige jedes Jahr die in Umlauf befindlichen Silbermünzen um. Alle wurden gezwungen, die alten Denare gegen neue zu tauschen. Jeder, der nach dem Umtausch alte Münzen besaß, wurde als Falschmünzer behandelt. Der ständig sinkende Silbergehalt des Geldes führte dazu, daß es im internationalen Handel und im Großhandel unmöglich wurde, die Münzen nach ihrer Wertangabe zu verwenden: *Die Menschen waren gezwungen, wieder zur Verwendung von Silber nach Gewicht zurückzukehren.* Die ärmlichen Denare wurden nicht mehr gezählt, sondern gewogen und in Maß ausgedrückt. Durch die ständige Verschlechterung des Geldes verlor das staatliche Geld seinen Sinn. Dieser bestand ja gerade darin, daß der Staat mit der Prägung von Silbermünzen einen bestimmten Silbergehalt der Münzen garantierte.

Die sogenannten guten Könige fälschten Geld genauso wie die schlechten Könige. Auch König Matthias ließ in der Not schlechtes Geld prägen. Seine Denare enthielten nur zu einem Viertel Silber, drei Viertel waren Kupfer. 1462 wurde das Geld noch schlechter. Acsádi schrieb dazu in der „Geschichte des ungarischen Reichs": „Dazu

4 Vgl. I. Acsádi, A magyar birodalom története (Geschichte des ungarischen Reichs), Bd. I (996—1490), Budapest 1903, S. 431.

zwang ihn übrigens Kaiser Friedrich, ein gekrönter Geizhals, der so schlechte Münzen prägen ließ, sogenannte Schinderlinge, daß man sagte, der Ausweg aus dem Elend bestünde darin, *noch schlechteres Geld zu prägen.*"

Wie schlecht es mit dem Geld in anderen Ländern bestellt war, zeigt ein Dekret des ungarischen Königs Ferdinand I. vom 15. Januar 1543:

„*Wir sind uns dessen bewußt*", schreibt der König, „*daß die guten Silbermünzen der gegenwärtigen und früheren ungarischen Könige oft für schlechteres ausländisches Geld aufgekauft und in großen Mengen ins Ausland ausgeführt werden, wo man sie zum Umschmelzen verkauft.* Damit wird unseren Untertanen großer Schaden zugefügt, denn das ganze Land ist bereits mit schlechten und wertlosen Münzen überschwemmt." Deshalb erließ der König ein strenges Verbot für die Ausfuhr ungarischer Münzen ins Ausland.[5]

Dieses Dekret zeigt deutlich, daß die Könige zwar die Macht hatten, ihre eigenen Untertanen durch den Umtausch des Geldes zu schädigen, sie hatten jedoch nicht die Macht, die Kaufkraft des Geldes festzulegen. Da das Land aber nicht isoliert von anderen Ländern existierte, hing die Kaufkraft des Geldes von dessen tatsächlichem Silbergehalt ab. Weil im Ausland das Geld oft noch schlechter war als bei uns, wurden die ungarischen Münzen in andere Länder ausgeführt und dort zu Silber eingeschmolzen.

Vor allem Polen war für sein erbärmliches Geld bekannt, das auch Ungarn überschwemmte. Im Jahre 1625 versuchte Gábor Bethlen, ein Fürst von Siebenbürgen, vergeblich, mit dem Kaiser und dem König von Polen ein Abkommen über die Prägung gleicher Münzen zu schließen.[6]

Welches Durcheinander nicht vollwertiges Geld hervorrief, bezeugt nachfolgende Schilderung:

„Das ganze Unheil, das durch schlechte Könige, schlechte Minister, schlechte Parlamente und schlechte Richter über die englische Nation ein Viertel Jahrhundert lang hereinbrach", schreibt der bekannte englische Historiker Thomas Macaulay über das Jahr 1696, „ist ohne Zweifel nicht mit jenem Unheil zu vergleichen, das schlechte Goldmünzen und schlechte Schillinge innerhalb *eines Jahres* verursachten . . . Man konnte nichts kaufen, ohne daß es Streit gab. Diesen gab es in jedem Laden morgens bis abends. Zwischen den Landwirten und den Tagelöhnern waren Streitereien so unvermeidbar, wie der nächste Sonnabendabend. Alles wurde teurer. Der Arbeiter, der ein Stückchen Metall erhielt, nahm an, daß er einen Schilling habe; wenn er aber eine Pinte Salz oder ein Brot kaufen wollte, dann nahm man ihm diesen nur mit Schwierigkeiten für die Hälfte des Wertes ab."[7]

Mißstände in der Münzprägung gab es bis in die neueste Zeit, bis die Klasse der Bourgeoisie zum entscheidenden Faktor in den kapitalistischen Ländern wurde und diesen ein Ende setzte. Heute ist die Technik der Münzprägung so entwickelt, daß bei der Emission der ungarischen Goldmünzen im Wert von 10 und 20 Kronen das Gesetz beim Gewicht eine Abweichung von höchstens zwei Promille und von einem Promille beim Feingehalt zuläßt. Das Gesetz legt eine Prägenorm fest, das heißt, es bestimmt die Anzahl der Goldmünzen im Wert von 10 oder 20 Kronen, die aus einem Kilo Gold geprägt werden müssen. Die Prägenorm wird in den kapitalistischen Ländern wenn möglich nicht verändert.

5 Vgl. Magyar Gazdaságtörténeti Szemle (Ungarische Wirtschaftshistorische Umschau), Jg. 1903, S. 373.
6 Vgl. ebenda, Jg. 1901, S. 318.
7 F. Salamon, Budapest története (Die Geschichte von Budapest), Bd. III, S. 127.

Der ständig gleichbleibende Metallgehalt der Münzen gewährleistet jedoch noch nicht, daß auch die Kaufkraft des Geldes stets die gleiche bleibt. Das Quantum Arbeit, das zur Herstellung einer bestimmten Menge Gold oder Silber notwendig ist, besitzt nur eine relative Beständigkeit, zum Beispiel im Verhältnis zu der Menge der Arbeit, die in landwirtschaftlichen Produkten verkörpert sind, wo die Schwankungen, wie bereits erwähnt, sehr groß sind. In der Geschichte gab es tatsächlich große Schwankungen sowohl beim Gold als auch beim Silber. Vor allem zu Beginn der Neuzeit, seit der Entdeckung Amerikas, sind große Mengen Gold und Silber nach Europa geströmt, die ein sehr geringes Quantum Arbeit enthielten. Das führte zu einem stürmischen Preisanstieg. Die Waren mußten teurer werden, da äquivalente Mengen an Arbeit ausgetauscht wurden. Das im Gold oder im Silber enthaltene Quantum Arbeit hatte abgenommen, aus einer bestimmten Gewichtseinheit Gold und Silber wurden aber nach wie vor Münzen mit dem gleichen Nennwert geprägt wie früher. Erst im modernen Kapitalismus gelang es, die Schwankungen auszugleichen, die sich aus dem veränderten Aufwand für die Goldproduktion ergeben.

## 4. Geldzeichen als Ersatz für wirkliches Geld

Der Wert des wirklichen Geldes ist natürlich gleich dem Wert jener Waren, die man für dieses Geld kaufen kann. Es ist leicht einzusehen, daß die Funktionen des Geldes auch von wertlosen Geldzeichen erfüllt werden können, die das Geld ersetzen.

Es ist keineswegs notwendig, daß das Geld als Maß der Werte, bzw. als Maßstab der Preise in Wirklichkeit existiert. Um festzustellen, daß der Preis einer Ware 10 oder 100 Kronen beträgt, genügt es, sich das Geld in Gedanken vorzustellen, es ist nicht notwendig, daß das Geld auch tatsächlich präsent ist. In diesem Falle fungiert das Geld als *fiktives Rechengeld*, wie Marx sagt.

„Das Geld als Rechengeld mag überhaupt nur ideal existieren, während das wirklich existierende Geld nach ganz anderem Maßstab gemünzt ist. So bestand in vielen englischen Kolonien in Nordamerika das zirkulierende Geld bis tief ins 18. Jahrhundert aus spanischen und portugiesischen Münzen, während das Rechengeld überall dasselbe war wie in England."[8]

Nach den Gesetzen des Heiligen Stephan fungierte in Ungarn als Rechengeld eine Silbermark; bei den alten Griechen war es ein Silbertalent; weder die Silbermark in Ungarn noch das Talent in Griechenland existierten als wirklich geprägtes Geld. Das Geld als wertmessendes Rechengeld muß also nicht unbedingt auch im Umlauf sein. In China ist heutzutage der Tael das Rechengeld, tatsächlich sind aber überwiegend spanische oder mexikanische Piaster im Umlauf.

Das Geld als Tauschvermittler, als Tauschmittel tritt anfangs immer als wirkliches Metall auf, und in diesem Falle werden immer äquivalente Werte ausgetauscht. Aber mit der Entwicklung des Warenaustausches und des Geldumlaufs werden bald Geldzeichen zum Tauschmittel, die das Geld ersetzen.

Untersucht man diesen Prozeß aufmerksamer, so kann man sagen, daß auch vollwertige Goldmünzen nur am Anfang ihrer Zirkulation vollwertiges Geld sind. Im Verlaufe der Zirkulation verschleißen sie, und der wirkliche Wert der Münze sinkt unter den auf ihr

8 K. Marx, Zur Kritik der Politischen Ökonomie, in: K. Marx/F. Engels, Werke (im folgenden MEW), Bd. 13, Berlin 1972, S. 58.

angegebenen Wert ab. Solange der Verschleiß der Münze nicht die gesetzlich festgelegte Grenze erreicht, zirkuliert diese als vollwertiges Geld weiter; sie verwandelt sich in ein Symbol ihrer selbst.

Warum ist das möglich? Weil die Münzen dem Gold als Maß der Werte entfremdet werden. Die Menschen verkaufen ihre Waren nicht deshalb, um das erhaltene Geld anzuhäufen, sondern um für das erhaltene Geld andere Waren zu kaufen. Ware und Geld tauschen im Zirkulationsprozeß ständig ihren Platz. Ein Bauer verkauft einen Sack Korn für eine Goldmünze im Wert von 20 Kronen und kauft sich für das erhaltene Geld ein Paar Stiefel; der Schuhmacher gibt diese Münzen sogleich dem Lederhändler für die von ihm erhaltenen Waren; der Lederhändler gibt die Münze an den Besitzer der Lederfabrik weiter; der Fabrikbesitzer kauft für die Münze beim Dorfjuden (Aufkäufer für landwirtschaftliche Erzeugnisse) Rohhäute; von diesem gelangt die Münze erneut zum Bauern als Entgelt für die Haut eines verreckten jungen Ochsen — die Münze hat eine Rundreise gemacht, aber sie verbleibt auch nicht beim Landmann; zusammen mit anderen Münzen geht er damit zum Markt, wo er einen neuen jungen Ochsen anstelle des verreckten kauft.

W—G—W, Ware—Geld—Ware, das ist die Formel für den einfachen Warenaustausch, dessen Ziel darin besteht, eine bestimmte Ware zu verkaufen und dafür eine andere Ware zu kaufen. Sowohl dem Bauern als auch dem Schuhmacher, dem Lederhändler und auch dem Lederfabrikanten ist es vollkommen gleichgültig, ob diese Goldmünze von 20 Kronen, die die Vermittlerrolle beim Austausch spielt, vollwertig ist oder nicht, ob sie überhaupt einen Wert hat oder nicht. Für sie ist nur wichtig, daß sie wirklich *Tauschmittel* ist, das heißt, daß sie als Entgelt für die Ware angenommen wird, deren Wert dem Wert derjenigen Ware entspricht, die für diese Münze abgegeben wird. Anders ausgedrückt, ist in der Ware des Verkäufers eine solche Menge Arbeit verkörpert, wie sie in einer vollwertigen Goldmünze mit einem Wert von 20 Kronen enthalten ist, und erhält er dafür die gleiche Menge vergegenständlichter Arbeit, so ist es ihm im Prinzip gleichgültig, ob diese Münze, die die Vermittlerrolle im Austausch spielt, 20 Kronen wert ist, ob sie überhaupt einen Wert hat oder nicht. *Hierauf basiert die Verwendung von abgenutztem Goldgeld oder von Metallgeld, dessen Wert unter seinem Nennwert liegt bzw. die Verwendung von staatlichem Papiergeld.*

Auch bei uns sind Metallmünzen im Umlauf, deren Wert unter ihrem Nennwert liegt. Der Wert der Silberkronen und der Nickelmünzen zu 10 und 20 Fillér sowie der Kupfermünzen zu 1 und 2 Fillér liegt weit unter demjenigen Wert, den diese Münzen im Umlauf repräsentieren. Für 100 Nickelmünzen im Nennwert von 20 Fillér kann man ebenso viele Waren kaufen wie für eine Goldmünze von 20 Kronen. Würde es aber jemandem erlaubt werden, Münzen aus eigenem Nickel zu prägen, so wäre dies das vorteilhafteste und sicherste Geschäft der Welt, weil man die Nickelmenge, aus der sich 100 Nickelmünzen zu je 20 Fillér prägen lassen, für 3 bis 6 Kronen kaufen kann. Ähnlich verhält es sich auch mit den Bronzemünzen und Silberkronen. Der von ihnen in der Zirkulation repräsentierte Wert liegt wesentlich höher als der Wert ihres Metallgehaltes, ausgedrückt in wirklichem Geld, in Gold.[9] Deshalb besitzt nur der Staat das Recht der Münzprägung, und das Gesetz bestraft auch diejenigen als Falschmünzer, die versuchen,

9 So verhielt es sich vor dem Krieg; während des Krieges stiegen die Preise für Silber, Nickel und Kupfer so an, daß der Wert des Metallgehaltes dieser Münzen über ihrem Nennwert lag; die Folge war natürlich, daß die Münzen in großem Umfang zu Barren umgeschmolzen und diese verkauft wurden.

vollwertige Silber-, Nickel- oder Bronzemünzen zu prägen, obwohl dies im eigentlichen Sinne keine Falschmünzerei darstellt.

Daß unsere Goldmünzen vollwertiges Geld sind, während die Silbermünzen demgegenüber nur Geldzeichen sind, wissen am besten die Juweliere und Goldschmiede. Benötigen sie Gold, so schmelzen sie ohne weiteres Goldmünzen im Wert von 20 und 10 Kronen ein, weil ihr Goldgehalt dem Nennwert der Münzen entspricht; es würde ihnen aber nicht einfallen, Silbermünzen zu Silberbarren umzuschmelzen, weil die Silbermenge, die man beim Umschmelzen einer Silbermünze im Wert von 10 Kronen erhält, für 5 Kronen in Form von „Roh"silber zu kaufen ist.

Somit dienen die abgenutzten Goldmünzen, aber auch die Silber-, Nickel- und Kupfermünzen als Tauschmittel in Form von Geldzeichen, als Symbole jener Goldmenge, die ihrem Nennwert entspricht. Dabei bringen sie keine Unordnung in den Warenumlauf. Die Werte bzw. die Preise der Waren werden in Gold berechnet. Aber anstelle von Gold akzeptieren wir auch das einen geringeren Wert besitzende Silber und Nickel, weil wir wissen, *daß sie uns zum gleichen Wert abgenommen werden*, zu dem wir sie angenommen haben. Können aber Metallmünzen mit einem geringeren Wert als Symbole für vollwertiges Gold fungieren, so *gibt es keinerlei Hindernisse dafür*, *daß der Staat aus vollkommen wertlosem Material Geldzeichen herstellt*, *die das Gold in der Zirkulation ersetzen*; man muß nur sicherstellen, daß diese Geldzeichen von allen anstelle von Gold angenommen werden. So entsteht Papiergeld mit einem Zwangskurs.

Natürlich ist die Ausgabe von Papiergeld mit einem Zwangskurs für den Staat noch vorteilhafter als das Prägen von erbärmlichem Silbergeld. Das Material zur Herstellung des Papiergeldes kostet fast nichts und man kann eine beliebige Summe aufdrucken lassen. Ende des 18. und zu Beginn des 19. Jahrhunderts, als durch die häufigen Kriege ein beständiger Geldmangel herrschte, brachten die Regierungen in großem Umfange Papiergeld in Umlauf. Die Regierungen bezahlten die Lieferanten, Soldaten und Beamten statt mit richtigem Gold mit Papiergeld von bestimmtem Nennwert. Für den Staatshaushalt bedeutete dieser Vorgang praktisch eine Konfiszierung von Vermögenswerten der Bevölkerung in Höhe des Betrages, für den Papiergeld in Umlauf gesetzt wurde. Anfangs ging die Ausgabe von staatlichen Geldzeichen reibungslos vonstatten. Der Staat verpflichtete seine Bürger, das Papiergeld zum Nennwert anzunehmen. Die Bürger akzeptierten es gern, da es ihnen, wenn das Geld nur als Tauschmittel dient, gleichgültig ist, aus welchem Material es hergestellt wurde. Preise und Werte wurden in Gold oder in Silber gemessen; in der Zirkulation jedoch übernahmen Papierzeichen, die einer bestimmten Gold- oder Silbermenge — genauer gesagt, einer Anzahl von Silber- oder Goldmünzen — entsprachen, die Vermittlerrolle.

Das Geldproblem schien endgültig gelöst. Es hatte den Anschein, daß jeder soviel Geld haben könnte, wie er benötigte, denn auf der Druckmaschine konnte man Tag und Nacht Geld drucken. So stellten sich auch die Vertreter der Stände des Komitats A'rva die Dinge vor, als sie sich 1806 an König Franz mit der Bitte wandten, ihnen eine Maschine zum Drucken von Geld zu schenken, damit auch Ungarn endlich ein reiches Land werde, wie sie es formulierten. Der Zusammenbruch des österreichischen Staates im Jahre 1811 war jedoch für alle ungarischen Herrschaften, die keine Kenntnisse auf dem Gebiet der Ökonomie besaßen, eine bittere Lehre: Sie spürten am eigenen Leibe, daß eine Maschine zum Gelddrucken keine Wundermaschine ist, mit der man ein Land reich machen kann.

## 5. Die in Umlauf befindliche Geldmenge

Um zu verstehen, warum Papiergeld nicht unbegrenzt das Gold ersetzen kann, ist daran zu erinnern, daß das Papiergeld das Gold nur in der Zirkulation, nur als Tauschmittel und nur auf dem Territorium des Landes, auf dem es herausgegeben wurde, ersetzen kann. Das Gold behält auch außerhalb der Zirkulation seinen vollen Wert. Wenn wir Goldmünzen im Wert von 20 Kronen nach Gewicht wie Goldmetall verkaufen wollen, so haben wir fast keinen Verlust; Papiergeld mit Zwangskurs verliert seinen gesamten Wert, sobald der Staat die Bevölkerung nicht mehr zwingt, es anzunehmen, wie das Schicksal der Kossuth-Banknoten beweist. Ergibt sich in der Zirkulation ein Überschuß an Goldgeld, so behält es als Schatz, als Edelmetall zur Herstellung von Schmuck und als internationales Zahlungsmittel seinen vollen Wert; ergibt sich in der Zirkulation ein Überschuß an Papiergeld mit Zwangskurs, das das Gold in der Zirkulation nur in seiner Funktion als Zirkulationsmittel ersetzen kann, so wird es wertlos. Papiergeld und andere Geldzeichen (Kupfer- und Nickelmünzen) dürfen, wenn die bisherigen Preisverhältnisse nicht gestört werden sollen, nur in der Menge in Umlauf gesetzt werden, die für die Abwicklung des Austausches, als Tauschmittel, benötigt wird. *Wieviel Geld ist aber nun für die Abwicklung des Warenaustausches erforderlich?*

Sehen wir vorläufig von den Kreditbeziehungen ab und nehmen wir an, daß alle Tauschakte mit Hilfe von Goldgeld abgewickelt werden. Dann ist offensichtlich, daß die Menge des in Umlauf befindlichen Goldgeldes wertmäßig der Summe der Preise der an einem Tag umgeschlagenen Ware entsprechen muß. Das Geld läuft jedoch rascher um als die Waren; mit dem gleichen Geldstück können nacheinander mehrere Tauschakte vollzogen werden, das gleiche Geldstück kann aber auch lange Zeit irgendwo liegen und nicht an der Zirkulation teilnehmen. Davon ausgehend drückte Marx[10] die im Umlauf befindliche Geldmenge mit folgender Formel aus:

$$\frac{\textit{Preissumme der Waren}}{\textit{Umlaufsanzahl gleichnamiger Geldstücke}} = \textit{Masse des als Zirkulationsmittel funktionierenden Geldes}$$

Mit anderen Worten, je größer die Warenzirkulation ist, um so mehr Geld ist erforderlich (bei einer gleichen Anzahl von Umläufen gleichwertiger Geldstücke). Nimmt die Warenmenge in der Zirkulation zu oder steigen die Preise, so muß die Menge des umlaufenden Geldes zunehmen. Zeichnet sich umgekehrt eine Stagnation in der Wirtschaft ab und geht der Warenumschlag zurück, so verringert sich auch die für die Zirkulation notwendige Geldmenge. Das alles trifft zu, wenn wir die Geldumlaufgeschwindigkeit als gleichbleibend voraussetzen, das heißt, wenn zum Beispiel eine Krone innerhalb eines bestimmten Zeitabschnittes, im Verlauf eines Tages oder einer Woche eine konstante Zahl von Umläufen vollzieht. Erhöht sich die Zahl der Umläufe gleichnamiger Geldstücke, so wird eine geringere Geldmenge zur Abwicklung eines bestimmten Warenumsatzes benötigt; nimmt andererseits die Zahl der Umläufe ab, so erhöht sich die benötigte Geldmenge. Aber zu jedem bestimmten Zeitpunkt befindet sich eine bestimmte Geldmenge in Umlauf, die allerdings kaum quantifizierbar ist. Der Kredit modifiziert diese Formel natürlich: Von der Preissumme sämtlicher Waren muß man die Preise jener Waren abziehen, die später bezahlt werden, und die Preissumme jener Waren hinzufügen, die zu einem früheren

10 Vgl. K. Marx. Das Kapital, Erster Band, in: MEW, Bd. 23, Berlin 1969, S. 133.

Zeitpunkt auf Kredit gekauft und heute bezahlt werden, wobei die sich gegenseitig ausgleichenden Verbindlichkeiten, die nicht bar bezahlt, sondern gegenseitig verrechnet werden, abzuziehen sind.

Es kommt vor, daß sich weniger Geld im Umlauf befindet, als für die Zirkulation notwendig ist. Das ist besonders dann der Fall, wenn im heutigen Kapitalismus aus irgendwelchen Gründen eine Kreditkrise auftritt. Dann schwindet das gegenseitige Vertrauen zwischen den Menschen, sie gewähren einander keine Kredite, und bei jeder Warenlieferung wird sofortige Barzahlung verlangt. In diesen Fällen nimmt die für die Zirkulation erforderliche Geldmenge schlagartig zu. In einer solchen Lage ist jeder Händler und jeder Bankier bestrebt, um jeden Preis Bargeld zu bekommen: Sie sind bereit, gegen Bargeld andere Vermögenswerte abzugeben, deren Wert über dem Nennwert des begehrten Bargeldes liegt.

Nennen wir ein interessantes Beispiel: „Während der letzten Kreditkrise im Herbst 1907 in den Vereinigten Staaten entstand plötzlich ein Agio auf Geld, nicht etwa bloß auf Goldgeld, sondern auf alle Arten von gesetzlichen Zahlungsmitteln, Gold- und Silbermünzen, Staatspapiergeld (Greenbacks) und Banknoten. Das Agio betrug anfangs über 5 Prozent.“[11] Der Geldmangel war so groß, daß die Banken, ohne dazu vom Staat bevollmächtigt zu sein, privates Papiergeld in Umlauf zu setzen begannen, das zwar nicht vom Staat, aber von den Banken, den Kapitalisten und den Händlern für gegenseitige Verrechnungen bis zum Ende der Krise entgegengenommen wurde. Natürlich tritt eine solche Erscheinung, daß der Wert über dem Nennwert des Geldes liegt, nur vorübergehend auf.

Gelegentlich befindet sich eine größere Menge Geld in Umlauf als notwendig. In diesem Fall gestaltet sich das Schicksal des Goldgeldes und das Schicksal des Silber-, Kupfer- oder Papiergeldes, das das Gold im Umlauf vertritt, unterschiedlich. Das im Überfluß vorhandene Goldgeld fällt einfach aus der Zirkulation heraus, wird zurückgehalten und sammelt sich bei seinen Besitzern an, was aber seinen Wert keineswegs mindert. Das in Umlauf befindliche überschüssige Goldgeld wird als *Schatz* angesammelt oder fließt zum Ausgleich von Zahlungen über die Grenze, doch wird sein Wert niemals unter dem auf dem Weltmarkt notierten Wert des in ihm enthaltenen Goldes liegen. Schmelzen wir eine Goldmünze von 20 Kronen um, so ist die darin enthaltene Goldmenge ebenfalls 20 Kronen wert. Haben die Menschen somit mehr Goldgeld, als dies für die Warenzirkulation erforderlich ist, so entstehen keine Probleme, weil das Gold auch außerhalb des Austauschprozesses seinen Wert behält.

Anders verhält es sich, wenn in einem Land mehr Silber- oder Kupfermünzen in Umlauf sind, als es für die Zirkulation erforderlich ist. In diesem Falle sinkt der Wert der in Umlauf befindlichen Silber- und Kupfermünzen, und zwar so lange, bis er jene Wertgrenze erreicht, bei der die überschüssigen Silber- und Kupfermünzen im eingeschmolzenen Zustand vorteilhaft als Rohsilber oder Kupfer verkauft werden können. Diese Geldentwertung kann man sich folgendermaßen vorstellen: Solange sich eine genügende Geldmenge in der Zirkulation befindet, kann man z. B. für ein 8-Forint-Silberstück so viel Waren kaufen wie für ein 8-Forint-Goldstück; besteht ein Überfluß an Silber- oder Kupfermünzen, so kann man für ein 8-Forint-Silberstück die Hälfte der Warenmenge wie für ein 8-Forint-Goldstück erwerben. In diesen Fällen werden die Preise immer in dem Geld ausgedrückt, das im Überfluß vorhanden ist, weil sich alle bemühen, dieses

11 R. Hilferding, Das Finanzkapital, Berlin 1947, S. 41.

Geld abzustoßen und vollwertiges Geld zu behalten. So entsteht eine allgemeine Verteuerung. Gleichzeitig wird das Gold ins Ausland ausgeführt, wo man das entwertete Silber- oder Kupfergeld nur nach Gewicht annimmt. Jede derartige Geldentwertung trifft vor allem die armen Menschen schwer, wie das folgende interessante Beispiel vom Anfang des 17. Jahrhundert zeigt.

S. Takáts schrieb in seiner Arbeit „Das Kupfergeld als Landplage im Jahre 1703":

„Da die Bergbaubehörde und die Münze nicht in der Lage waren, gutes Silbergeld in Umlauf zu setzen und die alten Silbermünzen fast vollständig verschwunden waren, wurde das Land mit einer großen Menge von Kupfergeld überschwemmt. Diese aus rotem Kupfer geprägten Münzen von erbärmlicher Qualität, die man seinerzeit als rote Poltura (halbe Groschen) bezeichnete, wurden in immer größeren Mengen in Umlauf gesetzt. Je größer die Menge war, die von ihnen in Umlauf gebracht wurde, um so mehr fiel ihr Wert. Einer Aufstellung der Körmöcer Behörde zufolge wurden im Jahre 1696 noch kupferne halbe Groschen für 2364 Forint, im Jahre 1697 aber schon für 5984, 1700 für 18452 und 1702 für 116318 Forint in Umlauf gesetzt. In nicht einmal sieben Jahren wurden solche Münzen in einem Betrag von 211158 Forint in Umlauf gesetzt. Das war eine Unmenge Geld in diesen armen Zeiten. Und da dieses wertlose Geld in die Hände der ärmsten Bevölkerungsschichten des Landes gelangte, spürten diese vollkommen ausgeplünderten und ausgelaugten Armen das Unheil doppelt stark.

Bei der damaligen Prägeweise des Geldes war kaum ein halber Groschen der Form und dem Gewicht nach dem anderen gleich. Das erleichterte die Arbeit der Falschmünzer in unwahrscheinlichem Maße. Darüber hinaus war das Kupfer so billig, daß die Falschmünzerei eine sehr lukrative Sache war. Wie aus offiziellen Meldungen hervorgeht, haben thrakische und griechische Kaufleute aus den Gebieten von Kaschau*, aus den Szomolnoker* Kupferschächten und aus den Gebieten an der Theiß falsche Poltura zentnerweise in die Westgebiete des Landes gebracht.

Obwohl die Kupfermünzen auf Befehl des Fiskus in Umlauf gesetzt wurden und auch die Bergbaubehörde ihre Arbeiter mit diesem Geld entlohnte, *weigerte sich der Fiskus zuerst, das Kupfergeld zur Bezahlung von Steuern entgegenzunehmen.* Man kann sich vorstellen, welches Unglück das für die armen Leute bedeutete, die außer dem völlig entwerteten Geld aus rotem Kupfer kaum Geld besaßen. Die schwere Arbeit der Bergleute wurde mit Kupfergeld bezahlt, wollten die Bauern die Produkte ihrer Arbeit verkaufen, so erhielten sie dafür auch nur Kupfergeld. Wollten sie etwas kaufen oder ihre Schulden bezahlen, so wurde ihnen ihr Kupfergeld nicht abgenommen!"[12]

Zeitgenossen aus dem Jahre 1703 berichteten, daß das Kupfergeld zu ungeheurem Elend und zu unsagbaren Ungerechtigkeiten führte, daß Oberungarn dem vollständigen Zusammenbruch entgegengehe, wenn keine Abhilfe geschaffen würde.

Die Erbitterung des Volkes war wirklich riesig. Die Soldaten, die ihren Sold ebenfalls in Kupfergeld erhielten, plünderten die Bauern aus. Ein Hauptgrund für die Volkserhebung unter Führung von Rákóczi war das Elend, das durch das Kupfergeld entstanden war.

Das Kupfer hat als Metall trotz allem einen bestimmten Wert, das heißt, aus Kupfer hergestellte Münzen haben immer einen, wenn auch geringen Wert. Dagegen hat das Papier-

12 S. Takáts, A rézpénz mint országes csapás 1703-ban; in: Magyar Gazdaságörténeti Szemle, Jg. 1903, S. 66.

* Heute: Košice (ČSSR) — d. Hrsg.

** Heute: Smolník (ČSSR) — d. Hrsg.

geld als solches überhaupt keinen Wert. Es erwirbt seinen Wert nur dadurch, daß es im Zirkulationsprozeß die Funktion von goldersetzenden Geldzeichen ausübt. Scheidet Papiergeld aus der Zirkulation aus, so hat es keinen Wert. Wenn also mehr Papiergeld als benötigt in Umlauf kommt, so kann man den Überfluß weder als Schatz akkumulieren, noch einschmelzen, noch ins Ausland schaffen, wie vollwertiges Gold. Da es nur im Umlauf Wert hat, will es jeder in Umlauf bringen, d. h. etwas dafür kaufen. Je mehr Papiergeld emittiert wird, um so rascher wollen es die Leute loswerden. Das hat zur Folge, daß die Warenpreise, — im Vergleich zu ihrem tatsächlichen in Gold ausgedrückten Wert — in Papiergeld ausgedrückt in raschem Tempo steigen. Wären zum Beispiel für die Zirkulation 100 Mio Kronen Goldgeld erforderlich und würde Papiergeld mit einem Zwangskurs im Nennwert von 100 Mio Kronen ausgegeben, so wäre alles in Ordnung: Das Papiergeld wird entsprechend seinem Nennwert zirkulieren. Wird jedoch Papiergeld im Nennwert von 200 Mio Kronen emittiert, so wird es ebenfalls nur 100 Mio Kronen Goldgeld ersetzen, das heißt, die Hälfte des Papiergeldes ist überflüssig, doch muß das gesamte Geld in der Zirkulation bleiben, da es außerhalb der Zirkulation keinen Wert hat. Folglich steigen die Preise auf das Doppelte; für eine Goldkrone kann man zwei Papierkronen oder Waren entsprechend zu diesem Preis erwerben. Wird Papiergeld in Höhe von 400 Mio Kronen emittiert, so wird jede Papierkrone nur den vierten Teil des Wertes der Goldkrone ersetzen und die Preise, ausgedrückt in Papiergeld, werden sich auf das Vierfache erhöhen. Je mehr Papiergeld in Umlauf gesetzt wird, um so geringer ist dessen Kaufkraft, und für eine richtige Goldmünze von bestimmtem Nennwert muß man Papiergeld von höherem Nennwert geben. Es gibt praktisch keine Grenze für die Entwertung des Papiergeldes. Im Jahre 1811 wurden beim Zusammenbruch des österreichischen Staates die Bezeichnungen des vorher umlaufenden Papiergeldes geändert. Der neue Nennwert machte nur noch ein Fünftel des früheren Nennwertes aus. Der ersten Entwertung folgte aber bald eine zweite. Während der ersten französischen Revolution fiel der Wert des mit Zwangskurs ausgegebenen Papiergeldes (assignata) in einem solchen Ausmaß, daß man für Papiergeld im Nennwert von 1000 Franc nicht einen einzigen Goldfranc erhalten konnte.

Somit läßt sich die eitle Hoffnung, das Land reich zu machen, indem man große Massen von staatlichem Papiergeld ausgibt, nicht erfüllen. Natürlich kann der Staat Papiergeld in beliebigem Nennwert in Umlauf setzen. Da aber das Papiergeld nur in seiner Funktion als Zirkulationsmittel Wert hat, wird sein Gesamtwert immer nur dem Wert des Goldgeldes entsprechen, das es in der Zirkulation ersetzt. Gerade wegen der auftretenden finanziellen Störungen und ständigen Preisschwankungen stellten die kapitalistischen Staaten die Herausgabe von Papiergeld mit Zwangskurs ein und übertrugen das Recht auf Herausgabe von Papiergeld den Emissionsbanken, die dabei bestimmte Bedingungen erfüllen müssen.

Bevor wir diese Frage weiter untersuchen, müssen wir aufzeigen, warum in einer Gesellschaft mit Warenproduktion das Geld unentbehrlich ist.

## 6. Die Rolle des Geldes in der warenproduzierenden Gesellschaft

Ist der Warenaustausch so umfangreich geworden, daß auch die Produktion in seine Dienste tritt, so ändert sich die ökonomische Rolle des Geldes. Der einfache Warenaustausch erfolgt nach der Formel W—G—W (Ware—Geld—Ware). Wir verkaufen eine

Ware, die für uns keinen Gebrauchswert hat und tauschen das erhaltene Geld für eine Ware ein, die für uns den gewünschten Tauschwert hat und die gleiche Menge Arbeit enthält, wie die von uns verkaufte Ware, aber einen für uns größeren Gebrauchswert aufweist. Damit ist der Warenaustausch für uns abgeschlossen.

Hat sich die Warenproduktion voll entfaltet und sind die notwendigen gesellschaftlichen Voraussetzungen vorhanden, entsteht der Kapitalismus und damit eine andere Form der Geldzirkulation. Die Menschen verkaufen die für sie überflüssigen Waren, um für das erhaltene Geld Waren zu kaufen, die sie benötigen, die für sie nützlich sind. Jetzt kaufen sie für das Geld Waren, um diese für mehr Geld zu verkaufen. Hier haben wir es in der Zirkulation mit der Formel G—W—G' (Geld—Ware—mehr Geld) zu tun. Es taucht die Frage auf: Wie ist es möglich, daß ein Teil der Menschen, Besitzer von Geld, Kapitalisten, die eine bestimmte Menge Geld in Waren gesteckt haben, beim Verkauf dieser mehr Geld erhalten, als sie für deren Kauf aufgewendet haben? Wir wissen doch, daß alle für eine Ware nur so viel Geld zu geben bereit sind, wie sie kostet! Die Antwort auf diese Frage gibt uns die Lehre von Karl Marx. Es ist nicht möglich, im Rahmen dieser Schrift die Leser eingehend mit der Theorie von Karl Marx vertraut zu machen. Deshalb legen wir sie für diejenigen, die nicht mit den Grundlagen des Marxismus vertraut sind, in sehr knapper Form dar.

Die Kapitalisten kaufen alle Waren zu ihrem Wert, das heißt, sie geben für diese so viel Geld, wie Arbeit in ihnen verkörpert ist; nach diesem Prinzip verkaufen sie die Ware auch weiter. Man müßte annehmen, daß es auf diese Weise unmöglich ist, beim Verkauf mehr Geld zu erzielen. Es gibt jedoch auf dem Warenmarkt eine besondere Ware, nämlich die Arbeitskraft. Die Arbeiter stellen dem Kapitalisten ihre Fähigkeit zur Arbeit zur Verfügung und verkaufen damit ihre Arbeitskraft. Die Kapitalisten kaufen die Arbeitskraft wie jede andere Ware zu ihrem Wert. Aber welchen Wert hat die Arbeitskraft? Er wird genauso ermittelt, wie der Wert jeder beliebigen anderen Ware.

Der Tageswert der Arbeitskraft wird durch die Menge der Arbeit bestimmt, die in der Summe der Existenzmittel (Nahrung, Kleidung, Wohnung, Heizung usw.) enthalten ist und die in dem betreffenden Land für den Lebensunterhalt des Arbeiters und seiner Familie durchschnittlich notwendig ist.[13] Nehmen wir an, daß dies alles im Durchschnitt in fünf Arbeitsstunden produziert werden kann. Der Kapitalist nutzt aber die Arbeitskraft des Arbeiters nicht fünf, sondern zehn Stunden. Die Arbeitskraft des Arbeiters kostet den Kapitalisten zum Beispiel täglich fünf Arbeitsstunden, sagen wir fünf Kronen. Der Wert aber, den ein Arbeiter an einem Tag produziert, entspricht dem Wert von zehn Arbeitsstunden. Einer Arbeitsstunde, zu einer Krone gerechnet, entspricht der vom Arbeiter für den Kapitalisten produzierte Wert zwei Kronen. Der Arbeiter erzeugt also für den Kapitalisten einen größeren Wert, als seine Arbeitskraft dem Kapitalisten kostet. *Diesen vom Arbeiter zusätzlich produzierten Wert, den Mehrwert, eignet sich der Kapitalist an.* So wird es möglich, *ohne eigene Arbeit* Einkünfte zu erwerben. *Die Aneignung dieses Teiles des vom Arbeiter produzierten Wertes durch den Kapitalisten wird Ausbeutung genannt.*

Die Ausbeutung geschieht nicht nur durch den Kauf und die Nutzung der Arbeitskraft.

13 Jedenfalls heißt es so in der Theorie. In Wirklichkeit verhält sich die Sache leider anders. Nicht nur die Frauen und Kinder, die in einer Reihe großer Industriezweige arbeiten, erhalten einen Lohn, von dem sie nicht leben können, sondern die gesamte Arbeiterklasse erhält heute einen Lohn, der unter dem Wert der Arbeitskraft liegt; ein Beweis dafür ist die Tatsache, daß die Lebenserwartung der Arbeiter unter dem Durchschnitt liegt.

Es gibt auch direktere Formen der Ausbeutung, der Aneignung des Mehrwertes. Im Mittelalter beuteten die Feudalherren die leibeigenen Bauern aus und beraubten sie des Mehrproduktes in wesentlich unverhüllterer und brutalerer Form. Sie nahmen den Bauern einfach ein Neuntel oder ein Zehntel ihrer Ernte weg, erhoben außerdem zahlreiche Steuern, und darüber hinaus hatten die Bauern ein bis zwei Tage Frondienste in der Woche für den Feudalherren zu leisten. Die Bauern mußten auf diese Weise 60 bis 80 Prozent ihrer Arbeitsergebnisse den Feudalherren überlassen. Die Ausbeutung ist also nicht an die Warenproduktion gebunden; es gab sie auch in früheren Etappen der gesellschaftlichen Entwicklung. Es gibt nur eine unabdingbare Voraussetzung: Die Arbeitsproduktivität muß ein solches Niveau erreicht haben, daß der Werktätige mehr Erzeugnisse produzieren konnte, als für seine eigene Existenz erforderlich waren, um ihm etwas wegnehmen zu können.

In der warenproduzierenden Gesellschaft besteht der Ausbeutungsprozeß, wie wir bereits gesagt haben, darin, daß der Kapitalist dem Arbeiter, der ihm seine Arbeitskraft verkauft hat, pro Tag so viel Geld gibt, wie seine Arbeitskraft kostet, oder mit anderen Worten, wie die Summe der Existenzmittel ausmacht, die für den Lebensunterhalt des Arbeiters notwendig sind. Dafür heimst der Kapitalist den Wert ein, den der Arbeiter im Verlaufe seines gesamten Arbeitstages produziert hat, was in jedem Fall mehr ausmacht, als der vom Kapitalisten bezahlte Wert der Arbeitskraft. Um sich darauf einzulassen, muß der Arbeiter in einer Zwangslage sein. Im Mittelalter zwang die Androhung von bewaffneter Gewalt die leibeigenen Bauern, einen erheblichen Teil der Produkte ihrer Arbeit den Feudalherren zu überlassen. In der gegenwärtigen Gesellschaft werden die Arbeiter nicht mit bewaffneter Gewalt gezwungen, den Kapitalisten dienstbar zu sein, sondern die Notwendigkeiten zwingen sie dazu. In der modernen kapitalistischen Gesellschaft leben in jedem Staat Millionen Menschen, die weder Boden noch andere Produktionsmittel besitzen und nicht die Möglichkeit haben, das zu produzieren, was sie benötigen. Ihnen bleibt deshalb nichts anderes übrig, als ihre Arbeitskraft zu verkaufen, um zu einem Stück Brot zu gelangen. Der Kapitalist kauft die Arbeitskraft aber nur, wenn er einen Nutzen davon hat, wenn er damit Mehrwert produzieren kann. Die Arbeiter sind also genauso gezwungen, die Ausbeutung zu ertragen wie die leibeigenen Bauern im Mittelalter, die durch Androhung bewaffneter Gewalt dazu genötigt wurden. Die Ausbeutung kann nur durch den Sturz der kapitalistischen Gesellschaftsordnung beendet werden; diese Gesellschaftsordnung basiert als Ganzes ebenso auf bewaffneter Gewalt, wie der Besitz jedes einzelnen Feudalherren im Mittelalter.[14]

Nach diesen notwendigen Bemerkungen wenden wir uns wieder dem eigentlichen Gegenstand unserer Untersuchung zu, nämlich der Rolle des Geldes in einer Gesellschaft mit entwickelter Warenproduktion, der Rolle des Geldes in der kapitalistischen Gesellschaft. Für die Warenproduktion ist charakteristisch, daß der Produzent die Produkte nicht zur Befriedigung seiner eigenen Bedürfnisse, sondern ausschließlich für den Verkauf herstellt.

14 Natürlich stellen diese wenigen Zeilen nur eine sehr lückenhafte Skizze der politökonomischen Grundideen von Marx dar. Wer einen ausführlichen Überblick bekommen möchte, sollte — wenn er Deutsch kann — den ersten Band des Kapitals von Marx lesen; wenn er Deutsch nicht kann, sollte er Kautsky's Buch „Karl Marx' ökonomische Lehren" — das in der Übersetzung von Garami im Ungarischen vorliegt — lesen.

Im Prozeß der Warenproduktion weiß er meistens noch nicht, wer das Fertigerzeugnis kauft und ob es überhaupt einen Käufer findet. In der kapitalistischen Gesellschaft gibt es kein Organ, das festlegt, welche Waren in welcher Menge herzustellen sind. Dieser Zustand wird *Anarchie der Produktion* genannt. Manchmal erscheinen einige Waren in wesentlich größerer Menge auf dem Markt als nötig. In diesem Falle bleibt der Produzent auf der Ware sitzen oder kann sie nur zu einem sehr niedrigen Preis absetzen. Es kann auch vorkommen, daß auf dem Markt eine Nachfrage nach einer Ware besteht, der Produzent sie aber trotzdem nicht absetzen kann, weil ein anderer Produzent, der die gleiche Ware herstellt, in der Produktion eine neue Maschine oder eine neue Technologie angewendet hat, mit deren Hilfe er die gleiche Ware mit geringerem Arbeitsaufwand herstellen und so zu einem niedrigeren Preis verkaufen kann. Er kann sie nicht nur billiger verkaufen, sondern er verkauft sie tatsächlich so. Er verkauft sie deshalb, weil sein Endziel die Erzielung eines maximalen Gewinns ist. Der Gewinn ist aber größer, wenn er sehr viele Waren zu einem niedrigeren Preis verkauft, als wenn er wenige Waren zu einem hohen Preis verkauft. Wir können uns leicht vorstellen, daß eine Weberei wesentlich billiger produziert als ein mit dem Handwebstuhl arbeitender Weber, oder daß in einer Fabrik produzierte Hüte billiger sind als von einem Meister in einer kleinen Werkstatt hergestellte Hüte. Wenn der Warenproduzent seine Waren also auf den Markt bringt, kann er im voraus *deren in Geld ausgedrückten Wert, d. h. deren Preis festlegen.* Aber eine solche einseitige Preisfestlegung bedeutet keineswegs, daß die Ware auch tatsächlich zu diesem Preis verkauft werden kann. Das ist nur dann der Fall, wenn die in der Ware verkörperte Arbeit „*gesellschaftliche*“ Arbeit ist. Wir sprechen davon, daß die in der Ware enthaltene Menge an Arbeit dann gesellschaftliche Arbeit ist, wenn die entsprechende Ware mit Hilfe von Produktionsmitteln hergestellt wurde, deren Entwicklungsniveau dem durchschnittlichen Entwicklungsniveau der Produktionsmittel in der Gesellschaft entspricht, oder anders gesagt, wenn der Arbeitsaufwand für die Herstellung der Ware nicht über dem durchschnittlichen Arbeitsaufwand liegt. Stellt jemand Metallerzeugnisse in handwerklicher Arbeit her, während diese Erzeugnisse gleichzeitig in großen Fabriken mit Hilfe leistungsfähiger Maschinen produziert werden, so ist das in den handwerklich hergestellten Waren verkörperte Quantum Arbeit kein gesellschaftliches Arbeitsquantum. Und obwohl diese Ware ein größeres Quantum Arbeit enthält, als das gesellschaftliche Arbeitsquantum, kann sie nur zu einem Preis verkauft werden, der dem gesellschaftlichen Arbeitsaufwand entspricht.

Hier ist deutlich der Unterschied zu erkennen, der zwischen ideellem Rechengeld und wirklichem Geld besteht. Wenn der Warenproduzent oder der Händler ein Papierschild an die Ware hängt, auf dem sie der Öffentlichkeit mitteilen, wieviel Geld sie für die Ware haben wollen, so tritt das Geld nur als Rechengeld auf. Die Sache ist damit aber noch nicht erledigt, daß der Warenbesitzer den Preis seiner Ware in gedanklich vorgestelltem Geld ausdrückt. Er muß den Preis realisieren, d. h. die Ware für wirkliches Geld verkaufen, da er nur in diesem Falle Profit erzielt.

Für die Warenproduktion mit ihrer Anarchie ist der Markt der einzige und unentbehrliche Regulator. Der Kapitalist reguliert seine Produktion danach, wieviel Geld, und zwar Geld in seiner klingenden Realität, er für die Ware erzielen kann. Da kein Organ vorhanden ist, das dafür sorgt, daß immer von der Gesellschaft benötigte Waren in der entsprechenden Menge und mit dem gesellschaftlich notwendigen Aufwand hergestellt werden, erfährt der Produzent nur im Prozeß des Warenaustausches, d. h. wenn er seine Ware gegen Geld tauscht, ob er richtig kalkuliert hat, ob er die Ware mit dem gesellschaftlich notwendigen Arbeitsaufwand hergestellt und ob er eine solche Ware auf den Markt gebracht hat, wie sie die Gesellschaft benötigt. Das Schicksal des Warenproduzenten hängt, wie Liefmann es ausdrückt[15], davon ab, ob sich genügend Leute finden, die im Kauf dieser Ware einen größeren *Nutzen* sehen, als wenn sie für den gleichen Geldbetrag eine andere Ware kaufen würden. *Bei der in der kapitalistischen Gesellschaft herrschenden Anarchie ist die Menge des tatsächlich erhaltenen klingenden Geldes der einzige Regulator der Produktion.* Entspricht die tatsächlich erhaltene Geldmenge dem vom Warenproduzenten festgesetzten Preis oder liegt sie vielleicht über diesem, so ist alles in Ordnung. Erhält aber der Produzent eine geringere Geldmenge als der von ihm festgesetzte Preis und liegt sie unter dem tatsächlichen Wert, so erleidet der Produzent einen Verlust und ist gezwungen, zur Herstellung eines anderen Erzeugnisses überzugehen, das die Gesellschaft benötigt, oder genauer gesagt, das die Menschen benötigen, die die Gesellschaft ausmachen.

Die anarchistische kapitalistische Gesellschaftsordnung kann nur durch irrsinnige Methoden, durch Vernichtung bereits hergestellter Werte, erreichen, daß die Bedürfnisse der Gesellschaft in etwa befriedigt werden. Kleine Produzenten können oftmals auf dem Markt für ihre Waren nicht die Geldmenge erhalten, die dem in die Produktion der Waren investierten Quantum Arbeit entspricht, weil dieses über dem gesellschaftlich notwendigen Quantum Arbeit liegt, das durch die Anwendung eines neuen Herstellungsverfahrens bestimmt wird. Die kleinen Produzenten können aber diese neuen Produktionsverfahren nicht anwenden, weil sie nicht über das erforderliche Kapital verfügen. Aus selbständigen Produzenten verwandeln sie sich in Proletarier oder sterben Hungers.[16]

*Das Geld ist also in der kapitalistischen Gesellschaft unentbehrlich.* Das Geld ist der einzige Regulator der Produktion. Eine Gesellschaftsordnung, die das Wesen des Kapitalismus beibehalten, das Geld aber abschaffen wollte, ist glatte Phantasie. Das Gold kann zwar in bestimmtem Umfang durch Geldersatz, Geld vertretendes Papier ersetzt werden, doch wird letztlich immer das wirkliche Geld der Regulator der Produktion sein. Hilferding schreibt: „Die Notwendigkeit des Geldes entspringt also aus dem Wesen der warenproduzierenden Gesellschaft, die ihr Gesetz erfährt aus dem Austausch der Waren als Produkte gesellschaftlich notwendiger Arbeitszeit, daraus, daß der gesellschaftliche Zusammenhang der Produzenten ausgedrückt wird als Preis ihrer Produkte, der ihnen jeweils vorschreibt ihren Anteil an der Produktion und an der Verteilung der Produkte. Es ist die eigentümliche Regelung dieser Gesellschaft durch das Preisgesetz, welches als Mittel des Austausches der Waren selbst eine Ware verlangt, da nur eine solche gesellschaftlich notwendige Arbeitszeit verkörpert. Daß das Tauschmittel Wert haben muß, folgt unmittelbar aus dem Charakter einer Gesellschaft, in der die Güter Waren geworden sind und als solche ausgetauscht werden müssen. ‚Derselbe Prozeß, der aus dem Gut Ware macht, macht aus der Ware Geld.‘

Die Unbewußtheit des gesellschaftlichen Zusammenhanges, seine Herstellung durch den Austausch der Waren und die Bestätigung, daß diese Herstellung auch gesellschaftlich

15 Vgl. R. Liefmann, Grundsätze der Volkswirtschaftslehre, Bd. I, Berlin 1917, S. 397f.

16 Wie mörderisch sich die Anwendung der englischen Webstühle auf die indischen Leineweber auswirkte, schilderte der Generalgouverneur Indiens 1834/35 in einem offiziellen Bericht: „Das Elend findet kaum eine Parallele in der Geschichte des Handels. Die Knochen der Baumwollweber bleichen die Ebenen von Indien“ (zitiert nach K. Marx, Das Kapital, Erster Band, in: MEW, Bd. 23, a. a. O., S. 455).

richtig vollzogen wurde, die erst im Austauschprozeß erfolgt, wenn der Produktionsprozeß, der eigentlich den gesellschaftlichen Zusammenhang bereits fixiert hat, schon vorüber und unabänderlich geworden ist, dies bedeutet zugleich die Anarchie der kapitalistischen Produktionsweise. Anarchie — denn es ist kein Bewußtsein da, das von vornherein die Produktion seinem Zwecke gemäß gestaltet . . . In diesem Sinne kann man daher auch sagen, daß die Notwendigkeit, den Austausch durch Geld, also durch einen selbst wertvollen Stoff zu vermitteln, aus der *Anarchie* der warenproduzierenden Gesellschaft entspringt."[17]

## 7. Banknoten

Mit der Herausbildung der kapitalistischen Warenproduktion zerfällt der Kreislauf G—W—G′ (Geld—Ware—mehr Geld) im Laufe der Zeit in zwei Prozesse. Der Produzent verkauft seine Ware dem Händler oder einem anderen Produzenten, der die Ware weiterverarbeitet, zu einem bestimmten Preis, er erhält das Geld aber nicht sofort, sondern erst nach einer bestimmten Zeit, das heißt, der Abschluß dieses Prozesses erfolgt zeitlich etwas später. Der Käufer gibt dem Verkäufer — der jetzt zum Gläubiger wird — eine Bescheinigung, daß er nach Ablauf einer bestimmten Zeit oder auf Wunsch sofort den in der Bescheinigung genannten Betrag in bar bezahlen wird. Hat jemand einen solchen Schuldschein erhalten, so muß er nicht unbedingt den Schuldschein in Bargeld umtauschen. Kauft der Inhaber des Schuldscheins eine Ware bei einem Verkäufer, der weiß, daß der Aussteller des Schuldscheins kapitalkräftig ist und den Schuldschein bei Vorlage in Bargeld umwechselt, so kann der Käufer anstelle von Barzahlung dem Verkäufer den Schuldschein geben. Tätigt der neue Inhaber des Schuldscheines ein Warengeschäft mit einem anderen Geschäftsmann, der ebenfalls von der Zahlungsfähigkeit des Schuldschein-Ausstellers überzeugt ist, so kann er ihm anstelle des Bargeldes den Schuldschein weitergeben. Je mehr Menschen die Person, die den Schuldschein ausgestellt hat, als reichen und zuverlässigen Menschen kennen, desto länger kann der Schuldschein als bargeldersetzendes Tauschmittel in Umlauf bleiben. Er zirkuliert so lange, bis er von jemandem beim Aussteller gegen Bargeld eingetauscht wird.

*Die Menschen nehmen deshalb Schuldscheine anstelle von Geld als Bezahlung, weil sie überzeugt sind, daß man den Schuldschein jederzeit gegen Bargeld eintauschen kann.* Je bekannter der Schuldner ist, um so mehr Menschen nehmen seine Schuldscheine an. Wenn aber die Bescheinigungen von einer Bank herausgegeben werden, die im ganzen Land Vertrauen genießt, und wenn die Bank sich verpflichtet, die Bescheinigungen einzulösen, so wird *jeder* diese als Geld annehmen. Darin besteht das Wesen der Banknoten.

Es ist wichtig, sich gut den Unterschied zu verdeutlichen, der zwischen geldersetzenden Wertzeichen (Papiergeld) und Geld repräsentierenden Banknoten besteht. Geldersetzendes Papiergeld wird vom Staat herausgegeben. Es kann statt wirklichen Geldes im Umlauf sein, weil auch ein wertloser Gegenstand das Geld als Tauschmittel ersetzen kann, wenn der es zum gesetzlichen Tauschmittel erklärt. Aber welchen Nennwert das Papiergeld auch haben mag, sein tatsächlicher Wert wird nur dem Wert des Goldgeldes entsprechen, das für den Warenumlauf notwendig wäre, wenn nicht das Papiergeld in Umlauf gebracht

17 R. Hilferding, Das Finanzkapital, a. a. O., S. 14—15.

worden wäre. Papiergeld wird immer mit einem Zwangskurs ausgegeben und muß von jedermann auf dem Territorium des Landes, auf dem es ausgegeben wurde, angenommen werden.

Im Gegensatz dazu entstehen Banknoten nicht durch die Funktion des Geldes als Tauschmittel, sondern durch seine Funktion als Zahlungsmittel. Banknoten ersetzen nicht das wirkliche Geld, sondern sie repräsentieren es. Die Menschen nehmen Banknoten nicht deshalb an, weil der Staat sie dazu zwingt, sondern deshalb, *weil sie überzeugt sind, daß man die Banknoten jederzeit gegen wirkliches Goldgeld eintauschen kann.* Gerade weil sie hiervon überzeugt sind, verlangt niemand statt Banknoten wirkliches Geld. Wie hoch der Nennwert der in Umlauf gesetzten Banknoten oder Schuldscheine auch ist, ihr Wert wird nicht geringer, weil jeder Schuldschein oder jede Banknote das Ergebnis eines realen Waren- oder ökonomisch begründeten Kreditgeschäftes ist. Es kommt natürlich vor, daß der Aussteller eines Schuldscheins zahlungsunfähig wird und dieser seinen Wert völlig verliert. Das ist jedoch ein Sonderfall, der den Wert der *anderen,* in Umlauf befindlichen Schuldscheine nicht unmittelbar berührt.

Die Banknoten sind somit nichts anderes als Schuldscheine, die von Banken emittiert werden. Sie werden dazu durch Gesetz bevollmächtigt. Sie verpflichten sich, die auf dem Schuldschein angegebene Summe jederzeit in wirklichem Geld auszuzahlen. Natürlich durchlief auch die Emission von Banknoten einige Entwicklungsetappen, bis sie ihren jetzigen Stand erreichte. In einzelnen handeltreibenden Ländern wurden schon seit langem Geld repräsentierende Banknoten verwendet. Banknotenähnliche, Geld repräsentierende Zeichen waren bereits im 6. Jahrhundert vor unserer Zeitrechnung bei den alten Babyloniern in Umlauf. In jedem Staat entstehen mit der Entwicklung der Warenproduktion und der Kreditbeziehungen irgendwelche Formen von Banknoten. Wir können hier nicht die gesamte Entwicklung der Banknoten verfolgen, jedoch sei festgestellt, daß die Schonung des Goldes als Geld bei der Verbreitung der Banknoten eine große Rolle spielte. Das Goldgeld nutzt sich in der Zirkulation ab, wodurch sein wirklicher Wert abnimmt. Deshalb erschien es vernünftig, das Gold oder Silber an einem zuverlässigen Ort, in einer Bank zu deponieren und ein Dokument in Umlauf zu setzen, das diese Deponierung beweist. Dadurch unterliegt das Edelmetall nicht dem Verschleiß. Als Beispiel für eine solche Lösung des Problems kann die Hamburger Großhandelsbank dienen, wo die Kaufleute ihre Silberbarren deponierten und untereinander mit Assignaten auf diese Bank bezahlten.

Bis zur Mitte des 19. Jahrhunderts war die Emission von Banknoten Privatsache der Banken. Der Staat mischte sich hier nicht ein. Jede Bank gab so viel Banknoten heraus, wie sie vermochte, soviel die Menschen, vertrauend auf ihre Zahlungsfähigkeit, anstelle von Geld in Umlauf beließen. Ihre Emission war eine sehr einträgliche Angelegenheit, denn wenn jemand ein Darlehen aufnahm, so erhielt er Banknoten als Bargeld, bezahlte aber Zinsen, als ob das Darlehen in tatsächlichem Geld, in Gold gewährt worden wäre. Da die Banken in der Öffentlichkeit Vertrauen besitzen, verlangt nur ein kleiner Teil der Inhaber von Schuldscheinen deren Umtausch in Bargeld, und so können die Banken in Form von Banknoten wesentlich größere Beträge ausleihen und dementsprechend mehr Zinsen einnehmen, als wenn sie die Darlehen von dem in ihrem Besitz befindlichen Gold gewähren würden.

Gerade dieser Vorteil reizte die Banken, Banknoten in einem solchen Umfang herauszugeben, der in keinem Verhältnis zu den tatsächlichen Bargeldbeständen steht. Ist dann das Vertrauen zur Bank aus irgendwelchen Gründen erschüttert, so fordern alle Besitzer der Banknoten gleichzeitig den Umtausch der Banknoten in bares Gold- oder Silbergeld. Verfügt die Bank nicht über die nötige Geldmenge, kann sie die von ihr herausgegebenen Banknoten nicht eintauschen und macht bankrott.

Solange der Staat überwiegend den Interessen der Feudalherren diente, die ihre Einnahmen von ihren Leibeigenen in Naturalleistungen erhielten und so kaum von Geldkrisen berührt wurden, kümmerte er sich nur selten um die Emission der Banknoten. Als aber die Warenproduktion umfassenden Charakter annahm und der Staat in der Hauptsache die Interessen der Klasse der Bourgeoisie zu vertreten begann, wurde die Emission von Banknoten vom Staat reglementiert. Die Entwicklung ging dahin, daß in jedem Land nur *eine einzige* Bank das Recht erhielt, unter strenger Kontrolle des Staates Banknoten herauszugeben. Der Staat kümmerte sich vor allem darum, daß zwischen dem tatsächlichen Goldbestand der Bank und dem Nominalwert der von ihr herausgegebenen Banknoten ein bestimmtes Verhältnis besteht; die Bank hat wöchentlich über die vorhandenen Gold- und Silberbestände, ihre kurzfristig fälligen Forderungen und über die Nominalsumme der in Umlauf befindlichen Banknoten zu berichten. Da die Herausgabe von Banknoten, wie wir bereits erläutert haben, eine sehr lukrative Sache ist, beanspruchen einige Staaten, die einer bestimmten Bank das Privileg zur Banknotenemission übertragen haben, einen erheblichen Anteil an den erzielten Profiten. Wir werden hierauf ausführlicher zurückkommen, wenn wir über das *ungarische* Geldsystem sprechen. Jetzt soll nur so viel gesagt sein, daß die in den kapitalistischen Ländern von den zentralen Emissionsbanken herausgegebenen Banknoten im allgemeinen wie richtiges Geld zirkulieren. So sind die Banknoten der Bank von England gesetzliches Zahlungsmittel, das heißt, jeder muß sie zum Nennwert annehmen, solange die Bank ihrer Verpflichtung nachkommt, sie auf Verlangen in Gold umzutauschen. Die Banknoten der Bank von Frankreich und der Österreichisch-Ungarischen Bank sind ebenfalls ohne jede Einschränkung gesetzliches Zahlungsmittel.

Es muß noch darauf hingewiesen werden, daß neben den Banknoten auch andere Wertpapiere existieren, die Geld repräsentieren. Am verbreitetsten sind die Schecks. Hat jemand einen Geldbetrag in der Bank deponiert, so kann er, um etwas zu bezahlen, anstelle von Bargeld einen Scheck geben, d. h. eine sofort fällige Zahlungsanweisung über eine bestimmte Summe, die man in der Bank in Bargeld einwechseln oder jemand anderem als Bezahlung übergeben kann. Die Annahme von Schecks anstelle von Bargeld ist nicht obligatorisch, aber unter den Kapitalisten allgemein üblich. In England ist die Bezahlung mit Schecks so verbreitet, daß die Frauen sogar in Geschäften oder beim Fleischer nicht mit Bargeld, sondern mit Scheck bezahlen.

Mit den Kreditgeschäften entwickelte sich auch ein solches Zahlungsmittel wie der Wechsel. Jedoch heben sich die Wechsel von ihrer Funktion her wesentlich stärker vom Geld ab als die Banknoten oder Schecks. Die Wechsel unterscheiden sich von den Banknoten oder Schecks dadurch, daß letztere jederzeit in Bargeld eingelöst werden können, während das bei den Wechseln nur nach einer bestimmten, auf ihnen vermerkten Zeit der Fall ist. Deshalb repräsentieren die Wechsel in der Zirkulation ebenfalls wirkliches Geld, aber nicht zum vollen Wert, weil von diesem die Zinsen abgezogen werden, die bis zum Zeitpunkt der Einlösung fällig werden. In der gegenwärtigen kapitalistischen Gesellschaft ist der Umlauf von Geld repräsentierenden Banknoten und anderen Wertpapieren um ein Vielfaches höher als der Umlauf von wirklichem Geld.

## 8. Das Geldsystem Ungarns

Ungarn hat formell sein eigenes Geldsystem, das heißt, ungarische und österreichische Münzen werden getrennt geprägt. Aber die beiden Arten von Geld unterscheiden sich mehr äußerlich, an sich sind sie völlig gleich: Sie werden aus dem gleichen Material geprägt, die Prägenorm ist die gleiche und sie tragen die gleiche Bezeichnung, so daß sich keiner beim Umlauf darum kümmert, ob er Geld ungarischer oder österreichischer Prägung erhalten hat. Die Banknoten sind sogar völlig einheitlich: Auf einer Seite sind die Aufschriften in ungarischer und auf der anderen in deutscher Sprache und in anderen Sprachen.

Das Gold bildet die Grundlage des heutigen ungarischen Geldsystems. Aus Gold werden Münzen im Wert von 10 und 20 Kronen geprägt, und zwar aus einem Kilogramm Feingold 328 Stück 10-Kronen-Münzen oder 164 Stück 20-Kronen-Münzen. Das Gold wird mit einem Neuntel Kupfer legiert. Das ist notwendig, da das Gold sonst zu weich wäre und sich zu schnell abnutzen würde. Ein 10-Kronen-Stück enthält also 3,05 Gramm reines Gold, sein Gesamtgewicht zusammen mit dem Kupfer beträgt 3,41 Gramm. Gewicht und Metallgehalt der Goldmünzen werden genau kontrolliert. Erreicht die Abnutzung der Münze einen bestimmten Umfang, wird sie aus dem Verkehr gezogen.

Goldmünzen im Wert von 10 und 20 Kronen sowie die in kleinem Umfang ausgegebenen Goldmünzen von 100 Kronen sind *vollwertiges Geld*. Deshalb haben sie auch im Ausland stets den gleichen Wert wie in Ungarn. Neben den Goldmünzen befinden sich Silbermünzen zu 1, 2 und 5 Kronen im Umlauf. Diese werden aus 900er oder 835er Silber geprägt, das Gewicht des Fünfkronenstücks beträgt 24 g, des Zweikronenstückes 10 g und des Kronenstücks 5 Gramm. *Die Silbermünzen sind also kein vollwertiges Geld.* Gegenwärtig schwankt nämlich der Preis für ein Kilo Feinsilber zwischen 60 und 90 Kronen. Aus einem Kilo Feinsilber werden aber 200 Münzen im Wert von einer Krone geprägt. Wenn wir eine Silbermünze im Wert von einer Krone einschmelzen, so wird ihr Silbergehalt etwa 30 bis 40 Fillér ausmachen. Noch geringer ist der tatsächliche Wert der Bronzemünzen im Wert von 1 oder 2 Fillér.[18]

Den Unterschied zwischen vollwertigem und nichtvollwertigem Geld macht das folgende Beispiel deutlich. Unsere Münzanstalt in Körmöcbánya ist verpflichtet, von jedermann, wie z. B. von Goldproduzenten, Rohgold entgegenzunehmen und daraus nach Abzug einiger Kronen für Proben und andere Unkosten Münzen im Wert von 10 oder 20 Kronen zu prägen oder bereits vorhandene fertige Münzen zu liefern. Die Herstellung von Münzen aus einem Kilo Gold kostet 6 Kronen. *Dagegen werden Silbermünzen für Privatpersonen überhaupt nicht geprägt.* Nur der Staat hat das Recht, sie prägen zu lassen!

Wir wollen noch erwähnen, daß die Münze in Wien spezielle Gold- und Silbermünzen für Handelszwecke prägt. Es handelt sich um Golddukaten und Maria-Theresia-Taler mit eingeprägter Jahreszahl 1780. Diese Münzen werden für Handelsgeschäfte in Kleinasien geprägt, weil die dortigen Völker in dieser Währung rechnen. Innerhalb des Landes sind diese Münzen kaum im Umlauf und es besteht keine Pflicht, sie anzunehmen.

In der Monarchie sind keine Geld ersetzenden Wertzeichen, also Papiergeld, mehr in Umlauf. Das letzte Geld dieser Art — die ältere Generation wird sich daran noch erinnern — war Papiergeld im Nennwert von 5 und 50 Forint, aber sie sind bereits seit etwa 20 Jahren

18 Wir sprechen hier nur von der Vorkriegszeit, während des Krieges überstieg der Metallwert des Silbers, des Nickels und der Bronze den Normalwert der aus ihnen hergestellten Münzen (siehe auch Teil II).

nicht mehr im Umlauf. Das in Umlauf befindliche Papiergeld stellt im Prinzip nichts anderes dar, als Banknoten im Wert von 10, 20, 50, 100 und 1000 Kronen, die Geld repräsentieren und nur von der Österreichisch-Ungarischen Bank, der einzigen Emissionsbank der Monarchie, ausgegeben werden dürfen. Unsere Banknoten sind Schuldurkunden der Bank, die sie laut Gesetz jederzeit in „*gesetzliches Metallgeld*" umwechseln muß. So steht es auf der Banknote geschrieben.

„Die Österreichisch-Ungarische Bank zahlt sofort jedermann, der dies wünscht, in ihren Wiener und Budapester Hauptinstituten 10 (bzw. 20, 100, 1000) Kronen gesetzliches Metallgeld.

Wien, den 2. Januar 1913
Die Österreichisch-Ungarische Bank"

Dieser Text wird durch die Unterschriften des Gouverneurs, des Generalsekretärs und des Oberrates der Bank ergänzt. Darüber hinaus sind noch die Serienbezeichnung und die laufende Nummer auf der Banknote zu sehen sowie der Hinweis, daß das Nachmachen von Banknoten gesetzlich verboten ist. Die Unterschriften auf der Banknote sind wesentlich, die Zeichnung, die Ziffer usw. sind nur dazu da, die Fälschung zu erschweren bzw. das Erkennen von Fälschungen zu erleichtern. Sie gehören aber nicht zum Wesen der Banknote. Die Banknote wäre vom ökonomischen Standpunkt her auch dann noch eine Banknote, wenn der Text auf ebenso weißem Papier gedruckt oder geschrieben würde, wie das Buch, das der Leser in den Händen hält. Nur die Unterschriften und der Text sind wichtig. Da die Banknote aber ständig in Umlauf ist und oft zusammengefaltet wird, wird sie auf besonderes lederartiges Papier gedruckt, damit sie nicht so schnell zerreißt. Von Zeit zu Zeit werden die Banknoten deshalb gegen neue umgetauscht. Das ist auch deshalb notwendig, weil die Banknotenfälscher in wenigen Jahren alle Geheimnisse der Zeichnung der Banknoten herausgefunden haben und geschickte Fälschungen in Umlauf bringen können.

Um auf den Text der Banknote zurückzukommen, so sind die Worte wesentlich, daß die Bank verpflichtet ist, bei entsprechendem Wunsch sofort für die Banknote den gleichen Wert in gesetzlichem Metallgeld auszuzahlen. Was ist aber gesetzliches Metallgeld? In Ungarn besteht nach dem Gesetz Goldwährung. Gold ist also das gesetzliche Metallgeld. Folglich müßte die Bank auf Wunsch für ihre Banknoten jederzeit Gold geben. Aber im Gesetz gibt es noch eine andere Bestimmung, nach der die Bank auf unbestimmte Zeit von der Verpflichtung befreit ist, bei Vorlage der Banknote Gold auszuzahlen und für diese Banknote nur Silber zu geben braucht. Da aber die Banknoten der Österreichisch-Ungarischen Bank in der Monarchie gesetzliches Zahlungsmittel sind, das heißt, jeder sie zu ihrem Nennwert annehmen muß, nimmt unser Papiergeld eine Zwischenstellung zwischen der Banknote und dem staatlichen Zeichen mit Zwangskurs ein. Sie sind Banknoten vom Text und der äußeren Form her, aber auch deshalb, weil die Emissionsbank sie tatsächlich auf Wunsch jederzeit in Gold eintauscht, obwohl sie dazu nicht verpflichtet ist.[19] Gleichzeitig haben die Banknoten den Charakter von Papiergeld, weil jeder sie zu ihrem Nennwert annehmen muß und niemand das Recht hat zu verlangen, daß die Bank bei Vorlage der Banknoten in Gold zahlt.

Wie wir bereits gesagt haben, ist die Österreichisch-Ungarische Bank die einzige Bank in der Monarchie, die das Recht zur Banknotenemission hat. Da der Staat diese aber zwangsweise zirkulieren läßt, erfolgt die Emission der Banknoten unter scharfer staatlicher

19 Während des Krieges stellte die Bank die Ausgabe von Gold ein!

Kontrolle. Die staatliche Kontrolle wirkt auf die Besitzer der Banknoten beruhigend, erhöht das Vertrauen zur Bank und verhindert, daß Banknoten massenweise zur Auszahlung vorgelegt werden, was katastrophale Auswirkungen auf die Wirtschaft des Landes hätte. Die staatliche Kontrolle besteht darin, daß der Gouverneur der Bank vom König berufen wird und daß die Bank wöchentlich über die Höhe ihrer Goldbestände und die Anzahl der umlaufenden Banknoten zu berichten hat.[20] Die Bank darf Banknoten nicht in unbegrenzter Zahl ausgeben. Ihre Emission ist in zweierlei Hinsicht begrenzt. Erstens ist die Ausgabe von Banknoten durch die Bank nur so lange statthaft, wie der gesamte Nennwert der ausgegebenen Banknoten nicht mehr als das 1,5fache des vorhandenen Goldbestandes der Bank (zuzüglich 60 Mio Kronen ausländischer Goldwechsel) ausmacht. Belaufen sich z. B. die vorhandenen Goldbestände der Bank auf 2 Mrd. Kronen, so darf die Bank nur Banknoten im Gesamtnennwert von höchstens 3 Milliarden Kronen ausgeben. In diesem Fall spricht man von einer $^{2}/_{3}$-*Golddeckung* der Banknoten. Bevor aber die obere Grenze erreicht ist, tritt eine andere Beschränkung in Kraft. Liegt der Nennwert der in Umlauf befindlichen Banknoten um 600 Mio Kronen über den vorhandenen Goldbeständen der Bank, so hat die Bank bei weiterer Emission von Banknoten eine Jahressteuer von 5% der über die Grenze hinaus emissionierten Banknoten an den Staat zu entrichten. So begrenzt der Staat die Ausgabe von Banknoten.

Die Bank ist natürlich daran interessiert, soviel Banknoten wie möglich in Umlauf zu bringen, denn das Publikum erhält die Banknoten von der Bank nicht kostenlos, sondern wie wirkliches Geld gegen Zinsen. Die Banknoten gelangen so in Umlauf, daß sich Einzelpersonen, Großbetriebe und Geldinstitute, die Geld benötigen und zugleich über Vermögenswerte verfügen, also „kreditwürdig" sind, sich an die Emissionsbank wegen eines Darlehens wenden. Die Bank legt jederzeit einen sogenannten *„offiziellen Zinssatz"* fest, dessen Höhe zwischen 3 und 7% schwankt und meistens bei 4 bis 4,5% liegt. Wer von der Bank ein Darlehen erhält, bekommt dieses nicht voll ausgezahlt, sondern wie bei jedem anderen Geldinstitut werden die Zinsen für die Laufzeit des Darlehens abgezogen. Die Emissionsbanken geben das Darlehen natürlich nicht in Gold, sondern in Banknoten. Je mehr Darlehen eine Bank ausreichen kann, um so höher sind ihre Zinseinnahmen. Da die Bank die Banknoten in anderthalbfacher Höhe ihrer Goldreserven ausgeben kann, so ist sie natürlich bestrebt, das Recht auf Banknotenemission vollständig auszuschöpfen.

Wir haben bereits erwähnt, daß der Staat noch eine weitere Begrenzung festgelegt hat, die darin besteht, daß bei der Ausgabe von Banknoten in Höhe von mehr als 600 Mio Kronen über die vorhandenen Goldreserven hinaus die Banknoten mit einer 5%igen Steuer zugunsten des Staates belegt werden. Deshalb gibt die Bank nur dann Banknoten über dieses Kontingent hinaus aus, wenn der Zinsfuß der ausgereichten Darlehen mehr als 5% beträgt, d. h. wenn der offizielle Zinssatz über 5% liegt. Diese Einschränkung der

20 Der offizielle Bericht der Bank erscheint wöchentlich in allen Zeitungen. Hier ein Beispiel: Bericht der Bank vom 7. Juni 1914: Banknotenumlauf 2187895000 (−102113000) Kronen. Metallbestand 1608557000 (−1558000) Kronen. Wechselportefeuille 718833000 (−43798000) Kronen. Lombarddarlehen 179781000 (+8249000) Kronen. Sofort fällige Verbindlichkeiten 281804000 (+57530000) Kronen. Steuerfreie Banknotenreserve 20862000 Kronen. Die Zahlen in Klammern zeigen die Veränderung im Vergleich zur vorangegangenen Woche, d. h. Banknoten für 102 Millionen Kronen sind in die Bank zurückgeflossen. Da der Metallbestand 1608 Mio beträgt, hätte die Bank Banknoten mit einem Nennwert von 2208 Mio Kronen *steuerfrei* in Umlauf bringen können. Tatsächlich waren aber nur 2187 Millionen in Umlauf, d. h. die Bank hätte noch 21 Millionen emissionieren können. *Das ist die steuerfreie Banknotenreserve.*

Emission durch die Österreichisch-Ungarische Bank erschwert also gerade dann die Vermehrung des Geldes, wenn dazu die größte Notwendigkeit besteht, zu Zeiten schlechter Geldverhältnisse.

## 9. Das Weltgeld

„Mit dem Austritt aus der innern Zirkulationssphäre streift das Geld die dort aufschießenden Lokalformen von Maßstab der Preise, Münze, Scheidemünze und Wertzeichen, wieder ab und fällt in die ursprüngliche Barrenform der edlen Metalle zurück. Im Welthandel entfalten die Waren ihren Wert universell. Ihre selbständige Wertgestalt tritt ihnen daher hier auch gegenüber als Weltgeld. Erst auf dem Weltmarkt funktioniert das Geld in vollem Umfang als die Ware, deren Naturalform zugleich unmittelbar gesellschaftliche Verwirklichungsform der menschlichen Arbeit in abstracto ist."[21]

Wenn wir über die Grenze fahren, bemerken wir äußerlich keine Veränderungen beim Geld. An der Grenze oder in einer Bank des ausländischen Staates tauschen wir unser Goldgeld, das eine österreichisch-ungarische Uniform trägt, gegen Geld in der Uniform des anderen Staates um. Äußerlich geht nichts besonderes vor sich.

In Wirklichkeit erfährt das Geld aber einen grundlegenden Wandel. Unser Geld, das innerhalb des Landes — unabhängig von seinem Goldgehalt — als gesetzliches Zahlungsmittel fungiert, wird im Ausland nur als „Roh"gold angesehen. Unsere Goldmünze im Wert von 20 Kronen wird nicht mehr als 20 Goldkronen angesehen, sondern als 6,1 g „Roh"-gold und als solches in das Geld des betreffenden Landes umgetauscht.

Wollen wir im Ausland für Zahlungen eine größere Menge Goldgeld ausgeben, so zeigt sich diese Besonderheit noch deutlicher: Das Goldgeld wird nach Gewicht, unter Berücksichtigung der Abnutzung angenommen. Die Österreichisch-Ungarische Bank hat eine Tabelle fester Umrechnungssätze, die sie zugrunde legt, wenn sie ausländisches Goldgeld nach Gewicht annimmt. Für ein Kilogramm deutsches Goldgeld zahlt sie 2947,845 Kronen, für ein Kilogramm französisches Goldgeld 2951 Kronen, für 1 kg Sovereigns 3002,1538 Kronen. Der Umrechnungssatz ist unterschiedlich, da der Feingehalt der Goldmünzen unterschiedlich ist. Außerdem schreibt die Bank vor, *stark verschmutzte Münzen vor dem Wiegen zu waschen.* Natürlich bezahlt sie nur das Feingold, die „nationale Uniform" des Geldes interessiert sie überhaupt nicht. Stellt die Bank von Frankreich fest, daß jemand Banknoten gegen Gold eintauscht, um dieses auszuführen, so gibt sie besonders abgenutzte Goldmünzen ab, um dem Betreffenden das Geschäft zu verderben. Deshalb werden zur Rückzahlung internationaler Verbindlichkeiten nicht Goldmünzen, sondern Goldbarren verwendet, die eine bewährte internationale Form des Goldes darstellen, bei der sich der Staat nicht einmischt. Jeder Barren trägt einen offiziellen Stempel, der die Reinheit des Goldes garantiert. Bei der Entgegennahme von Barren wird das Gewicht jedes Barrens sorgfältig geprüft. In Gegenden, in denen Gold gefördert wird (Südafrika, Australien, Alaska) werden die Waren unmittelbar gegen Gold getauscht (natürlich unter Umrechnung in Geldeinheiten). Aus diesen Gebieten wird das Gold mit Schiffen nach London und New York, den Hauptzentren der kapitalistischen Welt, geliefert. Von hier gelangt das Gold je nachdem, wie sich die internationalen Zahlungsbilanzen gestalten, in die ganze Welt. Wird die Handelsbilanz zwischen zwei Ländern nicht durch den Waren-

21 K. Marx, Das Kapital, Erster Band, in: MEW, Bd. 23, a. a. O., S. 156.

austausch ausgeglichen, so muß die entstehende Differenz über kurz oder lang in Gold ausgeglichen werden. Hat das Gold einmal den Ort seiner Förderung verlassen, so „wandert“ es ständig durch die kapitalistischen Länder. Einen erheblichen Teil des Goldes erwerben die Notenbanken. Ein bestimmter Teil wird in der Industrie und von Juwelieren verarbeitet; ein kleiner Teil wandert und dient als Ausgleich der internationalen Zahlungsbilanzen.

Auch heutzutage ist jeder Staat bestrebt, möglichst viel Gold zu besitzen. Die wichtigsten Voraussetzungen dafür sind eine feste Landeswährung und ein stabiles Geldsystem. Die historischen Erfahrungen zeigen, daß das schlechte Geld das gute Geld, das Gold, aus dem Lande vertreibt. Das ist ganz natürlich. Schlechtes, wertloses Geld kann im Ausland nur unter bestimmten Bedingungen als Zahlungsmittel verwendet werden, dort wird nur sein Goldwert als Wert angesehen. Gegenwärtig hat die Österreichisch-Ungarische Bank die Auslandszahlungen der Monarchie so zu regeln, daß nach Möglichkeit kein Gold ins Ausland abfließt.

Wie läßt sich das erreichen?

Versetzen wir uns in die Lage eines Käufers, der eine Rechnung im Ausland zu bezahlen hat. Sie ist natürlich in der dortigen nationalen Währung, in Gold, zu bezahlen. Am einfachsten wäre es, die zur Bezahlung der Rechnung notwendige Goldmenge in eigener nationaler Währung zu senden. Um nicht ständig mit Gewichten rechnen zu müssen, notieren die ausländischen Börsen ständig, wieviel Mark, Franc oder andere ausländische Devisen für 100 Kronen gezahlt werden. Diese Methode ist aber ziemlich kostspielig. Der Goldtransport ist teuer: Es ist die Sicherheit des Transportes zu gewährleisten, und außerdem bringt das Gold in Bargeldform während des Transportes natürlich keine Zinsen. Es gibt aber eine andere Methode. Man kann bei der Bank im eigenen Land Papiergeld kaufen, das eine bestimmte Menge von ausländischem Goldgeld repräsentiert und dieses verschicken. Jetzt sind die Transportkosten nicht so hoch, aber das Geld bringt während des Transports ebenfalls keine Zinsen. Es gibt noch eine dritte Methode. Hat man z. B. ungarische Waren im Ausland verkauft, so kann man als Bezahlung Wechsel annehmen, die in der Währung des Landes ausgestellt sind, an das die Waren verkauft wurden. Diese Wechsel werden von den Börsen wie andere Wertpapiere angekauft und verkauft. Werden die Wechsel vor Ablauf ihrer Fälligkeit gekauft, werden von ihrem Nennwert die Zinsen einbehalten, die sich auf den Fälligkeitstermin beziehen. Kaufen wir einen solchen Wechsel, so können wir ihn zur Bezahlung unserer Auslandsverbindlichkeiten versenden. Die Kosten für den Versand des Wechsels sind gering und sein Wert erhöht sich während der Laufzeit, da immer weniger Tage bis zu seiner Fälligkeit verbleiben und dadurch der vom Nennwert des Wechsels abzuziehende Zinsbetrag immer geringer wird.

Ob ein Händler zur Bezahlung einer ausländischen Ware Gold oder einen Wechsel verschickt, hängt vom Wechselkurs ab, der an der Börse notiert wird. Dieser hängt wiederum vor allem davon ab, wie sich der Warenaustausch zwischen den Ländern gestaltet. Haben die ungarischen Händler wenig Waren von Frankreich bezogen, aber viel nach dort verkauft, so wird an der Börse nur eine geringe Nachfrage nach französischen Wechseln herrschen und andererseits das Angebot zunehmen. In diesem Falle sinkt natürlich der Wechselkurs, und es wird keiner auf den Gedanken kommen, Gold als Bezahlung zu versenden. Sind im umgekehrten Falle viele Rechnungen in Franc zu bezahlen und werden wenig französische Wechsel angeboten, weil in Frankreich viele Waren gekauft, aber nur wenige verkauft wurden, so steigt der Wechselkurs und erreicht manchmal den

„*oberen Goldpunkt*“, das heißt, die Wechsel werden so teuer, daß es vorteilhafter ist, die Rechnungen mit Barrengold oder Münzen zu bezahlen. Natürlich gleichen sich die internationalen Verbindlichkeiten der einzelnen Länder gegenseitig aus. Wir können z. B. hohe Verbindlichkeiten gegenüber Frankreich, gleichzeitig aber hohe Forderungen gegenüber Großbritannien haben. Im Ergebnis können wir die französischen Verbindlichkeiten mit englischem Geld bezahlen.

Auf diese Weise gestaltet sich in Friedenszeiten der Kurs des Geldes eines Landes gegenüber *allen* anderen Ländern ungefähr gleich. Der Zustand der Zahlungsbilanz hängt nicht nur von der Handelsbilanz ab. Die Kapitalisten einiger reicher Länder, wie z. B. der Niederlande, Großbritanniens und Frankreichs, exportierten viel Kapital und legten es im Ausland an. Dieses Kapital bringt ihnen jedes Jahr Profite oder Zinsen. Deshalb ist die Zahlungsbilanz solcher Länder aktiv, das heißt, ihre Bürger erhalten jährlich aus dem Ausland mehr Geld, als sie an andere Länder zu zahlen haben, auch wenn die Handelsbilanz passiv ist (wenn mehr Waren aus dem Ausland bezogen, als sie nach dort geliefert werden). Im Falle England betrug diese Differenz in den Vorkriegsjahren 3—4 Milliarden Kronen. Die armen Länder, die den anderen Staaten erhebliche Beträge schulden und deshalb jedes Jahr zur Bezahlung der Zinsen erhebliche Werte ausführen müssen, haben eine passive Zahlungsbilanz, auch wenn ihre Handelsbilanz aktiv ist. In dieser Situation war die Monarchie vor 1906. Es gibt auch noch andere Faktoren, die auf die Zahlungsbilanz und in diesem Zusammenhang auf den Devisenkurs einwirken. So besuchen jährlich mehrere Hunderttausend reiche Reisende Frankreich, Italien und die Schweiz und geben dort Geld aus. Nach Ungarn schicken die in Amerika arbeitenden Auswanderer große Summen. Die Gesamtheit aller dieser Faktoren beeinflußt die Entwicklung der Zahlungsbilanz und des Wechselkurses.

Die Notenbanken bemühen sich, den Goldabfluß aus dem Lande zu verhindern. Ist der Kurs der ausländischen Wechsel gering, weil das Angebot die Nachfrage übersteigt, kaufen die Banken die Wechsel auf (natürlich unter Abzug der Zinsen). Wenn dagegen der Wechselkurs steigt und sich dem oberen Goldpunkt nähert, das heißt, wenn die Gefahr des Goldabflusses aus dem Lande besteht, werfen die Banken die früher angekauften Wechsel auf den Markt, senken damit den Kurs und verhindern so den Goldabfluß.

Die Notenbank kann also den Goldabfluß aus dem Lande verhindern, wenn die Nachfrage nach ausländischen Zahlungsmitteln das Angebot *vorübergehend* übersteigt. Ist das aber laufend der Fall und muß die Bevölkerung des Landes ständig mehr Geld ins Ausland überweisen, als sie von dort erhält, so ist die Währungspolitik der Notenbanken (d. h. ihre auf die Senkung des Wechselkurses gerichtete Tätigkeit) ergebnislos, da die Bank einfach nicht über die Möglichkeit verfügt, ausländische Wechsel zu einem günstigen Kurs anzukaufen, um einen entsprechenden Bestand zu bilden und diesen auf den Markt zu werfen, sobald es erforderlich ist. In diesen Fällen muß die Bank als größter Goldbesitzer des Landes Gold für die internationalen Zahlungen abgeben.

Es kann die Frage auftauchen, warum soll die Bank Gold abgeben, wenn sie dazu nicht verpflichtet ist? Wir wollen untersuchen, was geschähe, wenn die Bank die Abgabe von Gold tatsächlich verweigert. Die ungarischen Schuldner *müssen* die ausländischen Schulden bezahlen, sonst werden sie für zahlungsunfähig erklärt, und in diesem Falle wird der Kurs der in ausländischer Währung ausgestellten Goldwechsel stark anziehen und den oberen Goldpunkt beträchtlich überschreiten. Dadurch würden die Händler vor allem die in Umlauf befindlichen Goldmünzen im Wert von 10 und 20 Kronen ansammeln und ins Ausland schicken, um ihre Rechnungen zu bezahlen. In kurzer Zeit wäre auch die letzte

Goldmünze ins Ausland abgewandert. Ist das Gold aus dem Umlauf verschwunden, so würde der Kurs der ausländischen Zahlungsmittel noch höher steigen. Es würde der Fall eintreten, daß die Kaufkraft unseres Geldes im Ausland bedeutend unter ihrem in Gold ausgedrückten Nennwert liegt. Während umgerechnet nach dem Goldgehalt 100 Kronen ebensoviel kosten wie 85,06 Mark oder 105,01 Franc, könnte man in Wirklichkeit mit 100 Kronen jetzt nur eine Rechnung von vielleicht 75 Mark oder 93 Franc bezahlen. Unser Geld würde also aufhören, ein Äquivalent zu sein: Das ausländische Geld würde bei uns mehr wert sein, als dies seinem Goldgehalt entspricht. Es würde, wie man sagt, ein „agio" auf das ausländische Geld zu beobachten sein.[22] Dadurch ginge jede Sicherheit im Geldumlauf verloren; das Geld würde je nach der Entwicklung des Außenhandelsumsatzes einmal mehr und dann wieder weniger wert sein. Nicht nur die Veränderungen in der Produktion, sondern auch die Schwankungen im Geldwert würden auf das Preisniveau Einfluß nehmen und damit eine normale Warenproduktion beeinträchtigen.[23] Wir sehen also, daß der gegenwärtige Kapitalismus nicht ohne das Gold und dessen äußere Zirkulation auskommen kann. Wie unnütz und sinnlos — faux frais, wie Marx sagt — die Aufwendungen der Goldförderindustrie und die Ausgaben für den ständigen Goldtransport auch sein mögen, die kapitalistische Welt kann ohne das Gold nicht auskommen, denn es ist die einzige Ware, die unabhängig von ihrem Nutzen als Verkörperung der gesellschaftlichen Arbeit auftritt. In der inneren Zirkulation, wo das Geld als Tauschmittel auftritt, kann man das Gold durch Wertzeichen und Wertpapiere ersetzen, die Geld repräsentieren. Aber auch hier ist das Gold unentbehrlich, als Faktor zur Ausgleichung der Anarchie der Produktion, zur Orientierung der Produktion, wie wir bereits festgestellt haben. Im Weltmaßstab, wo das Geld als Zahlungsmittel fungiert und eigentlich nur dem Ausgleich der Differenzen dient, die entstehen, wenn ein Land einem anderen Land mehr Waren und mehr Werte liefert, als es von diesem bezieht, kann man das Gold nicht durch Papiergeld ersetzen. Hier zirkuliert das Gold immer in Naturalform, als eine reale, nach ihrem Gewicht gemessene Ware, die die Differenzen ausgleicht, die durch die Anarchie der internationalen Produktion entstehen. Die Verwendung von Gold könnte durch den Abschluß eines internationalen Abkommens zwischen den kapitalistischen Ländern und die Errichtung einer zwischenstaatlichen Bank eingeschränkt werden. Das wäre aber nur dann möglich, wenn die Kriegsgefahr völlig gebannt würde. Erst nach dem Sieg des Kommunismus im Weltmaßstab wird die Verwendung von Geld vollkommen überflüssig.*

22 Wird das ausländische Geld bei uns unter seiner Parität gehandelt, so spricht man von einem Disagio des ausländischen Geldes.

23 Man kann versuchen, das Disagio, das eine Folge der passiven Zahlungsbilanz ist, durch eine *Auslandsanleihe* zu beseitigen. Das schiebt die Schwierigkeiten aber nur einige Zeit hinaus. Erhält ein Land mit passiver Zahlungsbilanz eine große Auslandsanleihe, so verfügt es mit einem Schlag über eine große Menge ausländischer Zahlungsmittel, die Nachfrage wird reichlich befriedigt, das Gleichgewicht wiederhergestellt. Das geht jedoch nur solange, bis die Anleihe aufgebraucht ist. Dann wird die Lage noch schlechter, denn die Zahlung der Anleihezinsen belastet ständig die Zahlungsbilanz. Eine Auslandsanleihe kann also nur dann helfen, wenn ein ungewöhnlicher, sich nicht wiederholender Umstand (wie eine schlechte Ernte oder ein Krieg) für eine gewisse Zeit die Zahlungsbilanz verschlechtert hat.

* Hier behandelt der Verfasser die Rolle des Geldes in einer allgemeinen theoretischen Form, ohne auf die Etappen beim Übergang zu einer Wirtschaft ohne Geld einzugehen. In späteren Arbeiten analysiert der Verfasser die Schwierigkeiten, mit denen die Diktatur des Proletariats in der Frage des Geldes zu tun hatte und die Notwendigkeit, die Ware-Geld-Beziehungen während eines längeren Zeitraumes der Errichtung des Sozialismus und Kommunismus beizubehalten (Anm. d. Hrsg.).

## 10. Die Verzinsung des Geldes, die Banken

Verfügt jemand über Geld, das er einige Zeit nicht benötigt, dann bringt er es zu einem Geldinstitut, zur Sparkasse oder zur Bank. Dort wird das Geld nicht nur aufbewahrt, es vermehrt sich. Wie kurz die Zeit auch sein mag, in der sich das Geld dort befindet, der Einleger erhält immer einen etwas größeren Betrag, als er eingezahlt hat.

Während der Geldkrise 1913 berichteten die Zeitungen über einen interessanten Fall. Ein Bauer kam in eine Sparkasse in der Provinz und forderte, ihm sofort seine Einlage in mehreren tausend Kronen auszuzahlen. Die Angestellten versuchten ihm verständlich zu machen, daß die Auszahlung einer solchen Summe den Satzungen nach erst nach Ablauf einer achtmonatigen Kündigungsfrist geschieht. Unser Freund ließ aber nicht locker, und um einen Skandal zu vermeiden, wurde ihm seine Einlage mitsamt der dafür fälligen Zinsen ausgezahlt. Nachdem er das Geld erhalten hatte, untersuchte er die erhaltenen Banknoten gründlich und überzeugte sich von ihrer Echtheit. Danach gab er das Geld zurück mit der Bemerkung, *er habe sich nur davon überzeugen wollen, daß sein Geld noch vorhanden sei.* Der Leser wird sicherlich über den in Ökonomie unbewanderten Menschen lächeln, der glaubte, die Sparkasse zahle ihm deshalb Zinsen, damit er sein Geld bei ihr lagere. Wir wissen bereits, daß sich weder Gold noch Banknoten eingeschlossen im Panzerschrank vermehren. Damit der Geldbetrag sich erhöht, ist es im Gegenteil notwendig, daß das Geld in den Zirkulationsprozeß gelangt, um am profitbringenden Kreislauf des produktiven Kapitals teilzunehmen. Nur mit Hilfe von Kapital kann Mehrwert angeeignet werden, und es ist ein Teil des Mehrwertes, der in Form von Zinsen in die Hände der Geldbesitzer gelangt, die ihr Geld nicht selbst als Kapital nutzen wollen oder können und es in einer Sparkasse oder Bank anlegen. Die Geldinstitute sind in ihrer ursprünglichen Form eigentlich geldvermittelnde Unternehmen. Manche Menschen haben zeitweilig überflüssiges Geld in dem Sinne, daß sie es im eigenen Geschäft, in der eigenen Fabrik nicht verwenden können. Viele arme Leute, Bauern, Knechte oder Arbeiter haben ein klein wenig Geld, das aber zu wenig ist, um eine selbständige Produktion damit zu beginnen. Andere dagegen benötigen Geld zur Erweiterung ihres Betriebes oder zum Bau eines neuen. Es kommt auch vor, daß jemand ein Darlehen aufnehmen will, weil sein laufendes Einkommen aus irgendeinem Grunde nicht ausreicht, seine Bedürfnisse zu befriedigen, der Arbeiter, wenn er ohne Arbeit geblieben ist, der Landwirt, wenn die Ernte schlecht war, der Büroangestellte, wenn er eine außergewöhnliche Ausgabe hatte. Das ist der sogenannte Konsumtionskredit, den der Betreffende, wenn sein Verdienst wieder ins richtige Verhältnis zu seinen Ausgaben kommt, mit Zinsen zurückzahlt.

Das ist aber der Ausnahmefall.

In den meisten Fällen nehmen die Menschen eine Anleihe für produktive Zwecke auf. Die Produktion ist in der Gesellschaft von heute ihrem Wesen nach Produktion von Mehrwert. Wer kein oder kein ausreichendes Kapital, um zu produzieren hat, ist gern bereit, dem Geldbesitzer einen Teil des mit fremdem Geld oder fremdem Kapital erzeugten Mehrwertes als Zinsen für das geliehene Bargeld zu überlassen. Die Geldinstitute sind praktisch die Vermittler zwischen den Kapitalisten, die Geld verleihen wollen und den Kapitalisten, die ein Darlehen aufnehmen möchten. Die Geldbesitzer wollen ihr Geld zuverlässig anlegen. Sie vertrauen deshalb ihr Geld ungern Einzelpersonen an, sondern legen es bei den Geldinstituten an, die mit ihrem Kapital größere Sicherheit bieten und von denen man das Geld sofort zurückerhalten kann, sobald man es benötigt. Privatpersonen nehmen Darlehen meistens für einen längeren Zeitraum auf. Folglich legen die Geldbesitzer ihr Geld bei den Geldinstituten an. Andererseits wenden sich diejenigen, die Geld benötigen, an die Geldinstitute. Für die Gewährung eines Darlehens entrichten sie Zinsen an das Geldinstitut, das wiederum an die Einleger Zinsen zahlt. Natürlich sind die den Einlegern gezahlten Zinsen niedriger als die, die die Geldinstitute von ihren Schuldnern erheben. Die Differenz stellt den Profit der Geldinstitute dar.

In der gegenwärtigen Entwicklungsetappe des Kapitalismus hat sich die ursprüngliche Rolle der Geldinstitute als Vermittler zwischen den einzelnen Unternehmern von Grund auf gewandelt. Den Platz der einzelnen Unternehmer haben Aktiengesellschaften eingenommen. Das Kapital einer Aktiengesellschaft setzt sich aus dem Kapital vieler Personen (Aktionäre) zusammen. Will sich jemand an dem Unternehmen nicht länger beteiligen, so verkauft er einfach seine Aktien an der Börse, die einen ständigen Markt für Aktien darstellt. Mit der Entstehung der Aktiengesellschaften wird das Kapital *anonym* (wie das die Franzosen treffend bezeichnen), weil die Besitzer des Unternehmens ständig wechseln, und der Arbeiter, der den Mehrwert produziert, den Kapitalbesitzer nicht persönlich kennt. Den Arbeitern steht hier das abstrakte anonyme Kapital in seiner ganzen Herzlosigkeit gegenüber. Beim privaten Unternehmertum bestanden zwischen Fabrikbesitzer und Arbeiter immerhin noch bestimmte persönliche Kontakte. Jetzt verkehren die Besitzer des anonymen Kapitals mit den Arbeitern nur durch ihre Beauftragten, wobei sie zumeist die Fabriken nie gesehen haben, in denen die Arbeiter den Mehrwert — die Quelle ihrer Einkommen — für sie schaffen. Die Aktiengesellschaft wird vom Vorstand geleitet: Die einzelnen Aktionäre können nur einmal im Jahr auf der Aktionärsversammlung in die Belange des Unternehmens eingreifen. Das Neue in der Tätigkeit der Geldinstitute besteht darin, daß die Banken sich nicht mehr mit den Profiten begnügen, die sie aus ihrer Vermittlertätigkeit zwischen den Kapitalisten erhalten, sondern *das eigene und einen bedeutenden Teil des ihnen anvertrauten Kapitals direkt in der Produktion anlegen: Sie kaufen Aktien, gründen Aktiengesellschaften und beteiligen sich so an Industrie-, Handels- und Finanzunternehmen.* Dadurch gerät ein erheblicher Teil der Aktiengesellschaften direkt unter den Einfluß der Banken. Während die vielen Aktionäre sich nicht untereinander kennen, nichts von der Führung eines Unternehmens verstehen und oft die Rechte eines Aktionärs gar nicht wahrnehmen können, da ein Aktionär nur stimmberechtigt ist, wenn er über mindestens 10 bis 50 Aktien verfügt, ist demgegenüber die Bank mit den Belangen des Unternehmens gut vertraut und nutzt ihre Macht voll aus. Die Bank braucht nur zwischen 10 und 40 Prozent der Aktien zu besitzen, um Beherrscher des Unternehmens zu sein. Ein Teil der Aktionäre hat nämlich überhaupt kein Stimmrecht, weil sie zuwenig Aktien besitzen oder sie besitzen genügend, machen aber von ihrem Stimmrecht keinen Gebrauch. Ferner kann die Bank auch jene Aktien vertreten, die nicht ihr Eigentum sind, denn es wurde allgemein üblich, Aktien zu verpfänden. Viele Leute kaufen heute Aktien nicht wegen der Dividende, sondern zum Zwecke der Spekulation, um die Aktien zu einem höheren Preis zu verkaufen. So werden Aktien oft über einen Betrag gekauft, der das verfügbare Kapital der Käufer weit übersteigt. Mit einem Kapital von 10000 Kronen kauft man Aktien in Höhe von 50000 Kronen, die fehlenden 40000 Kronen beschafft man, indem man die Aktien bei einer Bank verpfändet. Die Banken nutzen die verpfändeten Aktien zur Sicherung ihrer Herrschaft, indem sie die damit verbundenen Rechte auf der Aktionärsversammlung in ihrem eigenen Interesse nutzen.

Die Banken haben so einen beherrschenden Einfluß auf viele Großunternehmen und spielen in der Produktion eine entscheidende Rolle, was um so leichter ist, als zwischen den verschiedenen Unternehmen zahlreiche Verbindungen bestehen. Die gesamte Produktion gelangt unter den Einfluß des „*Finanzkapitals*", wie Hilferding diese neue Erscheinung nannte. Die gewaltige Macht des anonymen Kapitals wird bei einer kleinen Gruppe von Vertretern des Finanzkapitals konzentriert, nämlich den Leitern und Direktoren der Großbanken. Das Finanzkapital hat alle Fäden der Leitung der kapitalistischen Produktion an sich gerissen und herrscht über das Schicksal der Welt. Das Geld, das ursprünglich dazu bestimmt war, den Austausch der überschüssigen Produkte zu erleichtern, wurde im 20. Jahrhundert zum entscheidenden Faktor des gesamten Wirtschaftslebens. Die Großmächte des Geldes, die Großbanken, unterhalten Tausende von Filialen und Zweigstellen in allen Teilen der Welt. Die englischen, französischen und deutschen Großbanken verfügen über ein Milliardenkapital. Oft gehören mehrere gleichartige Unternehmen zum Einflußbereich einer Großbank. Natürlich ist die Bank daran interessiert, daß sich jedes dieser Unternehmen erfolgreich entwickelt; das ist aber nur möglich, wenn sie sich gegenseitig keine Konkurrenz machen, sich einigen und ein Kartell bilden. Die Großbanken, diese Giganten des Kapitals, werden so die treibende Kraft für die Bildung der Kartelle.

In dem engen Rahmen der ungarischen Wirtschaft konnten sich solche gewaltigen Geldinstitute wie in den westlichen Ländern nicht entwickeln. Aber auch so ist es verblüffend, welche wirtschaftliche Macht in den Händen einiger ungarischer Großbanken konzentriert ist.

Schauen wir uns den Interessenbereich der *Kreditbank* an.

In der *Zementindustrie* hat die Kreditbank einen richtigen Trust geschaffen, dessen Unternehmen 85% der Zementproduktion des Landes erzeugen und so die Zementpreise diktieren.

| | Grundkapital | Reserve |
|---|---|---|
| | Mio Kronen | |
| Beocsiner Zementfabrik-Union | 8,8 | 2 |
| Lédeeer Zementfabrik | 1,6 | — |
| Kroatische Zementfabrik Zagreb | 3,0 | — |
| Zsolnaer Zementfabrik (heute Žilina-ČSSR) | 5,0 | — |
| Zusammen | 18,4 | 2 |

Im Jahre 1914 gehörten zum unmittelbaren Interessenbereich der Bank folgende Großunternehmen:

| Bergwerke, Maschinenfabriken | Grundkapital | Reserve |
|---|---|---|
| | Mio Kronen | |
| Steinkohlebergwerke | 16,0 | 2 |
| Steinkohlengrube Sopron | 2,0 | — |
| Ganz und Col-Danubius | 8,6 | 11,4 |
| Elektrizitäts-AG Ganz | 8,0 | — |
| Metallhütten und Chemieindustrie Fiume (heute: Rijeka SFRJ) (Zusammen mit der Handelsbank) | 4,0 | — |
| Waffen- und Maschinenfabrik | 5,4 | 3,0 |
| Kupferwerke Dobschau (Dobšina-ČSSR) | 1,8 | — |

| Bergwerke, Maschinenfabriken | Grundkapital | Reserve |
|---|---|---|
| | Mio Kronen | |
| Elektrizitätswerke Gibárt | 0,6 | — |
| Straßenbahn- und Verkehrsunternehmen AG | 9,3 | 0,5 |
| Elektrizitäts-AG Ujvidik (heute: Novi Sad SFRJ) | 4,5 | — |
| Elektrizitäts-AG Miskolc | 3,5 | 0,5 |
| Ungarische Metall- und Lampenwarenfabrik | 2,5 | — |
| Maschinenfabrik Lang | 2,5 | — |
| Elektrizitäts-AG Ericeson Budapest | 1,0 | — |
| Konstantinopeler Elektrizitätswerke | 12,0 | — |
| Arader Elektrizitätswerke (Arad-SRR) | 2,5 | — |
| Elektrizitätswerke Nyiregyháza | 0,9 | — |
| Elektrizitätswerke Pècs | 2,0 | — |
| Zusammen | 87,1 | 17,4 |

Von diesen Unternehmen hat besonders die Straßenbahn- und Verkehrsunternehmen AG besondere Bedeutung, die in den meisten Provinzstädten das Elektrizitätswerk baut und betreibt, was ein sehr lukratives Geschäft ist.

Zum Interessenbereich der Bank gehören auch *Versicherungsgesellschaften* und einige Geldinstitute in der Provinz, deren Grundkapital einschließlich Reservekapital sich auf etwa 100 Mio Kronen beläuft, das macht zusammen mit dem Kapital der oben genannten Unternehmen 615 Mio Kronen aus. Rechnet man das Grundkapital und das Reservekapital der Bank selbst hinzu, so kann man sagen, daß sich ihr *Interessenbereich auf ein Kapital in Höhe von etwa 1 Milliarde Kronen erstreckt.* In den Unternehmen, die zum Interessenbereich der Kreditbank gehören, sind wenigstens 70000 bis 80000 Arbeiter oder ein Zehntel aller Industriearbeiter des Landes beschäftigt.

Natürlich besitzt eine so gewaltige Wirtschaftsmacht auch den entsprechenden politischen Einfluß. Um nur ein Beispiel zu nennen, der ehemalige Handelsminister Harkányi war Vorstandsmitglied der Kreditbank. Kornél Tolnay war Vorstandsdirektor der Ungarischen Staatsbahnen.

Noch ausgedehnter ist der Interessenbereich der Handelsbank. Die nachstehenden Angaben vermitteln einen Überblick über das Grundkapital und das Reservekapital der Unternehmen, die zum Interessenbereich der Handelsbank gehören[24]:

Auch die größten Zuckerfabriken befinden sich in den Händen der Kreditbank:

| 1916 | Grundkapital | Reserve |
|---|---|---|
| | Mio Kronen | |
| Zuckerfabrik Stühmer AG | 6,5 | — |
| AG für landw. Industrie | 6,0 | 1,5 |
| Zuckerfabrik Bács | 5,0 | — |
| Ungarische Zuckerindustrie AG | 12,0 | 6 |
| | 29,5 | 7,5 |

24 Vgl. E. Szabó, Imperializmus és tarkós béko (Imperialismus und dauerhafter Frieden), Budapest 1917, S. 73.

Auch in der Chemieindustrie hat die Bank große Anteile:

| | Grundkapital | Reserve |
|---|---|---|
| Kerzenfabrik Flora | 3,8 | — |
| Tanninfabrik Albert Hirsch | 5,0 | — |
| Magnesitindustrie Budapest | 3,2 | — |
| Wagner und Co., Budapest | 0,7 | — |
| Sauerstoffabrik Eugen und Emil Wagner | 0,5 | — |
| Phylaxia Serumfabrik | 1,0 | — |
| Erdölraffinerie AG Budapest | 8,8 | 4,5 |
| Erdölerkundungs AG | 0,8 | — |
| Schweinemästerei AG | 0,3 | — |
| Zusammen | 29,1 | 4,5 |

Verkehrsunternehmen der Kreditbank

| | Grundkapital | Reserve |
|---|---|---|
| Ungarische Fluß- und Meeresschiffahrt AG | 10 | — |
| Ungarische östliche Schiffahrts-AG | 6 | — |
| Straßenbahn (zus. mit der Handelsbank) | 48,6 | 60 |
| Budapester Vorortbahn | 56,0 | — |
| Eisenbahn Kaschau-Oderberg (Košice) | 45,0 | — |
| Zusammen | 165,6 | 60 |

Über die Rothschilds ist die Bank auch mit der Süd-Eisenbahn verbunden; dort vertritt Direktor Mércy das Unternehmen. Darüber hinaus gehören noch folgende verschiedene Industrieunternehmen in den Interessenbereich der Bank:

| Verschiedene Industrieunternehmen | Grundkapital | Reserve |
|---|---|---|
| | Mio Kronen | |
| Steinkohlengrube und Ziegelfabrik Pest | 2,0 | 5,5 |
| Hanfspinnerei Szeged | 1,5 | 2,0 |
| Buchverlag Athenaeum | 3,0 | — |
| Dampfmühle Kikinda (SFRJ) | 1,8 | — |
| Ungarische Tabakhandel-AG | 4,0 | 1,5 |
| Celluloidfabrik Brassó (Brasov-SRR) | 2,3 | — |
| Kattundruck- und Textilfabrik, Budapest | 4,5 | — |
| Ungarische Baumwollindustrie, Budapest | 2,9 | — |
| Putnoker Hungaria-Mühle | 0,8 | — |
| Lagerhäuser | 0,5 | — |
| Holz-AG | 3,2 | — |
| Reisschälerei Fiume | 2,9 | 1,0 |
| Textilfabrik Kispest | 1,5 | — |
| Möbelfabrik Mundus Budapest | 3,0 | — |

| Verschiedene Industrieunternehmen | Grundkapital | Reserve |
|---|---|---|
| | Mio Kronen | |
| Hanf- und Leinindustrie Pannonia | 2,0 | – |
| Lederfabrik Freud | 0,9 | – |
| Stein- und Kalkwerke Polgárd | 3,5 | – |
| Ziegelfabrik Budapest-Szentlörinc | 0,6 | – |
| | 42,7 | 10,0 |

Damit ist aber die Einflußsphäre der Bank noch immer nicht erschöpft.

| | |
|---|---|
| Eisenbahn-Bank | 116,8 |
| Tochterbanken | 42,6 |
| Unternehmen der Textilindustrie | 39,8 |
| Gruben und metallurgische Werke | 237,0 |
| Mühlen | 44,4 |
| Verkehrsunternehmen | 352,8 |
| Maschinenbauunternehmen | 20,3 |
| Druckereien | 13,5 |
| Unternehmen der Lebensmittelindustrie | 24,7 |
| Unternehmen der chemischen Industrie | 65,8 |
| Bauunternehme | 23,3 |
| Sonstige Unternehmen | 26,1 |
| Insgesamt | 1007,1 |
| Grundkapital und Reservekapital der Handelsbank | 174,0 |
| Einlagen und Kontokorrentkonten | 1286,0 |
| Einlagen bei Tochterbanken | 185,0 |
| Insgesamt | 2652,1 |

Frigyes Fellner schätzt das Nationalvermögen Ungarns auf 42 Milliarden, daraus ist ersichtlich, über welche riesige Macht die Großbanken verfügen. Ähnliche ökonomische und politische Macht ist bei den anderen Banken, wie der Nationalbank, der Ungarischen Bank usw. konzentriert. Sie hängen eng zusammen und kontrollieren zahlreiche Industrieunternehmen. Außerdem kontrollieren die Banken durch die Gewährung von Hypothekendarlehen den Grundbesitz, durch Baudarlehen die Bauindustrie und durch Wechselkredite den Handel. Die Großbanken sind die tatsächlichen Beherrscher des ungarischen Wirtschaftslebens. Das macht sich noch viel stärker in Deutschland, Frankreich und den USA bemerkbar. So kontrollieren die Firma J. P. Morgan und vier mit ihr durch gemeinsame Interessen verbundene Banken 267 Großunternehmen. Wie die zur Untersuchung ihrer Kapitalkraft berufene parlamentarische Untersuchungskommission, die nach ihrem Vorsitzenden Pujo-Kommission genannt wird, feststellte, wird von ihnen ein Kapital von 63 Mrd. Dollar oder 315 Mrd. Kronen kontrolliert.

Die Herrschaft des Finanzkapitals lastet am schwersten auf der Arbeiterklasse. Der Arbeiter hat keinen Herrn. Er muß im Schweiße seines Angesichts arbeiten, aber keiner ist persönlich für ihn verantwortlich. Die Aktionäre wechseln ständig: Heute besitzt der eine Kapitalist, morgen ein anderer die Aktien. Eine kleine Gruppe von Bankiers lenkt unsichtbar diese menschenvernichtende Maschinerie. Wie ein herrenloses verantwortungsloses Ungeheuer, dem nicht beizukommen ist, saugt das anonyme Kapital die Lebenskräfte aus der Arbeiterklasse.

Das erstaunlichste und furchtbarste an der Herrschaft des anonymen Kapitals ist, daß auch die Arbeiterklasse gezwungen ist, ihre gesparten Fillér in diese Maschinerie zu stecken und mit ihren Ersparnissen zur eigenen Ausbeutung beizutragen. In den Konsum- und Produktionsgenossenschaften wird nur ein verschwindend geringer Teil des Geldes der Arbeiterklasse genutzt. Andererseits machen die geringen Beträge, die von den Arbeitern, Tagelöhnern und anderen armen Leuten bei den Sparkassen eingezahlt werden, Milliarden aus. Bei allen Kreditanstalten Ungarns gab es Ende 1912 2123192 Sparbücher mit mehr als 4 Milliarden Kronen, das heißt, im Durchschnitt entfielen auf ein Sparbuch 1902 Kronen. Die meisten Sparbücher wiesen Einlagen zwischen 20 und 1000 Kronen aus, wobei es sich offensichtlich um Ersparnisse der Werktätigen handelte. Sowohl diese Gelder als auch die den Kampffonds der Arbeiterschaft bildenden gewerkschaftlichen Mittel gelangen durch den komplizierten Mechanismus des gegenwärtigen Kapitalismus von den kleinen Sparkassen zu den Großbanken und von dort in die Produktion, wo sie zur Ausbeutung der Arbeiterklasse dienen. Die wenigen Fillér, die die Magd als Zinsen für ihre Einlagen bei den Sparkassen erhält, sind nicht das Ergebnis irgendeiner wundersamen Eigenschaft des Geldes, sondern ebenso das Ergebnis der Ausbeutung, wie das Millionenvermögen der Geldfürsten. Der Mechanismus der heutigen Banken verwandelt jeden gesparten Fillér in anonymes produktives Kapital, egal ob er das Eigentum eines blinden Bettlers oder eines in Luxus lebenden Reichen ist. Das Finanzkapital beherrscht mit seiner eiskalten Anonymität die Gesellschaft von heute und zwar deswegen, weil es über eine die kapitalistische Produktion belebende Kraft verfügt, nämlich über die Ersparnisse der gesamten Gesellschaft.

## 11. Geldmangel und Geldüberschuß

Unter Geldmangel verstehen wir vom ökonomischen Standpunkt aus nicht den Geldmangel, den viele von uns individuell verspüren. Persönlich sind fast alle der Auffassung, daß sie weniger Geld haben als sie benötigen. Besonders kraß spüren dies die unterdrückten Klassen, die Werktätigen, bei denen das Geld bzw. die Einnahmen niemals reichen, um die notwendigsten Lebensmittel zu kaufen, sich zu kleiden und die Wohnung zu bezahlen. *Das ist aber keine Geldfrage, sondern eine Frage der Verteilung der Einkommen.* Die Arbeiter sind nicht deshalb arm, weil sie wenig Geld haben. Sie sind deshalb arm, weil durch die Anarchie der kapitalistischen Produktion nur ein kleiner Teil der Produktivkräfte nutzbringend angewendet wird, während andererseits ein beträchtlicher Teil nicht genutzt oder für unnütze Zwecke angewendet wird, wie z. B. für die Militarisierung. Sie sind deshalb arm, weil nur ein geringer Teil der produzierten Güter der Arbeiterklasse zugute kommt, während ein unverhältnismäßig größerer Teil von den Kapitalisten, allen Schichten der herrschenden Klasse angeeignet wird. Eine Änderung dieser Situation kann nicht durch eine Vermehrung der in der Zirkulation befindlichen Geldmenge oder überhaupt durch irgendwelche Finanzreform bewirkt werden, sondern nur die Arbeiterklasse selbst kann sie durch ihren organisierten Klassenkampf verändern. Wenn wir also von

Geldnot sprechen, so meinen wir nicht den ständigen Geldmangel, der durch die Einkommensverteilung bei den arbeitenden Klassen zwangsläufig einsetzt, sondern den Zustand, wenn zu wenig Geld im Umlauf ist.

In einem der vorhergehenden Kapitel wurde bereits gezeigt, daß die für die Zirkulation notwendige Geldmenge keine feste Größe ist. Sie hängt von zwei Faktoren ab: *vom Umfang der Zirkulation*, d. h. von der Gesamtsumme der Preise der zu realisierenden Waren und von der *Umschlagsgeschwindigkeit* des Geldes, das heißt davon, wie oft eine gleichnamige Geldeinheit in der Lage ist, als Tauschmittel bzw. als Zahlungsmittel aufzutreten. Die unmittelbar im Umlauf befindliche Geldmenge paßt sich bis zu einem bestimmten Grad den Bedürfnissen der Zirkulation an. Die Menge des in der Zirkulation befindlichen Gold- und Silbergeldes ist annähernd gleichbleibend, bzw. erhöht sich langsam von Jahr zu Jahr. Demgegenüber verändert sich die Menge der in der Zirkulation befindlichen Banknoten. Macht sich ein großer Geldbedarf bemerkbar, so können die Emissionsbanken mehr Banknoten in Umlauf setzen, weil die Menschen in diesem Falle bereit sind, Zinsen zu zahlen, nur um Banknoten, um Geld zu erhalten. Aber die Ausgabe von Banknoten durch die Emissionsbanken ist nicht flexibel genug, paßt sich der jeweiligen Lage ungenügend an. Deshalb macht sich in der gesamten kapitalistischen Welt entsprechend den wechselnden Konjunkturbedingungen entweder ein Mangel oder ein Überschuß an Geld bemerkbar.

In der kapitalistischen Produktion treten Konjunktur und Krise regelmäßig in bestimmten Intervallen (6—10 Jahre) auf. Es ist hier nicht unsere Aufgabe, diese Erscheinung zu erklären. Wir möchten nur kurz festhalten, daß durch die Anarchie der Produktion keine Übereinstimmung zwischen Produktion und Konsumtion besteht: Bei ungestörter Entwicklung der Produktion nimmt zuerst die Produktion von Produktionsmitteln (Betriebsgebäuden, Maschinen, Transportmitteln) einen gewaltigen Umfang an; sobald die neuen Produktionsmittel beginnen, in der Warenproduktion wirksam zu werden, erreicht diese schnell einen Umfang, der die Aufnahmefähigkeit des Marktes übersteigt — es tritt eine Überproduktion von Industriewaren ein; Mißernten, Kriege und technische Erfindungen verstärken diesen Prozeß noch erheblich.[25] Eine Hochkonjunktur wird nach bestimmter Zeit immer durch eine Stagnation oder Krise abgelöst. Geldmangel tritt in zwei Fällen auf: im Gipfelpunkt der Konjunktur und in der Wirtschaftskrise. Auf dem Höhepunkt der Konjunktur erreicht der Warenumsatz ein gewaltiges Ausmaß, und die Preise sind hoch. Dadurch ist ein beträchtlicher Umsatz abzuwickeln, die vorhandene Geldmenge reicht vielfach nicht aus, und es tritt ein Geldmangel ein. Der Geldmangel wird aber durch einen Umstand gemildert: In Zeiten der Hochkonjunktur wird im Glauben an die Zahlungsfähigkeit des Partners ein großer Teil des Umsatzes mit Hilfe Geld repräsentierender Wertpapiere (Wechsel, Schecks) sowie durch Clearingverrechnung abgewickelt.

Besonders spürbar wird der Geldmangel mit dem Einsetzen der Wirtschaftskrise. Jeder versucht krampfhaft, sein Geschäft zu erhalten, das gegenseitige Vertrauen aber schwindet. Geld repräsentierende Wertpapiere werden nicht mehr angenommen, jeder verlangt Barzahlung. Der Geldbedarf steigt sprunghaft an, die vorhandene Geldmenge reicht nicht mehr aus und der Warenumsatz geht rasch zurück, da in normalen Zeiten der größte Teil des Umsatzes mit Hilfe von Wechseln, Schecks und anderen privaten Wertpapieren abgewickelt wird. In diesen Zeiten ist der Geldmangel am größten. Äußeres Zeichen für einen

25 Siehe vor allem den zweiten Band des Werkes „Das Kapital" von K. Marx.

Geldmangel ist ein hoher Zinssatz, der bei Aufnahme eines Gelddarlehens zu zahlen ist. Unter normalen Bedingungen bleibt dieser Satz natürlich unter der Durchschnittsprofitrate, die das agierende Kapital mit Hilfe von Leihgeld erzielen kann; in der Krise sind die geldbedürftigen Kapitalisten jedoch bereit, für geliehenes Bargeld Zinsen zu zahlen, die die Profitrate um ein Mehrfaches übersteigen, weil die Existenz oder der Bankrott ihrer Betriebe davon anhängt, ob es ihnen gelingt, während der Krise das Bargeld aufzutreiben, das sie zur Deckung ihrer Verbindlichkeiten und zum Abwickeln der bereits eingeleiteten Geschäfte unbedingt benötigen.

*Im Gegensatz dazu tritt ein Geldüberschuß während einer Stagnation auf*, wenn die akute Krise bereits ihr Ende gefunden hat, die schwachen Betriebe Bankrott gegangen sind, zwischen den Betrieben, die die Krise überdauert haben, das Vertrauen wiederhergestellt ist und die Geld repräsentierenden Wertpapiere wieder zirkulieren. Aber die Produktion ist zu diesem Zeitpunkt noch nicht voll angelaufen, der Warenumsatz ist gering und deshalb reicht für die Zirkulation eine geringe Geldmenge aus. Dadurch gibt es jetzt keinen besonders hohen Bedarf an Banknoten, sie strömen in großer Menge in die Emissionsbanken zurück, und die für das Leihkapital zu zahlenden Zinsen sind niedrig.

Diese Erscheinungen spiegeln sich deutlich im offiziellen Zinssatz der Österreichisch-Ungarischen Bank im Verlauf des letzten Jahrzehnts wider. Von Beginn des Jahres 1896 bis zum 13. Oktober 1898 stand der Zinssatz ständig bei 4%. Hier hatten wir es mit einer wirtschaftlichen Stagnation nach einer Krise zu tun. Vom 14. Oktober 1898 bis zum 11. November des gleichen Jahres erhöhte er sich auf 4,5%. Vom 12. November 1898 bis zum 10. Mai 1899 schwankte er zwischen 4,5 und 5%, während die Konjunktur lebhafter wurde. Dann setzt die Krise von 1899 ein, und der Zinssatz beträgt zwei Monate lang 6%.

Nach dem Ende der Wirtschaftskrise fällt der Zinssatz rasch: Anfang 1901 beträgt er nur noch 4% und dann 3,5%. Während der nach der Krise einsetzenden Stagnation liegt er von Anfang Februar 1902 bis Oktober 1905 unverändert bei 3,5%.

Mit zunehmender Konjunktur beginnt der Zinssatz zu steigen: Von Ende 1905 bis November 1907 bewegt er sich zwischen 4 und 5%. Dann beginnt die Krise von 1907, und der Zinssatz beträgt vom 10. November 1907 bis zum 10. Januar 1908 erneut 6%.

Die Krise geht rasch zu Ende, und am 8. Mai 1908 fällt der Zinssatz wieder auf 4%. Danach schwankt er zwischen 4 und 5% bis zur neuesten Krise. Der Ausbruch des Balkankrieges gibt den entscheidenden Impuls. 1912 beträgt der Zinssatz von Jahresbeginn an 5%, am 25. Oktober erhöht die Emissionsbank den Zinssatz auf 5,5%, bereits drei Wochen später, *am 13. November tritt der Zinssatz von 6% in Kraft, der die Krise anzeigt*. Dieser Zinssatz ist außergewöhnlich lange, mehr als ein Jahr lang in Kraft, er wird erst Ende November 1913 wieder auf 5,5% gesenkt, danach schnell auf 5 und dann auf 4,5%. Jetzt, im Juni 1914, ist noch immer Stagnation, der Zinssatz beträgt 4%.

Daß die in Umlauf befindliche Menge an Geld nicht dafür entscheidend ist, ob im ökonomischen Sinne Geldmangel oder Geldüberschuß herrscht, können wir mit der Veränderung der in der Monarchie in Umlauf befindlichen Menge an Banknoten nachweisen, wobei wir die in Umlauf befindliche Menge Goldgeld als konstant betrachten können.

Von Mitte 1911 bis Mitte 1912 schwankte die Summe der in Umlauf befindlichen Banknoten der Emissionsbank zwischen 2107 und 2570 Mio Kronen. Die letztgenannte Summe trat am 31. 12. 1911 auf und war eine Folge des großen Geldverkehrs zu Neujahr. Bei Ausbruch der Krise, am 30. November, *als der Geldmangel am größten war* und die Bank einen offiziellen Zinssatz von 6% festgelegte, *wuchs die Menge der in Umlauf befindlichen Banknoten auf 2618 Mio Kronen an*. Nach der Krise, als man in ökonomischen Kreisen von Geldüberschuß sprach, waren nie wieder so viele Banknoten in Umlauf, wie zu der Zeit des größten Geldmangels.

Aus alledem sehen wir, daß die wirtschaftliche Ursache für einen Geldmangel oder -überschuß in der Veränderung der Konjunkturlage zu suchen ist. Der Geldmangel in der Wirtschaft steht in keinem Zusammenhang mit jenem Geldmangel, den die Angehörigen der Arbeiterklasse individuell spüren. Der in der Zirkulation auftretende Geldmangel fällt auch zeitlich nicht mit dem stärksten Geldmangel der Werktätigen zusammen: In der Hochkonjunktur entsteht in der Wirtschaft ein Geldmangel, während sich für die Arbeiterklasse in dieser Zeit verstärkte Beschäftigungsmöglichkeiten bieten und sie dadurch einen natürlich relativen Geldüberschuß hat. In der Zeit der Stagnation nach der Krise ist in der Zirkulation ein Geldüberschuß festzustellen, während bei der Arbeiterklasse durch lange Arbeitslosigkeit der Geldmangel seinen Höhepunkt erreicht. Tobt die Krise schließlich am heftigsten und ist der Geldmangel am schlimmsten, so haben die Arbeiter, da die Krise in der Regel nach einer Hochkonjunktur einsetzt, weniger unter Mangel zu leiden als während der Stagnationsperiode, die mit Abschwächung der Krise eintritt, da die Arbeiter dann infolge der langen Arbeitslosigkeit alle Hilfsquellen für ihre Einkommen ausgeschöpft haben.

## 12. Die Stabilisierung des Geldwertes durch die Emissionsbanken

Kein wirtschaftliches Problem berührt die Interessen der Arbeiterklasse, egal ob Mann oder Frau, so unmittelbar und schmerzhaft wie das Problem der Teuerung. Die Teuerung dauert jetzt schon seit Jahren an und nimmt ständig zu. Mit den tatsächlichen Gründen der Teuerung haben wir uns in dem Heft „Die Teuerung“ eingehend beschäftigt.[26] Wir wollen diese Frage hier nur im Zusammenhang mit dem Geldproblem untersuchen.

Das Steigen der Preise — genauer gesagt die *Verteuerung* — bedeutet, daß man für Geld mit gleichem Nennwert weniger Waren kaufen kann als gestern. Das wäre nicht so schlimm, aber die Kalamität besteht darin, daß sich diese Erscheinung nicht in gleichem Maße auf alle Waren erstreckt, *denn gerade der Preis derjenigen Ware, die für die Arbeiterklasse von direktem Interesse ist, nämlich der Preis der Arbeitskraft, steigt nicht im gleichen Verhältnis wie die Preise für die Waren des täglichen Bedarfs (Brot, Fleisch, Wohnraum usw.).* Dieser Umstand macht die Verteuerung für die Arbeiterklasse zu einem so schmerzlichen Problem.

Wenn bürgerliche Wissenschaftler und Journalisten die Verteuerung erklären, so sagen sie einfach, die Kaufkraft des Geldes ist gesunken. Das ist aber keine Erklärung, sondern der gleiche Tatbestand in anderen Worten ausgedrückt, denn Preissteigerungen und Rückgang der Kaufkraft sind das gleiche. Wir finden auch eine ernsthaftere Erklärung, die den Grund für das Sinken der Kaufkraft des Geldes in den veränderten Produktionsbedingungen des Goldes zu finden meint. Dieser Auffassung zufolge liegt die Ursache der Preissteigerungen entweder in einer Zunahme der Menge des produzierten Goldes oder in den sinkenden Produktionskosten. Nach unserer Auffassung sind die Ursachen der gegenwärtigen Preissteigerungen überhaupt nicht in den Produktionsbedingungen des Goldes und auch nicht in den Geldbeziehungen zu suchen. Wirken diese Faktoren überhaupt ein, so kann ihr Einfluß nur sehr gering sein.

26 Vgl. J. Varga, A drágaság (Die Teuerung), II. Ausg., Budapest 1912.

Es läßt sich leicht nachweisen, daß die Entwicklung der Goldproduktion, die im Jahre 1912 ihren höchsten Stand erreichte, nicht die Ursache der Preissteigerungen ist. Es sei vor allem darauf hingewiesen, daß nicht nur das neu geförderte Gold zur Abwicklung des Umsatzes dient, sondern das gesamte Gold, das sich seit Jahrtausenden angesammelt hat. Folglich muß man die Menge des neu geförderten Goldes nicht zu jener Goldmenge in Beziehung setzen, die in den letzten Jahren gewonnen wurde, sondern zu dem gesamten vorhandenen Gold. Nach unseren eingehenden Berechnungen[27] hat die in der Zirkulation befindliche Goldmenge von 1901 bis 1910 um 39,4% zugenommen. Dies konnte aber die Kaufkraft nicht schmälern, da der Weltwarenumsatz in diesem Zeitraum wesentlich stärker gestiegen ist. Die Vergrößerung der Goldmenge konnte auch deshalb zu keinen Preissteigerungen führen, weil nur ein kleiner Teil des Umsatzes in Bargeld abgewickelt wird; meistens erfolgt der Umsatz mit Hilfe von Geld repräsentierenden Wertpapieren (Banknoten, Wechseln, Schecks usw.). Die Vergrößerung der Goldmenge würde also nur dazu führen, daß eine entsprechende Menge Geld repräsentierendes Papier aus dem Umlauf gedrängt würde. Das kann also nicht der Grund für die Teuerung sein.

Die Verbilligung der Goldproduktion kann allerdings in gewissem Umfange Preissteigerungen hervorrufen. Das geht aber nicht so einfach vonstatten, wie bei anderen Waren. Wenn durch eine technische Neuerung für die Herstellung von Schuhen ein geringeres Quantum an Arbeit benötigt wird, wird der Preis der Schuhe auf Grund der Konkurrenz der Schuhfabrikanten — egal ob in Gold ausgedrückt oder im Vergleich zu anderen Waren — entsprechend sinken. Der Grund dafür ist die Konkurrenz zwischen den Schuhfabrikanten. *Unter den Goldproduzenten gibt es keine Konkurrenz, denn würden sie das Gold auch noch so billig produzieren, die Emissionsbanken kaufen sämtliches Gold zu dem festgesetzten Preis auf, der dem höheren Niveau der Produktionskosten entspricht.* Das würde sich nur dann ändern, wenn durch verbilligte Produktion eine so große Goldmenge auf dem Markt erscheinen würde, daß ein Teil davon überflüssig wäre und die Emissionsbanken dessen Aufkauf ablehnen würden. So etwas hat sich aber bisher nicht ereignet[28], und ist vorläufig auch kaum vorstellbar. Der Goldhunger ist heute ebenso groß wie in der Vergangenheit.

Wird das Gold mit geringerem Arbeitsaufwand hergestellt, so geht sein Preis — ausgedrückt in anderen Waren — nicht zurück, sondern die Goldproduzenten erhalten über den Durchschnittsprofit hinaus eine beträchtliche Rente von ihren Gruben (Differentialrente). Das wird eindeutig durch die Statistik der Dividende der südafrikanischen Goldgrubenunternehmen bewiesen: Es gibt ein Unternehmen, das in 10 Jahren 70% und ein anderes, das 2600% Dividende gezahlt hat. Zahlreiche Unternehmen sind aber schnell bankrott gegangen, weil sie zwar auf gleiche Art produzierten, wie die anderen, der Goldgehalt ihres Erzes aber so gering war, daß die Produktion eines Kilogramm reinen Goldes mehr kostete, als das reine Gold in geprägtem Goldgeld ausgedrückt wert war. Oder anders ausgedrückt: Für die Produktion von einem Kilogramm reinen Goldes müssen für Arbeitslohn, Maschinenkosten, Verschleiß der Maschinen usw. sagen wir 4000 Kronen vorgeschossen werden. Da wir aber für ein Kilogramm reinen Goldes, wenn wir auf eigene Kosten prägen lassen, nur 328 Zehnkronen-Goldstücke, also 3280 Kronen erhalten,

27 Siehe E. Varga, Goldproduktion und Teuerung, in: Die Neue Zeit, Stuttgart, 30 (1912), Bd. 1, Nr. 7, S. 212—220.

28 Über die Veränderungen im Krieg siehe den 5. Abschnitt des Kapitels II der vorliegenden Arbeit.

ist dieses Geschäft mit Verlust verbunden und muß deshalb eingestellt werden. Die Goldproduktion gehört also zu denjenigen Produktionszweigen, wo die Verbilligung der Produktion nicht zu einer Verbilligung des Produkts führt wie bei anderen in beliebigen Mengen produzierbaren Industriewaren, sondern zur Erhöhung der Differentialrente, wie in der Landwirtschaft.

Die Verbilligung der Goldproduktion und die dadurch in der Goldförderindustrie eintretende Erhöhung des Profits und der Rente können aber auf andere Weise trotzdem zur Entstehung von Preissteigerungen beitragen. Kann man nämlich bei der Goldproduktion einen Profit erzielen, der über dem Durchschnittsprofit liegt, so strömt von Jahr zu Jahr ein relativ großer Teil des neu akkumulierten Kapitals in diesen Produktionszweig, während der in die Produktionszweige der anderen Waren fließende Kapitalanteil geringer als erforderlich ist. Dadurch wird das für einen normalen Ablauf der Produktion notwendige Gleichgewicht gestört. Infolgedessen wird das Warenangebot kleiner als die Nachfrage, was natürlich zu Preissteigerungen führt. Das belebt wiederum die Konjunktur und stimuliert die Produktion, wodurch beträchtliche Käufe von Produktionsmitteln getätigt werden. Dadurch strömt wieder zuviel Kapital in die Zweige, die Produktionsmittel herstellen, und zu wenig Kapital in die Zweige, die Konsumtionsgüter herstellen. Das bewirkt eine erneute Verteuerung der Konsumgüter. Auf diese Weise kann die Verbilligung der Goldproduktion und damit deren disproportionale Steigerung (zumindest theoretisch) zu Preissteigerungen führen.

In der Praxis sind diese Faktoren jedoch nahezu bedeutungslos. Die Goldförderindustrie ist ein sehr wichtiger Produktionszweig, in dem etwa 300000 bis 400000 Arbeiter beschäftigt sind. Aber im Vergleich zur gesamten kapitalistischen Weltproduktion ist ihre Bedeutung trotzdem sehr klein. Nach dem in diesem Zweig investierten Kapital, dem jährlichen Produktionswert und der Anzahl der beschäftigten Arbeiter macht der Anteil der Goldförderindustrie an der gesamten Weltproduktion insgesamt 1 bis 1,5% aus und bleibt damit anteilmäßig nicht nur hinter der Industrie und der Landwirtschaft, sondern auch hinter anderen Zweigen des Bergbaus, wie der Kohleförderung oder dem Eisenbergbau, zurück. Kleine Veränderungen des Anteils der Goldförderindustrie können die Lage auf dem Weltmarkt also nicht wesentlich verändern.

Der wirkliche Grund für die Preissteigerungen sind also nicht die Veränderungen bei der Goldproduktion oder die sinkende Kaufkraft des Geldes, sondern die bewußte Preistreiberei der Kartelle und der Großgrundbesitzer sowie die künstlichen Preiserhöhungen durch Steuern und Zölle. Die Ursachen für die Verletzung äquivalenter Beziehungen zwischen Geld und Waren sind also *nicht in der Veränderung der Goldproduktion, sondern in der Veränderung der Warenproduktion zu suchen!* Der beste Beweis dafür ist der ständige Rückgang der Kaufkraft des Geldes während des Krieges.

# Teil II
# Das Geld während des Krieges

## 1. Der Rückgang der Kaufkraft des Geldes während des Krieges

Der Krieg führte zu großen Veränderungen in der ökonomischen Rolle des Geldes. Besonders augenfällig sind die *starke Abnahme der Kaufkraft des Geldes* und das Ansteigen der Warenpreise. Das ist eine weltweite Erscheinung, die sowohl in den nicht vom Krieg berührten Ländern (allerdings in geringerem Maße) als auch in den kriegführenden Ländern festzustellen ist. In den westlichen Ländern, die über eine regelmäßige Preisstatistik verfügen, werden die Veränderungen der Kaufkraft des Geldes mit sogenannten Indexzahlen ausgewiesen.

Indexzahlen erhält man auf folgende Weise: Monatlich wird der Marktpreis von Waren einer bestimmten Qualität und Quantität ermittelt; dieser Betrag wird zu dem Betrag eines beliebigen Basiszeitraumes in Beziehung gebracht, wobei letzterer gleich 100 gesetzt wird. Dadurch wird sofort sichtbar, wie das Preisniveau gestiegen oder gefallen ist. Die Veränderung des Preisniveaus verhält sich umgekehrt proportional zur Veränderung der Kaufkraft des Geldes.

Weltweit sind die Indexzahlen der englischen Zeitschrift „Economist" bekannt, die 22 Warenarten umfassen. Der englische Sauerbeck-Index umfaßt 45 Waren, der deutsche Sootbeer-Index erstreckt sich auf 100 Waren. Die Abnahme der Kaufkraft des Geldes auf dem Weltmarkt spiegelt sich in den Indexzahlen des „Economist" wie folgt wider:

| | |
|---|---|
| 1901 Jahresdurchschnitt | 100 |
| 1914 Juli | 117 |
| 1915 Januar | 137 |
| 1916 Januar | 175 |
| 1917 Januar | 226 |
| 1917 August | 257 |

*Quelle*
Economist vom 8. September 1917.

Nach diesen Angaben ist die *Kaufkraft des Geldes seit Beginn des Krieges um die Hälfte gesunken.* Beachtung verdient die Tatsache, daß die Preise für die verschiedenen Waren unterschiedlich gestiegen sind: Am stärksten haben sich die Nahrungsmittelpreise und am geringsten die Preise für die Erzeugnisse der Bergbau- und Textilindustrie erhöht.

Leider gibt es in Ungarn keinen Preisindex, der die Veränderung des Preisniveaus im Lande regelmäßig ausweist. Als Ersatz können wir aber einen Index verwenden, den der Verfasser laufend im Wirtschaftsteil der Zeitung „Népszava" veröffentlicht; dieser Index weist den Preis der für den Unterhalt einer fünfköpfigen Arbeiterfamilie in einer Woche erforderlichen Lebensmittel aus, wobei die zwölf wichtigsten Arten von Lebensmittel berücksichtigt sind: Rindfleisch, Schweinefleisch, Speck, Wurst, Fett, Eier, Milch, Zukker, Brot, Kartoffeln, Bohnen und Kohl. Der Berechnung wird jedesmal die gleiche Menge von Erzeugnissen gleicher Qualität zugrunde gelegt. Der Preis wird als arithmetisches Mittel der offiziellen Preisliste der Budapester Markthalle ermittelt. Dieser einfache Index zeigt folgendes Bild (die Preise der unmittelbaren Vorkriegszeit wurden gleich 100 gesetzt):

| | Kronen | Index |
|---|---|---|
| 1914 (30. Juni) | 21,86 | 100 |
| 1915 (15. Juni) | 45,83 | 214 |
| 1917 (15. Juni) | 81,42 | 372 |
| 1917 (1. Dezember) | 88,26 | 404 |

Die jährlichen Ausgaben einer Schweizer Durchschnittsfamilie für Lebensmittel betragen nach Berechnungen der Schweizer Konsumgenossenschaften:

| | Franc | Index |
|---|---|---|
| 1914 | 1043,63 | 100 |
| 1915 | 1237,10 | 119 |
| 1916 | 1455,92 | 140 |
| 1917 | 1865,67 | 179 |

*Quelle*
Jahrbücher für Nationalökonomie und Statistik, Mai 1917.

Der Durchschnittspreis für eine dreimalige tägliche Verpflegungsration eines deutschen Matrosen betrug nach Angaben der Zeitschrift „Die Konjunktur“:

| | Mark | Index |
|---|---|---|
| 1914 Juli | 25,12 | 100 |
| 1915 Juli | 38,16 | 152 |
| 1916 Juli | 52,61 | 209 |
| 1917 September | 54,37 | 216 |

Bei der Berechnung der Indexzahlen für Ungarn und Deutschland wurden die von den Behörden festgelegten offiziellen Preise zugrunde gelegt. Es ist allgemein bekannt, daß man sowohl bei uns als auch in Deutschland zu diesen Preisen bestenfalls die auf Karten verkauften Waren erwerben kann. *Die tatsächliche Teuerung ist also noch wesentlicher größer, als die genannten Zahlen erkennen lassen.*

Noch stärker sind die Preise für Kleidung und Schuhwerk gestiegen; so wurden Kleidung, Wäsche und Zwirn bis Ende 1917 um 500 bis 1000% teurer.

Lediglich die jährliche Wohnungsmiete ist nicht gestiegen. Ihre Erhöhung war durch besondere Bestimmungen gestoppt worden.

Obwohl wir also über keinen zusammenfassenden Preisindex verfügen, geht aus den genannten Angaben hervor, daß die Kaufkraft des Geldes in Ungarn mindestens um 300% gesunken ist, also wesentlich stärker als in jedem Land der Welt, ausgenommen vielleicht Rußland.

Bevor wir die Ursachen für den Rückgang der Kaufkraft des Geldes untersuchen, muß unbedingt darauf verwiesen werden, daß dieser Rückgang für die Arbeiterklasse und die Angestellten gleichzeitig eine Senkung des Reallohnes und damit auch ihres Lebensstandards bedeutet. Obwohl die ungarische Arbeiterklasse auch während des Krieges alles unternahm, um zu einer Erhöhung des Lohnes zu kommen und es auch gelang, über die Petitionsausschüsse beträchtliche Lohnerhöhungen durchzusetzen, wurden jedoch alle Bemühungen auf diesem Gebiet durch die ständige Geldentwertung zunichte gemacht. Auch wenn man davon ausgeht, daß sich der Stundenlohn eines Arbeiters seit Kriegsbeginn verdoppelte (das ist sehr hoch angesetzt), so zeigt sich doch, daß die Lage der Arbeiter gegenüber der Vorkriegszeit schlechter geworden ist. Das belegen folgende Angaben über den Aufwand an Arbeitszeit, der für den Kauf der nachstehenden Waren erforderlich ist:

| Ware | 1914 Stundenlohn 1 Krone | | Ende 1917 Stundenlohn 2 Kronen | |
|---|---|---|---|---|
| | (Preis in Kronen) | Arbeitszeit (in Std.) | (Preis in Kronen) | Arbeitszeit (in Std.) |
| 1 kg Rindfleisch | 2,00 | 2,00 | 12,00 | 6,00 |
| 1 kg Fett | 1,60 | 1,60 | 10,00 | 5,00 |
| 1 kg Zucker | 0,90 | 0,90 | 2,48 | 1,25 |
| 1 Paar Schuhe | 14,00 | 14,00 | 100,00 | 50,00 |
| 1 Herrenanzug | 80,00 | 80,00 | 600,00 | 300,00 |

Wir wir sehen, mußte ein Arbeiter sogar bei einer Verdopplung des Lohnes Ende 1917 für den Kauf einer Ware wesentlich länger arbeiten als 1914. Sein Reallohn war also gesunken. Das Einkommen der Arbeiter, die im Stundenlohn oder im Akkord arbeiten, lag etwas über dem Vorkriegsniveau, da während des Krieges ständig ein Arbeitskräftemangel herrscht und die Möglichkeit besteht, Überstunden zu leisten; allerdings führt dies zur physischen Erschöpfung der Arbeiter. Die Geldentwertung lastet besonders schwer auf den Angestellten, die einen festen Monatslohn erhalten (Eisenbahner, Postangestellte, Angestellte der Fernsprechämter, Privatbeamte, Lehrer usw.). Die Kriegsbeihilfe, die sie von den Arbeitgebern erhalten, kann den Rückgang der Kaufkraft des Geldes keineswegs kompensieren; diese Bevölkerungsschichten leiden besonders stark unter den Preissteigerungen der Kriegszeit.

## 2. Der Warenmangel während des Krieges, Teuerung und Spekulation

Untersucht man die Ursachen für den Rückgang der Kaufkraft des Geldes während des Krieges, so ist in erster Linie der Warenmangel zu nennen. Das *Hauptprinzip des kapitalistischen Warenaustausches* besteht darin, daß sich jede Ware gegen Gold austauscht, das eine gleiche Menge von Arbeit verkörpert wie die Ware, oder aber gegen Banknoten von gleichem Nennwert wie das Gold. Berücksichtigt man die unterschiedliche organische Zusammensetzung des Kapitals und die Grundrente, *so werden die Waren zum Produktionspreis verkauft. Das Hauptprinzip des kapitalistischen Warenaustausches gilt nur unter normalen Produktionsbedingungen.* Wir stellen fest: Die Produktion vollzieht sich nur dann unter normalen Bedingungen, wenn der Verkäufer einer Ware überzeugt ist, daß er als Entgelt für die verkaufte Ware mit dem gleichen Aufwand die notwendige Menge der gleichen Ware herstellen oder kaufen kann. Karl Marx stellt im „Kapital" wiederholt fest, daß der Verkaufpreis der Ware nicht durch den tatsächlichen Aufwand für deren Herstellung, sondern durch deren Reproduktionskosten bestimmt wird. In Friedenszeiten sind die Reproduktionskosten für Industrieerzeugnisse im allgemeinen niedriger als die Herstellungskosten, denn durch verbesserte Technik wird die Produktion billiger. Der Krieg lehrt uns, daß auch der entgegengesetzte Fall möglich ist.

Zu Beginn des Krieges nahmen alle an, daß er in einigen Monaten beendet ist. Im

Wirtschaftsleben begann ein großer Wirrwarr. Die Kapitalisten verloren den Kopf und begannen Tausende von Arbeitern zu entlassen. Alle wollten so viel Bargeld wie möglich aufhäufen; die Händler und Industriellen bemühten sich, ihre Waren loszuwerden. In dieser Anfangszeit gab es noch keine leeren Läden, und die Preise blieben stabil; eine Ausnahme bildeten nur die Preise für leichtverderbliche Lebensmittel, deren Transport in die Verbraucherzentren durch die Mobilmachung erschwert war. Die Preise für Industrieerzeugnisse gingen sogar beträchtlich zurück, vor allem die Preise für Luxusartikel.

Die Lage änderte sich aber rasch. Der Seekrieg verhinderte Nahrungsmittellieferungen. Da es aber nur eine Ernte im Jahr gibt, stellte sich heraus, daß die vorhandenen Bestände kaum bis zur nächsten Ernte reichen. Man konnte sich leicht ausrechnen, daß bei den Mittelmächten*, die große Mengen Getreide, Futtermittel, Ölfrüchte, Eier usw. importierten (das betrifft vor allem Deutschland), infolge der Importerschwernisse ein Warenmangel auftreten wird.[29]

Das Gefühl der Unsicherheit wurde noch dadurch verstärkt, daß Ungarn im Jahre 1914 eine sehr schlechte Ernte hatte und große Lebensmittelbestände in den ersten Kriegsmonaten durch die Kriegsereignisse in die Hände Rußlands fielen; außerdem waren erhebliche Getreideanbaugebiete besetzt. Das führte zu Spekulationskäufen von Getreide und anderen landwirtschaftlichen Produkten; der Warenmangel wurde auf dem Markt bereits im Herbst spürbar, als von einem wirklichen Defizit noch gar nicht die Rede sein konnte. Die Getreidepreise stiegen in wahnsinnigem Tempo, und die Kaufkraft des Geldes sank proportional zu den steigenden Lebensmittelpreisen.

Durch die Festsetzung hoher staatlicher Preise wurde die Erhöhung der Getreidepreise sanktioniert, was die Grundlage für die Verteuerung aller anderen Nahrungsmittel bildete. Die Preiserhöhungen für landwirtschaftliche Erzeugnisse bewirkten notwendigerweise in bestimmtem Umfange auch Preissteigerungen für alle anderen Waren. Auch die Preise für die aus Übersee importierten Waren, wie Reis, Kaffee, Tee, Gewürze usw. begannen

29 Der Importüberschuß Deutschlands (Import nach Abzug des Exports) belief sich im Jahre 1913 wie folgt:

| | Mio Zentner | Mio Mark |
|---|---|---|
| Weizen | 20,8 | 529,7 |
| Gerste | 30,8 | 365,0 |
| Mais | 8,2 | 101,9 |
| Reis, Erbsen, Bohnen, Linsen | 5,0 | 94,0 |
| Schweinefett | 1,1 | 119,0 |
| Butter | 0,5 | 119,0 |
| Eier | 1,7 | 188,0 |
| Insgesamt | 68,1 | 1516,6 |

Zu diesen sehr wichtigen Erzeugnissen ist der Import an Lebendvieh, Fleisch, Ölfrüchten, Geflügel, Fischen, Obst usw. hinzuzurechnen. Nach der offiziellen Statistik hatte das Deutsche Reich 1913 einen Importüberschuß an Nahrungsmitteln und Lebendvieh in Höhe von mehr als 2 Mrd. Mark. Die österreichisch-ungarische Monarchie importierte ebenfalls Nahrungsmittel, jedoch in wesentlich geringerem Umfange als Deutschland.

* Eine Bezeichnung für die Militärkoalition zwischen Deutschland, Österreich-Ungarn, Bulgarien und der Türkei (Anm. d. Hrsg.).

zu steigen; doch da bei diesen Waren größere Vorräte als bei den im Lande produzierten Waren bestanden und sie etwa ein Jahr lang noch in gewissem Umfang über Italien importiert werden konnten, stiegen die Preise bei diesen Waren langsamer. Erst im dritten Kriegsjahr, als bei diesen Waren ein deutlich spürbarer Mangel auftrat, stiegen deren Preise auf das 5- bis 10fache. Von dieser Preissteigerung profitierten in der Hauptsache die Spekulanten, die diese Waren gehortet hatten, denn der Kaffee, der heute unter der Hand für 50—60, ja sogar 100 Kronen je Kilogramm verkauft wird, kostete zum Zeitpunkt des Imports nicht mehr 2 bis 3 Kronen. In ähnlicher Weise veränderten sich die Preise für Kleidung, Wäsche usw., die aus ausländischen Rohstoffen hergestellt wurden: Auch bei diesen Waren setzten die Preiserhöhungen später ein, da ausreichende Bestände vorhanden waren; sobald aber durch den lange währenden Krieg sich die ersten Anzeichen des Mangel bemerkbar machten, kauften die Spekulanten sogleich die vorhandenen Bestände auf und schufen einen künstlichen Warenmangel. Dadurch stiegen die Preise für Kleidung, Wäsche, Zwirn und andere Waren ähnlicher Art im Vergleich zur Friedenszeit auf das 10fache, d. h. vielleicht auf das 7- bis 8fache des Weltmarktpreises. Die erhebliche Verteuerung dieser Waren war also *vor allem eine Folge ihres Mangels, der aus der Unmöglichkeit des Imports und aus verstärkter Spekulation herrührte.*

Vor allem ist festzustellen, daß *mit Dauer des Krieges* nicht nur ein Mangel an solchen Waren auftritt, die wir sonst als Roh- oder Fertigwaren vollständig oder teilweise importieren, sondern ohne Ausnahme an allen Waren einschließlich solcher, die vollständig aus einheimischen Rohstoffen im Lande hergestellt werden. Das erklärt sich aus dem Rückgang der Produktion, der mit Dauer des Krieges unvermeidlich ist.

Die Mobilisierung der Reservisten und der Ersatzreservisten verursachte notwendigerweise einen Produktionsrückgang. Je länger sich der Krieg hinzog, desto mehr Arbeitskräfte wurden durch wiederholte Einberufungen aus der Produktion abgezogen. Obwohl wir über keine offiziellen Angaben verfügen, so kann man doch aus den Erfahrungen früherer Kriege mit Bestimmtheit annehmen, daß etwa 15% der Bevölkerung oder 3 Millionen Menschen in Ungarn zum Kriegsdienst einberufen wurden. Zwar wurde die produktive Arbeit der zur Armee Einberufenen teilweise durch die Arbeit von Frauen, Greisen und Kindern sowie durch zwangsweise Überstunden der in der Heimat verbliebenen Arbeiter kompensiert, dennoch ging die Produktion in jedem Zweig durch den Mangel an männlichen Arbeitskräften, die zur Armee eingezogen worden waren, unvermeidlich zurück. Die Produktion deckte nicht mehr die Konsumtion.

Es gibt noch einen weiteren außerordentlich wichtigen Umstand, der zum Warenmangel führte. Der moderne Krieg ist nämlich ein Materialkrieg. Der Bedarf an Kriegsausrüstungen (der Begriff „Kriegs-Ausrüstung" wird hier im weitesten Sinne verwendet) lag um das Mehrfache höher, als man in Friedenszeiten als zur Kriegführung ausreichend angesehen hatte. Die Vorräte an Ausrüstungen waren in sehr kurzer Zeit aufgebraucht. Ihre Produktion mußte in großem Umfange organisiert werden. Das bedeutete wiederum, daß ein erheblicher Teil der Arbeitskräfte, die ohnehin nicht ausreichten, zur Herstellung der verschiedenen, von der Armee benötigten Erzeugnisse erforderlich war. Dadurch ging die Produktion von Waren des zivilen Bedarfs noch wesentlich stärker zurück, wodurch der Warenmangel und die Preissteigerungen zunahmen. Im dritten Kriegsjahr war das Mißverhältnis zwischen Produktion und Bedarf im Lande so groß geworden, daß bestimmte Kategorien von Arbeitern (Bergarbeiter, Maschinisten, Mechaniker usw.) von der Front zurückgerufen werden mußten.

Schließlich führten der Rückgang der Produktion und der dadurch verursachte zunehmende Warenmangel sowie die Preissteigerungen automatisch zu einem weiteren Absinken der Produktion und zu neuen Preissteigerungen. Die Arbeiterklasse kann nicht mehr die Lebensmittel erwerben, die für die Reproduktion ihrer Arbeitskraft notwendig sind, und durch die Unterernährung geht die Arbeitsleistung weiter zurück. Diese traurige Erscheinung ist überall zu beobachten, insbesondere in der Kohleindustrie, wo sich die Arbeit kaum ändert. *Der Rückgang der Arbeitsleistung verursacht einen Rückgang der Produktion, der wiederum den Warenmangel verstärkt und damit die Preise steigen läßt, das heißt, die Kaufkraft des Geldes nimmt weiter ab.* Auf das willkürliche Senken der Arbeitsleistung bei den Bauern, der auf ganz andere Gründe zurückzuführen ist, werden wir später eingehen.

Die Ursachen für die Abnahme der Kaufkraft des Geldes sind also zu einem großen Teil auf den Mangel zurückzuführen, der sich fast ohne Ausnahme auf alle Waren erstreckt. Dieser Umstand verkehrte die Verhältnisse zwischen Geld und Ware, zwischen Käufer und Verkäufer ins Gegenteil. In Friedenszeiten herrschte das Geld in der Regel über die Ware, wie gezeigt wurde. Fast alle Waren wurden in einer Menge produziert, die eher über ihrem Bedarf lag, und die Warenbesitzer bemühten sich um die Käufer (die Bildung von Kartellen hob die Konkurrenz nur zum Teil auf). Aber im Kriege beherrschen die Besitzer und die Verkäufer der Waren allein die Situation! Die Käufer stehen untereinander im Wettstreit, um für ihr Geld Waren zu kaufen, sie treiben die Preise selbst hoch, nur um die Waren zu erlangen. Früher wurden die Käufer in den Geschäften gern und aufmerksam bedient, man zeigte und offerierte ihnen verschiedene Waren; jetzt muß man in einer Schlange vor der Ladentür stehen und warten, bis der Besitzer sich herabläßt, die Kunden einzulassen. Man kann nicht feilschen oder wählerisch sein; denn auf jeden solchen Versuch kommt die Antwort: „*Wenn es nicht gefällt, lassen sie die Ware hier! Sie erweisen uns einen Dienst, wenn sie nicht kaufen!*" Der Verkäufer lügt nicht, denn tatsächlich steigen mit jedem weiteren Tag die Preise, und am folgenden Tage verkauft er seine Ware noch vorteilhafter. Der Zauber des Geldes ist erloschen . . .

In erheblichem Maß ist die Regierung daran schuld, daß die Lage sich so verschlechtert hat, daß die Kaufkraft des Geldes in Ungarn noch stärker als in dem über das gleiche Geldsystem verfügenden Österreich zurückgegangen ist. Sie sah im Krieg eine hervorragende Möglichkeit, um die Klasse der Grundbesitzer zu bereichern und ergriff deshalb nur sehr zögernd Maßnahmen, um die durch den kriegsbedingten Warenmangel hervorgerufenen Preissteigerungen aufzuhalten.

In Deutschland und Österreich setzten die Behörden bei den ersten Anzeichen des Lebensmittelmangels sofort staatliche Preise fest, und eine künstliche Warenverknappung wurde unterbunden, indem die vorhandenen Bestände und die Ernte beschlagnahmt wurden und eine staatliche Verteilung erfolgte, während man in Ungarn solche Maßnahmen verspätet vornahm. Deshalb sind in Ungarn, das die Armee der gesamten Monarchie ernährt und darüber hinaus Lebensmittel nach Österreich und Deutschland liefert, *die Lebensmittelpreise wesentlich höher als in Österreich oder Deutschland.* Minister Ghyllányi erklärte offen, daß hohe Preise für landwirtschaftliche Erzeugnisse notwendig seien, um nichtgenutzte Vorräte dem Verbrauch zuzuführen. Später wurde noch zur Begründung hinzugefügt, daß angeblich ein hoher Preis notwendig sei, um die Produktion anzuregen.

Einmal ins Rollen gekommen, gibt es kein Halt mehr. Jede neue Festsetzung staatlicher Preise bedeutet deren erneute Heraufsetzung. Die Grundbesitzer und die Bauern profitierten von den Preiserhöhungen für landwirtschaftliche Erzeugnisse in großem Maße: Sie bezahlten alle ihre Schulden und wurden reich. Aber das angekündigte Ziel, mit Hilfe hoher Preise die Produktion anzukurbeln, wurde nicht erreicht; es trat das Gegenteil ein: Die übermäßig hohen Preise führten zu einem Rückgang der Nahrungsgüterproduktion.

65% der Getreideanbaufläche Ungarns entfällt auf Bauernwirtschaften mit einer Größe unter 100 Joch*. Die Bauern nutzten die hohen Preise aus. Ein großer Teil der Bauern verkauft seine versteckten Vorräte an Getreide, Fett und Speck zu Preisen, die bedeutend über den staatlichen Preisen liegen. Die Taschen der Bauern füllen sich mit einer solchen Menge Geld, von der sie nicht einmal zu träumen wagten. Eine genudelte Gans von 10 kg kostet heute in Budapest 180 Kronen; vor dem Krieg konnte man für dieses Geld eine Kuh kaufen. Der Bauer bezahlte alle Schulden, und dennoch sammelt sich bei ihm immer mehr Geld an. Doch die Bauern können es nicht verwenden, denn durch ihre kulturelle Rückständigkeit haben sie keine großen Bedürfnisse, und unter den primitiven Bedingungen des Landlebens besteht keine Möglichkeit, Geld für Luxuszwecke auszugeben. Der allgemeine Warenmangel erschwert ebenfalls die Verwendung des Geldes. Seine Ansammlung als Geldkapital ist auch unvorteilhaft, weil die Geldinstitute — wir werden darauf noch ausführlicher zurückkommen — keine Zinsen für neue Einlagen zahlen wollen. Wertpapiere und Kriegsanleihen kaufen die Bauern nicht, da sie sich darin nicht so auskennen und mißtrauisch sind; Land kaufen sie nicht, weil dies kaum jemand verkauft, und außerdem können sie durch den Arbeitskräftemangel nicht einmal das Land ordentlich bearbeiten, das sie bereits besitzen.

Daraus schlußfolgert der Bauer, daß es vollkommen überflüssig ist, fleißig zu arbeiten und viel zu produzieren und große Mengen Lebensmittel zu verkaufen. Der Bauer macht sich deshalb die Arbeit leicht, erzeugt wenig, verbraucht den größeren Teil seiner Produktion selbst und lebt insgesamt besser als irgendwann zuvor; aus dem Verkauf einer geringen Menge landwirtschaftlicher Erzeugnisse erzielt er so viel Geld, daß es zur Befriedigung seiner Bedürfnisse mehr als genug ist.

Diese Entwicklung wurde durch die fehlerhafte Politik der Regierung verschuldet. Das System überhöhter Nahrungsmittelpreise verursacht den Rückgang der Produktion, erhöht den Warenmangel, läßt die Preise steigen und verringert die Kaufkraft des Geldes.

## 3. Die Verselbständigung des Metallgeldes und der Banknoten während des Krieges

So groß die Rolle auch sein mag, die der Warenmangel und die falsche Preispolitik der Regierung bei der Geldentwertung spielen, sie sind nicht die alleinigen Ursachen der untersuchten Erscheinung. Dazu ist auch jene Veränderung zu rechnen, die während des Krieges mit dem Geld erfolgte und die man kurz wie folgt formulieren kann: *Der Wert der Banknoten löste sich vom Metallwert des Goldes, das die Grundlage der Banknoten ist.* Zirkulierte vor dem Krieg in der Monarchie sämtliches Geld (Goldmünzen, Banknoten, Wechsel) zu seinem Nennwert, das heißt, eine Goldmünze im Nennwert von 20 Kronen war weder im Lande noch im Ausland einen Fillér mehr wert als eine Banknote im Nennwert von 20 Kronen, so ist das Gold (und sogar das Silber) gegenwärtig aus der Zirkulation verschwunden, und man kann eine Goldmünze von 20 Kronen trotz aller gesetzlichen Verbote nur gegen Banknoten im Wert von 80 bis 120 Kronen erwerben. Diesen Tatbestand kann man auch anders formulieren: Nach dem ungarischen Gesetz

* Joch — Flächenmaß in Ungarn, entspricht etwa 0,57 ha (Anm. d. Übers.).

kostet ein Kilo Gold 3280 Kronen; zu diesem Preis kaufte die Notenbank vor dem Krieg das Gold. Heute kostet ein Kilo Gold in Banknoten 15000—20000 Kronen; so viel bezahlen die Juweliere dafür. Die gesetzlich festgelegte Bindung zwischen Gold und Krone besteht nicht mehr, und das Gold ist heute genauso eine Ware wie jedes andere Material.

Daraus ist ersichtlich, daß im Krieg mit dem Geld entscheidende Veränderungen vor sich gegangen sind. Die Verteuerung des Goldes konnte weder durch dessen Mangel noch durch erhöhte Produktionskosten hervorgerufen sein. Im letzten Kapitel des ersten Teiles dieses Buches haben wir gerade dargelegt, daß die Haupterrungenschaft des heutigen Geldsystems darin besteht, den Wert des Geldes zu stabilisieren, so daß er nicht mehr davon abhängt, wie sich die Menge der im neu produzierten Gold enthaltenen Arbeit, die Aufwendungen zu dessen Herstellung verändern. Wenn der Goldpreis während des Krieges um das 5- bis 6fache über dem gesetzlich festgelegten Wert liegt, so zeigt dies, daß irgendeine entscheidende Veränderung mit dem Papiergeld vor sich gegangen sein muß . . . Worin besteht diese Veränderung?

Zuerst müssen wir uns mit den Maßnahmen befassen, die die Regierung bei Kriegsbeginn auf dem Gebiet der Geldzirkulation durchführte.

1. Die Regierung hob *die Verpflichtung der Notenbank auf, Banknoten auf Verlangen in gesetzliches Metallgeld umzutauschen.* Wir wissen, daß die Verpflichtung zum Umtausch der Banknoten in Gold bereits in Friedenszeiten aufgehoben worden war; bestehen geblieben war nur die Verpflichtung, Banknoten in Silber umzutauschen. Jetzt wurde auch diese aufgehoben. Noch wichtiger war aber die Tatsache, daß die Notenbank den Valutakurs nicht mehr regulierte. Das geschah in der Weise, daß die Notenbanken ausländische Goldwechsel und gegebenenfalls auch Gold gegen Banknoten abgaben, um unsere Währung gegenüber den Währungen anderer Länder zu stützen.

2. Die Regierung hob das System der Zweidritteldeckung auf, das die Banknotenemission begrenzte und darin bestand, daß die Notenbank Banknoten nur in anderthalbfacher Höhe des Wertes der vorhandenen Goldbestände ausgeben durfte.

3. Die Regierung hob die Verpflichtung der Notenbank auf, jede Woche einen Bankbericht zu veröffentlichen.

Die ersten beiden Maßnahmen erfolgten in allen kriegführenden Ländern mit Ausnahme von Großbritannien. Die Veröffentlichung von Wochenberichten stellte nur die Österreichisch-Ungarische Bank ein, was sich negativ auf die Kaufkraft unseres Geldes auswirkte. Erst Ende 1917 wurde der erste Bankbericht während des Krieges veröffentlicht.

Welches Ziel wurde mit diesen Maßnahmen verfolgt?

Sie sollten es der Regierung ermöglichen, bei Bedarf unbegrenzt Banknoten auszugeben und Anleihen in notwendigem Umfang aufzunehmen. Alle kriegführenden Länder nutzten weitgehend diese Möglichkeit. Das zeigen sehr deutlich die Berichte der Bank von Frankreich: Nach dem Bericht vom 17. November 1917 beliefen sich die Schulden der französischen Regierung gegenüber der Notenbank auf nicht weniger als 12,5 Mrd. Franc. Der einzige während des Krieges Mitte Dezember 1917 veröffentlichte Bericht der Österreichisch-Ungarischen Bank wirft ein bezeichnendes Licht auf die Goldverhältnisse der Monarchie. Nach dem Bericht hatte sich der Goldbestand der Notenbank von 1 Mrd. Kronen vor dem Krieg auf 240 Mio Kronen verringert. *Der Nennwert der in Umlauf gesetzten Banknoten war auf 17,7 Mrd. Kronen gestiegen*; vor dem Kriege betrug der Nennwert der in Umlauf befindlichen Banknoten im Durchschnitt etwa 2,5 Mrd. Kronen. Von den 17,7 Mrd. Kronen waren für Zwecke des Staates mindestens 13,2 Mrd. verwendet worden. Dieser Betrag stellt die Verschuldung Österreichs und Ungarns gegenüber der Notenbank dar.

Nimmt der Staat bei der Notenbank eine Anleihe auf, so bedeutet dies, daß die Notenbank Banknoten in Höhe des Anleihebetrages drucken läßt und diese dem Staat zur Verfügung stellt. Der Staat bezahlt mit den erhaltenen Banknoten die Rüstungslieferanten sowie die Soldaten und Angestellten. Die Banknoten, die der Staat von der Notenbank auf Grund der Anleihe erhalten hat, vermischen sich mit den anderen, schon vor längerer Zeit ausgegebenen Banknoten. Äußerlich gibt es keinen Unterschied zwischen den alten und den neuen Banknoten. Die Staatsbürger müssen beide zum Nennwert annehmen. *Aber hinter der äußeren Übereinstimmung verbirgt sich ein völlig unterschiedlicher ökonomischer Inhalt.*

In Friedenszeiten waren die in der Zirkulation befindlichen Banknoten rein ökonomisch gesehen echte *Banknoten*: Ihre Emission richtete sich nach den realen wirtschaftlichen Bedürfnissen. Egal, ob sie im Ergebnis von Diskontierung in Form von Hypothekenanleihen oder als Effektenlombard in Umlauf gesetzt wurden, der Ausgabe von Banknoten lag immer ein reales kommerzielles Geschäft zugrunde. Da man für Anleihen Zinsen zahlen mußte, bemühte sich jeder sofort, sobald er das Geld nicht wirklich brauchte, das Darlehen zurückzuzahlen. Die Banknoten blieben nur solange wie tatsächlich notwendig in Umlauf. Deshalb war es unmöglich, daß mehr Banknoten als notwendig in Umlauf waren, was zu ihrer Entwertung geführt hätte. Darin bestand das Wesen der Sache. Demgegenüber ist die Frage der Golddeckung von zweitrangiger Bedeutung. Schließlich hatte die Monarchie schon vor dem Kriege faktisch eine Papierwährung.

Ganz anders verhält es sich mit den Banknoten, die durch Staatsanleihen in Umlauf gelangen. Mit ihnen bezahlt der Staat die Sachen, die er während des Krieges von seinen Bürgern erworben hat. Mit diesen Banknoten bezahlt der Staat Kanonen, Gewehre und Munition, Mehl und Fleisch, die Kleidung und das Schuhwerk, was er von seinen Bürgern gekauft hat. Wer vor dem Krieg reale Sachwerte besaß, verfügt jetzt über Banknoten. Banknoten nehmen den Platz von Sachwerten ein. *Gerade deshalb sind sie nur formal Banknoten, in Wirklichkeit aber staatliches Papiergeld mit Zwangskurs*; sie sind kein *Tauschmittel*, das zur Befriedigung der Bedürfnisse der Zirkulation dient, sie stellen keine zeitweilige Geldform von realen Sachwerten dar, sondern sie sind nur *ein Vermögen vertretendes Mittel*, das die vom Staat verbrauchten realen Sachwerte formal ersetzt. Der ökonomische Inhalt würde sich in keiner Weise verändern, wenn der Staat staatliches Papiergeld mit dem Nennwert drucken würde, das der Höhe der von der Notenbank erhaltenen Anleihen entspricht und damit seine Lieferanten und Angestellten bezahlen würde (Großbritannien ist so vorgegangen: Neben den Banknoten der Bank von England wurde staatliches Papiergeld mit Zwangskurs in Umlauf gesetzt). Die vom Staat in Umlauf gesetzten Banknoten können von ihren neuen Besitzern nicht an die Notenbank zurückgegeben werden, eine Ausnahme bildet nur ein kleiner Teil von ihnen, mit dem bei der Bank Schulden aus der Vorkriegszeit zurückgezahlt werden können.

Nach dem Bericht der Österreichisch-Ungarischen Bank vom 7. Juni 1914 waren damals Banknoten im Nennwert von 2,19 Mrd. Kronen in Umlauf (ein bestimmter Teil der Banknoten zirkulierte nicht auf Grund von Darlehen, sondern infolge von Goldkäufen). Somit müssen die Banknoten, die über den Betrag von 2,19 Mrd. Kronen hinaus emittiert wurden, bei ihren neuen Besitzern, d. h. bei der Bevölkerung verbleiben.[30] Die

30 Aus dem einzigen während des Krieges von der Österreichisch-Ungarischen Bank veröffentlichten Ausweis geht hervor, daß Ende 1917 neben den mit Hilfe des Staates in Umlauf gesetzten Banknoten im Nennwert von 13,2 Mrd. Kronen sich noch Banknoten in Höhe von 4,4 Mrd. Kronen in den Händen

von der Notenbank an den Staat ausgegebenen Banknoten können nur vom Staat und keinem anderen an die Notenbank zurückgegeben werden.

Kommt es vor, daß Banknoten von sehr großem Nennwert durch Staatsanleihen in Umlauf gesetzt werden, d. h. durch einen außerhalb des normalen Wirtschaftslebens liegenden Faktor, sie also weder Tauschmittel sind, noch die Geldform von realen Sachwerten darstellen, sondern ihr Zweck darin besteht, die während des Krieges tatsächlich verbrauchten Sachwerte zu vertreten, so *ergibt sich damit eine Möglichkeit*, die bei der Zirkulation wirklicher Banknoten ausgeschlossen ist. *Jetzt befinden sich nämlich Banknoten mit einem größeren Nennwert als notwendig in Umlauf*, *wodurch ihr wirklicher Kurs*, *ihre Kaufkraft*, kleiner als der Nennwert wird, d. h. kleiner als der Wert jener Goldmenge, die sie repräsentieren.

Alles deutet darauf hin, daß diese Möglichkeit in den meisten kriegführenden Ländern zur Wirklichkeit wurde. In allen kriegführenden Ländern hatte sich der Nennwert der zirkulierenden Banknoten so erhöht, daß er über den realen Bedürfnissen der Zirkulation lag, selbst wenn man davon ausgeht, daß die Waren in der Hauptsache nicht auf Kredit, sondern bar verkauft werden. Als Beispiel bringen wir Angaben von jeweils Mitte November der entsprechenden Jahre über die Zirkulation von Banknoten der deutschen und der französischen Notenbank:

| | Deutsche Reichsbank Mio Mark | Bank von Frankreich Mio Franc |
|---|---|---|
| 1913 | 1928 | 5670 |
| 1914 | 4960 | — |
| 1915 | 5833 | 14233 |
| 1916 | 7178 | 15894 |
| 1917 | 10363 | 22346 |

Der Nennwert der in Umlauf befindlichen Banknoten erhöhte sich in Deutschland auf mehr als das 5fache, in Frankreich auf etwa das 4fache und in Ungarn auf das 7fache. Da der Warenumsatz, *ausgedrückt im Quantum Arbeit*, in Frankreich und Deutschland wesentlich geringer als vor dem Krieg war (befinden sich doch Millionen von Produzenten an der Front und sterben dort), dagegen der gesamte Nennwert der Banknoten sich andererseits um das 4- bis 5fache erhöht hatte (der Nennwert jeder Banknote entspricht auch jetzt formal der gleichen Goldmenge, d. h. dem gleichen Quantum Arbeit wie vor dem Krieg), *mußte die Kaufkraft der Banknoten sinken. Sie sank so weit ab, daß man mit einer Banknote von 5fach höherem Nennwert eine Ware kaufen kann, die nur das Quantum Arbeit enthält, das vor dem Krieg einem Fünftel des Nennwertes entsprach.* Wir haben es hier mit einer Sachlage zu tun, die Hilferding folgendermaßen charakterisierte: „Bei reiner Papierwährung mit Zwangskurs ist bei gleichbleibender Umlaufzeit der Wert des Papiergeldes bestimmt durch die Summe der Warenpreise, die in der Zirkulation umgesetzt werden muß; das Papiergeld wird hier ganz unabhängig vom Wert des Goldes und reflektiert direkt den Wert der Waren . . .“.[31]

der Bevölkerung befanden. Das ist mehr als der Nennwert der vor dem Krieg in Umlauf befindlichen Banknoten. Es steht außer Zweifel, daß der überwiegende Teil dieser Banknoten ebenfalls mit Hilfe des Staates, und zwar auf indirekte Weise, mit Hilfe von Kriegsanleihen in Umlauf gesetzt wurde.

31 Rudolf Hilferding, Das Finanzkapital, a. a. O., S. 21.

## 4. Die Geld„tragödie" während des Krieges

Mag das Problem der Entwertung künstlich in den Umlauf gepreßter Banknoten auch theoretisch klar sein, so glauben wir doch, daß es zum vollen Verständnis notwendig ist, den Entwertungsprozeß selbst zu untersuchen. Nach unserer Auffassung verhält es sich damit folgendermaßen.

Im Krieg kauft die Regierung von ihren Bürgern reale Sachwerte und bezahlt diese formal mit Banknoten, die von ihrem ökonomischen Inhalt her einfach staatliches Papiergeld sind. Was kann der neue Besitzer mit ihnen anfangen, nachdem er sie für seine Sachwerte erhalten hat? Er kann dafür Konsumtionsgüter kaufen oder kann versuchen, es als Kapital nützlich anzulegen. Kauft er für diese Konsumgüter, so ist es klar, daß er damit die Preissteigerungen, d. h. den Rückgang der Kaufkraft des Geldes, fördert. Je mehr Käufer bei einer begrenzten Warenmenge vorhanden sind, desto höher steigen die Preise. Außerdem kommt noch ein weiterer Umstand hinzu, der die preistreibende Wirkung der Nachfrage noch verstärkt. Es handelt sich nämlich darum, daß der Staat ein hervorragender Käufer ist. Vom Standpunkt der Militärs ist es allein entscheidend, den Bedarf der Armee vollständig und umfassend zu befriedigen, während die Preise eine zweitrangige Rolle spielen. Deshalb realisieren die Armeelieferanten ihre Waren beim Staat zu sehr hohen Preisen. Der Nennwert der Banknoten, die die Lieferanten für die verkauften Gegenstände (Weizen, Waffen, Tuche usw.) erhalten, ist wesentlich höher als der Betrag, mit dem sie ihre Waren vor dem Krieg selbst bewerteten. Alle, die während des Krieges irgendwelche Waren verkaufen konnten, wurden reich dabei. Zumindest hatte es diesen Anschein. Für diejenigen, die für ihre Waren erheblich mehr Geld bekamen, als sie sich je vorstellen konnten und nach eigener Auffassung plötzlich reich wurden, spielt es natürlich keine große Rolle, wieviel Geld sie für eine Ware zahlen. Für sie ist nichts zu teuer. Die Armee der Neureichen kauft alles: Lebensmittel, Samt und Seide, Möbel und Teppiche, Bilder und Skulpturen; kein Preis ist ihnen zu hoch. Infolge des Warenmangels besteht sowieso die bereits genannte Tendenz der Preissteigerungen. Die *„fiktive Kaufkraft"* der plötzlich durch das Papiergeld reich gewordenen Leute verstärkt diese Tendenz nur noch. Irgend jemand bemerkte richtig: Es war die Situation eines Banketts, zu dem Tausend Personen eingeladen waren, während man die Tische nur für 200 Personen gedeckt hatte. Die Leute haben Einlaßkarten für das Bankett, das heißt, sie verfügen über eine große Menge Papiergeld, aber beim Bankett reichen das Essen und die Getränke nicht, ebenso wie auf dem Markt keine Waren vorhanden sind, die man für Geld kaufen kann. Die Besitzer des „leichten" Geldes bemühen sich, Mangelwaren zu erstehen und überbieten sich gegenseitig, sowohl an den Ladentischen der Marktfrauen als auch auf der Kilényi-Auktion im Ernst-Museum.

Die Situation ändert sich auch dann nicht, wenn die Neureichen das vom Staat für ihre Waren erhaltene Papiergeld als Kapital anlegen wollen. Sie müssen dann nämlich auf dem Markt als Käufer auftreten, um die Bestandteile wirklichen Kapitals zu erwerben, wie Maschinen, Rohstoffe, Ochsen, Pferde usw. — also Waren. Das Vermögen in Geldform verwandelt sich nur durch den Kaufakt in echtes produktives Vermögen, in Kapital. Zusätzliche Käufe verstärken aber nur die Nachfrage und erhöhen so die Preise, während sie das Geld entwerten.

Kann man diese Unannehmlichkeiten vermeiden, wenn man das Geld gegen Zinsen in einem Geldinstitut anlegt? Tatsächlich stiegen die Einlagen bei den Banken während des Krieges in unvorstellbarem Maß. Das ist aber nur vom Gesichtspunkt des Einzelnen her eine Lösung, jedoch keineswegs vom ökonomischen Standpunkt. Die Bank kann nur dann Zinsen für die Einlagen zahlen, wenn die anderen Kapitalisten, die Geld für produktive Zwecke benötigen, bei der Bank gegen höhere Zinsen Kredite aufnehmen.

Nehmen die Kapitalisten Kredite auf, so verwenden sie das erhaltene Geld für den Kauf der von ihnen benötigten Produktionsmittel. Das bewirkt ebenso Preissteigerungen, als wenn die Geldbesitzer es selbst für den gleichen Zweck verwendet hätten. Oder die Bank kann durch die Errichtung neuer Produktionsbetriebe versuchen, die notwendigen Profite zu erwirtschaften, um die Zinsen an die Kapitalanleger zu zahlen. Das ändert aber nichts am Wesen der Sache, weil die Bank auf dem Markt als Käufer auftreten und folglich Banknoten in Umlauf setzen muß, was ebenfalls zu Preissteigerungen führt. Im allgemeinen ist die Sachlage im Augenblick so, daß es praktisch keinem Individuum [32] möglich ist, seinen aus Banknoten bestehenden Reichtum in produktives Kapital zu verwandeln, da die notwendigen materiellen und arbeitskräftemäßigen Voraussetzungen fehlen. Es ist nicht möglich, die für die Errichtung und Inbetriebnahme neuer Fabriken erforderlichen Materialien und Ausrüstungen zu kaufen, da sämtliche Materialien, Ausrüstungen und Transportmittel zur Kriegführung benötigt werden, und selbst wenn es gelingen würde, einen neuen Betrieb zu errichten und auszurüsten, so könnte er wegen der fehlenden Arbeitskräfte nicht produzieren.

Somit entstand eine Lage, die im Gegensatz zu der vor dem Kriege stand, als die Geldform die wünschenswerteste Form des Reichtums war, denn man konnte sie zu jeder Zeit in eine andere Form verwandeln: in Grundbesitz, in eine Fabrik, in eine Ware oder in Wertpapiere; andererseits konnte man die Warenform nicht immer in Bargeld verwandeln. Jetzt ist das Bargeld die am wenigsten gewünschte Form des Reichtums. Das geht so weit, daß die Finanzinstitutionen alles unternehmen, um die Höhe der Einlagen zu begrenzen; sie zahlen außerordentlich niedrige Zinsen; einige Sparkassen in der Provinz nehmen neue Einlagen nur zur *Aufbewahrung* an, ohne dafür Zinsen zu zahlen, sondern sie verlangen noch die Zahlung von Depotgebühren. *Damit hörte die Geldform des Vermögens auf, Kapital zu sein.* Die Tatsache, daß man das Geld nicht mehr bei einer Bank gegen Zinsen anlegen kann, setzt natürlich den Wert des Geldes bei der Bevölkerung, vor allem bei den Bauern, herab, was erneut zu Preissteigerungen und zum Rückgang der Produktion führt.

Es gibt noch eine weitere Möglichkeit, um Zinsen für die Geldform des Vermögens zu erhalten, nämlich den Kauf von Wertpapieren. Die Öffentlichkeit nutzt diese Möglichkeit ausgiebig. Die Wertpapierkurse stiegen während des Krieges äußerst schnell, was zum Teil auf die wachsenden Profite während des Krieges und andererseits auf die Nachfrage nach Wertpapieren durch die Banknotenbesitzer zurückzuführen war. Mit dem Kauf von Wertpapieren ist das Problem jedoch nur für den Käufer gelöst, nicht dagegen vom ökonomischen Gesichtspunkt, denn der gleiche Bargeldbetrag, den der Käufer mit dem Kauf

32 In gesellschaftlichem Sinne kann sich Geld niemals in produktives Kapital verwandeln: Aus Gold oder aus Banknoten erhält man niemals Maschinen oder Werkzeuge. Die gesellschaftliche Kapitalakkumulation hat einen anderen Sinn. Wenn die besitzenden Klassen Geld akkumulieren, so bedeutet dies, daß sie keine Konsumgüter kaufen, das heißt, sie können sie entbehren. Damit lenken sie die Produktion; da es keine Käufer für Konsumgüter gibt, werden in immer größerem Maße die gegenständlichen Elemente des Kapitals hergestellt (Fabriken, Maschinen, Werkzeuge). Nicht die akkumulierten Gelder verwandeln sich also in Kapital — das anzunehmen wäre absurd —, sondern die Produktion entwickelt sich in einer Richtung, die für die Kapitalbildung günstig ist.

der Wertpapiere abstößt, gelangt in die Hände des Verkäufers. Das Hauptproblem ist damit seiner Lösung keinen Schritt nähergekommen. *Die Masse der Banknoten, die der Staat von der Notenbank erhält und anstelle der von der Bevölkerung erworbenen Gegenstände* in die Zirkulation preßt, kann auf keinerlei Weise von dort verdrängt werden; für jeden Besitzer von Banknoten haben diese nur dann in der Zirkulation Wert, wenn man dafür Waren kauft. Aber da die Warenproduktion und die Warenvorräte nicht sehr groß sind, kann die Gesamtmasse der Banknoten nur dann am Warenumsatz teilnehmen, wenn die Banknoten entwertet werden, wenn ihre gesamte Kaufkraft auf einen solchen Stand sinkt, der dem Wert des Goldes oder echter Banknoten entspricht, wie sie für den Umlauf tatsächlich notwendig wären.

Bei erhöhter Ausgabe von Banknoten kann man einen Rückgang der Kaufkraft nur dadurch vermeiden, *daß man für alle Waren niedrige staatliche Preise festlegt und deren Einhaltung streng kontrolliert.* In diesem Falle würde die über den Bedarf der Zirkulation hinausgehende Menge von Banknoten, mit denen die verbrauchten Sachwerte bezahlt wurden, nicht in die Zirkulation gelangen: Das würde durch die künstlich (richtiger zwangsweise) niedrig gehaltenen Preise verhindert. Die überschüssigen Banknoten würden diejenigen behalten, deren Vermögen im Verlauf des Krieges verbraucht wurde, und sie würden nur den Zweck erfüllen, Vermögen in Form von Papiergeld zu symbolisieren. Um statt des unverzinsten Papiers zinsbringendes Papier zu erhalten, müßten die Besitzer der Banknoten Kriegsanleihen zeichnen. Hätte der Staat eine solche Politik verfolgt, so hätte er als Hauptkäufer alles Erforderliche zu einem wesentlich niedrigeren Preis als heute erhalten, und natürlich wären weniger Banknoten im Umlauf.

Der durch die Entwertung der Banknoten verursachte Preisanstieg betrifft auch das Material, aus dem das Metallgeld hergestellt ist. Gegenwärtig liegt der in Papierkronen ausgedrückte Wert des vollwertigen Goldgeldes um das 5fache über seinem Nennwert. Ein Goldstück in zwanzig Kronen ist hundert Kronen wert, kluge Leute geben sogar hundertzwanzig dafür. Dies zeigt einwandfrei, daß die Ursache für den Rückgang der Kaufkraft des Geldes nicht bei der Ware liegt, sondern in den Veränderungen zu suchen ist, die mit den Banknoten vor sich gegangen sind. Kann jemand mit Goldgeld zahlen, so merkt er keine Teuerung: man kann heute ebenso wie vor dem Krieg für 4 Goldmünzen im Wert von 20 Kronen einen Anzug und für 1 Goldmünze ein Paar Schuhe usw. kaufen. Interessante Veränderungen erfolgten mit dem Wechselgeld, den in Friedenszeiten geschmähten Münzen. Vor dem Krieg war ihr Metallgehalt erheblich niedriger als ihr Nennwert. Während des Krieges wurden sie nicht nur zu vollwertigem Geld, sondern auch der *Wert ihres Metallgehaltes lag über ihrem Nennwert.* Dadurch verschwanden sie aus der Zirkulation, geschäftstüchtige Leute schmelzten sie ein und verkauften sie als Metall. Zuerst verschwanden die Kupfermünzen im Wert von 2 Fillér aus der Zirkulation; sie wurden mit großem Gewinn zur Herstellung von Kupfervitriol verwendet. Danach verschwanden die alten Silbermünzen im Werte von 1 Forint, die zu Kriegsbeginn erneut in Umlauf gebracht worden waren, da es an Wechselgeld fehlte. Sie waren aus gutem Silber geprägt, und ihr Metallgehalt überstieg 2 Kronen. Diese Münzen wurden verwendet, um entweder verschiedene Gegenstände aus Silber anzufertigen oder sie verschwanden in den Sparstrümpfen und Truhen der Bauern. Einige Zeit später ereilte die Nickelmünzen im Werte von 10 und 20 Fillér das gleiche Schicksal, sie wurden vom Staat selbst aus dem Verkehr gezogen. Danach verschwanden auch die Silbermünzen im Wert von 5 Kronen und schließlich diejenigen im Wert von 1 Krone aus der Zirkulation. Schließlich verblieb nur noch Papier und Eisen in der Zirkulation. Und wurde zum

Symbol der Tragödie des Geldes während des Krieges. Das Papiergeld hatte weder zur Golddeckung noch zu der vor der Währungsreform bestehenden Silberdeckung eine Beziehung.

Es gibt nur eine Möglichkeit, sich von der großen Last zu befreien, die die überschüssigen Banknoten für die Geldzirkulation darstellen, nämlich die Banknoten an den Staat zurückzugeben, damit dieser sie seinerseits an die Notenbank zurückgibt. Die aus der Zirkulation ausgeschiedenen überflüssigen Banknoten kann man verbrennen. Einen anderen Weg gibt es nicht. Werden überschüssige Banknoten nicht über den Staat an die Notenbank zurückgegeben, so werden sie ständig umlaufen und damit stets die Kaufkraft der bereits zirkulierenden Banknoten vermindern. Man muß sie verbrennen, anders kann man sie nicht loswerden! Die Banknoten können auf zweierlei Weise an den Staat zurückgegeben werden, nämlich durch Zeichnung von Kriegsanleihen und indem sie zur Steuerzahlung verwendet werden. Das beste Mittel, um die Macht des Geldes wiederherzustellen, bestände in der Einführung einer hohen Vermögenssteuer.

Zum Schluß wollen wir uns mit einigen theoretischen Irrtümern beschäftigen. In der Wirtschaftswissenschaft sind drei hauptsächliche Geldtheorien bekannt: die „*metallistische*" Theorie, zu der auch die Geldtheorie von Marx gehört, die „*Quantitäts*"theorie und die „*staatliche*" Theorie des Geldes von Georg Friedrich Knapp. Nach der ersten Theorie — wir hatten sie in Teil I des Buches dargelegt — beruht der Wert jedes Geldes auf dem Wert der Edelmetalle, die die Grundlage des Geldes bilden; dieser Wert ist es, der dem Geld seine Kaufkraft verleiht. Diese These ist in Friedenszeiten richtig, wenn es eine freie Goldgeldprägung gibt und die Notenbanken auf Verlangen jederzeit die von ihnen ausgegebenen Banknoten in Gold einwechseln. Die Banknoten behalten ihren Wert unabhängig von der Menge, in der sie zirkulieren, da man sie jederzeit in die gängigste Ware der Welt, nämlich gegen Gold, eintauschen kann.

Unter solchen Bedingungen ist die „*Quantitäts*"*theorie nicht richtig*; nach ihr wird die Kaufkraft des Geldes durch die Menge, den Nennwert des zirkulierenden Geldes bestimmt und hängt nicht vom Wert seines Metallgehaltes ab. *Im Unterschied zu Friedenszeiten trifft jedoch unter heutigen Bedingungen, da das Gold seine frühere Rolle verloren hat*, zu einer Ware wie jede andere wurde und sich die Banknoten von der Gelddeckung gelöst haben, *gerade die „Quantitäts"theorie zu.* Die Kaufkraft der Banknoten hängt faktisch vom gesamten Nennwert der umlaufenden Banknoten ab: steigt dieser, verringert sich die Kaufkraft proportional.

Wir möchten aber zugleich die Aufmerksamkeit der Anhänger der „Quantitäts"theorie darauf lenken, daß nicht jede Vergrößerung der zirkulierenden Geldmenge zu einem Rückgang der Kaufkraft des Geldes führt. Dies trifft nur für jenen spezifischen Fall der Vergrößerung der Geldmenge zu, bei dem der Staat seinen Bürgern als Entgelt für die verbrauchten Sachwerte Banknoten mit einem entsprechenden Nennwert gibt. Das Material, aus dem das Geld hergestellt ist, spielt nach der „staatlichen" Theorie des Geldes von Knapp schließlich überhaupt keine Rolle, und die Kaufkraft des Geldes *hängt ausschließlich vom Staat ab, der dem aus beliebigem Material hergestellten Geld die entsprechende Kaufkraft verleihen kann.* Die Anhänger dieser Theorie erklären mit einem Blick auf die gegenwärtige Situation des Geldes triumphierend, daß man den Warenaustausch ohne jedes Metallgeld, einfach mit Papiergeld vollziehen könne! Es steht aber zweifellos fest, daß zwar auf der 20-Kronen-Goldmünze auch ihr Wert, nämlich 20 Kronen geprägt ist, sie aber für 100 Kronen verkauft und gekauft wird; andererseits kann man für eine Banknote, die auf 100 Kronen lautet, nur ebensoviel Waren kaufen, wie man vor dem

Kriege — bei Golddeckung — für eine Banknote mit einer Wertangabe von 20 Kronen kaufen konnte.

Wir haben bereits gesehen, daß jede Sache, auch wenn sie vollkommen wertlos ist, das Gold in seiner Funktion als Tauschmittel ersetzen kann, aber auch nicht mehr. Das Gold kann in seiner Funktion als Zahlungsmittel und in seiner allgemein anerkannten Verkörperung von gesellschaftlichem Wert nicht ersetzt werden. Die Anhänger der Theorie von Knapp schlagen vor, das Gold aus der inneren Zirkulation vollständig herauszunehmen und nur eine kleine Menge zu belassen, um die Gleichwertigkeit der Währung im internationalen Rahmen zu erhalten; im Prinzip kann man sich vorstellen, das Gold auch aus der internationalen Zirkulation herauszunehmen, d. h. eine Art internationaler Bank zu schaffen, die die internationalen Verbindlichkeiten durch Überschreibung begleicht. Dies alles ist aber kein Beweis gegen die Theorie des „Metallismus", wie Karl Marx sagte, der sah, daß die Aufwendungen zum Unterhalt des Goldgeldsystems „faux frais", also nutzlose Ausgaben darstellen. *Doch unter den Bedingungen der Anarchie der Produktion und des internationalen Warenaustausches, wie sie bei der Warenproduktion bestehen, ist das Gold tatsächlich unentbehrlich*: Die von den Anhängern der Knappschen Theorie vorgeschlagene Methode, das Gold aus der Zirkulation herauszunehmen, hieße im Prinzip nichts anderes als die Organisation der Produktion und des internationalen Warenaustausches, die Beseitigung der Anarchie; natürlich wird das Goldgeld mit der Beseitigung der Anarchie überflüssig, da es gerade durch die ökonomische Anarchie notwendig wurde.

## 5. Das Disagio des Geldes in Kriegszeiten

Wie stark der Währungskurs in den kriegführenden Ländern gefallen ist, kann man ermessen, wenn man ihn mit der Geldsituation in den neutralen Ländern vergleicht. In der Vorkriegszeit schwankte der Währungskurs in den europäischen Ländern ständig um die Goldparität dieser Währungen, das heißt, er entsprach etwa der in ihnen enthaltenen Goldmenge. Analysiert man die Währungsnotierungen des letzten Vorkriegsjahres (von Juli 1913 bis Juni 1914), so sehen wir, daß *die Währung der Monarchie niemals mehr als 1 Prozent von der Parität abwich*; die größte Abweichung *nach oben* war bei der englischen Währung festzustellen, deren Kurs an einem Junitag 1913 um 0,802% über der Parität lag; die größte Abweichung *nach unten* war bei der deutschen Währung festzustellen, deren Kurs im Januar und Februar 1914 an einigen Tagen um 0,287% unter der Parität lag.[33] Bei den westlichen Staaten sind die Schwankungen gewöhnlich noch geringer.

In Teil I dieser Arbeit wurde im Kapitel „Das Weltgeld" festgestellt, daß der Kurs der Auslandswährungen davon abhängt, wie sich die Zahlungsbilanz gestaltet; diese hängt ihrerseits vom Stand der Handelsbilanz und von der Geldmenge ab, die durch Zinszahlungen und Profittransfer, durch Reisen oder Auswanderungen in das Land hineinströmt oder es verläßt. Es wurde festgestellt, daß die Schwankungen des Währungskurses niemals über den „oberen *Goldpunkt*" hinausgehen können, denn wenn dieser Punkt erreicht ist, fließt anstelle von Banknoten oder Wechseln Gold von einem Land ins andere. In Kriegszeiten hat sich das alles grundlegend verändert. *Mit Kriegsbeginn haben alle kriegführenden Staaten die private Goldausfuhr untersagt.* Damit war die regulierende Rolle des Goldes in der

33 „Kompaß" — finanzielles Jahrbuch für Österreich-Ungarn, 1915/I, S. 116.

internationalen Zirkulation und damit die Stabilität der Währungen aufgehoben. Das Papiergeld der kriegführenden Länder wurde in den neutralen Staaten zu einer gewöhnlichen Ware, deren Preis vollständig von dem Verhältnis zwischen Angebot und Nachfrage bestimmt wird. Nehmen wir als Beispiel die Notierungen der Währungen der kriegführenden Länder in der neutralen Schweiz (nach dem offiziellen Ausweis der Züricher Börse von Anfang Dezember 1917).[34]

| | Parität 100 Währungs-einheiten in Franken | Kurs vom 1. Dezember 1917 | Disagio % |
|---|---|---|---|
| Deutsche Mark | 123,45 | 65,00 | 47,50 |
| Französischer Franc | 100,00 | 75,25 | 74,75 |
| Italienische Lira | 100,00 | 50,50 | 49,50 |
| 1 Britisches Pfund Sterling | 25,22 | 20,50 | 18,03 |
| Österreichisch-Ungarische Krone | 105,01 | 40,00 | 61,91 |
| 1 Amerikanischer Dollar | 5,18 | 4,31 | 16,91 |
| Holländischer Gulden | 208,32 | 207,00 | 10,23 |

Aus diesen Angaben ist ersichtlich, daß ein Disagio der Währungen aller kriegführender Länder gegenüber der Schweizer Währung besteht. Einen französischen Wechsel oder eine Banknote von 100 Francs, die nach der Parität 100 Schweizer Franken entspricht, kann man für 75,25 Francs kaufen; 100 österreichisch-ungarische Kronen bekommt man für 40 Schweizer Franken, während sie nach der Parität 105 Franc kosten. Andererseits entspricht der Geldkurs der neutralen Niederlande fast der Parität. Der Kurs der russischen Währung wird in der Schweiz nicht notiert, aber er ist noch stärker gefallen als der Kurs der Krone. Untersuchen wir die Währungskurse der anderen neutralen Länder, so erhalten wir das gleiche Bild: Auf den Märkten der kriegführenden Länder verzeichnen sie ein erhebliches Agio, sogar das sonst ständig Disagio verzeichnende spanische Geld.

Womit ist das zu erklären?

Auf Grund des bisher Gesagten können wir ohne Zögern feststellen, daß die Ursache in der aktiven Zahlungsbilanz der neutralen Staaten gegenüber den kriegführenden Ländern liegt. Überlegen wir, welche Faktoren zur aktiven Zahlungsbilanz der neutralen Länder beitragen.

Der wichtigste Faktor ist zweifellos der Stand der Handelsbilanz. Wir haben bereits gesagt, daß durch den Produktionsrückgang in den kriegführenden Ländern ein ständiger und allgemeiner Warenmangel herrscht. Die kriegführenden Länder tätigen sowohl staatlicherseits als auch von seiten der Privatunternehmer große Warenkäufe in den neutralen Ländern, aber infolge des Warenmangels können sie keine eigenen Waren in die neutralen Länder exportieren, was einen Ausgleich der Handelsbilanz ermöglichen würde. Da die private Goldausfuhr aus dem Lande verboten ist, müssen die Unternehmer beim Kauf von Waren in den neutralen Ländern Banknoten oder Wechsel als Bezahlung übersenden. In den neutralen Ländern haben sich sehr viele Wechsel und Banknoten der

34 Während sich das Manuskript im Druck befand, sind durch die Ereignisse in Rußland* die Kurse der Währungen der Mittelmächte und Rußlands auf den neutralen Märkten erheblich gestiegen.
* Es handelt sich um die Februarrevolution (Anm. d. Hrsg.).

kriegführenden Länder angesammelt, und da sie für Warenkäufe in den kriegführenden Ländern nicht verwendet werden können (z. T. durch die Exportverbote für Waren und z. T. infolge des Warenmangels und der Preissteigerungen), fällt ihr Kurs stark ab. Neben dem Passivsaldo der Handelsbilanz gibt es noch weitere Faktoren, die das Disagio auf die Währungen der kriegführenden Länder hervorrufen: Vermögende Personen in den kriegführenden Ländern besitzen beträchtliche Beträge ausländischer Zahlungsmittel (insbesondere benachbarter neutraler Länder), um nötigenfalls mit entsprechenden Geldern aus dem Lande fliehen zu können; viele vermögende Personen nahmen ihren ständigen Wohnsitz in neutralen Ländern und geben dort das Geld ihres Landes aus. Da auch ständiger „Warenmangel" an Zahlungsmitteln der neutralen Länder herrschte, haben spekulierende Banken in den kriegführenden Ländern den Währungskurs der neutralen Länder in die Höhe getrieben usw.

Die kriegführenden Länder bemühen sich auf jede Weise, das Fallen ihrer Währungskurse zu verhindern. Um den Import zu drosseln, wurde die Einfuhr von Luxusgegenständen untersagt. Zur Bekämpfung der Währungsspekulationen wurden besondere Währungszentralen geschaffen, an die zwangsweise alle ausländischen Zahlungsmittel abgeliefert werden müssen und die allein berechtigt sind, ausländische Devisen und Wechsel abzugeben, wobei sie prüfen, ob der Import wirklich notwendig ist, für den Devisen beantragt werden. Es wurde verboten, per Post oder persönlich größere Mengen einheimisches Papiergeld auszuführen.

Trotz des großen Warenmangels im Lande exportieren die Regierungen doch bestimmte Waren in die neutralen Länder. So liefert Deutschland Kohle und Eisen an die Schweiz, obwohl in Deutschland selbst großer Kohlemangel herrscht. Um ausländische Zahlungsmittel zu erhalten, wenden sich die kriegführenden Länder häufig an neutrale Staaten mit der Bitte um Gewährung von Anleihen. Schließlich verzichten sie auch nicht auf den Goldexport, was der Rückgang der Goldbestände der Österreichisch-Ungarischen Bank um 75% beweist. Zweifellos haben alle diese Maßnahmen den Kursverfall der Währungen der kriegführenden Länder *gemildert*. Hätte man nicht entsprechende Maßnahmen ergriffen, wären die Währungen der kriegführenden Länder in den neutralen Staaten vielleicht bereits gänzlich wertlos. Tatsache aber bleibt, daß in den kriegführenden Ländern ein ständiger Warenmangel vorhanden ist, der die Exportmöglichkeiten begrenzt und den Import von Waren aus anderen Ländern in jeder Weise begünstigt. Im Prinzip verkörpert die Geldentwertung innerhalb des Landes und außerhalb seiner Grenzen nur zwei Seiten einer Erscheinung: Eine Goldmünze von 20 Kronen ist heute in der Schweiz wie in Friedenszeiten 21 Franken wert, während eine Banknote von 20 Kronen nur 7,60 Franken wert ist, das ist noch ein günstigeres Verhältnis als in Ungarn, wo die Kaufkraft der 20-Kronen-Banknote in Gold ausgedrückt nur 4 Kronen beträgt. Die Differenz, die zwischen den Banknotenkursen innerhalb und außerhalb des Landes besteht, sind das Ergebnis der Maßnahmen der Regierung zur Erhaltung der Währung.

Analysiert man die Veränderungen der Währungskurse der einzelnen kriegführenden Länder auf den Märkten der neutralen Länder, so kann man feststellen, daß die Währungskurse einiger Länder weniger gefallen sind als diejenigen anderer Länder. Deshalb taucht die Frage auf, *aus welchem Grunde die Währungskurse der einzelnen Länder unterschiedlich fallen?* Auf die Veränderung der Währungskurse wirken verschiedene Faktoren ein, so auch die Erfolge an der Front. Der Kurs der italienischen Währung in der Schweiz fiel z. B. infolge der Niederlage bei Isonzo. Entscheidend sind aber die ökonomischen Faktoren.

Die westlichen Länder, vor allem Großbritannien und Frankreich, weniger Deutschland, sind *Gläubiger*länder. Vor dem Kriege hatten sie ihr Kapital in vielen neutralen Ländern investiert. Sie verfügen über Wertpapiere der neutralen Länder, besitzen viele Betriebe, und einige Banken sind Schuldner dieser Länder. Dadurch hatten diese Länder während des Krieges größere Möglichkeiten als andere, um die von ihnen benötigten ausländischen Zahlungsmittel zu erwerben: Sie zogen ihre Einlagen bei den Banken der neutralen Länder ab und verkauften die Wertpapiere sowie ihre Betriebe in diesen Staaten. Dadurch konnten sie das Fallen der Währungskurse ihrer Länder aufhalten. Italien, Österreich-Ungarn und insbesondere Rußland gehören zu den Schuldnerländern. Sie besaßen kein Kapital in den neutralen Ländern, sondern schuldeten ihnen vielmehr erhebliche Beträge. Dadurch hatten sie keine Möglichkeit, den Kursverfall ihrer Währungen durch Veräußerung von im Ausland angelegtem Kapital aufzuhalten.

Wichtiger ist noch, daß sich das Wirtschaftsleben in den verschiedenen kriegführenden Ländern überhaupt unterschiedlich gestaltete. In den reichen Ländern gab es größere Warenvorräte, sowohl bei den Händlern als auch in den Privathaushalten, und infolgedessen trat der Warenmangel später auf und nahm nicht so scharfe Formen an, wie in den ärmeren Ländern. Die Entente-Mächte waren nicht von den Seewegen abgeschnitten und konnten nach wie vor Waren aus den Kolonien importieren; in diesen Ländern traten bei Textilwaren und Gewürzen nicht solche Preissteigerungen wie z. B. in Österreich-Ungarn auf. Schließlich hängt vieles von der Regierungspolitik ab. Je mehr eine Regierung die Produktivkräfte des Landes in den Dienst der Kriegsführung stellt, um so stärker geht die Produktion zurück, macht sich der Warenmangel bemerkbar, sinkt der Export, wächst der Import und nimmt das Disagio zu. Das Disagio erhöht sich auch, wenn die Regierung Warenspekulationen nicht unterbindet und die Preise unkontrolliert steigen läßt.

Andererseits kann die Regierung das Disagio und den Rückgang der Kaufkraft des Geldes aufhalten, wenn sie mit den bei der Notenbank aufgenommenen Anleihen keinen Mißbrauch treibt, die Militärausgaben aus den laufenden Einnahmen deckt und die besitzende Klasse sowie die Heereslieferanten hoch besteuert, wie das in England geschieht. Ein wesentlicher Grund für das so hohe Disagio der Währung der österreichisch-ungarischen Monarchie ist die falsche Wirtschaftspolitik der Regierung während des Krieges . . .

Das Disagio der österreichisch-ungarischen Währung tritt nicht nur gegenüber den Währungen der neutralen Länder, sondern auch gegenüber den Währungen der verbündeten Mächte auf. Die Notierungen der Währungszentrale von Anfang Dezember 1917 zeigen folgendes Bild (Preis von 100 ausländischen Währungseinheiten in Kronen):

| | Parität | Kurs | Disagio % |
|---|---|---|---|
| Deutsche Mark | 117,56 | 155,60 | 32,40 |
| Schweizer Franken | 95,225 | 241,00 | 153,00 |
| Holländischer Gulden | 198,38 | 450,00 | 127,00 |
| Bulgarischer Lew | 92,225 | 127,75 | 34,00 |
| Russischer Rubel | 244,5 | 205,00 | 16,00 |

Es muß noch bemerkt werden, daß gegenüber den Währungen der verbündeten Länder kein Disagio bestehen müßte. Es hätte kein Hindernis dafür gegeben, daß die Parität zwischen Krone und Mark bestehen bleibt, wenn die Regierungen der Monarchie genügend

Entschlossenheit und die führenden deutschen Kreise entsprechenden guten Willen gezeigt hätten. Es wäre nichts anderes notwendig gewesen, als daß die deutsche Regierung bzw. die deutschen Großbanken mit Garantie der Regierung in regelmäßigen Zeitabständen in Form von sich wiederholenden Anleihen der Monarchie so viel deutsche Zahlungsmittel zur Verfügung stellt, wie zum Ausgleich der Zahlungsbilanz notwendig sind. Das hätte Deutschland ohne jedes Risiko tun können, es hätte nicht zu fürchten brauchen, daß die Monarchie in diesem Fall durch verstärkte Käufe in größerem Umfang dem Deutschen Reich Waren entzogen hätte, da der freie Umsatz zwischen den beiden Ländern eingestellt war — nur mit Regierungserlaubnis konnte man etwas exportieren. Das gegenüber der deutschen Währung bestehende Disagio steht im krassen Gegensatz zur oft betonten Bündnistreue . . .

Wir möchten die Aufmerksamkeit des Lesers noch auf eine weitere Erscheinung lenken, die in der Geschichte des Geldes noch nicht vorgekommen ist: Während des Krieges sammelte sich in einigen neutralen Ländern, insbesondere in den skandinavischen Ländern, die sich schon immer durch eine stabile Währung ausgezeichnet haben, so viel Gold an, daß Schutzmaßnahmen gegen den weiteren Goldzustrom ergriffen werden mußten. Im dritten Kriegsjahr hob die schwedische Regierung die Verpflichtung der Notenbank auf, alles ihr angebotene Gold zu kaufen. Diese Maßnahme wurde unumgänglich, da sich in der Notenbank so viel Gold angesammelt hatte, daß die dafür ausgegebene Menge von Banknoten für den Warenumlauf völlig ausreichte. Zu dieser Zeit wandte sich niemand an die Notenbank mit der Bitte um Darlehen. Der Wert der Goldvorräte der Notenbank entsprach oder lag vielleicht sogar über dem Nennwert der in Umlauf befindlichen Banknoten. Unter diesen Bedingungen führt das Geschäft der Notenbank zu absolutem Verlust, da das Wesen des Bankgeschäfts darin besteht, daß der Nennwert der in Umlauf gebrachten Banknoten, für die Zinsen erhoben werden, um ein Drittel bzw. um die Hälfte über dem Wert der in den Kellern lagernden Goldbestände liegt.

Die in den Tresoren der Bank befindlichen Goldbestände bringen natürlich keine Zinsen, und liegt der Nennwert der in Umlauf befindlichen Banknoten unter dem Wert der Goldbestände, so hat die Bank Verluste.

Der Zustrom von Gold ist nicht nur in den skandinavischen Ländern, sondern auch in anderen neutralen Staaten zu beobachten. So sammelten sich in den USA vor deren Eintritt in den Krieg fast die Hälfte aller Goldbestände der Welt an; Spanien konnte während des Krieges seine Währung auf Goldbasis umstellen.

Wie gelangte eine so große Goldmenge in die neutralen Staaten?

Um den Kursverfall ihrer Währungen aufzuhalten, der infolge der ständig passiven Handelsbilanz eintrat, waren die kriegführenden Länder gezwungen, auf den Märkten der neutralen Staaten einen erheblichen Teil ihrer Goldbestände zu verkaufen. Außerdem nahm der Goldschmuggel einen großen Umfang an. In den kriegführenden Ländern kauften Händler, Spekulanten und Winkelbankiers die noch in Umlauf befindlichen Goldmünzen sowie Gegenstände aus Gold auf und schmuggelten sie in die neutralen Länder, wo sie gegen nationales Gold oder Wechsel eingetauscht wurden; zu Hause verkauften diese Spekulanten dann mit erheblichem Profit die für Gold erworbenen ausländischen Zahlungsmittel. Dadurch gelangte ein unverhältnismäßig großer Teil der Weltgoldvorräte in die neutralen *kapitalistischen* Länder. Der Zustrom von Gold erstreckte sich aber nicht auf die kolonialen und halbkolonialen Länder Asiens und auf die schwachentwickelten neutralen Länder Südamerikas.

Als die Verpflichtung der Notenbanken aufgehoben wurde, alles ihnen angebotene Gold anzukaufen, entstand in den neutralen Ländern eine besondere, früher noch nie dagewesene Situation: Das Gold, dieses internationale Zahlungsmittel, die allgemein anerkannte Verkörperung der gesellschaftlichen Arbeit, verlor seinen scheinbar nicht zu erschütternden Wert. Da die Notenbank kein Gold mehr ankaufte und die Münze die Prägung von Goldmünzen einstellte, gelangte das Gold auf den Markt wie jede andere Ware, wo sein Preis durch Angebot und Nachfrage bestimmt wird. *Es entstand eine Situation, die für eine gesperrte Goldwährung charakteristisch ist.*[35] In den neutralen Ländern begannen das Rohgold und die ausländischen Goldmünzen weniger wert zu sein als die Banknoten, die formal der gleichen Goldmenge entsprachen. Das geprägte Gold und die Banknoten als gesetzliche Zahlungsmittel sind mehr wert als die entsprechende Menge Rohgold, die nicht als gesetzliches Zahlungsmittel dient. Die gesperrte Silberwährung war bereits bekannt. Es kam wiederholt vor, daß eine Silbermünze oder die sie repräsentierende Banknote mehr wert waren, als die entsprechenden Mengen Rohsilber oder eine dem Gewicht nach gleichwertige ausländische Silbermünze. So verhielt es sich mit dem österreichischen Silberforint, der seit 1883 mehr wert war, als die in ihm enthaltene Silbermenge; im Jahre 1891 betrug dieser Unterschied 13,2%.[36] Mit dem Gold war so etwas noch nicht vorgekommen. Erst der Weltkrieg, der in der Welt das Unterste zuoberst kehrte und dafür sorgte, daß sich in einigen neutralen Staaten überflüssige Goldmengen ansammelten, konnte dieses Phänomen, nämlich die gesperrte Goldwährung, hervorrufen.

Während in den kriegführenden Ländern die wachsende Papiergeldmenge dazu führte, daß das Gold zu einer Ware wurde und sein in Papiergeld ausgedrückter Preis um das Mehrfache über dem im Währungsgesetz festgelegten Wert lag, verhinderte der in die neutralen Staaten fließende Goldstrom die Umwandlung des Goldes in ein gesetzliches Zahlungsmittel, hier wurde das Gold ebenfalls zu einer Ware, jedoch lag hier *sein Preis unter dem im Währungsgesetz festgelegten Preis.* Deshalb nehmen jetzt die Händler und Fabrikanten der neutralen Staaten sowohl das Papiergeld als auch das Gold der kriegführenden Länder nur ungern an. Den Händlern ist es am liebsten, wenn die kapitalkräftigen Bürger der kriegführenden Länder ihre Schuldner bleiben, die Zinsen ihrer Schulden bezahlen und die endgültige Verrechnung auf die Nachkriegszeit verschoben wird. Außerdem legen die Geschäftsleute der neutralen Länder die bei ihnen angesammelten Zahlungsmittel der kriegsführenden Länder gern in Immobilien dieser Staaten an, da sie wegen des Warenmangels keine anderen Waren kaufen können.

## 6. Das Ende der Herrschaft des Geldes

Während des Krieges hat das Geld in den kriegführenden Ländern seine frühere magische Macht verloren. Es ist nicht mehr das allgemein anerkannte Tauschmittel, für das die Menschen gern ihre Waren weggeben und wofür man alles erhalten kann. Jetzt kann man für Geld schon vieles mehr kaufen: Viele Arten von Waren befinden sich überhaupt nicht im Verkauf und die vorhandenen Waren werden nur in Mengen abgegeben, die von den Behörden genau festgelegt sind. Aber auch wenn man kaufen darf, die Warenbesitzer geben ihre Waren nicht gern für Geld her. In ländlichen Gebieten kann man bei den Bauern

35 Eine Währung gilt als gesperrt, wenn man aus dem Metall, das die Deckung bildet, keine Münzen frei prägen kann. Den Begriff der gesperrten Währung gab es bisher nur in der Theorie.

36 Vgl. R. Hilferding, Das Finanzkapital, a. a. O., S. 26.

für Geld kaum etwas kaufen, jedoch für Tabak, Zucker und Petroleum bekommt man fast alles. Es entstand eine neue Form des Tauschhandels: Ware wird gegen Ware getauscht, und das Geld spielt nur noch die Rolle von Rechengeld.

Ein solcher Zustand wird aber nicht ewig dauern. Nach Beendigung des Krieges, wenn der für die Kriegszeit typische Warenmangel überwunden ist, wird das Geld auch wieder seine Rolle als Tauschmittel spielen. Sobald der Warenstrom wieder auf dem Markt fließt und die den Warenumsatz und Verbrauch regelnden Beschränkungen aufgehoben sein werden, wird alles in die früheren Bahnen kommen. Das Disagio der Währungen der kriegführenden und neutralen Länder wird wahrscheinlich für längere Zeit bestehen bleiben. Mit der Zeit wird es aber verschwinden. Es fördert den Export, begrenzt den Import und gestaltet letzlich die Handelsbilanz mit den neutralen Ländern aktiv. Diese Angleichung ist unausbleiblich, denn die neutralen Länder sind im Vergleich zu den kriegführenden Großmächten Zwerge.

Einige Zeit nach dem Krieg wird das Geld also wieder die gleiche Rolle wie vorher spielen. Das Geld wurde von der warenproduzierenden Gesellschaft hervorgebracht. Sie wählte aus der Masse der Waren eine Ware als allgemein anerkannte Verkörperung der Gesellschaftlichen Arbeit aus, sie ist der Regulator der anarchistischen Produktion. *Deshalb verliert das Geld endgültig seine gesellschaftliche Rolle erst dann, wenn die auf der Warenproduktion beruhende kapitalistische Gesellschaftsordnung beseitigt ist.*

In einer Gesellschaft mit kommunistischer Produktionsweise wird und kann das Geld keine Rolle spielen. Die Produktion erfolgt im Interesse der gesamten Gesellschaft in einem vorher festgelegten quantitativen und qualitativen Rahmen. Es wird keinen Markt geben, deshalb wird auch keine Ware notwendig sein, die als allgemeines Tauschmittel dient. Die Fertigerzeugnisse werden ebenso wie die Rohstoffe und alle Produktionsmittel gesellschaftliches Eigentum sein. Bei den Verrechnungen zwischen der Gesellschaft und ihren Mitgliedern wird das Geld vollkommen überflüssig sein. Jeder wird eine Bescheinigung erhalten, daß er eine bestimmte Anzahl von Stunden für die Gesellschaft gearbeitet hat. Andererseits werden die von den Mitgliedern der Gesellschaft gewählten Leiter der Produktion genau festlegen, welches Quantum Arbeitszeit für die Herstellung eines Konsumgutes notwendig ist und darüber öffentlich Rechnung legen. Das ist beileibe keine unlösbare Aufgabe. Schon jetzt gibt es Großbetriebe, die Eisenerz und Kohle fördern, diese selbst zu Roheisen oder Stahl weiterverarbeiten und im weiteren Fertigungsprozeß Schienen, Maschinen, Messer oder Federn und ähnliches herstellen. Diese Betriebe können bereits heute mit großer Genauigkeit angeben, wie hoch in jeder Fertigungsstufe die „Selbstkosten" einer Maschine oder eines Messers oder einer Feder sind. In der kommunistischen Gesellschaft wird die Rechnungsführung noch einfacher sein, da nur das aufgewandte Quantum Arbeit gemessen zu werden braucht, ohne Grundrente, Kreditzinsen, Steuern, Kreditausfälle und unzählige andere Faktoren berücksichtigen zu müssen, die die Berechnung der Selbstkosten in einem kapitalistischen Unternehmen so kompliziert machen. Jedes Mitglied der Gesellschaft wird in großen Warenlagern all das finden, was es benötigt. An den Waren werden die Schilder nicht den Preis der Ware in Geld, sondern das in der Ware exakt verkörperte Quantum Arbeit angeben.

Die Verrechnung zwischen der Gesellschaft und jedem ihrer Mitglieder wird sehr einfach sein. Hat man z. B. 150 Stunden im Monat für die Gesellschaft gearbeitet, so kann man dafür Waren (Wohnung, Nahrungsmittel, Kleidung, Bücher, Luxusgegenstände usw.) erhalten, die das gleiche Quantum Arbeit enthalten, wobei natürlich ein bestimmter Teil für den Unterhalt von Kranken, arbeitsunfähigen und alten Personen sowie für eine eventuelle Erweiterung der Produktionsmittel abgezogen wird. Geld ist hier überhaupt nicht nötig. Im Abrechnungsbuch jedes Mitglieds der Gesellschaft wird einfach vermerkt, wieviele Stunden es für die Gesellschaft gearbeitet hat und welche Zahl von Arbeitsstunden die Waren und Dienstleistungen beinhalten, die es von der Gesellschaft erhalten hat. Darin besteht die ganze Abrechnung.* Hierbei wird es nicht notwendig sein, eine Arbeitspflicht anzuordnen: Wer keine großen Bedürfnisse hat oder es vorzieht, sich auszuruhen und ein beschauliches Leben zu führen, der wird eine kürzere Zeit arbeiten und entsprechend weniger Güter von der Gesellschaft erhalten; wer gut oder luxuriös leben will, der wird mehr arbeiten und dadurch bis zu einer bestimmten Grenze seine Bedürfnisse befriedigen, aber immer nur durch seine eigene Arbeit, niemals durch die Arbeit eines anderen oder durch Ausbeutung anderer. Das Geld, das Produkt der anarchistischen Warenproduktion, hat in dieser Gesellschaft, wo sich die Produktion direkt den gesellschaftlichen Bedürfnissen anpaßt, wo die Mitglieder der Gesellschaft nichts voneinander kaufen werden, da sie alles in den zentralen Warenlagern bekommen, keinen Platz. Die klingenden Goldmünzen und die knisternden Banknoten werden genauso verschwinden, wie die schmierigen Nickel- und Kupferstücke, die heutzutage für viele arme Menschen der Bettellohn saurer Arbeit sind. Es könnte jemand vorbringen, daß das Geld mit dem Ende des Warenaustausches im Inland zwar verschwindet, im Außenhandel doch weiterhin Gold gebraucht wird, da die ausländischen Lieferer nicht im gleichen Abrechnungsverhältnis mit der kommunistischen Gesellschaft stehen können, wie diese mit ihren einzelnen Mitgliedern. Ausländische Waren werden aber auch dann gebraucht, weil wegen der natürlichen Bedingungen auch die kommunistische Gesellschaft nicht in der Lage sein wird, Kaffee, Tee, Baumwolle und tausend andere Dinge bei gemäßigtem Klima zu produzieren. Darüber hinaus hat jedes Land seine spezifischen Produkte, die andere Länder brauchen. Es wird also doch Geld benötigt. Aber dieses Argument ist haltlos. Es wäre nur dann richtig, wenn nur in einem Lande kommunistisch produziert würde, während in den anderen Ländern weiterhin die anarchistische kapitalistische Produktion bestehen bliebe. Die Umgestaltung der Gesellschaft kann so nicht vor sich gehen. Wir müssen voraussetzen, daß die Umwandlung der kapitalistischen Gesellschaft in die kommunistische in etwa gleichzeitig geschehen wird. Infolge der tausendfachen internationalen Beziehungen zwischen den Kulturstaaten ist das gar nicht anders vorstellbar. Es werden also kommunistische Staaten untereinander Waren austauschen. Auch in diesem Fall ist also kein Geld notwendig. Jedes Land verfügt über Erzeugnisse, die es auf seinem eigenen Gebiet billiger produzieren kann als anderswo. Von diesen Erzeugnissen wird die Gesellschaft mehr produzieren. Den überflüssigen Teil wird sie — unter Nachweis des darin enthaltenen Quantums Arbeit — anderen kommunistischen Staaten übergeben und dafür solche Waren erhalten, die sie auf ihrem eigenen Gebiet nicht oder nur mit unverhältnismäßig großem Arbeitsaufwand produzieren kann. Die Gesellschaft wird natürlich genauso viel Quantum Arbeit erhalten, wie sie gegeben hat.

* Wie die Erfahrungen beim Aufbau des Sozialismus und Kommunismus gezeigt haben, hat sich der Übergang zur Naturalverrechnung zwischen der Gesellschaft und ihren Mitgliedern als eine bedeutend schwierigere und kompliziertere Aufgabe erwiesen, als sich dies die Marxisten vor dem Sieg der Großen Sozialistischen Oktoberrevolution vorgestellt haben. In allen Ländern des Sozialismus wurden sozialistische Ware-Geld-Beziehungen geschaffen, die sich prinzipiell von den Ware-Geld-Beziehungen im Kapitalismus unterscheiden, jedoch eine notwendige Voraussetzung für die Verwirklichung des sozialistischen Prinzips „Jeder nach seinen Fähigkeiten, jedem nach seiner Leistung“ sind (Anm. d. Hrsg.).

Es könnte jemand glauben, daß die einzelnen Staaten das Quantum Arbeit, das in ihren ins Ausland gelieferten Waren enthalten ist, zu hoch ausweisen werden. Wir können uns aber leicht vorstellen, daß heute schon viele hundert Dinge von internationalen Kommissionen erledigt werden, daß in den Zeiten der kommunistischen Produktion eine große internationale Schiedskommission in strittigen Fällen entscheiden wird, wie die Abrechnung zwischen den kommunistischen Staaten geschehen soll. Oder, wir können uns auch vorstellen, daß die gesamte Menschheit zu einer einzigen kommunistischen Gesellschaft verschmolzen wird.

Die Einzelheiten der Errichtung der kommunistischen Gesellschaft sind ein Geheimnis der Zukunft. Wir können jedoch mit Bestimmtheit sagen, daß mit der Beseitigung der warenproduzierenden kapitalistischen Gesellschaftsordnung, die auf Ausbeutung beruht, auch deren Produkt, nämlich das allmächtige Geld verschwindet. In einer glücklichen kommunistischen Zukunft werden die Menschen kaum verstehen, wie es möglich war, daß so eine „verrückte" Gesellschaft bestand, in der der Wohlstand und die Autorität, die Gesundheit und das Glück der Menschen davon abhingen, wieviel Gold- oder Silbermünzen sie besaßen.

Zweiter Teil

# Die wirtschaftspolitischen Probleme der proletarischen Diktatur*

* Verlag der Kommunistischen Internationale, Auslieferungsstelle für Deutschland: Carl Hoym Nachf. Louis Cahnbley, Hamburg 11 (1921) (Bibliothek der Kommunistischen Internationale, Band VIII)

*Gewidmet dem Andenken der treuen, kühnen, edlen Vorkämpfer des Proletariats, die nach dem Zusammenbruch der Ungarischen Räterepublik dem weißen Terror zum Opfer fielen.*

# Vorwort zur ersten Auflage

„Bürgerliche Revolutionen, wie die des 18. Jahrhunderts, stürmen rascher von Erfolg zu Erfolg, ihre dramatischen Effekte überbieten sich, Menschen und Dinge scheinen in Feuerbrillanten gefaßt, die Ekstase ist der Geist des Tages; aber sie sind kurzlebig, bald haben sie ihren Höhepunkt erreicht, und ein langer Katzenjammer erfaßt die Gesellschaft, ehe sie die Resultate ihrer Drang- und Sturmperiode nüchtern sich aneignen lernt. Proletarische Revolutionen dagegen, wie die des 19. Jahrhunderts, kritisieren beständig sich selbst, unterbrechen sich fortwährend in ihrem eigenen Lauf, kommen auf das scheinbar Vollbrachte zurück, um es wieder von neuem anzufangen, verhöhnen grausam-gründlich die Halbheiten, Schwächen und Erbärmlichkeiten ihrer ersten Versuche, scheinen ihren Gegner nur niederzuwerfen, damit er neue Kräfte aus der Erde sauge und sich riesenhafter ihnen gegenüber wieder aufrichte, schrecken stets von neuem zurück vor der unbestimmten Ungeheuerlichkeit ihrer eigenen Zwecke, bis die Situation geschaffen ist, die jede Umkehr unmöglich macht . . .“[1]

Unterhöhlt von jenen Arbeiterführern, die „vor der Ungeheuerlichkeit ihrer eigenen Zwecke zurückschreckten“, verlassen von den Proletariern der Nachbarstaaten, fiel die Ungarische Räterepublik, die am weitesten gen Westen vorgetriebene siegreiche Welle des revolutionären russischen Flammenmeeres, im Kampfe gegen die von allen imperialistischen Mächten unterstützte rumänisch-tschechische Soldateska. Die exponiertesten Führer, die geschichtliche Unabwendbarkeit des weißen Terrors voraussehend, flüchteten aus dem Lande und fanden in Österreich ein dürftiges Asyl. Interniert in Schloß Karlstein, von jedem Verkehr mit der Außenwelt abgeschlossen, hatte ich sechs Monate lang Zeit und Muße genug, über „die Halbheiten, Schwächen und Erbärmlichkeiten des ersten Versuches“ nachzudenken. Das Ergebmis dieser Meditation ist diese Schrift. Sie trägt die Spuren ihres Entstehens an sich. Bücher standen mir nur in ganz geringem Maße zur Verfügung; statistisches Material überhaupt nicht. Es mußte aus dem Gedächtnis gearbeitet, manchmal sogar zitiert werden. Daher viele kleine Ungenauigkeiten . . .

Verfolgt von den Schergen des ungarischen weißen Terrors, beschuldigt des Mordes, des Raubes und der Geldfälschung, verleumdet von der kapitalistischen Presse der ganzen Welt, verlassen von manchen guten alten Genossen, die aus der harten Wirklichkeit des proletarischen Klassenkampfes entsetzt in die Idylle der bürgerlichen Demokratie zurückflüchteten, bekenne ich trotz der erlittenen Niederlage offen und klar: Es gibt keinen anderen Weg zum Aufbau der sozialistischen Gesellschaft als die Diktatur des Proletariats. Die Formen der Diktatur mögen verschieden sein: Es wird wahrscheinlich Länder geben, in welchen nicht das russische Rätesystem, sondern ein anderes proletarisches Organisationssystem die Grundlage der Diktatur bilden wird. Es wird vielleicht Länder geben, in welchen sogar der Parlamentarismus in der Periode der Diktatur erhalten bleibt. Und es

1 K. Marx, Der achtzehnte Brumaire des Louis Bonaparte, in: MEW, Bd. 8, Berlin 1960, S. 118.
Es sind sehr interessante, systematische Vorarbeiten in dieser Beziehung in Angriff genommen. Mehrere wissenschaftliche Arbeiten von Strumilin, Kricman u. a. haben die theoretische Seite der Frage ziemlich klargestellt.

wird — wir wollen es hoffen — Länder geben, wo sich die Diktatur ohne jeden Terror vollziehen wird. Es wäre töricht, für das geschichtliche Werden einer neuen Gesellschaftsordnung die Formen voraussagen zu wollen. Eines steht jedoch fest: Ohne eine Diktatur des Proletariats, das heißt ohne einen Übergangszustand, in welchem das Proletariat die herrschende Klasse bildet und unter Ausschluß aller anderen Klassen der kapitalistischen Gesellschaft die Politik des Landes bestimmt[2], ist der Übergang vom Kapitalismus zum Sozialismus unmöglich.

Diese Überzeugung, von Marx schon vor einem halben Jahrhundert ausgesprochen, gewinnt trotz des raschen Zusammenbruchs der finnischen, bayrischen und ungarischen Diktatur ungemein rasch Anhänger. Die deutsche Unabhängige Sozialdemokratische Partei nahm auf ihrem letzten Parteikongreß einstimmig diese Plattform an. Die italienische Sozialistische Partei errang mit diesem Programm einen überwältigenden Wahlsieg. In England und in Amerika nimmt die Arbeiterbewegung Formen an, welche sich der Idee und den Methoden der Diktatur sehr nähern. Die ungeheuren militärischen Erfolge der russischen Räterepublik im Jahre 1919, die Auflösung aller gegenrevolutionären Armeen in Rußland beweisen, daß die Herrschaft des Proletariats in Rußland in der Seele der Mehrheit des politisch aktiven Teiles der Bevölkerung einen festen Halt gewonnen hat und dadurch unbesiegbar wurde. Es ist aber auf die Dauer unmöglich, daß Kapitalismus und Sozialismus nebeneinander bestehen bleiben. Es ist unmöglich, daß das Proletariat Deutschlands, Englands und Amerikas, obwohl es die absolute Majorität der Bevölkerung bildet, auf die Dauer friedlich das Joch des Kapitalismus tragen wird, wenn in Rußland das proletarische Regime nicht nur bestehen bleibt, sondern, wie es die letzten Ereignisse beweisen, militärisch, wirtschaftlich und kulturell erstarkt. Entweder muß das proletarische Rußland zugrunde gehen oder das Proletariat der anderen kapitalistischen Länder muß sich ebenfalls die politische Vorherrschaft erkämpfen.

Ich glaube an den Fortgang der Revolution, denn der Kapitalismus ist — wie ich im ersten Kapitel dieser Schrift ausführe — unfähig, dem Proletariat jene reale Erhöhung des Lebensniveaus zu verschaffen, welche allein geeignet wäre, den revolutionären Drang des Proletariats zu hemmen. Diese Überzeugung des unaufhaltsamen Vordringens der proletarischen Revolution bewog mich dazu, diese Schrift, so unvollständig und lückenhaft sie sein mag, zu veröffentlichen. Vielleicht trägt sie ein Geringes dazu bei, „die Geburtswehen der neuen Gesellschaft abzukürzen".[3]

Meine Arbeit ist nichts weniger als eine Agitations- oder Rechtfertigungsschrift. Ich decke alle Fehler, die wir während der ungarischen Rätediktatur begangen haben, ohne Scheu auf; ich konstatiere in jedem Falle, ob eine Verfügung wirklich durchgeführt wurde

2 Dies ist der richtige Sinn des Begriffes: Diktatur des Proletariats und nicht wie Kautsky zu meinen vorgibt: „... eine Unterdrückungspolitik ..., die sich der Fesseln der Gesetze, die sie selbst geschaffen, ... entledigt, ... ein Zustand der Willkür, die naturgemäß nur von einem sehr kleinen Kreis ... oder von einem Einzelnen ausgeübt werden kann ..." Dies ist die Definition der Tyrannis, der Diktatur ganz im allgemeinen, aber nicht jene der proletarischen Diktatur, welche die Übergangsstaatsform der ausschließlichen politischen Herrschaft des Proletariats als Klasse bedeutet, so, wie die bürgerliche Demokratie die Staatsform der ausschließlichen Herrschaft der Bourgeoisie ist. Die Diktatur des Proletariats bedeutet nicht, „sich der Fesseln der selbstgeschaffenen Gesetze zu entledigen". Im Gegenteil: Je strikter alle Gesetze eingehalten werden, je straffer die Diktatur ausgeübt wird, desto kürzer ihre geschichtliche Notwendigkeit.

3 Siehe K. Marx, Das Kapital, Erster Band, in: MEW, Bd. 23, Berlin 1962, S. 16.

oder bloß auf dem Papier blieb. Auch liegt es mir fern, Rezepte für das Tun und Schaffen der Proletarier in anderen Ländern geben zu wollen. Das wäre unhistorische Naivität. Mein Zweck ist: die allgemeinen wirtschaftspolitischen Probleme jeder proletarischen Diktatur aufzurollen, die theoretisch möglichen Lösungen ins Auge zu fassen und sodann die realen Erfahrungen, welche wir in Ungarn mit unseren Lösungsversuchen gemacht haben, zu schildern. Die Kenntnis dieser Tatsachen kann für das Proletariat aller Länder nur zum Vorteil sein. Es bleibt ganz ihnen überlassen, was sie von den ungarischen Erfahrungen sich zunutze machen können . . .

Einige Worte über die Methode. Sie ist jene des Marxismus. Wie Marx methodologisch von der Voraussetzung ausging, daß die kapitalistische Produktionsweise alleinherrschend sei und den Resten des feudalen Wirtschaftssystems wenig Aufmerksamkeit widmete, ist hier naturgemäß das Schwergewicht auf die Entwicklung der neuen Formen der Wirtschaft gelegt; Formen, welche im Kapitalismus entstanden, in der Diktatur aber weiter entwickelt und ihres antagonistischen Charakters entkleidet werden. Das Wirtschaftsleben in der Periode der Diktatur ist in zwei Teile gespalten. Neben der proletarischen Gemeinwirtschaft bestehen die Reste des Privatwirtschaftssystems. Letztere lösen sich langsam auf und werden dem System der Gemeinwirtschaft einverleibt. Ist dieser Prozeß vollzogen, nimmt die Diktatur des Proletariats ihr Ende. Es gibt keine Proletarier und keine Bourgeois mehr: Es gibt nur mehr eine Gemeinschaft frei arbeitender Kulturmenschen . . .*

Es wird vorausgesetzt, daß mit dem Verschwinden des Privateigentums auch die diesen Eigentumsverhältnissen entsprechende habgierig-egoistische Ideologie verschwindet. Die Notwendigkeit der Diktatur des Proletariats endet nicht mit dem Verschwinden des Privateigentums an den Produktionsmitteln, sondern erst mit dem Verschwinden der kapitalistischen, habgierig-egoistischen Ideologie. Die Diktatur des Proletariats kann durch den Sozialismus erst dann abgelöst werden, wenn die Wandlung in der Ideologie vollzogen ist, wenn die dem Kapitalismus eigentümliche habgierig-egoistische Psyche ebenfalls verschwunden ist. Diese Wandlung kann wohl erst nach einer Generation erfolgen.

Bei der unvoreingenommenen geistigen Durchdringung des Verlaufes der ungarischen Rätediktatur ergab es sich im allgemeinen, daß der Ideologie in revolutionären Zeiten eine viel größere Bedeutung zugestanden werden muß, als ein großer Teil der Marxisten glaubt. Die Gefahr für den Bestand des Proletarierregimes besteht weniger in dem aktiven, von richtig aufgefaßten Klasseninteressen getriebenem Widerstand der enteigneten herrschenden Klassen, als in dem passiven Widerstand weiter Schichten des Proletariats selbst, welche sich von der fremden, ihr durch das kulturelle Unterdrückungssystem des kapitalistischen Staates aufgedrängten Ideologie nicht losreißen können. Diese große Bedeutung der Ideologie und der auf ihr fußenden politischen Handlungsweisen brachte es mit sich, daß die Rätediktatur in Ungarn bei der Behandlung der wirtschaftlichen Probleme auf Schritt und Tritt Politik und Ideologie als bestimmende Faktoren einbeziehen mußte. Eine

* Viele Marxisten nahmen in den ersten Jahren nach der Oktoberrevolution an, daß die Übergangsperiode vom Kapitalismus zum Sozialismus von kurzer Dauer und die Diktatur des Proletariats ihre Funktionen rasch erschöpfen werde. Das Leben zeigte, daß in Abhängigkeit von den konkreten sozialökonomischen und internationalen politischen Bedingungen für den Aufbau der Grundlagen des Sozialismus und danach für die Schaffung der sozialistischen Gesellschaft, des „im Grunde errichteten Sozialismus", Jahrzehnte notwendig sind. Nach der Schaffung der entwickelten sozialistischen Gesellschaft setzt der Staat des ganzen Volkes Maßnahmen durch, die für den Übergang zum Kommunismus erforderlich sind. (Anm. d. Hrsg.)

streng durchgeführte Beschränkung auf das rein Wirtschaftliche hätte wohl ein besser abgegrenztes, aber auch ein der Wirklichkeit weiter entrücktes Bild ergeben . . .

Ich fand bei meiner Arbeit die Unterstützung meiner Genossen in der Internierung: namentlich Béla Kun und József Lengyel verdanke ich manchen wertvollen Fingerzeig; es sei ihnen hierfür herzlichster Dank.

*Karlstein, den 10. Jänner 1920* *Der Verfasser*

# 1. Die Krise des Kapitalismus

Der Weltkrieg entfesselte die Krise des Kapitalismus. Das Proletariat der ganzen kapitalistischen Welt befindet sich in einer revolutionären Gärung. Vom flammenden russischen Herd ausgehend, wandert die revolutionäre Welle unaufhaltsam gegen Westen. Absolute Lockerung der Arbeitsdisziplin, tiefe Arbeitsunlust unter kapitalistischen Bedingungen, riesige Streiks, welche durch ihre Ausdehnung allein die Grundlagen der kapitalistischen Wirtschaftsordnung erschütterten, Teuerung, Elend; Plünderungen in den Städten, Meutereien in der Armee: Die Erfahrung zeigt, daß dies die Vorzeichen der bewaffneten Erhebung des Proletariats sind.

Die Klopffechter der Bourgeoisie behaupten freilich, es handle sich bloß um eine vorübergehende Krise des Kapitalismus, nicht um den Anfang vom Ende. „Der Bolschewismus ist die Krankheit der besiegten Länder" — ist ihr Losungswort. Wir wollen versuchen, festzustellen, ob die gegenwärtige Krise als eine vorübergehende oder eine endgültige zu betrachten ist.

Die kapitalistische Gesellschaftsordnung ist eine antagonistische. Als Klassenherrschaft konnte sie nur so lange stabil erscheinen, als sich die Interessen der Bourgeoisie mit jenen der überwiegenden Mehrheit der Bevölkerung deckten. Dies währte nur kurze Zeit. Die immanenten Entwicklungstendenzen der kapitalistischen Produktionsweise brachten den antagonistischen Charakter dieser Gesellschaftsordnung immer schärfer zum Vorschein. Nicht der Wille der Mehrheit der Beteiligten, sondern die Gewaltorganisation der herrschenden Klasse hielt das System in der seit Jahrzehnten währenden latenten Krise aufrecht. Große Massen des Proletariats organisierten sich zum Kampfe gegen das Kapital. Aber es kam nur zu vereinzelten Ausbrüchen. Der Kapitalismus hatte noch nicht alle Kräfte entwickelt, alle Möglichkeiten ausgenützt: er dehnte sich noch immer aus, nahm neue Länder, neue Erdteile in Besitz, brachte den Kapitalisten reiche Profite und damit die Möglichkeit, einem Teil des kämpfenden Proletariats davon Brocken zuzuwerfen, ihnen einen sich langsam erhöhenden „Standard of Live" zu bieten, was die revolutionären Energien dämpfte.[4] Die Konzentration der Betriebe und die Zentralisation der Vermögen war noch minderentwickelt, die am Privateigentum an den Produktionsmitteln Interessierten sehr zahlreich. Die konservative Ideologie, der Glaube an die Unerschütterlichkeit der kapitalistischen Weltordnung, war in den proletarischen Massen noch fest verwurzelt. Die „evolutionistische" Lehre der Sozialdemokratie, welche die revolutionäre Umwälzung der Gesellschaft in unabsehbare Ferne hinausrückte; die Praxis der Gewerkschaften, welche sich ganz der Verbesserung der Lage der Arbeiterklasse innerhalb der kapitalistischen Gesellschaftsordnung widmeten, war nicht dazu geeignet, die latenten Gegensätze in aktive revolutionäre Energien umzuwandeln. Schließlich: Die Gewaltorganisation der herrschenden Klassen war intakt, war stark genug, alle Versuche einer bewaffneten Erhebung des Proletariats niederzuschlagen und verstärkte hierdurch im Proletariat das von den Anwälten

4 Dies dauerte knapp bis zur Jahrhundertwende; die scharf einsetzende Teuerung brachte bei erhöhten Geldlöhnen sinkende Reallöhne. (Siehe K. Kautsky, Der Weg zur Macht. 2. Aufl., Berlin 1920, S. 85.)

der herrschenden Klassen gepredigte und dem Proletariat eingeimpfte Dogma von der Unerschütterlichkeit und Ewigkeit der kapitalistischen Gesellschaftsordnung.

Der Weltkrieg brachte tiefgehende Änderungen in der Struktur der kapitalistischen Gesellschaft. Wir wollen zuerst jene Änderungen untersuchen, welche die ökonomische Grundlage der kapitalistischen Gesellschaft im Kriege erlitten hat.

Ein Teil der Veränderungen vollzog sich gemäß den allgemeinen Tendenzen der kapitalistischen Produktionsweise, aber im rascheren Tempo, als es ohne den Weltkrieg geschehen wäre. Die Konzentration machte ungemein rasche Fortschritte. Hunderttausende von kleinen Handwerkern und Krämern zogen ins Feld, ihr Betrieb ging zugrunde. Anderseits bereicherten sich die großen Unternehmungen durch lukrative Kriegslieferungen. Die Spaltung der Gesellschaft in Kapitalisten mit großen Vermögen und Proletarier, die außer ihrer Arbeitskraft nichts im Besitz haben, tritt viel schärfer hervor als vor dem Weltkrieg.

Die der imperialistischen Phase des Kapitalismus eigene Tendenz zur Überwindung der Anarchie: zur Organisierung der Wirtschaft, um dem Kapital eine bessere Beherrschung des Marktes zu ermöglichen, erfuhr im Kriege eine gewaltige Verstärkung durch die staatlichen zwangswirtschaftlichen Organisationen. Man sprach von — Kriegssozialismus: Staatlich organisierter Kapitalismus wäre der richtige Ausdruck gewesen.

Eine Reihe anderer Veränderungen können wir als kriegswirtschaftliche Deformation des Wirtschaftslebens zusammenfassen. Die wichtigsten Erscheinungen dieser Deformation sind die folgenden[5]: An Stelle der realen Akkumulation tritt reale Verarmung, begleitet von einer ungeheuren Akkumulation des fiktiven Kapitals. Der kriegführende Staat entnimmt — zusammen mit dem Konsum der Zivilbevölkerung — dem Wirtschaftsleben eine viel größere Masse von Gütern, als im gleichen Zeitraum produziert wird. Statt der dem Kapitalismus eigentümlichen Akkumulation entsteht eine Verminderung des realen Reichtums an Gütern, eine Desakkumulation. Der kapitalistische Staat nimmt die Güter mit vollster Anerkennung der Heiligkeit des Privateigentums in Anspruch, das heißt, bezahlt dieselben zum vollen Preis. Das Bargeld wird durch zahlreiche Kriegsanleihen beschafft. An Stelle der unproduktiv vergeudeten Güter tritt fiktives Kapital, Anweisungen auf später zu produzierenden, durch den Staat im Wege der Besteuerung enteigneten Mehrwert. Der Betrag des fiktiven Kapitals schwillt um so höher, als die Preise infolge des rasch eintretenden Warenmangels rapid in die Höhe gehen.

„Diese Schuldscheine, die für das ursprünglich geliehene und längst verausgabte Kapital ausgestellt sind, diese papierenen Duplikate von vernichtetem Kapital, fungieren für ihre Besitzer soweit als Kapital, als sie verkaufbare Waren sind, und daher in Kapital rückverwandelt werden können."[6] Diese Rückverwandlung kann in der Kriegswirtschaft nur für den einzelnen Besitzer von Kriegsanleihen stattfinden; gesellschaftlich allgemein ist diese Rückverwandlung unmöglich, weil die realen Elemente des produktiven Kapitals auf dem Warenmarkte nicht vorhanden sind.

Die reale Verarmung der Bevölkerung im Kriege geht nicht gleichmäßig vor sich. Es gehen gleichzeitig weitgehende Verschiebungen in der Verteilung des stetig zusammenschrumpfenden realen Vermögens vor sich. Kriegslieferanten, Lebensmittelproduzenten, überhaupt alle Erwerbsschichten, welche in die Kriegskonjunktur einbezogen wurden, bereicherten sich. Die kleinen Existenzen, deren Kapital zur Fortsetzung der Produktion infolge

5 Siehe E. Varga, Geld und Kapital in der Kriegswirtschaft, in: Die Neue Zeit, Jg. 1916.
6 K. Marx, Das Kapital, Dritter Band, in: MEW, Bd. 25, Berlin 1964, S. 494.

der rapiden Teuerung der Rohmaterialien nicht hinreichte, gingen zugrunde. Alle Schichten, deren Vermögen einen in Geld fixierten Ertrag abwarf, verarmten infolge Entwertung des Geldes.

Dem Verschwinden der realen Güter und dem Anschwellen des fiktiven Kapitals entspricht ein ähnlicher Vorgang in der Einkommensverteilung. Der nominale Betrag des Gesamteinkommens des Volkes steigt sehr hoch, aber es fehlt die entsprechende Gütermenge zur Realisierung des Einkommens. Die Preise gehen rapid in die Höhe, das Geld verliert seinen Charakter als allgemeines Tauschmittel. Es beginnt ein primitiver Naturaltausch zwischen Stadt und Land.

„Die Bourgeoisie hat das Land der Herrschaft der Stadt unterworfen“ — sagt das Kommunistische Manifest.[7] In der Kriegswirtschaft hat das Land sich die Stadt untertänig gemacht. Bei dem allgemeinen Warenmangel erhielt das Land, welches die unentbehrlichsten Güter, die Lebensmittel, produzierte, das wirtschaftliche Übergewicht, wucherte die Stadtbevölkerung aus, zwang die Proletarier, ihre dürftigen Habseligkeiten im Tausch gegen Lebensmittel in den Bauernhöfen feilzubieten.

Der Lebensstandard der kriegführenden Völker ging im allgemeinen rasch zurück; aber nicht gleichmäßig bei allen Klassen. Die Grundbesitzer und die Großbourgeoisie behielten ihre alte reale Lebenshaltung: Die Bauern erhöhten sogar ihren Standard; derjenige der Beamten und Arbeiter jedoch verschlechterte sich sprunghaft. Es trat eine reale Verelendung der arbeitenden Massen ein, da die Lohnerhöhungen mit der Teuerung nicht Schritt hielten. Hingegen bedeutete das Soldatenleben für die Dienenden aus den Schichten der Landarbeiter und der ungelernten Arbeiter Ost- und Mitteleuropas eine beträchtliche Erhöhung der gewohnten Lebenshaltung: Leute, die früher in zwei Wochen einmal Fleisch gegessen hatten, bekamen beim Heer ihre tägliche Fleischportion; Proletarier, die im Zivilleben das halbe Jahr barfuß gingen und kaum ein Hemd auf dem Leibe hatten, wurden beim Militär anständig gekleidet usw.

Diese Veränderungen in der ökonomischen Grundlage zogen weitgehende Veränderungen im gesellschaftlichen Überbau nach sich. Vor allem ergab sich eine tiefgehende Änderung in der Ideologie des Proletariats, eine Aktivisierung der latenten revolutionären Energie.

Diejenigen Momente, welche in der Kriegswirtschaft mit den allgemeinen Tendenzen der kapitalistischen Entwicklung zusammenfallen, die beschleunigte Konzentration und der Ausbau der zwangswirtschaftlichen Organisation, verstärkten allein schon die Kraft des latenten Widerstandes im Proletariat. Als neues revolutionierendes Moment tritt die Verschlechterung der Lebenslage der Arbeiterklasse hinzu. Wir müssen betonen, daß trotz Ausbeutung, trotz allem Elend, welches die Arbeiterklasse in der kapitalistischen Gesellschaftsordnung zu erdulden hatte, sich ihre Lebenshaltung — von kurzen Rückschlägen in Zeiten der Krisen abgesehen — im Zeitalter des modernen Kapitalismus während des 19. Jahrhunderts im allgemeinen gehoben hatte. Dies geht aus den Daten der Lebensmittelproduktion und des Verbrauches unzweideutig hervor. Einen ähnlichen Rückgang der Lebenshaltung, wie ihn das Proletariat Mittel- und Osteuropas gegenwärtig durchmacht, kannte die bisherige Geschichte der modernen Arbeiterklasse nicht. *Es ist aber eine grundlegende psychologische Tatsache, daß der Verlust eines bereits erreichten Standards viel revolutionierender wirkt als der bloße Trieb nach Verbesserung der gewohnten Lebenshaltung.* Das Proletariat vermehrte sich durch die im Kriege proletarisierten kleinbürger-

7 Siehe K. Marx/F. Engels, Manifest der Kommunistischen Partei, in: MEW, Bd. 4, Berlin 1971, S. 466.

lichen Elemente und die auf ein proletarisches Lebensniveau herabgesunkene Beamtenschaft. Diese deklassierten Elemente brachten eine, wenn auch undisziplinierte, jedoch erbitterte revolutionäre Energie in die Reihen des Proletariats.

*Die materielle Verelendung traf das Proletariat in Umständen, welche geeignet waren, sein soziales Selbstbewußtsein in hohem Grade zu stärken.* Die herrschenden Klassen aller Länder hatten während des Krieges ohne Unterlaß an die Vaterlandsliebe des Proletariats appelliert: im Felde, in den Fabriken, auf dem Lande. Immer wieder hieß es: Die Proletarier müssen das Vaterland retten, ihre Kampfbereitschaft auf dem Schlachtfeld, ihre Arbeitsleistung in den Fabriken entscheide über „das Schicksal des Vaterlandes". Der Proletarier erfuhr auf diese Weise von den Wortführern des Kapitalismus selbst seine alles überragende Wichtigkeit in der modernen Gesellschaft. Bisher hatte er in der amtlich gelehrten Ideologie nur von seiner eigenen Minderwertigkeit gegenüber den Mitgliedern der herrschenden Klassen gehört. Jetzt bekam er das Gegenteil zu hören. Er hatte überdies die Erfahrung gemacht, daß er in der Handhabung der Waffen — welche nach seinen bisherigen Erfahrungen immer nur von den bewaffneten Hütern der Klassenherrschaft *gegen* ihn gebraucht wurden — ebenso bewandert und geschickt sei, wie die Mitglieder der herrschenden Klasse und ihr Anhang. Eine Erfahrung, welche tiefen Eindruck auf die Proletarier machte. Als Grundtatsache wollen wir daher feststellen, *daß das Proletaritat aller Länder aus dem Kriege mit herabgemindertem Standard, aber mit gestärktem sozialem Selbstbewußtsein hervorgegangen* ist. Diesem erhöhten Selbstbewußtsein entsprechend, fordert es nun eine Erhöhung seines materiellen und moralischen Standards: eine Erhöhung nicht nur über das gegenwärtige, sondern über das vorkriegerische Niveau; eine Forderung, welcher das Kapital, wie wir ausführen werden, unmöglich entsprechen kann. *Dies ist der Kern der gegenwärtigen Krise des Kapitalismus* . . .

Quantitativ war diese Entwicklung eine ungleiche. Die kriegswirtschaftliche Deformation des Wirtschaftslebens war in den besiegten Staaten größer als in den Siegerstaaten: infolgedessen auch die Verschlechterung der Lebenshaltung der Arbeiter, ihre Unzufriedenheit, daher auch ihr revolutionärer Drang. Und da diese starke revolutionäre Grundstimmung in den besiegten Ländern mit dem infolge der erlittenen Niederlage eingetretenen *Zerfall der Gewaltorganisation des Staates zusammentraf,* erfolgte die politische Revolution in allen besiegten Ländern. Sie wurde in Rußland, wo die herrschende Klasse die schwächste Organisation hatte, von der siegreichen reinen Proletarierrevolution abgelöst, welcher alsbald die niedergeschlagenen Versuche in Finnland, Bayern, Ungarn folgten.

In den Siegerländern, wo die Gewaltorganisation des Staates intakt blieb, ist die Revolution bisher nicht zum Ausbruch gekommen. Aber die Krise des Kapitalismus kann nicht geleugnet werden. Die Arbeiterschaft fordert stürmisch die Erhöhung ihres Standards. *Nun sind die Kapitalisten gerne bereit, den Arbeitern jedwede Konzession zur Erhöhung ihres moralischen Standards innerhalb der bürgerlichen Demokratie zu gewähren*: Ausdehnung des allgemeinen Wahlrechtes nach Belieben des Proletariats, Teilnahme der Führer an der Regierung, Arbeitsgemeinschaften, Arbeiterräte mit beschränktem Wirkungskreis, ja sogar Sozialisierung gegen volle Entschädigung der Eigentümer: Dies alles können die Proletarier innerhalb der Bourgeoisdemokratie leicht erreichen.

Aber die Arbeiterschaft der Ententeländer überzeugt sich bereits davon, daß derartige politische Konzessionen die wirtschaftliche Knechtung durchaus nicht aufheben. Das Proletariat aller Länder fordert einen höheren realen Standard: eine Verkürzung des Arbeitstages auf sieben, ja in Amerika auf sechs Stunden und versucht dies — oft unbewußt — im Wege sozialistisch-revolutionärer Maßregeln zu erreichen. Die Erfahrungen der

Kriegswirtschaft haben die Möglichkeit der Organisierung einer proletarischen Gemeinschaft aus der nebligen Ferne sozialer Utopien in greifbare Nähe gebracht. Mag auch die Zwangsorganisation der Kriegswirtschaft ein noch so verzerrtes Bild der kommunistischen Kriegswirtschaft bieten, sie zeigte den Massen, daß eine zentralorganisierte Wirtschaftsleitung keine Utopie ist, sondern eine sich aus den Verhältnissen notwendig ergebende und daher mit den Mitteln der gegenwärtigen Gesellschaft lösbare Aufgabe. Die Möglichkeit, eine proletarische Wirtschaft zu organisieren, durch Umstülpung der kapitalistischen kriegswirtschaftlichen Organisation in eine proletarische, scheint unmittelbar durchführbar zu sein. Daher fordern die immer als konservativ geltenden englischen Trade-Unions die Nationalisierung der Bergwerke, der Eisenbahnen, der Banken und der wichtigsten Zweige des Handels; Forderungen, deren Bewilligung das Ende des Kapitalismus bedeuten würden. Die deutschen Arbeiter fordern Einsicht und Mitbestimmung bei den kapitalistischen Unternehmungen für die Betriebsräte usw.

Der Kampf um die Erhöhung der Lebenshaltung geht überwiegend mit wirtschaftlichen Kampfmitteln, aber mit revolutionärer Energie vor sich. Riesige Streiks von hunderttausenden Eisenbahnern, Bergarbeitern, Metallarbeitern erschüttern das Wirtschaftsleben Europas und Amerikas. Die ungeheure Ausdehnung dieser Bewegung gibt ihr sogar dann den Charakter eines revolutionären Klassenkampfes, wenn es sich unmittelbar in dem Bewußtsein der Arbeiter selbst nur um rein wirtschaftliche Forderungen handelt. Denn die Bourgeoisie kann diese Forderungen nicht erfüllen. Daher herrscht im Proletariat der ganzen kapitalistischen Welt eine allgemeine Arbeitsunlust, ein immer weitergreifendes Schwinden der kapitalistischen Arbeitsdisziplin, ein unaufhaltsames Sinken der Produktion.[8]

8 Den Rückgang der Produktion in Deutschland zeigen folgende Daten, welche unendlich vermehrt werden könnten:
„Der reine Verlust der Vereinigten Königs- und Laurahütte betrug im Jahre 1918/19, 10,8 Millionen Mark. Ursache des Verlustes waren laut Bericht ... die nicht endenwollenden Forderungen der Arbeiter und Beamten, die furchtbare Erhöhung aller Auslagen, vornehmlich aber *die starke Verringerung in den Leistungen der Arbeiter.*" (Berliner Tageblatt vom 9. Oktober 1919.)
Die Harpener Bergbau A.-G. veröffentlicht folgenden Bericht:

| Jahr | Arbeitsleistung pro Arbeiter (im Durchschnitt dz) | Lohn eines Arbeiters (in Mark) |
|---|---|---|
| 1913/1914 | 9,49 | 6,63 |
| 1915/1916 | 9,38 | 7,73 |
| 1916/1917 | 8,54 | 9,86 |
| 1917/1918 | 8,55 | 12,06 |
| 1918/1919 | 7,65 | 16,71 |
| Juli 1919 | 6,90 | 23,33 |
| August 1919 | 6,02 | 26,87 |

*Die Durchschnittsleistung ist also seit Kriegsende von 8,55 dz auf 6,02 gesunken.* (Berliner Tageblatt vom 23. Oktober 1919.) Der Generalversammlung der Laurahütte berichtet Generaldirektor Hilger, die Produktion betrage nur die Hälfte der Friedensproduktion. Hauptgrund der Verringerung sei *die mangelhafte Leistung der Arbeiter.* (Berliner Tageblatt vom Oktober 1919.) Um die Jahreswende 1919/1920 scheint sich die Arbeitsleistung gebessert zu haben; dies wird aber nur eine vorübergehende Erscheinung sein.

Die Kapitalistenklasse kann aber die Forderungen der Arbeiterschaft nach einer realen Erhöhung ihrer Lebenshaltung über das Vorkriegsniveau unmöglich erfüllen. Dies würde das Ende des Kapitalismus, weil das Ende der Mehrwertaneignung, bedeuten. Die Kapitalistenklasse müßte auf den Profit ganz verzichten und die Produktion bloß im Interesse der Arbeiter und in der Hoffnung auf eine bessere Zukunft fortsetzen. Nun läßt es sich denken, daß die leitende Bürokratie des anonymen Kapitals, die Direktoren der Aktiengesellschaften, die Produktion mit dem Bewußtsein fortsetzen würden, daß einige dividendenlose Jahre folgen. Für die Kapitalistenklasse in ihrer Gesamtheit ist dies aber eine irreale Voraussetzung.

Aber der Widerspruch zwischen den Forderungen der Arbeiter und dem möglichen Ergebnis der kapitalistischen Produktion ist so groß, daß selbst der — in der Praxis ganz undenkbare — Verzicht der Kapitalistenklasse auf jeglichen Profit diesen Widerspruch nicht lösen könnte. Der Krieg hat die Möglichkeit der Produktion in allen Ländern stark herabgemindert; die Zusammensetzung und der Altersaufbau der Bevölkerung haben sich verschoben, der Anteil der arbeitsfähigen Schichten ist sehr verringert: Die Produktionsmittel sind abgenutzt, verwüstet, die Vorräte an Gütern, Rohstoffen und Produktionsmitteln aufgebraucht. Mit diesem Produktionsapparat läßt sich, unter kapitalistischen Verhältnissen, die nötige Gütermenge zur Befriedigung der Ansprüche der Arbeiterschaft nicht hervorbringen. Außerdem *ist die kapitalistische Produktion in ihrem ganzen Aufbau der jeweiligen Einkommenverteilung angepaßt*. Umsonst würde die Kapitalistenklasse sich dazu herbeilassen, zeitweilig der Mehrwertaneignung zu entsagen: Hierdurch *könnte vielleicht erreicht werden, daß die Arbeiterschaft den zur geforderten Standarderhöhung nötigen Wert in Geld erhielte, aber nicht in Gütern, welche zur realen Erhöhung ihrer Lebenshaltung nötig wären*. Denn die zur Produktion von Luxuswaren dienenden Produktionsmittel können nicht ohne weiteres zur Produktion solcher Güter verwendet werden, welche in den Konsum der Arbeiterklasse eingehen.[9] Die Forderung der Arbeiterklasse nach einer realen Erhöhung der Lebenshaltung könnte also nur durch eine sprunghafte Erhöhung der Produktion solcher Güter, die dem Konsum der Arbeiter dienen, erfüllt werden.

Nun ist dem Kapitalismus bloß eine Art der Ausdehnung der Produktion eigentümlich: *die Erhöhung der Produktivität*, d. h. die Vermehrung der durch einen Arbeiter in Bewegung gesetzten Produktionsmittel oder — wie Marx es nennt — *die Erhöhung der organischen Zusammensetzung des Kapitals*. Alle anderen Mittel — wir beschäftigen uns im nächsten Kapitel damit — liegen außerhalb der geraden Linie der kapitalistischen Entwicklung. Die Erhöhung der Produktivität setzt Vermehrung der Produktionsmittel voraus, also reale Akkumulation. Diese Akkumulation ist aber im Kapitalismus Funktion der Kapitalistenklasse, bedeutet, daß ein Teil des angeeigneten Mehrwerts nicht als Revenue verzehrt, sondern zum weiteren Aufbau des Produktionsapparats verwendet wird. Wie soll aber die Kapitalistenklasse akkumulieren, wenn sie durch die ungestüme Forderung der Arbeiter nach Erhöhung ihrer Lebenshaltung selbst auf ihren Profit verzichten müßte, um revolutionären Ausbrüchen vorzubeugen? *Ohne Profit keine Akkumu-*

9 Es ist dies ein Problem, welches auch in der Diktatur des Proletariats weiter besteht. Wir handeln davon im dritten Kapitel. Die Frage wird von Marx in dem Werk „Das Kapital", Zweiter Band, eingehend erörtert.

*lation; ohne Akkumulation keine Möglichkeit der Mehrproduktion*[10]*; ohne Mehrproduktion keine Möglichkeit, die Lebenshaltung der Arbeiter zu erhöhen.* Versucht aber das Kapital den anderen Weg, versucht es, die Forderungen der Arbeiter zurückzuweisen, um den Produktionsapparat in Ordnung zu bringen, rasch zu akkumulieren und auf diese Weise jene Mehrproduktion zu erreichen, welche zu der von dem Proletariat geforderten realen Erhöhung der Lebenshaltung nötig ist, so stößt es auf den heftigsten Widerstand des Proletariats. Es folgt Streik auf Streik, Disziplinlosigkeit, Weigerung der Arbeiter, unter solchen Umständen überhaupt zu arbeiten[11], bewußte oder unbewußte Verminderung der Arbeitsleistung. Die Produktion geht zurück, der Gegensatz zwischen den Forderungen der Arbeiter und der zur Erfüllung derselben zu Verfügung stehenden Gütermenge wird immer größer: Die Krise des Kapitalismus verschärft sich automatisch weiter.

Aus diesem Dilemma gäbe es für den Kapitalismus nur einen Ausweg: das Proletariat bei voller Arbeitsleistung mindestens zur Vertagung seiner auf die Erhöhung der Lebenshaltung hinzielenden Forderungen zu bewegen und auf diese Weise der Kapitalistenklasse die Möglichkeit zu bieten, durch Einschränkung ihrer persönlichen Ausgaben rasch zu akkumulieren, die zerstörten und vernutzten Produktionsmittel zu ersetzen, durch eine energische Produktion von Produktionsmitteln die Ausdehnung der Produktion von Konsumgütern vorzubereiten, was in einem späteren Zeitpunkt die Möglichkeit bieten würde, die Lebenshaltung des Proletariats zu erhöhen. *Die Ritter des Burgfriedens* predigen der Arbeiterklasse die Notwendigkeit dieser Lösung. Sie fordern das Proletariat auf, den Klassenkampf zu suspendieren, mit vollem Eifer zu arbeiten, ja Überstunden zu leisten, hingegen vorläufig keine „*maßlosen*“ — das heißt den Profit und die kapitalistische Akkumulation gefährdenden — Lohnerhöhungen und vor allem keine Verkürzung der Arbeitszeit zu fordern. In diesem Sinne wirken die Scheidemänner in Deutschland, Gompers und Kumpane in Amerika. Mit wenig Erfolg. Das unzufriedene Proletariat zeigt keine Lust, auf die höchst ungewisse Hoffnung hin, später innerhalb der kapitalistischen Knechtschaft ein etwas besseres Los zugeteilt zu erhalten, vom Angriff gegen den Kapitalismus, von der Forderung nach einer sofortigen Verbesserung seiner Lage abzustehen.

Es bliebe noch der Weg der Gewalt. Aber das im Krieg erstarkte Selbstbewußtsein des Proletariats, seine im Krieg erworbene Geschicklichkeit in der Handhabung der Waffen, das dort gewohnte leichte Aufsspielsetzen des Lebens, die in der ganzen Gewaltorganisation der herrschenden Klasse sich zeigende Zersetzung macht die Anwendung der Gewalt entweder überhaupt unmöglich oder zwingt zu der Anwendung der *allerbrutalsten Formen* durch die Berufssoldateska wie wir es in Ungarn sehen. *Diese Form der Gewaltanwendung ist aber zu allem gut, nur nicht zur Sicherung einer profitablen kapitalistischen Produktion.* Auf diesem Wege ist wohl die Vernichtung der modernen Kultur, eine Rückkehr zu den

10 Die Erhöhung der Güterproduktion wird durch den wirren Zustand des Weltmarktes ebenfalls erschwert. Rußland und Sibirien scheiden als Rohstofflieferanten ganz aus: Der Balkan, Ungarn, Polen sind wirtschaftlich nicht leistungsfähig. Die fortwährenden Schwankungen der Valuta, das Fehlen der früher den Weltmarkt beherrschenden, absolut stabilen englischen Weltvaluta legt dem internationalen Güteraustausch und hierdurch der Entfaltung der Produktion schwere Hindernisse in den Weg.

11 Für den revolutionären Seelenzustand der Arbeiter ist die immer wiederkehrende Klage der Kapitalisten bezeichnend, daß für schwere ungelernte Arbeiten trotz der großen Arbeitslosigkeit keine Arbeiter zu haben sind. Die Arbeiter ziehen es in ihrem gegenwärtigen Seelenzustand vor, arbeitslos zu hungern, als unter den angebotenen Bedingungen zu arbeiten.

mittelalterlichen Verhältnissen der geschlossenen Hauswirtschaft und des Naturalaustausches, aber keine ruhige kapitalistische Produktion zu erreichen.

Das Dilemma des Kapitalismus ist unlösbar. Die revolutionäre Gärung ergreift immer weitere Schichten. Das gewaltige Beispiel Rußlands, eines Großstaates von hundert Millionen Einwohnern, welcher seit mehr als zwei Jahren vom siegreichen Proletariat geführt wird, dessen militärische Macht alle Gegner zerschmettert hat, dessen ökonomischen Kräfte sich trotz des Boykotts der imperialistischen Weltmächte und dem nunmehr das sechste Jahr währenden Krieg sich zusehends organisieren, peitscht die klassenbewußten Arbeiter aller Länder zu immer neuen Anstrengungen auf, um das kapitalistische System zu stürzen. Die niedergeschlagenen Versuche in Finnland, Ungarn und Bayern ändern nichts an der Tatsache, daß die revolutionäre Gärung immer weitere Schichten ergreift und dem Kapitalismus kein Mittel hiergegen zu Gebote steht. Die Krise wird vielleicht jahrelang dauern, die revolutionäre Umgestaltung Jahrzehnte in Anspruch nehmen und Zehntausende Opfer kosten: Eine Rückkehr zum friedlichen Kapitalismus scheint ausgeschlossen zu sein.

Diese Einsicht, daß alle Versuche der Restaurierung der kapitalistischen Produktion an diesem unlösbaren Widerspruch scheitern müssen, *daß der Klassenkampf „mit dem gemeinsamen Untergang der kämpfenden Klassen" enden würde, wenn die „revolutionäre Umgestaltung der ganzen Gesellschaft nicht gelingt"*, führte manchen volkswirtschaftlich gebildeten Marxisten — auch den Schreiber dieser Zeilen — in das bolschewistische Heerlager. Denn wenn auch die Diktatur des Proletariats die Zerrüttung der Wirtschaft im Anfang noch verstärkt, bildet sie doch die Grundlage zur endgültigen Lösung, zum Aufbau der sozialistischen Gesellschaft.

## 2. Das Problem der Steigerung der Produktion

Steigerung der Produktion! Dies ist das Schlagwort, welches gegenwärtig in sämtlichen Reden der bürgerlichen Staatsmänner aller Länder wiederkehrt. Wir selbst haben unsere vorhergehenden Ausführungen damit geschlossen, daß die von dem Proletariat geforderte reale Erhöhung der Lebenshaltung nur durch rasche und durchgreifende Steigerung der Produktion möglich ist. Wir haben nachgewiesen, daß diese Steigerung der Produktion in dem vom Krieg zerrütteten Kapitalismus unmöglich ist. Es ist aber im Kapitalismus überhaupt unmöglich, die maximale Ergiebigkeit zu erlangen. Um dies zu beweisen, wollen wir vor allem die allgemeinen Bedingungen der Ergiebigkeit untersuchen. Dies bedeutet: *eine Untersuchung der Faktoren der Ergiebigkeit der Arbeit in der Hervorhebung von materiellem Reichtum*, von Gebrauchswerten, was scharf zu unterscheiden ist von der Rentabilität des im Produktionsprozeß verwendeten Kapitals. Rentabilität im kapitalistischen Sinne ist ein Hemmnis der Produktionssteigerung, ein Hindernis der maximalen Ergiebigkeit an Gebrauchswerten.

Die Ergiebigkeit der Arbeit eines Volkes hängt in erster Linie von den Naturbedingungen, den „sekundären Grundtatsachen“[12] ab. Da sich diese Faktoren nur sehr langsam ändern, können dieselben als konstant betrachtet und für unser Problem außer acht gelassen werden.[13]

Die variablen Faktoren sind die folgenden:

1. *die Rationalität der Arbeit;*
2. *die Produktivität der Arbeit;*
3. *die Intensität der Arbeit;*
4. *das Verhältnis zwischen produktiven und unproduktiven Individuen eines Volkes.*

1. *Unter Rationalität der Arbeit verstehe ich die in den intellektuellen Qualitäten der Arbeitenden, sowohl Leitern als Ausführenden, liegenden Unterschiede in der Ergiebigkeit der Arbeit.* Alle anderen Faktoren gleichgesetzt, hängt die Ergiebigkeit der Arbeit von psychischen Faktoren: von der allgemeinen Kultur, der Fachbildung, der rationellen Arbeitsweise der am Arbeitsprozeß Teilnehmenden ab. Wir wollen hier nur zwei Beispiele anführen. In China wurden von englischen Fabrikanten Webereien mit denselben mechanischen Webstühlen eingerichtet wie in Lancashire. Es zeigte sich aber, daß diese Webereien

12 Der Begriff wurde von Karl Renner (Grundlagen und Entwicklungsziele der österreichisch-ungarischen Monarchie, Wien—Leipzig 1906) geprägt.

13 Marx, dessen Untersuchungen nicht die Ergiebigkeit der Arbeit in der Produktion von Gebrauchswerten, sondern das Wert- und Mehrwertproblem zum Kern haben, hat den Begriff der Produktivität gebildet, dessen Begriff sich mit unserem, auf dem Gebrauchswert basierten Begriff der Ergiebigkeit teilweise deckt: „Die Produktivität der Arbeit ist durch mannigfache Umstände bestimmt, unter anderen durch den Durchschnittsgrad des Geschickes der Arbeiter, die Entwicklungsstufe der Wissenschaft und ihrer technologischen Anwendbarkeit, die gesellschaftliche Kombination des Produktionsprozesses, den Umfang und die Wirkungsfähigkeit der Produktionsmittel und durch Naturverhältnisse.“ (Siehe K. Marx, Das Kapital, Erster Band, in: MEW, Bd. 23, a. a. O., S. 54.)

trotz der langen täglichen Arbeitszeit und den ungemein niedrigen Arbeitslöhnen nicht nur nicht ergiebig in unserem Sinne, sondern nicht einmal rentabel im kapitalistischen Sinne waren. Während der englische Wollweber vier, ausnahmsweise sechs Webstühle bei voller Geschwindigkeit bedienen kann, müssen zwei chinesische Arbeiter an einen Webstuhl gestellt werden, dessen Lauf überdies verlangsamt werden muß; trotzdem stehen die Webstühle in China durchschnittlich längere Zeit still, beziehungsweise laufen leer, als in England. Ähnliche Erfahrungen wurden in Japan gemacht.[14]

Noch einleuchtender ist das folgende: Ich habe auf Grund der „Annuaire de la statistique agricole internationale 1915" Untersuchungen über die Ursachen der verschiedene Ergiebigkeit des Getreidebaues in den Ländern Europas durchgeführt. Zu diesem Zweck stellte ich die vereinigten Durchschnittserträge der vier Hauptgetreidearten: Weizen, Roggen, Gerste und Hafer für das Jahrzehnt 1905 bis 1914 per ha zusammen und gruppierte eine Reihe der Länder nach der Ergiebigkeit. Es zeigt sich, daß diese Reihe keinerlei Zusammenhang mit der durchschnittlichen Betriebsgröße, mit den Getreidezöllen oder mit den Getreidepreisen, noch mit Unterschieden des Klimas aufweist. Dagegen zeigt diese Reihe ein unverkennbares Zusammenfallen mit der allgemeinen Kultur des Landes, mit der Kenntnis des Lesens und Schreibens in den betreffenden Ländern. Je weniger Analphabeten, desto größer der Ertrag der Landwirtschaft. Die Kultur der Arbeiter ist daher von ungeheurer Wichtigkeit für die Ergiebigkeit der Arbeit.[15]

2. *Unter Produktivität der Arbeit verstehe ich die in der Verschiedenheit der angewendeten Produktionsmittel liegenden Unterschiede in der Ergiebigkeit der Arbeit.* Alle anderen Umstände gleichgesetzt, hängt die Ergiebigkeit der Arbeit von der Art der von den Arbeitern benützten Produktionsmittel ab. Die Art der Produktionsmittel bestimmt auch den größeren oder geringeren Grad der Kooperation. Diese Tatsachen sind allbekannt, spezielle Beweise erübrigen sich. Eine Gruppe Arbeiter, in einer modernen Weberei oder Schuhfabrik vereinigt, produzieren das Vielfache, in manchen Fällen des Tausendfache, als wenn dieselbe Anzahl mit Handwerkzeugen produziert. *Je größer das konstante Kapital, der Produktionsapparat eines Landes, im Verhältnis zu der Einwohnerzahl ist, desto größer ceteris paribus die Produktivität und die Ergiebigkeit der Arbeit.*

3. *Unter Intensität der Arbeit verstehe ich die in der Verschiedenheit der Anzahl und des Nutzeffekts der produktiven Bewegungen, welche der Arbeiter im Durchschnitt einer längeren Arbeitsperiode in einer Zeiteinheit ausführt, liegenden Unterschiede in der Ergiebig-*

14 K. Koch, Die Industrialisierung Chinas; A. Vialatte, L'avenir économique du Japon (und auch andere Autoren).

15 „Hodgskin meint: ... accumulation ist nicht als Aufhäufen der produktiven Kräfte der gesellschaftlichen Arbeit, so daß die Akkumulation von dem Geschick und der Kenntnis (scientific power) der Arbeiter selbst die Hauptakkumulation ist und ungleich wichtiger als die Hand in Hand mit ihr gehenden und sie nur darstellenden *vorhandenen objektiven*, stets neu produzierten und konsumierten, nur den Namen nach akkumulierten objektiven Bedingungen dieser akkumulierten Tätigkeit: ‚Produktives Kapital und geschickte Arbeit sind eins. Kapital und arbeitende Bevölkerung sind ganz gleichbedeutend.' Es sind dies alles nur weitere Ausdrücke von Galianis These: Der wahre Reichtum ... ist der Mensch ... Die ganze objektive Welt, die ‚Güterwelt', versinkt hier als bloßes Moment, bloß verschwindende, stets und stets neu erzeugte Betätigung der gesellschaftlich produzierenden Menschen." (K. Marx, Theorien über den Mehrwert, Dritter Teil, in: MEW, Bd. 26.3, Berlin 1968, S. 262—263.)

*keit der Arbeit.*[16] Alle anderen Umstände gleichgesetzt, hängt die Ergiebigkeit der Arbeit davon ab, wie der Arbeiter an den Produktionsmitteln arbeitet „. . . die normale Intensität der Arbeit, oder ihre intensive Größe, so daß ein bestimmtes Arbeitsquantum in bestimmter Zeit verausgabt wird."[17] Die Intensität der Arbeit hat aber eine qualitative Seite: ob während der Arbeit kein Material vergeudet, keine Werkzeuge verdorben, ob die erzeugte Arbeit qualitativ dem Zwecke besser oder schlechter entspricht; dies alles fassen wir, soweit es vom Arbeiter abhängt, im Begriff der Arbeitsintensität zusammen.

Die Intensität hängt daher zum Teil vom Willen der Arbeiter, zum Teil unabhängig von ihrem bewußten Wollen, von ihrer Ernährung, ihren Wohnungsverhältnissen, ihrer individuellen Anlage zu der jeweiligen Art ihrer Arbeit und anderen, rein psychologischen Momenten ab. Der mechanistischen Ansicht, die auch bei Marx vorherrscht, daß die Ergiebigkeit der Arbeit ausschließlich von der Art der angewendeten Produktionsmittel abhängt, daß „die Maschine den Arbeiter anwendet" und daher der Arbeiter genötigt ist, seine Arbeitsintensität bedingungslos dem Lauf der Maschine anzupassen, müssen wir auf Grund der neueren Beobachtungen entgegentreten.

4. *Ein Volk als produzierendes Ganzes aufgefaßt, wird das Gesamtprodukt seiner Arbeit — bei gegebener Rationalität, Produktivität und Intensität — von dem Verhältnis der produktiv Arbeitenden zu jenen der bloß Verzehrenden abhängig machen.*

Nun ist es leicht einzusehen, daß in der kapitalistischen Gesellschaftsordnung die beste Ergiebigkeit der Arbeit nicht erreicht werden kann. Wir wollen die einzelnen Faktoren der Ergiebigkeit einzeln prüfen. Zuvor wollen wir aber auf das *Haupthindernis der maximalen Ergiebigkeit hinweisen, auf die kapitalistische Profitschranke.* Da im Kapitalismus alle Produktionsmittel, auch der nicht produzierte Grund und Boden, Privateigentum bilden, werden dieselben nur dann zur Produktion benutzt, wenn dies mit einem entsprechenden Profit geschehen kann.

Hieraus folgt: Da die höchste Ergiebigkeit der Arbeit (die Produktion der größtmöglichen Masse von Gebrauchswerten) nicht mit der besten Rentabilität des Unternehmens zusammenfällt — in der kapitalistisch betriebenen Agrikultur niemals, in der Industrie nur zufällig —, in der kapitalistischen Produktionsweise aber allein die Rentabilität den Ausschlag gibt, ist es an der Tagesordnung, daß unbenützte Produktionsmittel und — da ihnen Produktionsmittel fehlen — nichtproduzierende arbeitslose Arbeiter vorhanden sind. In den best-

16 Durch diese Fassung wird die Länge des Arbeitstages als spezieller Faktor der Intensität ausgestaltet, daher auch das Problem der Wirkung der Verkürzung des Arbeitstages. Bei Marx sind Länge des Arbeitstages und die Intensität der Arbeit die Faktoren der Produktion des Wertes. „. . . sobald die gewaltsame Verkürzung des Arbeitstags mit dem ungeheuren Anstoß, den sie der Entwicklung der Produktivkraft und der Ökonomisierung der Produktionsbedingungen gibt, zugleich vergrößerte Arbeitsausgabe in derselben Zeit, erhöhte Anspannung der Arbeitskraft, dichtere Ausfüllung der Poren der Arbeitszeit, d. h. Kondensation der Arbeit dem Arbeiter zu einem Grad aufzwingt, der nur innerhalb des verkürzten Arbeitstags erreichbar ist. Diese Zusammenpressung einer größeren Masse Arbeit in eine gegebene Zeitperiode zählt jetzt als was sie ist, als größres Arbeitsquantum. Neben das Maß der Arbeitszeit als ‚ausgedehnter Größe' tritt jetzt das Maß ihres Verdichtungsgrads. Die intensivere Stunde des zehnstündigen Arbeitstags enthält jetzt so viel oder mehr Arbeit, d. h. verausgabte Arbeitskraft, als die porösere Stunde des zwölfstündigen Arbeitstags." (Siehe K. Marx, Das Kapital, Erster Band, in: MEW, Bd. 23, a. a. O., S. 432—433. Dies ist bei uns dadurch eliminiert, daß wir den Durchschnitt einer längeren Arbeitsperiode als Maß der Intensität annehmen.)

17 Ebenda, S. 542.

kultivierten Ländern Europas gibt es noch große unbebaute Bodenflächen, welche durch entsprechende Arbeitsanwendung fruchtbar gemacht werden könnten, unausgenützte Wasserkräfte, unbehobene Bodenschätze. Die Profitschranke verhindert ihre Ausnützung. In der kapitalistischen Agrikultur ist das Ergebnis immer unter dem maximalen, da infolge des abnehmenden Bodenertrages die Rentabilität des angewandten Kapitals abnimmt und die Neuanlage von Kapital und damit die Steigerung der Naturalerträge in dem Moment aufhört, wo das neuangelegte Kapital die Durchschnittsprofitrate nicht mehr ergibt. Es sind dies die Grundtatsachen der kapitalistischen Wirtschaftsweise, welche innerhalb des Kapitalismus durch keinerlei wirtschaftspolitische Maßnahmen geändert werden können.

*Die Rationalität der Arbeit ist im Kapitalismus notwendigerweise sehr niedrig.* Die primitivste Stufe der Kultur, die Kenntnis des Lesens und Schreibens, ist für Millionen Arbeiter in Europa noch nicht erreicht. Der künstlich großgezogene konservative Geist der arbeitenden Massen, unerläßlich zur Erhaltung der Klassenherrschaft, verhindert die Entwicklung der Rationalität der Arbeit. 60 bis 80 Prozent des Ackerbodens sind im Besitz von ungebildeten, konservativen Bauern, die vor jeder rationellen Neuerung zurückschrecken, mit zähem Konservatismus am Hergebrachten festhalten. Für Millionen von bodenbesitzenden Bauern ist gar nicht einmal die Rentabilität ausschlaggebend, wie bei den Kapitalisten. Sie produzieren nur so viel, um ihren althergebrachten, sich nur langsam erhöhenden Standard zu decken. Und von solchen Wirtschaftsleitern hängt die Ernährung der Bevölkerung gegenwärtig ab.

Der Konservativismus, der Mangel an Rationalität macht sich auch in der industriellen Produktion stark geltend. Industrielle Standards werden jahrzehntelang beibehalten, nachdem dieselben infolge der Änderung der Technik ungünstig geworden sind. Solange ein entsprechender Profit erreicht wird, produzieren auch die Kapitalisten gern in herkömmlicher, irrationeller Weise.[18]

*Die Produktivität der Arbeit bleibt in der kapitalistischen Produktionsweise stark unter dem theoretisch erreichbaren Maximum.* Vor allem macht sich die Profitschranke hier geltend. Die Verbesserung der Produktionsmittel, die Vergrößerung des Anteils des konstanten und innerhalb dessen des fixen Kapitalsbestandteiles ist zwar eine immanente Tendenz des auf freier Konkurrenz basierten Kapitalismus. Aber die Größe der produktiven Neuanlagen hängt von der Summe der privaten Akkumulation ab. Andererseits ist für die praktische Anwendung jeder neuen technischen Entdeckung nicht die Möglichkeit der größeren Ergiebigkeit oder die Ersparnis an menschlicher Mühsal entscheidend, sondern einzig der Gesichtspunkt der Rentabilität. *Je geknechteter die arbeitende Klasse eines Landes, desto geringer der Anreiz für die Kapitalistenklasse zur Erhöhung der Produktivität.*

Die Produktivität ist niedrig, weil ungezählte Millionen von Arbeitern in kleinen Betrieben mit primitiven Werkzeugen arbeiten. Die persönliche Arbeit des „Besitzers“, der sich selbst, seine Familie und einen oder zwei Arbeiter ausbeutet, welche einen niedrigeren Lohn empfangen, als dem Wert ihrer Arbeitskraft entsprechen würde, macht diesen rückständigen Kleinbetrieben das Weitervegetieren, zum großen Schaden der Ergiebigkeit der Gesamtarbeit, möglich.

In der gegenwärtigen Phase des „organisierten Kapitalismus“ ist der freie Wettbewerb in den meisten Zweigen der großen Industrie überwunden. An seine Stelle treten Kartelle und Trusts. Während nun die amerikanischen Trusts durch Auflassung der schlecht ein-

18 Interessante Beispiele hierfür finden wir bei F. Hertz, Standardverhältnisse der österreichischen Industrie, Wien o. J.

gerichteten, der einen ungünstigen Standort einnehmenden Betriebe, *die Ergiebigkeit der Arbeit zugleich mit der Erhöhung der Rentabilität erhöhen*, verfolgen die loser organisierten Kartelle eine umgekehrte Politik. Alle bestehenden Unternehmungen werden in Betrieb behalten und der Verkaufspreis im zollgeschützten Inland so hoch angesetzt, daß der schlechteste, am teuersten produzierende Betrieb noch mit Nutzen arbeiten soll. *Auf diese Weise werden rückständige Betriebe, welche bei freier Konkurrenz zugrunde gingen, künstlich erhalten.* Manche Kartelle verhindern sogar unmittelbar die Entstehung moderner Betriebe. In dem Kartellvertrag zwischen den ungarischen und österreichischen Eisenwerken und eisenverarbeitenden Gruppen gab es einen Paragraph, welcher verbot, neuen, außerhalb des Kartells errichteten eisenverarbeitenden Unternehmungen irgendwelches Rohmaterial zu liefern. Die Entstehung von neuen, modernen Unternehmungen wurde hierdurch unmöglich gemacht.

*Endlich wird die Ergiebigkeit der Arbeit durch die vielseitige Anarchie der Produktion hintangehalten.* Anarchie in dem Sinne, daß die verschiedenartigsten Waren zu demselben Zwecke produziert werden, je nach der Laune des Käufers oder der Willkür des Erzeugers. Der „organisierte" Kapitalismus trachtet zwar der Anarchie der Produktion durch Einführung einheitlicher Typen: durch Normalisierung einzelner Bestandteile (zum Beispiel in der Maschinenindustrie), durch weitgehende Spezialisierung der einzelnen Werke in der Produktion zu steuern, doch scheitert dies an den widerstreitenden Interessen der einzelnen Betriebe.

Die Anarchie im Gesamtprozeß des Kapitals entlädt sich in den *periodisch wiederkehrenden Handelskrisen*. Es gibt im Kapitalismus eben kein regulatives Forum, welches die Produktion nach der Dringlichkeit des Bedürfnisses einrichten würde. Jeder Kapitalist produziert diejenigen Waren, welche er mit bestem Nutzen loszuschlagen hofft. Nun übersteigt periodisch die Produktion vieler Waren den zahlungsfähigen Konsum, große Warenmassen werden unverkäuflich und gehen ganz zugrunde[19] oder müssen zu Preisen unter dem Wert losgeschlagen werden, die Produktion steht still, die Arbeiter werden aufs Pflaster geworfen. Produktionsmittel und Arbeiter, voneinander getrennt, ruhen. Die Ergiebigkeit der Arbeit sinkt mit einem Schlage auf einen Bruchteil herab.

Die fortschreitende Organisation des Kapitals hat den Charakter der Krisen verändert und die Last derselben ganz auf die arbeitende Klasse verschoben. Im Zeitalter des „freien Kapitalismus" wurde der Markt von den unverkäuflichen, überproduzierten Waren dadurch gesäubert, daß der Preis derselben auf jene Summe herabgesetzt wurde, welche ihrem Werte entsprochen hätte, wenn nur die „gesellschaftlich notwendige Menge" produziert worden wäre. Es gab große Preisstürze, große Verluste, Krachs und massenhafte Krida. Der Ausgleich vollzog sich überwiegend auf Kosten der Kapitalisten. Die Arbeitslosigkeit war von relativ kurzer Dauer.

19 Zu welcher Vergeudung die anarchistische Produktion gegenüber der besser organisierten führt, zeigt folgende Äußerung Mr. C. A. McCurdy's, des Parlamentsekretärs des englischen Food Controllers: „Nehmen wir die Frage der Kohle. Die Kohle ist die Hauptquelle des Reichtums in England. Wir verbrauchen jährlich in diesem Lande 80 Millionen Tonnen Kohlen zu Triebkraft (motive power). Wir verbrauchen für jeden in der Industrie beschäftigten Arbeiter um die Hälfte mehr als Amerika, aber wir verbrauchen dieselbe so schlecht, so verschwenderisch, daß eine Tonne zur Unterstützung des Arbeiters vernutzte Kohle in der Union um 50 Prozent mehr Hilfe, um 50 Prozent mehr Triebkraft ergibt, als $1^1/_2$ Tonnen vernutzte Kohle dem englischen Arbeiter." „The Times", 10. Oktober 1919. — Man kann sich denken, wie die Kohle in den rückständigen Betrieben des europäischen Kontinents vergeudet wird.

Im Zeitalter des Finanzkapitals, der Kartelle und Trusts kann die Überproduktion infolge der größeren Übersichtlichkeit des Weltmarktes keine so großen Dimensionen annehmen als im freien Kapitalismus. Tritt Überproduktion ein, so wird der Überfluß nicht durch Herabsetzung der Preise abgestoßen. Die Kartelle halten die Verkaufspreise hoch, reduzieren aber die Produktion oder stellen sie ganz ein. Der offene Krach wird vermieden, selten und geringfügig. Die Kapitalistenklasse verliert nur den entgangenen Profit. *Dagegen lastet eine weitausgedehnte, langandauernde Arbeitslosigkeit bei unverändert hohen Preisen auf der Arbeiterklasse.* Es ist dies die neue, „schleichende“ Form der Krise, welche aber der Ergiebigkeit der Arbeit ärger zusetzt, als die kürzer dauernden akuten Krisen des freien Kapitalismus.

Die am wenigsten beachtete, jedoch in ihren nachteiligen Folgen für die Ergiebigkeit der Arbeit wichtigste Art der Anarchie ist jene der Berufs- und Arbeitswahl. Die Berufswahl wird im Kapitalismus in erster Linie durch die Klassenlage der Eltern bestimmt. Die Söhne der herrschenden Klasse müssen studieren, sie werden, koste es was es wolle, durch die Mittelschule durchgepeitscht. Das Kind armer Leute, es mag das Genie des Newton oder Leibniz in ihm sein, gelangt nicht in die höheren Klassen der Mittelschule, geschweige denn auf die Universität. Es muß in die Lehre, aufs Feld, in die Fabrik. Die Auslese der „Kulturträger“, der Techniker, Erfinder und Organisatoren erstreckt sich vielleicht auf 10% der jungen Generation. Die Talente der übrigen 90% gehen zugrunde, müssen zeitlebens eine Arbeit verrichten, deren Ergiebigkeit einen geringen Bruchteil der ihnen möglichen Leistung bildet.

Es gibt aber auch innerhalb der Grenzen, welche für die arbeitende Bevölkerung offenstehen, keine planvolle Berufswahl. Der Zufall entscheidet, ob der Proletariersohn Feldarbeiter, Tischler, Eisendreher oder sonst etwas wird. Seine körperlichen und geistigen Anlagen werden nicht untersucht. So kommt es, daß viele Leute, die in einem anderen Berufe Tüchtiges geleistet hätten, infolge falscher Berufswahl elend zugrunde gehen. Aber auch innerhalb desselben Berufes gibt es Arbeiten, welche der eine leicht und gut verrichten kann, während der andere Arbeiter von gleicher Vorbildung damit nicht vorwärts kommt. Es ist das Verdienst der Taylorschen Schule, des „scientific management“, konkrete Untersuchungen hierüber angestellt zu haben. Es gibt Arbeiter, die zu einer eine ständige, monotone Aufmerksamkeit erfordernden Arbeit unfähig sind, während sie Ausgezeichnetes leisten bei Arbeiten, welche eine rasche Akkomodierung an eine sich oft ändernde Situation erheischen. Es gibt Arbeiten, welche eine ständige, gleichmäßige Muskelarbeit erheischen, und Arbeiten, bei welchen große Kraftanstrengung und Nichtstun sich ablösen. Es würde zu weit führen, die verschiedenen Arbeitstypen und die ihnen am besten entsprechenden psychischen und physischen Menschentypen aufzuzeigen. Wir wollen nur feststellen, daß die Anarchie der Berufswahl und der Arbeitsverteilung der Ergiebigkeit der Arbeit schwersten Abbruch tut.

*Die Intensität der Arbeit bleibt im Kapitalismus trotz der inneren Kontrolle im maschinellen Großbetrieb weit hinter dem möglichen zurück.* Es fehlt vor allem an Interesse an dem Arbeitsprozeß selbst: „Der trübselige Schlendrian einer endlosen Arbeitsqual (drudgary), worin derselbe mechanische Prozeß immer wieder durchgemacht wird, gleicht der Qual des Sisyphus; die Last der Arbeit, gleich dem Felsen, fällt immer wieder auf den abgematteten Arbeiter zurück.“[20] „Während die Maschinenarbeit das Nervensystem aufs äußerste an-

20 F. Engels, Zitat des Arztes Dr. Kay aus Manchester, in: Die Lage der arbeitenden Klasse in England, in: MEW, Bd. 2, Berlin 1972, S. 398, Fußnote.

greift, unterdrückt sie das vielseitige Spiel der Muskeln und konfisziert alle freie körperliche und geistige Tätigkeit. Selbst die Erleichterung der Arbeit wird zum Mittel der Tortur, indem die Maschine nicht den Arbeiter von der Arbeit befreit, sondern seine Arbeit vom Inhalt."[21]

Das Interesse an der Arbeit, die Freude am Werk verschwindet für den Arbeiter bereits durch die Teilung der Arbeit. Angelernt zu einer Teilarbeit, weiß er oft nicht einmal, zu welchem Zwecke das Produkt seiner Arbeit dienen wird. Nach Stundenlohn bezahlt, hat er nicht das geringste Interesse an dem Ergebnis. Seine intensive Arbeit würde nur den Profit der Kapitalisten vermehren. Ebensowenig hat er ein Interesse an der Ökonomie der Roh- und Hilfsmaterialien, an der schonenden Behandlung der Arbeitsmittel. Der Arbeiter schuftet unter dem äußeren Druck der Aufseher. Allein die Furcht, bei stark unterdurchschnittlicher Leistung entlassen zu werden, sichert eine gewisse Ergiebigkeit der Arbeit. Der Akkordlohn oder Stücklohn ändert die Sache nicht wesentlich. Die Kapitalisten setzen den Einheitslohn herab, sobald der Wochenverdienst der Arbeiter eine vom Kapitalisten für das Höchstmaß gehaltene Grenze überschreitet. Dies wissen aber die Arbeiter und greifen der Akkordlohnreduktion vor: Sie bestimmen selbst, daß kein Arbeiter mehr Einheiten die Woche produzieren darf, als dem erfahrungsmäßig von den Kapitalisten tolerierten Wochenverdienst entspricht. Trotz des Akkordlohnes systematische Begrenzung der Arbeitsintensität und somit der Ergiebigkeit der Arbeit! Einzig das Taylorsystem, das letzte Wort des höchstentwickelten amerikanischen Kapitalismus, hat versucht, ein die höchste Rentabilität und einen sehr hohen Grad der Ergiebigkeit sicherndes System der Intensität zu schaffen, aber um den Preis einer bis zum Äußersten getriebenen Auspumpung der menschlichen Arbeitskraft, welche die Gesundheit eines Menschen auf die Dauer kaum aushalten könnte. Der Anwendungsbereich der wissenschaftlichen Betriebsführung ist vorläufig so klein, daß hierdurch unser allgemeines Urteil über die geringe Intensität und Ergiebigkeit der Arbeit nicht geändert wird. In der Sprache von Marx ausgedrückt: die „gesellschaftlich notwendige Arbeitszeit ... erheischt, um irgendeinen Gebrauchswert mit den vorhandenen gesellschaftlich-normalen Produktionsbedingungen und dem gesellschaftlichen Durchschnittsgrad von Geschick und Intensität der Arbeit darzustellen ...",[22] ist viel größer, als es bei anderen gesellschaftlichen Verhältnissen nötig wäre.

*Im Kapitalismus ist die Verhältniszahl der produktiven und unproduktiven Glieder der Gesellschaft notwendigerweise eine ungünstige.* Infolge der großen Armut und Unwissenheit breiter Volksschichten ist die Kindersterblichkeit eine enorme. Da die Kinder armer Leute in sehr frühem Alter schwere Arbeit verrichten müssen, sterben die Arbeiter früh, respektive sie werden frühzeitig arbeitsunfähig. Ein Volk, als Ganzes betrachtet, zählt im Kapitalismus viel weniger Individuen in arbeitsfähigem Alter und in arbeitsfähigem Kräftezustand, als es bei rationeller Menschenwirtschaft der Fall wäre. Von den in arbeitsfähigem Alter befindlichen und eine zur Arbeitsleistung genügende Körperkraft besitzenden Leuten *arbeiten viele überhaupt nichts, weil sie auch ohne Arbeit leben können.* Grundbesitzer, Hausbesitzer, Rentner aller Art verbringen ihr Leben mit dem Verzehren des Mehrwerts, ohne selbst irgendwelche Arbeit zu verrichten. Hierher gehören alle Frauen der vermögenden Schichten, die prinzipiell keine produktive Arbeit verrichten dürfen. Während

21 Siehe K. Marx, Das Kapital, Erster Band, in: MEW, Bd. 23, a. a. O., S. 445—446.

22 Ebenda, S. 53.

23 Philippovich, E. v., Grundriß der Politischen Ökonomie, Bd. I, Freiburg i. B. 1893, S. 83.

60% der gesamten männlichen Bevölkerung in Europa erwerbstätig sind, sinkt diese Zahl bei Frauen auf 25%.[23] Aber auch von den „Erwerbstätigen" im Kapitalismus *verrichten Millionen eine unnütze, unproduktive Arbeit.* Alle jene, deren Einkommen die faux frais des Kapitalismus bilden, als da sind: alle Organe zur „Überwachung des Privateigentums" (Wächter, Polizisten, Richter, Advokaten, Verwaltungsbeamte usw.), der ganze Apparat des Militarismus und jene Arbeiter, welche alle Arten militärischer Ausrüstung produzieren, alle überflüssigen Zirkulationsagenten (Handelsreisende, Handelsangestellte, Bankbeamte usw.), ferner alle häuslichen Diener und Dienstboten, insoweit sie nicht nebenbei produktive Arbeit verrichten. Aus einer detaillierten Berufsstatistik ließe sich annähernd feststellen, ein wie großer Teil der Erwerbstätigen zu der Ergiebigkeit der Arbeit nichts beiträgt.

Wir sehen hieraus, daß der Kapitalismus mit einer ungeheuren Vergeudung der menschlichen Arbeitskraft wirtschaftet. Die nichtarbeitenden Reichen, die Frauen aller bessersituierten Schichten, die große Anzahl der unproduktiven Erwerbstätigen, die von der Überarbeit und Unterernährung frühzeitig chronisch Kranken und Arbeitsunfähigen, die Opfer der unzähligen Betriebsunfälle, die Verkürzung des Lebensalters der Arbeiterschaft, endlich die Opfer der imperialistischen Kriege: *Es ergibt sich, daß der Kapitalismus beiläufig nur die Hälfte der Arbeitsfähigen wirklich produktiv verwendet, die eine rationelle Gesellschaftsordnung von demselben Volksstamme zur Verfügung hätte.*

Wir wollen nun die einzelnen Faktoren der Ergiebigkeit der Arbeit in einem Staatswesen betrachten, in welchem die Produktionsmittel nicht Privateigentum, sondern das Eigentum der Gesamtheit bilden, die Produktion planvoll geregelt ist und der Ertrag der Produktion nach festen Regeln — mit Ausschluß jeder Art von arbeitslosem Einkommen — an die Arbeitenden im Verhältnis zu ihrer Arbeitsleistung verteilt wird. Es handelt sich daher *nicht* um den Zustand des endgültigen Kommunismus, in welchem jedermann *seinen Kräften entsprechend arbeitet und seinen Bedürfnissen entsprechend konsumiert.* Ein Wirtschaftssystem auf dieser Basis könnte erst nach völligem Verschwinden des auf Grundlage des Jahrtausende alten Privateigentumssystems entstandenen egoistisch-habsüchtigen Seelentypus bestehen. Wann diese Wandlung in dem ideologischen Überbau im Seelenleben der Menschen nach Änderung der materiellen Basis, der Umwälzung der Eigentumsverhältnisse vollzogen sein wird, hierüber wollen wir hier keine Vermutungen anstellen. Die Geschichte zeigt uns das zähe Beharrungsvermögen der Ideologie; sie erhält sich in den Köpfen noch lange nach der Umwälzung der materiellen Basis. „Die Tradition aller toten Geschlechter lastet wie ein Alp auf dem Gehirn der Lebenden"[24], sagt Marx. *Wir untersuchen daher die Gestaltung der Ergiebigkeit der Arbeit für das Zwischenstadium zwischen Kapitalismus und Kommunismus, welches politisch durch die Diktatur des Proletariats, wirtschaftlich aber durch die Tatsache gekennzeichnet wird, daß die Produktionsmittel zum großen Teil zwar bereits vergesellschaftet sind, aber von einer Generation benützt werden, welche noch im egoistisch-habsüchtigen Geiste des Kapitalismus befangen ist.* Unsere Untersuchung in diesem Kapitel ist *rein theoretisch.* In dem Folgenden werden wir alle Schwierigkeiten, welche sich der Praxis bieten, auf Grund der russischen und der ungarischen Erfahrungen „sine ira et studio" aufdecken.

Die Rationalität der Arbeit nimmt mit der intellektuellen Hebung der Arbeitenden rasch zu. Nun setzt jede proletarische Herrschaft mit dem absoluten *Verbot des Alkohols* ein, beginnt sofort den Ausbau des Schulwesens, des Elementarunterrichts sowohl der Er-

24 K. Marx, Der achtzehnte Brumaire des Louis Bonaparte, in: MEW, Bd. 8, Berlin 1960, S. 115.

wachsenen als auch der Kinder und Jugendlichen; wandelt die jetzige rein theoretische Schule in eine Arbeitsschule um, in welcher physische Arbeit gleichzeitig mit der wissenschaftlichen Grundlage gelehrt wird; ersetzt die konservative, auf dem Autoritätsglauben beruhende Ideologie durch eine freie, rationelle Weltanschauung. Selbst die dem russischen Bolschewismus absolut feindlich gesinnten Schriftsteller anerkennen die großen Leistungen ihrer Kulturpolitik. Hierdurch wird das intellektuelle Niveau der Arbeitenden rasch gehoben und die Grundlage der Erhöhung der Rationalität und der Ergiebigkeit der Arbeit geschaffen, wenn auch im Beginn die Rationalität der Betriebsleitung durch die Abstinenz oder Sabotage der besten bürgerlichen Techniker ungünstig beeinflußt wird. Die rasche Ausbereitung des technischen und technologischen Wissens bei den Arbeitern wird aber das Monopol der bisherigen technischen Leiter in kurzer Zeit einschränken.

*Die Produktivität der Arbeit* kann theoretisch deswegen besser entwickelt werden, weil die Profitschranke des Kapitalismus wegfällt. Die Einführung einer technischen Neuerung, die Errichtung neuer Betriebsstätten ist nicht länger an das Abwerfen mindestens des Durchschnittsprofits gebunden. Es genügt, wenn sie die Ergiebigkeit der Arbeit erhöhen und ihre eigenen Arbeitskosten ersetzen. „Ausschließlich als Mittel zur Verwohlfeilerung des Produkts betrachtet, ist die Grenze für den Gebrauch der Maschinerie darin gegeben, daß ihre eigne Produktion weniger Arbeit kostet, als ihre Anwendung Arbeit ersetzt. Für das Kapital jedoch drückt sich diese Grenze enger aus. Da es nicht die angewandte Arbeit zahlt, sondern den Wert der angewandten Arbeitskraft, wird ihm der Maschinengebrauch begrenzt durch die Differenz zwischen dem Maschinenwert und dem Wert der von ihr ersetzten Arbeitskraft ... Es werden daher heute Maschinen in England erfunden, die nur in Nordamerika angewandt werden, wie Deutschland im 16. und 17. Jahrhundert Maschinen erfand, die nur Holland anwandte.“[25]

Während aber die technische Neueinrichtung im Anfang auf große Schwierigkeiten stößt, kann sofort mit dem planmäßigen Aufbau der Wirtschaft, vor allem mit der planmäßigen *Konzentration der industriellen Produktion* in den größten, am besten eingerichteten und den besten Standort besitzenden Betrieben begonnen werden.

Kautsky nimmt folgendes an: In der Textilindustrie Deutschlands waren 1907 rund eine Million Arbeiter tätig. Von diesen arbeiteten 368000 in Betrieben, die mehr als 200 Arbeiter beschäftigen. Würde man alle Arbeiter in diesen Großbetrieben konzentrieren, so müßte, um an den vorhandenen Arbeitsmitteln alle Arbeiter zu beschäftigen, in drei Schichten gearbeitet werden. Zur Vermeidung der Nachtarbeit nimmt Kautsky fünfstündige Schichten an! Die Gesamtproduktion derselben Anzahl Arbeiter würde — nach Kautskys Annahme — trotz der auf fünf Stunden verkürzten Arbeitszeit das Doppelte betragen als früher in Kleinbetrieben bei zehnstündiger Arbeitszeit.[26] Wir wollen es dahingestellt lassen, ob die Annahmen Kautskys oder die interessanten Berechnungen Ballods in seinem „Zukunftsstaat“ richtig sind. Auch wissen wir aus Erfahrung, daß die Konzentration der gesamten Produktion in Großbetrieben auf große praktische Schwierigkeiten stößt. Sicher ist aber, daß eine Planwirtschaft und eine durchgreifende Konzentration nur in einer Proletarierdiktatur durchführbar ist.

Auch kann *sogleich mit dem Abbau der Anarchie der Produktion begonnen werden.* An Stelle der verschiedenartigen Warentypen werden normalisierte und typisierte Erzeugnisse produziert. Keine privaten Profitinteressen verhindern die weitestgehende Speziali-

25 K. Marx, Das Kapital, Erster Band, in: MEW, Bd. 23, a. a. O., S. 414.
26 K. Kautsky, Die soziale Revolution, Berlin 1902, passim.

sierung der Betriebe. Patente und Fabrikgeheimnisse dienen nicht länger Profitzwecken auf Kosten der Ergiebigkeit. Die Krisen mildern sich, da überwiegend nicht mehr regellos für den Markt produziert wird, sondern die Produktion sich dem Bedürfnis anpaßt. Es ist schon während der Diktatur kaum möglich, daß Waren aus dem Grunde unverkäuflich werden, weil bei der gegebenen Einkommensverteilung keine zahlungsfähigen Käufer für sie vorhanden sind! Es gibt keine Überproduktion mehr, es ist nur eine Unterproduktion möglich!

*Die Anarchie der Berufs- und Arbeitswahl hört sukzessive auf.* Die Auslese der Führenden, der Kulturträger erfolgt aus dem ganzen Nachwuchs, nicht nur aus der kleinen Schicht der Bourgeoissöhne. Die Berufswahl ist nicht mehr das Spiel des Zufalls: Fachmänner entscheiden auf wissenschaftlicher Grundlage, zu welchem Beruf und zu welchen Arbeitsarten jeder am besten befähigt ist. Alle diese Momente zusammengenommen würden die Ergiebigkeit der Arbeit in hohem Maße begünstigen.

Die *Intensität der Arbeit* wird im Beginn der Diktatur sinken, später aber sich weit über diejenige des Kapitalismus erheben. Zwar muß im Interesse der Ergiebigkeit die weitestgehende Arbeitsteilung und Spezialisierung bestehen bleiben und damit auch die Monotonie der Arbeit. Hingegen wird die Verkürzung der Arbeitszeit, die hygienisch-ästhetische Ausgestaltung der Arbeitsräume, das Bewußtsein für die Allgemeinheit und daher für sich selbst zu schaffen, nicht für ausbeutende Kapitalisten zu schuften, die Intensität der Arbeit erhöhen. Die Arbeiterselbstverwaltung in der Fabrik, die Übersicht über das Ganze des Produktionsprozesses, die Möglichkeit des Wechsels der Arbeitsart, ermöglicht durch vielseitigere Ausbildung in der Arbeitschule, werden die seelentötende Monotonie des Arbeitsprozesses im arbeitsteiligen industriellen Großbetrieb mildern. Wir wollen nicht leugnen, daß alle diese die Intensität der Arbeit fördernden Momente sich erst nach einiger Zeit voll geltend machen werden. Für die erste Zeit des Überganges, solange die egoistisch-habgierige Ideologie herrschend ist, bleibt die Beibehaltung des Akkordlohnsystems und eine den Umständen angepaßte Anwendung des Taylorsystems absolut notwendig.

*Von außerordentlicher Bedeutung ist die Vermehrung der Verhältniszahl der produktiven Arbeiter.* Die Expropriation der Quellen des arbeitslosen Einkommens nötigt zur sofortigen Entlassung der Luxusdienerschaft: nötigt die bisherigen Rentiers zur Arbeit! Systematisch angewendeter Arbeitszwang trägt das Weitere hierzu bei. Die Organisierung der Wirtschaft vermindert die Zahl der unproduktiv Arbeitenden, die „faux frais" der kapitalistischen Wirtschaft verschwinden. Nach Überwindung der revolutionären Freiheitskriege wird die ganze im Militarismus tätige Menschenmasse für produktive Tätigkeit frei. Die Verwandlung des Handels in eine staatliche Verteilungsorganisation, die Zentralisierung des Bankwesens ergibt ebenfalls große Massen freiwerdender Arbeitskräfte. *Es sind dies — dies muß gesagt werden — vorläufig nur potentielle Arbeitskräfte: Es ist eine der schwersten Aufgaben der Diktatur, den prinzipiellen Arbeitszwang organisatorisch durchzuführen, jeden Arbeitsfähigen in einen produktiven Arbeiter zu verwandeln.*

Theoretisch ist kein Zweifel möglich, daß die kommunistische Produktionsweise der kapitalistischen Anarchie weit überlegen ist. Wir werden im weiteren alle praktischen Schwierigkeiten der Übergangszeit erörtern. *Alle diese Schwierigkeiten* — wir wiederholen es — *entspringen einer Grundtatsache, daß nicht alle Produktionsmittel mit einem Schlage enteignet werden können, und daß eine kapitalistisch korrumpierte, in einer habgierig-egoistischen Ideologie erzogene Arbeitergeneration in den Besitz der enteigneten Produktionsmittel gelangt.* Der ideologische Überbau kann der sukzessiven Umwälzung der materiellen Basis nur verspätet nachfolgen . . .

## 3. Rückgang der Lebenshaltung des industriellen Proletariats zu Beginn der proletarischen Diktatur

Wir fanden, daß der Kern der gegenwärtigen Weltkrise des Kapitalismus der Widerspruch ist, welcher zwischen den Forderungen der Arbeiter nach einer realen Erhöhung ihrer Lebenshaltung und der ökonomischen Unmöglichkeit, diese Forderungen innerhalb des kapitalistischen Systems zu erfüllen, besteht. Wir haben nachgewiesen, daß — rein theoretisch — die kommunistische Produktion viel ergiebiger ist als die kapitalistische und daher den Arbeitern die geforderte bessere Lebenshaltung eher gewähren kann. Wir müssen jetzt aber hinzufügen, daß speziell für das industrielle Proletariat, den Vortrupp der Revolution, dies erst ziemlich spät eintreten kann, *daß am Anfang der Diktatur ein weiteres Sinken der Lebenshaltung des städtischen Proletariats unvermeidlich ist.*

Diese Behauptung scheint mit der Tatsache in Widerspruch zu stehen, daß ja die Diktatur mit der Enteignung des Privateigentums an Produktionsmitteln, mit der Konfiszierung von Milliarden arbeitslosen Einkommens ihren Anfang nimmt. Es wäre naheliegend, anzunehmen, daß hierdurch eine angemessene Erhöhung der Lebenshaltung des Proletariats möglich wird.

Dies ist aber tatsächlich nicht der Fall. Wir müssen hier wieder auf die Tatsache hinweisen, welche schon Quesnay und später Marx eingehend behandelt hat[27]: Daß der Konsum der kapitalistischen Klasse in seiner Naturalform aus solchen Gütern besteht, welche im Kapitalismus nicht in den Konsum der Arbeiter eingehen und — setzen wir hinzu — auch in der Diktatur nicht geeignet sind, eine allgemeine Erhöhung der Lebenshaltung der Arbeitermassen zu ermöglichen. In die Paläste der Reichen kann man unter schweren Hemmnissen Proletarier einquartieren. Aber dies genügt nur, einen Bruchteil des Wohnungsbedürfnisses zu befriedigen. Die anderen Güter aber, auf welche die herrschende Klasse die Milliarden von Jahreseinkommen vergeudet hatte, der Luxus an Kleidern, Schmuck und Dienerschaft, die Pferde und Jagdhunde, Automobile und Jachten usw. usw., sind in ihrer Naturalform für den Massenkonsum des Proletariats unbrauchbar. *Das Proletariat braucht zur Erhöhung seiner Lebenshaltung in erster Linie — Lebensmittel*[28], dann gewisse *Massenindustrieartikel*: Möbel, Kleider, Wäsche, Heizmaterial. Durch die Enteignung der Produktionsmittel, durch die Expropriation des arbeitslosen Einkommens wird der für die Arbeiterklasse verfügbare Vorrat an *diesen* Gütern um kein Stück vermehrt. Wenn die Produktionsmittel der Bourgeoisie noch so gründlich enteignet werden, verbleibt ihr noch immer das Bargeld, Juwelen, Kleider, Wäsche, Wohnungseinrichtung. Immerhin genug, um sich jahrelang sattessen zu können. Die Einschränkung des Luxuskonsums der herrschenden Klasse ergibt keinen Zuwachs an Konsumgütern für das Proletariat.

27 Siehe K. Marx, Das Kapital, Zweiter Band, in: MEW, Bd. 24, Berlin 1963, S. 402—406.

28 Es ist eine statistisch unzähligemal bewiesene Tatsache, daß jede Erhöhung des Einkommens in den unteren Einkommensstufen eine starke Erhöhung der Ausgabe für Lebensmittel nach sich zieht, wenn auch der Prozentsatz des auf die Lebensmittel angewendeten Einkommenteils fällt. Statt vieler nur ein Beispiel. Die große deutsche Aufnahme vom Jahre 1907: „Erhebungen von Wirtschaftsrechnungen

Aber es besteht in der ersten Zeit der proletarischen Diktatur auch keine Möglichkeit, die Produktion dieser Güter zu erhöhen. Wir führten bereits im 1. Kapitel aus, daß die Produktion im Kapitalismus der jeweiligen Einkommensverteilung angepaßt ist. In Ermangelung eines regulativen Forums, welches Bedürfnisse und Produktion in Einklang bringen würde, entscheidet „die Nachfrage" darüber, was mit angemessenem Profit produziert werden kann. Und es wird nicht nur produziert, wofür „zahlungsfähige" Nachfrage besteht — mögen dies nun Flitterkleider für Halbweltdamen oder Stickereien für heilige Altäre sein — *sondern der ganze Aufbau des Produktionsapparates ist für die Produktion der „marktgängigen" Waren eingerichtet.* Nicht nur, daß die Expropriation der Expropriateure momentan kein Plus an Konsumgütern für das Proletariat bedeutet: Auch der vorgefundene Produktionsapparat läßt sich nicht ohne weiteres für die Produktion solcher Güter verwenden, welche in den Konsum der Arbeiter eingehen, ihre Lebenshaltung erhöhen könnten. *Es muß ein Umbau des Produktionsapparates und eine Umschichtung der Arbeitskräfte aus den Luxusbetrieben in die Produktion von Massenartikeln stattfinden, bevor eine ergiebige Erweiterung der Produktion in diesen Artikeln möglich wird.* Mittlerweile geht aber bei Beginn der Diktatur eine weitgehende Verschiebung in der Verteilung der vorhandenen, respektive im laufenden Wirtschaftsjahre produzierten Lebensmittel vor sich, welche eine unabwendbare Verschlechterung der Lebenshaltung des städtischen industriellen Proletariats bedeutet. Wir müssen zum Verständnis dieser Frage etwas weiter ausholen.

In allen Ländern Europas, auch in den sogenannten agrarischen armen Ländern Ost- und Mitteleuropas, waren im Frieden die Städte immer gut mit Lebensmitteln versorgt. Es war undenkbar, daß jemand für sein Geld keine Lebensmittel bekommen hätte. Dies heißt nicht, daß jeder satt geworden wäre; wer kein Einkommen hatte, mußte auch in jener Zeit hungern. Aber jedes Geldeinkommen konnte in Lebensmitteln realisiert werden.

Wie erhielt die Stadt die Lebensmittel vom Lande? *Formell* natürlich gegen das allgemeine Äquivalent, gegen Geldzahlung. *Sachlich* aus verschiedenen Quellen, und zwar teils für gleichwertige Gegenleistung in städtischen Gütern, Industrieprodukten, welche die Stadt dem Lande lieferte, teils *als Verkörperung des arbeitslosen Einkommens: Grundrente des Großgrundbesitzes, Steuern und Zinsen der Bauern.* Die Großgrundbesitzer verzehrten die Grundrente in den Städten, sie verkauften die Lebensmittel, welche ihre Grundrente verkörperten, auf dem städtischen Markt! Die Bauern brachten ebenfalls Lebensmittel ohne

minderbemittelter Familien im Deutschen Reich 1907", hrsg. vom Deutschen Statistischen Amt, zeigt folgendes Bild:

| Grad des Einkommens (Mark) | Durchschnittliches Einkommen (Mark) | Ernährungsbeitrag (Mark) | Auslagen (%) |
|---|---|---|---|
| unter 1200 | 1074,– | 582,10 | 54,2 |
| 1200–1600 | 1437,– | 784,60 | 54,6 |
| 1600–2000 | 1802,– | 919,20 | 51,0 |
| 2000–2500 | 2213,– | 1062,24 | 48,1 |
| 2500–3000 | 2714,– | 1151,68 | 42,7 |
| 3000–4000 | 3386,– | 1280,06 | 38,1 |
| 4000–5000 | 4333,– | 1421,22 | 32,8 |

materielle Gegenleistung auf den städtischen Markt, sie bezahlten aus dem Erlös die Steuern aller Art. Ja, diese Länder konnten nicht nur ihre Städte versorgen, *sondern hatten auch große Mengen Lebensmittel für den Export in die westlichen Länder zur Verfügung.*

Die Versorgung der Städte und die Lebensmittelausfuhr war aber nur möglich, weil der Konsum des landwirtschaftlichen Gesindes, der Millionen ungelernter Arbeiter, *ein außerordentlich niedriger war.* Der durchschnittliche Verbrauch zum Beispiel des ungarischen Volkes an Brot, Fleisch, Zucker bleibt erheblich unter jenem des deutschen, französischen oder englischen Volkes. Was hätte auch der ungarische landwirtschaftliche Arbeiter, dessen Jahresverdienst für das Jahr 1913 von der amtlichen Statistik auf weniger als 400 Kronen im Jahr geschätzt wurde, konsumieren können. Aber auch die Ernährung des selbständigen kleinen Landwirts war ziemlich kärglich; an Brot mangelte es ihm wohl nicht, doch Fleisch aß er gewöhnlich nur jeden Sonntag. Die Ausfuhr der Lebensmittel und die genügende Belieferung der Städte war nur durch die sehr schlechte Ernährung der landwirtschaftlichen arbeitenden Bevölkerung möglich. Das gilt ebenso von Ungarn wie von Rußland und Rumänien.

Das Gleichgewicht zwischen Einkommenverteilung und Verpflegung wurde durch den Krieg zerstört. Die allgemeine Teuerung hat die Verteilung des Einkommens zugunsten der Produzenten verschoben — zum Nachteil der von ihren Arbeitslöhnen Lebenden. Die städtische Einwohnerschaft konnte nun weniger Lebensmittel kaufen, weil die Steigerung der Löhne und Gehälter mit der Teuerung nicht Schritt hielt. Anderseits blieb der Nominalwert der von den landwirtschaftlichen Produzenten zu leistenden Zahlungen — Steuer, Zinsen und Pachtzins — unverändert. Veranschlagen wir diese drei Posten für das alte Ungarn auf rund eine halbe Milliarde Kronen per Jahr, so entspricht dies bei den Vorkriegspreisen von 25 Kronen für den Zentner 20 Millionen Zentner Weizen. (Hier repräsentiert der Weizen sämtliche Lebensmittel.) Bei dem Kriegspreis von 60 bis 80 Kronen für den Weizen konnten die Bauern die Verpflichtungen des Dorfes an die Stadt mit sechs bis neun Millionen Zentner abtragen. Jeder einzelne Bauer hatte einen viel geringeren Teil seiner Ernte für Steuern, Zinsen, eventuell Bodenrente der Stadt hinzugeben als bisher. Die Verteilung des Einkommens erlitt eine starke Verschiebung zugunsten des Dorfes, der Landwirtschaft. Der Bauer hatte seine Schulden getilgt, die Stadt erhielt keine Lebensmittel mehr für Zinsen.

Das Lebensniveau des Bauerntums ist gestiegen. Diese Steigerung kam in erster Reihe in der besseren Ernährung zum Ausdruck. Die industriellen und kulturellen Ansprüche des auf niederer Kulturstufe stehenden Bauerntums haben sich kaum gehoben. Aber wenn der Bauer auch — sei es für den persönlichen Bedarf, sei es zur Erneuerung seiner Wirtschaftsgeräte — Industrieartikel hätte kaufen wollen, so wäre ihm das nicht möglich gewesen, da infolge der Blockade und Umgestaltung der Industrie zum Zwecke der Kriegführung allgemeiner Warenmangel herrschte. Das Hauptergebnis der in der Verteilung des Einkommens eingetretenen Änderung war die bessere Ernährung des Landvolkes. Dies hat ein ungarischer Bauer folgendermaßen plastisch ausgedrückt: „Früher habe ich die Enten zum Markt getragen und selber Kartoffeln gegessen; jetzt verkaufe ich die Kartoffeln und esse den Entenbraten selbst." Die Stadt erhielt von den Bauern immer weniger und immer schlechtere Lebensmittel. Doch auch für diese konnte die Stadt keine Gegenleistung in realen Gütern bieten. Das Geld, das vor dem Kriege im Warenaustausch zwischen Stadt und Land nur eine vermittelnde Rolle gespielt hatte, erlitt allmählich eine Funktionsänderung. Es wurde von der Stadt als *definitives Zahlungs-*

*mittel* dem Dorfe gegenüber benützt. Sie kaufte für Geld, konnte aber dafür dem Dorfe in realen Gütern keine Gegenleistung bieten. Eine Zeitlang ließ sich der Bauer die Sache gefallen; er häufte das Geld als *Schatz* in seiner Truhe auf. Schließlich bekam er es jedoch satt, die Goldstücke, Silberstücke und blaubemalten Banknoten zu sammeln. Die Erhöhung des Lebensniveaus nahm die wirtschaftlich gefahrvollste Form an: *Der Landwirt arbeitete wenig, produzierte wenig und gab seinen Lebensmittelüberschuß nur für wirkliche Güter her.* Das Geld hörte in Ungarn ebenso wie in Deutschland, Österreich, Rußland noch vor der Diktatur des Proletariats auf, allgemeines Tauschmittel, die immer so heißbegehrte allgemeine Verkörperung des gesellschaftlichen Reichtums zu sein.

Das Bauerntum lieferte solcherart den Städten immer weniger Lebensmittel. Die Károlyi-Revolution*, in gesteigertem Maßstab aber die Diktatur des Proletariats, schwemmte auch den in Friedenszeiten als Verkörperung der Grundrente in die Städte gelangenden Lebensmittelüberschuß des Großgrundbesitzes weg. Die Löhne des landwirtschaftlichen Gesindes und der Teilarbeiter (Schnitter, Wanderarbeiter) stiegen nämlich sehr rasch. *Und diese Steigerung war eine reale, denn der Lohn stieg nicht in Bargeld von sinkender Kaufkraft, sondern in wirklichen Gütern.* Das Quantum der als Lohn erhaltenen Naturalien, wie Getreide, Speck, Milch, verdoppelte sich; die Schnitter, die vor dem Kriege für ein Zehntel der Ernte arbeiteten, erhielten während der Diktatur des Proletariats ein Achtel, ja ein Siebentel. *Die Nutznießer der Károlyi-Revolution und der Diktatur des Proletariats waren die landwirtschaftlichen Arbeiter und Dorfarmen, deren Lebensniveau, vor allem die Ernährung, eine nie geahnte Verbesserung erfuhr.* Ein Teil der landwirtschaftlichen Arbeiter hat denn auch die Diktatur richtig eingeschätzt: Die ländlichen Regimenter der Roten Armee haben bis zum Ende wacker standgehalten. Leider genügte die Erziehungsarbeit der viereinhalbmonatigen Diktatur nicht, um die Hunderttausende von landwirtschaftlichen Arbeitern aus der tausendjährigen Lethargie einem aktiven politischen Leben zuzuführen.

Diese großzügige Erhöhung des Lebensniveaus der landwirtschaftlichen Arbeiter — die zweifellos bei jeder proletarischen Diktatur eintreten muß — bedeutet in ihrem Wesen die Aufhebung der Bodenrente auf den sozialisierten Großgütern, vom Gesichtspunkt der Verpflegung aber, daß von den auf den Großgütern produzierten Lebensmitteln eine viel geringere Quote in die Städte gelangt und zur Verpflegung des städtischen Proletariats verwendet werden kann, als zur Zeit, wo das landwirtschaftliche Proletariat darbte. Und dies deshalb, weil der Grundbesitzer seine Rente natürlich nicht selber verzehrte, sondern in Gestalt von Lebensmitteln der Stadt verkaufte und Industrieartikel, Luxus dafür eintauschte.

Die Diktatur des Proletariats kann also trotz der Enteignung des arbeitslosen Einkommens der herrschenden Klassen für das industrielle Proletariat nicht die wirkliche Erhöhung seiner Lebenshaltung bringen, weil das hierzu nötige Lebensmittelplus fehlt. Dies um so mehr, weil sich zu den bisher geschilderten ökonomischen Motiven das *politische* gesellt. Die Bauern weigern sich, den Arbeitern Lebensmittel zu liefern.

Für das industrielle Proletariat, welches die Diktatur ins Leben rief, ist also — mindestens in den östlichen Staaten Europas, wo die Naturalentlohnung des landwirtschaftlichen Proletariats gang und gäbe ist — in den ersten Jahren der Diktatur die Besserung der Ernährung unmöglich, vielmehr ihre Verschlechterung unvermeidlich, weil die reale

* Károlyi-Revolution — bürgerlich-demokratische Revolution in Ungarn, die im Oktober-November 1918 vor sich ging. (Anm. d. Hrsg.)

Standarderhöhung des landwirtschaftlichen Proletariats einen bedeutenden Teil der bislang in die Städte gelangten Lebensmittel für sich in Anspruch nimmt.* Ja selbst in Ländern wie England, wo in der Landwirtschaft reine Geldlöhne gebräuchlich sind, ist es wahrscheinlich, daß das an der Quelle lebende und arbeitende landwirtschaftliche Proletariat den seinem erhöhten Einkommen entsprechenden Lebensmittelüberschuß erwirbt, so daß für das städtische industrielle Proletariat weniger übrig bleibt. Für jene Länder, welche ständig auf eine große Lebensmitteleinfuhr angewiesen sind, ist das Problem noch viel schwieriger. Wir beschäftigen uns damit in dem Kapitel über den internationalen Güteraustausch.

Aber ohne eine durchgreifende Umgestaltung des Produktionsapparates können auch die übrigen Ansprüche *des industriellen Proletariats nicht befriedigt werden.* Der Wohnungsnot kann nur zum geringen Teil durch die Beschlagnahme von Bourgeoiswohnungen, durch Verwendung der überflüssig gewordenen Geschäftslokale abgeholfen werden, wie das die Tätigkeit der Wohnungsämter in Budapest und in den Provinzstädten beweist. Dieselben Erfahrungen machten wir mit den Möbeln. Mit der Erhöhung des Einkommens des industriellen Proletariats entstand eine riesige Nachfrage nach Schablonenmassenmöbeln. Allein die Produktion, die sich bis dahin der kapitalistischen Verteilung des Einkommens angepaßt hatte, war vorerst nicht imstande, den neuen Ansprüchen zu genügen.

Wir gelangen somit zu dem Ergebnis, *daß die Diktatur des Proletariats gerade den Bannerträgern der neuen Gesellschaftsordnung, dem industriellen Proletariat, vorerst nur eine moralische und kulturelle (Theater, Musik, Bibliotheken, Bäder usw.) Standarderhöhung bieten kann. In bezug auf materielle Güter dagegen ist ein weiteres Sinken des Lebensniveaus unausbleiblich.* Das muß der Elite der industriellen Arbeiterschaft offen und aufrichtig gesagt werden. Daß dies das Erstarken der Proletarierherrschaft nicht unbedingt hindern muß, beweist das Beispiel Rußlands, dessen klassenbewußtes industrielles Proletariat auch unter den gräßlichsten Entbehrungen an der Diktatur festhält. Andererseits muß betont werden, daß die industrielle Arbeiterschaft Ungarns während der Proletarierdiktatur absolut und relativ besser versorgt war als jetzt, zur Zeit der Bourgeoisdiktatur. Relativ besonders deshalb, *weil jetzt das Proletariat allein hungert und die Bourgeoisie frei schmaust und praßt.* Während der Diktatur hingegen hat die staatliche Versorgung in erster Reihe das Wohl des Proletariats bedacht, sie hat bei den staatlich verteilten Lebensmitteln, das Prinzip der „Klassenration“ befolgend, den arbeitenden Proletariern bei der Versorgung Vorteile gewährt.

Die Lösung des Widerspruchs zwischen der politischen Herrschaft des Proletariats und dem unvermeidlichen Sinken seines Lebensniveaus kann nichts anderes sein als die Anpassung der Produktion an die neue Verteilung des Einkommens: *Abschaffung jeder Art von Luxus und Hebung der Produktion der Artikel des Massenkonsums, hauptsächlich großzügige Landwirtschaftliche Mehrproduktion.* Die Enteignung der Produktionsmittel, die Ausschaltung des Profits als einzigen Lenkers der Produktion geben die theoretische Möglichkeit hierfür.

* Hier geht der Autor von den spezifischen Bedingungen des damaligen Ungarn aus, das durch den gerade beendeten ersten Weltkrieg völlig erschöpft war. Dieser Erfahrung kann man keine allgemein gültige Bedeutung beimessen. Die neue Entwicklungsetappe der Geschichte, der Übergang zum Sozialismus in einer Reihe von Ländern nach dem zweiten Weltkrieg, wies nicht wenige Fälle auf, in denen die Übernahme der Macht durch die Arbeiterklasse bereits sofort zur Erhöhung des Lebensniveaus der Arbeiter und anderer werktätiger Schichten führte. (Anm. d. Hrsg.)

„Ein größerer Teil der mit der Produktion der in die Revenue überhaupt eingehenden Konsumtionsartikel beschäftigten Arbeiter wird . . ." (mit der Entwicklung der kapitalistischen Produktion) . . . „Konsumartikel produzieren, die in den Konsum, die expenditure of revenue der capitalists, landlords and their retainers (state, church etc.) eingehn, als der für die Revenue der Arbeiter bestimmten Artikel. Aber dies ist wieder Wirkung, nicht Ursache. Mit einer Änderung des sozialen Verhältnisses von Arbeitern und Kapitalisten, einer Revolutionierung der die kapitalistische Produktion beherrschenden Verhältnisse würde sich dies sofort ändern . . . Es ist nichts hierzu Nötigendes in den sozusagen physischen Bedingungen der Produktion da. The workmen, if domineering, if allowed to produce for themsalves, would only soon, and without any great exertion, bring up the capital (to use a phrase of the econ(omic) vulgarians) up to the standard of their wants. Dies ist der sehr große Unterschied: Ob die vorhandenen Produktionsmittel ihnen als Kapital gegenüberstehn, und daher *nur* soweit von ihnen angewendet werden können als nötig, um den surplus value and the surplus produce for their employers zu vermehren, ob diese Produktionsmittel *sie* beschäftigen, oder ob sie, als Subjekte, die Produktionsmittel — im Akusativ — anwenden, um Reichtum für sich selbst zu erzeugen."[29]

Marx stellt hier die Wirtschaftspolitik des Kapitals jener der Proletarierherrschaft scharf gegenüber. Durch die Expropriation der Produktionsmittel bewirkt die politische Herrschaft des Proletariats tatsächlich eine Erhöhung des Lebensniveaus der arbeitenden Massen. Diese Änderung kann sich aber nicht „*sofort*" vollziehen. Auch dann nicht, wenn — was wohl politisch kaum denkbar — das Proletariat bei Ergreifung der politischen Macht eine vollkommen intakte Produktionsorganisation samt den üblichen Vorräten von der Bourgeoisie übernehmen würde. Grundbedingung der Erhöhung des Lebensniveaus ist die Steigerung der landwirtschaftlichen Produktion; diese ist aber an eine ganzjährige, ja in manchen Zweigen sogar mehrjährige Produktionsperiode gebunden. Zur Erzeugung der vom Proletariat in gesteigertem Maße angeforderten Bedarfsartikel müssen neue große Industrieanlagen und Einrichtungen geschaffen werden, was Jahre in Anspruch nimmt. Die Umgestaltung kann also „sofort" in Angriff genommen werden, *der Erfolg kann sich aber in den meisten Fällen erst nach Jahren einstellen.*

Nun hat aber das russische und ungarische Proletariat nicht einen intakten, sondern einen im Kriege verkommenen, dem Untergang geweihten Apparat in Besitz genommen. Marx selbst fügt an der oben bezeichneten Stelle folgendes hinzu:

„Natürlich ist dabei vorausgesetzt, daß die kapitalistische Produktion bereits die Produktivkräfte der Arbeit überhaupt zu der nötigen Höhe entwickelt hat, worauf diese Revolution eintreten kann."[30]

Jener Produktionsapparat, in dessen Besitz das russische oder ungarische Proletariat gelangte, hatte zweifellos die zum Gelingen der Proletarierrevolution erforderliche Entwicklungsstufe erreicht. Obwohl in der Industrie noch eine große Anzahl Kleinbetriebe besteht, ist daneben auch die Betriebskonzentration und der Ausbau der Großbetriebe fortgeschritten. Schon Kautsky hat sehr richtig erkannt, daß die Reife für die soziale Revolution nicht danach beurteilt werden darf, welche Überreste der alten Produktionsweise noch vorhanden sind, sondern danach, welche Bedeutung die Träger der künftigen Produk-

29 K. Marx, Theorien über den Mehrwert, Zweiter Teil, in: MEW Bd. 26.2, Berlin 1972, S. 583.
30 Ebenda.

tionsweise, die Großbetriebe, schon erlangt haben. Es steht fest, daß auch günstige Vorbedingungen, eine Schar gelernter Arbeiter, Techniker, Betriebsleiter vorhanden waren. Dagegen wird die Umgestaltung und Entwicklung der Produktion, wie dies zur Hebung der proletarischen Lebenshaltung erforderlich ist, durch den Umstand ungemein erschwert, daß weder das russische, noch das ungarische Proletariat einen intakten, sondern vielmehr einen im Kriege verlotterten, verbrauchten, halb vernichteten Produktionsapparat übernahm, der durchgreifender Reparaturarbeiten bedurfte, damit nur die Produktion im *alten* Rahmen fortgesetzt werden konnte.

Die Diktatur des Proletariats trat nicht dort und dann ein, wo und wann die materiellen Vorbedingungen der neuen Gesellschaft im Schoße der alten am besten entwickelt waren, sondern dort, wo die Gewaltorganisation der herrschenden Klasse infolge der Niederlagen auf dem Kriegsschauplatz am stärksten zerrüttet war. Die Niederlage auf dem Kriegsschauplatz aber wurde gerade durch den vorherigen Verfall der materiellen und menschlichen Produktivkräfte und ihre Unzulänglichkeit für die Weiterführung des Krieges hervorgerufen.

Schließlich konnten weder das russische noch das ungarische Proletariat ihre ganze Kraft der Umgestaltung der Produktion widmen, weil sie in erster Linie ihre politische Herrschaft selbst gegen die aus allen Richtungen über sie herfallenden imperialistischen Widersacher und gegen die von diesen mit Geld und Waffen unterstützte innere Gegenrevolution verteidigen mußten.

Zusammenfassend kann festgestellt werden: Das Proletariat erobert die politische Macht in erster Linie in der Absicht, seine Lebenshaltung zu heben. Die Erhöhung der Lebenshaltung wird sofort verwirklicht für das landwirtschaftliche Proletariat; sie ist dagegen unmöglich für die Elitetruppe der Revolution, für das industrielle Proletariat. Vorübergehend kann wohl durch Raubwirtschaft, durch gesteigerte Ausschlachtung des Viehstandes der Landwirtschaft, auch der Standard der industriellen Arbeiterschaft erhöht werden, allein diese Erhöhung hätte naturgemäß keinen bleibenden Charakter. Der innere Widerspruch besteht darin, daß das Proletariat von der politischen Macht nur zu einer Zeit Besitz ergreifen kann, wo die Niederhaltungskraft der herrschenden Klasse sich gelockert hat. Dem geht aber naturgemäß eine so starke Desorganisation des Produktionsapparates voraus, daß es vorläufig unmöglich wird, den Standard des industriellen Proletariats wirklich zu erhöhen. Dies muß dem industriellen Proletariat offen und nachdrücklich klargemacht werden, damit es nicht in Versuchung kommt, die Diktatur trügerischen Vorpiegelungen einer besseren Verpflegung zuliebe in Stich zu lassen, wie es in Ungarn geschehen ist.

Schließlich wollen wir auch noch bemerken, daß dem Übel durch keine noch so starke Erhöhung der Geldlöhne des industriellen Proletariats gesteuert werden kann. Während des Krieges hat sich das Geld eines jeden Staates in ungedecktes staatliches Papiergeld umgewandelt. Die Anpassung des Gesamtwertes des im Verkehr bleibenden Geldes an den Wert der in den Verkehr gelangenden Waren hört daher auf.[31] Das wirkliche Geld — einerlei, ob Geld oder Banknote mit Golddeckung, oder ungedeckte, jedoch bloß zur Abwicklung wirklicher Warengeschäfte Privatpersonen geliehene Banknoten — strömt, sofern

31 „Das Gesamtquantum des in jedem Zeitabschnitt als Zirkulationsmittel funktionierenden Geldes ist also bestimmt einerseits durch die Preissumme der zirkulierenden Warenwelt, anderseits durch den langsameren oder rascheren Fluß ihrer gegensätzlichen Zirkulationsprozesse, von dem es abhängt, der wievielte Teil jener Preissumme durch dieselben Geldstücke realisiert werden kann."
K. Marx, Das Kapital, Erster Band, in: MEW, Bd. 23, a. a. O., S. 135.

es zur Abwicklung des Warenverkehrs nicht mehr gebraucht wird, zur emittierenden Bank zurück oder wird als vollwertiger Schatz von einzelnen Wirtschaftenden aufbewahrt. Wir sagen vollwertig, weil es jederzeit zum Wareneinkauf verwendet, also in wirkliches Kapital umgewandelt werden kann.

Dagegen kann die Menge des zur formellen Deckung der staatlichen Bedürfnisse in den Verkehr gelangenden Papiergeldes sich der Änderung des Gesamtwertes der in den Verkehr gelangenden Waren nicht anpassen. Im Gegenteil: Der Preis der Waren steigt — bei freier Konkurrenz — proportional mit der Erhöhung des gesamten Nennwertes des in den Verkehr gepreßten Papiergeldes.[32] Mit der Diktatur des Proletariats hört der ungehemmte Wettbewerb auf. Der Konsum der wichtigsten Bedarfsartikel ist geregelt. Die industrielle Arbeiterschaft vermag bei noch so hohem Lohn ihre Lebenshaltung nicht real zu erhöhen; die einzige Folge des hohen Geldlohnes ist, daß das Geld als wertloser, in Waren nicht umwandelbarer Schatz sich bei den Arbeitern anhäuft oder dazu dient, die Preise der wenigen freien, nichtrationierten Waren sowie der Waren des Kettenhandels auf unglaubliche Höhe hinaufzuschrauben. Der hohe Geldlohn hat für das industrielle Proletariat nur insofern Bedeutung, als es hierdurch während der Dauer der anfänglich weiter bestehenden Anarchie der Verpflegung der Bourgeoisie gegenüber konkurrenzfähig gemacht und in Stand gesetzt wird, sich im Wege des Schleichhandels Lebensmittel zu beschaffen. Das Lebensniveau des Proletariats kann aber erst erhöht werden, wenn die neue proletarische Produktion ihre volle Reife erreicht hat. Es folgt hieraus: *Für die Verwirklichung des Sozialismus muß jeder selbstbewußte Proletarier nicht nur kämpfen, sondern auch entbehren können!*

Die ungarischen Arbeiter wollten aus Mangel an revolutionärer Schulung und einer organisierten kommunistischen Partei zugunsten ihrer Macht und der sozialistischen Zukunft nichts entbehren. Sie forderten die sofortige Erhöhung ihrer Lebenshaltung, und weil dies unmöglich war, wendeten sie sich von dem Ideal der Proletarierherrschaft ab. Diese Stimmung der Proletarier wurde von den Gegenrevolutionären aller Schichten ausgenützt und war eine der Hauptursachen für den Sieg des rumänischen Angriffs.

32 Siehe hierzu: R. Hilferding, Das Finanzkapital, Berlin 1955, S. 54—55.

# 4. Die Expropriation der Expropriateure

Mit dem Besitz der bewaffneten politischen Macht ist die Möglichkeit der Expropriation der Expropriateure gegeben. Die größte Schwierigkeit, der Widerstand des Klassenstaates und seiner bewaffneten Klassenmacht ist beseitigt. Indessen tauchen bei der Durchführung schwerwiegende praktische Probleme auf.

Es muß vor allem entschieden werden, *was* enteignet werden soll: das Unternehmen selbst oder die einzelnen Betriebe oder endlich bloß die Produktionsmittel in ihrer Naturalform. Wird das *Unternehmen* enteignet, so werden alle Betriebe, samt Forderungen und Schulden, als kommerzielle Einheit übernommen. Werden die Betriebe einzeln enteignet, so wird die bisherige Einheit zersprengt, aber Forderungen und Schulden werden oder können doch übernommen werden. Werden endlich die Produktionsmittel in ihrer Naturalform, also Gebäude, Maschinen, Rohstoffe und fertige Güter enteignet, so verlieren Forderungen und Schulden ihre Bedeutung. Die radikalste und dem ganzen Wesen der proletarischen Diktatur entsprechendste Lösung ist die letztere. In Ungarn wurde die erste Form gewählt — wir glauben, auch in Rußland. In Ungarn waren hierfür zwei Momente ausschlaggebend: erstens die Rücksicht auf das ausländische Kapital (wir kommen später darauf zurück), zweitens die Rücksicht auf die im Privateigentum verbleibenden Erwerbswirtschaften. Es schien untunlich, bei einer Enteignung nach der Naturalform die Schulden der Bauern, Gewerbetreibenden und Kaufleute einfach zu annullieren. Freilich wären hiermit auch die Schulden der enteigneten Betriebe verschwunden; da aber die zu privaten Konsumzwecken unter welchem Titel immer abhebbare Summe ohnehin auf 2000 Kronen per Monat begrenzt wurde, wog die *vorläufige* Anerkennung der Schulden die Vorteile der Festhaltung an den Forderungen an die nichtenteigneten Besitzenden durchaus nicht auf.

Es tauchte sodann die Frage auf, wie, durch welches technische Verfahren die Enteignung vollzogen werden solle.

Vor allem müssen die Betriebe in den Besitz der *Allgemeinheit der Arbeitenden* gelangen. Es muß daher *vor allem verhindert werden, daß sich die Arbeiterschaft der einzelnen Betriebe die Produktionsmittel als ihr Privateigentum aneignet* oder sie gar verschleppt, wie es in Rußland mit der Einrichtung und dem Vieh des Großgrundbesitzes vielfach geschehen ist. Zweitens muß dafür gesorgt werden, daß die Kontinuität der Produktion im Moment, wo den bisherigen bourgeoisen Betriebsleitern und Besitzern die Verfügung über die Produktionsmittel entzogen wird, womöglich keine Unterbrechung erfährt. In Ungarn ist beides gelungen. Nirgends wurde das Vermögen der Betriebe durch die Arbeiter ernstlich angetastet[33], und die Kontinuität der Produktion wurde durch die Proklamierung der Diktatur kaum gestört. Von dem Bestreben geleitet, der Welt zu zeigen, daß die Diktatur nicht den Ruin der Volkswirtschaft bedeutet, trachtete die ungarische Räteregierung jeder Störung vorzugreifen, oft zum Schaden des politischen Zieles . . .

33 Ganz vereinzelt kam es vor, daß Arbeiter von Schneidereien aus den vorhandenen Stoffen für sich selbst Kleider machten und sich selbst einen sehr billigen Preis anrechneten, direkt geraubt und gestohlen wurde fast nirgends.

Um die Betriebe aus der Verfügung der Kapitalisten in jene des Proletariats zu überführen, mußten neue proletarische Organe geschaffen werden: die *Betriebsräte* und *Produktionskommissäre*. Bevor wir aber hierzu übergehen, müssen wir zur vielerörterten Frage der *Reife des Proletariats* zur Übernahme der Leitung der Produktion prinzipiell Stellung nehmen.

An diesem Punkte scheidet sich die kommunistische Auffassung über die Aufgabe des Proletariats im gegenwärtigen Zeitpunkt von der sozialdemokratischen. Die Kommunisten sind der Meinung, daß das Proletariat reif genug ist, die kapitalistische Leitung der Produktion entbehren zu können, beziehungsweise sie sind der Meinung, daß das Proletariat die zur Leitung der Produktion notwendige Fähigkeit nur in der Praxis selbst, durch die Übernahme der politischen und wirtschaftlichen Macht erwerben kann. Die Sozialdemokraten hingegen meinen, daß das Proletariat die nötige Reife zur Übernahme der Leitung der Produktion noch nicht besitzt. Sie sind daher der Meinung, daß das Proletariat sich vorerst weiter intellektuell und moralisch entwickeln muß, um die zur Übernahme der politischen und wirtschaftlichen Macht nötige Reife zu erlangen; daß die Enteignung daher nur sukzessive, mit dem Grade der Reife des Proletariats fortschreitend, geschehen darf, soll anstatt des erhofften Sozialismus nicht ein wirtschaftliches Chaos eintreten.

Diejenigen, die den Proletariern die nötige Reife zur Leitung der Volkswirtschaft absprechen, argumentieren mit den weitausgedehnten Kenntnissen, den speziellen Fähigkeiten und Organisationstalenten, welche die Leitung eines modernen Betriebes bedingt. Wir wollen daher vor allem die Funktionen der Betriebsleitung im Kapitalismus untersuchen. Wir finden, daß sich dieselben in drei Hauptfunktionen zerlegen lassen:

1. *die kommerzielle Leitung:* Sie umfaßt die Gründungs- und Finanzierungstätigkeit, den Einkauf der Roh- und Hilfsstoffe, die Kalkulation, den Verkauf der Produkte usw. Große Routine, Menschen- und Marktkenntnis, Organisationstalent und Skrupellosigkeit sind hierzu die besten Eigenschaften;

2. *die technische Leitung:* Sie ist nur in industriellen Betrieben, in der materiellen Produktion der Güter wichtig. Sie umfaßt die Auswahl der besten technischen Methoden und Maschinen, überwacht und regelt den Betrieb von der technischen Seite. Die Kalkulation ist das Bindeglied zwischen ihr und der kommerziellen Leitung;

3. *die disziplinarische Leitung:* Sie umfaßt die Aufsicht über die Arbeiter und deren Arbeitsleistung; ihre Aufgabe ist es, die Produktion von Mehrwert im Betrieb zu sichern. Alle drei haben die gemeinsame Aufgabe, die bestmögliche Rentabilität des Betriebes zu sichern.

Wirft man nun die Frage nach der Reife des Proletariats so auf, ob die manuellen Arbeiter und die proletarischen Beamten *heute* reif genug sind, *diese* Art Leitung zu übernehmen, so muß jeder unvoreingenommene Beobachter mit einem entschiedenen *Nein* antworten!

Die Frage ist aber schlecht gestellt!

*Die Enteignung der Großbetriebe im Rahmen eines Proletarierregimes bedeutet ja nicht bloß einen Personenwechsel in der Leitung des Betriebes, nicht bloß, daß der Mehrwert respektive das Mehrprodukt nicht mehr dem Kapitalisten, sondern der Allgemeinheit zufällt, sondern einen völligen Umbau des Wirtschaftssystems selbst, der die schwierigsten Funktionen der kapitalistischen Betriebsleitung überflüssig macht.*

Der Betriebsleiter des einzelnen Betriebes innerhalb der sozialistisch organisierten Wirtschaft braucht beim Einkauf keine Marktkenntnis, er kann nicht feilschen, er braucht nicht zu spekulieren, niemand übers Ohr zu hauen. Er bekommt seine Roh- und Hilfsstoffe zu festen Preisen von anderen enteigneten Betrieben der Gesamtheit. Beim Verkauf hat er keinen Kunden aufzutreiben, nicht Reklame zu machen, nicht zu kreditieren und zu finanzieren; zu festen Preisen wird ihm das gelieferte Produkt verrechnet.* *Die kommerzielle Leitung schrumpft mit dem Aufhören der Anarchie des Wirtschaftlebens zu einer einfachen bürokratischen Funktion zusammen.*

Die Bedeutung der technischen Leitung wird ebenfalls geringer mit der Typisierung der Produktion und der Spezialisierung der Betriebe, jedoch in viel geringerem Maße als die kommerzielle. Aber tüchtige Durchschnittstechniker zur technischen Leitung sind auch leicht zu finden, und *Spezialisten kann und muß der Proletarierstaat, solange die egoistisch-habgierige Seelenverfassung besteht, ebensogut bezahlen wie der Kapitalismus.*

Von größter Bedeutung dagegen wird gerade zur Zeit der Diktatur, der alleinigen politischen Herrschaft der arbeitenden Klassen, die disziplinarische Leitung der Betriebe. Gerade dies aber, die Schaffung einer neuartigen Arbeitsdisziplin, kann nur eine proletarische Leitung leisten. Im Kapitalismus dient die Disziplin der Plusmacherei. Die kapitalistische Arbeitsdisziplin ist autoritativ, sie vereinigt die Arbeitsdisziplin mit der Ausübung der Klassenherrschaft; Arbeitslosigkeit und Hunger sind die Peitschen der kapitalistischen Antreiber, Werkführer usw., welche von den Arbeitern besonders gehaßt werden. Die alten, kapitalistisch autoritativen Leiter sind unter den geänderten Verhältnissen nach dem Sturz des Kapitalismus unfähig, die Disziplin in den Betrieben aufrechtzuerhalten und müssen durch neue proletarische Organe ersetzt werden.

Die Frage ist aber auch deshalb schlecht gestellt, weil die intellektuelle Kraft der Proletarier durch Schulung und Erfahrung sich nach der Befreiung vom Kapitalismus rasch heben muß. Hierbei wollen wir noch folgendes betonen: Viele Sozialdemokraten meinen, wir müßten mit der Übernahme der politischen und wirtschaftlichen Macht solange warten, bis das Proletariat intellektuell und moralisch hierzu völlig reif sei. Dies ist aber absolut unmöglich. Im festgefügten Kapitalismus kann sich der Arbeiter die nötigen Kenntnisse niemals erwerben, weil er eben keinerlei Gelegenheit hierzu hat; wie man nicht schwimmen lernen kann, ohne ins Wasser zu springen.[34] Die bloße Tatsache, einen Posten mit größerem Wirkungskreis und persönlicher Verantwortung zu bekleiden, wird bei vielen Proletariern wertvolle Eigenschaften zur Entfaltung bringen, welche in ihm nie zum Vorschein gekommen wären, wenn er weiterhin manuelle Arbeit verrichtet hätte. —

34 „Was man ‚Vorgesetze' nennt, ist in der Organisation der Gesellschaft genauso nötig wie der Schlußstein in einem Brückenbogen; aber der Schlußstein ist nicht aus einem besseren Material gemacht als viele andere Teile der Brücke; seine Bedeutung beruht auf seiner Lage und nicht seine Lage auf seiner Bedeutung. Wenn ein halbes Dutzend Leute in einem Segelboot ausgesetzt werden, so werden sie einen Kapitän brauchen. Es scheint das einfachste für sie, den Fähigsten zu wählen; aber es kann sein, daß gar kein Fähigster da ist ... In diesem Falle muß der Kapitän durch das Los bestimmt werden; aber in dem Augenblick, wo er die Gewalt übernimmt, macht ihn diese Gewalt buchstäblich zum fähigsten Menschen im Boot. Er hat die Macht, die ihm die fünf anderen zu ihrem eigenen Besten gegeben haben ... Wie die Verteidiger des „alten Systems" wohl wissen, haben wir jahrhundertelang gewöhnliche Leute in besonders befähigte umgewandelt, indem wir ihnen gestatteten, ungewöhnliche Macht und Stellungen zu erben ..." (B. Shaw, Der Sozialismus und die geistig Begabten, Hannover 1919, Praktischer Sozialismus, Bd. 2.)

* Hier wie auch an anderen Stellen seiner Arbeit ging Eugen Varga von der Perspektive einer Beseitigung der Ware-Geld-Beziehungen aus. In Wirklichkeit bleiben solche Beziehungen bis zum vollständigen Übergang zum Kommunismus bestehen; sie werden den Interessen der sozialistischen Wirtschaftsführung untergeordnet. (Anm. d. Hrsg.)

Wir wollen nicht leugnen, daß der Übergang von der kapitalistischen zur proletarischen Betriebsleitung mit großen Schwierigkeiten verbunden ist und der Ergiebigkeit der Arbeit Abbruch tut. Dies ist jedoch unvermeidlich. Die beste, ja einzige Vorschule hierzu ist die Arbeit in den Betriebsräten und Arbeiterräten, welche gegenwärtig in Deutschland, Österreich und England geleistet wird.

Doch kehren wir zur neuen Organisation der Leitung der expropriierten Betriebe zurück. Die neue Organisationsform muß folgenden Aufgaben gerecht werden:

1. Sie muß in der Arbeiterschaft des Betriebes selbst wurzeln, um die Disziplin sicherstellen zu können.
2. Sie muß die Eingliederung des Betriebes in die zentrale Wirtschaftsorganisation gewährleisten.
3. Sie darf nicht bürokratisch erstarren.
4. Sie muß politisch zuverlässig sein.

In Ungarn wurde die Lösung dieser Probleme auf folgende Weise versucht (*Dekret vom 26. März 1919, Nr. 9*): In jedem enteigneten Betrieb wählen die Arbeiter einen *Betriebsrat*, je nach der Größe des Betriebes drei bis sieben Leute, Arbeiter oder Beamte, nach ihrem Ermessen. Die Aufgabe des Betriebsrates ist: die *Arbeitsdisziplin aufrechtzuerhalten, das Vermögen des Betriebes zu schützen*, den Betriebskommissär zu kontrollieren, Arbeitsbedingungen, Aufnahme und Entlassung von Arbeitern, Einteilung der Arbeiter in Lohnklassen usw. gemeinsam mit dem Produktionskommissär zu besorgen.

Für jeden enteigneten Betrieb, eventuell für mehrere kleinere Betriebe gemeinsam, wird ein *Produktionskommissär* ernannt. Dieser vertritt die Interessen der Gesamtheit gegenüber dem in der Arbeiterschaft des Betriebes wurzelnden Betriebsrat. Er nimmt die Stelle des gewesenen „Generaldirektors" ein, kauft und verkauft, verfügt gemeinsam mit dem Vorsitzenden des Betriebsrates über Gelder und Bankguthaben. Im Falle eines Konflikts mit dem Betriebsrat oder den Arbeitern des Betriebes müssen bis zur Entscheidung einer höheren Instanz seine Anordnungen befolgt werden. Er ist das persönliche ständige Verbindungsglied zwischen dem Betrieb und den höheren Behörden, während die Mitglieder des Betriebsrates von der Arbeiterschaft jederzeit durch neue ersetzt werden können.

Dieses System entspricht allen vier obengenannten Forderungen — wenn die Person des Produktionskommissärs eine entsprechende ist! Der Betriebsrat wurzelt in der Arbeiterschaft selbst, der Produktionskommissär vertritt die Interessen der Allgemeinheit. Der Apparat ist nicht bürokratisch, da Betriebsräte und Produktionskommissär zu jedem Zeitpunkt abberufen werden können.

Die Fehler dieser Organisation sind folgende:

Die Mitglieder des Betriebsrates trachten, von der produktiven Arbeit ganz loszukommen. Sub titulo Kontrolle sitzen sie in den Büroräumen herum. Es vermehrt sich daher die Zahl der nichtproduktiven Angestellten. Um den angenehmen Posten dauernd behalten zu können, trachten sie, sich die Gunst der Arbeiterschaft durch Konzessionen in der Disziplin, der Arbeitsleistung, der Lohnfrage zu sichern, zum Schaden der Allgemeininteressen. In Rußland werden deshalb einige Mitglieder des Betriebsrates von außen delegiert. In Ungarn versuchten wir, den Gewerkschaften Einfluß auf die Wahl des Betriebsrates einzuräumen. Der Erfolg dieses Versuches konnte nicht mehr festgestellt werden.

Die größte Schwierigkeit bietet die Auswahl der entsprechenden Betriebskommissäre. Es ergibt sich hier ein kaum zu überwindender Widerspruch. Um den glatten Fortgang der Produktion zu sichern, ist ein kommerziell und technisch gebildeter Fachmann erwünscht. Gerade diese Leute sind aber politisch für eine Regierung der Arbeiterschaft nicht zuverlässig.[35] Wird ein manueller Arbeiter ernannt, so muß er natürlich aus dem Kreis der in der Arbeiterbewegung hervorgetretenen Genossen gewählt werden. Nun besteht aber keinerlei Gewähr dafür, daß jene Männer, welche gute Agitatoren und Organisatoren gegen das Kapital waren, zur Betriebsleitung besonders befähigt wären. Der Konflikt zwischen Fachkenntnis und politischer Zuverlässigkeit läßt sich nicht restlos lösen. Es wurden für manche Betriebe Ingenieure, die sich schon früher der Arbeitsbewegung angeschlossen hatten, als Kommissäre bestellt, in anderen Fällen sehr hoch qualifizierte Arbeiter, wobei natürlich der bestehende technische und kommerziell-bürokratische Apparat vorläufig unberührt blieb. Der Mangel an geeigneten Leuten brachte es mit sich, daß die Arbeiter der Betriebe selbst die geeigneten Personen in Vorschlag brachten. Dieses Verfahren tat aber der Autorität der Kommissäre Abbruch. Die lokalen Interessen traten zu sehr in den Vordergrund. Es ist übrigens bezeichnend für das gering entwickelte Klassenbewußtsein des ungarischen Proletariats, daß die Arbeiterschaft vieler Betriebe die Ernennung des bisherigen Besitzers respektive Generaldirektors zum Produktionskommissar forderte. Es bedurfte oft großer Mühe, um die Arbeiter zu bewegen, hiervon abzukommen. In Ausnahmefällen, bei ganz speziellem technischem Können, wurden tatsächlich die früheren Leiter als Kommissäre auf ihrem Platze belassen. In vielen Fällen mußte zu einer Doppelbesetzung geschritten werden: Neben dem Bourgeoisfachmann wurde als politischer Kontrolleur ein Arbeiter gestellt oder dem Arbeiterkommissär ein technischer Fachmann beigegeben.

Als höhere Behörde fungierte anfangs das Volkskommissariat für soziale Produktion, welches den einzelnen Industriezweigen entsprechend in Fachsektionen geteilt war. Alle Aufgaben technischer, kommerzieller und organisatorischer Art wurden vorläufig schlecht und recht hier erledigt. (Über den organisatorischen Aufbau siehe später.)

Welche Betriebe sollen enteignet werden?

Die große Literatur über Sozialisierung hat die Frage längst bereinigt.[36] Großbetriebe der extraktiven Industrie und des Verkehrswesens, Eisenhütten, Maschinenfabriken usw.: Alle diese Untersuchungen haben den gemeinsamen Fehler, daß sie die Sozialisierung als einen bloßen Besitzwechsel innerhalb des kapitalistischen Wirtschaftssystems auffassen. *Der Staat kauft die Betriebe einfach auf.* Zwar will Otto Bauer die Mittel hierzu durch eine Vermögensabgabe beschaffen, so daß der Staat umsonst in den Besitz der Betriebe gelangt. Zwar will Kautsky durch eine große Einkommens- und Erbschaftssteuer die staatlichen Renten, welche die gewesenen Besitzer erhalten, rasch wieder einziehen.[37] Hierbei bleibt aber die kapitalistische Gesamtstruktur des Landes im wesentlichen unberührt. Die Vollsozialisierung im kommunistischen Sinne, die Enteignung ohne Entschädigung und auf einen Schlag ist zugleich wirtschaftliche und revolutionäre Tat. Sie soll durch rasche Entziehung der materiellen Hilfsmittel die Gegenrevolution der Bourgeoisie unmöglich machen. Es ist der politische Gesichtspunkt, welcher eine langsame, planvolle, mit einer Entschädigung verbundene Sozialisierung für eine proletarische Diktatur unmöglich macht, wobei wir keineswegs leugnen, daß es „*unbillig*“ ist, daß Leute, deren Besitz enteignet wird, alles verlieren, während andere mit kleineren Vermögen ihr ganzes

35 Nach dem Sturz der ungarischen Räteregierung brüsteten sich viele der aus „*Fachmännern*“ rekrutierten Produktionskommissäre, daß sie durch planmäßige Sabotage die Produktion verhindert oder benachteiligt haben.

36 Siehe zum Beispiel O. Bauer, Der Weg zum Sozialismus, Wien 1919.

37 K. Kautsky, Die soziale Revolution, a. a. O.

Vermögen behalten. Die Enteignung ist eben ein Akt des Klassenkampfes, und im Kampfe kennen auch die herrschenden Klassen keine Billigkeit.

Für das Maß der Enteignung ist daher nur die Zweckmäßigkeit ausschlaggebend. Es muß so weit enteignet werden, um damit die ökonomische Macht der herrschenden Klasse zu brechen. Und dies so rasch als möglich. Beides hängt auch von der Zahl des zu diesem Zwecke verwendbaren Menschenmaterials ab.

In Rußland wurden nur Betriebe mit über 50 Arbeitern oder mit einem Kapital von über einer halben oder einer ganzen Million Rubel enteignet[38], und zwar in einem ziemlich langsamen Tempo. Die Enteignung war in vielen Fällen ein Jahr nach der Revolution noch nicht vollzogen.[39] Noch das Dekret vom 2. Juli 1918 beläßt die enteigneten Betriebe in unentgeltlicher Pachtnutzung den früheren Besitzern. Die Verwaltung und die früheren Besitzer finanzieren sie einstweilen in früherer Weise . . . In Ungarn dagegen wurden alle Betriebe, welche mehr als 20 Arbeiter beschäftigten, enteignet, und zwar auf einen Schlag, noch im Monat März. In der Praxis wurde sogar oft unter diese Grenze hinuntergegangen, weil klassenbewußte Arbeiter in Betrieben mit 10 bis 19 Mann ebenfalls nicht länger sich dem Arbeitgeber fügen wollten und die Enteignung des Betriebes durchsetzten.

Der Unterschied zwischen den beiden Verfahren ist im folgenden begründet. Rußland hat sich industriell sehr spät und überwiegend mit Hilfe ausländischen Kapitals entwickelt. Dies führte dazu, daß der Kapitalismus sogleich in seiner entwickeltsten Form, als Riesenbetrieb Fuß faßte und der bodenständig entwickelte, auf der Manufaktur basierende Mittelbetrieb dort fast ganz fehlt. Rußland ist das Land der vorherrschenden Riesenbetriebe.* Daher genügte sowohl wirtschaftlich als auch politisch die Enteignung bis zu 50 Arbeitern. Ungarn hingegen besitzt verhältnismäßig wenig Riesenbetriebe und sehr viele Betriebe zwischen 20 bis 50 Arbeitern. Daher mußte die Grenze niedriger gezogen werden. Auch die Notwendigkeit, in Anbetracht des großen Warenmangels möglichst bald eine geordnete Materialwirtschaft aufbauen zu müssen, nötigte zu dieser niedrigen Enteignungsgrenze. (Über die Enteignung der Banken, der Geschäfte und des Großgrundbesitzes sprechen wir an anderer Stelle.)

An der Langsamkeit der Durchführung war in Rußland der Bürgerkrieg, die große Ausdehnung des Landes und die Sabotage der den Bolschewiki feindlich gesinnten Beamtenschaft schuld. In Ungarn wurde die Diktatur ohne Bürgerkrieg erreicht, der ganze staatliche und technische Beamtenapparat fügte sich anfangs ohne jeden Widerstand; bei der Kleinheit des Landes war es daher möglich, die Enteignung sehr rasch durchzuführen. Es besteht kein Zweifel, daß das ungarische System politisch und wirtschaftlich das bessere ist. Je rascher und gründlicher die Enteignung durchgeführt wird, je eher die Individuen, welche die Bourgeoisie bildeten, ihren Bourgeoisiecharakter abzustreifen genötigt sind, desto kürzer und glatter der Übergang. In den westlichen Ländern, wo die Arbeiterschaft gebildeter und daher zur Betriebsleitung befähigter ist, kann im Besitz der politischen Macht die Enteignung noch rascher und gründlicher durchgeführt werden als in Ungarn.

38 H. Berliner, Der bolschewistische Staat. Die Gestaltung der russischen Sowjetrepublik auf Grundlage der Verfassung vom 10. Juli 1918, Berlin 1919.

39 M. Hirschberg, Bolschewismus. Eine kritische Untersuchung . . ., Leipzig 1919. Dies ist die relativ objektivste bürgerliche Schilderung der proletarischen Rätediktatur.

* Bereits im Jahre 1890 machten die Betriebe mit mehr als 100 beschäftigten Arbeitern 7% der Gesamtzahl der Betriebe in Rußland aus. Sie erzeugten mehr als 50% der gesamten Industrieproduktion. Zu diesem Zeitpunkt war auch bereits annähernd die Hälfte aller Industriearbeiter in Betrieben mit mehr als 500 Arbeitern konzentriert. (Anm. d. Hrsg.)

Mit der Expropriation der Expropriateure ist aber nur der erste Schritt zur Einrichtung der neuen Wirtschaft getan. Die Ersetzung der Kapitalisten durch eine proletarische Leitung bewirkte, daß in der Produktion die Kontinuität gewahrt blieb. Die Ergiebigkeit der Arbeit ging zwar infolge Sinkens der Arbeitsintensität zurück (wir beschäftigen uns später eingehend mit dieser Erscheinung), aber *ein wirtschaftliches Chaos wurde vermieden.* Wir wollen nunmehr die Versuche zur Organisierung der proletarischen Wirtschaft und die hierbei entstehenden Probleme beschreiben. Denn mit der Entfernung der Kapitalisten aus dem Betrieb, mit der Übernahme der Leitung der einzelnen Betriebe durch die Vertrauensmänner der Arbeiterklasse ist nur die Vorbedingung des Aufbaues geschaffen. Die enteigneten Betriebe müssen organisatorisch zusammengefaßt, zu einem wohlgeordneten Ganzen aufgebaut werden. *Dies ist die eigentliche Aufgabe der proletarischen Diktatur; den Übergang von der kapitalistischen in die kommunistische Wirtschaft durchzuführen.*

## 5. Die Organisationsprobleme der proletarischen Volkswirtschaft

„In den bürgerlichen Revolutionen bestand die Hauptaufgabe der werktätigen Massen in der Durchführung der negativen oder zerstörenden Arbeit, den Feudalismus, die Monarchie, die Mittelalterlichkeit zu vernichten. Die positive oder schöpferische Arbeit, die neue Gesellschaft zu organisieren, besorgte die besitzende bürgerliche Minderheit der Bevölkerung . . . Umgekehrt ist die Hauptaufgabe des Proletariats und der von ihm geführten armen Bauernschaft in jeder sozialistischen Revolution . . . die positive oder auch schöpferische Arbeit, die darin besteht, ein außerordentlich kompliziertes und feines Netz von neuen organisatorischen Beziehungen herzustellen, die die planmäßige Produktion und Verteilung von Erzeugnissen der Produkte erfassen, wie sie für die Existenz von Dutzenden Millionen Menschen notwendig sind."

In dieser Weise charakterisiert Lenin den grundlegenden Unterschied zwischen der bürgerlichen und der proletarischen Revolution.[40]

Die neue Organisationsarbeit kann erst beginnen, wenn die Produktionsmittel in die Verfügung des Proletariats übergegangen sind. Die Tatsache der Expropriation allein besagt nicht viel: Die ganze Wirtschaft muß organisatorisch aufgebaut werden, da die dringendste Aufgabe, die Erhöhung der Ergiebigkeit der Arbeit, nur auf diesem Wege zu erfüllen ist. Die Organisationsformen der Gemeinwirtschaft sind bereits im modernen Finanzkapitalismus vorgebildet; *sie müssen nur den geänderten sozialen Verhältnissen entsprechend umgebaut und erweitert, aus Organen des Kapitalismus zu Organisationen der Gemeinwirtschaft umgeformt werden.*

Das schwerste prinzipielle Problem besteht in der richtigen Sonderung dessen, *was zentral organisiert* werden und *was der lokalen Initiative überlassen* bleiben soll. In materieller Beziehung lassen sich bei dem Aufbau folgende Gebiete voneinander unterscheiden:

1. *Der organisatorisch-technische Aufbau der Wirtschaft.*
2. *Die Materialwirtschaft.*
3. *Die Menschenwirtschaft.*

Im Anfang waren alle diese Funktionen in Ungarn unterschiedslos in dem Kommissariat für Soziale Produktion zusammengefaßt. In Ermangelung spezieller Instanzen lief hier alles unmittelbar zusammen. Allmählich ging eine Differenzierung vor sich, und am Ende der ersten vier Monate waren die Umrisse der neuen Organisation bereits klar sichtbar.

Bei dem organisatorisch-technischen Aufbau der Gemeinwirtschaft mußte vor allem unterschieden werden, welche Betriebe in einer zentralen Organisation zusammengefaßt und welche lokal verwaltet werden sollen. Dies hängt vor allem von den *Standortverhältnissen* ab. Diejenigen Betriebe, die am Konsumort liegen und deren Erzeugnisse keinen weiten Transport vertragen, sollen der lokalen Verwaltung überlassen bleiben. Es sind dies: Wasserwerke, Gaswerke, lokale elektrische Zentralen, Stadtbahnen, Ziegeleien und Sandgruben, Kleider- und Schuhreparaturwerkstätten, Brotfabriken, Gemüsegärten, alle lokalen Verkehrsmittel, öffentliche Bäder usw. Derartige Betriebe werden daher zweckmäßig überhaupt nicht verstaatlicht, sondern kommunalisiert. Jene Betriebe hingegen, deren

40 W. I. Lenin, Die nächsten Aufgaben der Sowjetmacht, in: Werke, Bd. 27, Berlin 1960, S. 230—231.

Erzeugnisse zum Konsum der gesamten Bevölkerung des Landes bestimmt sind, bedürfen einer einheitlichen, technisch-organisatorischen Leitung. Diese Leitung wird am besten nach dem Vorbild der kapitalistischen Trusts gebildet. *Das ideale Bild* einer solchen Organisation, wie es in Ungarn die im Aufbau begriffenen Betriebszentralen waren, ist das folgende: *Alle Betriebe eines Industriezweiges werden organisatorisch zu einem Unternehmen zusammengelegt.* Die einzelnen Betriebe bilden bloße Abteilungen der Betriebszentrale. Die Buchführung der einzelnen Betriebe beschränkt sich auf Materialbuchungen und Selbstkostenberechnung; eine Bilanz macht nur die Zentrale. Die Beschaffung der Roh- und Hilfsstoffe für alle Betriebe wird zentral besorgt; der Verkauf, respektive die Verfügung über die Produkte geschieht ausschließlich durch die Betriebszentrale. Zahlungen gehen durch die Zentrale, welche das ganze Vermögen der zusammengelegten Betriebe einheitlich verwaltet. Was für Güter und in welcher Qualität in den einzelnen Betrieben produziert werden sollen, wird durch die Zentrale im Einvernehmen mit dem Obersten Rat für Volkswirtschaft bestimmt. Auch die an die einstigen kapitalistischen Eigentumsverhältnisse erinnernden Namen werden abgeschafft und durch eine entsprechende Bezeichnung, zum Beispiel Budapester Dampfmühle der Räterepublik Nr. 1, 2, 3 usw., ersetzt.

*Die Vereinheitlichung der Betriebsleitung darf natürlich nicht in einen bürokratischen Zopf ausarten.* Der Betriebsleitung der einzelnen, örtlich weit auseinanderliegenden Betriebe muß die nötige Bewegungsfreiheit gesichert werden: Einstellung und Entlassung der Arbeitskräfte, die lokale Einteilung derselben, eine gewisse Freiheit in der Einteilung der Produktion usw. Die Zentralisation darf nicht so weit getrieben werden, daß z. B. zur Beschaffung einer geringfügigen Maschinenreparatur eine aktenmäßige Zustimmung der Betriebszentralen nötig ist. Es ist selbstverständlich, daß die richtige Verteilung der Produkte sich erst in der Praxis herausbilden kann.

In ähnlicher Weise scheinen in Rußland die Betriebszentralen aufgebaut zu sein. Nach einem Bericht Larins bestanden gegen Ende des Jahres 1919 in Rußland Betriebszentralen für folgende Industriezweige: Textil, Metall, Papier, Gummi, Kupfer, Zement, Kohle, Holz, Torf, Salinen, Zündholz, Tabak, Stärke, Alkohol, Zucker, ferner für Leder, Elektrizitätswerke, Schuhwerkstätten, Bäckereien usw. In Ungarn wurde die Verschmelzung der einzelnen Unternehmungen zu einer Betriebszentrale durch die ungeklärten Verhältnisse in der äußeren Politik verzögert. Die ungarische Räteregierung, von feindlich gesinnten kapitalistischen Staaten umgeben, erklärte, das Vermögen der ausländischen Kapitalisten nicht zu enteignen bzw. für das enteignete Vermögen vollen Ersatz zu gewähren. Die proletarische Leitung wurde zwar in allen Betrieben ohne Rücksicht auf die Staatsbürgerschaft der Eigentümer eingesetzt. Aber die Respektierung des ausländischen Eigentums verhinderte die Auflassung der Selbständigkeit vieler Unternehmungen, bei welchen ausländisches Kapital in großem Maßstab investiert war. Zwar schien es politisch ganz unwahrscheinlich, daß sich die Diktatur des Proletariats in Ungarn isoliert lange halten könnte. Die Regierung wollte aber allenfalls Zeit gewinnen und die bewaffnete Intervention der kapitalistischen Staaten so weit als möglich hinausschieben, bis die militärische Verbindung mit Rußland hergestellt war. Es mußte daher die Konzession gemacht werden, daß die enteigneten ausländischen Unternehmen als selbständige Vermögenseinheiten weiter gesondert buchen durften. Dieser Umstand verhinderte die durchgehende Zusammenlegung der Unternehmungen. Hierzu trat die stille aber zähe Sabotage der Beamten, die ihre Stellungen durch eine energisch durchgeführte Zentralisation bedroht sahen, eine Erscheinung, die sich in jeder Diktatur wiederholen dürfte.

Eine ständige Schwierigkeit für die zentrale Leitung der Produktion bildete das partikularistische Interesse der einzelnen Gebiete. Bei dem allgemeinen Gütermangel war es für die lokalen politischen Behörden, die lokalen Räte naheliegend, die auf ihrem Territorium erzeugten Güter für ihren eigenen Gebrauch in Anspruch nehmen zu wollen. Die zentralen Organisationen hatten fortwährend mit diesem Bestreben zu kämpfen, sie mußten gegen die Eingriffe der lokalen politischen Behörden die Autorität des Volkskommissariats für innere Angelegenheiten in Anspruch nehmen; nicht immer mit Erfolg. Es stellte sich die Notwendigkeit heraus, in den territorialen Mittelpunkten Zweigstellen der wirtschaftlichen Zentralverwaltung zu organisieren. Sie waren als Wirtschaftsamt mit zentral ernannten Beamten vorgesehen, an deren Seite ein lokaler Wirtschaftsrat — über dessen Organisation wir später berichten — wirken sollte. Das Wirtschaftsamt sollte die Verordnungen der wirtschaftlichen zentralen Behörden durchführen, Berichte über alle wirtschaftlichen Angelegenheiten verfassen und an der Leitung der lokalen gemeinwirtschaftlichen Betriebe teilnehmen.

Neben der Zentralisierung der Betriebsleitung wurde auch die Konzentration der Produktion in Ungarn bereits in Angriff genommen. Es ergaben sich jedoch hierbei große Schwierigkeiten. Wo sich der Einfluß der Standortfaktoren in der Zusammenballung der gleichartigen Betriebe in gewissen Ortschaften stark geltend macht, läßt sich die Konzentration der Produktion verhältnismäßig leicht durchführen. Aber die Arbeiter machen selbst in diesem Falle Schwierigkeiten; teils aus Faulheit, um keinen weiteren Weg zur Arbeitsstätte zu haben, teils aus Furcht, ihren alten Arbeitsplatz zu verlieren, wenn sich die Diktatur nicht hält oder sie infolge der steigenden Ergiebigkeit der Arbeit in ihrem bisherigen Beruf überflüssig werden. Auch ein gewisser Fabrikchauvinismus spielt hierbei eine Rolle. Als in Budapest der Bau von eisernen Schleppschiffen auf der einen Werft aufgelassen und in einer anderen konzentriert werden sollte, beriefen sich die hiergegen Stellung nehmenden Arbeiter in erster Linie auf den jahrzehntelangen guten Ruf „ihrer" Werft. Diese Widerstände lassen sich jedoch durch Aufklärung und Überredung der Arbeiter verhältnismäßig leicht überwinden. Dagegen scheitert die Konzentration der Produktion in verschiedenen Ortschaften liegender Betriebe an dem Wohnungsmangel. Um die Produktion in einem Betrieb konzentrieren zu können, muß Wohnungsgelegenheit für die Arbeiter geschaffen, müssen neue Arbeiterwohnungen gebaut werden. Dies erfordert aber bei dem allgemeinen Materialmangel im Beginn der Diktatur längere Zeit.

Zu dem Funktionsbereich der organisatorisch-zentralen Leitung gehört die Kontrolle der Betriebsführung und des Geschäftsgebarens in bezug auf das Staatsvermögen, ein Problem, welches in Rußland besonders große Schwierigkeiten bereitete. Lenin sieht in der systematischen Kontrolle eine der wichtigsten Aufgaben des Aufbaues. In der Arbeit „Die nächsten Aufgaben der Sowjetmacht" vom 28. April 1918 führte er folgendes aus: „Die Hauptschwierigkeit liegt auf ökonomischem Gebiet: überall die strengste Rechnungsführung und Kontrolle über Produktion und Verteilung der Produkte durchzuführen ... Führe genau und gewissenhaft Buch über das Geld, wirtschafte sparsam, faulenze nicht, stiehl nicht, beobachte strengste Disziplin in der Arbeit — gerade solche Losungen ... werden jetzt, nach dem Sturz der Bourgeoisie zu den nächsten und wichtigsten Losungen der Gegenwart ... Das Entscheidende ist die Organisierung einer strengen und vom gesamten Volk ausgeübten Rechnungsführung und Kontrolle über die Produktion und Verteilung der Produkte. Indessen haben wir in den Betrieben, in den Wirtschaftszweigen und -gebieten, die wir der Bourgeoisie weggenommen haben, die Rechnungsführung und Kontrolle *noch nicht* erreicht ... Wenn wir jetzt die Expropriation des Kapitals im früheren Tempo weiter fortsetzen wollten, so würden wir sicherlich eine Niederlage erleiden, denn unser Bemühen um die Organisierung der proletarischen Rechnungsführung und Kontrolle ist hinter der Arbeit der *unmittelbaren* ‚Expropriation der Expropriateure' für jeden denkenden Menschen unverkennbar, ganz offensichtlich, *zurückgeblieben* ... wenn wir uns jetzt mit allen Kräften auf die Organisierung der Rechnungsführung und Kontrolle verlegen, so werden wir diese Aufgabe lösen können."[41]

Das leichtfertige Umgehen mit dem Staatsgut, mit dem enteigneten Vermögen der Bourgeoisie entspringt vor allem der kapitalistisch-habgierigen Gesinnung der ganzen Gesellschaft, deren Moral durch den langandauernden Krieg noch besonders untergraben wurde. Es spielt hierbei aber auch eine gewisse Unklarheit über die neuen Eigentumsverhältnisse mit. Die Proletarier, welche die enteigneten Betriebe verwalten, fallen nur zu leicht in den Glauben, daß die Betriebe ihr Eigentum sind, nicht das der ganzen Gemeinschaft. Dies macht eine gut funktionierende Kontrolle besonders wichtig, da es zugleich auch ein ausgezeichnetes Erziehungsmittel ist.

*Das Problem der Kontrolle war in Ungarn sehr gut gelöst.* Die Revisoren, die früher den Kapitalisten dienten, wurden durch die Ausbildung von Advokaten und Mittelschullehrern zu diesem Beruf vermehrt und als Angestellte des Staates zu einer besonderen Sektion des Volkswirtschafsrates zusammengefaßt. Die Sektion war nach Berufsgruppen gegliedert, so daß dieselben Revisoren ständig die Betriebe gewisser Industriezweige kontrollierten. Die Kontrolle erstreckte sich nicht nur auf das Geld- und Materialgebaren, sondern auch auf die richtige Verwendung der Arbeitskräfte, auf Nachprüfung der Ursachen der schlechten Arbeitsleistung oder des ungünstigen Ergebnisses überhaupt. Der zuständige Revisor überprüfte in bestimmten Intervallen an Ort und Stelle Betrieb und Buchhaltung und verfaßte einen Bericht, welcher nicht nur die Fehler aufdeckte, sondern auch Vorschläge zu Reformen enthielt. Die Revisoren hatten selbst keinerlei Verfügungsrecht in den von ihnen revidierten Betrieben, sie unterbreiteten nur ihre Berichte den zuständigen Organisationsbehörden. Indessen bildete sich alsbald eine Kooperation zwischen dem Revisor, dem Produktionskommissär und dem Betriebsrat heraus. Die Ratschläge des Revisors wurden oft spontan befolgt. Auch wurde eine Zeitschrift „*Das Blatt der Revisoren*" gegründet, welche allen enteigneten Betrieben zugeschickt wurde und viel dazu beitrug, die organisatorischen Fragen der Betriebsleitung im Kreise der Arbeiter zu klären. Die systematische Kontrolle erstreckte sich nicht nur auf die Betriebe, sondern auch auf das Gebaren aller Volkskommissariate.

Während und nach der Rätediktatur wurde sehr viel von der Korruption der neuen Sowjetbürokratie gesprochen und geschrieben. Wir selbst haben zu wiederholten Malen in Wort und Schrift gegen die Korruption scharf Stellung genommen. Indessen muß festgestellt werden, daß die Verwaltung des öffentlichen Vermögens in der Diktatur keinesfalls schlechter war als unter dem Bourgeoisregiment. Der Schein der größeren Korruption entstand dadurch, daß in der bürgerlichen Gesellschaft nur eine kleine Schicht, eben die Mitglieder der herrschenden Klasse, Gelegenheit zur Korruption hatte und ihre Korruption in den meisten Fällen sehr gut verbergen konnte, da die ganze bürgerliche Staatsmaschinerie hierin eine großartige Routine besaß. In der Proletarierdiktatur nahm eine viel größere Schicht der Bevölkerung an den Staatsgeschäften teil, die Zahl der Korruptionsfälle wurde daher größer. Die proletarischen Diebe defraudierten in vielen kleinen Posten, ungeschickt und ungeübt. *Während die großen Diebstähle der bürgerlichen Missetäter*

41 Ebenda, S. 231, 233—234, 235, 236.

*durch das bürokratische System vertuscht wurden, kamen die vielen kleinen Überschreitungen der Sowjetfunktionäre infolge der demokratischen Verfassung und der systematischen Kontrolle in viel größerem Maßstab ans Tageslicht.* Die Einrichtung einer guten Kontrollorganisation ist daher auch als Kampfmittel gegen die im Beginn der Diktatur unbedingt auftretende Korruption eine für jeden proletarischen Staat dringende und wichtige Aufgabe. Die Durchführung wurde dadurch erleichtert, daß die Revisoren bloß persönlich anständige und sachverständige Leute, nicht aber überzeugte Anhänger des proletarischen Systems sein müssen.

*

Schwere Probleme bietet für die Volkswirtschaft der Diktatur die *Materialwirtschaft*. Wir verstehen in diesem Falle unter Material nicht nur alle Roh- und Hilfsstoffe, sondern auch die fertigen Produktionsmittel; *also alle Güter mit Ausnahme der genußreifen, zur nichtproduktiven Konsumtion bestimmten.* Der Kern des Problems liegt darin, daß in Anbetracht der Erschöpfung aller Vorräte durch den Krieg, der Erschwerung der Produktion durch die wirtschaftliche Isolierung und des Dranges der proletarischen Schichten zur Hebung ihrer realen Lebenshaltung *auf Jahre hinaus mit einer Materialknappheit gerechnet werden muß.* Das vorhandene und neu produzierte Material darf daher nicht anarchisch dem Konsum zugeworfen werden, sondern muß nach dem Prinzip der höchsten Ergiebigkeit der Arbeit und der Dringlichkeit der Bedürfnisse verteilt werden.

Zu diesem Behuf wurden für die wichtigsten Güter Materialämter errichtet; einige durch die Umwandlung der bestandenen kriegswirtschaftlichen Zentralen. Die Organisation der Ämter bestand aus *einem durchführenden Beamtenstab* und einem die Verteilung bestimmenden *leitenden Rat, welcher aus den Vertretern jener Gewerkschaften zusammengesetzt war, welche die betreffenden Materialien benutzten.* Solche Materialämter bestanden für Kohle, Holz, Eisen und Eisenwaren, Baumaterialien, Chemikalien, Petroleum und Benzin, Glas, Leder, Textilgüter, Säcke, ferner für verschiedene Konsumtionsgüter als Getreide, Futtermittel, Zucker, Spiritus, Möbel usw. *Die Funktion der Materialämter bestand in der Aufnahme und fortgesetzten Bereithaltung der Vorräte und in deren zweckmäßiger Verteilung.* Die Verteilung geschah praktisch in der Weise, daß eine Dringlichkeitsskala für alle Betriebe aufgestellt wurde, nach welcher die Anforderungen befriedigt wurden. Bei der Kohle wurden vor allem die Bedürfnisse der Wasserwerke, elektrischen Licht- und Kraftwerke, der Bahnen, der Kriegsindustrie wie auch der wichtigsten Lebensmittelindustrie: Mühlen, Schlachthäuser, Hefefabriken usw. befriedigt. Die Quote dieser Betriebe wurde für längere Zeit festgestellt. Nur über die Verwendung des Restes mußte von Zeit zu Zeit verfügt werden. Die Einbeziehung der Arbeitervertreter in die Verteilungsräte war nicht nur deshalb nötig, damit sie hierdurch in die Aufgabe der gesamten Leitung der Wirtschaft eingeführt würden, sondern um den Arbeitern jener Industriezweige, bzw. Betriebe, welche wegen Mangel an Kohle und Rohstoffen feiern mußten, einen Einblick zu gewähren, daß die Kohle oder das Rohmaterial ihnen nicht böswillig, sondern im Interesse der Gesamtwirtschaft entzogen wurden.

Die Leitung aller Materialämter war als letzter Instanz dem Obersten Wirtschaftsrat anvertraut, welcher im Einklang mit der gesamten Leitung der Produktion die obersten Prinzipien der gesamten Materialverwaltung festzusetzen hatte. Eine solche einheitliche Oberleitung ist deshalb unumgänglich notwendig, weil es sonst vorkommen würde, daß gewisse Betriebe von einigen Materialämtern die zur Produktion nötigen Materialien erhalten, von anderen aber nicht, wie dies während des Krieges öfter geschehen ist. Eine straff organisierte, energisch durchgeführte Materialwirtschaft ist der beste Hebel der proletarischen Wirtschaftspolitik. *Kleine Betriebe*, die es nicht zu enteignen und in staatliche oder kommunale Verwaltung zu übernehmen lohnt, *werden durch die Materialwirtschaft in den Bau der Gesamtwirtschaft einbezogen*, nötigenfalls durch Entziehung der Materialien stillgelegt. Die Konzentration der Produktion in den besteingerichteten Betrieben kann mit Hilfe der entsprechenden Verteilung der Kohle und anderer wichtiger Materialien auch gegen den Widerstand der Arbeiter und Beamten durchgeführt werden. *Eine gut organisierte Materialwirtschaft gibt der neu entstehenden Gemeinwirtschaft ein absolutes Übergewicht über die noch verbleibenden Reste des privatwirtschaftlichen Systems.*

Die Materialwirtschaft war in Ungarn bereits ziemlich gut ausgebaut und die Funktion der Materialämter wurde nur durch die schon erwähnten Übergriffe der territorialen Behörden und durch etwaige Mißbräuche einzelner Betriebe gestört, die einen Teil ihres Produktes der Verfügung des Materialamtes entzogen und eine Art Schleichhandel damit trieben. So ist es vorgekommen, daß die Bergarbeiter eines Kohlenwerkes Sonntagsschichten einlegten und die so gewonnene Kohle unmittelbar für Lebensmittel eintauschten. Es waren dies aber seltene Ausnahmen. Die Materialwirtschaft der ungarischen Räteregierung erfaßte keinesfalls einen geringeren Anteil des gesamten Produktes der monopolisierten Güter als die kapitalistischen Kriegszentralen.

Während der ungarischen Räteregierung wurden viele Klagen über das bürokratische, die Produktion verhindernde Gebaren verschiedener Materialämter laut. Indessen waren diese Klagen zumeist unbegründet. Der chronische Materialmangel nötigte zu einer rigorosen Überprüfung jeder Anforderung, um so mehr, als die proletarischen Betriebsleiter, von dem Bestreben geführt, die Produktion „*ihres*" Betriebes unbedingt zu sichern, das Mehrfache des nötigen Materials anforderten. Jede sich nicht periodisch wiederholende Anforderung mußte daher durch die entsprechende Sektion der sozialen Produktion geleitet werden, um dort auf ihre Richtigkeit geprüft zu werden. Diese bürokratische Verzögerung kann sofort beseitigt werden, wenn eine reichlichere Materialversorgung gesichert ist. Die rasche, glatte Funktion der Materialämter wurde weiterhin durch die stille Sabotage einiger ihrer gegenrevolutionär gesinnten Beamten oder Betriebstechniker, durch die ungenügende Zahl der Verteilungsstellen in der Provinz, wie auch durch den Umstand verursacht, daß die Vorräte der Materialämter zum Teil durch die Kaufleute verwaltet wurden, welche ein großes Interesse daran hatten, die Anordnungen der Materialämter säumig zu erfüllen und möglichst viele Güter zu Schleichhandelspreisen zu veräußern.

Der aufmerksame Leser wird bereits bemerkt haben, daß sich der Wirkungskreis der Materialämter mit jenem der entsprechenden, zu jener Zeit im Aufbau begriffenen Betriebszentralen zu kreuzen scheint. Dies ist wirklich der Fall. Es gab einige Materialämter, welche nicht nur die Verteilung des Materials besorgten, sondern auch die Produktion leiteten. So das Holzamt, welches nicht nur die Verteilung des Bau- und Brennholzes, sondern auch die Produktion aller Zweige der Holzindustrie leitete. Ähnlich war es bei dem Textilamt. Bei den russischen Zentralen scheint dies, soweit unsere Kenntnis reicht, allgemein der Fall zu sein. *Es muß also die prinzipielle Frage aufgeworfen werden, ob es überhaupt nötig und vorteilhaft sei, Material- und Betriebszentralen zu organisieren oder ob die Funktion der Betriebsleitung und der Verteilung vereinigt bleiben soll wie bei den kapitalistischen Trusts?*

Diese Frage kann auf der Grundlage der ungarischen Erfahrungen nicht endgültig entschieden werden, da die Organisation der Betriebszentralen aus den obenerwähnten Gründen erst in den letzten Wochen der Räterepublik ernstlich in Angriff genommen wurde. Es scheint uns aber, daß beide Organisationen nötig sind, jedoch mit scharf getrenntem Wirkungskreis. Die Betriebszentrale hat die Produktion der ihr zugehörenden Betriebe zu leiten. Die Materialämter haben mit den einzelnen Betrieben nichts zu schaffen. Dagegen verfügen sie über alle Vorräte an Gütern, bestimmen, was im Inland produziert, was vom Ausland eingeführt, eventuell dorthin ausgeführt werden soll. Die Betriebszentrale kann sich, der Verteilungsaufgaben entbunden, ganz der Hebung der Produktion widmen, das Materialamt ganz der großen Aufgabe der richtigen Verteilung. Die Leitung der Betriebszentralen erfordert in erster Linie technisch gebildete Fachorgane, diejenige der Materialämter ist eine vorwiegend statistisch-wirtschaftspolitische. *Auch technische Gründe sprechen für eine Teilung der Funktionen.* Es gibt Fälle, wo sich Produktion und Verteilung auch qualitativ schlecht decken. Hüttenwerke produzierten zum Beispiel Thomas-Schlacke, deren Verteilung bei der Eisen-Betriebszentrale keinesfalls am richtigen Platz wäre. Sie gehört zum Chemikalien-, eventuell zu einem besonderen Kunstdüngeramt. Die Vereinigung der Betriebszentrale mit dem Verteilungsamt ergibt Mammutämter mit einer riesigen Bürokratie, wie dies in Ungarn bei dem Holzamt der Fall war. All diese Überlegungen legen es nahe, daß es zweckmäßig sei, beide Organisationsformen mit streng gesondertem Wirkungskreis aufzustellen. In einer späteren Periode, wenn der Materialienmangel bereits behoben sein wird und eine momentan überflüssige Zuteilung nicht notwendigerweise Materialmangel und Stillstand anderwärts bedeuten wird, können die Materialämter aufgelassen werden. Die Verteilung können dann nach den von dem Statistischen Amt gegebenen allgemeinen Weisungen die Betriebszentralen besorgen.

Der überaus wichtige *Problemkreis der Menschenwirtschaft* wurde während der ungarischen Räteherrschaft nur in den allgemeinsten Umrissen bearbeitet. Die Grundlage der Menschenwirtschaft ist in jeder proletarischen Diktatur die allgemeine Arbeitspflicht. Dies wurde auch prinzipiell für jeden gesunden Menschen ausgesprochen. Aber erst im letzten Monat der Räterepublik wurde eine Sektion des Obersten Wirtschaftsrates zur praktischen Durchführung dieses Prinzips eingesetzt. Diese Sektion hatte zur Aufgabe:

1. *Die Aufnahme und ständige Bereithaltung aller Arbeitskräfte im Lande.* Zu diesem Zwecke wurde die Einführung einer für jeden Arbeitsfähigen obligatorischen Arbeiterkarte geplant. Diese Karte hätte außer den Personalien den Ausweis über die Arbeitsstätte, wo der Inhaber der Karte arbeitet, oder über die Arbeitslosigkeit enthalten. *Die erste Aufnahme sollte mit einer allgemeinen ärztlichen Überprüfung der Arbeitsfähigkeit verbunden werden.* Die Bereithaltung sollte durch die Arbeiter-Krankenkassen geschehen, welche auch mit der Auszahlung der Arbeitslosenunterstützung betraut werden sollten. *Es sollte hierdurch vermieden werden, daß dieselbe Person Arbeitslosenunterstützung und Krankengeld zugleich beziehe.* Die Arbeiterkarte hätte zugleich als personale Legitimation, als Kranken- oder Arbeitslosenausweis gedient.

2. *Die Arbeitsvermittlung.* Aber nicht in der mechanistischen Weise wie im Kapitalismus, wo die Arbeitslosen zu den offenen Stellen gewiesen werden, wenn solche überhaupt vorhanden sind, *sondern im Sinne der Schaffung produktiver Arbeit.* In einer proletarischen Volkswirtschaft gelten diesbezüglich ganz andere Gesetze als im Kapitalismus. Der vom Prinzip der Rentabilität geleitete Kapitalist stellt Arbeiter nur an, wenn sich die Möglichkeit der Mehrwertproduktion bietet. Für den Proletarierstaat ist der Gesichtspunkt maßgebend, *daß womöglich alle arbeitsfähigen Bürger produktive Arbeit verrichten, selbst wenn das Produkt ihrer Arbeit den Wert des Arbeitslohnes nicht erreicht.* Eine derartige Arbeit

artige Arbeit ist im kapitalistischen Sinne verlustbringend. Für den Proletarierstaat ist auch eine derartige Arbeit von Nutzen, da er ja alle Arbeiter ohnedies erhalten muß. Es ist daher wünschenswert, alle Arbeitsfähigen zu beschäftigen, selbst bei geringer Ergiebigkeit der Arbeit. Freilich ist bei dem allgemeinen Mangel an Rohstoffen und Arbeitsmitteln die Schaffung von Arbeitsgelegenheit nicht leicht. Immerhin ist die Agrikultur und alles, was mit ihr zusammenhängt: Wasserregulierungen, Bodenmeliorationen, wie auch der Bau von Wegen, Kanälen, Wasserwerken usw., mit wenig Material durchführbar und kann große Menschenmengen produktiv aufnehmen, vorausgesetzt, daß die schon erwähnten Beherbergungsschwierigkeiten überwunden werden können. Bei dem Aufbau der proletarischen Wirtschaft fällt daher der Sektion des Obersten Wirtschaftsrates die wichtigste, freilich auch die schwierigste Rolle zu. Die Diktatur muß an diesem Punkt besonders straff gehandhabt werden, wenn die vom Proletariat geforderte Erhöhung der Lebenshaltung in absehbarer Zeit erfolgen soll. Wir haben bereits darauf hingewiesen, daß dies nur durch völlige Umschaltung des im Kapitalismus und auf Grundlage der kapitalistischen Einkommensverteilung entstandenen Beschäftigungsaufbaues der Nation erfolgen kann. Die Arbeiter der Luxusindustrie müssen zur Produktion von Massenartikeln, die Beamten, welche bisher mit der Bewachung und Verwaltung des Privateigentums im weitesten Sinne betraut waren, wie auch die Bourgeoisie selbst, müssen zur produktiven Arbeit angehalten werden. Bei den Angehörigen der Bourgeoisie ist der Zwang auch deshalb wichtig, um ihnen die Möglichkeit zu nehmen, durch Schleichhandel und Schiebertum den Aufbau des proletarischen Verteilungsapparates zu erschweren. Es ist selbstverständlich, daß unter diesen Umständen die Arbeiter jede Art von Arbeit leisten müssen, wozu sie physisch überhaupt fähig sind, ohne Rücksicht auf ihre Fachbildung. Alle gewerkschaftlichen Schranken müssen rücksichtslos geopfert werden. Das Umlernen ganzer Beschäftigungsschichten zu einer neuen Betätigung ist ein schmerzlicher Prozeß, muß aber durchgeführt werden, soll eine Erhöhung der Lebenshaltung überhaupt möglich sein. In Ungarn wurde vorläufig nur die weitere Ausbildung in jenen Beschäftigungszweigen eingestellt, welche in der neuen Gesellschaftsordnung ganz oder teilweise überflüssig werden. Es wurde daher die weitere Ausbildung von Juristen und Privatbeamten eingestellt, die Aufnahme von Lehrlingen in den Luxusindustrien, in den Kaffeehäusern verboten und den Lehrlingen und jugendlichen Arbeitern in diesen Beschäftigungszweigen gestattet, den Lehrlingskontrakt auch gegen den Willen des Meisters zu lösen.[42]

Bei der Umschichtung der einzelnen Beschäftigungsschichten entstehen sehr schwere Probleme. Den in einem Beschäftigungszweig überflüssig gewordenen Arbeitern muß natürlich eine Arbeitslosenunterstützung gewährt werden. Ist sie hoch, so schadet dies der Ergiebigkeit der Gesamtproduktion, da die Arbeiter wegen der geringen Differenz zwischen Arbeitslohn und Arbeitslosenunterstützung nicht geneigt sind, die schwere Bürde der Arbeit auf sich zu nehmen, um so weniger, wenn sie bei den im Anfang ungeklärten Verhältnissen die Aussicht haben, durch Gelegenheitsarbeit, Lebensmittelschmuggel, Straßenhandel usw. diese Differenz reichlich einzubringen. Ähnlich bei hohem Krankengeld. *Wird hingegen die Arbeitslosenunterstützung niedrig bemessen, so sträuben sich die*

42 Das Verbot bezog sich auf folgende Berufe: Goldarbeiter, Konditoren, Köche, Kaffeehaus- und Hotelangestellte, Vergolder und Tapetenarbeiter, Schildermaler, Hutmacher, Buchbinder, Rasierer, Handelsangestellte, Privatbeamte, Bankbeamte. Die weitere Ausbildung von Advokaten, Berufsoffizieren wurde eingestellt.

*Arbeiter sehr stark gegen jede Stillsetzung unergiebiger Betriebe, gegen jede Konzentration der Produktion*, weil sie hierdurch „unverschuldet" arbeitslos werden. Noch schwieriger ist diese Frage bei den arbeitslos werdenden Beamten und Angestellten zu lösen. Wir behandeln die Beamtenfrage in einem besonderen Kapitel. Es ist kaum an eine andere Lösung zu denken als eine nicht allzu niedrige Arbeitslosenunterstützung, verbunden mit einer scharfen systematischen Kontrolle, deren Endorgane die lokalen Sowjets sein müßten. In Ungarn wurde die Frage nicht bis zur Lösung getrieben. Die Behandlung war ungemein lax. Arbeitslos gewordene Beamte und Arbeiter blieben vorläufig zumeist mit voller Bezahlung bei ihren Betrieben angestellt; ein Zustand, der sehr demoralisierend wirkte. Der Opportunismus der Gewerkschaftsführer, besonders jener der großen Angestelltenverbände, verhinderte ein schärferes Vorgehen. Auch war die organisatorische Vorarbeit nicht fertig. Endlich wäre die Überführung in produktive Erwerbszweige in den meisten Fällen mit der Versetzung aus den Städten auf das flache Land verbunden gewesen, da nur auf dem Lande produktive Arbeit mit geringem Materialverbrauch geleistet werden kann, dieser Umzug der Arbeitskräfte aber durch den Wohnungsmangel ungemein erschwert wurde. Wir sehen: Von der Deklarierung der Arbeitspflicht bis zur wirklich organisierten Durchführung derselben ist ein weiter Weg!

*3. Die Bestimmung der Arbeitslöhne.*

*4. Die Schaffung und Aufrechterhaltung der Arbeitsdisziplin.*

Da beide Fragen aufs engste mit dem Problem der Intensität zusammenhängen, behandeln wir dieselben im nächsten Kapitel.

5. Zur Menschenwirtschaft im weiteren Sinne gehören: die Erziehung in der Schule, die wirtschaftliche Berufswahl und Arbeitszuweisung, die Schonung der Arbeiter durch weitgehende Hygiene der Arbeitsstätten und des Arbeitsprozesses usw. Diese Aufgaben können erst in einer späteren Entwicklungsperiode gelöst werden.

Wir wollen nunmehr kurz die Organisation des Obersten Wirtschaftsrates, welcher die gesamte Wirtschaft des proletarischen Staates aufbauen und leiten sollte, beschreiben.

Bei der Einsetzung der Volkskommissare traten dieselben vorerst an die Stelle der Minister; die alten wirtschaftlichen Ministerien für Ackerbau, Finanzen, Handel und Volksernährung funktionierten unter der Oberleitung der Volkskommissare vorläufig mit dem alten Beamtenapparat weiter. Die exponiert-reaktionären Oberbeamten wurden außer Dienst gestellt oder entlassen, der Beamtenstab durch intelligente Proletarier und dem proletarischen Staate ergebene Intellektuelle aufgefrischt. Die Zahl der Volkskommissariate wurde sogleich um das Kommissariat für „*Soziale Produktion*" und in einem etwas späteren Zeitpunkte um das für „*Wirtschaftliche Organisation und Kontrolle*" vermehrt. Die einzelnen Kommissariate funktionierten nach Art der alten Ministerien selbständig und isoliert. Alle Verordnungsvorschläge wurden vor den Regierungsrat gebracht. Dies hatte zwei Unannehmlichkeiten zur Folge: Es bestand kein genügendes Zusammenwirken zwischen den einzelnen wirtschaftlichen Kommissariaten, und die Zeit des Gesamt-Regierungsrates wurde durch Kleinigkeiten zu stark in Anspruch genommen.

Auf dem Sowjetkongreß *wurde daher die Institution des Obersten Wirtschaftsrates geschaffen.* Die Selbständigkeit der einzelnen wirtschaftlichen Kommissariate wurde aufgehoben, sie funktionierten nur mehr als Sektionen des Obersten Wirtschaftsrates, ihre Leiter waren keine Volkskommissare, sie konnten keine Verordnungen selbständig erlassen, sondern nur durch den Obersten Wirtschaftsrat. Der Oberste Wirtschaftsrat selbst brachte nur mehr die politischen oder prinzipiell wichtigen Fragen und Entwürfe vor den Rat der Volkskommissare; alles andere wurde im eigenen Wirkungskreis erledigt.

*Die Organisation des Obersten Wirtschaftsrates war folgende:*

1. *Das Präsidium* bestand aus vier Volkskommissaren, welche zugleich jeder eine Sektion des Obersten Volkswirtschaftsrates als höchste Beamte leiteten. Zu den Sitzungen des Präsidiums wurden auch die Leiter der anderen Sektionen zugezogen. *Dem Präsidium oblag es, die Volkskommissariate zu leiten, alle wirtschaftlichen Verordnungen vorzubereiten und nach der Beratung im Ausschuß zu erlassen, den planmäßigen Umbau der Wirtschaft durchzuführen.*

2. *Der Ausschuß* des Obersten Wirtschaftsrates, der eigentliche Wirtschaftsrat, bestand in erster Linie aus den Vertretern der wirtschaftlich wichtigen Gewerkschaften, ferner aus den Vertretern der lokalen Wirtschaftsräte, über deren Organisation wir unten berichten, den Vertretern der Konsumvereine, der Zentrale der landwirtschaftlichen Produktionsgenossenschaften und der Materialämter. Es war dies eine Körperschaft von ca. 80 Mitgliedern. Die Leiter der einzelnen Sektionen des Obersten Wirtschaftsrates waren ebenfalls Mitglieder des Ausschusses. Als Teilnehmer ohne Stimmrecht waren die Leiter der Revisorengruppen zugelassen. *Alle wichtigen Verordnungen, besonders jene, welche mit der Organisation der Produktion, der Arbeitsdisziplin, den Lohn- und Verpflegungsfragen zusammenhängen, wurden dem Rate vorgelegt.* Diese Körperschaft funktionierte sehr gut; die Beratungen waren ernst und sachgemäß. Zum Studium einzelner Fragen wurden regelmäßig Subkomitees entsendet, die sich, wenn nötig, durch Sachverständige ergänzten und das Ergebnis ihrer Arbeit dem Rate schriftlich vorlegten. Die Gewerkschaften waren durch ihre besten Führer vertreten, *und der Funktionswandel der Gewerkschaften, aus Kampforganisationen gegen das Kapital in aufbauende Organe der proletarischen Produktion, machte sich bereits geltend.*

2 a. *Der Landwirtschaftliche Rat.* Die große Wichtigkeit, welche die Landwirtschaft in dem stark agrarischen Ungarn hatte, machte es wünschenswert, für die agrarischen Fragen einen besonderen zentralen Rat zu bilden. Dieser bestand aus etwa 40 Mitgliedern, welche sich aus den Vertretern der Landarbeiter und jener industriellen Gewerkschaften, welche mit der Landwirtschaft eng zusammenhängen, aus Vertretern der landwirtschaftlichen Produktionsgenossenschaften, der Konsumvereine und aus agrarischen Fachleuten zusammensetzten. Der Rat wurde erst gegen Ende der Räterepublik gebildet, so daß über sein Wirken keine Erfahrungen vorliegen.

2 b. *Der Oberste technische Rat.* Zur Lösung der rein technischen Probleme müssen die besten Techniker des Landes herangezogen werden. Da sich unter diesen nicht viele politisch verläßliche Männer finden, ist das kollegiale System anzuwenden. In Ungarn wurde aus den besten Ingenieuren, Professoren der technischen Hochschulen und einigen Vertretern der Gewerkschaften ein aus 60 Mitgliedern bestehender Technischer Rat gebildet, welcher sich nach Industriegruppen in Sektionen teilte. *Die Aufgabe dieses Rates war, in aktuellen produktionstechnischen Fragen Lösungsvorschläge zu machen, über die Einführung von technischen Neuerungen, über Normalisierung, Typisierung und Spezialisierung der Produktion, über die technischen Grundlagen der Materialwirtschaft sowie über staatliche Investierungen Vorschläge zu machen.* Die Mitglieder des Technischen Rates beziehen, im Gegensatz zu den Mitgliedern der übrigen Räte, ein Honorar von 1000 Kronen monatlich. Für spezielle Leistungen waren besondere Honorare vorgesehen. Diese Sonderbehandlung des Technischen Rates hatte ihren Grund in der bürgerlichen Gesinnung der teilnehmenden technischen Spezialisten. Der Technische Rat wurde in Ungarn ebenfalls erst gegen Ende der Räterepublik errichtet, so daß über seine Wirksamkeit wenig berichtet werden kann. Es besteht aber kein Zweifel, daß diese Einrichtung zweckmäßig

und — im Falle keine systematische Sabotage geübt wird, was durch entsprechende gute Bezahlung der Leistungen verhindert werden kann. Diese Institution für die Hebung der Ergiebigkeit der Arbeit kann von großem Nutzen sein.

3. *Die lokalen Wirtschaftsräte.* In den einzelnen Provinzzentren wurden lokale Wirtschaftsräte gebildet, bestehend aus den Delegierten des lokalen politischen Rates, der Gewerkschaften, den Vertretern der großen Betriebe und der Konsumentenorganisationen. Der lokale Wirtschaftsrat wirkte neben den oben erwähnten Wirtschaftsämtern, sendete seine Vertreter in den Ausschuß des Obersten Wirtschaftsrates, leitete die lokale Gemeinwirtschaft und konnte in allen Fragen dem Obersten Wirtschaftsrat Vorschläge machen.

Der Hauptfehler aller zentralen Organisationen war der Mangel an entsprechenden Beamten, welche die Sachkenntnis mit der Ergebenheit an die neue Gesellschaftsform vereinigt hätten. Die besten Fachmänner und Organisatoren waren natürlich im Lager der Bourgeoisie und stellten sich nur ausnahmsweise ehrlich in den Dienst des neuen Regimes. Die Funktionäre der Gewerkschaften, die wenigstens die Grundtatsachen des betreffenden Produktionszweiges, Größe der Betriebe, technische Einrichtung usw. kannten, waren der Diktatur im allgemeinen abhold und blieben lieber Gewerkschaftsbeamte, als daß sie ihre Kräfte dem Aufbau der proletarischen Wirtschaft gewidmet hätten. Leiter und leitende Beamte der zentralen Wirtschaftsorganisationen waren daher entweder Fachleute mit bürgerlicher Gesinnung oder Arbeiter mit sehr geringer Fachbildung, in vielen Fällen begeisterte junge Intellektuelle, die keine Fachkenntnisse besaßen; aber in der Zeit der ersten Organisierung, welche durch den unverhofft eingetretenen Umschwung überstürzt durchgeführt werden mußte, mußten eben jene Leute genommen werden, die hierzu Lust und Ehrgeiz hatten. Es bedarf eines langsamen Ausleseprozesses, bis für jeden Platz die richtigen Männer gefunden werden.

Vergleichen wir die ungarische Organisation und den ganzen Gang des Aufbaues der proletarischen Wirtschaft mit jenem in Rußland, so finden wir, *daß die Umwandlung und der organisatorische Umbau in Ungarn rascher und energischer vor sich ging als in Rußland. Alle Betriebe, die die zur Enteignung nötige Größe besitzen, wurden mit einem Schlage enteignet*, während die Enteignung in Rußland noch heute nicht ganz vollzogen ist. Die ungarische Organisation war *zentralistischer, bürokratischer*, ließ den Arbeitermassen selbst einen geringeren Anteil am Aufbau der Wirtschaft als in Rußland. Diese Unterschiede liegen in der Verschiedenheit der Verhältnisse. Ungarn ist im Vergleich zu Rußland ein winziges Ländchen, an Einwohnern der zehnte, an Ausdehnung vielleicht der hundertste Teil. Daher konnte vieles zentral organisiert werden, was bei der riesigen Ausdehnung Rußlands dezentralisiert werden muß. Die geringe Ausdehnung des Landes und der Umstand, daß die Diktatur ohne vorhergehende Revolution und ohne Bürgerkrieg zustande kam, ermöglichte es, die Umwandlung mit einem Schlage durchzuführen. Der Umstand endlich, daß die Beamten und Techniker nicht offen sabotierten, sondern sich vom ersten Moment willig in den Dienst stellten; daß es unter ihnen viele überzeugte Anhänger des Kommunismus gab; der Umstand ferner, daß es keine gut organisierte kommunistische Partei im Lande gab, welche in den Arbeitermassen den Sinn für die Aufgabe des wirtschaftlichen Umbaues geweckt und aufrechterhalten hätte, bewirkte, daß sich die ganze Organisation bürokratischer gestaltete als in Rußland. Die Organisationsformen des einen Staates lassen sich eben durch einen anderen nicht einfach nachahmen.

# 6. Das Problem der Arbeitsdisziplin und der Arbeitsintensität

Jede Art der Klassenherrschaft beruht auf der Überzeugung der beherrschten Klassen, daß es ihnen unmöglich sei, ihre Lage zu ändern. Wird diese Überzeugung wankend, so erfolgen revolutionäre Ausbrüche. Da aber bei jeder Klassenherrschaft das Inzuchthalten der Arbeitenden während der Produktion mit den Mitteln der Klassenherrschaft ausgeübt wird, bedeutet jede Revolution eine tiefgehende Lockerung der Arbeitsdisziplin.* Auch eine bürgerlich-politische Revolution, welche bloß eine neue Schicht der herrschenden Klasse gewaltsam an Stelle der bisherigen an die Macht bringt, erschüttert den Autoritätsglauben der Massen und hierdurch die Arbeitsdisziplin. Wir beobachteten dies in allen Ländern nach der Oktoberrevolution. In Ungarn zum Beispiel brachte bereits diese Revolution eine vollständige Auflösung der kapitalistischen Arbeitsdisziplin, ähnlich wie in Rußland unter dem Kerenski-Regime. In den Fabriken bildeten sich Betriebsräte, welche die Löhne eigenmächtig festsetzten, die mißliebigen Direktoren eigenmächtig aus den Betrieben entfernten, einzelne Betriebe „*sozialisierten*", das heißt, für das Eigentum der Arbeiter des Betriebes erklärten. Der Kapitalismus stand diesem Treiben absolut ratlos gegenüber, weil er eben keine bewaffnete Macht zur Ausübung der Klassenherrschaft und der Klassendisziplin hatte. Die Arbeitsleistung verringerte sich von Tag zu Tag, die ganze Produktion ging unaufhaltsam zugrunde. Dieser Zustand war es, welcher einige volkswirtschaftlich gebildete ungarische Sozialdemokraten, unter ihnen den Verfasser dieser Zeilen, zu der Überzeugung brachte, daß nur die Diktatur des Proletariats die Wiederherstellung der Produktion möglich mache. Es war offenkundig, daß eine Wiederherstellung geregelter Produktionsverhältnisse nur durch eine proletarische oder Bourgeoisdiktatur möglich war. Auf kapitalistischer Grundlage konnte die Wiederherstellung der Arbeitsdisziplin nur durch brutale Waffengewalt, wie es in Deutschland geschah, versucht werden. Die Wahl war unter diesen Umständen nicht schwer, da auch der Kapitalismus der siegreichen Länder die unverkennbaren Symptome eines Verfalls zeigte und das Beispiel Rußlands die Möglichkeit der rein proletarischen Regierungsmacht und Erneuerung der Produktion auf sozialistischer Grundlage bewies.

*Vorerst brachte aber die proletarische Revolution sowohl in Rußland als auch in Ungarn eine weitere Desorganisation der Arbeitsdisziplin, ein weiteres Sinken der Arbeitsleistung*. Jene Arbeiter, welche alle Fesseln der politischen Klassenherrschaft zertrümmert hatten, wollten sich vorläufig auch der Arbeitsdisziplin nicht länger fügen. Es ist dies psychologisch leicht verständlich. Die alten Mittel der gewaltsamen Zucht der arbeitenden Massen, die Mittel der Klassendisziplin: Bestrafung, Entlassung, schwarze Listen, Aussperrung, das Drohen mit der Hungerpeitsche und das Anwenden von Maschinengewehren im Falle einer proletarischen Massenaktion, verlieren jeden Sinn, sobald die Arbeiter selbst die Betriebe verwalten, Regierung und bewaffnete Macht in ihren Händen ist. *Es entsteht die schwere Aufgabe, eine neuartige, den geänderten sozialen Machtverhältnissen angepaßte freie Arbeitsdisziplin zu schaffen*, ohne welche die von uns im zweiten Kapitel

* Die Rede ist hier von der auf der Herrschaft der Bourgeoisie und auf dem Diktat des bürgerlichen Staates beruhenden Disziplin. (Anm. d. Hrsg.)

ausgeführte, theoretisch mögliche Erhöhung der Arbeitsintensität und der Arbeitsergiebigkeit nicht bewirkt werden kann.

Es mußte aber vorerst noch eine tiefgehende Krise durchgemacht werden. Eine der stärksten Stützen der Arbeitsintensität im Kapitalismus, das Stücklohnsystem, welches auf jeden Fall eine gewisse tägliche Mindestleistung sichert, mußte aufgegeben werden. Die Abschaffung der Akkordarbeit und die Einführung des reinen Zeitlohnes war eine althergebrachte, bereits ideologisch verknöcherte, im Kapitalismus begründete Forderung der Arbeiterschaft. *Das Beharrungsvermögen der Ideologie brachte es mit sich, daß diese Forderung auch gegenüber dem die Gesamtheit der Arbeitenden bildenden proletarischen Staat von den Arbeitern mit allem Nachdruck aufrechterhalten wurde.* Der Forderung mußte daher zeitweilig nachgegeben werden. Eine der ersten Verordnungen der ungarischen Räteregierung war die Abschaffung der Akkordlöhne und die Festsetzung einheitlicher Stundenlöhne, wobei die industriellen Arbeiter bloß in drei Lohnklassen: in ungelernte, angelernte und gelernte Arbeiter geteilt wurden. Entsprechend dem Prinzip der möglichen Nivellierung der Einkommen wurden die bisherigen Löhne der ungelernten Arbeiter stark erhöht, jene der bestbezahlten gelernten Arbeiter blieben fast unverändert. Der Akkordlohn blieb nur bei den Bergarbeitern, der Monatslohn bei allen Beamten und Angestellten.

Selbstverständlich wurde auch die andere hergebrachte Forderung der Arbeiter, der Achtstundentag, sogleich eingeführt; der Arbeitstag der Jugendlichen wurde mit sechs Stunden festgesetzt.

Die allgemeine Einführung des Stundenlohnes hatte vor allem im Zusammenhang mit der Lockerung der Arbeitsdisziplin eine neuerliche, weitgehende Herabminderung der Arbeitsleistung und der Ergiebigkeit der Arbeit zur Folge. Die von der Klassendisziplin befreiten Arbeiter zeigten auch im Arbeitsprozeß eine weitgehende Disziplinlosigkeit. Die Arbeitszeit wurde nicht genau eingehalten, den Anordnungen der Werkführer nicht Folge geleistet. Die Arbeitsleistung ging stark zurück. Es war dies eine natürliche Folge der habgierigen, egoistischen Gesinnung der überwiegenden Mehrheit der Arbeiter. Die im kapitalistischen Geist befangenen Arbeiter konnten es nicht verstehen, warum ein schwächerer oder langsamerer Arbeiter für seine geringere Arbeitsleistung denselben Lohn empfangen soll wie die besseren Arbeiter für ihre höhere Leistung. Das Ergebnis der allgemeinen Einführung des Zeitlohnes war, *daß sich die Arbeitsintensität verminderte und die Arbeitsleistung die Tendenz zeigte, sich auf die Leistung der schlechtesten Arbeiter zu nivellieren.* Dies geschah oft ganz offen. Die Gießereien von drei Budapester landwirtschaftlichen Maschinenfabriken zum Beispiel wurden in einem Betrieb konzentriert. Es ergab sich, daß zwischen der täglichen Arbeitsleistung der Arbeiter zweier Fabriken ein Unterschied bis zu 50 Prozent bestand. Die besseren Arbeiter erklärten nun: entweder sollten alle soviel leisten wie sie, oder sie wollten ihre Leistung auf das Niveau der anderen herabsetzen. Dies kennzeichnet die allgemeine Auffassung der Arbeiter. Die Arbeitsleistung ging daher zu Beginn der Diktatur weiter zurück, in manchen Fällen auf 50 Prozent der früheren Leistung. Auf dem Sowjetkongreß enthüllte ich als Referent, damals Volkskommissar für soziale Produktion, offen und ohne jede Beschönigung, ja sogar etwas übertrieben, alle diese Mängel der neuen Arbeitsorganisation.

Es schien damals angebracht, den Rückgang der Produktion möglichst scharf hervorzuheben, um die Aufmerksamkeit der Arbeiterschaft und den Willen zu einer Reform anzuregen. Es muß jedoch darauf hingewiesen werden, daß bereits zur Zeit des größten Niederganges sich auch erfreuliche Momente zeigten. Vor allem war das Nachlassen der Arbeitsintensität nicht allgemein. Es gab Fabriken, zum Beispiel die große Munitionsfabrik in Csepel, das Eisenwerk in Diosgyör usw., in denen die Arbeitsleistung nicht zurückging. *Und es gab in jeder Fabrik mindestens einige Abteilungen, in welchen unter dem Einfluß besonders klassenbewußter Arbeitergruppen die Arbeitsleistung, trotz des Überganges vom Akkordlohn zum Zeitlohn nicht zurückging, sondern sich sogar in einigen Fällen erhöhte.* Es muß ferner zur Erklärung des Rückganges in der Arbeitsleistung betont werden, daß am 2. Mai 1919, als die Räterepublik das erste Mal von den Rumänen bedroht war, aus den größten Fabriken alle gedienten Soldaten einberufen wurden, so daß nur minderwertige Arbeitskräfte und lückenhafte Arbeitergruppen in den Fabriken zurückblieben. Endlich wurde der Mangel an Heizmaterial, an Rohstoffen, an Maschinen und Werkzeugen mit der Fortdauer der Blockade immer größer und machte eine regelrechte Produktion schwierig. Arbeiter, die ständig die Furch hegen müssen, daß irgendein Material ausgeht und sie hierdurch arbeitslos werden, sind zu einer intensiven Arbeit psychisch unfähig. Wir dürfen daher nicht in den Fehler verfallen, den Rückgang der Produktion zur Zeit der Räterepublik ganz dem Sinken der Arbeitsintensität, das Sinken der Intensität aber ausschließlich der Regierungsform zuzuschreiben, wie es die bürgerlichen Verleumder der Räterepublik tun. Ist es doch offenkundig, daß die Arbeitsleistung im Jahre 1919 in allen Ländern, besonders aber in den im Kriege unterlegenen, unabhängig von der Regierungsform, sehr stark zurückgegangen ist.

Sobald die primitivste Organisationsarbeit geschehen war, begann sofort der Kampf für die Wiederherstellung der Arbeitsdisziplin und die Erhöhung der Arbeitsleistung. In unzähligen Artikeln und Reden wurde den Arbeitern klargemacht, daß auch der proletarische Staat auf die Dauer nicht mehr Güter verteilen kann, als produziert werden; daß eine Erhöhung der Lebenshaltung in jeder Staatsform nur durch erhöhte Produktion erreicht werden kann. Diese intensive Agitationsarbeit zeitigte auch ihre Früchte: Die Arbeiterschaft selbst begann über Mittel und Wege zur Erhöhung der Arbeitsleistung zu beratschlagen. Die öffentliche Meinung der Arbeiterschaft war bereits gut; es gab keinen Arbeiter, der sich öffentlich gegen die Erhöhung erklärt hätte; in jeder Fabrikversammlung wurde über die Art und Weise debattiert. *Die Metallarbeiter in vielen Fabriken kehrten spontan zum Akkordsystem zurück. Die Elite der Arbeiterschaft wollte hierdurch die höhere Arbeitsleistung der weniger klassenbewußten Massen erzwingen.*

Es muß jedoch hier betont werden, was wir schon im dritten Kapitel ausführten, daß die Erhöhung des Verdienstes durch die Akkordarbeit in der Diktatur für die Arbeiter nicht dieselbe Bedeutung hat wie im unversehrten Kapitalismus, wo jedes Geldeinkommen ohne weiteres in reale Güter umgesetzt werden kann. Schon in der kapitalistischen Kriegswirtschaft machten die Arbeiter bei den Lohnbewegungen oft geltend, daß ihnen mit einer Geldlohnerhöhung nicht viel gedient sei, da die wichtigen Lebensmittel rationiert und für Geld nicht erhältlich seien. Dieser Umstand verschärfte sich in der Diktatur ungemein. Infolge der zurückgebliebenen alten Ideologie mußten die Arbeitslöhne, besonders der bisher am schlechtesten bezahlten breiten Schichten der ungelernten Arbeiter, stark erhöht werden. Dieser Erhöhung des Geldeinkommens entspricht keine gleichzeitige Erhöhung der Güterproduktion, da die Produktion im Anfang der Diktatur einen erheblichen Rückgang zeigt. Daher ist der Unterschied zwischen dem Geldeinkommen und dem Einkommen in Gütern ausgedrückt, zwischen der potentiellen Kaufkraft und den erreichbaren Gütermengen, sehr groß. Je besser die staatliche Verteilung durchgeführt, je erfolgreicher der Schleichhandel und die Spekulation unterdrückt werden, desto schwieriger wird es, den überdurchschnittlichen Verdienst in Gütern zu realisieren, desto weniger realen Nutzen haben die Arbeiter von der Erhöhung ihres Verdienstes. *Da aber Jahre hindurch mit einem ständigen Gütermangel gerechnet werden muß, kann eine Erhöhung des Verdienstes in Geld nur eine beschränkte Wirkung auf die Erhöhung der Arbeitsintensität und der Arbeitsleistung haben.* Soll durch materielle Vorteile eine Erhöhung der Intensität der Arbeit und der Produktion erzielt werden, so muß dies in natura geschehen. In Ungarn bestand der Plan, sowohl individuelle als auch kollektive Mehrleistungen der Betriebe mit einer Extrazuteilung von Kleidungsstücken oder Luxusgegenständen zu belohnen. Der Plan kam aber nicht mehr zur Ausführung.

Dem ganzen Wesen der Diktatur entspricht es mehr, durch ideologische Mittel, durch den Appell an den Gemeinsinn der Arbeiter, durch fortgesetzte Agitation die Schaffung der neuen Arbeitsdisziplin und die Erhöhung der Arbeitsintensität zu erreichen. Die zurückgebliebene Ideologie der Massen, welche die Arbeiter dazu veranlaßt, dem Staat oder der Kommune als Arbeitgeber gegenüber dieselbe Kampfstellung einzunehmen wie früher gegenüber den Kapitalisten, kann nur durch eine zähe, fortgesetzte Aufklärung überwunden werden. *Die Ideologie der Arbeiter muß der veränderten ökonomischen Grundlage gemäß umgeformt werden.* Dies ist ein ungemein schwerer Prozeß, da das Beharrungsvermögen der alten Ideologie — wie wir bereits erwähnten — durch die ökonomische Tatsache gestützt wird, daß neben den enteigneten Betrieben hunderttausende Kleinbetriebe im Privatbesitz verbleiben und als solche Arbeiter anwenden. Schätzungsweise kann gesagt werden, daß im ersten Jahre der Diktatur noch die Hälfte der gewerblichen Arbeiter bei privaten Arbeitgebern arbeitet. Es ist selbstverständlich, daß mit der Einsetzung der proletarischen Herrschaft die Ausbeutung in den privaten Betrieben auf ein Minimum herabsinkt. Hohe Löhne, kurze Arbeitszeit, geringe Arbeitsleistung nehmen dem Arbeitgeber den kapitalistischen Profit zum größten Teil. *Aber die Form des sozialen Verhältnisses: Ausbeuter und Arbeiter, bleibt unverändert und erhält die althergebrachte und sozial noch immer berechtigte Kampfstellung der Arbeiter.* Da weiterhin die Gewerkschaft alle Arbeiter eines Berufes, ob sie in enteigneten oder privaten Betrieben tätig sind, umfaßt; da der Übertritt von privaten in enteignete Betriebe und umgekehrt möglich ist; da die Gewerkschaftsbeamten ein Interesse daran haben, die Gewerkschaften auch weiterhin als Kampforganisationen zu erhalten, ist es eine außerordentlich schwierige Aufgabe, die ideologische Umwandlung der Arbeiterschaft durchzuführen. Es ist dies ein Grund mehr, eine um so weitergehende und um so vollkommenere Enteignung möglichst rasch durchzuführen.

Störend wirkte auch das ungeklärte Verhältnis zwischen Arbeitern und Beamten in den enteigneten Betrieben. In der kapitalistischen Fabrik ist die Funktion des Beamtenstabes zwiespältig. Außer der technischen Leitung obliegt ihm die Vertretung der Interessen des Kapitals gegenüber der Arbeiterschaft: die Feststellung der Lohnsätze, die Kontrolle der Arbeitsleistung, die Festhaltung der Disziplin usw. Obwohl der überwiegende Teil der Beamten sowohl ihrem Einkommen als auch ihrer sozialen Stellung nach Lohnarbeiter sind und zu dem Proletariat gehören, besteht bei den Handarbeitern, eben infolge der von den Beamten ausgeführten Funktionen der Kontrolle, welche manchmal zu seelenloser Antreiberei ausarten, ein starkes Mißtrauen gegenüber den Beamten. Wir erörtern das Problem der Beamtenschaft in der Diktatur im folgenden Kapitel. Hier wollen wir nur feststellen, daß unter den veränderten sozialen Machtverhältnissen die Wiederherstellung der Arbeitsdisziplin unmöglich mit Hilfe jener Beamten erreicht werden konnte, welche diese Funktion bereits früher im Dienste des Kapitals ausgeübt hatten. Dies konnten nur die neugeschaffenen proletarischen Organe, die Betriebsräte und Produktionskommissare, leisten. Zu diesem Beruf mußte vor allem der Machtbereich dieser Organe in der Aufrechterhaltung der Disziplin gegenüber den Arbeitern festgestellt werden. *Zu diesem Zwecke wurde vom Obersten Wirtschaftsrat eine Art Disziplinarkodex ausgearbeitet.* Die wesentlichsten Punkte waren die folgenden: Macht sich ein Arbeiter eines Disziplinarvergehens schuldig: kommt er zu spät zur Arbeit, unterbricht er sie mutwillig, widersetzt er sich den Anordnungen der hierzu Befugten usw., so gelten folgende Bestimmungen:

1. *Verweis durch den Betriebsrat;*
2. *Anschlag seines Namens mit der Bezeichnung des Grundes an die schwarze Tafel der Fabrik;*
3. *Versetzung an eine andere Arbeitsstelle des Betriebes;*
4. *Reduzierung seines Verdienstes entsprechend seiner geringeren Arbeitsleistung;*
5. *Entlassung aus dem Betrieb, eventuell Ausschluß aus allen Betrieben der Gemeinschaft, mit oder ohne Entziehung der Arbeitslosenunterstützung;*
6. *Ausschluß aus der Gewerkschaft, was die Notwendigkeit eines Berufswechsels nach sich zieht.*

Die schweren Strafen der letzten zwei Punkte können durch den Betriebsrat nur mit Zuziehung der zuständigen Gewerkschaft verhängt werden. Alle Strafen werden der ganzen Arbeiterschaft des Betriebes als warnendes Beispiel kundgegeben.

Um die Arbeitsleistung zu erhöhen, soll in jedem Betrieb eine angemessene, der ehemaligen gleiche Mindestleistung festgestellt werden. Jene Arbeiter, welche diese Leistung nicht erreichen, verfallen den obigen Strafen. Für außergewöhnliche Leistungen war eine öffentliche Belobung, eventuell auch eine materielle Belohnung vorgesehen. *Das Neue dieses Systems liegt darin, daß der Schwerpunkt in die Benützung der öffentlichen Meinung der Arbeiterschaft des Betriebes zur Disziplinierung des einzelnen verlegt wird.* Die Wirksamkeit dieses Systems hängt daher von der moralischen Verfassung der Arbeiter ab. Betriebsrat und Produktionskommissär können nur dort Strenge walten lassen, wo sie die Mehrheit der Arbeiterschaft des Betriebes moralisch beherrschen und in ihrem Streben nach Erhöhung der Arbeitsleistung von ihr unterstützt werden. Ist dies nicht der Fall, so kann der Betriebsrat nichts ausrichten, da er bei strengem Vorgehen abgesetzt und bei der Neuwahl durch gefügigere Leute ersetzt wird. Auch der Produktionskommissär, obwohl nicht absetzbar, wird gegen eine in der großen Mehrzahl demoralisierte Arbeiterschaft nicht aufkommen können. In solchen Fällen heißt es Hilfe von auswärts holen. Das Kommissariat für Arbeitswesen muß eingreifen. Agitatoren kommen in den Betrieb, um den Arbeitern nach Ablauf der täglichen Arbeitszeit in Versammlungen die Notwendigkeit der Disziplin und der intensiven Arbeit zu erklären, die allgemeine Moral der Arbeiterschaft zu erhöhen. Klassenbewußte Arbeiter werden aus anderen Betrieben in den schlecht funktionierenden Betrieb versetzt, um mit gutem Beispiel voranzugehen. Auf diese Weise ist es möglich, die Arbeitsleistung ohne die Anwendung von Zwangsmitteln langsam auf das Normale zu erhöhen.

Es kann aber vorkommen, daß das Interesse des gesamten Proletariats die Anwendung dieser notwendigerweise sehr langsam wirkenden Methode nicht zuläßt. *Die allgemeine Seelenverfassung der Arbeiterschaft einzelner Betriebe oder ganzer Betriebszweige kann so verseucht sein, daß zu Zwangsmaßregeln gegriffen werden muß.* Bei einzelnen Betrieben wird der verlotterte Betrieb stillgesetzt, die besseren Arbeiter in anderen Betrieben untergebracht, die schlechteren auf eine Zeit arbeitslos gemacht. Handelt es sich um ganze Betriebszweige, so muß zum Mittel der Personaldiktatur gegriffen werden, wie dies in Rußland bei den Eisenbahnen geschehen ist. Es taucht hierbei die prinzipielle Frage auf, „ob überhaupt die Ernennung einzelner Personen" — wie Lenin es ausführt — „die die unbeschränkten Vollmachten von Diktatoren erhalten, vereinbar ist mit den Grundprinzipien der Sowjetmacht."[43]

Diese Frage wird von Lenin in „Die nächsten Aufgaben der Sowjetmacht" entschieden bejaht. Er sagt dort:

„Wenn wir keine Anarchisten sind, müssen wir die Notwendigkeit des Staates, *das heißt des Zwangs*, für den Übergang vom Kapitalismus zum Sozialismus, anerkennen. Die Form des Zwangs wird bestimmt durch den Entwicklungsgrad der gegebenen revolutionären Klasse, ferner durch solche besonderen Umstände, wie zum Beispiel die Erbschaft eines langen und reaktionären Krieges, ferner durch die Formen des Widerstands der Bourgeoisie und des Kleinbürgertums. Deshalb gibt es entschieden *keinerlei* prinzipiellen Widerspruch zwischen dem sowjetischen, (d. h. dem sozialistischen) Demokratismus und der Anwendung der diktatorischen Gewalt einzelner Personen ... jede maschinelle Großindustrie — d. h. gerade die materielle, die produktive Quelle und das Fundament des Sozialismus — (erfordert) unbedingte und strengste *Einheit des Willens* ..., der die gemeinsame Arbeit von Hunderten, Tausenden und Zehntausenden Menschen leitet ... Wie aber kann die strengste Einheit des Willens gesichert werden? Durch die Unterordnung des Willens von Tausenden unter den Willen eines einzelnen. Diese Unterordnung kann bei idealer Bewußtheit und Diszipliniertheit der an der gemeinsamen Arbeit Beteiligten mehr an die milde Leitung eines Dirigenten erinnern. Sie kann die scharfen Formen der Diktatorschaft annehmen, wenn keine ideale Diszipliniertheit und Bewußtheit vorhanden ist. Aber wie dem auch sein mag, die *widerspruchslose Unterordnung* unter einen einheitlichen Willen für den Erfolg der Prozesse der Arbeit, die nach dem Typus der maschinellen Großindustrie organisiert sind, unbedingt notwendig."[44]

Selbstverständlich kann die Anstellung von Leitern mit diktatorischen Befugnissen nicht als endgültige Lösung des Problems betrachtet werden. Eine endgültige Lösung ergibt nur die Anpassung der gesamten Seelenverfassung der Arbeiter an die neue soziale Lage. Diese Umformung der Seelenverfassung ist eine schwere, aber unbedingt nötige Arbeit. Sie war in Ungarn im Gange, und es kann festgestellt werden, daß der Tiefpunkt in der Disziplinlosigkeit und der geringen Arbeitsleistung in Ungarn bereits während der Diktatur überwunden wurde. Zahlenmäßig läßt sich dies leider nicht allgemein feststellen; die Anführung der Daten einzelner Betriebe, wie wir dieselben aus Rußland oft erhalten, können nicht überzeugend wirken. Wir unsererseits sind der Überzeugung, daß es möglich ist, die Arbeitsdisziplin und eine entsprechende Arbeitsleistung auch ohne die Hungerpeitsche des kapitalistischen Ausbeuters, durch systematisch angewendeten moralischen Zwang zu erreichen. Je gebildeter das Proletariat eines Landes, je mehr es seelisch auf die Selbstorganisation eingestellt ist, je höher die Bedeutung der öffentlichen Meinung eingeschätzt wird, je tiefer die kommunistische Gesinnung durch eine gute Erziehungsarbeit in die Massen eingedrungen ist, desto leichter wird die neue, freie Disziplin geschaffen werden und wirksam sein. Die englischen Völker mit ihrem Talent für Selbstorganisation und freiwillige Disziplin werden viel leichter die neue Disziplin ausgestalten, als Völker, die seit langer Zeit an die Obrigkeit gewöhnt sind.

43 W. I. Lenin, Die nächsten Aufgaben der Sowjetmacht, in: Werke, Bd. 27, a. a. O., S. 258.
44 Ebenda, S. 259—260.

# 7. Das Problem der Beamtenschaft

Das Problem der Beamtenschaft hängt mit der Frage der Reife des Proletariats und der Erhöhung der Ergiebigkeit der Produktion auf das engste zusammen. Das Beamtentum bildet im Kapitalismus eine mit großen Vorrechten ausgestattete Schicht von Lohnarbeitern — in der Form der staatlichen und militärischen Bürokratie die eigentlich regierende Kaste, da die moderne Bourgeoisie wohl herrscht, aber keine Zeit zum regieren hat —, welche als hierarchisch organisierte Klasse der Herrschaft des Proletariats im allgemeinen feindlich gegenübersteht. Anderseits besteht diese Schicht aus Individuen, die durch Fachbildung und im Dienst erworbene Routine auf dem Gebiet der Produktion und Organisation Kenntnisse besitzen, die den Arbeitern fehlen und sich von heute auf morgen auch nicht aneignen lassen. *Das Problem besteht also darin: die Macht des Beamtentums als selbständiger organisierter Klasse auszuschalten oder zu brechen, die Dienste der schwer ersetzbaren Fachkräfte aber für die proletarische Volkswirtschaft zu gewinnen;* da ein vollständiger Verlust derselben in der Organisation der Verwaltung und Rechnungslegung wie auch der Produktion selbst großen Schaden verursachen würde. Wir benützten oben mit Vorbedacht den Ausdruck „für die proletarische Volkswirtschaft zu gewinnen". *Gerade bei den wichtigsten intellektuellen Funktionen ist eine durch äußeren Zwang erpreßte Leistung fast wertlos.* Wir glauben nicht, daß das russische System der Arbeiterkontrolle, welches dem Wesen nach auf einem Zwang beruht, eine wirkliche Lösung gibt. Denn entweder haben die kontrollierenden Arbeiter genügende Fachkenntnisse, um die Richtigkeit der Anordnungen des Fachbeamten beurteilen zu können, dann ist die Anstellung eines derartigen Beamten überflüssig; oder die Arbeiter besitzen diese Fachkenntnisse nicht, und dies ist in den meisten Fällen im Beginn der Diktatur der Fall, dann führt der zu kontrollierende Beamte die Kontrolleure an der Nase herum, und die ganze Einrichtung hat nur den einen Nutzen, die Arbeiter langsam in die Sache einzuführen. Man muß daher trachten, die wertvollen intellektuellen Kräfte wirklich zu gewinnen.

Dies wurde dadurch erschwert, daß sich die russische wie auch die ungarische Räteregierung prinzipiell auf den Standpunkt stellte, daß zwischen physischen und geistigen Arbeitern kein Unterschied besteht, daß die Bezahlung und die Arbeitsverhältnisse der Beamten in Rußland später mit Ausnahme der „Spezialisten", in jeder Beziehung: Lohn, Arbeitszeit, Krankenversorgung usw., jener der physischen Arbeiter gleichgestellt werden müsse. Dies war ein Vorwegnehmen jenes Zustandes, welcher in der zweiten Generation nach Errichtung der Diktatur entstehen wird, wo jeder in der neuen Arbeitsschule sowohl zur manuellen als zur geistigen Arbeit gleicherweise vorgebildet sein muß. In der ersten Periode der Diktatur aber läßt sich die Frage nicht auf diese Weise lösen. Wir kommen auf die Frage der Entlohnung später zurück.

Das Beamtentum konnte im Kapitalismus insofern zu dem Proletariat gerechnet werden, als beide Schichten von dem Verkauf ihrer Arbeitskraft leben. Indessen ist die Art und Weise des Verkaufes verschieden, und hieraus ergibt sich ein weitgehender Unterschied in der Lebensführung und in der Ideologie. Der Arbeiter verkauft seine Arbeitskraft von heute auf morgen; er erhält Stundenlohn; das Arbeitsverhältnis kann vom Arbeitgeber zu jedem Zeitpunkt ohne Begründung gekündigt und nach einigen Tagen, höchstens zwei Wochen, aufgehoben werden. Die Beamten erhalten Monats- oder Jahreslohn; sie haben das Recht auf eine Kündigungsfrist bis zu einem Jahre; die staatlichen, kommunalen und ein Teil der Privatbeamten haben eine lebenslängliche Anstellung; sie können nur auf disziplinarischem Wege entlassen werden. *Die Stabilität der Anstellung verursacht allein eine weitgehende Verschiedenheit in der sozialen Lage, gibt den Beamten eine konservative Ideologie.*

Der Arbeiter erhält Stundenlohn; daher wird ihm jeder Feiertag, jede versäumte halbe Stunde unbarmherzig abgezogen. Der Beamte erhält Monatsgehalt; er erhält die Feiertage bezahlt, versäumte Arbeitsstunden und Tage werden ihm nachgesehen. Wird der Arbeiter krank, so ruht der Lohnbezug während seiner Krankheit; er erhält nur Krankengeld. Wenn der Beamte krank wird, bezieht er seinen Lohn ungekürzt weiter. Der alte, arbeitsunfähige Arbeiter wird auf das Pflaster geworfen, der Beamte pensioniert. Der Arbeiter hat niemals Urlaub, der Beamte erhält jährlich bezahlten Urlaub.

Die verschiedene Behandlung der Arbeiter und Beamten hängt weniger mit dem Unterschied zwischen geistiger und physischer Arbeit zusammen — die Arbeit vieler manueller Arbeiter erfordert mehr geistige Arbeit und Sachkenntnis als die schablonenmäßige Kontorarbeit —, sondern *mit der verschiedenen sozialen Funktion dieser Schichten.* Die Beamtenschaft ist ein Werkzeug der herrschenden Klasse zur Niederhaltung der Arbeiter, ein Wall, den die Herrschenden zwischen sich und die Arbeiterklasse einschieben; eine künstlich geschaffene Ausbreitung der schmalen Basis der herrschenden Klasse. *Die eigentliche Bürokratie fühlt sich daher auch zur herrschenden Klasse gehörig.* Die Spitzen sowohl der staatlichen als auch der Wirtschaftsbürokratie entstammen wirklich den herrschenden Klassen oder vereinigen sich mit denselben in der Lebenshaltung und durch Verwandtschaftsbeziehungen. Hierdurch entsteht aber in der ganzen Beamtenklasse die Ideologie der Zugehörigkeit zur herrschenden Klasse, welche durch die Gemeinsamkeit der Gewohnheiten, Bildung, Kleidung usw. verstärkt wird, während dieselben Momente die Beamten von der Arbeiterklasse trennen. Diese Ideologie des Herrentums in der Beamtenschaft wurde erst im letzten Jahrzehnt durch die rapide Herabminderung der Lebenshaltung, verursacht durch die ungeheure Teuerung, erschüttert.

Indessen genügt es für die Klärung des Problems nicht, von einer Beamtenklasse im allgemeinen zu sprechen. Die Beamtenschaft zerfällt vielmehr in eine Reihe von Schichten, von welchen die wichtigsten eine besondere Behandlung erheischen. Es sind dies die folgenden:

1. *das unmittelbar der Gewaltorganisation der herrschenden Klasse angehörige Beamtentum*: Berufsoffiziere und Unteroffiziere aller bewaffneten Formationen, Verwaltungs- und Justizbeamte. Diese Schicht ist ideologisch mit der herrschenden Klasse am engsten verbunden, besitzt ein starkes Standesgefühl und die Neigung, eine selbst von der Politik der wirtschaftlich herrschenden Klasse verschiedene, eigene Politik zu betreiben. Wir haben in unserem Problemkreis nichts weiter mit ihr zu schaffen.

2. *das Lehrpersonal aller Stufen*: die am schlechtesten bezahlte, im Kapitalismus geringgeschätzte Schicht des Beamtentums, welche sich am leichtesten dem Proletariat anschließt;

3. *das wirtschaftliche Beamtentum*, welches in der Produktion und in der Zirkulation beschäftigt ist. Ein Teil verrichtet unentbehrliche produktive Funktionen: Ingenieure, Chemiker, Techniker, Ökonomen, Organisatoren, Werkführer; ein anderer Teil versieht den notwendigen Verteilungs- und Überwachungsdienst; ein dritter Teil ist nur in der Konkurrenz tätig und gehört zu den faux frais des kapitalistischen Wirtschaftssystems. Natür-

lich gibt es Übergangsschichten: Eisenbahn- und Postbeamte, welche teils zur Gewaltorganisation gehören, teils produktive Funktionen verrichten; Eisenbahnarbeiter, Diener usw., die eine lebenslängliche Anstellung besitzen, aber doch Arbeiter sind.

Für die Diktatur des Proletariats bildet die erste und die zweite Gruppe des Beamtentums kein schwieriges Problem. Die erste Gruppe, die Beamtenschaft der Gewaltorganisation des alten Staates, muß auseinandergejagt, ihr organisatorischer Aufbau zerschlagen werden. Erst nach vollständiger Auflösung der alten Gewaltorganisationen können einzelne Personen der Gruppe in den Dienst des Proletarierstaates wieder eingestellt werden.[45] Anders steht es mit dem Lehrpersonal; dieses kann durchweg in den Dienst des Proletarierstaates übernommen werden; nur die Spitzen müssen gesäubert und der ganze Geist den neuen Verhältnissen gemäß umgewandelt werden, was bei dieser Schicht auf geringe Schwierigkeiten stößt.

Das eigentliche Problem bildet die in der Produktion und Verteilung tätige Beamtenschaft, welche mit der Arbeiterschaft in unmittelbarer Berührung lebt. Diese Schicht hatte im Kapitalismus eine zwiespältige Funktion. Sie vertrat den Arbeitern gegenüber in der Gestalt von Betriebsleitern, Kontrolleuren, Lohnkalkulatoren, Werkmeistern das anonyme, unsichtbare Kapital. In dieser Funktion waren die Beamten in den Augen der Arbeiter verhaßt. Andererseits übten sie als Organisatoren, Ingenieure, Chemiker, Techniker sehr wichtige produktive Funktionen aus, in welchen sie durch Proletarier sehr schwer zu ersetzen sind. Um eine entsprechende Arbeitsleistung in den Betrieben zu erreichen, ist eine Verständigung zwischen der Arbeiterschaft und dem technischen Beamtenpersonal der Fabriken unbedingt notwendig. Diese Verständigung wurde aber durch die eigenartigen Verhältnisse der Diktatur sehr erschwert. *Die Arbeiterschaft, welcher in der Diktatur die Funktion der Betriebsleitung zufällt, fordert, daß die prinzipiell ausgesprochene Gleichstellung der Beamten und Arbeiter in bezug auf Lohn- und Arbeitsverhältnisse sogleich in die Tat umgesetzt werde.* Also, entweder die Abschaffung der obenerwähnten Vorrechte der Beamten oder Gewährung dieser Rechte an alle Arbeitenden. Hierüber gab es nun während der ungarischen Räteherrschaft eine sich fortwährend steigernde Unstimmigkeit zwischen Beamten und Arbeitern, welche die Produktion in den Fabriken sehr nachteilig beeinflußte. Die Beamten, unter denen es vor der Diktatur viele begeisterte Anhänger, ja Vorkämpfer des Rätesystems gab, verloren — von der kleinen Schicht der wirklich Überzeugten abgesehen — die Freude an der Arbeit, als sie nicht nur die erhoffte führende Stellung in der Produktion und in der Politik selbstverständlich nicht erhielten, sondern selbst ihre bisherigen Vorrechte gefährdet sahen. Die Gewerkschaften der Beamten setzten sich geschlossen für die Aufrechterhaltung des Status quo ein. Die einzelnen Streitfälle wurden zwar durch gemischte Kommissionen der beteiligten Gewerkschaften schlecht und recht geschlichtet, es ergab sich aber die zwingende Notwendigkeit, in diesen Fragen prinzipiell

45 So geschah es in Rußland. In Ungarn, wo die Diktatur nicht als Ergebnis einer Klassenrevolution, sondern auf friedlichem Wege zustande kam, stellte sich die ganze Gewaltbürokratie „bereitwillig" in den Dienst der Proletarierregierung. Generale und Staatssekretäre wetteiferten in der Dienstbereitschaft; die Organisation der öffentlichen Beamten stellte sich sofort auf die Grundlage der Diktatur. Es ist kein Wunder, daß die Zerstörung des alten Gewaltapparates unter solchen Umständen nur ganz oberflächlich durchgeführt wurde. Die überwiegende Mehrzahl der Beamten wurde auf ihrem Posten belassen; ein großer Teil von ihnen trieb eine stille, vorsichtige, aber intensive Sabotage. Der Unterlassung der Auflösung des alten Beamtenapparats ist es zuzuschreiben, daß das reaktionäre Regime in Ungarn in verhältnismäßig kurzer Zeit das alte System wieder herstellen konnte.

Stellung zu nehmen, denn es drohte eine allgemeine Sabotage der produktiven Beamtenschaft. Der Oberste Wirtschaftsrat entsendete eine Kommission zur Prüfung dieser Frage, welche ihre Arbeit jedoch nicht vollendete.

In Rußland waren die Beamten, auch die produktiven, nach der Eroberung der politischen Macht durch das Proletariat geschlossen im gegnerischen Lager und leisteten offenen Widerstand. Sie mußten daher niedergeschlagen werden. Der Widerstreit zwischen Sachkenntnis und sozialer Zuverlässigkeit wurde hier ohne Zögern zugunsten der letzteren entschieden. *Aber dieser Sieg wurde erkauft um den Preis der „Verstärkung der Zerrüttung"*. Und die Arbeiterklasse allein konnte dieser Zerrüttung nicht Herr werden!

Die Schwierigkeiten in der Abgrenzung des Wirkungskreises der technischen Leiter und des Arbeiterbetriebsrates — wir sprachen schon im Kapitel über Organisation davon — sind leicht zu lösen, *wenn beiderseits der gute Wille vorhanden ist.* Kann man aber die in der habgierig-egoistischen Ideologie befangenen technischen Beamten dazu bewegen, mit voller Arbeitskraft und Eifer zu arbeiten, bei einem auf den Arbeitslohn herabgesetzten Gehalt? Kann man andererseits bei der politisch herrschenden Klasse der manuellen Arbeiterschaft erreichen, daß sie sich den Anordnungen der technischen Beamten in der Produktion fügt und, von der prinzipiellen Gleichheit der Arbeitsbedingungen absehend, ihnen höhere Löhne und bessere Arbeitsbedingungen gewährt?

Es muß zur Lösung der Frage eine weitere Unterscheidung gemacht werden. Die Schicht der in der Produktion und Zirkulation beschäftigten Beamten: Bankbeamte, industrielle Beamte, Beamte der Verkehrsanstalten und Handelsangestellte, die man im Gegensatz zu den Staatsbeamten zusammenfassend „Privatbeamte" zu nennen pflegt, gilt nur infolge der alles zusammenfassenden Gewerkschaftsorganisation als eine einheitliche Schicht. Was ihre Rolle in der Produktion anbelangt, scheidet sie sich scharf in zwei Schichten. 90 Prozent verrichten ganz gewöhnliche Durchschnittsarbeit, welche in kurzer Zeit von jedem Menschen mit gesundem Menschenverstand erlernt werden kann: das Heer der Maschinenschreiber, der Buchhalter, der Korrespondenten, der Lagerbeamten, der Verkäufer usw. Die geistige Leistung dieser Schicht überschreitet in keiner Weise jene vieler manueller Arbeiter. Die Schematisierung der Arbeit hat hier in den letzten Jahrzehnten riesige Fortschritte gemacht. Wird doch, wie Woldt irgendwo schreibt, den Korrespondenten in großen Unternehmen nicht einmal so viel Freiheit belassen, selbst zu entscheiden, ob sie einen Brief mit „Achtungsvoll, Hochachtungsvoll" oder einer anderen Höflichkeitsfloskel schließen. Die Höflichkeitsfloskeln werden numeriert, und es wird ihnen die Anweisung erteilt, ob sie 1, 2 oder 3 zu benutzen haben. Auch das Taylorsystem hat erfolgreiche Versuche zur weiteren Mechanisierung der Kontorarbeit gemacht. Es besteht also kein Grund dafür, diesen Schichten der Beamtenschaft bessere Arbeitsbedingungen zu gewähren, als den gelernten produktiven Arbeitern[46], um so weniger, als mit dem Aufhören der

46 Marx hat dies schon vor einem halben Jahrhundert festgestellt. „Der eigentlich kommerzielle Arbeiter gehört zu der besserbezahlten Klasse von Lohnarbeitern, zu denen, deren Arbeit geschickte Arbeit ist, über der Durchschnittsarbeit steht. Indes hat der Lohn die Tendenz zu fallen, selbst im Verhältnis zur Durchschnittsarbeit, im Fortschritt der kapitalistischen Produktionsweise. Teils durch Teilung der Arbeit innerhalb des Kontors; daher nur einseitige Entwicklung der Arbeitsfähigkeit zu produzieren ist und die Kosten dieser Produktion dem Kapitalisten zum Teil nichts kosten, sondern das Geschick des Arbeiters sich durch die Funktion selbst entwickelt, und um so rascher, je einseitiger es mit der Teilung der Arbeit wird. Zweitens, weil die Vorbildung, Handels- und Sprachkenntnisse usw. mit dem Fortschritt der Wissenschaft und Volksbildung immer rascher, leichter, allgemeiner, wohlfeiler reproduziert werden, je mehr die kapitalistische Produktionsweise die Lehrmethoden usw. aufs Praktische richtet. Die

Anarchie und der Organisierung der zentralen Wirtschaftsleitung die Kontorarbeit sich noch weiter vereinfacht, typisiert. *Es liegt daher kein Grund vor, diesem riesigen Heer von Beamten eine Ausnahmestellung zu gewähren, ihre im Dienste der Klassenherrschaft erworbenen Vorrechte zu schonen.* Ihre Arbeitsverhältnisse können daher, was die Arbeitszeit, die Kündigungsfrist usw. anbelangt, ganz ruhig auf jene der Arbeiter herabgesetzt werden. In anderen Beziehungen müßte die Gleichstellung durch Verbesserung der Arbeitsbedingungen der manuellen Arbeiter hergestellt werden. So wäre ein bezahlter Erholungsurlaub auch allen Arbeitern zu gewähren. Beispiele aus der kapitalistischen Praxis beweisen, daß die Arbeiter durch erhöhte Arbeitsleistung die durch den Urlaub versäumte Zeit einbringen. Von einer Entfremdung oder Sabotage dieser Beamtenschicht steht nicht viel zu befürchten, da sie leicht überwacht und, wenn nötig, durch Arbeiter ersetzt werden kann.

Ganz anders steht es um die restlichen 10 Prozent oder um die noch weniger umfassende Spezialistenschicht der produktiven Beamtenschaft: der technischen Leiter, Organisatoren, Chemiker usw. Diese können durch Arbeiter nicht ersetzt und in ihrer Tätigkeit durch Arbeiter, wie wir bereits ausführten, schwer überwacht werden. Diese müssen gewonnen werden.

„Ohne die Anleitung durch Spezialisten der verschiedenen Zweige des Wissens, der Technik der Praxis ist der Übergang zum Sozialismus unmöglich, denn der Sozialismus erfordert einen bewußten und massenhaften Vormarsch zu einer höheren Arbeitsproduktivität als unter dem Kapitalismus, und zwar auf der Basis des durch den Kapitalismus Erreichten . . . Die Masse der Spezialisten aber ist unvermeidlich bürgerlich infolge der ganzen Beschaffenheit des gesellschaftlichen Lebens, das sie zu Spezialisten gemacht hat . . . die Masse der Saboteure „geht zum Dienst“, die besten Organisatoren und die bedeutendsten Spezialisten aber kann sich der Staat entweder auf alte Art, auf bürgerliche Art (d. h. gegen hohe Bezahlung) nutzbar machen, oder aber auf eine neue Art, auf proletarische Art (d. h. durch Schaffung jener Verhältnisse allgemeiner Rechnungsführung und Kontrolle von unten, die zwangsläufig und von selbst die Spezialisten unterordnen und heranziehen würden).“[47]

Wir unsererseits glauben nicht, daß diese Kräfte auch mit der besten Organisation zu einer vollen Arbeitsleistung gezwungen werden können. Indessen war diese Organisation in Rußland auch nicht vorhanden. Lenin führt daher weiter aus: „Wir mußten jetzt zu dem alten, bürgerlichen Mittel greifen und uns mit einer sehr hohen Bezahlung der „Dienste“ der bedeutendsten bürgerlichen Spezialisten einverstanden erklären . . . Es ist klar, daß eine solche Maßnahme ein Kompromiß, eine Abweichung von den Prinzipien der Pariser Kommune und jeder proletarischen Macht ist, die fordern, daß die Gehälter dem Lohn des Durchschnittsarbeiters angeglichen werden . . . einen Schritt zurück für unsere sozialistische, sowjetische Staatsmacht, die von Anfang an eine Politik der Herabsetzung der hohen Gehälter auf den Lohn eines Durchschnittsarbeiters proklamiert und durchgeführt hat.“[48]

Verallgemeinerung des Volksunterrichts erlaubt, diese Sorte aus Klassen zu rekrutieren, die früher davon ausgeschlossen, an schlechtre Lebensweise gewöhnt waren. . . . Mit einigen Ausnahmen entwertet sich daher im Fortgang der kapitalistischen Produktion die Arbeitskraft dieser Leute; ihr Lohn sinkt, während ihre Arbeitsfähigkeit zunimmt.“ K. Marx, Das Kapital, Dritter Band, in: MEW, Bd. 25, a. a. O., S. 311—312.

47 W. I. Lenin, Die nächsten Aufgaben der Sowjetmacht, in: Werke, Bd. 27, a. a. O., S. 238—239.

48 Ebenda, S. 239.

Im Gegensatz zu Lenin sehen wir in der höheren und hohen Bezahlung der *Spezialisten keinen weitgehenderen Bruch mit den Prinzipien der Sowjetmacht, keine weitgehendere Konzession an die dem Kapitalismus angestammte habgierig-egoistische Psyche der jetzigen Generation, als in der Lohnzahlung gemäß der Arbeitsleistung überhaupt.* Wenn ein starker, geschickter Arbeiter im Akkordlohn doppelt soviel verdienen darf als ein schwacher, kränklicher Arbeiter, der die Hälfte produziert, ist es nicht einzusehen, warum ein hervorragender Techniker oder Organisator, dessen Arbeit möglicherweise einen hundertfachen Ertrag liefert gegenüber der eines Durchschnittsarbeiters, nicht eine viel höhere Bezahlung erhalten soll. Der Bruch mit den Prinzipien ist in beiden Fällen ganz derselbe.

Die Frage ist jedoch durch die in Rußland nachträglich eingeführte und in Ungarn von Anfang an angewandte Methode der höheren und hohen Bezahlung der Spezialisten nicht gelöst. Erstens muß der gewerkschaftliche Zusammenhang zwischen den Spezialisten und den Durchschnittskontorarbeitern gelöst werden, wenn nötig durch Auflösung der Beamtenorganisation, da sonst alle diplomierten Arbeitskräfte, selbst jene, welche absolut typische Kontorarbeit verrichten, eine Speziallistenbezahlung fordern, wie dies in Ungarn geschehen ist. Es muß ferner dafür gesorgt werden, daß für die Spezialisten die Möglichkeit besteht, für ihr hohes Geldgehalt reale Güter zu kaufen, da sonst das hohe Gehalt illusorisch wird.

Der Erfolg dieses Vorgehens hängt, wie die meisten Probleme der Wirtschaftspolitik, aufs engste mit den politischen Erfolgen zusammen. Steht es einmal für die Beamten und insbesondere für die Spezialisten fest, daß keine Aussicht für die Wiederkehr des kapitalistischen Systems vorhanden ist, so werden sie mit Einsatz aller ihrer Kräfte arbeiten. Denn es wird nunmehr ihr eigenes Interesse sein, daß sich die wirtschaftlichen Kräfte des Landes zur größten Blüte entfalten. Auch ist das Schaffen das Lebenselement gerade der großzügigen Techniker und Organisatoren. Andererseits wird mit dem rapiden Aufschwung der Volkskultur die Bedeutung des Problems der Beamtenschaft rasch abnehmen. Eine neue Generation wächst heran, erzogen in dem Geiste der reinen Brüderlichkeit, frei von Habsucht und bürgerlichen Vorurteilen, geistige und körperliche Arbeit vollkommen gleichschätzend. Erst in dieser Generation kann das Problem der Beamtenschaft verschwinden.

Aber schon bei Beginn der Diktatur gibt es eine Anzahl absolut ergebener, hervorragender Intellektueller im Dienste des Proletariats. Es bewährt sich die Voraussage des Kommunistischen Manifestes: „In Zeiten endlich, wo der Klassenkampf sich der Entscheidung nähert, nimmt der Auflösungsprozeß innerhalb der herrschenden Klasse, innerhalb der ganzen alten Gesellschaft, einen so heftigen, so grellen Charakter an, daß ein kleiner Teil der herrschenden Klasse sich von ihr lossagt und sich der revolutionären Klasse anschließt, der Klasse, welche die Zukunft in ihren Händen trägt. Wie daher früher ein Teil des Adels zur Bourgeoisie überging, so geht jetzt ein Teil der Bourgeoisie zum Proletariat über, und namentlich ein Teil der Bourgeoisideologen, welche zum theoretischen Verständnis der ganzen geschichtlichen Bewegung sich hinaufgearbeitet haben.“[49]

*Stolz können wir feststellen, daß die Blüte der jüngeren Generation der ungarischen Intelligenz Anhänger der Räterepublik war und mit vollem Herzen im Lager des Proletariats stand.*

Das Beamtenproblem hat auch eine quantitative Seite. Durch die Organisierung der Gemeinwirtschaft wird zwar die Zahl der im Dienste der Gemeinwirtschaft ste-

49 K. Marx/F. Engels, Manifest der Kommunistischen Partei, in: MEW, Bd. 4, a. a. O., S. 471—472.

henden Beamten stark vermehrt. Hingegen vermindert sich die Zahl der in den enteigneten Betrieben tätig gewesenen „Privatbeamten" noch rascher; besonders wenn wir die freiwerdenden selbständigen Zirkulationsagenten hinzurechnen. Es ergibt sich hier eine schwere Aufgabe für die Menschenwirtschaft des Proletarierstaates: *aus unproduktiven Konsumenten produktive Arbeiter zu bilden.* In Ungarn sind wir bloß zur Erkenntnis dieser Aufgabe gelangt. Positives wurde nicht geleistet, weil die Organisation für Menschenwirtschaft erst im Aufbau begriffen war; weil die Gewerkschaften der Beamten einen geschlossenen Widerstand leisteten und weil der rechte Flügel der Regierung, die Sozialdemokraten, die Ansicht vertrat, daß kein Beamter entlassen werden darf, bevor für eine andere entsprechende Beschäftigung vorgesorgt sei. Es ergab sich hierdurch ein moralisch unhaltbarer Zustand. Zehntausende Angestellte gesperrter Geschäfte, Beamte von Büros, die nicht mehr funktionierten, von Banken, deren Geschäftskreis auf ein Minimum zusammengeschrumpft war, bezogen ohne irgendeine Arbeitsleistung ihr volles, sogar erhöhtes Gehalt, lungerten herum, lehnten jede Teilnahme an irgendeiner Arbeit mit dem Bemerken ab, daß sie ja ihren „Posten" hätten, nahmen den Funktionären der Räteregierung die Freude an der Arbeit, da diese für dieselbe Bezahlung schwer arbeiten mußten, während jene herumlungerten. Es ergibt sich als eine wichtige Erkenntnis aus den ungarischen Erfahrungen, daß man nicht einmal für eine Übergangszeit Beamte, die keine Arbeit haben, im Dienste behalten darf.

Für die produktive Verwendung der im bisherigen Wirkungskreis überflüssig gewordenen Beamten gibt es Gelegenheit genug. Die jüngere kräftige Generation kann ja ohne weiteres in die landwirtschaftliche Arbeit überführt werden, wo es für intelligente Arbeitskräfte zur Intensivierung der Arbeit und zur Erhöhung der Ergiebigkeit ein schrankenloses Betätigungsfeld gibt. Auch in einzelnen Industriezweigen findet sich produktive Arbeit. Ein anderer Teil kann durch Ausbildung das Lehrpersonal vermehren, dessen rasche Vermehrung zur Hebung der allgemeinen Volkskultur notwendig ist. Der größte Teil findet bei den staatlichen und kommunalen Verteilungs- und Kontrollorganisationen Verwendung. Aber die Vorbedingung dieser Umschichtung der überflüssig gewordenen Beamtenschaft in produktive Betätigungskreise ist die sofortige Entlassung jedes überflüssigen Beamten. Geschieht dies nicht, so gibt es nur ausnahmsweise Beamte, die sich aus eigener Einsicht dazu entschließen, ihren unproduktiven Beruf gegen produktive Tätigkeit zu vertauschen.[50] Der Widerstand der Gewerkschaften muß durch intensive Agitation, schlimmstenfalls auch durch Auflösung derselben gebrochen werden.

50 Während der ungarischen Räterepublik erklärten einmal die Beamten eines im Stadium der Liquidierung befindlichen Finanzinstituts, als die Räumlichkeiten desselben zu einem anderen Zwecke verwendet werden sollten: *sie betrachteten ihren Schreibtisch als eine Scholle, welche ihren Lebensunterhalt sichern müsse.* Dies zu einer Zeit, als sie außer dem Reinhalten der Fingernägel kaum irgendeine Arbeit mehr an dem Schreibtisch zu verrichten hatten!

# 8. Die Agrarpolitik des proletarischen Staates

Das schwierigste Problem der proletarischen Diktatur ist die Agrarfrage. Wirtschaftlich und politisch. Wirtschaftlich, weil die Versorgung des städtischen Proletariats mit den unentbehrlichen Lebensmitteln von der richtigen Lösung der Agrarfrage abhängig ist; politisch, weil in den agrarischen Ländern Ost- und Mitteleuropas keine Regierung des städtischen Proletariats sich auf die Dauer gegen den einheitlichen Widerstand der landwirtschaftlichen Bevölkerung halten könnte. *Es muß also eine Politik befolgt werden, welche wirtschaftlich die Produktion nicht nur nicht hemmt, sondern womöglich fördert, die Ernährung der Städte sicherstellt und dem Proletarierregime in den Dörfern eine Stütze schafft.* Es muß also eine Politik befolgt werden, welche mindestens die landwirtschaftlichen Proletarier und Dorfarmen (Bauern, die nicht mehr produzieren, als sie zum eigenen Unterhalt brauchen, keine Arbeiter verwenden, ja selbst bei Gelegenheit Lohnarbeit verrichten) für die Diktatur des Proletariats gewinnt, die mittleren Schichten der Bauern aber mindestens zur Neutralität im politischen Kampfe bringt.

Im ersten Stadium der Diktatur ist die Ernährung der Armee und der Stadt die dringendste und schwierigste Aufgabe. Die Gründe hierfür haben wir bereits im dritten Kapitel ausgeführt. Im Beginn jeder Diktatur muß daher vor allem danach getrachtet werden, die Kontinuität der Produktion zu sichern. Auch eine Unterbrechung der industriellen Produktion ist von großem Schaden, diejenige der landwirtschaftlichen aber verhängnisvoll. Die landwirtschaftliche Arbeit ist aus natürlichen produktionstechnischen Gründen periodisch: Das in einem Zeitpunkt Versäumte kann innerhalb desselben Wirtschaftsjahres unmöglich mehr nachgeholt werden; und da die Landwirtschaft die unentbehrlichsten Güter, die Lebensmittel produziert, muß vor allem für den Fortgang der Produktion gesorgt werden.

Die Notwendigkeit, die Kontinuität der Produktion sicherzustellen, ist auch auf die Modalität der Enteignung des Grund und Bodens von großem Einfluß. Prinzipiell sollte, wie alle Produktionsmittel, auch aller Grundbesitz enteignet werden, *obwohl Grundeigentum unter einer gewissen Größe nicht als Mittel der Ausbeutung dient, sondern als Naturalgrundlage der Existenz durch produktive Arbeit.* Von dieser prinzipiellen Seite der Frage jedoch ganz abgesehen, ist es aus praktischen Gründen selbstverständlich, daß unter eine gewisse Grenze hier ebensowenig gegriffen wird als in der Industrie; *aus politischen Gründen*: Millionen eigentumfanatischer Kleinbauern dürfen nicht zu aktiven politischen Gegnern gemacht, in das gegenrevolutionäre Lager getrieben werden; *aus wirtschafts-organisatorischen Gründen*: Das Proletariat verfügt nicht über die nötige Zahl von klassenbewußten Anhängern, um Millionen landwirtschaftlicher Betriebsleiter auf einen Schlag entbehren zu können. Dies um so weniger, als jeder Mißgriff die Ernährung der Stadt gefährdet.

Eine prinzipielle Grenze für die Enteignung läßt sich hier ebensowenig angeben wie in der Industrie. Es hängt vor allem von der Verteilung des Grundbesitzes und der darauf basierenden Klassenschichtung der landwirtschaftlichen Bevölkerung wie auch von der Ideologie derselben ab. Je größeren Anteil der Großgrundbesitz an der Gesamtfläche hat, je zahlreicher die absolut besitzlosen Proletarier in der Landwirtschaft sind, je schärfer der Klassengegensatz zwischen Großgrundeigentümern und landwirtschaftlichen Arbeitern entwickelt ist, desto fester kann die Diktatur auf dem Lande fundiert werden, desto tiefer kann bei der Enteignung gegriffen werden. Je gleichmäßiger hingegen der Grundbesitz verteilt ist, je weniger besitzlose wirkliche Proletarier es daher gibt, je geringer der Klassengegensatz infolgedessen entwickelt ist, desto ungünstiger sind die Verhältnisse für eine Proletarierherrschaft, desto vorsichtiger muß daher bei der Enteignung vorgegangen werden. Nebenbei: In der Agrarfrage scheidet sich sozialdemokratischer Revisionismus und revolutionärer Bolschewismus am schärfsten. Ausgedehntes Großgrundeigentum bedeutet in der bürgerlichen, demokratischen Politik feudale Reaktion, agrarische Wirtschaftspolitik, teure Lebensmittel. Daher scharfe Klassengegensätze, günstiger Boden für eine proletarische Revolution; Überwiegen des kleinbäuerlichen Kleineigentums: Demokratie; geringe Klassengegensätze im Lande, ungünstiger Boden für eine rein proletarische Revolution. Daher sind die Revisionisten für Zerschlagung des Großgrundeigentums, die Kommunisten hingegen für die Erhaltung desselben.[51]

In Ungarn ist die Verteilung des Grundbesitzes, wie allgemein bekannt, sehr ungleich. Von der als Ackerbau genutzten Fläche entfielen im Jahre 1916 35 Prozent auf Betriebe über 100 Joch (57 Hektar). Von der gesamten Bodenfläche entfiel ein noch größerer Teil auf den Großgrundbesitz. In dem unter der Räteherrschaft stehenden, vom Feinde nicht besetzten Teil Ungarns war dieses Verhältnis noch ungünstiger. Dementsprechend gab es in Ungarn eine nach Millionen zählende, absolut landlose Schicht von landwirtschaftlichen Arbeitern. Von Rumänien und Irland abgesehen, gibt es nirgends eine solche Riesenzahl besitzloser Landarbeiter als in den von Magyaren bewohnten Teilen des alten Ungarns, Landarbeiter, die keinen Fetzen Land ihr Eigen nennen, die nicht einmal Pachtfelder auf eigene Rechnung bebauen, sondern heimatlos, wie die industriellen Arbeiter hin und hergeworfen, ihr Leben fristen.

Unter diesen Umständen konnte bei der Enteignung des Grund und Bodens energisch vorgegangen werden. *Die Verordnung vom 3. April 1919 erklärte allen Groß- und Mittelbesitz samt dem ganzen lebenden und toten Inventar und den Forderungen und Bankguthaben ohne Entschädigung für enteignet.* Das Minimum, welches von der Enteignung freiblieb, wurde in der Grundverordnung selbst nicht bestimmt. In der Durchführungsverordnung wurde es auf 100 Joch (57 Hektar) festgesetzt.[52] Hierdurch gelangten mehrere Millionen Hektar des gesamten Grund und Bodens, beiläufig etwa 50 Prozent der Gesamtfläche, 35—40 Prozent des Ackerbodens, *juristisch* in den Besitz der arbeitenden Klassen.

Die Durchführung der Enteignung geschah in Ungarn in einer der russischen wirtschaftlich weitaus überlegenen Art und Weise. In Rußland wurde der Grundbesitz eigentlich gar nicht enteignet, sondern von den Bauern regellos aufgeteilt, während die Einrichtung

51 Der Umstand, daß die Bolschewiki in Rußland den Bauern freie Hände in der Zerschlagung des Großgrundbesitzes ließen, ändert an dieser prinzipiellen Auffassung nichts. Die russischen Bolschewiki waren in einer politischen Zwangslage; sie konnten die Revolution auf dem Lande bei der ganz überwiegend bäuerlichen Bevölkerung nur auf diese Weise festigen. Sie sind jetzt bemüht, die Reste des Großgrundeigentums in Sowjetwirtschaften zu organisieren und den Großbetrieb auf genossenschaftlicher Grundlage wieder herzustellen.

52 Es ist selbstverständlich, daß eine Festsetzung auf Grundlage der Ausdehnung des Besitzes den von der Enteignung verschonten Besitz sehr ungleich erfaßt: 100 Joch auf einem fruchtbaren Ackerboden können einen größeren Wert besitzen als 500 Joch schlechten Bodens. Es konnte aber keine andere klare Umschreibung der Minimalgrenze als eine territoriale gefunden werden. Die hierdurch entstandenen Ungerechtigkeiten sollten später systematisch ausgeglichen werden.

geraubt und verschleppt wurde. Es war dies keine Enteignung, sondern eine revolutionäre Aufteilung. Die schädlichen Folgen dieses Verfahrens hat Lenin in seiner Rede „Der Kampf ums Brot“ trefflich ausgeführt. *In Ungarn vollzog sich die Enteignung des Großgrundbesitzes ohne Aufteilung, ohne daß das Vermögen der Betriebe angetastet worden wäre, ohne Unterbrechung der Produktion.*

Es ist dies nicht im geringsten das Verdienst der ungarischen Rätefunktionäre, sondern die Folge der ganz verschiedenen historischen Bedingungen, unter welchen die Enteignung vor sich ging. In Rußland nahmen die Bauern, und zwar unter Führung der Vermögenden, aktiven Anteil an der Revolution. Dieselbe löste daher die Agrarfrage in entsprechender Weise. Die Bauern teilten den Boden auf und verschleppten die Produktionsmittel, wobei nicht die ärmsten, sondern die wohlhabendsten Bauern den größeren Anteil erhielten. In Ungarn gab es keine proletarische Revolution im eigentlichen Sinn des Wortes. Die Macht fiel den Proletariern über Nacht sozusagen legal in die Hände. Auf dem flachen Lande gab es überhaupt nur eine geringfügige revolutionäre Bewegung, aber auch keinen bewaffneten Widerstand. Daher konnte die juristische Enteignung ohne jedes Hindernis vollzogen und der Großbetrieb erhalten werden. In Rußland trachtet man jetzt, den staatlichen Großbetrieb in der Landwirtschaft zu organisieren. Seit Herbst 1918 geht die Sowjetregierung immer mehr zur Erhaltung des Großbetriebes in der Form von Sowjetgütern, Genossenschaftsbetrieben und Agrarkommunen über. Trotz des Widerstandes, den die Bauern entfalten, hat sich diese neue Betriebsform rasch entwickelt. Anfang Februar 1919 gab es schon 1510 Genossenschaftsbetriebe und Agrarkommunen, Ende Juli über 5000. Es sollen ihnen über 2 Millionen Desjatinen gehören.[53]

Wir betonen den Ausdruck *juristisch*, denn es muß offen eingestanden werden, daß die Enteignung in den meisten Fällen nur juristisch vollzogen wurde, sozial aber in vielen Fällen sich so wenig änderte, daß die Landbevölkerung von der Enteignung oft keine klare Vorstellung besaß.

In welcher Weise geschah die Enteignung?

Von dem Bestreben geleitet, die Ernte ja nicht zu gefährden, wurden die bisherigen Gutsbeamten in den meisten Fällen auf ihrem Posten belassen. Sie leiteten die Betriebe wie bisher, nunmehr auf Rechnung des Staates. In vielen Fällen wurde der Eigentümer als leitender Gutsbeamter auf seinem nunmehr enteignetem Gute belassen. Es ist dies dasselbe Verfahren, welches in Rußland bei der Enteignung der industriellen Großbetriebe allgemein angewendet wurde. Während aber in Rußland die Arbeiterbetriebsräte dieser enteigneten Betriebe sofort in Aktion traten und die Arbeiterkontrolle faktisch ausübten, blieb die vorgesehene Konstituierung von Betriebsräten auf den enteigneten ungarischen Großgrundbesitzen zumeist auf dem Papier. Verblieb der bisherigen Gutsbesitzer als staatlich angesteller Betriebsleiter auf dem enteigneten Gut, so änderte sich sozial vorläufig gar nichts. Der Gutsbesitzer verblieb in derselben herrschaftlichen Wohnung, fuhr weiter mit demselben Viergespann, ließ sich von den Arbeitern weiter „Gnädiger Herr“ anreden. Die ganze Änderung bestand darin, daß er nicht mehr frank und frei über sein Vermögen verfügen konnte, sondern den Anordnungen der Betriebszentrale folgen mußte. Davon bemerkte aber der landwirtschaftliche Arbeiter sehr wenig; für ihn hatte die soziale Revolution nur insofern eine Bedeutung, als er einen viel höheren Verdienst erhielt als bisher. Alle grundlegenden sozialen Neuerungen wurden auf die für die Kontinuität der Produktion weniger empfindliche Zeit des Herbstes verschoben.

53 Russische Korrespondenz, Leipzig, 1. Jg. 1920, Januar.

War dieses Verfahren ökonomisch gerechtfertigt, so war es politisch um so gefährlicher, als es die Ausbreitung der sozialen Revolution unter den Landarbeitern verhinderte und den sozialen und ideologischen Anschluß der landwirtschaftlichen Proletarier an die Revolution vertagte. *Nur ein geringer Teil der landwirtschaftlichen Proletarier hat auf diese Art die Bedeutung der Revolution erfaßt und in den Kämpfen der Roten Armee für dieselbe ihr Leben eingesetzt.* Freilich wäre eine bis in die Tiefe dringende politische Aufrüttelung der arbeitenden Massen vor der Ernte wirtschaftlich ein sehr gefährliches Unterfangen gewesen. War die industrielle Arbeiterschaft Ungarns bei der Proklamierung der Diktatur nicht „reif" zur Leitung der industriellen Betriebe, so waren es die landwirtschaftlichen Arbeiter erst recht nicht. Sie waren ohne jede wirtschaftliche oder soziale Schulung, jeder zweite Mann des Lesens und Schreibens unkundig, überwiegend zu dem Wunsche neigend, sich den Boden als Privateigentum zu erwerben, nicht nur keine Kommunisten, sondern nicht einmal Sozialdemokraten, da die Agitation unter den Landarbeitern vor der Revolution mit allen Machtmitteln des von den Großgrundbesitzern beherrschten Verwaltungsapparates verhindert wurde. Mit diesem rohen, unvorbereiteten Menschenmaterial mußte sehr vorsichtig umgegangen werden, wollte man das ganze Ergebnis des Jahres in der Landwirtschaft nicht gefährden. Die Kontinuität der landwirtschaftlichen Produktion wurde auch erhalten. Freilich um den teuren Preis der Unterlassung der politischen Aufrüttelung weiter Massen des landwirtschaftlichen Proletariats.

Der organisatorische Aufbau der enteigneten Großgüter war auf folgende Art in der Durchführung begriffen: Aus den einzelnen Gütern wurden Produktivgenossenschaften gebildet. Die Genossenschaften eines Territoriums wurden unter einer gemeinsamen Oberleitung vereinigt. Sämtliche Produktivgenossenschaften wurden in der „Landesbetriebszentrale der landwirtschaftlichen Produktivgenossenschaften" zusammengefaßt, welche unmittelbar unter der Leitung der Sektion für Ackerbau des Obersten Wirtschaftsrates stand. Die Form der Produktivgenossenschaft wurde wegen der sozialen Rückständigkeit der landwirtschaftlichen Arbeiter gewählt. Hätten wir die Großgüter einfach für Staatseigentum erklärt, wären die Lohnforderungen der Arbeiter uferlos und die Arbeitsintensität minimal gewesen. Auf diese Weise war die Möglichkeit gegeben, für die Arbeitsdisziplin und Arbeitsintensität damit zu agitieren, daß der Reinertrag des Gutes den Arbeitern selbst gehöre. Hiermit wurde auch dem Bestreben der Landarbeiter, Eigenbesitz zu erhalten, in gewisser Weise Genüge getan. Auch politisch schien dies geboten, um die Kraft der gegenrevolutionären Agitationsparole, die landwirtschaftlichen Arbeiter hätten nur den Herrn gewechselt, statt des „edlen Herrn Grafen" seien sie nur mehr „Diener des städtischen Proletariats", zu brechen. Materiell hatte diese Konzession wenig zu bedeuten, da die Buchführung aller Güter zentral geschah. Es bestand die Absicht, nach genügender vorhergehender Aufklärung die enteigneten Großgüter offen als Staatseigentum, die Arbeiter als Angestellte des Staates zu erklären, ganz wie die industriellen Arbeiter.[54]

54 Es bleibt die Frage offen, ob die Umwandlung der Landarbeiter in Staatsangestellte, ob die Durchführung der Sozialisierung der Großgüter ohne Aufteilung möglich gewesen wäre. Viele Anzeichen sprechen dafür, daß die ungarischen Landarbeiter nach einer gehörig durchgeführten Agitation diese Lösung freiwillig akzeptiert hätten und der keineswegs glänzenden Existenz des isolierten Kleinbauern freiwillig entsagt hätten. Vielleicht wäre es vorteilhafter gewesen, den Hunger der Dorfarmen nach Land durch eine Zuweisung kleiner Parzellen bis zu einem Hektar teilweise zu stillen. Es hätte dies auch in der Form einer Erbpacht geschehen können.

Die Betriebsleitung der einzelnen Güter wurde ähnlich organisiert wie die der Fabriken. Der unmittelbare Leiter der Produktion, dem Produktionskommissär entsprechend, war der nunmehr vom Staate angestellte Gutsbeamte. *Mitglieder der Produktivgenossenschaft waren die ständigen Arbeitskräfte: nämlich das Jahresbezüge erhaltende Gesinde und jene freien Arbeiter, die sich verpflichteten, jährlich eine Mindestzahl von Arbeitstagen (120) auf dem Gute zu arbeiten.* Aus den Mitgliedern wurde ein Betriebsrat gewählt mit ähnlichen Funktionen wie in den industriellen Großbetrieben. Da aber bei der sehr geringen Bildung der landwirtschaftlichen Arbeiter wie auch infolge ihrer konservativen Ideologie die Autorität des Gutsbeamten sehr groß ist, hatte im allgemeinen der leitende Gutsbeamte dem überhaupt nicht überall gewählten Betriebsrat gegenüber ein starkes Übergewicht. Die landwirtschaftlichen Betriebsräte fungierten daher im allgemeinen nur formell. Die eigentliche Organisationsarbeit sollte erst im Herbst vor sich gehen. Der ruhige Fortgang der für die Ernährung so wichtigen Sommerarbeit in der Landwirtschaft sollte nicht gestört werden. Es zeigten sich aber auch in der Landwirtschaft bereits ähnliche Unstimmigkeiten zwischen den Arbeitern und Gutsbeamten wie in den Fabriken, deren Ausgleich auch hier große Schwierigkeiten verursacht hätte.

Hingegen hatte bereits die Arbeit begonnen, die enteigneten Großgüter zur Sicherung der Ernährung des städtischen Proletariats zu organisieren, da auf die Lebensmittelablieferung der Bauern nicht stark genug gebaut werden konnte. *Es wurde daher alles mögliche angewendet, um die Produktion der enteigneten Großbetriebe zu erhöhen.* Die in ungenügender Menge vorhandenen Hilfsstoffe, Kohle, Benzin, Kunstdünger und Produktionsmittel: Maschinen, Pflüge, Gerätschaften wurden in erster Linie den enteigneten Großgütern zugewiesen. Es bestand der Plan, die in der Nähe der Hauptstadt und der größeren Städte gelegenen Großgüter in einem weiten Gürtel als sehr intensiv, teilweise gärtnerisch bebaute Betriebe zu organisieren. In der Umgebung von Budapest wurden einige sehr große Gärtnereien auf dem Territorium der früheren Rennbahn bereits im ersten Monat der Diktatur angelegt. Weitere sollten im Herbste folgen. Auf vielen Großgütern wurden mit Benützung früherer Kriegsmaterialien Feldbahnen angelegt. Die Milchkühe der von der Eisenbahn entfernter gelegenen Güter wurden in den in der Nähe der Eisenbahnstationen gelegenen Milchwirtschaften konzentriert, um die Hauptstadt und die anderen Städte mit Milch versorgen zu können. Die in den Luxusbetrieben und den anderen Gebieten des Wirtschaftslebens frei werdenden Arbeiter und Beamten sollten als Arbeiter auf den enteigneten Gütern angesiedelt werden, um ihnen eine produktive, gesunde Beschäftigung zu bieten und das intellektuelle Niveau und damit die Arbeitsleistung der landwirtschaftlichen Arbeiter zu heben. In den obenerwähnten großen Gemüsegärtnereien arbeiteten tatsächlich Hunderte von gewesenen Beamten und anderen Mitgliedern der früheren Herrenschicht, und zwar fleißig und gut gelaunt. Kurz, es war ein wohl durchdachter Plan in Durchführung begriffen, um den Ertrag der beiläufig 40 bis 50 Prozent der gesamten Bodenfläche betragenden enteigneten Güter in kürzester Zeit soweit zu erhöhen, um zum mindesten die notdürftige Ernährung der städtischen Bevölkerung sicherzustellen und das ökonomische Lebensmittelmonopol der Bauern zu brechen. *Das schwerste Hindernis in der Durchführung dieses Planes waren die kurzsichtigen, der Diktatur feindlich gesinnten, ganz in der ererbten Geisteseinstellung verharrenden Führer der Landarbeitergewerkschaft*, welche die Landarbeiter zu so maßlosen Forderungen verleiteten, daß bei ihrer Gewährung der ganze Rohertrag der Landwirtschaft ihnen zugefallen und der städtischen Bevölkerung überhaupt nichts geblieben wäre. Durch zielbewußte Agitationsarbeit hätte auch diese Schwierigkeit wahrscheinlich überwunden werden können.

Die enteigneten Großgüter wurden vorläufig ohne Ausnahme unter eine staatliche zentrale Bewirtschaftung gestellt. Es wurde aber erwogen, ob es nicht zweckmäßiger wäre, einzelne Großgüter zu kommunalisieren, um durch die lokale Mitarbeit und Kontrolle den Ertrag zu erhöhen. Auch die industrielle Arbeiterschaft einzelner Großbetriebe machte den Vorschlag, ihnen landwirtschaftliche Großbetriebe zur unmittelbaren Bewirtschaftung zu überlassen; sie wollten nach der beendigten industriellen Arbeit an der Kultur „ihres" Gutes teilnehmen. So bestechend dies auch scheint, verhielten wir uns solchen Vorschlägen gegenüber prinzipiell ablehnend. Bei der allgemeinen Tendenz zum Partikularismus, welche jeder revolutionären Epoche eigen ist, stand zu befürchten, daß durch eine solche Lösung die zentrale Bewirtschaftung der Lebensmittel durchkreuzt werde. In Rußland mit seinen riesigen Entfernungen scheinen die Vorteile des lokalen Interesses an der Erhöhung der Produktion die Nachteile, welche aus der Erschwerung der einheitlichen Lebensmittelversorgung entspringen, zu überwiegen. Ein Artikel Larins in der „Roten Fahne" gegen Ende 1919 sagt folgendes: „Um die Landwirtschaft den Interessen des Proletariats dienstbar zu machen und zu entwickeln, gibt die Räteregierung große Stücke Landes den Fabriken, Unternehmungen und Gesellschaften zur Organisation der Landwirtschaft, wie auch den Organen der städtischen Verwaltung. Das Dekret des Rates der Volkskommissäre vom 15. Februar 1919 ermutigt noch zu dieser Maßregel. So wird neben den ländlichen Unternehmungen kleiner Gruppen, eine sozialistische Landwirtschaft geschaffen auf den Gütern früherer Großgrundbesitzer, die nicht in großem Maßstab unter die Bauern aufgeteilt worden sind. Auf diese Weise errichtet man vor den Augen der Bauern ländliche Zentren, welche durch ihr Beispiel die Landleute von dem Vorteil einer ländlichen, genossenschaftlichen und rationellen Organisation überzeugen und sie zur Nachahmung aneifern."

Wir kommen nun damit zu dem speziellen Problem der Bauernschaft, welche ihren Grund und Boden weiter als Privateigentum besitzt. Wir halten den Optimismus Larins — dieselbe Ansicht, welche Kautsky in seiner Agrarfrage vertritt —, daß die Bauern durch das Beispiel der staatlichen Großbetriebe zum freiwilligen Aufgeben ihres Privateigentums angeregt würden, für utopisch. In Rußland, wo unter dem Einfluß der Bodengemeinschaft, dem Mir, sich die Spuren einer dem Kommunismus nahestehenden Geistesverfassung bei den Bauern erhalten haben mögen, besteht hierfür vielleicht eine Möglichkeit. In jenen Ländern aber, wo das Privateigentum an Grund und Boden seit langer Zeit besteht und die habgierige, egoistische Ideologie auch bei dem Bauern voll entwickelt ist, ist an ein freiwilliges Aufgeben des Privateigentums in dieser Generation nicht zu denken. Jedes proletarische Regime muß unseres Erachtens mit dieser Tatsache rechnen.

Was soll also mit den Bauern geschehen? Diese Frage steht im engsten Zusammenhang mit dem Ernährungsproblem. In Ungarn wurde die Hälfte des Bodens als Großgrundbesitz enteignet, und da auf diese Weise wenigstens die notdürftige Ernährung des industriellen Proletariats sichergestellt schien, konnten wir in der Bauernfrage ökonomisch einen zuwartenden Standpunkt einnehmen. Wir hätten die Aufgabe gehabt, die Bauern durch den Ausbau des Unterrichtswesens zur besseren Bewirtschaftung ihres Bodens zu bewegen, ihre Bedürfnisse zu erhöhen und auf diese Weise *der drohenden Rückkehr der Bauern zur geschlossenen Hauswirtschaft vorzubauen.* Es sollte versucht werden, den Überschuß der Bauern an Lebensmitteln ihnen friedlich im Wege des Kaufes oder des Naturalaustausches abzunehmen. Ein schärferes Einschreiten wäre nur notwendig geworden, wenn die reichen Bauern den Verkauf bzw. die Ablieferung ihres Lebensmittelüberschusses aus politischen Motiven systematisch verweigert hätten. In diesem Falle gibt es kein anderes Mittel als die Enteignung des Grund und Bodens selbst. Requirierungen führen nicht zum Ziele, da sie eine Einschränkung der Produktion nach sich ziehen. Da aber die enteigneten Bauerngüter nur lokal bewirtschaftet werden können, zu einem Großbetrieb infolge ihrer Zersplitterung in kleine Parzellen in den meisten Fällen nicht taugen, müßte eine neue politisch und wirtschaftlich verläßliche, lokale proletarische Organisation zu diesem Behufe geschaffen werden.

In Rußland wurde mit den sogenannten Dorfkommunen — die Vereinigung landloser und landarmer Dorfproletarier — der Versuch gemacht, die Lebensmittelablieferung der vermögenden Bauern zu kontrollieren. Auf diesem Gebiet, wie es scheint, mit geringem Erfolg. Ähnlichen Organisationen, *aus den Proletariern des Dorfes gebildeten, unter der Kontrolle des lokalen Rates stehenden kleineren Arbeitsgemeinschaften müßten die enteigneten Bauerngüter gegen einen Naturalpachtzins zur kollektiven Bewirtschaftung übergeben werden.* Wir denken deswegen an kleine Gemeinsamkeiten, weil die zerstreuten Felder, mit den ebenfalls nur zum Kleinbetrieb geeigneten bäuerlichen Produktionsmitteln, zur Zeit nur in kleinen Betrieben bewirtschaftet werden können.

Um aber dies zu ermöglichen, muß eine schwierige Arbeit geleistet werden: Die Dorfproletarier müssen aus der ideologischen Gemeinschaft mit den reichen Bauern herausgerissen, der Klassenkampfgedanke in das Dorf hineingetragen und das Bewußtsein der Solidarität der landwirtschaftlichen Arbeiter mit dem städtischen Proletariat geweckt werden. Eine ungemein schwierige Aufgabe. In Ungarn, wo es im Dorfe selbst eine scharfe Klassenscheidung zwischen den Vollbauern und den sogenannten Kleinhäuslern gibt, wo die Vermögensunterschiede in der Bauernschaft selbst sehr groß sind, mag diese Aufgabe leichter zu lösen sein. In jenen Ländern aber, wo infolge einer gleichmäßig abgestuften Verteilung des Bodens eine Scheidung zwischen reichen Bauern und Dorfarmen überhaupt undurchführbar ist, scheint diese Art der Lösung unbrauchbar.[55] In solchen Fällen *ist die Frage nur durch die Umgestaltung der ganzen bäuerlichen Ideologie zu lösen.* Zu diesem *Zwecke* ist vor allem die Gewinnung der Lehrerschaft unerläßlich. Auch besteht die Möglichkeit, kommunistische, industrielle Arbeiter, welche noch mit ihrem Heimatdorf verwachsen sind, dorthin zu versetzen als Agitatoren, Führer des Dorfrates usw. Das proletarische Regime erhielte hierdurch in jedem Dorfe einige verläßliche, beständige Vertrauensleute zur Kontrolle jeder konterrevolutionären Bauernbewegung, mit deren Vermittlung die ideologische Umwandlung durch die Presse, Flugschriften, Vorträge, Unterricht in Angriff genommen werden könnte. Infolge der unausbleiblichen Ernährungsschwierigkeiten in den Städten werden sich zu dieser Aufgabe überall industrielle Arbeiter in genügender Zahl finden. Es ist eine schwierige, langwierige Arbeit, die aber geleistet werden muß, soll der Bürgerkrieg zwischen Stadt und Land nicht stabilisiert werden!

55 Wir denken hier an die klassische Schilderung von Marx in „Der achtzehnte Brumaire des Louis Bonaparte": „Jede einzelne Bauernfamilie genügt beinahe sich selbst, produziert unmittelbar selbst den größten Teil ihres Konsums und gewinnt so ihr Lebensmaterial mehr im Austausche mit der Natur als im Verkehr mit der Gesellschaft. Die Parzelle, der Bauer und die Familie; daneben eine andre Parzelle, ein andrer Bauer und eine andre Familie. Ein Schock davon macht ein Dorf, und ein Schock von Dörfern macht ein Departement. So wird die große Masse der französischen Nation gebildet durch einfache Addition gleichnamiger Größen, wie etwa ein Sack von Kartoffeln einen Kartoffelsack bildet." (MEW, Bd. 8, a. a. O., S. 198.) In den sieben Jahrzehnten, die seit der Niederschrift dieser Zeilen verflossen sind, hat sich auch innerhalb der Bauernschaft eine gewisse Differenzierung vollzogen, auf welche bereits Marx gleichzeitig hingewiesen hat. Aber die Grundauffassung ist auch heute noch für viele Länder gültig.

# 9. Die Lebensmittelversorgung

In den ersten Jahren der Diktatur kann das Ernährungsproblem für das Proletariat unmöglich im Sinne einer besseren Ernährung gelöst werden. Wir haben dies bereits im Dritten Kapitel erörtert. Die Diktatur bringt den landwirtschaftlichen Arbeitern eine starke Lohnsteigerung, zum Teil unmittelbar in der Form vermehrter Naturalbezüge; aber auch der gesteigerte Geldlohn läßt sich hier, an der Quelle, leicht in Lebensmittel verwandeln. Alles andere gleichbleibend, würde sich die Versorgung der Stadt durch diesen Umstand erheblich verschlechtern. Von der gleichen Ernte erhalten die Städte einen verringerten Anteil. Was nun die enteigneten unmittelbar unter staatlicher oder kommunaler Verwaltung stehenden Güter anbelangt, so steht deren Überschuß der zentralen Lebensmittelbewirtschaftung unmittelbar zur Verfügung, abgesehen von gewissen partikularistischen Widerständen von seiten der lokalen Räte, welche vor allem ihr eigenes Territorium gut zu versorgen trachten.

In Ungarn, wo mit der Enteignung des Großgrundbesitzes 40 bis 50 Prozent des Ackerbodens — und zwar der ertragreichere Teil — in die unmittelbare Verfügung des Staates kam, war die Frage der Lebensmittelversorgung halbwegs gelöst. Man konnte mit einiger Geduld zuwarten, wie sich die Bauern zur Frage der Lebensmittelablieferung stellen würden.

Auch in Rußland wurde getrachtet, das Schwergewicht der Versorgung der Städte mit Lebensmitteln, nach den schlimmen Erfahrungen in den ersten zwei Jahren mit den Bauern, auf die neugeschaffenen staatlichen genossenschaftlichen Dorfkommunen — große Güter zu legen. In der „Russischen Korrespondenz" vom Januar 1920 lesen wir hierüber: „Wenn die Wirtschaften der Kommunen und Genossenschaften vor allem auf den Sowjetländereien vielfach noch mangelhaft bleiben sollten, durch Mangel an Fachkräften, landwirtschaftlichen Maschinen und Zuchtvieh, so ist dennoch diese Wendung in der Agrarfrage . . ., die Errichtung von großen Betrieben . . ., sicher ein Fortschritt, denn es unterliegt keinem Zweifel, daß diese neuen Wirtschaften, nach Überwindung der Anfangsschwierigkeiten, eine feste Grundlage für die Ernährung Rußlands bilden werden. Man rechnete in Sowjetkreisen Mitte 1919 damit, daß diese Wirtschaften 100 Millionen Pud Getreide werden liefern können, was ungefähr den Betrag ausmacht, den das Kommissariat für Volksernährung im Jahre 1918 zu liefern imstande war."

Indessen, *dieser Lösungsmodus, die Verlegung des Schwergewichtes der landwirtschaftlichen Produktion auf staatliche Großbetriebe, rasche Erhöhung der Produktion auf denselben, hierdurch Abschaffung der Monopolstellung der Bauernschaft in der Lebensmittelversorgung der Städte und in Verbindung hiermit ein halb passives Gewährenlassen der Bauernschaft gegenüber kann nicht allgemein angewendet werden.* In den meisten Ländern ist die Ackerfläche bis zu 80, 90% in Betriebe bis zu 50 ha zersplittert. Die Ernährung des städtischen Proletariats kann daher nur aus den Überschüssen der Bauernwirtschaften geschehen. Es muß daher eine Art und Weise gefunden werden, die Bauern zur Ablieferung der Lebensmittel zu bewegen. (Zur Produktion braucht man im allgemeinen die Bauern nicht anzuhalten; sie lassen ihre Felder selten unbestellt.) Formell ist hierzu die Einführung, bzw. die Beibehaltung des im Kriege eingeführten Getreidemonopols und anderer staatlicher Monopole der Weg. Jedoch zeigt die Erfahrung Rußlands und ganz Mitteleuropas, daß das rechtliche Bestehen eines Getreidemonopols und einer Ablieferungspflicht an sich wenig bedeutet. *Es hängt ganz vom Ansehen und der Macht der bestehenden Staatsgewalt ab, ob der Bauer Lebensmittel an die Monopolorganisation abliefert oder nicht.* Will der Bauer nicht abliefern, so findet er hierzu Wege genug: Er verfüttert das Getreide, vergräbt es, bringt es in den Schleichhandel usw. Es läßt sich voraussehen, daß in den meisten Ländern die Bauern dem Proletarierstaate feindlich gesinnt sein[56] und sich der Ablieferungspflicht entziehen werden. Wir müssen daher die Mittel untersuchen, welche der Diktatur zur Niederringung des Widerstandes der Bauern, zur Sicherung der Lebensmittelversorgung des industriellen Proletariats zur Verfügung stehen. Wir wollen hierbei gedanklich die wirtschaftlichen, politischen und agitatorischen Mittel trennen, betonend, daß in der Praxis dieselben gleichzeitig angewendet, miteinander in Wechselwirkung stehen. Wir unterscheiden daher:

1. *Wirtschaftliche Mittel*
   a) *Einkauf gegen Geld;*
   b) *Naturalaustausch gegen Industrieprodukte.*
2. *Politische Mittel*
   a) *Steuern;*
   b) *Requirierung;*
   c) *Enteignung des Eigentums der reichen Bauern.*
3. *Agitatorische Mittel* zur Herstellung der Solidarität zwischen dem städtischen und ländlichen Proletariat.

*Wirtschaftliche Mittel*

a) In Ländern, wo sich die Bauern während des Krieges nicht übermäßig bereichert haben, wo sie nicht bereits sehr viel Papiergeld aufgehäuft haben, wo also der Trieb zur Schatzbildung noch besteht, wäre es für den Proletarierstaat, mindestens in den ersten ein, zwei Jahren der Diktatur, der gangbarste und billigste Weg, den Bauern die Lebensmittel für Papiergeld abzukaufen. Ist dies angängig, so kann man bei der Feststellung des Preises den Forderungen der Bauern entgegenkommen. Die Löhne der Industriearbeiter und auch die Preise der an die Bauern aus den staatlichen Betrieben gelieferten Güter müssen entsprechend erhöht werden. Für den Proletarierstaat ist dies bloß eine Rechenfrage.

*Leider war dieser Weg für die ungarische Räterepublik nicht gangbar.* Erstens hatten die Bauern schon während des Krieges so viel Bargeld aufgehäuft, daß der Trieb zur Schatzbildung bereits stark abgestumpft war. Zweitens aber hatten wir das Mißgeschick — wir können es nicht anders nennen —, keine technische Einrichtung zur Herstellung der alten, von den Bauern allein angenommenen, sogenannten *blauen* Noten zu besitzen. Wir kommen auf die Geldfrage im proletarischen Staate noch zurück.[57] Hier sei nur festgestellt, daß für jenes Geld, welches wir zur Verfügung hatten, der Bauer im all-

56 Die Feindschaft der Großbauern und aller Schichten der herrschenden Klassen gegen die proletarische Staatsmacht ist unabhängig von der *Form* derselben: ob Rätesystem, Gewerkschaftsregierung oder parlamentarische Majorität der Arbeiterschaft bleibt den herrschenden Klassen gleichgültig. Sie setzen jeder Form einen gleichstarken Widerstand entgegen, wenn der Aufbau einer sozialistischen Wirtschaft ernstlich in Angriff genommen wird.

57 Siehe hierzu die Ausführungen im 9. Kapitel der vorliegenden Ausgabe „Das Geldproblem in der proletarischen Diktatur".

gemeinen keine Lebensmittel verkaufen wollte. In Rußland scheint der alte Papierrubel bei den Bauern noch immer zur Schatzbildung zu dienen und daher, wenn auch mit sehr herabgeminderter Kaufkraft, von dem Bauern angenommen zu werden.

b) Außer dem konservativen Geiste, dem Mißtrauen gegen alles Neue, spielte bei der Zurückweisung des Geldes durch die Bauern der Umstand eine wichtige Rolle, *daß alle Noten, alte wie neue, im volkswirtschaftlichen Sinne eigentlich kein Geld mehr darstellten, kein allgemeines Äquivalent bildeten, da der Bauer seine Bedürfnisse mit Hilfe des Geldes nicht befriedigen, für die Noten keine Industrieartikel kaufen konnte.* Die landwirtschaftlichen Produktionsmittel mußten aus den im vorhergehenden Kapitel dargelegten Gründen überwiegend den großen, staatlichen Gütern reserviert werden. Die dem unmittelbaren Konsum dienenden Industrieartikel — Stoffe, Schuhe, Möbel, Glaswaren usw. — nahm in erster Linie das städtische Proletariat selbst in Anspruch. *Es paßt auch in keiner Weise in das System der Güterwirtschaft eines proletarischen Staates, wirkliche Güter für an sich wertloses, aus arbeitslosen Einkommen noch vor der Diktatur aufgehäuftes Papiergeld hinzugeben.* Nur nach einer radikalen Ausmerzung aller aus dem kapitalistischen Zeitalter stammenden potentiellen Kaufkraft könnte davon die Rede sein, das Geld wieder als vollwertiges Kaufmittel der Erzeugnisse der proletarischen Staatswirtschaft anzuerkennen.

Um den Einfluß der bei den Bauern in Geldform aufgehäuften potentiellen Kaufkraft auszuschalten, mit anderen Worten: Um für die gelieferten Industrieartikel in gleichem oder größerem Werte Lebensmittel zu erhalten, *wurde in Ungarn ein primitiver Naturalaustausch versucht.* Es wurden Eisenbahnzüge mit Industrieartikeln, deren die Bauern dringend bedurften — Salz, Petroleum, Sensen, Spaten, Textilwaren, Bilder — in größere Bauerndörfer geschickt, um dieselben unmittelbar für die Erzeugnisse der bäuerlichen Wirtschaft — Schmalz, Speck, Eier usw. — einzutauschen. Es war geplant, diese Institution später auszubauen, statt der mobilen Züge ständige Lager zum Eintausch der Lebensmittel gegen Industrieartikel einzurichten, unter Leitung der oben geschilderten lokalen Wirtschaftsämter.[58]

Die ersten Versuche ergaben jedoch ein zwiespältiges Resultat. Gerade die landwirtschaftlichen Arbeiter und armen Bauern, auf welche sich das Rätesystem auf dem Lande stützen sollte, wurden durch die Tauschaktionen feindlich gestimmt. Denn sie hätten wohl Bargeld zum Kauf der feilgebotenen Güter gehabt, aber keine überflüssigen Lebensmittel zum Tausche. Nur die reichen Bauern konnten daher die Tauschgüter erwerben. Proletarier und arme Bauern fragten entrüstet, was sich eigentlich geändert hätte, wenn auch in der Proletarierdiktatur die reichen Bauern bevorzugt würden. Der Zwiespalt wäre zu lösen gewesen, wenn man den Proletariern und armen Bauern diese Güter gegen Bezahlung in Geld gegeben hätte. Indessen — dies ist der Kernpunkt des Problems — der

58 In Rußland wurde etwas Ähnliches versucht. An vielen Orten wurde zwischen den städtischen Konsumvereinen und den Bauerngemeinden ein System von Verträgen eingeführt. Auf Grund der Feststellung über das Resultat der Ernte ergeht an die Gemeinde die Aufforderung, eine bestimmte Menge von Produkten zu liefern. Einerseits verpflichtete sich der Verpflegungsausschuß für das betreffende Gouvernement hierfür den Bauerngemeinden eine bestimmte Menge städtischer Waren zur Verfügung zu stellen. Diese Waren werden nach Maßgabe der Einhaltung des Vertrages den Bauerngemeinden abgeliefert. Die Bauern erfahren auf diese Weise unmittelbar, daß der Erwerb von Produkten der städtischen Industrie an die Ablieferung der überschüssigen Getreidemenge zum Höchstpreis an die Stadt gebunden ist. Dieser Versuch wurde im Vorjahr im Gouvernement Tula angewendet, wo auf diese Weise in einem einzigen Kreise in einem Zeitraum von sechs Wochen 1600000 Pud Getreide aufgebracht wurden. (Aus einem Artikel Lenins.)

Staat verfügte nicht über eine genügende Menge industrieller Güter, um die Frage auf diese Weise lösen zu können, wie es auch unmöglich schien, die Getreideernte dem Bauern im Wege des Naturalaustausches abzukaufen. Es wurde erwogen, den Bauern die Ernte *gegen spezielle Staatsnoten, welche ein Vorkaufsrecht für den Ankauf der staatlichen Monopolartikel sicherten, abzukaufen.* Hierdurch wäre die in Gestalt von altem Papiergeld aufgehäufte Kaufkraft der Bauern ausgeschaltet worden. Der Zusammenbruch der Diktatur ließ die Ausführung dieses Planes nicht mehr zu.

Ein zweites interessantes Moment war, daß die reichen Bauern die zum Tausch angebotenen Güter oft zu teuer fanden und stehen ließen. Um dies zu verstehen, müssen wir an die ganz eigenartige Lage Ungarns erinnern. Ein kleines Land, weithin an Länder angrenzend, in welchen das im Lande aufgehäufte Papiergeld ebenfalls als gesetzliches Zahlungsmittel gilt. Die Bauern beschafften sich für bares Geld im Wege des Schmuggels im Auslande, was sie benötigten; sie ließen sich daher keinen höheren als den Weltmarktpreis aufzwingen.

Das Fehlschlagen dieses Versuches in Ungarn ist zum Teil auf diese ganz speziellen Umstände zurückzuführen. In ausgedehnten Ländern, wo der Schmuggel verhältnismäßig nicht so tief eindringen kann und wo die eigene Valuta im Auslande nach dem Einsetzen der Diktatur rapid im Kurse sinkt, welcher Umstand die Einfuhr ausländischer Waren verteuert und erschwert, scheint es möglich durch wirtschaftliche Zwangsmaßregeln, durch ein straffes staatliches Monopol der für die Bauern wichtigen industriellen Güter — Salz, Petroleum, Eisen, landwirtschaftliche Maschinen und Geräte, Textilien — und durch höhere Monopolpreise, die Bauern zur Ablieferung einer für die Ernährung der städtischen Bevölkerung genügenden Menge von Lebensmitteln zu zwingen. Es muß aber hierbei in Betracht gezogen werden, daß dies nur möglich ist, wenn die staatliche Produktion in der Industrie bereits gut im Gange ist, das heißt ein genügendes Quantum von industriellen Gütern zum Austausch gegen Lebensmittel zur Verfügung steht, was anfangs nirgends der Fall sein dürfte; und daß das Austauschverhältnis für den Bauern nicht allzu ungünstig angesetzt werden darf! Wir müssen betonen: *Es gibt keine Bevölkerungsschicht, die dem Verbrauch von in fremden Betrieben erzeugten Gütern leichter entsagen kann als der Bauer.* Findet er das Petroleum zu teuer, so kehrt er zum Öl- oder Fettlämpchen zurück. Werden ihm die Textilwaren zu teuer berechnet, spinnt und webt er sich selber sein Kleidungsmaterial. Scheinen ihm die Maschinen zu teuer, so sät er mit der Hand, drischt er mit dem Handflegel, bearbeitet den Boden mit dem Spaten. Im Besitz des allerwichtigsten Produktionsmittels, des Bodens, kann man ihm mit ökonomischen Mitteln über eine gewisse Grenze hinaus nichts anhaben. Er kehrt eben zu der primitiven Wirtschaftsform der Vergangenheit zurück und unterläßt den Kauf von städtischen Erzeugnissen überhaupt.

### *Die Rolle der staatlichen Gewalt*

Wir haben bisher vorausgesetzt, daß die Bauern sich in ihrem Verhältnis zum proletarischen Wirtschaftsstaat von rein ökonomischen Motiven leiten lassen. Indessen, diese Voraussetzung ist falsch: *Die klassenbewußte Schicht der reichen Bauern verweigert die Belieferung der proletarischen Städte mit Lebensmitteln aus politischen Gründen.* Sie reißt in dieser Boykottbewegung — solange der Klassenkampfgedanke nicht in das Dorf selbst eingedrungen ist — auch die mittlere Schicht der Bauernschaft, ja selbst einen Teil des Dorfproletariats mit sich. Es muß daher, wie wir bereits ausführten, durch Agitation, Aufklärung und entsprechende Institutionen *die Schicht der Proletarier und armen Bauern von jener der reichen ideologisch und politisch losgelöst* und in jedem Dorfe als Stütze der Proletarierdiktatur und der Lebensmittelversorgung organisiert werden. Jedenfalls braucht dieses Verfahren viel Zeit; mehr Zeit, als die hungernden städtischen Proletarier der Bauernländer aufbringen können. Die Bauern müssen daher durch staatliche Machtmittel zur Ablieferung der Lebensmittel gezwungen werden. Es fragt sich nun, in welcher Form dies geschehen kann.

a) Die für den Bauern gangbarste, psychologisch annehmbarste, weil von jeher gewohnte Art des staatlichen Machteingriffes in die Einkommenverteilung — *ist die Besteuerung.* In Ungarn haben wir den Fehler gemacht, dem Bauern selbst die bis dahin bestehenden, niedrigen Grundsteuern zu erlassen. Dies war kein finanzieller Fehler, denn bei dem großen Budget der Räteregierung spielten die 20 bis 30 Millionen Grundsteuer, welche die Bauern nach dem alten Steuersystem gezahlt hätten, keine Rolle, sondern ein *politischer* Fehler. Die Maßregel verfehlte vollkommen ihren Zweck, denn die Bauern wurden hierdurch nicht nur nicht gewonnen, sondern in ihrem Widerstand bestärkt. Sie faßten die Erlassung der Steuern als ein Eingeständnis der Schwäche der proletarischen Regierung auf und schöpften daraus den Anreiz zur Nichtbeachtung anderer Verordnungen. Richtiger scheint die entgegengesetzte Politik zu sein: ein sofortiges scharfes Anziehen der Steuerschraube, die Einführung einer hohen , aber gerechten Grundwertsteuer, welche in Naturalien geleistet werden muß.[59] Hat die proletarische Staatsmacht Kraft und Ansehen genug, so ist es auf diese Weise möglich, bedeutende Mengen Lebensmittel ohne ökonomische Gegenleistung von dem Bauern zu erhalten.

b) Die zweite weitergehende Phase der Anwendung der Staatsgewalt ist die Requirierung der Lebensmittel, wie sie von der kapitalistischen Regierungsmacht geübt wurde. Und zwar kann die Requirierung *gegen Zahlung in Geld* oder *gegen Bezahlung in Noten,* welche bei dem Ankauf von Industrieartikeln einen Vorzug genießen, *oder aber ohne Entgelt geschehen,* wie es im bolschewistischen Rußland oft geschah. Obwohl dies letztere Verfahren für den Proletarierstaat der billigste und der von vielen Kommunisten für den besten gehaltene Weg ist, halten wir dafür, daß dies möglichst vermieden werden soll, und zwar aus rein ökonomischen Gründen. Ohne Entgelt requirieren kann man eigentlich nur die Ernte eines Jahres. Im nächstfolgenden Wirtschaftsjahr wird der auf diese Weise behandelte Bauer die Produktion erstens einschränken, statt dem leicht greifbaren Getreide andere, zu verschiedenen Zeitpunkten reifende Pflanzen anbauen. Dann aber wird er die Ernte verstecken, vergraben, verfüttern usw. Ein Ausziehen bewaffneter Gruppen industrieller Arbeiter aus den Städten in die Dörfer zu gewaltsamer Requirierung von Lebensmit-

59 Manche Kommunisten halten den systematischen Ausbau der Besteuerung der Bauern für überflüssig, da sie voraussetzen, daß das im Besitz der Bauern befindliche Land alsbald durch Enteignung oder durch freiwilligen Anschluß der Bauern an die staatlichen Großgüter in den Besitz des Staates gelangen wird. Wir sind der Meinung, daß das nicht so rasch der Fall sein dürfte. Nicht nur aus politischen und ideologischen, sondern auch aus wirtschaftlichen Gründen. *Millionen von Bauernwirtschaften können nicht als selbständige Betriebseinheiten gemeinwirtschaftlich verwaltet werden.* Der Zusammenlegung in Großbetriebe steht aber der Umstand entgegen, daß die vorhandenen Produktionsmittel der Bauern zum Großbetrieb minder geeignet sind, die industrielle Produktion aber die für den landwirtschaftlichen Großbetrieb nötigen Produktionsmittel in so raschem Tempo nicht erzeugen kann. *Es ist daher unseres Erachtens unbedingt notwendig, für die ziemlich lange Übergangszeit ein entsprechendes Steuersystem anzuwenden.*

teln kann als ad hoc Auskunftsmittel gut sein. Die dauernde Versorgung der Städte ist auf dieser Grundlage unmöglich. In Rußland wurde, wie bereits erwähnt, der Versuch gemacht, den Klassenkampf in der Weise in die Dörfer hineinzutragen, daß „Komitees“ aus Proletariern und armen Bauern gebildet wurden, welche die Ernte und die Ablieferung der Bauern ständig unter Kontrolle hielten. Wie sich diese Institution bewährte, wissen wir nicht. In Ungarn wurde in letzter Instanz den lokalen politischen Räten die Aufgabe zuteil, die Ernte der Bauern der staatlichen Monopolorganisation zu sichern. Wie sich dies bewährt hätte, wissen wir nicht. Da aber in den Dorf-Sowjets an vielen Orten die reichen Bauern die faktische Führung innehatten, die Komitats-Sowjets eine sehr starke Neigung zum Partikularismus zeigten und in erster Linie die Bevölkerung des eigenen Territoriums gut versorgen wollten, hätten sich auch bei diesem System sicherlich große Schwierigkeiten ergeben.

c) *Setzt die Klasse der reichen Bauern der Ablieferung der Lebensmittel einen zähen politischen oder bewaffneten Widerstand entgegen, so scheint es* — aus den oben angeführten Gründen — *zweckmäßig*, nicht die gewaltsame Requirierung der Ernte vorzunehmen, welches Verfahren mit gutem Erfolg nur ein einzigesmal anwendbar ist, sondern *den Grund und Boden der reichen Bauern selbst zu enteignen.* Bleibt Grund und Boden trotz des niedergeschlagenen offenen Widerstandes auch weiterhin im Besitz der reichen Bauern, so setzt die Sabotage der Produktion selbst ein und es wird ein zweites Mal zum Requirieren nichts vorhanden sein. Die Produktion selbst muß daher anderen Händen anvertraut werden; es fragt sich nur wem.

Wir in Ungarn haben dieses Stadium der Entwicklung nicht erreicht, haben hierin also keine praktischen Erfahrungen. In Rußland scheint sich folgende Entwicklung zu vollziehen: Die Komitees der Dorfarmut erhalten das enteignete Land zu genossenschaftlichen Betrieben. Hierdurch wird die alte Form des Gemeineigentums, des Mir, auf prolatarisch-politischer Grundlage erneuert. Es bleibt hierbei aber die Frage offen, ob ein Übergehen des Besitzes der reichen Bauern an eine oder mehrere Genossenschaften für sich allein eine Gewähr dafür bietet, daß wenigstens die Überschüsse an Lebensmitteln für die Ernährung des städtischen Proletariats zur Verfügung stehen. Denn es ist ganz gut möglich, daß die Genossenschaften der Dorfarmen mangels entsprechender ökonomischer Gegenleistung *der Ablieferung der Lebensmittel einen ähnlichen Widerstand entgegensetzen, wie vorher die reichen Bauern.*

Wir kommen damit zum dritten Problemkreis: der Herstellung des gemeinsamen Klassenbewußtseins, der Solidarität zwischen Stadt- und Landproletariat. *Denn offenbar genügt es durchaus nicht, den Klassenkampf im negativen Sinne in die Dorfbevölkerung hineinzutragen,* die Dorfarmen in Reih und Glied gegen die reichen Bauern zu stellen, ihnen durch die Machtmittel des Staates zu helfen, die reichen Bauern zu enteignen. Es muß in ihnen auch das klare Bewußtsein geweckt werden, daß sie ihre Befreiung vom Joche der Grundbesitzer und reichen Bauern nur mit Hilfe des städtischen Proletariats, der Vortruppe der Revolution, erhalten können, zur Festhaltung der Errungenschaften der Revolution aber die Versorgung der Stadt mit Lebensmitteln eine unerläßliche Vorbedingung ist. *Das Bewußtsein der Klassensolidarität muß sich selbst gewisse Entbehrungen freiwillig auferlegen, um die Versorgung des städtischen Proletariats mit dem Allernotwendigsten sicherzustellen.* Es ist dies eine ebenso große agitatorische Aufgabe wie die Erweckung des Klassenbewußtseins bei dem industriellen Proletariat, nur muß das in der kürzesten Zeit erreicht sein, soll die Diktatur des Proletariats nicht zusammenbrechen. Was dort lange Jahrzehnte in Anspruch nahm, muß hier in kurzen Jahren geleistet werden.

Nun stehen freilich dem zur herrschenden Klasse im Staat gewordenen industriellen Proletariat ganz andere Mittel zur Aufklärung und Agitation zur Verfügung als zu jener Zeit, wo diese Arbeit gegen die den Staat beherrschenden Grundbesitzer- und Bauernklasse versucht wurde. Das Monopol der Presse, der schriftlichen und mündlichen Agitation, wie die Möglichkeit, in jedem Dorfe mindestens einen klassenbewußten industriellen Arbeiter anzusiedeln, der dort die Dorfarmen führt, aufklärt, organisiert und zur Klassensolidarität bewegt; die im Dienste der Proletarierherrschaft stehende Schule: *All dies ergibt die Möglichkeit einer raschen Umwandlung der Ideologie der Dorfbevölkerung und hiermit eine endgültige Sicherung der Ernährung des städtischen Proletariats in dem Falle, wenn das industrielle Proletariat genügende Kräfte zur Lösung dieser schweren Aufgabe stellen kann.* Es werden sich hierbei interessante „nationale Verschiedenheiten" ergeben. In den östlichen Ländern Europas gibt es verhältnismäßig wenige industrielle Arbeiter, und das ländliche Proletariat ist nur in geringem Maße klassenbewußt. Das gilt aber gleicherweise auch von den reichen Bauern. In den westlichen Ländern überwiegt das industrielle Proletariat: Die Landarbeiter sind durch den regen Verkehr mit dem industriellen Proletariat, bewirkt durch die Durchsetzung des ganzen Landes mit industriellen Zentren und einzelnen Betrieben, bereits zum Klassenkampf und zur Klassensolidarität angeregt. Hingegen ist aber auch die Klasse der besitzenden Bauern viel klassenbewußter, kampfbereiter und aktiver. Die Geschichte wird zeigen, welche Verhältnisse für das Proletariat günstiger sind.

Zum Schluß wiederholen wir, nur um Mißverständnissen vorzubeugen, daß die Scheidung der ökonomischen Mittel, der staatlichen Machtmittel und der ideologischen Umwälzung durch Agitation nur eine gedankliche ist. In der Praxis laufen diese Methoden gleichzeitig nebeneinander her, ihre Wirkung gegenseitig verstärkend. Ist die industrielle Produktion des proletarischen Staates flott im Gange, kann der Staat Industrieartikel dem Bauern liefern, so hat der Staat beim Bauern ein größeres politisches Ansehen. Andererseits: Je größer das politische Ansehen des proletarischen Staates, desto leichter ist die Lösung der ökonomischen Probleme. Je weiter die Agitation in die Dörfer eingedrungen ist, je mehr überzeugte Anhänger der Kommunismus hat, desto stärker steht der proletarische Staat da; umgekehrt: Je stärker die Staatsgewalt, desto erfolgreicher die Agitation. Zwischen den einzelnen Momenten liegt Wechselwirkung, nicht einseitige Kausalität vor.

In jenen Ländern, welche infolge ihrer dichten Bevölkerung in dem Kapitalismus ständig auf die Einfuhr von Lebensmitteln angewiesen sind, gesellt sich zu dem Problem der Erfassung der Inlandsproduktion die Frage des Imports. Die Lage wird hierdurch noch schwieriger. Im Anfang der revolutionären Umwälzung, solange die kapitalistischen Staaten die Oberhand haben, werden die neu entstehenden Proletarierstaaten boykottiert, von dem Welthandel ausgeschlossen. Die Lebensmittelnot würde, wenn es nicht gelingt, mit anderen Proletarierstaaten eine Handelsverbindung zu schaffen, sehr schwer sein. Dies ist die Ursache, weshalb die sich selbst mit Nahrungsmitteln versorgenden Staaten Rußland, Ungarn und Bayern zuerst die Diktatur des Proletariats versucht haben und der Bolschewismus in jenen Ländern, wo die Ernährung aus der Ernte des Landes selbst möglich erscheint, rascher an Boden gewinnt, als in jenen Ländern, welche auf eine Lebensmitteleinfuhr angewiesen sind. Je weiter aber die Revolution fortschreitet, je mehr Staaten unter das Regime des Proletariats gelangen, je gefestigter die Revolution und das neue Wirtschaftssystem in jenen Ländern werden, welche in der Revolution vorangingen, desto leichter kann der Nahrungsmittelmangel im Falle einer Diktatur in jenen Ländern überwunden werden, welche auf die Lebensmitteleinfuhr angewiesen sind.

# 10. Das Problem der Güterverteilung

Im Finanzkapitalismus zeigt sich bereits eine starke Tendenz zur Einschränkung des Wirkungskreises des Handels. Diese Tendenz macht sich in dreifacher Weise geltend:

1. Monopolistische Kartelle — wir rechnen die Monopole des kapitalistischen Staates auch hierher — schalten den Zwischenhandel ganz aus, indem sie ihre Waren unmittelbar an den letzten Konsumenten verkaufen: Der Detaillist bezieht nur eine fixe Provision. Wir finden dies bei dem Petroleumkartell, Bierkartell usw. Funktion und Profit des Warenhandelskapitals fallen hierdurch dem Produktivkapital zu, dessen Umschlag sich entsprechend verlängert.

2. Die Konsumenten schließen sich zu Konsumgenossenschaften zusammen, um Waren en gros unmittelbar von dem Produzenten beziehen zu können.

3. Die kleinen Produzenten schließen sich zu sogenannten Produktivgenossenschaften, in Wirklichkeit Organisationen zum gemeinsamen Absatz ihrer Waren mit Ausschaltung des Zwischenhandels, zusammen.

Diesen frei entstandenen Organisationen schließen sich die Zwangsorganisationen der Kriegswirtschaften an: die verschiedenen Zentralen, welche die Verteilung der rationierten Lebensmittel nach dem Kartensystem besorgen. Wir sehen, der Kapitalismus hat dem Sozialismus auch auf diesem Gebiet wertvolle Vorarbeiten geleistet. Es handelt sich darum, diese, mit Ausnahme der Konsumvereine, kapitalistischen Organisationen in proletarische umzuwandeln. *Die Verteilung der Güter, eine notwendige Funktion* jeder nicht auf der Basis der „geschlossenen Hauswirtschaft" stehenden Gesellschaftsordnung, *muß vom Handel, dem selbständigen Kauf und Verkauf von Gütern als Waren, zum Zwecke der Mehrwertsaneignung getrennt werden.* Der Handel, welcher bei dem in der proletarischen Diktatur herrschenden Warenmangel notwendig in Spekulation und Wucher ausartet, muß möglichst rasch ausgeschaltet werden. *Während zum Beispiel selbständige Bauernwirtschaften wohl ein außerhalb der staatlichen Wirtschaft stehendes, aber passives, die staatliche Wirtschaft nicht störendes Element bilden, ist der selbständige Handel ein zersetzendes Element innerhalb der geregelten staatlichen Güterwirtschaft.* Der Handel verhindert die Übersichtlichkeit der Bedürfnisse, die Anpassung der Produktion an den Konsum, durchkreuzt die staatliche Material- und Güterwirtschaft, ist an sich ein anarchistisches, konterrevolutionäres Element. Er muß daher vor allem anderen ausgeschaltet werden.*

Rein theoretisch ist die Sache leicht durchdacht. Mit der Enteignung der Großbetriebe fällt der Großhandel von selbst. Die Betriebszentralen besorgen die Rohstoffe und andere Produktionsmittel einheitlich für alle ihnen einverleibten Betriebe. Die Verteilung des Fertigprodukts geschieht entweder unmittelbar durch die Zentralen oder durch das

* Die Liquidierung des privaten Handels hängt in den einzelnen sozialistischen Ländern von deren konkreten Bedingungen ab. In der Sowjetunion wurde der private Handel mit dem Übergang zur NÖP (Neue ökonomische Politik) in bestimmten Grenzen wieder zugelassen, jedoch später, Ende der zwanziger Jahre, mit der umfassenden Offensive gegen die kapitalistischen Elemente, beseitigt. In den meisten europäischen Ländern der sozialistischen Gemeinschaft besteht noch ein kleiner Sektor des privaten Einzelhandels unter Kontrolle des sozialistischen Staates. (Anm. d. Hrsg.)

betreffende Materialamt. Die enteigneten Staats- und Kommunalbetriebe, die landwirtschaftlichen Großbetriebe inbegriffen, können mit dem Handel, weder beim Kauf noch beim Verkauf, irgend etwas zu tun haben. Es ist dies eigentlich der auf die ganze Produktion des Staates sich erstreckende Ausbau der aus dem Kapitalismus wohlbekannten Trusts, das „Generalkartell" Hilferdings.

Hand in Hand hiermit geht die Ausschaltung bzw. Verstaatlichung des Außenhandels, welcher naturgemäß immer Großhandel ist. Nur das Amt für Außenhandel, welches von den Betriebszentralen und Materialämtern über die dringendsten Bedürfnisse und über die im Inland entbehrlichsten, für den Export freien Güter unterrichtet wird, hat das Recht, Güter aus- und einzuführen, natürlich auf Rechnung des Staates. Es ist dies ein Ausbau des während des Krieges entstandenen, an staatliche Bewilligung gebundenen Außenhandels.

Die Verteilung der Konsumgüter an die eigentlichen Konsumenten ist *durch den Ausbau der Konsumvereine, durch den zwangsweisen Zusammenschluß aller Bewohner in lokal umgrenzte Konsumentengruppen leicht zu lösen.* Jedem Bewohner, der einen selbständigen Haushalt führt, werden die rationierten Lebensmittel und die anderen Bedarfsgüter in der zuständigen Verteilungsstelle seines Wohngebietes zugeteilt. Anderswo kann er nicht einkaufen. (Rayonierungssystem.) Für einzelne Personen, die keinen Haushalt führen, wie auch für Familien, die keinen Haushalt führen wollen, werden in den Städten öffentliche Speisehäuser aufrechterhalten. Die Verteilungsstelle der Dörfer wird nur mit Industriegütern beliefert. Die lokale Verteilung geschieht nur unter Oberaufsicht des lokalen Rates. Die Prinzipien der Verteilung der in ungenügender Menge vorhandenen Güter müssen entsprechend dem Klassencharakter festgestellt werden, wie wir weiter unten ausführen.

Endlich muß eine Organisation zur Erfassung der in den nicht enteigneten Betrieben produzierten Güter geschaffen werden, insofern diese vom Staate monopolisiert werden sollen, um Handel und Spekulation auszuschalten. Die gewerblichen Kleinbetriebe lassen sich, wenn die Materialwirtschaft des Proletarierstaates gut organisiert ist, leicht durch Verordnung dazu bestimmen, ihre Erzeugnisse dem staatlichen oder kommunalen Verteilungsapparat zuzuführen, gegebenenfalls die Betriebe selbst in Großbetriebe zusammenzulegen oder langsam absterben zu lassen. Die Gefahr der Entziehung des Brennmaterials, des Eisens, des Leders usw. zwingt den Kleingewerbetreibenden, sich in das Verteilungssystem des Staates oder der Gemeinde zu fügen und der Spekulation und dem Schleichhandel zu entsagen, da ihm sonst die notwendigen Materialien zur Produktion entzogen werden. Schwieriger ist es bei den Bauern. Es müssen monopolistische Organisationen für Getreide, Butter, Milch, Fleisch usw. geschaffen werden; die Eisenbahnen und Schiffe dürfen nur Güter für diese Organisationen verfrachten; jeder private Kauf und Verkauf außer gewissen lokalen Grenzen muß streng verboten und geahndet werden. Diese Organisationen müssen aber eine gewisse lokale Autonomie besitzen und dürfen nicht bürokratisch verknöchern. Die Familie des Arbeiters im Dorfe muß die Möglichkeit haben, ihre Lebensmittel ohne viel Umstände von den Bauern des eigenen Dorfes zu erhalten.

Wir wollen nun die praktischen Schwierigkeiten der Durchführung auf Grund der ungarischen Erfahrungen darstellen. Eine der ersten Verfügungen der Räteregierung war, alle Großhandlungen und Geschäfte in den Städten, mit Ausnahme der Lebensmittel-, Papier-, Bücherladen usw., zu sperren. Es war dies eine von den Menschewiki sehr stark kritisierte Maßregel, welche tatsächlich manche Unannehmlichkeiten nach sich zog, indem die Einwohner gewisse Güter aus Mangel an Verteilungsstellen sich nicht beschaffen konnten. *Trotzdem halten wir diese Maßregel für notwendig und unerläßlich.* Erstens liegt ein so großer Teil der Güter in den Geschäften und Lagerräumen der Händler, daß deren Nichterfassung die Organisationen der Materialwirtschaft und der Verteilung sehr stören würde. Zweitens, die Bourgeoisie und die Bauern hätten sich, wäre diese Maßregel nicht erfolgt, ebenso, wie das in Rußland geschehen ist, beeilt, die potentielle Kaufkraft ihres aufgehäuften Geldes rasch zu aktivieren, hätten die spärlichen Vorräte an Schuhen und Textilwaren usw. aufgekauft. Sie hätten hierdurch nicht nur ihre eigene ausgiebige Versorgung auf lange Zeit gesichert, *sondern auch dem Proletariat die Möglichkeit genommen, seine dringendsten Bedürfnisse an industriellen Gütern zu decken*, seinen Geldlohn in Gütern zu realisieren. Es wäre also durch den freien Verkauf aller Güter der Bourgeoisie die Möglichkeit geboten worden, dem proletarischen Regime durch Kauf aller verfügbaren Güter große Schwierigkeiten zu bereiten. Der Warenvorrat der Großhandlungen wurde ohne Entschädigung enteignet und den betreffenden Materialämtern überwiesen; den kleinen Händlern wurde der Preis gutgeschrieben, doch konnten sie ebenfalls nur 2000 Kronen monatlich von ihrem auf diese Weise entstandenen Guthaben abheben. Freilich gelangten trotz der Schließung der Geschäfte viele Güter in den Schleichhandel. Die Handelsangestellten, die als Vertrauensmänner des Proletariats die Eigentümer kontrollieren sollten, machten mit diesen oft gemeinsame Sache, verschleppten die Waren und brachten sie in den Schleichhandel, eine Erscheinung, welche infolge der egoistisch-habgierigen Psyche der jetzigen Generation sich wohl überall wiederholen wird.

*Der Fehler lag nicht in der Schließung der Geschäfte, sondern in der nicht energisch genug durchgeführten proletarischen Politik, in der säumigen Organisation des die Verteilungsfunktion des Handels ersetzenden Verteilungsapparats.* Die in den Privatgeschäften und Lagerräumen lagernden Güter sollten in kürzester Zeit in die Lager der zuständigen Materialämter überführt, die leeren Geschäfte sollten zu Wohnungen umgestaltet, die Verbraucher in Konsumentenorganisationen vereinigt und eine genügende Zahl staatlicher und genossenschaftlicher Verteilungsstellen errichtet werden. Die energische Durchführung dieses Programms wurde durch die Sabotage der Handelsangestellten und Beamten, welche den Verlust ihrer Stellungen befürchteten, durch die Aktion der Sozialdemokraten „zum Schutze der kleinen Leute", endlich durch das Vorhandensein vieler ausländischer Geschäfte, die unter dem Schutz ihres kapitalistischen Staates standen, verzögert.

In dem Verkehr mit den Produkten der enteigneten Betriebe war der Handel tatsächlich vollkommen ausgeschaltet. Die landwirtschaftlichen, verstaatlichten Großbetriebe lieferten alle ihre Produkte, Getreide, Vieh, Wolle usw., unmittelbar an die betreffenden Zentralen. Ebenso die Fabriken an die Betriebszentralen oder an die Materialämter. Von den Erzeugnissen der enteigneten Betriebe gelangte nur ein verschwindend kleiner Teil infolge von Mißbräuchen in den Schleichhandel.

Ganz eigenartig gestaltete sich der Außenhandel. Im Anfang stand das Land noch nicht unter der strengen Blockade der Entente. Aber der Warenverkehr mit dem Ausland unterlag doch großen Schwierigkeiten, da die ausländischen Kapitalisten das Amt für Außenhandel, das Organ des proletarischen Staates, nicht als vertrauensfähigen Geschäftspartner anerkennen wollten und dem Kauf und Verkauf von Waren große Hindernisse in den Weg legten. Wir waren daher genötigt, den Außenhandel unter der Firma von im Ausland wohlbekannten kapitalistischen Unternehmungen zu betreiben. Mancher enteignete Betrieb war eine Gründung eines ausländischen Unternehmes und konnte daher vom Stammhaus Güter erhalten, welche sich der proletarische Staat als solcher nicht beschaffen konnte. Das ausländische Kapital betrachtete eben die Diktatur als ein vorübergehendes Provisorium. Später, als die strenge Blockade der Entente einsetzte, gab es nur mehr Schmuggel; mit allen demoralisierenden Mißständen, Betrug und Diebstahl, die mit diesem illegalen Gewerbe naturnotwendig verbunden sind.[60] Von dem einzigen damals bestehenden proletarischen Staate Rußland waren wir leider vollkommen abgeschnitten. Es ist überflüssig zu erwähnen, wie sehr der freie Güteraustausch zwischen proletarischen Staaten die Erstarkung der proletarischen Wirtschaft in allen Staaten erleichtert.

Die Organisierung der Verteilung an die letzten Konsumenten konnte während des Bestehens der Ungarischen Räterepublik nicht ernstlich in Angriff genommen werden. Die Konsumvereine waren in Ungarn sehr unentwickelt; bloß in der Hauptstadt bestand ein großer Arbeiter-Konsumverein mit beiläufig 200 Verteilungsstellen. Diese Konsumvereine wurden unter staatliche Kontrolle gestellt und sollten den Kern der neuen Verteilungsorganisation bilden. Die Durchführung wurde stark sabotiert, nicht in letzter Linie von der Leitung des Konsumvereins selbst, die für den Bestand der Institution im Falle des Unterganges der Diktatur fürchtete. Erschwert wurde die Einführung der einheitlichen, zwangsweisen, rayonisierten Verteilung durch die im Kriege entstandenen sogenannten „*Anschaffungsgruppen*". Alle Arbeiter und Beamten einer Fabrik, der Beamtenkörper eines Ministeriums, alle Eisenbahner, alle Angestellten der Post usw. hatten sich in Gruppen zusammengeschlossen, die gemeinsam Konsumgüter einkauften. Während die staatlichen Organe nur die festgesetzten Höchstpreise für die Lebensmittel bezahlen konnten, waren diese Gruppen nicht an die Höchstpreise gebunden und konnten sich daher viel besser versorgen, als wenn sie allein vom Staate versorgt worden wären oder jeder einzelne von den Mitgliedern auf eigene Faust versucht hätte, sich Lebensmittel anzuschaffen. Geschickte Leute waren oft Mitglieder mehrerer Anschaffungsgruppen. Wo in einer Familie mehrere Erwerbstätige in verschiedenen Betrieben tätig waren, da wurde jeder Erwerbstätige als Familienoberhaupt in die betreffende Gruppe eingetragen und so erhielt die Familie mehrfache Rationen. Diese Vorteile waren es, welche den Kreis der Beamten und der großindustriellen Arbeiterschaft zu der schärfsten Opposition gegen die Einführung des Rayonierungssystems veranlaßten, da dies natürlich die Auflösung der Anschaffungsgruppen vorausgesetzt hätte. In Rußland ist die Verteilung der Konsumgüter in ähnlicher Weise versucht worden, mit dem Unterschied, daß sich dort in dem ersten Jahr der proletarischen Diktatur eine riesige konsumgenossenschaftliche Bewegung entwickelt hat. „Durch das Dekret vom 20. März" — so lesen wir in der „Russischen Korrespondenz" vom Januar 1920 — „nahm der Staat den Apparat der Kooperation (so nannte man in Rußland die Konsumvereine), der seine Tauglichkeit bewiesen und tiefe Wurzeln geschlagen hat, unter seine Kontrolle und paßte ihn den Bedürfnissen der sozialistischen Verteilung an. Die Verteilung soll auf diese Weise in die Hände der Bevölkerung selbst übergehen. Dem ganzen System der Versorgung der Bevölkerung mit allem Notwendigen wird das Prinzip der Selbständigkeit zugrunde gelegt. Die ganze Bevölkerung nimmt an der Beschaffung der Produkte teil und verteilt sie auch selbst. Tatsächlich ist die ganze Bevölkerung Sowjetrußlands schon auf die eine oder andere Weise mit den Kooperativgesellschaften verknüpft. Das Dekret vom 20. März 1919 macht die Registrierung der ganzen Bevölkerung in Kooperativgesellschaften zur Pflicht.

60 Es ist übrigens bezeichnend für die Moral der Kapitalisten, daß, während sich die ungarischen Truppen mit den Tschechen schlugen, tschechische Kapitalisten mit dem ungarischen Staate Warengeschäfte abwickelten, zum Beispiel gegen Häute im Kompensationsverkehr Gerbstoffe lieferten.

Natürlich muß für einen strengen, organisierten Charakter des Verteilungssystems Sorge getragen werden. Zu diesem Zwecke vereinigt der Staat alle Kooperativgesellschaften, die bis jetzt einzeln bestanden haben, zu einer einheitlichen Gesellschaft, die ein einheitliches Vermögen, eine einheitliche Kasse, eine einheitliche Verwaltung und ein einheitliches, vielköpfiges Mitglied — die ganze Bevölkerung — hat.

Nach Schaffung dieses einheitlichen Verteilungsapparates gedenkt der russische Staat die unmittelbare Teilnahme seiner Versorgungsorgane an der Verteilung aufzuheben und nur die allgemeine Kontrolle auszuüben. Das Dekret wurde am 20. März 1919 erlassen. Im Laufe von fünf Monaten wurde die ungeheure Arbeit der Vorbereitung der Verwirklichung bewältigt. Nach der Beendigung der Vorbereitungsarbeit, welche in der Abhaltung zahlreicher Kongresse und Versammlungen, der Ausarbeitung von vielen Instruktionen usw. bestand, begann der Prozeß der Verschmelzung der Kooperativgesellschaften. Am leichtesten, schmerzlosesten und diszipliniertesten verlief der Prozeß in Moskau, wo schon seit dem 31. Juli ein einheitlicher Konsumverein besteht, welcher die Verpflegung der ganzen Moskauer Bevölkerung versieht, in dessen Hand sich auch das zentrale Kartenbüro, d. h. die Registratur der ganzen Moskauer Bevölkerung, befindet. In der Provinz ist die Schaffung eines einheitlichen Verteilungsapparats selbstverständlich komplizierter als in großen Städten, wo das Kartensystem alles vereinfacht. Indessen sind die Vorbereitungsarbeiten zur Verwirklichung des Dekrets fast überall beendet." (Der Bericht stammt aus dem Herbst 1919).

Die ganze Versorgung und Verteilung wird der Staat auf diese Weise auf die Schultern der Konsumenten selbst legen und der allumfassenden einheitlichen Konsumorganisation übergeben. Der Staat selbst hat sich nur die Versorgung mit solchen Produkten vorbehalten, die auf dem Wege der staatlichen Requisition beschafft werden (Getreide); die Verteilung wird aber in der Folge den Kooperationsorganisationen überlassen. Leider haben wir bislang keine verläßlichen Nachrichten darüber, wie sich dieser neugeschaffene Apparat in Rußland bewährt hat.

Wir kommen nun zur schweren Frage der staatlichen Erfassung der Lebensmittelüberschüsse der Bauernwirtschaften, welche wir bereits gesondert untersucht haben; von der Stadt aus gesehen die Frage des *Rucksackverkehrs*, welche sowohl bei uns als auch in Rußland große Schwierigkeiten verursacht hat. Wir haben bereits darauf hingewiesen, daß die Bauern schon während des Krieges gegen Bargeld und für den festgesetzten Höchstpreis keine Lebensmittel verkaufen wollten. Sie forderten Tauschgüter. Der kapitalistische Staat konnte dies nicht leisten; er nahm zu Requirierungen seine Zuflucht. Dies führte zur Verbergung der Lebensmittel. Die Bauern brachten keine Lebensmittel auf den Markt, sondern warteten ab, bis der Schleichhändler oder der Konsument selbst zu ihnen kam und jeden geforderten Preis bewilligte. Der Zustand verschlimmerte sich ständig. Die Lebensmittelversorgung wurde immer anarchischer. Mit jedem Eisenbahnzug fuhren Tausende von Städtern hinaus aufs Land, zu Verwandten, Freunden, Bekannten, um Lebensmittel zu hamstern; Wäsche, Schuhe, Juwelen wurden zum Tausch in die Bauernhöfe geschleppt. Die überstürzte Nachfrage trieb die Preise immer höher, die Forderungen der Bauern kannten keine Grenzen.

Die Proklamierung der proletarischen Diktatur brachte in dieser Sachlage keine Änderung. *Die aus ökonomischen Gründen erfolgte Weigerung der Bauern, die Stadt mit Lebensmitteln zu beliefern, wurde jetzt durch den politischen Widerstand verstärkt.* Für die Diktatur bestand ein schwieriges Dilemma. Ohne Abschaffung des Rucksackverkehrs konnte an eine tatsächliche Erfassung der Lebensmittelüberschüsse der Bauern, an eine planmäßige Versorgung der städtischen Bevölkerung nicht herangegangen werden. Der Brot- und Mehlbedarf war noch aus der vorjährigen Ernte gedeckt, der Fleischbedarf wurde durch zwangsweise erfolgte Ablieferung eines bestimmten Prozentsatzes vom Viehbestand durch die Gemeinden gedeckt. Auch die Versorgung mit Milch wurde gesichert, indem man den Bauern als Prämie für die gelieferte Milch ein gewisses Quantum von Kleie, Zucker usw. zukommen ließ. Es zeigte sich aber ein großer Mangel an anderen Erzeugnissen der bäuerlichen Wirtschaft: an Eiern, Schmalz, Geflügel, allerhand Gemüse usw. Dieser Mangel war natürlich verursacht durch die große Lohnsteigerung, welche die Diktatur den weiten Schichten des städtischen Proletariats brachte. *Jeder Versuch einer regelrechten Organisation der Aufbringung wurde durch den ins Ungemessene gestiegenen Rucksackverkehr zerstört.* Andererseits schien aber ein Verbot des Rucksackverkehrs nur möglich, wenn die Versorgung der Stadt durch staatlich aufgebrachte Lebensmittel vorher sichergestellt war. Es ergab sich ein Schwanken in der Politik in der ungarischen Räteregierung, ebenso wie dies in Rußland der Fall war. Der Rucksackverkehr wurde verboten; aber die Maßregel konnte nicht streng genug durchgeführt werden, da die kleinen Bürgersfrauen und die in Kleinbetrieben arbeitenden Arbeiter, deren staatliche Versorgung mit Lebensmitteln natürlich schwieriger war als jene der Großbetriebe, gegen das Verbot demonstrierten. Die ganze Maßregel wurde durch eine Verordnung des Oberkommandanten der Roten Armee — des Genossen Böhm — durchkreuzt, der auf eigene Faust jedem von der Front heimkehrenden Soldaten die Erlaubnis erteilte, 25 Kilogramm Lebensmittel nach Hause mitzuführen. Alle Hamsterer fuhren fortan in Uniform. Es wurde nunmehr zum demokratischen Mittel der Aufklärung durch Agitation gegriffen. Die Arbeiter wurden in den Räten und in Massenversammlungen darüber aufgeklärt, daß der anarchische Rucksackverkehr den Ausbau der proletarischen Lebensmittelverteilung unmöglich macht und in erster Linie der Bourgeoisie nützt, indem er ihr ermöglicht, weiter arbeitslos und gut zu leben. Die Agitation wirkte. Nacheinander wurden in den großen Fabriken von den Arbeitern Resolutionen angenommen, welche das strengste Verbot des Lebensmittelschmuggels forderten. In diesem Stadium erfolgte der Zusammenbruch der Räterepublik.

Es gibt freilich ein wirksames Zwangsmittel zur Verhinderung des Schleichhandels und des Rucksackverkehrs, welches wir aber — *von dem Bestreben geleitet, der Welt zu zeigen, daß die proletarische Diktatur kein Chaos und keinen kulturellen Rückgang verursachen muß* — uns anzuwenden scheuten: *die Einstellung des Personenverkehrs auf den Eisenbahnen und Schiffen*, eine Maßregel, welche im Herbst 1919 im kapitalistischen Deutschland und Österreich zum Zwecke der Kohlenersparnis vielfach angewendet wurde. Können nur Amtspersonen auf den selten fahrenden Zügen reisen, ist der Rucksackverkehr und der Schleichhandel natürlich unmöglich; auch die Möglichkeit der Organisation der Gegenrevolution wird sehr erschwert, außerdem aber eine Menge Kohlen erspart. In der Diktatur des Proletariats soll es keine Geschäftsreisen geben; den Vergnügungsreisen kann man auf einige Zeit entsagen. Gleichzeitig muß natürlich auch der Paketverkehr mit Lebensmitteln auf der ganzen Linie verboten werden. Der Schleichhandel mit ganzen Waggonladungen könnte dadurch vereitelt werden, daß nur an staatliche Amtsstellen: Betriebszentralen, Materialämter, lokale Wirtschaftsämter adressierte Ladungen per Bahn oder per Schiff befördert werden können. Es sind dies tiefeinschneidende Maßregeln, ohne welche aber eine regelrechte Versorgung in kürzester Zeit nicht erreichbar ist. Bemerkt der Bauer, daß infolge Unterbindung des Verkehrs die Käufer ihn nicht mehr überlaufen und ihm Güter aller Art ins Haus schleppen, wird er sich eher dazu bequemen, seinen Überschuß an staatliche Stellen abzuliefern. Die Übergangszeit wäre für die Stadt schwer, eine gründliche Lösung ist aber nur in dieser Weise möglich.[61]

Wir wollen nunmehr die Verteilungsprobleme aus dem Gesichtspunkt des Klassenkampfes betrachten. Wir haben bereits ausgeführt, daß das industrielle Proletariat von der Diktatur vor allem eine Erhöhung seiner realen Lebenshaltung erwartet, dies aber bis zur Umorganisierung der dem kapitalistischen Einkommensverhältnis angepaßten Produktion und der Erhöhung der Ergiebigkeit unmöglich ist. Ja, die reale Erhöhung der Lebenshaltung des landwirtschaftlichen Proletariats vollzieht sich notgedrungen auf Kosten der Lebensmittelversorgung der Städte. Dem kann durch keinerlei wirtschaftspolitische Maßnahmen abgeholfen werden. Soll die städtische Arbeiterschaft, besonders die nicht überzeugt kommunistischen Elemente derselben, nicht zur Beute der gegenrevolutionären Agitation werden, wie es in Ungarn geschehen ist, so muß für einen Ersatz gesorgt werden. Dieser Ersatz besteht *in dem System der Klassenrationen und Klassenpreise!*

Bereits in der kapitalistischen Kriegsernährungswirtschaft war der Keim für Klassenrationen vorhanden, indem die Schwer- und Schwerstarbeiter höhere Brot- und Mehlrationen erhielten. Das System der Klassenrationen, wie es in Rußland vorhanden ist, ist der weitere Ausbau dieses Keimes, indem die physischen Arbeiter von den meisten staatlich bewirtschafteten Lebensmitteln eine größere Ration erhalten als die leichter arbeitenden Beamten und die Bourgeoisie. Es ist dies in erster Linie eine politische, nicht eine wirtschaftliche Maßregel. Die Rationen sind im Beginn der Diktatur infolge der Lebensmittelschwierigkeiten so gering, daß eine weitere Kürzung bei den an Zahl kleineren Nichtproletariern wirtschaftlich für die bessere Ernährung des Proletariats sehr wenig bedeutet. Aber die Arbeiter ertragen die Entbehrungen viel leichter, wenn sie sehen, daß die Reichen ebenso wie sie entbehren müssen, ja noch geringere Mengen an Lebensmitteln vom Staate erhalten, wie die schwer arbeitenden Arbeiter, nicht wie im kapitalistischen Staate, wo sich die Reichen auch in Zeiten der schwersten Not alles, selbst die feinsten Leckerbissen, verschaffen können.[62] Die Klassenrationen sind in erster Linie eine Maßregel zur Hebung des Klassenbewußtseins der Arbeitermassen, die sich in der proletarischen Diktatur als herrschende Klasse fühlen sollen. Eben deshalb wurden in Un-

61 Eine glänzende Bestätigung dieser unserer Ansicht brachte die österreichische Eisenbahnverkehrssperre in der Weihnachtswoche 1919. Während die Milchzufuhr nach Wien 60000 Liter täglich betrug und für die Weihnachtswoche mit einem sich jährlich einstellenden Rückgang von etwa 10000 Liter täglich gerechnet wurde, ergab sich, daß infolge der Unmöglichkeit des Rucksackverkehrs die Milchzufuhr auf 77000 Liter täglich emporschnellte.

62 Das ungarische Proletariat erfährt jetzt leider am eigenen Leibe den Unterschied der proletarischen und der kapitalistischen Lebensmittelwirtschaft. Während die Diktatur, als die industriellen Arbeiter im allgemeinen gut versorgt waren, wollten die Klagen darüber nicht verstummen, daß die Städte nicht in genügendem Maße mit Lebensmitteln versorgt würden. Die Arbeiter könnten ihr Geld nicht für Lebensmittel ausgeben. Jetzt gibt es wieder Lebensmittel in Hülle und Fülle in Budapest. Alles ist zu haben, was sich einer nur wünschen kann. Aber selbstverständlich nur für die Reichen. Der Arbeiter kann sich von den am Markte feilgebotenen Lebensmitteln nichts leisten. Sein Lohn reicht höchstens für Brot und Gemüse. Brot, um die Brotkarten einzulösen, gibt es nicht. Aber an den Straßenecken kann man im offen betriebenen Schleichhandel für teuren Preis Weißgebäck kaufen. Zucker gibt es keinen, aber die Konditoreien sind mit teuren Zuckerwaren vollgestopft. Es ist eine schreckliche, aber historisch notwendige Lehre für das ungarische Proletariat, welches unter der Diktatur die Möglichkeit der Erhöhung seiner Lebenshaltung nicht abwarten wollte.

garn die feineren Lebensmittel: Geflügel, Fische usw., insofern dieselben in die Verfügung der staatlichen Verteilungsorganisation gelangten, unmittelbar den Proletariern der Fabriken zugewiesen. Das System der Klassenrationen hat aber auch einen anderen Vorzug. Je geringere staatliche Rationen die Bourgeoisie erhält und je erfolgreicher der Schleichhandel unterbunden wird, desto höhere Preise muß die Bourgeoisie für ihre im Schleichhandel erworbenen Lebensmittel zahlen, desto rascher sind ihre Vermögensreste aufgebraucht und desto mehr muß sie danach trachten, durch produktive Arbeit den Ausbau des proletarischen Staates zu fördern.

Gegen das System der Klassenrationen wurde von sozialdemokratischer Seite der Vorwurf der Inhumanität, besonders den Kindern gegenüber, erhoben. Die Bourgeoisie kann sich jedoch im Anfangsstadium der proletarischen Diktatur mit Hilfe ihrer Vermögensreste trotz der geringeren staatlichen Rationen im Durchschnitt noch immer besser versorgen als die Arbeiter. Wir könnten auch einwenden, daß sich die Bourgeoisie als herrschende Klasse niemals darum gekümmert hat, ob die Proletarierkinder genügend ernährt sind oder nicht. Es muß aber betont werden, daß *das ganze System der Klassenrationen nur für den Anfang der Diktatur bestimmt ist. In Rußland erhalten heute bereits alle Kinder der Bourgeoisie ebenfalls die erste, zum Bezug der größten Rationen berechtigende Lebensmittelkarte.*

Von ähnlicher Bedeutung sind die Klassenpreise. Die Verkaufspreise der staatlich bewirtschafteten Güter: Mehl, Fleisch usw., werden einheitlich festgesetzt. Die Proletarier erhalten einen Nachlaß von diesem Preise. Diese Maßregel hat in erster Linie ebenfalls nur einen politischen Zweck. Das Geldeinkommen der Arbeiter ist in der Diktatur im allgemeinen höher als die reale Lebenshaltung. Die Arbeiter konnten daher von ihrem Verdienst auch ohne Preisnachlaß alle auf sie entfallenden rationierten Lebensmittel kaufen. Aber es stärkt den Arbeiter in den ihm auferlegten Entbehrungen und Kämpfen, wenn er sieht, daß „*sein Staat*“ ihm den Reichen gegenüber einen Vorteil gewährt. Ist die Herrschaft der Arbeitenden endgültig gefestigt, die Enteignung der Produktionsmittel ganz vollzogen, die staatliche Erfassung und Verteilung lückenlos durchgeführt, ist also die Bourgeoisie als Klasse verschwunden und muß sich bereits jeder durch seine eigene Arbeit ernähren, so verschwindet auch der Unterschied zwischen gewesenen Arbeitern und gewesenen Bourgeois und damit die Grundlage der Klassenrationen und -Preise. Beides sind Übergangsmaßregeln. Je rascher sie überflüssig werden, desto besser für die schwergeprüfte Menscheit dieses Jahrhunderts.

## 11. Das Geldproblem in der Diktatur des Proletariats

In der kapitalistischen Wirtschaftsordnung versieht das Geld verschiedene Funktionen. Es ist allgemeines Äquivalent aller Waren, es ist das ideelle Rechengeld, Maß der Preise. Es dient als Zirkulations- und Zahlungsmittel auf dem inneren Markte und als Weltgeld auf dem Weltmarkte. Es wird als Schatz aufgehäuft, als potentielle Kaufkraft aufgespeichert. Alle diese Funktionen versieht es im modernen Kapitalismus ohne Rücksicht darauf, ob es die Form metallischen Geldes oder ob es die Form papierener Noten hat, vorausgesetzt, daß der gesamte Nominalwert der in den Verkehr gebrachten Noten den „gesellschaftlichen Zirkulationswert" nicht übersteigt, das heißt, nicht mehr Noten in den Verkehr gebracht werden, als zur Abwicklung des Warenverkehrs nötig sind.[63]

*Die Kriegswirtschaft* aller Länder wird durch die Tatsache gekennzeichnet, daß der reale Güterbestand vermindert wird, *daß mehr verbraucht als produziert wird*, daß heißt, *der reale, in gesellschaftlicher Arbeitszeit ausgedrückte Gesamtwert der zirkulierenden Waren beständig kleiner wird.* Dem entspricht aber keine Verminderung der in Zirkulation befindlichen Geldmasse. Im Gegenteil. Dieselbe vermehrt sich fortwährend. Der Hauptverbraucher der Kriegswirtschaft ist nämlich der Staat. Die realen Güter werden dem einzelnen privaten Eigentümer vom Staate gegen bare Zahlung abgekauft. Das Geld hierzu beschafft sich der Staat entweder unmittelbar von der Notenbank in Gestalt sogenannter schwebender Schulden oder im Wege von Kriegsanleihen. Nimmt der Staat die Notenbank unmittelbar in Anspruch, dann treten die Papiernoten einfach an Stelle des verbrauchten Vorrates an realen Gütern. *Diese Papiernoten sind nur mehr der äußeren Form nach Banknoten. Ihrem volkswirtschaftlichen Wesen nach sind sie Papiergeld, ungedeckte Staatsnoten, da sie nicht auf Grund bankmäßiger Kreditgeschäfte zur Befriedigung des Zirkulationsbedarfs in den Verkehr gebracht werden, sondern zur Deckung der Kriegskosten des Staates.*[64] Dieses Papiergeld kann nicht in Güter rückverwandelt werden, weil eben der reale Güterverbrauch die Produktion weit übersteigt. Da aber dies sich mit dem Charakter der anarchistisch-kapitalistischen Wirtschaft nicht verträgt, müssen alle Warenpreise bis zu dem Grade steigen, daß jeder sein in Geld ausgedrücktes Nominaleinkommen in reale Güter umsetzen kann. Die Preise steigen daher im Maßstab der Vermehrung der in die Zirkulation gepreßten überschüssigen Banknotenmenge. Dieselbe Geldeinheit kauft jetzt eine viel geringere Menge von „geronnener Arbeitszeit" als früher.

Ein Teil des Papiergeldes häuft sich als Schatz auf, staut sich bei den Geldinstituten, legt sich milliardenweise in den Truhen der Bauern an. Die Möglichkeit, diese Geldsummen in produktives Kapital zu verwandeln, besteht nicht, da es infolge Gütermangels unmöglich ist, die Elemente des produktiven Kapitals in ihrer Naturalform auf dem Markte zu kaufen. Bliebe die Möglichkeit der Umwandlung in fiktives Kapital. Die Form des einfachen zinstragenden Kapitals kann nur ein geringer Teil annehmen, da die

63 Siehe R. Hilferding, Das Finanzkapital, a. a. O., S. 40ff.

64 Von den europäischen Staaten schulden gegenwärtig den Notenbanken: Italien 12 Mrd. Lire, Frankreich 26 Mrd. Franken, Österreich-Ungarn 22 Mrd. Kronen, Deutschösterreich 5 Mrd. Kronen, Ungarn 7 Mrd. Kronen.

Geldinstitute mit Einlagen so überhäuft sind, daß zum Beispiel in Ungarn die Provinzinstitute im letzten Kriegsjahre überhaupt keine verzinslichen Einlagen annahmen. Als einziger Ausweg bleibt die Anlage in der eminent typischen Form des fiktiven Kapitals: der Kriegsanleihe. Der Staat nimmt von den besitzenden Klassen in steter Wiederholung die aufgehäufte Papiergeldmasse an und verwandelt sie in zinstragende Kriegsanleihe, in Anweisungen auf den durch die Besteuerung des Volkes einzuziehenden Teil des Arbeitsertrages der künftigen Generationen. Durch die Kriegsanleihewirtschaft erhöht sich das scheinbare Einkommen der Bevölkerung des Landes, was zur weiteren Entwertung des Geldes führt. Denn selbstverständlich ist es nicht die Masse der in Verkehr gebrachten Papiernoten selbst, welche die Entwertung des Geldes herbeiführt, wie es die grobe Form der Quantitätstheorie behauptet, *sondern das Überwiegen des in Geld ausgedrückten Einkommens über die reale Güterproduktion.* Die Entwertung des Geldes in der Kriegswirtschaft nahm in den Ländern der Mittelmächte eine so scharfe Form an, daß die Rolle des Geldes als Zirkulationsmittel zu wanken begann. An Stelle des Verkaufes hatte sich ein primitiver Naturaltausch einzubürgern begonnen.[65] In dieser Verfassung war das Geldwesen Ungarns, als das Proletariat die Regierungsmacht übernahm.

In der vollentwickelten kommunistischen Wirtschaft gibt es natürlich keine Geldprobleme, weil es auch kein Geld im kapitalistischen Sinne gibt. Die kommunistische Wirtschaft ist eine Güterwirtschaft, *in welcher ein geldähnliches Zeichen zwar kursieren kann, in welcher aber das Geld nicht aus Ausdruck der dem Menschen selbst unbewußten gesellschaftlichen Vorgänge fungiert.* Nicht die Menge des auf dem Markt realisierten Geldes gibt dem Produzenten darüber Aufschluß, ob die von ihm produzierte Ware ein gesellschaftliches Bedürfnis befriedigt oder nicht, ob die in seiner Ware enthaltene Arbeitszeit gesellschaftliche Arbeitszeit ist oder nicht. Mit der anarchischen Produktion für einen nicht bekannten Markt hört auch der mysteriöse Begriff des „Warenmarktes", der „*Fetischcharakter*" der Güter als Waren auf. Hiermit entfällt auch das Geldproblem.

Desto schwieriger ist das Geldproblem in der Zeit des Überganges von der Warenverkehrswirtschaft zur Güterwirtschaft im Anfang der proletarischen Diktatur. Das Problem besteht darin, die Rolle des Geldes so umzuwandeln, daß einige Funktionen erhalten bleiben, andere Funktionen aber ausgeschaltet werden. Der proletarische Staat kann im Beginn das Geld als Preismaßstab und als Zirkulationsmittel nicht entbehren, solange die naturale Verteilung der Güter nicht voll durchgeführt ist und neben den gemeinwirtschaftlichen Betrieben große Reste des privatwirtschaftlichen Systems vorhanden sind. Ein Versuch der sofortigen Abschaffung des Geldes würde zu einem wirtschaftlichen Chaos führen.

*Der proletarische Staatshaushalt kann des Geldes zur formellen Deckung des Defizits ebenfalls nicht entbehren.* Der proletarische Staatshaushalt arbeitet anfangs notwendigerweise mit einem großen Defizit, wie auch die kapitalistischen Staaten gegenwärtig nach dem Krieg.[66] Die kapitalistischen Staaten können ihr Defizit zum Teil durch Aufnahme neuer Anleihen decken. Der proletarische Staat annulliert die alten Staatsschulden, kann natürlich

65 Siehe E. Varga, Geld und Kapital in der Kriegswirtschaft, in: Die Neue Zeit, 1916.

66 Für das Jahr 1919/1920 beträgt das Defizit der USA ca. 2 Mrd. Dollar = 100 Mrd. Mark, England 600 Mio £ = 174 Mrd. Mark, Frankreich 20 Mrd. Franc = 100 Mrd. Mark, Deutschland ca. 20 Mrd. Mark, Italien 20 Mrd. Lire = 70 Mrd. Mark.

keine neuen Anleihen aufnehmen, keine neuen Quellen des arbeitslosen Einkommens schaffen. Zur Deckung des Defizits bleibt daher kein anderes Mittel als die Ausgabe neuen Papiergeldes.

Dagegen müssen folgende Funktionen des Geldes ausgeschaltet werden: Die Funktion als *Geldkapital*, als Mittel zur Aneignung von Mehrwert, sei es als *Leihkapital*, als *Warenhandelskapital* oder durch Verwandlung in *produktives Kapital*, da dies gegen das Wesen der proletarischen Wirtschaft verstößt.

Die Funktion als *Schatz*, als aus dem Kapitalismus ererbte, aufgehäufte potentielle Kaufkraft, da das Fortbestehen dieser Funktion den Eigentümern die Möglichkeit gibt, arbeitslos zu leben und bis zur Verzehrung ihres Geldvermögens ohne reale Gegenleistung Güter zu konsumieren.

Die Funktion des Geldes als *Weltgeld* beschränkt sich mit der Proklamierung der proletarischen Diktatur ohne Zutun der proletarischen Regierung auf das vollwertige Edelmetallgeld, indem die kapitalistischen Staaten die Papiernoten des proletarischen Staates nicht annehmen, da sie keine Garantie dafür haben, sie zum Güterankauf oder zur Schaffung von Kapital verwenden zu können, für den Güteraustausch zwischen proletarischen Staaten aber das Geld überflüssig ist.

Wir wollen nunmehr die Geldwirtschaft der Ungarischen Räterepublik aus den hier angeführten Gesichtspunkten betrachten. Der erste Schritt zur Regelung des Geldwesens war: *die Geldinstitute, die Zentren des kapitalistischen Wirtschaftssystems, unter staatliche Kontrolle zu stellen.* Dies geschah in der Weise, daß den bisherigen kapitalistischen Direktoren die Verfügungsgewalt über die Institute entzogen wurde. An ihrer Stelle wurden aus den sozialistisch gesinnten Bankbeamten Betriebsleiter eingesetzt, mit demselben Wirkungskreis, wie dem der Produktionskommissäre in den Fabriken. Durch diese Maßregel konnte die Räteregierung über das ganze Finanz- und Bankwesen sofort frei verfügen. Die formelle Enteignung und Verstaatlichung unterblieb mit Rücksicht auf die ausländischen Institute und die sehr weitgehende Beteiligung des ausländischen Kapitals an den nominell ungarischen Geldinstituten. Der Übergang aller Geldinstitute in staatliche Verfügung vollzog sich ohne den geringsten Widerstand. Die Umwandlung der Funktion des Geldes konnte daher sofort in Angriff genommen werden.

Bei Beginn der Diktatur mußte vor allem dafür gesorgt werden, daß wegen Mangel an Zirkulationsmitteln keine Katastrophe eintrete, daß die Produktion nicht wegen Mangel an Geld eingestellt werden müsse, daß die Arbeiter ihren Arbeitslohn vor allem ausbezahlt erhielten. Die Geldinstitute wurden daher angewiesen, den Fabriken und Unternehmen, mit welchen sie bisher in finanzieller Verbindung standen, auf Grund der vom Produktionskommissär und dem Betriebsrat eingereichten Lohnlisten zu Lasten ihres Bankguthabens das nötige Geld zur Lohnzahlung auszufolgen. Auf ähnliche Weise machten die Geldinstitute das Geld zur Bezahlung von Materialien, welche die einzelnen enteigneten Betriebe von den privaten Betrieben kauften, flüssig. In dem Güteraustausch zwischen den enteigneten Betrieben untereinander wurde sogleich allgemein das Überweisungssystem eingeführt. Jenen Betrieben, welche kein Bankguthaben hatten und Geld zur Lohnzahlung benötigten, wurde ein Staatskredit gewährt. *All dies stellte nur eine provisorische Regelung dar.* Nach Organisierung der Betriebszentralen hätten diese für alle in ihrem Wirkungskreis vereinigten Betriebe die Kasse geführt. Durch diese Verfügungen wurde die Funktion des Geldes als Zirkulationsmittel vorläufig aufrechterhalten. Dies ergab zugleich die Möglichkeit, durch Emission von neuem Papiergeld das Defizit des Staatshaushalts zu decken.

Die Funktion des Geldes als Geldkapital wurde sogleich ausgeschaltet. Die Zinsenzahlung wurde bei sämtlichen Geldinstituten eingestellt.[67] Eine Umwandlung in produktives Kapital wurde durch die drohende Enteignung, aber auch durch die Unmöglichkeit, die materiellen Elemente des produktiven Kapitals käuflich zu erwerben, verhindert. Große Liegenschaften, auch die Zinshäuser in den größeren Städten, waren enteignet. Kleine Liegenschaften, Bauerngüter, waren den Eigentümern um keinen Preis feil. *So wurde die Verwandlung des Geldes in Kapital unmöglich*, mit Ausnahme des Schleichhandels, des Schmuggels und ähnlicher illegaler Transaktionen, welche mit dem Ausbau der staatlichen Güterverteilung eine immer geringere Bedeutung besitzen.

Ein viel schwierigeres Problem bildet die Ausschaltung der Schatzfunktion des Geldes, die Verhinderung der Möglichkeit, daß die aufgehäufte potentielle Kaufkraft des aus dem Kapitalismus ererbten Geldvorrates im Proletarierstaat aktualisiert wird, daß die Geldbesitzer jede Art Waren erwerben und bis zur Aufzehrung ihres Geldvorrates arbeitslos leben können. Bei jenen Beträgen, welche bereits die Form des zinstragenden Kapitals angenommen hatten, bei Geldinstituten angelegt waren, war das Problem leicht gelöst. Die Geldinstitute wurden angewiesen, von allen Guthaben und Einlagen monatlich nur 10 Prozent, maximal 2000 Kronen auszufolgen. Die einer Familie angehörenden Einlagen wurden zur Verhinderung der mehrfachen Aufnahme des Monatsbetrages zusammengebucht. *Ein radikaleres Verfahren wäre es gewesen, alle Einlagen und Guthaben überhaupt für null und nichtig zu erklären.* Wir vermieden dies mit Rücksicht auf die Ausländer und die Unmöglichkeit, die staatliche Versorgung aller Arbeitsunfähigen sogleich durchzuführen. Wir wollten es vermeiden, daß arbeitsunfähige Leute, Alte und Kranke, durch eine absolute Annullierung der Einlagen und Guthaben mit einem Schlage dem Elend anheimfielen. Die vollständige Annullierung sollte erst nach dem Ausbau der staatlichen Versorgung aller Arbeitsunfähigen erfolgen.

Zur Ausschaltung der Kaufkraft des in Schatzform aufgespeicherten Geldes — wir denken an die Milliarden der Bauern und der Bourgeoisie, welche mit Rücksicht auf die verworrenen politischen Verhältnisse ebenfalls stets große Mengen von Bargeld zu Hause hielten — gibt es theoretisch drei Wege:

1. *Das radikalste Verfahren wäre, die alten, im kapitalistischen Staate in den Verkehr gebrachten Noten für ungültig zu erklären und ein neues Zirkulationsmittel in den Verkehr zu bringen.* Dieses Verfahren würde die Kaufkraft des aufgeschatzten Geldes mit einem Schlage vernichten, setzt aber eine sehr große politische Macht des neuen Proletarierstaates voraus, die Macht, die Bauern zur Annahme des neuen Geldes zwingen zu können. Da aber der Proletarierstaat anfangs im Güteraustausch mit den Bauern der ökonomisch schwächere Teil ist, weil er von den Bauern Güter in größerem Gesamtgeldwert bekommen muß, als er ihnen an eigenen Gütern überlassen kann und die Differenz mit irgendeinem formalen

67 In einem späteren Zeitpunkt, als der völlige Mangel an Geld in den Staatskassen drohte und noch kein Papier und keine Einrichtung zum Druck von Papiernoten vorhanden waren, wurde unter *Aufgabe des prinzipiellen Standpunktes* der Versuch gemacht, dem Geldmangel durch Wiedereinführung von freien, zinstragenden Einlagen abzuhelfen. Summen, welche nach dem Tage der Entstehung der Räteregierung bei einem unter staatlicher Kontrolle stehenden Institut bar eingezahlt wurden, wurden als „freie Einlagen" mit 4% verzinst und der Eigentümer konnte den ganzen Betrag zu jedem Zeitpunkt wieder abheben. Der Versuch mißlang. Nur ganz kleine Summen wurden von rückständigen Bauern, welche von der sozialen Veränderung kein klares Bild hatten, bei den Filialen der bäuerlichen Landes-Zentralkreditgenossenschaft eingezahlt. Das Abgehen vom richtigen prinzipiellen Standpunkt bewährte sich nicht.

Zahlungsmittel ausgleichen muß[68], weil außerdem die Güter, welche der Staat den Bauern überläßt, für diesen minder unentbehrlich sind als die Lebensmittel der Bauern für das städtische Proletariat, so ist es im Anfang der Diktatur kaum möglich, dieses radikale Verfahren anzuwenden, weil es die Lebensmittelversorgung ungemein schwierig gestalten würde.

2. Der zweite Weg wäre, *die Kaufkraft des aufgehäuften Geldschatzes durch die radikale Entwertung der Geldeinheit auf ein Minimum zu beschränken.* Der proletarische Staat ist zu einer Entwertung des Geldes ohnehin genötigt, da das Defizit nicht anders als durch vermehrte Notenausgabe gedeckt werden kann. Es fragt sich aber, ob man prinzipiell die Entwertung des Geldes als Ziel setzen soll oder ob man umgekehrt — durch Einführung von Bargeld sparenden Zahlungsmethoden und durch eine den Produktionskosten entsprechende Preisfestsetzung der staatlich erzeugten Güter — der weiteren Vermehrung und Entwertung des Geldes Einhalt zu bieten bestrebt sein soll. Die rasche und fortgesetzte Entwertung des Geldes ist insofern von Nachteil, als sie die Stabilisierung der Lohnhöhe verhindert, Lohnbewegungen und Mißhelligkeiten zwischen den Arbeitern des Staates und dem proletarischen Staate selbst verursacht, zu fortwährenden Lohnerhöhungen zwingt, die Kalkulation sehr erschwert und die Aufstellung eines regelrechten Staatshaushaltsplanes, besonders aber die Einhaltung desselben unmöglich macht. Es hängt von der Menge des bei den vermögenden Schichten angehäuften Geldes ab, ob es zweckmäßig erscheint, die Entwertung des Geldes planmäßig anzustreben oder nicht.

3. *Der dritte und endgültige Weg ist das Absterbenlassen des Geldes überhaupt.* Die proletarische Wirtschaft ist prinzipiell Güterwirtschaft, Naturalwirtschaft. Mit dem Ausbau der staatlichen Wirtschaft verschwindet vor allem das Geld aus dem Verkehr der gemeinwirtschaftlichen Betriebe untereinander. Die Kohlengruben beliefern die Bahnen und Eisenwerke mit Kohle ohne Preisverrechnung. Die Eisenhütten liefern das Eisen an die Maschinenfabriken, diese die Maschinen an die staatlichen landwirtschaftlichen Betriebe, ohne Vermittlung des Geldes. Die Arbeiter erhalten einen stets größeren Teil ihres Lohnes in Naturalform: Wohnung, Heizung, Brot, Fleisch usw. Je enger und fester die Maschen der gemeinwirtschaftlichen Produktion und Verteilung werden, desto mehr müssen sich auch die Bauern dem System der Güterwirtschaft einfügen, desto weniger sind sie imstande, die potentielle Kaufkraft des vom Kapitalismus ererbten Geldvorrates in aktuelle zu verwandeln. Sie müssen die staatlich bewirtschafteten Güter für eigene Güter eintauschen, die Steuern in Lebensmitteln abtragen. Das Geld stirbt auch als Zirkulationsmittel ab, bevor noch die Enteignung oder das freiwillige Aufgeben der privaten Produktionsmittel der Bauern vollzogen ist. Und hiermit ist das Schatzproblem endgültig gelöst. Dies setzt aber bereits eine weitgehende organisatorische und politische Festigung des Proletarierstaates voraus, wie auch einen defizitlosen Staatshaushalt, um von der Ausgabe neuen Papiergeldes zur formellen Deckung des Defizits absehen zu können.

*Ungültigerklärung, Entwertung und Absterben des Geldes sind die drei möglichen Formen der Ausschaltung der Kaufkraft der aufgehäuften Papiergeldmassen.* Diese Methoden schließen eine die andere nicht aus. Jede Proletarierregierung wird den Ausbau der Güterwirtschaft, die möglichst rasche Abschaffung des Geldes im kapitalistischen Sinne anstreben. Jede Proletarierregierung ist gezwungen, zur Deckung des Defizits im Staatshaushalt Papiergeld in den Verkehr zu bringen und auf diese Weise die aus dem Kapitalismus stammenden Vorräte an barem Gelde zu entwerten. Endlich ist es möglich, daß sich vor dem end-

68 Über die Möglichkeit, durch Steuern die Differenzen einzubringen, siehe das vorausgehende Kapitel.

gültigen Absterben des Geldes ein geeigneter Zeitpunkt findet, in welchem man den Entwertungsprozeß mit einem Schlage erledigen und das alte Geld für ungültig erklären kann. Es hängt von den historischen und politischen Umständen ab, welcher Lösung des Problems der Vorzug zu geben ist.

Für die ungarische Regierung gestaltete sich das Geldproblem durch das Zusammenfallen einzigartiger Umstände ganz besonders schwierig. Ungarn hatte im Kapitalismus keine selbständige Valuta. Die Noten der Österreichisch-Ungarischen Bank dienten auch nach dem Zerfall der österreichisch-ungarischen Monarchie in allen Nachfolgestaaten als Geld, in einigen mit einer nationalen Abstempelung, welche aber ohne weiteres nachahmbar war. Die Notendruckerei befand sich in Wien: Das Geldbedürfnis der Nachfolgestaaten wurde durch die von der Notenbank beschafften Banknoten, durch schwebenden Kredit gedeckt. Dem proletarischen Ungarn verweigerte die Notenbank natürlich den weiteren Kredit, Geld mußte aber zur Bestreitung der staatlichen Ausgaben, besonders der Kosten des alsbald einsetzenden Krieges*, beschafft werden. In Budapest konnten nur die Zweihundert-Kronennoten und die Fünfundzwanzig-Kronennoten von der Notenbank gedruckt werden. Als der Vorrat an Noten ausging, wurde zu dem Nachdruck dieser Noten gegriffen[69]. Nun hatten sich diese Noten, welche in der letzten Kriegswoche zuerst in den Verkehr gebraucht wurden, mit dem Text, daß sie bis Ende Juni 1919 aus dem Verkehr gezogen würden, bei den Bauern niemals eingebürgert. Die unglückliche Idee, die Noten nur einseitig zu drucken, machte dieses sogenannte „weiße Geld" absolut unpopulär. Vor der Diktatur, als das alte „blaue Geld" mit dem weißen in allen Nachfolgestaaten vermischt in Verkehr war, hatte die Zurückweisung der weißen Noten durch die Bauern nicht viel zu bedeuten; man gab den Bauern das blaue Geld und verwendete das weiße im städtischen Verkehr.

Die Räteregierung hatte aber im dritten Monat ihres Bestandes nur mehr nachgedrucktes weißes Geld zur Verfügung[70], welches in den Nachfolgestaaten kein gesetzliches Zahlungsmittel mehr war, da die Österreichisch-Ungarische Bank die nachgedruckten Noten für ungültig erklärte und die Zweihundert- und Fünfundzwanzig-Kronennoten überhaupt aus dem Verkehr zog. Die Bauern nahmen die neuen weißen Noten noch weniger an, als die weißen Originalnoten. Es wiederholte sich die aus der Geldgeschichte wohlbekannte Erscheinung: *das schlechtere Geld drängte das bessere aus dem Verkehr.* Die blauen Noten wurden aufgeschatzt; jeder trachtete, die weißen Noten loszuwerden. Bei dem Einkauf von Lebensmitteln und anderen bäuerlichen Erzeugnissen ergaben sich große Schwierigkeiten; die Bauern forderten, wenn sie für Geld überhaupt etwas herzugeben geneigt waren, Bezahlung in blauem Gelde. Eisenbahner, staatliche Angestellte und Arbeiter in der Provinz gerieten in die größten Unannehmlichkeiten, weil sie mit dem weißen Gelde von den Bauern nichts kaufen konnten. Die Finanzsektion der Räteregierung wurde täglich von Deputationen bestürmt, welche Bezahlung in blauem Geld forderten. *Je näher der*

69 Es handelt sich um keine „Banknotenfälschung", wie oft behauptet wurde. Die von der Räteregierung nachgedruckten Noten waren mit anderen Serien versehen als die im alten Regime gedruckten, was, nebenbei bemerkt, von der gegenrevolutionären Agitation zur Diskreditierung des Sowjetgeldes weidlich ausgenutzt wurde. Der Nachdruck geschah öffentlich mit Wissen der Leiter der Österreichisch-Ungarischen Bank. *Es war im Wesen eine bei der Staatsbank des Landes aufgenommene Zwangsanleihe.*

70 Die Räteregierung fand in den Staatskassen und bei der Notenbank ca. 2 Mrd. Kronen vorrätig, davon 1400 Mio in 200-Kronen-Noten, die schon damals einen beschränkten Zirkulationsbereich hatten.

* Gemeint sind hier der Bürgerkrieg und die Intervention gegen die ungarische Rätemacht. (Anm. d. Hrsg.)

*Landesgrenze, desto schlimmer wurde der Zustand*, da das blaue Geld jenseits der Grenze gesetzliches Zahlungsmittel bildete, das weiße Geld aber überhaupt nicht angenommen wurde. Es bildete sich ein *Disagio* zwischen weißem und blauem Gelde heraus, bedingt durch das niedrigere Preisniveau in den benachbarten Nachfolgestaaten und die teils aus Konservatismus, teils aus bewußter gegenrevolutionärer Gesinnung stammende Weigerung der Bauern, das weiße Geld anzunehmen.

Unter diesen ganz eigenartigen Umständen blieb der Räteregierung nichts anderes übrig als die Einführung einer neuen selbständigen Papierwährung. Den Noten der Österreichisch-Ungarischen Bank, *sowohl den blauen als den weißen, wurde der Charakter des gesetzlichen Zahlungsmittels genommen*; den auf hohe Beträge lautenden blauen Noten mit sofortiger Geltung, den weißen und kleinen blauen Noten auf einen kurzen Termin; das blaue Geld wurde für ausländische Valuta erklärt. Gleichzeitig wurden durch die Postsparkasse, das populärste Geldinstitut Ungarns, neue Noten, auf 5, 10 und 20 Kronen lautend, in den Verkehr gebracht, und als gesetzliches Zahlungsmittel erklärt; die Verweigerung ihrer Annahme wurde mit schwerer Strafe bedroht. Die früheren Noten, sowohl blaue als weiße, wurden zum Nominalwert umgetauscht. Diese Noten wurden von dem Publikum, besonders aus Mangel an kleinen Noten, zum Teil aber auch wegen der schönen Ausstattung, eher angenommen als das weiße Geld.

Gelöst war indessen das Geldproblem durchaus nicht, wenn auch eine gewisse Erleichterung eintrat. In jenem Teil des Wirtschaftslebens, welcher bereits gemeinwirtschaftlich organisiert war, im Verkehr zwischen den enteigneten Betrieben und im Handel mit deren Erzeugnissen, wie auch fast im ganzen städtischen Verkehr, trat das neue Geld glatt an Stelle des alten. Aber die Bauern leisteten Widerstand; sie nahmen das neue Geld nicht an und gaben ihr blaues Geld zum Umwechseln an dem bestimmten Termin nicht her, *und der Staat hatte nicht die genügende Macht, sie hierzu zu zwingen. Ökonomisch nicht*, weil die private Wirtschaft der Bauern aus den oben angeführten Gründen noch stärker war als die in der Organisation begriffene Gemeinwirtschaft. *Politisch nicht*, weil es dem Proletarierstaat in der Provinz an wirklich ergebenen Anhängern, die den Kampf mit den reichen Bauern aufgenommen hätten, fehlte.

Es ergab sich so eine ganz eigenartige Gestaltung der Geldverhältnisse. *Es bildeten sich in einem Lande zwei getrennte Wirtschaftssysteme mit verschiedener Valuta.* Die einzelnen Institutionen der Gemeinwirtschaft benützten untereinander das neue Geld als Zirkulationsmittel. Der Staat bezahlte Angestellte und Arbeiter mit dem neuen Gelde und gab ihnen für dasselbe alle Güter, über welche er verfügte. Die Bauern und alle privaten Betriebe bildeten das zweite Wirtschaftssystem, dessen einzelne Glieder untereinander das alte blaue Geld als Zirkulationsmittel benützten. Bei Zahlungen an das staatliche System benützten die Privaten die in ihren Besitz gelangten neuen Noten. Bei Zahlungen an die Bauern mußten die Betriebe und Angehörigen des staatlichen Systems, außer bei unmittelbarer Gewaltandrohung, mit blauem Gelde zahlen. Der staatliche Angestellte zum Beispiel bekam sein Gehalt in weißem Gelde; er konnte mit diesem Gelde seine Wohnung und alle staatlich bewirtschafteten Güter bezahlen, war aber unfähig, von einem Bauern ein Ei dafür zu erhalten. *Da das private Wirtschaftssystem dem staatlichen gegenüber eine aktive Handels- und Zahlungsbilanz hatte*, weil der Staat mehr von den Bauern kaufte, als die Bauern vom Staat kaufen konnten, *gelangte langsam alles blaue Geld in den Besitz der Angehörigen des privaten Wirtschaftssystems und das blaue Geld erhielt ein hohes Agio gegenüber dem weißen.* Es bildete sich ein verbotener, aber trotzdem blühender Handel in beiden Geldarten: das Disagio des neuen Geldes betrug gegen Ende der Diktatur 50 Prozent. Das private Wirtschaftssystem hatte außerdem den riesigen Vorsprung, daß das von ihm benützte Zirkulationsmittel in den benachbarten Nachfolgestaaten unmittelbar — oder nach einer leicht vornehmbaren Abstempelung — gesetzliches Zahlungsmittel und auch auf dem Weltmarkt eine anerkannte Valuta war. Wohingegen das neue Geld der Räteregierung von allen kapitalistischen Ländern boykottiert wurde, so daß im Verkehr mit dem kapitalistischen Ausland (mit nichtkapitalistischen Ländern hatten wir keinerlei Verbindung) die Räteregierung sich ebenfalls des blauen Geldes bedienen mußte.

Es war eine ganz eigenartig schwierige Situation, in welche die ungarische Räteregierung gelangte, indem sie aus technischen Gründen, da sie die alten Noten nicht nachdrucken konnte, vorzeitig gezwungen war, den Versuch der Ungültigerklärung des alten Geldes und die Einführung eines neuen Geldsystems zu wagen. Vorzeitig, denn weder war das gemeinwirtschaftliche System bereits in dem Maße ausgebaut, um das Übergewicht über das private System zu haben und diesem das neue Geld ökonomisch aufzwingen zu können, noch reichte die politische Macht des Staates aus, die Annahme des neuen Staatsgeldes mit Gewalt zu erzwingen. Der Fall der Räterepublik schnitt den Knoten entzwei.

# 12. Der proletarische Staatshaushalt

Der Staat der kapitalistischen Länder ist die Gewaltorganisation der herrschenden Klassen zur Niederhaltung der Beherrschten. Diesem Zweck passen sich alle Betätigungen des Staates, selbst die auf rein ideologischem Gebiet liegenden, an. Der Unterricht der Kinder der arbeitenden Klassen wird nur soweit entwickelt, als es zur Ausbildung von Facharbeitern unbedingt nötig ist. Das ganze Unterrichtswesen hat nebenbei den Zweck, den Kindern chauvinistische, konservative, das Klassenbewußtsein ertötende Ideologie einzuimpfen. In wirtschaftlicher Beziehung wandelt sich die Funktion des Staates mit den Änderungen des Kapitalismus. Aus einem einfachen Wächter des Privateigentums im Zeitalter des Freihandelskapitalismus wurde er Regulator des Marktpreises in der Periode des Schutzzolls, Eroberer neuer Märkte, neuer Exploitationsgebiete im modernen Imperialismus, Organisator der ganzen Wirtschaft im Weltkrieg.

Die Diktatur des Proletariats knüpfte an diesem Punkte an. Durch Enteignung und Verstaatlichung der Produktionsmittel dehnt sich der Machtbereich des Staates noch weiter aus und erfaßt nach und nach die ganze Produktion und Güterverteilung. Hierdurch ändert sich auch der Staatshaushalt vollkommen. Hatte auch der kapitalistische Staat schon produktive Betriebe — Bahnen, Bergwerke usw., so ist dies doch nur ein nebensächliches Moment. Der Staatshaushalt war, was die Einnahmen anbelangt, durchwegs auf die Steuern der Staatsbürger angewiesen: Die Ausgaben waren überwiegend unproduktive Ausgaben zur Aufrechterhaltung der Gewaltorganisation.

Ohne in steuerliche Details einzugehen, können wir feststellen, daß die Steuereinnahmen des kapitalistischen Staates aus folgenden Quellen stammen:

1. *Steuern auf das Vermögen*: Erbschaftssteuer, Vermögenssteuer und Abgabe;
2. *Steuern auf die Grundrente*: Grundsteuer, Grundwertsteuer;
3. *Steuern auf den Mehrwert*: alle Arten von Einkommensteuern;
4. *Steuern auf den Arbeitslohn*: fast alle Arten der Verbrauchssteuern und Monopoleinkommen, wie auch eine Reihe sogenannter direkter Steuern, die auf das Arbeitseinkommen übergewälzt werden.

Die Diktatur des Proletariats teilt das Wirtschaftsleben in zwei scharf geschiedene Teile: die neue Gemeinwirtschaft und die zum Verschwinden bestimmten Reste der Privatwirtschaft. Der proletarische Staat wird seine Steuerpolitik demgemäß einrichten; er wird den noch vorhandenen Privateigentümern gegenüber, falls er die nötige Macht besitzt, alle drei erst genannten Steuerquellen rücksichtslos ausnützen. Er wird hohe Erbschaftssteuern, eine womöglich die ganze reine Grundrente absorbierende Grundwertsteuer und eine so hohe Einkommenssteuer erheben, daß die selbständige Existenz als Kleingewerbetreibender oder Kleinbauer keinen höheren realen Standard bedeutet als diejenige der in den enteigneten Großbetrieben arbeitenden Lohnarbeiter.

Der proletarische Staat ist in der Anziehung der Steuerschraube den Privateigentümern gegenüber wirtschaftlich viel freier, als der kapitalistische Staat. Im Kapitalismus ist die gesellschaftliche Akkumulation, die Entwicklung und Vermehrung der Produktionsmittel Aufgabe der Kapitalistenklassen: die gesellschaftliche Akkumulation ist das Ergebnis der privaten Akkumulation unzähliger einzelner Kapitalisten. *Nimmt der kapitalistische Staat für seine unproduktiven Auslagen — und er hat fast ausschließlich unproduktive Auslagen — einen so großen Teil des Mehrwerts in Anspruch, daß den Kapitalisten die Möglichkeit der Akkumulation genommen wird, so hört die gesellschaftliche Akkumulation überhaupt auf und damit jeder wirtschaftliche Fortschritt.* Der proletarische Staat übernimmt mit der Enteignung der Großbetriebe auch die Aufgabe der realen Akkumulation, der Entwicklung der Produktivkräfte. Eine Akkumulation von Reichtum im Besitz von Privatleuten ist für das Proletariat im Proletarierstaat nicht nur überflüssig, sondern schädlich. Für den Proletarierstaat bestehen daher keine wirtschaftlichen Schranken in der Besteuerung des Vermögens und jeder Art von Mehrwerteinkommen. Das Ergebnis der Besteuerung freilich kann nicht groß sein, da die größten Steuerzahler, die Großbetriebe, durch die Enteignung als Steuerzahler entfallen, der in den noch bestehenden Privatbetrieben produzierte Mehrwert aber infolge der geringen Ausbeutung der Arbeiterklasse sehr niedrig ist.

Es taucht hier nun die Frage auf: Wenn der proletarische Staat stark genug ist, so hohe Steuern auszuwerfen und einzutreiben, so müßte er auch stark genug sein, alle Produktionsmittel dieser Schichten zu enteignen. Dies scheint zum Teil richtig zu sein, obzwar die völlige Enteignung, zum Beispiel des Grundbesitzes von Millionen Bauern immerhin einen größeren gegenrevolutionären Widerstand hervorrufen würde, als eine hohe, aber gerechte Grundwertsteuer oder eine sehr hohe Erbschaftssteuer, welche immer nur einzelne, nicht Massen, auf einen Schlag trifft. Aber ganz abgesehen von der politischen Seite: *Die Enteignung von einigen Millionen Betrieben ist in erster Linie nicht eine Machtfrage, sondern eine Organisationsfrage.* Mit der Enteignung allein ist dem Proletariat blutwenig gedient: Die enteigneten Betriebe müssen organisch in die Gemeinwirtschaft eingebaut werden. Hierzu fehlt es aber in den ersten Jahren der Diktatur, bis eine neue Generation herangebildet wird, an entsprechendem Menschenmaterial.[71] Daher scheint es zweckmäßig, statt der Enteignung der Kleinbetriebe selbst die Reinerträge dieser Privatwirtschaften durch eine scharfe Besteuerung dem proletarischen Staat nutzbar zu machen.

*Dagegen werden Verbrauchssteuern und Zölle für den Proletarierstaat im allgemeinen ohne Bedeutung sein*: Die meisten Güter, welche im kapitalistischen Staate mit einer Verbrauchssteuer belastet wurden — es sind dies Massenartikel, die in Großbetrieben erzeugt werden: Zucker, Spirituosen, Petroleum usw., werden im Proletarierstaat monopolisiert. Es wäre daher ganz sinnlos, erst den Preis von staatswegen zu bestimmen und nachher eine Verbrauchssteuer hinzuzuschlagen; wie es auch im kapitalistischen Staat wenig Sinn hat, bei staatlichen Verkehrsanstalten einen Tarif festzusetzen und dann eine Verkehrssteuer daraufzuschlagen. Ist die Monopolisierung des Außenhandels durchgeführt, verlieren die Zölle jeden Sinn. Alle bisherigen Einnahmen aus Verbrauchssteuern und Zöllen werden in den Einnahmen der staatlichen Betriebszentralen vereinheitlicht. Alle Zölle und Verbrauchssteuern fallen auf diese Weise weg, dagegen entsteht ein ganz neuer Kreis von Problemen: die Fragen der Preispolitik, von welchen wir weiter unten sprechen.

Es muß hier noch die Frage aufgeworfen werden, *wie sich die Geldsteuern in das prinzipiell der Güterwirtschaft zuneigende System des proletarischen Staates überhaupt einfügen lassen.* Werden die Kleinbürger und Bauern so stark besteuert, daß sie nicht mehr Einkommen behalten als ein Lohnarbeiter, so bedeutet das vom Standpunkt der Güterwirtschaft, daß sie auch nicht mehr Güter kaufen und konsumieren können als die

71 So steht es mindestens in Rußland, Ungarn, überhaupt in Osteuropa. In Westeuropa, wo die allgemeine Bildung des Proletariats eine viel höhere ist, wo jeder industrielle Arbeiter zum mindesten schreiben, lesen und rechnen kann, ist die Frage der Organisierungsmöglichkeit leichter zu lösen.

Arbeiter. Anders steht die Frage bei den reichen und Mittelbauern mit ihrem nach Milliarden aufgehäuften Papiergeldbesitz. Geldsteuern der Bauern sind für die Güterwirtschaft des proletarischen Staates solange ganz indifferent, als die Zahlung aus dem aufgeschatzten Gelde geschieht. Der Staat spart nur die Druckkosten neuer Noten. Es muß daher möglichst bald zu einer Naturalgrundsteuer, zur Erhebung der Grundwertsteuer im Getreide geschritten werden, vorausgesetzt, daß es durch die Einführung eines neuen Geldes in der Zwischenzeit nicht gelingt, die aufgehäuften Geldsummen der Bauern zu entwerten. Ist die Entwertung der alten Papiergeldmilliarden gelungen und kursiert nur mehr neues Geld, so hat eine hohe Geldbesteuerung der Bauern güterwirtschaftlich zur Folge, daß sie genötigt sind, Lebensmittel zu veräußern, um ihre Steuern bezahlen zu können.[72]

Die eigentlichen nichtproduktiven Ausgaben des proletarischen Staates — also von den produktiven Betriebsausgaben abgesehen — sind im Anfang der Diktatur viel höher, als die des kapitalistischen Staates. Der isolierte Proletarierstaat wird durch die kapitalistischen Nachbarstaaten in den Krieg gedrängt. Es muß ein großes Heer in Waffen gehalten werden. Die Ausgaben für Schulwesen schnellen sprunghaft in die Höhe, wie auch die sozialpolitischen Ausgaben: Krankenpflege, Arbeitslosenunterstützung usw. Eine Ersparnis zeigt sich vor allem in der Sistierung des Staatsschuldendienstes.

Ohne dies statistisch belegen zu können, erscheint es offenbar, daß die noch so scharfe Besteuerung des von der Enteignung verschonten Privatwirtschaftssystems — vorausgesetzt, daß die Eintreibung der Steuern von politischen Reibungen ganz frei vor sich ginge, was für den Anfang eine irreale Voraussetzung ist — durchaus nicht genügen würde, die Ausgaben des Staates zu decken. Güterwirtschaftlich ausgedrückt: Die dem privaten Produzenten in Steuerform entzogenen Güter genügen nicht, um die „unproduktiven" Schichten der Bevölkerung: Soldaten, Beamte, Lehrer, Arbeitslose, Kranke und Invalide zu erhalten. Die staatlichen Betriebe müssen daher den Löwenanteil zur Deckung der staatlichen Auslagen beitragen. Das heißt: *Die Massen der in den staatlichen Betrieben produktiv Arbeitenden erhalten durchaus nicht ihren vollen Arbeitsertrag.* Ein großer Teil der produzierten Güter muß den obenerwähnten, nicht unmittelbar produktiven, aber für den Bestand des proletarischen Staates unentbehrlichen Schichten und den Arbeitsunfähigen aller Art überlassen werden. Da aber vorläufig Geldlöhne und Geldpreise bestehen, gelangen wir auf diesem Wege zu der schon berührten Frage der staatlichen Preisfestsetzung zurück.

Wie hoch soll der Preis der staatlichen Erzeugnisse festgesetzt werden? Würden die staatlich erzeugten Güter zum Selbstkostenpreis verkauft werden, so blieben keine Einnahmen zur Erhaltung der oben erwähnten unproduktiven Bevölkerungsschichten übrig. Auch gäbe es keine Möglichkeit einer realen Akkumulation von Produktionsmitteln, welche im Proletarierstaate noch dringender nötig ist zum Zweck der Erhöhung der Lebenshaltung der Einwohner, als im kapitalistischen. Prinzipiell müssen daher alle staatlichen Güter zum *„gesellschaftlichen Selbstkostenpreis"* verkauft werden[73]. Wir verstehen darunter den *Selbstkostenpreis plus einem zur Deckung der Erhaltungskosten der nicht Arbeitenden genügenden Zuschlag, plus einem Zuschlag zur Ermöglichung der realen Akkumulation.* Anders ausgedrückt: die Verkaufspreise müssen so festgelegt werden, daß der Staat nicht nur kein Defizit hat, sondern noch einen Überschuß zur Errichtung neuer produktiver Betriebe.

72 Siehe das Kapitel über die Geldprobleme.

73 Dieser Begriff wurde vom Volkskommissar Lengyel während der Diktatur geprägt.

Dies ist die prinzipielle Lösung. Praktisch arbeitet jede Diktatur anfangs mit einem großen Defizit und deckt dieses, wie gegenwärtig fast alle kapitalistischen Staaten, durch die Ausgabe von Papiergeld. Wir wollen nur noch darauf hinweisen, daß es güterwirtschaftlich betrachtet eigentlich gar keinen Unterschied macht, ob der proletarische Staatshaushalt durch den Verkauf der staatlich produzierten Güter zum gesellschaftlichen Selbstkostenpreis ins Gleichgewicht gebracht wird oder das Defizit durch vermehrte Notenausgabe gedeckt wird. Die Masse der produzierten Güter wird hierdurch nicht berührt. Auch die Verteilung nicht. Die „Unproduktiven" und Nichtarbeitenden müssen die auf sie entfallende Quote der zur Erhaltung ihres Lebens nötigen Güter erhalten, wenn diese Güter überhaupt vorhanden sind, gleichgütig, ob der Staat ein Defizit hat oder nicht. *Das geldwirtschaftliche Defizit des Proletarierstaates ist keinesfalls gleichbedeutend mit dem güterwirtschaftlichen Defizit, d. h. mit der Verminderung des realen Güterbestandes des Staates.* Eine weitgehende reale Akkumulation, der intensive Ausbau der Produktionsmittel, kann im proletarischen Staatshaushalt mit einem riesigen Gelddefizit ohne weiteres zusammenfallen. Das Defizit des Staatshaushaltes und dessen Deckung durch die Ausgabe von neuem Papiergeld hat nur die eine unangenehme Folge, daß sich die Differenz von Geldeinkommen und Realeinkommen vergrößert, der Gütermangel in den Augen der Kauflustigen noch größer erscheint, als wenn alle staatlichen Güter zum gesellschaftlichen Selbstkostenpreis in den Verkehr gebracht werden und der proletarische Staatshaushalt defizitlos dasteht. Es wird daher von der befolgten Geldpolitik des Proletarierstaates abhängen, ob ein großes Gewicht auf ein defizitloses Gebaren zu legen ist. Ist es gelungen, das aus dem Kapitalismus stammende aufgehäufte Papiergeld durch die Einführung einer neuen Valuta endgültig zu entwerten, dann ist es wünschenswert, daß der Staat kein Defizit habe, um die Ausgabe weiterer Noten zur Deckung des Defizits einzustellen und die Entwertung des neuen Geldes zu verhindern. Ist dies nicht gelungen, so haben Defizit und fortgesetzte Notenausgabe den Erfolg, die aufgehäuften Geldvorräte radikal zu entwerten und den Übergang zur Güterwirtschaft zu beschleunigen. *Ein Defizit an realen Gütern kann natürlich durch keinerlei finanzpolitische Maßnahmen aus der Welt geschafft werden.* Es bedeutet entweder einen Verbrauch des Güterstockes, soweit dies technisch möglich ist (Lebensmittel, Vieh, Abnützung der Maschinerie ohne Ersatz), oder die Notwendigkeit einer entsprechenden Einschränkung der Konsumtion, um das Gleichgewicht zwischen Konsumtion und Produktion herzustellen. In der vollentwickelten kommunistischen Güterwirtschaft verschwindet das Problem des Staatshaushaltsdefizits. Es geht restlos in dem Problem der ganzen Gemeinwirtschaft des Volkes auf.

In der Periode der proletarischen Diktatur besteht aber neben dem Gemeinwirtschaftssystem noch das privatwirtschaftlich ererbte der Bauern und Kleinbürger. Um die Wirkungen des restlichen Privateigentums an Produktionsmitteln in der realen Einkommensverteilung auszuschalten — solange seine gänzliche Abschaffung politisch und organisatorisch unmöglich ist —, haben wir eine weitgehende Besteuerung ins Auge gefaßt, welche das Einkommen der Bauern und Kleinbürger auf das Niveau der Lohnarbeiter herabsetzt. Nun ist es sehr fraglich, ob es in der ersten Zeit der proletarischen Diktatur politisch möglich ist, eine derartig scharfe direkte Besteuerung dieser Bevölkerungsschichten durchzuführen. Es kommt daher zu diesem Zwecke, wie auch zur Herstellung des Gleichgewichtes im Staatshaushalt eine neue Art der indirekten Besteuerung dieser Schichten in Betracht: die staatliche Klassenpreispolitik, welche wir bei der Frage der Verteilung bereits erwähnten. Es ist möglich, die monopolisierten Verbrauchsartikel dem Proletariat billig, den Kleinbürgerschichten aber über dem gesellschaftlichen Selbstkostenpreis zu berechnen.

Nun ist aber bei den wichtigsten staatlich monopolisierten Gütern, bei den Lebensmitteln, eine Klassenerpressungspolitik dem Bauern gegenüber unmöglich, da die Bauern selbst Erzeuger und zum Teil Verkäufer dieser Güter sind. Sie müssen daher an solchen Gütern indirekt besteuert werden, die sie nicht selbst erzeugen und die sie schwer entbehren können: Salz, Petroleum, Eisen, Geräte, Maschinen. Diese Güter können dem Bauern zu hohen Preisen berechnet werden, jedoch darf hierbei, wie wir schon oben ausführten, ein gewisses Maß nicht überschritten werden, sonst würden die Bauern zur geschlossenen Hauswirtschaft zurückkehren und die landwirtschaftliche Produktion würde hierdurch einen Rückgang erleiden.[74]

Die beste und endgültige Lösung auch dieses Problems ist der möglichst rasche Ausbau der Gemeinwirtschaft, und der Übergang vom kapitalistischen, geldwirtschaftlichen System zu der reinen Güterwirtschaft des kommunistischen Staates.

74 Der große Aufschwung des Schulwesens und der allgemeinen Bildung in der Diktatur bildet, indem er die Bedürfnisse der Bauern hebt, ein Gegengewicht gegen die einen kulturellen Rückschritt bedeutende Tendenz zur geschlossenen Hauswirtschaft.

## 13. Internationale Wirtschaftsprobleme in der proletarischen Diktatur

Im Verlaufe unserer Untersuchungen haben wir bereits öfter über die internationalen Probleme gesprochen, doch fühlen wir die Notwendigkeit, dies Material auch zusammenfassend zu bearbeiten.

Der isolierte Proletarierstaat wird von den umgebenden kapitalistischen Staaten wirtschaftlich boykottiert. Der Proletarierstaat ist daher von den Vorteilen der internationalen Arbeitsteilung ausgeschlossen. Alle Güter müssen, soweit dies überhaupt möglich ist, auf eigenem Gebiete erzeugt werden; dies bedeutet eine schwerwiegende Beeinträchtigung der Ergiebigkeit der Arbeit, da viele Güter an ungünstigen Standorten erzeugt werden müssen. *Die Erzeugung erfordert daher mehr Arbeitszeit, als weltwirtschaftlich-gesellschaftlich nötig wäre.* Manche wichtige Rohstoffe — Kautschuk, Baumwolle, Kupfer, Erdöl usw. — sind beschränkt auf gewisse Gebiete des Erdballs und können vom Proletarierstaat durch eine wirtschaftliche Isolierung ganz abgeschnitten werden. Der moderne Kapitalismus hat außer dieser auf natürlichen Grundlagen ruhenden Arbeitsteilung auch eine weitgehende weltwirtschaftliche Spezialisierung der industriellen Produktion geschaffen. Gewisse Arbeitsmaschinen werden nur in Amerika, gewisse Holzbearbeitungsmaschinen nur in Schweden, einige chemische und optische Apparate nur in Deutschland erzeugt usw. Patente, Fabrikationsgeheimnisse und der Mangel der zur Produktion nötigen Einrichtungen verhindern jahrelang die Erzeugung solcher Produkte, selbst wenn alle Rohmaterialien hierzu vorhanden wären. Alles dies erschwert die Wirtschaft des isolierten Proletarierstaates ungemein.

Zwar kann im Falle einer wirtschaftlichen Isolierung der Schmuggel auch durch eine strenge Blockade nicht verhindert werden. Indessen zeigen die ungarischen Erfahrungen, daß der Schmuggel den legalen Güteraustausch nicht im entferntesten ersetzen kann. Außerdem trägt der Schmuggel durch die mit ihm zusammenhängenden Umstände, Betrug, Bestechungen usw., eine tiefgehende Demoralisierung in den Wirtschaftsapparat des proletarischen Staates hinein. Der staatlich betriebene Schmuggel zieht den Privatschmuggel und den Schleichhandel nach sich, so daß es überhaupt fraglich ist, ob die Vorteile des Schmuggels seine schlechten Folgen aufwiegen. Nach den ungarischen Erfahrungen scheint es am zweckmäßigsten, den Schmuggel aller Konsumgüter zu verbieten und denselben auf einzelne spezielle Güter: Apparate, Maschinenbestandteile usw., zu beschränken.

Nun läßt es sich denken, daß einzelne kapitalistische Länder, respektive einzelne kapitalistische Gruppen dieser Länder, in einen Handelsverkehr mit dem proletarischen Staat treten, wie dies in Ungarn geschehen ist. Dies wird um so eher der Fall sein, *je wichtigere, schwer ersetzbare Produkte der proletarische Staat dem kapitalistischen Nachbarn zu bieten hat.* Der Güterverkehr kann in der Weise stattfinden, wie es in Ungarn geschah, daß einzelne enteignete Unternehmungen unter ihrer alten Firma Güter aus dem Auslande beziehen, eventuell Güter auch dahin exportieren. Dies kann aber nur zu Beginn der proletarischen Umwälzung der Fall sein, solange die ausländischen Kapitalisten die Diktatur als einen vorübergehenden politischen Zwischenfall betrachten. Festigt sich die proletarische Regierungsgewalt, so ändert sich auch die Form des internationalen Wirtschaftsverkehrs. *Der internationale Kredit wird eingestellt, da die Eigentums- und Rechts-*

*verhältnisse des proletarischen Staates den ausländischen Kapitalisten keine geeignete Grundlage zu einem Kreditgeschäfte bieten.* Das Geld hört auf, internationale Funktionen zu leisten. Die Kapitalisten nehmen das Papiergeld des proletarischen Staates nicht an, weil sie keine Gewähr dafür haben, es in reale Güter oder Einkommenquellen umwandeln zu können. Der proletarische Staat kann fremde Zahlungsmittel ebenfalls nur im beschränkten Maßstab brauchen, weil eben wegen der stets drohenden Blockade die Möglichkeit der realen Gütereinfuhr immer ungewiß ist. Was das Gold, das eigentliche Weltgeld des Kapitalismus, anbelangt, so wird dessen Wert im kapitalistischen Staate ganz anders beurteilt als im proletarischen. Im Kapitalismus dient es als *„allgemeine Materiatur der menschlichen Arbeitskraft"*, als *„allgemein gültige verdinglichte Form des Wertes"*. Es gilt daher, was auch sein Ursprung sei, als absolutes Kauf- und Zahlungsmittel. Für Gold kann der proletarische Staat von den Kapitalisten der kapitalistischen Staaten — wenn ein Güteraustausch überhaupt stattfindet — alles haben. Für den sich der Güterwirtschaft stetig nähernden proletarischen Staat hat dagegen das Gold, infolge seiner geringen Nützlichkeit, bloß als Kaufmittel in kapitalistischen Staaten Wert. Der Proletarierstaat wird daher seinen Goldvorrat ohne Zaudern zum Güterankauf im Auslande hergeben, dagegen gegen Goldzahlung ins Ausland im allgemeinen Güter nur insoweit abgeben, als die Möglichkeit des Eintausches desselben gegen reale Güter auf dem Weltmarkt möglich ist. Stellen wir uns überhaupt ein friedliches Nebeneinander zwischen einem proletarischen und einem kapitalistischen Staate vor, so kann der Außenhandel endgültig nur die Form eines systematischen Naturaltausches haben, wie auch schon während des Krieges die staatlichen sogenannten *„Kompensationsabmachungen" überwogen.* Bei diesen Tauschgeschäften zeigt sich der grundlegende Unterschied zwischen dem proletarischen und kapitalistischen Wirtschaftssystem. Für den der Naturalwirtschaft zusteuernden Proletarierstaat ist bei dem Güteraustausch allein die Nützlichkeit maßgebend. Für die Kapitalisten aber ist dies absolut bedeutungslos. Die Kapitalisten werden in ein Tauschgeschäft nur eingehen, wenn sie hierbei in ihrer oder in einer weltgängigen Valuta ein profitables Geschäft machen. Der Güteraustausch wird daher in der Valuta des kapitalistischen Staates verrechnet werden.[75] Die Kapitalistengruppe wird einseitig das quantitative Austauschverhältnis entsprechend dem Weltmarktpreis des Kapitalismus bestimmen. Dem Proletarierstaat hingegen wird die ganz neuartige Aufgabe zufallen, die Nützlichkeit quantitativ zu vergleichen; darüber zu entscheiden, ob der Verlust an Nützlichkeit, welcher mit dem Verzicht auf gewisse Güter verbunden ist, durch den Gewinn an Nützlichkeit, welchen die im Tausch erhaltenen Güter gewähren, aufgewogen wird. Diese Beurteilung kann bei solchen Gütern, welche auch im Inland erzeugt werden können, durch Berechnung der inländischen Produktionskosten gestützt werden. Während im kapitalistischen Wirtschaftssystem die Beurteilung der Nützlichkeit eines Gutes Privatsache der einzelnen Käufer ist und diese Beurteilung sich anarchisch, in verdinglichter Form, in der Gestaltung der Marktpreise, durchsetzt, wird sie im Proletarierstaate bewußte Funktion der wirtschaftlichen Leitung.

Der Güterverkehr zwischen einem proletarischen und den kapitalistischen Staaten wird solange wirtschaftlich leicht vor sich gehen können, als der proletarische Staat noch Vorräte an Gütern hat oder infolge der Unmöglichkeit der raschen Umwandlung des Produktionsapparates noch Güter erzeugen muß, die für den Konsum der Kapitalisten

75 Auch im Kapitalismus wurden die internationalen Warengeschäfte oft in fremder, meist Pfund-Sterling-Valuta oder neuerdings in Dollar-Valuta verrechnet.

bestimmt sind und bei dem allgemein niedrigen Standard der Einwohner des proletarischen Staates in den Konsum der Arbeiter vorläufig nicht eingehen können: Gold- und Silberwaren, Juwelen, Luxusmöbel und Teppiche, gewisse Textilien usw. Auch der Besitz an ausländischen Wertpapieren aller Art ist hierher zu rechnen. Diese Vorräte, welche für den Proletarierstaat eine sehr geringe Nützlichkeit, für die Kapitalisten aber in kapitalistischen Ländern einen hohen Marktpreis haben, können leicht zu Tauschgeschäften verwendet werden. Wenn es sich aber um die Hingabe von Rohmaterialien oder Konsumgütern des Proletariats handelt, ist es bei dem allgemeinen Gütermangel im proletarischen Staat — verursacht durch die sprunghaft erhöhten Geldeinkommen weiter Schichten, welchen keine gleichwertige Erhöhung der Güterproduktion entspricht — eine sehr schwierige Aufgabe, die Zweckmäßigkeit eines Güteraustausches zu entscheiden.

Glatter geht natürlich der Güteraustausch zwischen proletarischen Staaten; indessen ergeben sich auch hier sehr interessante Probleme. *Im Anfangsstadium der proletarischen Wirtschaft werden die früheren politischen Staatsgrenzen wahrscheinlich auch weiterhin wirtschaftliche Grenzen bilden, teils aus organisatorisch-technischen Gründen*, da schon die zentrale Leitung der Wirtschaft eines einzelnen Staates eine schwer zu bewältigende Aufgabe stellt, teils, weil sich die wirtschaftlich bessergestellten Proletarierstaaten anfangs weigern dürften, mit den ärmeren ein gemeinsames Wirtschafts- und Verteilungsgebiet zu bilden. Auch ist es möglich, daß sich die Umgestaltung geographisch in Sprüngen vollziehen wird, daß die neu entstandenen proletarischen Staaten ganz oder teilweise durch kapitalistische Staatsgebilde voneinander zeitweilig getrennt werden, wie es mit Ungarn und Rußland der Fall war, und daß das Zusammenschmelzen zu einem Wirtschaftsgebiet auch geographisch unmöglich ist. Soll nun zwischen Proletarierstaaten ein Güteraustausch stattfinden, *so kann das quantitative Verhältnis der auszutauschenden Güter nicht auf Grundlage der Nützlichkeit festgestellt werden, da die zwei den Tauschakt vollziehenden Staaten auf dieser Grundlage zu sehr verschiedenen Ergebnissen kommen würden.* Bei einem Tausch auf Grundlage der Nützlichkeit gewinnen beide Tauschende. Es muß sich daher zwischen den auf Nützlichkeit basierten quantitativen Schätzungen der beiden Tauschenden *ein Plus an Nützlichkeit ergeben*, zu dessen prinzipieller Verteilung zwischen den Tauschenden die Basis fehlt. Dem Geist der proletarischen Wirtschaft würde es sehr gut entsprechen, die Arbeitszeit zu berechnen, welche die Produktion der zum Tausch gelangenden Güter gekostet hat, und auf diese Weise die zur Produktion verwendete Arbeitszeit zur Grundlage des Austauschverhältnisses zu machen. Hier taucht jedoch die Frage der „*nationalen Verschiedenheiten*" der Arbeitskräfte auf. Der Arbeitstag des englischen Arbeiters ergibt durchschnittlich ein viel größeres Produkt, als der Arbeitstag des russischen oder ungarischen Arbeiters, weil der englische Arbeiter unter günstigeren Naturbedingungen und im Durchschnitt mit bedeutend besseren Produktionsmitteln arbeitet, weil er eine bessere Fachbildung und eine hohe Intelligenz besitzt, weil er besser ernährt ist usw. Es fragt sich: Soll der Arbeitstag des englischen Arbeiters im Güteraustausch der proletarischen Staaten ebensoviel oder mehr wiegen, als der Arbeitstag des russischen oder ungarischen Arbeiters? Dem kommunistischen Grundprinzip gemäß sollten sie gleichgestellt werden. Das Weiterbestehen der egoistisch-habgierigen Weltauffassung wird auch hier zu Konzessionen nötigen. So wie der Anteil des einzelnen Arbeiters während der Periode der Diktatur seiner Arbeitsleistung und nicht seinen Bedürfnissen angemessen werden muß, so wird es auch notwendig sein, die höhere nationale Arbeitsleistung im internationalen Güteraustausch zwischen proletarischen Staaten zu berücksichtigen. In der Praxis dürften wahrscheinlich ständige oder von Fall zu Fall entsendete paritätisch zusammengesetzte zwischenstaatliche Kommissionen das Austauschverhältnis feststellen.

Es ist hierbei zu bemerken, daß das Verhältnis zwischen Proletarierstaaten zueinander auch wirtschaftlich ein ganz anderes ist, als das zwischen kapitalistischen Ländern. Jedes proletarische Staatswesen hat ein dringendes Interesse daran, andere proletarische Staaten wirtschaftlich zu stärken, da dies die Grundlage seiner politischen Konsolidierung, die Befestigung des proletarischen Regimes in anderen Staaten aber die Gewähr für das Fortbestehen desselben im eigenen Lande bildet. *In den Güteraustausch der proletarischen Staaten mengt sich daher in der revolutionären Anfangsperiode ein schwerwiegendes politisches Moment.* Jene Staaten, die in der proletarischen Revolution vorangingen, deren Wirtschaft bereits besser konsolidiert ist, werden aus politischen Gründen in jeder Weise bestrebt sein, den später nachfolgenden Staaten den Übergang von der kapitalistischen zur proletarischen Wirtschaft zu erleichtern, was am besten durch einen ihnen gewährten staatlichen Güterkredit geschehen kann.

Die Situation ändert sich, sobald die Herrschaft des Proletariats in allen zivilisierten Ländern fest gegründet ist. Der isolierte proletarische Staat ist genötigt, alle Güter, wenn irgend möglich, auf dem eigenen Gebiete zu produzieren. Die Ergiebigkeit der Arbeit ist daher — von allen anderen Umständen abgesehen — geringer, als in dem die Vorteile der internationalen Arbeitsteilung genießenden kapitalistischen Staate. Reiht sich dagegen ein proletarischer Staat an den anderen, so gelangt das Ricardosche Prinzip, daß jeder Staat die Güter produziert, welche auf seinem Gebiete am billigsten erzeugt werden können, voll zur Geltung. Die Standortlehre gelangt in der proletarischen Weltwirtschaftspolitik zur bewußten Anwendung. Jeder Staat erzeugt nur die Güter, die auf seinem Gebiet den besten Standort haben. Alle jene Produktionszweige, welche der Kapitalismus in einzelnen Ländern durch hohe Schutzzölle treibhausmäßig großgezogen hat, welches Verfahren immer eine Beeinträchtigung der Ergiebigkeit der gesamten Arbeit bedeutete, werden abgebaut. *Aus all dem ergibt sich die Notwendigkeit einer überstaatlichen Organisation der Wirtschaft, eines weltstatistischen Amtes und eines Obersten Wirtschaftsrates, um alle zwischenstaatlichen Probleme zu regeln,* solange einzelne Staaten als selbständige Wirtschaftseinheiten überhaupt bestehen. Mit dieser Umgestaltung vermindern sich sukzessiv die nationalen Verschiedenheiten in der Arbeitsleistung. Mit der Diktatur des Proletariats beginnt ein rascher kultureller Fortschritt der arbeitenden Schichten in den bisher rückständigen Ländern, welcher automatisch zu einer höheren Arbeitsleistung führt. Die planmäßige internationale Verteilung der Produktion nach dem Standortprinzip wirkt in demselben Sinne. Nach Verlauf einer Generation wird es möglich sein, die Arbeitszeit als einheitliches Wertmaß aller Güter im internationalen Güterverkehr zu verwenden. Doch sind wir bereits in Gedankengänge geraten, welche an die Utopie streifen . . .

*Unmittelbare Realität hingegen hat die Frage der Kapitalsanlage im Ausland und die Frage der Kolonien.* Die westeuropäischen Gläubigerstaaten: England, Frankreich, Holland, Belgien, die Schweiz, haben riesige Kapitalien im Auslande angelegt und hatten schon vor dem Kriege eine stark passive Handelsbilanz. Sie beziehen aus dem Ausland große Gütermengen ohne unmittelbares Entgelt, als Profit ihres im Ausland angelangten produktiven Kapitals oder als Zinsen von Leihkapital jeder Art. Mit der proletarischen Herrschaft hört dies auf. Die Produktionsmittel oder andere reale Güter werden ohne Entgelt von jenem Volke enteignet, auf dessen Territorium sie sich eben befinden. Der Bezug von Profit oder Zinsen hört mit einem Schlage auf. Dies ist für die Gläubigerstaaten ein riesiger Ausfall, nicht nur an Geldeinkommen, sondern auch in der Güterversorgung.

*Gleichzeitig entfallen auch alle Einnahmen aus der politischen Ausbeutung der Kolonien.* Es ist mit dem Geist der proletarischen Herrschaft absolut unvereinbar, Kolonialpolitik im alten Sinne zu treiben, schwächere Völker durch eine Gewaltorganisation niederzuhalten und auszubeuten. Mit der Proklamierung der Proletarierherrschaft schlägt die Stunde der Befreiung für alle Kolonialvölker. Dies bedeutet unmittelbar einen großen Ausfall an realen Gütern für die bisherigen Herrenvölker.

Es wiederholt sich hier auf internationaler Stufenleiter, was wir für den isolierten Proletarierstaat im dritten Kapitel auf nationaler Grundlage ausführten. Wie die Vortruppen des proletarischen Kampfes, die gelernten industriellen Arbeiter, bei Beginn der Diktatur mit Lebensmitteln schlechter versorgt sein müssen als im Kapitalismus, da das sprunghafte In-die-Höhe-schnellen des Verdienstes der landwirtschaftlichen Proletarier die Lebensmittel den Städten entzieht, *ebenso entzieht die Diktatur auf internationaler Grundlage den Gläubiger- und Kolonialmächten alle jene Güter, welche sie bisher von ihren Schuldnerstaaten und -Kolonien ohne Entgelt erhalten haben*: ein Umstand, der die Gesinnung des Proletariats dieser Länder stark in konservativer Richtung beeinflußt.

Der Übergang vom Kapitalismus zum Sozialismus vollzieht sich eben unter schweren Kämpfen und Entbehrungen aller Art. *Die europäisch-amerikanische kapitalistische Kultur, welche auf der Ausbeutung nicht nur des eigenen Proletariats, sondern ganzer kolonialer Weltteile gegründet ist*, diese Kultur der privilegierten Schichten, zu denen auch ein Teil der gelernten Arbeiter dieser Länder, die Arbeiteraristokratie, zu rechnen ist, der Zustand, daß einige Länder die industrielle Werkstätte der ganzen Welt bilden, muß verschwinden und einer allgemeinen Volkskultur der ganzen Welt Platz machen. Für die Bevölkerung dieser Länder wird diese Übernahme eine schwere Prüfung sein; andererseits aber werden die bisherigen unterdrückten Völker, der kolonialen und nationalen Fesseln nunmehr ledig, ihre Produktivkräfte rasch zu großer Höhe entwickeln. Die Produktion der ganzen Welt an materiellem Reichtum wird sich infolge der raschen Ausbreitung des Volksunterrichts, der allgemeinen Erhöhung der Volkskultur, dem Aufhören der Anarchie des Wirtschaftslebens, der systematischen Ausnützung aller Naturkräfte und der internationalen Verteilung der Produktion auf die entsprechenden weltwirtschaftlichen Standorte, mit einem Worte durch die planmäßige Organisierung der Weltwirtschaft sprunghaft steigern. In kurzer Zeit wird eine derartige Entwicklung der Produktion erreicht sein, daß allen Völkern, allen proletarischen Schichten eine Lebenshaltung gesichert ist, wie sie die Arbeiteraristokratie vor dem Kriege hatte. Es vollzieht sich eben auch eine internationale Nivellierung der Einkommen. Auf dieser Basis wird sich dann die neue, allgemeine, für jeden Menschen zugängliche Weltkultur erheben: das freie Reich der von materiellen Sorgen befreiten Menschheit.

# Schlußwort

Mancher Leser wird diese Schrift enttäuscht aus der Hand legen. Mancher wird vor der „Ungeheuerlichkeit" der Ziele, welche der proletarischen Revolution gesetzt sind, zurückschrecken, zurücktaumeln vor den schweren Entbehrungen, welche den Vorkämpfern auferlegt sind. Es war unser Zweck nicht, ephemere Begeisterung zu erwecken, welche bei der ersten Schwierigkeit feige zusammenbricht. Die proletarische Revolution braucht harte, alle Schwierigkeit voraussehende, auf Entbehrungen gefaßte Vorkämpfer . . .

Die evolutionistische Auslegung der Marxschen Lehre führt zu einer passiven, fatalistischen Ideologie weiter Schichten des Proletariats. Die Lehre Marx' von dem notwendigen Untergang der kapitalistischen Produktionsweise, seine wirtschaftliche Begründung des Herannahens des Sozialismus, wurde dahin mißdeutet, daß der Untergang des Kapitalismus automatisch, ohne einen aktiven revolutionären Kampf des Proletariats, erfolgen könne. Dies ist eine verhängnisvolle Mißdeutung. Unter den Faktoren, welche zum Sturz des Kapitalismus führen, steht bei Marx das revolutionäre Proletariat an erster Stelle. Würde sich das Proletariat in die Tatsache des Kapitalismus fügen, so würde der Kapitalismus ewig bestehen bleiben, alle inneren Widersprüche auf Kosten des Proletariats überwinden. Weder die Anarchie der Produktion noch die Krisen noch das Sinken der Profitrate oder die Verelendung der Massen würde die kapitalistische Gesellschaftsordnung zu Falle bringen. Einzig und allein der bewußte revolutionäre Kampf der Arbeiterklasse kann dies bewirken.

Die ungeheuren Schwierigkeiten, die sich dem Proletarierregime darbieten, dürfen nicht unterschätzt werden; wir haben es in Ungarn erfahren. Die größte aller Schwierigkeiten ist aber die der Isolierung. Auf die wirtschaftlichen Mißstände der Isolierung haben wir bereits des öfteren hingewiesen. Von entscheidender Bedeutung sind aber nicht diese wirtschaftlichen Mißstände, sondern die psychische Demoralisierung, welche die Isoliertheit des neuentstandenen Proletarierstaates nach sich zieht.

Die nichtrevolutionären Schichten der Bevölkerung, ja selbst die Arbeiterschaft, betrachten das isolierte proletarische Regime als eine vorübergehende politische Episode. Die aktiven konterrevolutionären Elemente flüchten in das benachbarte kapitalistische Ausland und organisieren dort die bewaffnete Gegenrevolution. Die Bourgeoisie organisiert ebendort den finanziellen und wirtschaftlichen Boykott der neuen Regierung. *Zugleich wird die psychische Demoralisierung systematisch betrieben.* Ununterbrochen kommen Nachrichten in Zeitungen, Briefen und durch mündliche Überlieferung von der bevorstehenden bewaffneten Intervention der kapitalistischen Nachbarmächte. Es entsteht eine allgemeine Unsicherheit, ein Gefühl der internationalen Verlassenheit, eine unbestimmbare Furcht in den Reihen der nicht absolut überzeugten Anhänger. Hierdurch wird der organisatorische Aufbau des neuen Staates hintangehalten. Die besten intellektuellen Kräfte halten sich der Organisationsarbeit fern; die sich in den Dienst stellen, betreiben stille Sabotage. Dasselbe tut — bewußt oder unbewußt — auch die Mehrzahl der aus Arbeitern hervorgegangenen Sowjetfunktionäre. Sie suchen sich durch Gefälligkeiten Freunde in den Reihen der Bourgeoisie zu sichern, sie sammeln Beweise für ihre Unschuld, suchen sich ein Hintertürchen zur Rettung. Die Diktatur wird „breiartig", die Verordnungen werden nicht strenge eingehalten, Entbehrungen nicht mit erhobenem Haupte getragen. *Statt des revolutionären Elans herrscht kleinbürgerliche Katzenjammerstimmung, in der alle rechtsstehenden Elemente der Arbeiterschaft schwankend werden, ihr Leben durch den Abbau der Diktatur zu sichern trachten, Kompromißverhandlungen mit der Bourgeoisie anknüpfen und so zu Verrätern werden . . .*

Eine isolierte Proletarierdiktatur kann nur Bestand haben in einem großen Lande wie Rußland, dessen Proletariat einen erprobten, stahlharten, revolutionären Charakter hat, in dem die kommunistische Partei, jene Partei des Sozialismus, welche den Kapitalismus für reif zum Sturze und das Proletariat für fähig zur Organisierung des sozialistischen Gemeinwesens hält, eine starke und überzeugte Anhängerschaft hat. In Ungarn hingegen, wo es vor der Diktatur eigentlich gar keine organisierte kommunistische Partei gab, mußte die Diktatur zusammenbrechen, falls sie nicht rechtzeigig von außen, durch die Revolutionierung der Nachbarländer, innerlich gestärkt wurde. Die Notwendigkeit, ja Unerläßlichkeit der internationalen revolutionären Solidarität — nicht in Worten, sondern in Aktionen — zum Erfolg der proletarischen Revolution zeigt sich in dem traurigen Schicksal der Ungarischen Räterepublik, welche trotz der vielen Fehler, die begangen wurden, kein ruhmloses Blatt in der Geschichte der internationalen Revolution bildet!

Dritter Teil

# Die Krise der kapitalistischen Weltwirtschaft*

* Zweite, vermehrte und umgearbeitete Auflage, Verlag der Kommunistischen Internationale, Auslieferungsstelle für Deutschland: Carl Hoym Nachf. Louis Cahnbley, Hamburg 1922 (Bibliothek der Kommunistischen Internationale, Bd. 25).

Eine Wirtschaftskrise von nie erlebter Heftigkeit ist über die kapitalistische Welt hereingebrochen. Millionen Arbeiter sind arbeitslos. Die Produktionsmittel liegen still; obwohl die Bevölkerung Not leidet. In Amerika wird massenhaft Getreide verbrannt; in Europa hungern Millionen. Die Textilfabriken arbeiten nicht, obwohl Millionen Menschen nur in Fetzen gehüllt sind. Der ganze Wahnsinn der kapitalistischen Produktionsweise, die nicht zur Befriedigung der Bedürfnisse, sondern dem Profit zuliebe produziert, zeigt sich wieder einmal in der krassesten Weise.

Krisen gab es periodisch, seit es einen Kapitalismus gibt. Unsere Aufgabe ist es nicht, die Krise zu beschreiben, sondern zu untersuchen, inwiefern diese Krise sich von den gewöhnlichen Krisen unterscheidet: zu untersuchen, ob die gegenwärtige Krise eine ebenso vorübergehende Erscheinung ist wie alle bisherigen Krisen, wie es die meisten Kapitalisten und Sozialdemokraten behaupten[1], oder aber, ob sie einen Schritt zur vollständigen Zersetzung der kapitalistischen Gesellschaftsordnung bedeutet. Wir müssen, um diese Frage zu beantworten, ziemlich weit ausholen.

1 Nicht alle *bürgerlichen* Schriftsteller glauben an den glatten Ablauf der gegenwärtigen Krise. W. Federn, der Redakteur des „Österreichischen Volkswirt", schreibt (26. Februar 1921) in seinem Blatte: „Es ist keine Aussicht, daß die Krise, die über die Weltwirtschaft hereingebrochen ist, den Verlauf früherer Krisen nehmen wird ... Es mag Schwankungen im Verlauf der Krise geben, momentane Erholungen, die die Hoffnung auf Gesundung erwecken mögen, aber eine wirkliche Gesundung ist nicht möglich ... Die Fortdauer und Verschärfung der Weltkrise wird die Arbeiter der Siegerländer auf den Plan rufen. Diese werden nicht ruhig zusehen, daß man die Löhne herabsetzt, weil die Preise der Industrieprodukte sie nicht vertragen. Sie werden nicht ruhig zusehen, daß immer neue Scharen von Arbeitern wegen der Absatzkrise beschäftigungslos werden ... *Am Ende dieser Krise steht die Auflösung der ganzen Gesellschaftsordnung, je nach dem Verlauf der Krise, je nach dem Temperament der Massen, in einem Lande früher, in dem andern später. Aber überall muß die soziale Revolution das Ende sein* ... (Hervorhebung E. V.) Hilferding und Bauer sollten sich diese Ausführungen eines absolut bürgerlichen Nationalökonomen überlegen.

## Vorwort zur zweiten Auflage

Als die Aufgabe an mich herantrat, eine neue Ausgabe der „Krise" zu bewerkstelligen, mußte ich mich fragen, wie diese Aufgabe am besten gelöst werden könnte. Zwei Methoden kamen in Betracht. Es wäre möglich gewesen, die erste Ausgabe ganz außer acht lassend, eine Analyse der *gegenwärtigen* Weltwirtschaftslage zu geben. Oder aber, die erste Ausgabe als Grundlage behaltend, die Analyse bis zum heutigen Tage weiterzuführen. Die erste Methode ergibt ein einheitliches Ganzes; die zweite hat den Vorteil, die Entwicklung der Dinge zu zeigen.

Ich entschied mich für das Zweite. Ich habe daher die erste Ausgabe als Grundlage beibehalten und bloß ergänzt, was mir bei der raschen Niederschrift der ersten Ausgabe an Zahlenmaterial fehlte. Ich habe mir auch diesmal große Beschränkungen in dieser Beziehung auferlegt; ich wollte vermeiden, daß infolge übermäßiger Anhäufung von Zahlen der *Gedankengang unkenntlich*, aus einer Analyse eine Materialsammlung wird. Ich habe aus demselben Grunde bei Zahlenangaben, die allgemein in Umlauf sind, die Angabe der Quelle unterlassen, um den Leser nicht zu überlasten. Ich habe daher nur Lücken ausgefüllt, Fehlendes ergänzt und die Entwicklung der Weltwirtschaft bis Ende 1921 in einem besonderen Kapitel weiter verfolgt.

Hingegen habe ich jene *Tendenzen zur Wiederherstellung eines neuen Gleichgewichtes* der Weltwirtschaft, welche in der ersten Ausgabe nur ganz flüchtig angedeutet wurden, *detaillierter ausgearbeitet.* Es mußte zu der Frage Stellung genommen werden, wie jene Besserungstendenz, welche sich in der zweiten Hälfte des Jahres 1921 unzweifelhaft geltend machte, zu bewerten sei. Ist es die endgültige Überwindung der Nachkriegskrise des Kapitalismus oder bloß eine flüchtige Besserung? Verläuft die Weltwirtschaft weiter auf einer abfallenden Linie, oder stehen wir am Beginn eines Aufschwungs?

Die Antwort auf diese Frage ist mit wirtschaftspolitischen, daher mit außenpolitischen Fragen aufs engste verknüpft. Daher mußte auch das Gebiet der Außenpolitik berührt werden. Andererseits aber ist das weitere Schicksal des Kapitalismus aufs engste mit der Stärke des revolutionären Kampfes des Proletariats verknüpft. Bei der Beurteilung der Grundfrage: *Überwindet der Kapitalismus die durch den Weltkrieg verursachte schwere Erschütterung oder nicht*, mußte auch dieser Faktor in Betracht gezogen werden.

Ganz neu ist eine Skizze über das Wirtschaftsleben Rußlands in der Nachkriegszeit.*

* Varga fügte in die vorliegende Schrift einen speziellen Abschnitt über die Wirtschaftslage in Sowjetrußland und einige weitere Daten dazu ein. Das geschah offensichtlich im engen Zusammenhang mit den Problemen, die durch die damals bevorstehende Genuaer Konferenz (April/Mai 1922) in den Blickpunkt des internationalen Interesses gerückt waren. An dieser Konferenz, auf der es um die Wiederbelebung der weltwirtschaftlichen Beziehungen nach dem ersten Weltkrieg ging, beteiligte sich auch Sowjetrußland. Die Sowjetregierung verfolgte dabei das Ziel, die von den imperialistischen Mächten gegen die Sowjetmacht errichtete Wirtschaftsblockade zu durchbrechen und die Möglichkeiten des internationalen Handels, internationaler Kreditbeziehungen usw., also der internationalen Arbeitsteilung für die Überwindung der wirtschaftlichen Zerrüttung zu nutzen, die vor allem als Folge des imperialistischen Krieges und der imperialistischen Intervention in Rußland herrschte. „Wir gehen nach Genua mit

Ich bin mir bewußt, daß die Arbeit auch mit den Ergänzungen lückenhaft ist. Aber eine vollständige Ausarbeitung des Themas würde tausende Seiten erfordern und die Kraft *eines* Bearbeiters übersteigen. *Ich habe Vollständigkeit des Gedankenganges erstrebt in jenen Grenzen*, und dabei den Umfang doch in Grenzen gehalten, welche das Büchlein auch für einen weiteren Leserkreis zugänglich machen. — Zum Schluß sei noch bemerkt, daß einzelne Teile nähere Ausführungen meiner kleinen Broschüre: „*Die Lage der Weltwirtschaft und der Gang der Wirtschaftspolitik in den letzten drei Jahren*" (Verlag der Kommunistischen Internationale, 1922) sind.

*Moskau, den 28. Februar 1922.* *E. Varga*

dem praktischen Ziel, den Handel auszudehnen und Bedingungen zu schaffen, unter denen er sich am weitesten und erfolgreichsten entwickeln könnte . . ." erklärte damals W. I. Lenin (Werke, Bd. 33, Berlin 1963, S. 250) und er sprach von der „Wiederherstellung der gesamten Weltwirtschaft", wofür Sowjetrußland einen eigenen Plan vorlegt (W. I. Lenin, Werke, Bd. 31, Berlin 1966, S. 446).
Die Mehrzahl der imperialistischen Mächte stellte damals für die Sowjetregierung unannehmbare Forderungen. Gleichzeitig ermöglichten die Widersprüche der kapitalistischen Länder untereinander den Abschluß des Rapallo-Vertrages zwischen Deutschland und Sowjetrußland, womit die geplante kapitalistische „Einheitsfront" durchkreuzt wurde.
Mit einer Analyse der ökonomischen Lage in Sowjetrußland in ihrem Verhältnis zur Krise der kapitalistischen Weltwirtschaft entsprach Varga einem damals aktuellen Erfordernis.

(Die Herausgeber)

## Vorwort zur ersten Auflage

Bei den Besprechungen zur Vorbereitung des III. Kongresses der Kommunistischen Internationale erwies es sich als wünschenswert, eine vorbereitende Broschüre zum Punkt „*Weltwirtschaftskrise*" zu verfassen, damit sich die Teilnehmer des Kongresses von vornherein mit dem Material einigermaßen bekannt machen. Diese Aufgabe wurde mir zugewiesen. Die Broschüre mußte innerhalb vier Wochen fertig sein. Sicherlich eine viel zu kurze Zeit, um das Material in Rußland, wo die Nachwirkungen der „geistigen Blockade" noch sehr stark fühlbar sind, zu sammeln und dieses sehr komplizierte Material gut durchzuarbeiten. Der Leser möge kleine Fehler in den Zahlen und andere Unvollkommenheiten diesen Umständen zuschreiben und entschuldigen! Auch die Art der Darstellungsweise wäre glatter und einheitlicher gewesen, wenn die Arbeit nicht in so kurzer Zeit hätte geschehen müssen.

*Moskau, den 10. Mai 1921* *E. Varga*

# I. Die Veränderungen der Weltwirtschaft durch den Krieg

## 1. Die Grundtatsachen der Weltwirtschaft vor dem Kriege

Die gegenwärtige Wirtschaftskrise ist keine gewöhnliche Überproduktionskrise, wie sie der Kapitalismus seit seinem Bestehen wohl ein Dutzend überdauert hat. Sie ist eine Folge jener Veränderungen, welche in der Weltwirtschaft während des Weltkrieges vor sich gegangen sind.

Die Grundtatsachen der kapitalistischen Weltwirtschaft vor dem Weltkriege waren folgende:

*Westeuropa*, das Gebiet — grob ausgedrückt — westlich der Linie Danzig—Triest, war die *industrielle Werkstätte der Welt*. Die intensive Landwirtschaft genügte nicht, die dichte Bevölkerung — es wohnen auf diesem engen Gebiet 300 bis 350 Millionen Menschen — zu ernähren. Es wurden große Mengen von Rohstoffen eingeführt und in verarbeitetem Zustande wieder ausgeführt. Als Arbeitslohn empfing Westeuropa Rohstoffe und Lebensmittel aus den übrigen Weltgebieten. Aber es erhielt auch große Gütermengen aus der ganzen Welt ohne unmittelbare Gegenleistung als Zinsen und Profit des Kapitals, welches in den ärmeren Ländern angelegt war[2]; dazu der Ertrag der politischen Ausbeutung der Kolonien, die Gewinne aus der Seeschiffahrt.

Das industrielle Übergewicht Westeuropas beruhte auf natürlichen und historischen Standortvorteilen.

*Natürliche Vorzüge*: Reichtum an Kohle und Eisen, tiefes Eindringen des Meeres in das Binnenland, schiffbare Flüsse, gutes Klima.

*Historische Vorzüge*: Hier entstand der Kapitalismus, hier gab es eine gelernte industrielle Arbeiterschaft, die es möglich machte, daß trotz höherer Löhne die Arbeitskosten pro Einheit des Produktes niedriger waren als in Gebieten mit billiger, aber ungeübter Arbeitskraft (Rußland, Japan). Von den außereuropäischen Gebieten hatten nur die Vereinigten Staaten ähnliche natürliche Standortvorteile, doch blieben sie bis zum Kriege trotzdem ein Agrarexportland.

*Der Kapitalismus Westeuropas häufte* durch die Ausbeutung unmittelbar der eigenen, mittelbar der Proletarier aller *Kolonialländer* — so wollen wir alle Länder nennen, die überwiegend Lebensmittel und Rohstoffe ausführen und Industrieartikel einführen — *ungeheure Reichtümer auf*. Die Akkumulation des Kapitals ging rasch vorwärts. Der Reichtum fiel den Kapitalisten zu. Aber Brosamen erhielt auch die industrielle Arbeiterschaft. Der Standard der industriellen Arbeiterschaft zeigte in Westeuropa eine zwar von den Krisen

2 Das im Ausland angelegte Kapital Englands schätzt Sartorius von Waltershausen im Jahre 1914 auf 32 Mrd. £; den Ertrag Paish im Jahre 1906/07 auf 140 Mio £, jenes Frankreichs im Jahre 1900 amtlich auf 30 Mrd., Sartorius 1906 auf 40 Mrd., Arndt 1914 auf 60 Mrd., den Ertrag jährlich Sartorius auf 1,8 Mrd., jenes Deutschlands Sartorius 1916 auf 26 Mrd. Mark, den Ertrag auf 1,24 Mrd. Mark. Nehmen wir noch die ausländischen Kapitalanlagen Hollands, Belgiens, der Schweiz usw. dazu, so ergibt sich eine Summe von beiläufig 150 bis 200 Mrd. Goldmark.

unterbrochene, aber stetige, wenn auch sehr langsame Erhöhung.[3] Dies war die Grundlage der relativen Stabilität der kapitalistischen Gesellschaft in sozialer Hinsicht.

Verbunden wurden die Länder, die einzelnen nationalen Wirtschaften untereinander durch die verdinglichte Form der Arbeitszeit, durch *vollwertiges Metallgeld.* Alle Länder der europäischen Kultur hatten eine Goldvaluta; das im Verkehr befindliche Papiergeld war dem Golde gleichwertig. Das Geld war allgemeines Äquivalent; für Geld konnte man im allgemeinen jede Ware erhalten, sowohl im nationalen als auch im internationalen Verkehr.

Fest und sicher schien der Kapitalismus fundiert zu sein. Die Arbeitermassen selbst waren im allgemeinen von der Unabänderlichkeit der Klassenherrschaft überzeugt. Der ideologische Ausdruck dieser Gesinnung war der Revisionismus Bernsteinscher Abart.

Der Wettstreit der Kapitalisten der Länder Europas, vor allem Englands und Deutschlands, um das Monopol der Ausbeutung verschiedener Kolonialländer, die zur Ausdehnung der kapitalistischen Wirtschaft nötig waren, führte zum Weltkrieg. Der Weltkrieg aber zerrüttete den stolzen Bau des Kapitalismus bis in seine tiefsten Tiefen.

## 2. Verschiedene Folgen des Weltkrieges auf verschiedene Länder

Der Weltkrieg hatte auf die verschiedenen Länder der Welt nicht die gleiche Wirkung. Er wirkte anders auf die kriegführenden Länder, anders auf die neutralen kapitalistischen Länder, zu denen wir auch die Vereinigten Staaten und Japan rechnen, und anders auf die eigentlichen Kolonialländer.

### a) Kriegführende Länder

*Die Wirkung auf die eigentlichen kriegführenden Länder* können wir kurz in folgender Weise skizzieren: Die Akkumulation von realem Reichtum hört nicht nur auf, sondern

3 Ich gründe diese Behauptung weniger auf die nicht sehr verläßlichen Daten über Lohnhöhe und Kosten der Lebenshaltung, als auf die Tatsache, daß der Verbrauch gewisser Massengüter: Getreide, Fleisch, Zucker, Kaffee, Tee pro Kopf der Bevölkerung in diesem Gebiete eine unverkennbare Zunahme zeigte.

Am besten ausgearbeitet ist die französische Konsumtionsstatistik. Wir geben in folgendem eine Übersicht des Durchschnittskonsums pro Kopf der Bevölkerung, nach Jahrzehnten zusammengestellt, aus „Annuaire Statistique", 1919—1920, Seite 123—132:

| | Weizen hl | Kartoffeln dz | Zucker kg | Wein l | Bier hl | Tee dkg | Kaffee dkg | Kakao dkg |
|---|---|---|---|---|---|---|---|---|
| 1831/1840 | 2,0 | 1,8 | 2,7 | 86 | 11 | 0,3 | 33 | 3 |
| 1851/1860 | 2,5 | 1,7 | 4,5 | 77 | 16 | 0,5 | 69 | 9 |
| 1871/1880 | 2,9 | 2,4 | 7,0 | 129 | 21 | 0,8 | 123 | 23 |
| 1891/1900 | 3,2 | 3,1 | 11,4 | 119 | 24 | 2,0 | 194 | 41 |
| 1911/1913 | 3,3 | 3,4 | 17,4 | 142 | 33 | 3,1 | 284 | 69 |

Leider fehlt die Statistik des Fleischkonsums; aber die Besserung des allgemeinen Lebensniveaus ist unverkennbar. Ein ähnliches Bild würde die englische oder deutsche Konsumtionsstatistik ergeben.

schlägt ins Gegenteil um: das Land braucht mehr auf, als es produziert. Nicht nur die Vorräte an Gütern vermindern sich, der Produktionsapparat selbst erleidet Schaden. Der *menschliche Produktionsapparat* durch die Entziehung großer Arbeitermassen von der produktiven Arbeit, durch den Menschenverlust im Kriege, durch Unterernährung und Überarbeit im Hinterlande. Der *sachliche Produktionsapparat* durch Abnutzung der Maschinen und der Gebäude ohne Ersatz, durch unmittelbare Kriegsschäden. Was neu akkumuliert wird, dient ausschließlich Kriegszwecken. Die Verarmung wird verhüllt durch die Ausgabe von ungeheuren Mengen an fiktivem Kapital in der Gestalt von Kriegsanleihen, Kassenscheinen, Papiergeld, welches der kriegführende Staat seinem Bürgertum für die gekauften Güter gibt. Es entsteht das falsche Bild der allgemeinen Bereicherung. Die Warenpreise gehen aus Warenmangel und infolge dieses Scheines der Bereicherung in die Höhe. Die Spekulation verbirgt die Waren. Der Staat ist genötigt, die wichtigsten Güter unter seine Kontrolle zu nehmen und die Verteilung zu organisieren (Kriegssozialismus!). Aber die fortschreitende Verarmung durchbricht den falschen Schein der Bereicherung. Die reale Lebenshaltung der Arbeiter und Beamten geht rasch zurück. Das Dorf, welches von der Stadt nicht die nötigen Industrieartikel erhalten kann, löst sich von der Stadt los. Das Geld verliert seine Rolle als allgemeines Äquivalent. Die Bauern kehren zur geschlossenen Hauswirtschaft und zu dem Naturaltausch zurück. Die Ernährung der städtischen Arbeiterschaft wird immer schlechter, die Arbeitsleistung nimmt ab. Wir wollen alle diese Änderungen in dem Begriff der „*kriegswirtschaftlichen Deformation*" zusammenfassen.

Diese kriegswirtschaftliche Deformation zeigte sich nicht bei allen Staaten gleich stark. Sie zeigte sich desto stärker, je ärmer das Land war; sie zeigte sich viel stärker in den mitteleuropäischen Ländern, die vom Weltverkehr abgeschnitten waren, als bei den Ententeländern; stärker in jenen Ländern, die unmittelbar als Kriegsschauplatz dienten; verschieden je nach der Art der Finanzierung der Kriegskosten. Am stärksten hat Österreich, am wenigsten England unter dem Kriege gelitten.

Wir wollen unsere Ausführungen durch einige Zahlen illustrieren:

*Deutschland.* Der *Rückgang der Produktion* zeigt sich am deutlichsten bei dem Ergebnis der Ernten. Dieselbe betrug in Mio t (vgl. Tabelle 1):

*Tabelle 1*

| | Roggen | Weizen | Sommergerste | Kartoffeln | Hafer | Zuckerrüben verarbeitet |
|---|---|---|---|---|---|---|
| 1913 | 12,1 | 4,4 | 3,6 | 52,8 | 9,5 | 16,9 |
| 1914 | 10,3 | 3,8 | 3,0 | 44,7 | 8,8 | 6,0 |
| 1915 | 9,1 | 3,7 | 2,4 | 52,9 | 5,9 | 9,6 |
| 1916 | 8,9 | 3,0 | — | 24,7 | 6,9 | 9,5 |
| 1917 | 7,0 | 2,2 | 1,8 | 34,4 | 3,6 | 9,2 |
| 1918 | 8,0 | 2,5 | 2,1 | 29,5 | 4,7 | — |

*Quelle*
Statistisches Jahrbuch für das Deutsche Reich, Bd. 40 u. 41, Jahrgänge 1919 und 1920. Das Gebiet nach dem Stand 1920 umgerechnet.

Man braucht nur diese Tabelle anzusehen, um zu bemerken, daß es sich hier um eine stetige Abnahme handelt — eine natürliche Folge des verringerten Viehbestandes und des

Mangels an künstlichem Dünger. Noch deutlicher zeigt sich der Rückgang, wenn wir dieselbe in Form von Indexzahlen geben (vgl. Tabelle 2):

*Tabelle 2*

| | Weizen | Roggen | Gerste | Hafer | Kartoffeln |
|---|---|---|---|---|---|
| 1913 | 100 | 100 | 100 | 100 | 100 |
| 1914 | 86 | 85 | 86 | 93 | 85 |
| 1915 | 84 | 75 | 68 | 62 | 100 |
| 1916 | 66 | 73 | 77 | 73 | 47 |
| 1917 | 50 | 58 | 54 | 38 | 65 |
| 1918 | 55 | 66 | 63 | 49 | 56 |

*Quelle*
„Deutschland und die weltwirtschaftliche Lage", Mappe des Auswärtigen Amtes, 1921, Nr. 26/III.

Der *Viehbestand* Deutschlands betrug in Mio St. (vgl. Tabelle 3):

*Tabelle 3*

| | Pferde | Rindvieh | Schweine |
|---|---|---|---|
| 1. Dezember 1914 | 3,44 | 21,8 | 25,3 |
| 4. Dezember 1918 | 3,42 | 17,7 | 10,3 |

*Quelle*
Statistisches Jahrbuch für das Deutsche Reich a. a. O.

Einen starken Rückgang erfuhr auch der *Bergbau*. Die Produktion betrug in Mio t (vgl. Tabelle 4):

*Tabelle 4*

| | Steinkohle | Eisenerz | Roheisen | Kali |
|---|---|---|---|---|
| 1913 | 191,5 | 35,9 | 19,3 | 11,6 |
| 1918 | 160,5 (1917) | 26,9 | 11,9 | 9,4 |

*Quelle*
Verschiedene Nummern von „Wirtschaft und Statistik" und „Statistisches Jahrbuch", 1920.

Über den Rückgang der eigentlichen Industrie finden sich ausführliche Daten in der „Denkschrift des Reichwirtschaftsministeriums" zu den Brüsseler Verhandlungen. Der Rückgang wird mit Einrechnung der Verluste durch Gebietsabtretungen Anfang 1920 auf 50 bis 88% geschätzt. Diese Schätzung ist sicherlich übertrieben; aber der Rückgang ist tatsächlich sehr groß.

Was die Finanzierung der Kriegskosten anbelangt, so geschah dieselbe in Deutschland fast ausschließlich durch Anleihen und durch Ausgabe von Papiergeld. Die Kapitalisten wollten von ihren laufenden Einnahmen nichts zu den Kriegskosten beitragen. Die

Staatsschuld des Deutschen Reiches stieg von 11 Mrd. bei Kriegsbeginn auf 150 Mrd. Mark bei Kriegsschluß, der Notenumlauf von 2 auf 22 Mrd. Der Schein der Bereicherung war daher sehr stark. Dies hatte eine starke Preissteigerung zur Folge; die Indexziffer der Großhandelspreise stieg von 105 im Jahre 1914 auf 216 im Jahre 1918[4], wobei aber zu berücksichtigen ist, daß die staatliche Preisregulierung in Deutschland sehr weit ging und viele Preise in Wirklichkeit bedeutend höher waren als die staatlich festgesetzen Preise, welche bei der Feststellung der Indexziffern in Betracht gezogen wurden. Die Arbeitsleistung ging während dieser Zeit stark zurück. Die Leistung der Bergarbeiter in ganz Deutschland fiel pro Jahr und Kopf von 380 t im Jahre 1913 auf 284 im Jahre 1918. Alle Berichte der kapitalistischen Unternehmungen sind voller Klagen über „mangelnden Arbeitswillen“ und ungenügende Leistung der Arbeiter.

Ähnlich gestaltete sich die Wirtschaftslage der Verbündeten Deutschlands: Österreich-Ungarn, Bulgarien und die Türkei. Der wirtschaftliche Verfall war in diesen Ländern, wo der akkumulierte Reichtum viel kleiner, die Organisation der Kriegswirtschaft schlechter war als in Deutschland, viel stärker.

*Frankreich.* Man verfällt oft in den Fehler, bei der Beurteilung der wirtschaftlichen Folgen des Krieges die Staaten nach Sieger- und besiegten Staaten zu unterscheiden. Dies ist unrichtig. Wir glauben, daß der Verfall der Wirtschaft *bis zum Kriegsende* in Frankreich, Belgien und Italien nicht wesentlich geringer war als in Deutschland. Frankreich hatte den Vorteil, daß es nicht vom Weltmarkt abgeschnürt war und die Unterstützung Englands und Amerikas erhalten hat. Auch konnte es seine im Ausland angelegten Kapitalien für den Krieg mobilisieren. Hingegen waren sehr große Gebiete durch den Krieg verwüstet worden, und die Einbuße an Menschen war verhältnismäßig viel größer als jene Deutschlands.

Wenn wir zum Vergleich dieselben Daten heranziehen wie bei Deutschland, ergibt sich folgendes Bild:

Der *Ernteertrag* Frankreichs betrug in Mio dz (vgl. Tabelle 5):

*Tabelle 5*

| | Weizen | | Gerste | | Hafer | | Kartoffeln | |
|---|---|---|---|---|---|---|---|---|
| | (pro ha) | | | | | | | |
| 1905/14 | 88 | 13,5 | 10 | 13,3 | 49 | 12,4 | 134 | 87 |
| 1914 | 77 | 12,7 | 10 | 13,5 | 46 | 12,9 | 120 | 81 |
| 1915 | 61 | 11,0 | 7 | 10,9 | 35 | 10,6 | 94 | 70 |
| 1916 | 56 | 11,1 | 8 | 13,4 | 40 | 12,8 | 88 | 69 |
| 1917 | 37 | 8,7 | 8 | 11,8 | 31 | 10,5 | 104 | 76 |
| 1918 | 61 | 13,8 | 6 | 10,8 | 26 | 9,4 | 65 | 55 |

*Quelle*
„Annuaire statistique de la France“, 1919/1920, S. 222–236.

Bei dem Gesamtertrag ist die Abnahme des bebauten Bodens infolge der Besetzung zu berücksichtigen. Daher geben wir auch die Daten des Ertrages pro Hektar. Der allgemeine Rückgang ist unverkennbar.

4 Wirtschaft und Statistik, Februar 1921.

Der *Viehbestand* betrug in Mio St. (vgl. Tabelle 6):

*Tabelle 6*

| | Pferde | Rindvieh | Schweine | Schafe |
|---|---|---|---|---|
| 1913 | 3,222 | 14,788 | 7,036 | 16,131 |
| 1918 | 2,233 | 12,251 | 3,980 | 9,061 |

*Quelle*
„Annuaire statistique de la France", 1919/1920, S. 59.

Die *Produktion einiger wichtiger Waren* betrug in Mio dz (vgl. Tabelle 7):

*Tabelle 7*

| | Kohle | Eisenerz | Roheisen | Stahl | Schiffbau (Tsd. t) | Zucker |
|---|---|---|---|---|---|---|
| 1913 | 408,4 | 219,2 | 44,7 | 32,2 | 138,3 | 7,17 |
| 1918 | 262,6 | 16,7 | 12,9 | 19,9 | 26,3 | 1,16 |

Die Summe der *Staatsschulden* erhöhte sich von 33 Mrd. bei Kriegsbeginn auf rund 200 Mrd. bei Kriegsschluß, der Notenumlauf von 6 auf 30 Mrd. Francs. Und die Indexziffer der Großhandelspreise war viel höher als in Deutschland: 341 im Vergleich zu 100 im Jahre 1913. Die Teuerung war auch hier viel größer als die Lohnerhöhung der Arbeiterschaft, und der reale Lohn der Arbeiterschaft verminderte sich. Auch der Rückgang der Arbeitsleistung war hier nicht geringer als in Deutschland: die durchschnittliche tägliche Förderung pro Kopf der Gesamtarbeiterschaft der französischen Kohlengruben ging z. B. von 695 kg im Jahre 1913 auf 564 im Jahre 1918 zurück. Die kriegswirtschaftliche Deformation war in dem Siegerlande Frankreich nicht weniger groß als in Deutschland; erst durch die Ausnützung des Sieges gelang es Frankreich — zum Teil auf Kosten Deutschlands —, seine Lage ein wenig zu verbessern. Wir kommen darauf später zurück.

Die anderen festländischen Ententeländer haben unter dem Kriege ähnlichen Schaden erlitten wie Frankreich. Rumänien, Serbien, Polen und die Ukraine litten infolge der feindlichen Besetzung noch mehr. Eine zahlenmäßige Darstellung läßt sich wegen der stattgefundenen großen Gebietsveränderungen schwer geben.

*England.* Von den wirklich kriegführenden Ländern zeigt sich die Deformation der Wirtschaft am wenigsten in England. Die Gründe hierfür sind die folgenden: England hatte zu Beginn des Krieges kein Heer und trat erst gegen Ende des Krieges mit voller Kraft auf. Überhaupt stellte es weniger Menschen für den Krieg und hatte geringere Verluste. Es war das reichste Land der Welt und konnte mit Hilfe seines Auslandskapitals und Kredits die Kriegsausgaben decken, ohne den Produktionsapparat selbst antasten zu müssen. Außerdem finanzierte England die Kriegskosten viel rationeller als andere Staaten: *es setzte die Steuerschraube sofort scharf an*, verhinderte die Entstehung des Scheines einer Bereicherung durch den Krieg und deckte einen beträchtlichen Teil der Kosten aus den laufenden Einkommen. Daher kam es auch nicht zu einer zu großen

Teuerung. (Großhandelspreisindex „Statist“ November 1918 226, nach dem „Economist“ November 1918 283 im Vergleich zum Jahre 1913 = 100.)[5]

Die *Produktion* Englands zeigt in den Kriegsjahren ein ungleiches Bild: Die landwirtschaftliche Produktion ging in die Höhe, der Bergbau fiel zurück. Beides sind Folgen des Mangels an Schiffsraum, welcher die Einfuhr von Lebensmitteln und die Ausfuhr von Kohle erschwerte. Die Produktion paßte sich dieser Sachlage an.

Die *Ernte* Englands betrug in Mio dz (vgl. Tabelle 8):

*Tabelle 8*

| | Weizen | Gerste | Hafer | Kartoffeln |
|---|---|---|---|---|
| 1905/1914 | 16,1 | 14,5 | 30,3 | 68,2 |
| 1914 | 17,0 | 14,6 | 29,3 | 76,6 |
| 1915 | 20,0 | 10,6 | 31,6 | 76,6 |
| 1916 | 16,3 | 12,0 | 30,2 | 55,5 |
| 1917 | 17,5 | 13,0 | 36,8 | 87,9 |
| 1918 | 25,4 | 14,1 | 44,1 | 93,7 |

*Quelle*
Zusammenstellung aus „Annuaire statistique de la France“, 1919/1920.

Die größeren Erträge bei Weizen und Kartoffeln sind durch Ausdehnung der bebauten Fläche erzielt.

Der *Viehbestand* war in Mio St. (vgl. Tabelle 9):

*Tabelle 9*

| | Pferde | Rindvieh | Schafe | Schweine |
|---|---|---|---|---|
| 1910 | 2,095 | 11,765 | 31,165 | 3,561 |
| 1915 | 1,712 | 12,171 | 28,265 | 3,795 |
| 1920 | 1,915 | 12,491 | 25,120 | 3,616 |

*Quelle*
Annuaire statistique de la France, 1919/1920, S. 259.

Die Landwirtschaft hat sich also während des Krieges gehoben. Die *Produktion einiger wichtiger Waren* betrug in Mio t (vgl. Tabelle 10):

*Tabelle 10*

| | Kohle | Roheisen | Stahl | Konsum von Baumwolle | Schiffbau (Tsd. t) |
|---|---|---|---|---|---|
| 1913 | 292,0 | 10,42 | 9,01 | 8,692 | 1932 |
| 1918 | 231,4 | 9,25 | 10,75 | 6,753 | 1348 |

*Quelle*
„Annuaire statistique de la France“, 1919/1920; verschiedene Seiten.

5 Siehe meinen Artikel: „Die Wirtschaftslage des englischen Weltreichs“ in der „Kommunistischen Internationale“ Nr. 15.

Die Wirtschaft Englands hat zwar auch viel gelitten, aber weniger als die der kontinentalen Länder. Die Folgen des Krieges auf die Volkswirtschaft Englands zeigen sich erst jetzt in vollem Maße.

## b) Die neutralen kapitalistischen Länder

Auf die neutralen Länder, zu denen wir auch die Vereinigten Staaten und Japan rechnen, war der Krieg von verschiedener Wirkung. Die kleinen europäischen Länder zogen als Lieferanten der kriegführenden Länder zunächst Nutzen aus dem Kriege. Aber sie konnten wegen ihrer Kleinheit, ihrer Angewiesenheit auf den Weltmarkt und ihrer Verbundenheit mit der verfallenden Wirtschaft des kontinentalen Europas keinen dauernden Vorteil aus dem Kriege ziehen: ja ihre Lage verschlechterte sich. An Stelle von *realen Gütern* häufte sich Gold und ausländisches Papiergeld bei ihnen auf! Auch die militärischen Rüstungen zur Verteidigung der Neutralität kosteten große Opfer.

*Die Staatsschuld stieg während des Krieges 1913 bis 1919:*

| | um % |
|---|---|
| Norwegen | 182 |
| Schweden | 142 |
| Dänemark | 156 |
| Holland | 138 |
| Schweiz | 116 |

Und die Teuerung war in diesen Ländern ebenso groß wie in den kriegführenden Ländern.

Es würde uns zu stark in die Details führen, wenn wir uns mit der Entwicklung der Wirtschaftslage jedes der kleinen neutralen Länder Europas besonders beschäftigen wollten. Wir greifen das reichste dieser Länder, *Holland*, heraus.

Die Entwicklung der Produktion zeigt folgendes Bild (vgl. Tabelle 11). Die Produktion betrug in Mio dz:

*Tabelle 11*

| | Weizen | Roggen | Hafer | Kartoffeln | Kohle |
|---|---|---|---|---|---|
| 1905/14 | 1,4 | 3,9 | 3,0 | 23,2 | 12,05 |
| 1914 | 1,5 | 4,3 | 3,1 | 27,7 | 19,29 |
| 1915 | 1,9 | 4,0 | 3,4 | 29,0 | 22,62 |
| 1916 | 1,3 | 2,9 | 2,9 | 24,1 | 26,49 |
| 1917 | 1,1 | 3,3 | 2,9 | 29,8 | 30,50 |
| 1918 | 1,5 | 3,3 | 3,0 | 28,7 | 50,31* |

* Darunter 15 Mio Lignit.

*Quelle*
Zusammenstellung aus „Annuaire statistique de la France", 1919/1920.

Die Erträge sind im Wesen stationär, nur bei Kartoffeln und bei Kohle zeigt sich eine entschiedene Steigerung.

Der *Viehbestand* betrug in Tsd. St. (vgl. Tabelle 12):

*Tabelle 12*

| | Pferde | Rindvieh | Schafe | Schweine |
|---|---|---|---|---|
| 1910 | 327 | 2027 | 889 | 1260 |
| 1920 | 378 | 2049 | 642 | 600 |

Während Großvieh stationär blieb, ist der Schweinebestand auf die Hälfte zusammengeschrumpft. Holland war in der glücklichen Lage, aus seiner Schiffahrt großen Nutzen ziehen zu können, wodurch seine Zahlungsbilanz günstig beeinflußt wurde. Aber von einem Aufschwung der Wirtschaft kann nicht gesprochen werden. Ähnlich steht es mit allen neutralen Ländern.

Nehmen wir Europa als Ganzes, so ist eine Verarmung infolge des Krieges unverkennbar. Aber die kriegswirtschaftliche Deformation ist nicht gleichmäßig. Dieselbe ist am schwächsten in England und wird, nach Osten fortschreitend, immer stärker.[6] Die Bedeutung Europas in der Weltwirtschaft wurde durch den Krieg sehr verringert. Und trotz der Nachkriegshochkonjunktur war Europa bis heute nicht imstande, seine frühere Bedeutung in der Weltwirtschaft zurückzugewinnen.

Der *Ernteertrag* Frankreichs betrug in Mio dz (vgl. Tabelle 5):

6 Es sind verschiedene Berechnungen über die Kosten und Schäden des Krieges gemacht worden. Aber dieselben haben nur annähernden Wert. Die Hauptposten: Die wirtschaftliche Schädigung durch den *Verlust an Menschenleben*, durch die Verminderung der Leistungsfähigkeit der Arbeitenden sind kaum zu erfassen. Die angestellten Berechnungen beziehen sich meistens auf die *Kriegskosten* der Staaten in Geld ausgedrückt, welches mit den realen Kriegsschäden nicht gleichbedeutend ist. Einige dieser Schätzungen sind die folgenden: *Bogart* von der Universität Illinois:

| | Dollar Mrd. | Goldmark Mrd. |
|---|---|---|
| Vereinigte Staaten | 32,08 | 139,44 |
| England | 44,03 | 191,53 |
| Frankreich | 25,81 | 112,29 |
| Rußland | 22,59 | 98,28 |
| Italien | 12,31 | 53,57 |
| Andere Entente-Länder | 8,47 | 36,89 |
| | 145,29 | 632,00 |
| Deutschland | 40,15 | 174,65 |
| Österreich-Ungarn | 20,62 | 89,71 |
| Bulgarien und Türkei | 2,24 | 0,77 |
| Zusammen | 208,30 | 906,13 |

Ein anderer amerikanischer Sachverständiger, F. A. Dolph, dessen Schätzungen auch dem Senat vorgelegt wurden, kommt zu viel höheren Ziffern. Er berechnete (Kölnische Zeitung vom 18. Oktober 1921)

## Die Nutznießer des Krieges

*Die Nutznießer des Krieges waren die zwei außereuropäischen Mächte: die Vereinigten Staaten und Japan.* Während vor dem Kriege England das führende kapitalistische Land der Welt war, ist es seit dem Kriege die Union. Wir müssen uns daher eingehender mit der Veränderung der Wirtschaft in den Vereinigten Staaten beschäftigen.

*Die Vereinigten Staaten von Amerika* vereinigen auf ihrem Gebiet fast alle Standortvorteile, welche zur Entwicklung einer blühenden Volkswirtschaft nötig sind[7]: gutes Klima, viel fruchtbaren Boden, reiche Bodenschätze an Kohle, Eisen, Petroleum, Kupfer; eine gebildete Bevölkerung von großer Arbeitsleistung und frei von jenen Hemmungen, welche in Europa der rationellen Produktion oft im Wege stehen (Unwissenheit der Bauern, Standesvorurteile usw.). Überblicken wir die wirtschaftliche Entwicklung der Vereinigten Staaten in dem letzten Jahrzehnt, so sehen wir einen ununterbrochenen Aufstieg zu höheren kapitalistischen Formen. Industrialisierung, rasche Erhöhung der organischen Zusammensetzung des Kapitals und im Zusammenhang damit hoher Ertrag der Arbeit pro Kopf der Arbeitenden, sowohl in der Landwirtschaft als auch in der Industrie.[8] Zugleich entwickelte sich die Konzentration des Kapitals ungemein stark. Daß die Ver-

| | Mrd. Dollar |
|---|---|
| Vereinigte Staaten | 44,10 |
| England | 51,05 |
| Frankreich | 54,27 |
| Italien | 18,68 |

Wir sehen: die Differenzen sind so groß (bei Frankreich mehr als das Doppelte), daß man mit diesen Zahlen nur sehr vorsichtig rechnen darf.

7 Siehe meinen Artikel in der „Kommunistischen Internationale" Nr. 17.

8 Diese Tatsache wird ausführlich behandelt in dem Buch von A. Shadwell, Industrial Efficiency: a comparative study of industrial life in England, Germany and America, London 1906. Wir geben eine interessante Zusammenstellung des „Economist" vom 5. März 1921: „Gemäß den britischen und amerikanischen Produktionsstatistiken produzierten im Jahre 1909 6019746 englische Arbeiter einen Warenwert von 1617340000 £, zu Engrospreisen gerechnet, während 6615046 amerikanische Arbeiter einen Warenwert von 4134421000 £, zu Engrospreisen gerechnet, erzeugten. Mit anderen Worten: zwei amerikanische Arbeiter waren genau so produktiv wie fünf englische.
Der außerordentliche Vorrang der amerikanischen Industrien ist hauptsächlich auf die intensivere Ausnutzung des Arbeiters zurückzuführen, der sich vollkommenerer und leistungsfähigerer Maschinen bedient.
Die Baumwollindustrie wird z. B. als die wesentlichste britische Industrie hingestellt. Nichtsdestoweniger ist die Produktionsleistung pro Arbeiter in den Vereinigten Staaten bedeutend höher als in England. Im Jahre 1907 belief sich die Produktion eines Arbeiters auf 236 £ in England, in Amerika hingegen auf 332 £ im Jahre 1909. Während die Arbeitsleistung per Arbeiter und Jahr — in den Industrien im allgemeinen — in Amerika um 150% größer war als in England, war sie in der Baumwollindustrie nur um 50% größer. In den Vereinigten Staaten waren in der Baumwollindustrie 3433 PS per 1000 Arbeiter beschäftigt, während die in England beschäftigten PS, auf 1000 Arbeiter gerechnet, nur 2214 betrugen. Was Amerika anbetrifft, so entspricht die Superiorität in der Ziffer der Pferdestärken, auf 1000 Arbeiter angewandt, genau der Superiorität in der Ausbeute pro Arbeiter."

einigten Staaten vor dem Kriege trotzdem keine imperialistische Kolonialpolitik in europäischem Sinne getrieben haben — Ansätze hierzu zeigen sich in dem Eroberungskrieg gegen Spanien, durch welchen den Vereinigten Staaten die ersten Kolonien zufielen —, liegt eben an dem ungeheuren Reichtum des Landes an Rohstoffen. Die Vereinigten Staaten waren im Jahre 1905 in unserem Sinne selbst noch ein „Kolonialland": Neben einer Ausfuhr von 460 Mio Dollar an Fertigfabrikaten stand eine Ausfuhr von über 1000 Mio an Lebensmitteln und Rohstoffen.

Während des Krieges wurde die wirtschaftliche Entwicklung der Vereinigten Staaten nicht nur nicht unterbrochen, sondern in schnellerem Tempo als bisher vorwärtsgetrieben. Von der Konkurrenz Englands und Deutschlands auf dem Weltmarkt befreit, dehnten sie ihren Absatzmarkt gewaltig aus, vor allem in Mittel- und Südamerika[9]; zugleich wurden sie der Lieferant der Entente: Kriegsmaterial, Lebensmittel, Rohstoffe wurden in kolossalen Mengen geliefert. Die ungeheuren Produktionsmöglichkeiten wurden voll ausgenützt. Während in den kriegführenden Ländern, England mitgerechnet, die Produktion und die Produktivität zurückgingen, gingen dieselben in Amerika während des Krieges rasch vorwärts. Wir wollen einige Zahlen hierfür geben:

Die *Ernte* der Vereinigten Staaten betrug in Mio t (vgl. Tabelle 13):

*Tabelle 13*

| | Weizen | Gerste | Hafer | Mais | Kartoffeln |
|---|---|---|---|---|---|
| 1905/14 | 19,2 | 3,8 | 15,8 | 67,9 | 90,9 |
| 1914 | 24,2 | 4,2 | 16,6 | 67,9 | 111,6 |
| 1915 | 27,9 | 5,0 | 22,5 | 76,1 | 97,9 |
| 1916 | 17,3 | 4,0 | 18,2 | 65,2 | 78,1 |
| 1917 | 17,3 | 4,6 | 23,2 | 77,9 | 120,3 |
| 1918 | 25,0 | 5,6 | 22,3 | 63,6 | 112,1 |

*Quelle*
Zusammenstellung aus „Annuaire statistique de la France", 1919/1920, S. 222—236.

Die Ernte der Kriegsjahre ist beträchtlich größer als jene des Jahrzehnts vor dem Kriege. Noch klarer ist das ersichtlich aus einer Indexaufstellung der amtlichen „*Survey of current business*" vom 1. Oktober 1921 (vgl. Tabelle 14):

9 Die Vereinigten Staaten waren beteiligt in Prozent an dem Außenhandel von Süd- und Mittelamerika:

| | Ausfuhr | Einfuhr |
|---|---|---|
| 1913 | 31,1 | 24,3 |
| 1914 | 38,2 | 27,9 |
| 1915 | 40,5 | 42,2 |
| 1916 | 46,4 | 51,8 |
| 1917 | 51,7 | 54,8 |
| 1918 | 47,4 | 49,5 |

*Quelle*
Weltwirtschaftliche Nachrichten aus dem Institut für Seeverkehr und Weltwirtschaft in Kiel vom 1. Februar 1922.

*Tabelle 14*

| | Weizen | Mais | Hafer | Alle Getreide |
|---|---|---|---|---|
| 1909/1913 | 100 | 100 | 100 | 100 |
| 1915 | 149 | 111 | 137 | 123 |
| 1916 | 93 | 95 | 111 | 99 |
| 1917 | 93 | 113 | 141 | 117 |
| 1918 | 134 | 92 | 136 | 112 |

Die *Viehzählung* zeigt folgende Zahlen (vgl. Tabelle 15):

*Tabelle 15*

| | Pferde | Rindvieh | Schweine |
|---|---|---|---|
| | (Mio St.) | | |
| 1910 | 19,8 | 61,6 | 58,2 |
| 1920 | 21,6 | 68,1 | 72,9 |

*Quelle*
„Annuaire de la France", 1919/1920, S. 215—256.

Die Entwicklung der *Industrie* der Vereinigten Staaten wird durch folgende Indexziffern gekennzeichnet, welche aus dem amtlichen „Survey of current business", 1. Oktober 1921, von mir zusammengestellt sind (vgl. Tabelle 16):

*Tabelle 16*

| Monatsdurchschnitt im Jahre | Verbrauch an | | Import von Rubber | Produktion | | | | | |
|---|---|---|---|---|---|---|---|---|---|
| | Wolle | Baumwolle | | Eisen | Stahl | Kupfer | Zink | Kohle | Petroleum roh |
| 1913 | 100 | 100 | 100 | 100 | 100 | 100 | 100 | 100 | 100 |
| 1915 | 114 | 104 | 191 | 97 | 103 | 86 | 171 | 93 | 115 |
| 1916 | 168 | 126 | 233 | 127 | 137 | 119 | 193 | 105 | 123 |
| 1917 | 134 | 132 | 350 | 125 | 144 | 116 | 193 | 115 | 137 |
| 1918 | 146 | 133 | 281 | 100 | 142 | 118 | 179 | 121 | 145 |

Von der verarbeitenden Industrie wollen wir noch anführen:

| *Seeschiffbau* in Tsd. t | |
|---|---|
| 1913 | 276 |
| 1918 | 3033 |

| *Automobilbau* in Tsd. St. | |
|---|---|
| 1913 | 893 |
| 1919 | 1979 |

Ein zusammenfassendes Bild über die Fortschritte der gesamten Industrie in den Vereinigten Staaten während des Krieges zeigen die Daten des jüngsten Zensus (vgl. Tabelle 17):

*Tabelle 17*

| | Zahl der Betriebe | Wert der Produkte (Mio Dollar) | Zunahme (Mio Dollar) | % |
|---|---|---|---|---|
| 1904 | 216,180 | 14,794 | – | – |
| 1909 | 268,491 | 20,672 | 5,878 | 39,7 |
| 1914 | 275,791 | 24,246 | 3,574 | 17,2 |
| 1919 | 288,376 | 62,589 | 38,342 | 158,1 |

*Quelle*
„The Economist", Chicago, vom 18. Juni 1921.

Nun wäre es natürlich verfehlt, zu glauben, daß sich die *Menge* der Produkte wirklich um 158% vergrößert hätte. Der Löwenanteil der Wertsteigerung geht auf das Konto der Preissteigerung.

Die Bradstreet-Indexziffer betrug nämlich (im Jahresdurchschnitt):

| | |
|---|---|
| 1914 | 98,7 |
| 1919 | 235,2 |
| Steigerung: | 136,5 |

Es verbleibt daher nach grober Berechnung nur eine Steigerung der Produktion von 22% innerhalb 5 Jahren, was aber schon ein gewaltiger Fortschritt ist.

Alle diese Zahlen lassen keine Zweifel zu, daß der wirtschaftliche Aufstieg der Vereinigten Staaten durch den Krieg nicht nur nicht unterbrochen, sondern noch gesteigert wurde. Bezeichnend ist hierfür, daß die Arbeitsleistung sich in den Vereinigten Staaten während des Krieges, im Gegensatz zu Europa, nicht verringert zu haben scheint. Die Leistung der Kohlearbeiter, dieses Maß der allgemeinen Arbeitsleistung, zeigt folgendes Bild für die ganze Belegschaft der Bitumen-Kohlengruben der Vereinigten Staaten (vgl. Tabelle 18):

*Tabelle 18*

| | Tagesleistung pro Kopf (t) | Zahl der Arbeitstage pro Jahr | Jahresausbeute pro Kopf (t) |
|---|---|---|---|
| 1913 | 3,61 | 232 | 837 |
| 1918 | 3,84 | 252 | 968 |

Es ist selbstverständlich, daß unter solchen Umständen die Teuerung, welche in den Vereinigten Staaten während des Krieges eintrat (der Bradstreet-Index zeigt gegenüber 1913 im Durchschnitt des Jahres 1918 eine Steigerung von 125%), ökonomisch ein anderes Phänomen ist als die europäische Teuerung.

In Europa war die Teuerung eine Folge der gesunkenen Produktion, des Warenmangels, der Spekulation. Für Amerika bedeuten die hohen Preise, daß es trotz der erhöhten

Produktion den Produktionsausfall des kriegführenden Europas nicht decken konnte. Die Entente nahm alle amerikanischen Güter zu den höchsten Preisen auf.

Der Exportüberschuß der Vereinigten Staaten betrug in Mio Dollar:

| 1913 | 1914 | 1915 | 1916 | 1917 | 1918 | 1919 | 1920 |
|---|---|---|---|---|---|---|---|
| 69 | 324 | 1776 | 3091 | 3281 | 3117 | 4016 | 2949 |

1915 bis 1920 zusammen 18,230 Mrd. Dollar!

Zugleich zeigt sich die grundlegende Änderung im Charakter der Wirtschaft der Vereinigten Staaten in der Tatsache, daß 1919 bereits *Fertigfabrikate* im Werte von 2072 Mio Dollar, Lebensmittel nur im Werte von 1408 Mio Dollar — Einfuhr abgerechnet — ausgeführt wurden. *Die Vereinigten Staaten sind zu einem Industrieexportland geworden.*

Die prozentuale Verteilung des Außenhandels betrug (vgl. Tabelle 19):

*Tabelle 19*

| | Ausfuhr | | | Einfuhr | | |
|---|---|---|---|---|---|---|
| | 1914 | 1919 | 1920 | 1914 | 1919 | 1920 |
| Fertige Waren | 31,1 | 33,7 | 35,7 | | | |
| Rohmaterial | 34,0 | 17,3 | 24,7 | 33,4 | 40,4 | 40,9 |
| Lebensmittel | 12,6 | 25,2 | 19,0 | | | |
| Güter zur weiteren Produktion | 16,0 | 13,5 | 12,5 | 18,9 | 19,6 | 15,3 |

*Quelle*
„The Annals of American Academy of social sciences", März 1921.

Was haben nun die Vereinigten Staaten für diese 18 Milliarden von Europa bekommen?

1. Die in europäischem Besitze gewesenen amerikanischen Wertpapiere sind nach Amerika zurückgeflossen. Man kann ihren Wert auf drei bis fünf Mrd. Dollar schätzen.

2. Vom gesamten sichtbaren Goldvorrat der Welt ist mehr als die Hälfte gegenwärtig in den Vereinigten Staaten konzentriert.[10]

10 Der Nettogoldimport der Vereinigten Staaten betrug:

| | in Mio Dollar |
|---|---|
| 1914 | 105 |
| 1915 | 421 |
| 1916 | 530 |
| 1917 | 181 |
| 1918 | 21 |
| 1919 | 292 |
| 1920 | 95 |
| 1921 | 668 |
| | 2313 |

*Quelle*
The Economist (Chicago) vom 21. Januar 1922.

3. Die Vereinigten Staaten haben zehn Mrd. Dollar an die Alliierten geliehen, mit den unbezahlten Zinsen sind es heute bereits 11,3 Mrd.[11] Außerdem sind an Städte und Privatunternehmungen beträchtliche Anleihen gewährt worden; auch hat das amerikanische Kapital durch den Ankauf von Aktien sich unmittelbar als Produktionskapital in Europa eingeführt.

Wir können also die Entwicklung kurz folgendermaßen zusammenfassen: *Die Wirtschaft Amerikas wurde durch den Krieg nicht geschwächt, sondern gestärkt. Produktion und Produktivität wurden gesteigert. Aus einem Agrarkolonialland wurde es zu einem Industrieexportland. Aus einem Schuldnerstaat ein Gläubigerstaat. Aus einem „amerikanischen" Staat eine imperialistische Weltmacht*! Das äußere Symptom des Sieges der Vereinigten Staaten über

11 *Amtlich* wurden von den Vereinigten Staaten folgende Forderungen aufgestellt: „*Annual Report of the Secretary of the Treasury on the state of the finances for the fiscal year ended June 30, 1921*".

I. *Advances* made under the Liberty bond acts:

| | Mio Dollar | |
|---|---|---|
| Großbritannien | 4166,3 | |
| Frankreich | 2950,8 | |
| Italien | 1648,0 | |
| Belgien | 347,7 | |
| Rußland | 187,7 | |
| Tschechoslowakei | 61,3 | |
| Andere Länder | 73,0 | 9434,8 |
| II. *Für überlassenes Kriegsmaterial:* | | |
| Frankreich | 407,3 | |
| Belgien | 29,9 | |
| Tschechoslowakei | 20,6 | |
| Estland | 12,2 | |
| Polen | 59,6 | |
| Serbien | 25,0 | |
| Rumänien | 12,9 | |
| Lettland | 2,5 | |
| Litauen | 4,2 | |
| Rußland | 0,4 | 574,2 |
| IV. *Für Hilfsleistungen (Relief administration):* | | |
| Polen | 76,0 | |
| Österreich | 24,0 | |
| Andere Länder | 40,9 | 140,9 |
| V. Rückständige Zinsen 5% nach all diesen Forderungen bis 15. November 1921 | | 1155,5 |
| | | 11305,8 |

Europa ist die Tatsache, daß der Dollar allen europäischen Werten gegenüber ein Agio von 10 bis 99% zeigt!

Die überragende Stellung der Vereinigten Staaten in der Weltwirtschaft im Jahre 1920 wird am besten illustriert durch die Angaben Garys auf dem „Annual Meeting of the Iron and Steel Institute"[12]. Die Vereinigten Staaten umfassen 6% der Gesamtbevölkerung der Welt [und] 7% der Oberfläche der Erde. Von dem Weltbedarf produziert die Union:

| | % | | % |
|---|---|---|---|
| Gold | 20 | Aluminium | 60 |
| Weizen | 25 | Kupfer | 60 |
| Stahl und Eisen | 40 | Baumwolle | 60 |
| Blei | 40 | Petroleum | 66 |
| Silber | 40 | Mais | 75 |
| Zink | 50 | Automobile | 85 |
| Kohle | 52 | | |

Bis heute erwartet ganz Europa von den Vereinigten Staaten die zur Wiederaufrichtung der Wirtschaft nötige Hilfe.

*Die Entwicklung Japans.* Die Entwicklung Japans ist im Wesen die gleiche wie jene der Vereinigten Staaten, aber in viel geringerem Maßstabe, weil die Vorbedingungen einer gleich großzügigen Entwicklung: die gewaltigen Naturschätze, die Anhäufung von Produktionsmitteln und die hohe Produktivität der amerikanischen Arbeiterschaft hier fehlen. Auch stehen uns über Japan keine so systematischen Daten zur Verfügung wie über die Vereinigten Staaten.

Die *Landwirtschaft* zeigte während des Krieges einen stetigen Fortschritt. Der Ertrag war in Mio dz (vgl. Tabelle 20):

*Tabelle 20*

| | Weizen | Gerste | Reis |
|---|---|---|---|
| 1905/14 | 6,1 | 20,7 | 91,2 |
| 1914 | 5,9 | 19,9 | 103,1 |
| 1915 | 6,9 | 22,1 | 101,1 |
| 1916 | 7,7 | 20,9 | 105,7 |
| 1917 | 8,9 | 20,8 | 98,7 |
| 1918 | 8,4 | 19,4 | 98,9 |

*Quelle*
„Annuaire statistique de la France", 1920.

Über die Entwicklung des japanischen Bergbaues können wir folgende Daten angeben in Mio dz (vgl. Tabelle 21):

12 Nearing, Scott, The American Empire — Rand School of social Science, New York 1921, S. 187.

*Tabelle 21*

| | Kohle | | Kohle |
|---|---|---|---|
| 1913 | 21,3 | 1916 | 22,9 |
| 1914 | 22,3 | 1917 | 26,4 |
| 1915 | 20,5 | 1918 | 28,0 |

*Quelle*
„Der Neue Orient", Bd. V, 9/1929.

Indessen ist für Japan weder die Landwirtschaft noch der Bergbau bezeichnend. Die natürlichen Verhältnisse machen eine starke Entwicklung beider unmöglich. Wir müssen Industrie, Handel und Schiffahrt untersuchen, um ein Bild zu bekommen. Es betrug in Tsd. dz der Verbrauch von (vgl. Tabelle 22):

*Tabelle 22*

| | Baumwolle | Jute | Kautschuk |
|---|---|---|---|
| 1913 | 3326 | 414 | 12,1 |
| 1914 | 3566 | 294 | 10,4 |
| 1915 | 3683 | 602 | 17,5 |
| 1916 | 4080 | 932 | 29,8 |
| 1917 | 4321 | 282 | 37,8 |
| 1918 | — | 101 | 73,6 |

Nach amtlichen Quellen berichtet der „Neue Orient" (Band V, Heft 9), daß während der vier Kriegsjahre in Japan 14000 neue Fabriken und große Werkstätten mit einem Kapital von 440 Mio Yen entstanden sind, welche 270000 Arbeiter beschäftigen. Nach derselben Quelle sollen vor dem Kriege bloß 5000 Fabriken mit 360 Mio Yen Kapital und 160000 Arbeitern vorhanden gewesen sein!

Über den Geldbetrag der Neuanlagen wird berichtet (vgl. Tabelle 23):

*Tabelle 23*

| | I. Neue Kapitalanlagen während des Krieges (Mio Yen) | II. Kapitalerhöhung bereits existierender Unternehmungen (Mio Yen) |
|---|---|---|
| 1914 | 191 | 162 |
| 1915 | 177 | 324 |
| 1916 | 611 | 489 |
| 1917 | 1222 | 885 |
| 1918 | 2005 | 1175 |

Leider sind die Daten über Japan sehr widersprechend. Nach einem Bericht der japanischen Hypothekenbank gab es in Japan Aktiengesellschaften (vgl. Tabelle 24):

*Tabelle 24*

| | | Nominales Kapital | Eingezahltes Kapital |
|---|---|---|---|
| | Anzahl | (Mio Yen) | |
| 1914 | 4961 | — | 834 |
| 1921 | 9605 | 8469 | 4486 |

Es ergibt sich hieraus der starke spekulative Charakter dieser „Gründer-Konjunktur"[13]. Über die Entwicklung des japanischen *Schiffbaues* und der Schiffahrt unterrichtet uns die Sammlung des deutschen Auswärtigen Amtes: „Deutschland und die Weltwirtschaftslage", Blatt No. 16/III.

Es wurden gebaut auf japanischen Schiffswerften:

| | |
|---|---|
| 1913 | 156,000 t |
| 1918 | 698,000 t |

Die Schiffahrt im Stillen Ozean wurde 1913 bis zu 33% von japanischen Schiffen abgewickelt, 1919 bis 74%.

13 Eine plastische Beschreibung der Zustände in Japan gibt J. Plaut, der Korrespondent der „Vossischen Zeitung" (12. 11. 1921): „Der Weltkrieg brachte der japanischen Wirtschaft ungeheure Möglichkeiten. Mit einem Schlage schien alles völlig geändert zu sein. Wettbewerb gab es kaum noch. Europa und Amerika hatten bald keine Zeit, keine Kraft, keinen Stoff mehr übrig. Es hieß die Gelegenheit ausnutzen, die Industrien aufbauen, die vorher nicht hätten leben können, und andere erweitern und stärken, damit am Ende des Krieges Europa in Asien überflüssig war. Überall regte es sich, überall stiegen Fabriken empor, alles wurde angefangen. Und gelang! Chemische und pharmazeutischen Präparate, Farben, Zelluloidwaren, optische und medizinische Instrumente, Röntgenapparate, elektrische Glühbirnen, Scheinwerfer, photographische Kameras, Meßapparate, Maschinen, Motoren, Turbinen, Kabel, Werkzeugmaschinen, Glas, Wollstoffe, Strickwaren, Spielwaren, Uhren, Papier, Schreibwaren usw. Es gelang tatsächlich. Der eigene Bedarf war nicht sehr groß, war auch nicht so wichtig. Erst kam der Export. Der brachte Geld ins Land, viel Geld, immer mehr Geld. Anfangs kamen auch noch Maschinen und Werkzeuge, die für den Ausbau den Industrie unentbehrlich waren, dann waren sie nur noch mit Mühe und in unzureichender Menge zu erhalten, selbst Halbfabrikate und Rohstoffe wurden knapp. Dafür kamen Kraftwagen, Luxusgegenstände und Geld, immer mehr Geld. Erst war die Freude sehr groß. Begreiflicherweise. In einem Jahrzehnt hatte man früher nicht so viel Geld gewonnen wie jetzt in einem Jahre, und wie hatte früher der Geldmangel alles gehemmt und vieles ganz verhindert! Die Handelsbilanz war nun mit einem Schlage positiv, die Goldreserve schwoll an, man konnte kaufen, im Ausland und im Inland, man kaufte immer mehr, wenn auch die Preise stiegen, schließlich konnte man fast nur noch im Inland kaufen, und die Preise stiegen noch viel mehr, weil immer mehr Geld kam. Der Bedarf an Sachen, die man brauchte, war bald gedeckt, auch dem Luxusbegehren waren Grenzen gesteckt, aber Geld war noch in Mengen da, und weil man's direkt nicht mehr verwenden konnte, warf man's in die Spekulation, gründete Werften, Stahlwerke, chemische Fabriken, Landgesellschaften, Schiffahrtsgesellschaften, Handelsgesellschaften, Gründungen auf dem Papier, an der Börse, reine Spekulation. Alles stieg, auch Löhne und Gehälter, doch nicht so wie die Preise."

Der Tonnengehalt der japanischen Dampfschiffe betrug nach „Lloyds Register“:

| | | |
|---|---|---|
| 1913 | 30. Juni | 1500000 |
| 1919 | 30. Juni | 2325300 |
| 1920 | 30. Juni | 2995900 |

Die japanischen Schiffahrtgesellschaften realisierten ungeheure Gewinne. Die vier größten Gesellschaften zahlten 1917 Dividende: 70, 30, 30 und 18% und hatten Reingewinn des angelegten Kapitals: 140, 43, 106 und 33%.

Der Durchschnittsgewinn stieg von 6,4% im Jahre 1908 auf 75% im Jahre 1917.

Die Gewinne der japanischen Schiffahrt vom Auslande während des Krieges betrugen:

| | |
|---|---|
| Schiffsverkäufe | 196 Mio Yen |
| Pachtgelder | 249 Mio Yen |
| Frachteinnahme | 644 Mio Yen |
| | 1089 Mio Yen |

Die Gestaltung des Außenhandels ist ebenfalls jener der Vereinigten Staaten parallel. Die von jeher passive Außenhandelsbilanz wird während des Krieges stark aktiv: der Anteil an fertigen Waren wird in der Ausfuhr größer, jener der Rohstoffe geringer, was die fortschreitende Industrialisierung des Landes klar kennzeichnet.

Die wichtigsten Daten des Außenhandels während des Krieges sind (vgl. Tabelle 25):

*Tabelle 25*

| | Wert der | | Überschuß der | |
|---|---|---|---|---|
| | Ausfuhr | Einfuhr | Einfuhr | Ausfuhr |
| | (Mio Yen) | | | |
| 1913 | 632 | 729 | 97 | |
| 1914 | 591 | 596 | 5 | |
| 1915 | 708 | 532 | | 176 |
| 1916 | 1127 | 756 | | 333 |
| 1917 | 1603 | 1036 | | 567 |
| 1918 | 1962 | 1668 | | 298 |

*Quelle*
„Weltwirtschaftliche Nachrichten aus dem Institut für Seeverkehr und Weltwirtschaft in Kiel“ vom 18. Januar 1922.

Die Ausfuhr von fertigen Waren stieg von 29% im Jahre 1913 auf 44% im Jahre 1918. In der gleichen Zeit fiel die Ausfuhr von Rohstoffen von 9% auf 5%. Und wie in den Vereinigten Staaten häufte sich auch in Japan als Gegenwert des Ausfuhrüberschusses Gold auf: bei Kriegsausbruch besaß Japan im In- und Auslande zusammen 330 Mio Yen Gold; bis Mitte 1919 stieg die Summe auf 2550 Mio Yen.

Wie schwach aber die japanische Wirtschaft doch fundiert war, beweist der Umstand, daß bereits im Jahre 1919 die Außenhandelsbilanz wieder passiv war. Die Eroberungen des japanischen Handels in Europa, Afrika und Indien erwiesen sich als vorübergehend: der japanische Handel mußte dem amerikanischen, englischen und deutschen wieder das Feld räumen. Daher ging auch die Krise von Japan aus, dessen spekulativer Aufschwung rasch zusammenbrach.

## c) Die Industrialisierung der Kolonialländer

Während des Krieges herrschte ständiger Mangel an Schiffsraum. Es fehlte die deutsche und österreichisch-ungarische Flotte. Der Unterseebootkrieg verminderte zeitweilig die Tonnage der Ententemächte. Von der übrigbleibenden wurde ein großer Teil für Truppen- und Kriegsmaterialtransporte verwendet. Die Verbindung mit den „Kolonial"ländern wurde schwächer. Die dort produzierten Rohmaterialien konnten nicht abtransportiert werden. Die Versorgung mit Industrieartikeln aus Europa wurde infolge der gesunkenen Produktivität der europäischen Industrie und des Schiffsraummangels schlechter. Die Frachtraten erreichten eine ungeheure Höhe. Die Folge dieser Tatsachen war, daß *in den Kolonialländern die Differenz zwischen dem Preis der Rohstoffe und dem der daraus verfertigten Industrieartikel ungeheuer groß wurde.*

Die weltwirtschaftlichen Standortvorteile, welche bei normalem Schiffsverkehr und normalen Frachtraten Westeuropa zur industriellen Werkstätte der Welt machten, fielen fort infolge der ungemein hohen Transportkosten. In allen Kolonialländern entwickelte sich eine bodenständige lokale Industrie, überall trachtete man, unabhängig von der Weltwirtschaft, sich selbst mit Industriewaren zu versorgen.

Es würde lange Studien und ein dickes Buch erfordern, um diese Entwicklung in allen Ländern statistisch zu verfolgen und zu belegen. Wir müssen uns mit einigen Beispielen begnügen.

Eine starke Industrialisierung erfolgte in dieser Periode in *China*[14], zum Teil mit Hilfe von ausländischem Kapital. Neue Straßen und Bahnlinien wurden gebaut, die neugegründeten chinesischen Schiffswerften bauten für Amerika und England Schiffe. Die im Jahre 1909 begonnene Rübenzuckerindustrie entwickelte sich rasch weiter.

Über die Entwicklung der Baumwollindustrie schreibt ein anderer Bericht derselben Sammlung vom Dezember 1921. Es betrug (vgl. Tabelle 26):

*Tabelle 26*

| | Zahl der Spindeln | Webstühle |
|---|---|---|
| 1915 | 642000 | 4584 |
| 1917 | 1126000 | 5853 |
| 1921 | 2838000 | 12000 |

Die starke Ausfuhr von Textilmaschinerie nach China, welche aus den Angaben der englischen Außenhandelsstatistik hervorgeht, beweist, daß diese Entwicklung auch nach dem Kriege nicht zum Stillstand gekommen ist. Nach dem erwähnten Bericht sind Ende 1921 48 Spinnereien mit 818000 Spindeln und 2000 Webstühlen im Bau.

14 Siehe z. B. Sammelmappe des deutschen Auswärtigen Amtes, April 1921.

Auch in *Indien* ist eine Industrialisierung vor sich gegangen. Die Förderziffern für Kohle seit Kriegsbeginn gibt folgende Zusammenstellung wieder[15]:

| | | | |
|---|---|---|---|
| 1914 | 16465000 t | 1917 | 18264000 t |
| 1915 | 17105000 t | 1918 | 20722000 t |
| 1916 | 17255000 t | 1919 | 22628000 t |

Interessant ist ein Vergleich der Ausfuhr Englands nach Indien vor dem Kriege und bei Kriegsschluß (vgl. Tabelle 27):

*Tabelle 27*

| | 1913 | 1918 |
|---|---|---|
| | (in Mio Pfd.) | |
| Baumwollstoffe | 35,89 | 28,61 |
| Baumwollgarne | 2,27 | 1,90 |
| Eisen- und Stahlwaren | 9,31 | 2,82 |
| Maschinen | 5,40 | 2,53 |
| Waggons und Teile | 1,36 | 0,25 |
| Kupferartikel | 1,33 | 0,11 |
| Wollartikel | 1,39 | 1,00 |

Ziehen wir in Betracht, daß die Preise in England zwischen 1913 und 1918 um die Hälfte stiegen, so ist ersichtlich, daß das Quantum der nach Indien eingeführten englischen Industrieerzeugnisse auf beiläufig ein Drittel bis ein Viertel gefallen ist!

Dieser Ausfall mußte teils durch Japan[16], teils durch die eigene Industrie, welche sich rasch entwickelte, gedeckt werden. Nun ist es recht schwer, Daten über die Industrialisierung Indiens zu geben. Die Statistik ist nicht sehr verläßlich. Einige Zahlen lassen sich immerhin angeben (vgl. Tabelle 28):

Es betrug die

*Tabelle 28*

| | Roheisenproduktion | Stahlproduktion* |
|---|---|---|
| 1914 | 238,482 t | 67,669 t |
| 1916 | 255,679 t | 165,314 t |
| 1917 | ca. 300,000 t | ca. 200,000 t |
| 1918 | ca. 350,000 t | ca. 250,000 t |

* Der Neue Orient, Bd. VIII, H. 3/4.

Die Profite der Eisen- und Stahlwerke betrugen während der Kriegszeit 27 bis 32%. Da große Kohlen- und Eisenerzlager festgestellt sind, steht einer weiteren Entwicklung der Schwerindustrie nichts im Wege — außer dem entgegengesetzten Interesse Englands.

15 Bergwerks-Zeitung vom 28. Dezember 1921.

16 Die japanische Einfuhr nach Indien stieg von 2,5% im Laufe des Krieges auf 19,8%. „Der Neue Orient", Band VI, Heft 6.

Auch die Textilindustrie Indiens entwickelte sich während des Krieges in raschem Tempo. Für die Juteindustrie finden wir folgende Zahlen (vgl. Tabelle 29):

*Tabelle 29*

| | 1900/1914 | 1916/1917 |
|---|---|---|
| Zahl der Fabriken | 60 | 74 |
| Zahl der Spindeln | 691800 | 824300 |
| Zahl der Webstühle | 33500 | 39700 |

Eine starke Entwicklung nahm auch die Baumwollindustrie Indiens. Leider stehen uns keine pünktlichen Daten zur Verfügung. Diese Industrie arbeitete noch im Jahre 1920 mit ungemein hohen Profiten: die Spinnereien mit 124%, die Webereien mit 64%. Erstere zahlten durchschnittlich 55%, letztere 30% Dividende[17]. Die große Einfuhr von Textilmaschinen zeigt die fortschreitende Entwicklung, welche durch hohe Zölle gefördert wird. Die Textilindustrie fühlte auch die spätere Krise kaum. Im Januar 1922 herrschte wieder Hochkonjunktur in der indischen Textilindustrie[18].

Über die Entwicklung der Industrie in Südafrika während des Krieges schreibt „Statesman's Yearbook". „Die durch den Krieg herbeigeführten Verhältnisse verursachten einen Aufschwung der örtlichen Produktion. Die Lederproduktion verdoppelte sich. Es wurde ein Anfang gemacht mit der Herstellung von Gerberlohe. In Molkereiprodukten zeigt sich überall eine gesteigerte Aktivität, und die Zementproduktion überholt rasch den Bedarf des Landes. Der Bedarf der Union an Bier und Zündhölzern wird bereits durch die inländische Industrie gedeckt. Die Tabakfabrikation behauptet mit Erfolg ihre Stellung als eine der führenden Industrien des Landes. Dynamit, Seife, Seilerwaren, Wein, Spirituosen, Möbel, Fuhrwerke, Besen, Zwieback, Tonpfeifen und Ziegel sind weitere in der Union zur Herstellung gelangende Artikel."[19]

Eine ähnliche Entwicklung ist in allen entwickelteren Überseeländern eingetreten. Die weitere Anführung von Beispielen erübrigt sich, da uns nicht genug zusammenfassende Zahlen zur Verfügung stehen, um die quantitative Bedeutung dieser Entwicklung abwägen zu können. Wir wollen zum Schlusse noch bemerken, daß manche der in den Kolonien während des Krieges entstandenen Industriezweige schwach fundiert waren und dem Wettbewerb, der europäischen und amerikanischen Industrie nach dem Friedensschluß schwer standhalten konnten.

17 Daily Telegraph vom 22. Februar 1922.

18 Manchester Guardian Weekly vom 15. September 1922.

19 Statesman's Yearbook, Jg. 1920, S. 216.

# II. Die Hochkonjunktur nach Kriegsende

Nach Beendigung des Krieges setzte in der ganzen Welt eine Hochkonjunktur ein, welche jene der Kriegszeit noch übertraf. Der wiedereröffnete Verkehr mit den bisher boykottierten Staaten Mitteleuropas, das Freiwerden der Seetonnage für den friedlichen Warenverkehr, das lange zurückgehaltene Konsumtionsbedürfnis weiter Volksschichten, das allmähliche Aufhören der staatlichen Regulierung der Wirtschaft: All dies rief einen allgemeinen Aufschwung der Weltkonjunktur hervor.

Wir werden den Gang der Konjunktur in den einzelnen Landesgruppen: Kontinentaleuropa, England, Vereinigte Staaten, Japan und Kolonialländer gesondert skizzieren. Als allgemeine Charakterzüge wollen wir hervorheben:

1. den stark spekulativen Charakter der Konjunktur, welcher sich darin bekundete, daß weniger die Produktion als die Preise und Profite in die Höhe gingen;

2. daß sich der Verfall Kontinentaleuropas trotz der scheinbar glänzenden Konjunktur in der stetigen Verschlechterung aller europäischen Valuten gegenüber jener der wirklichen Sieger, der Vereinigten Staaten und Japan, bemerkbar machte.

Betrachten wir die Entwicklung der Preise in *den Ländern mit beiläufig stabiler Valuta*, so finden wir, daß *die Weltmarktpreise, als welche nunmehr die amerikanischen, nicht die englischen zu gelten haben* — da die englischen Preise nicht mehr Goldpreise sind, sondern vom Kurse des Pfund Sterling in New York abhängen —, im Jahresdurchschnitt 1920 bereits *unter* den Durchschnitt des Jahres 1919 fallen. Der höchste Punkt wurde im Januar 1920 erreicht: der *Bradstreet-Index stand damals auf 227*. In *Japan* wird die höchste Notierung 1920 im März erreicht mit 321,5 Punkten. In England nach dem „Economist"-Index im März, nach dem „Statist" im April mit 310 bzw. 313 Punkten. In anderen Ländern aber läuft die Teuerung weiter und erreicht in jenen Ländern, die wirtschaftlich am schwersten gelitten haben, deren Valuta daher dem goldgleichen Dollar gegenüber immer tiefer sinkt, den höchsten Grad!

Wir geben die Kurse der wichtigsten Valuten bei Kriegsende und im Frühjahr 1920 in New York (vgl. Tabelle 30):

*Tabelle 30*

| Methode d. Zeichnung | London Dollar £ | Japan Cents für Yen | Paris Francs für Dollar | Italien Lire für Dollar | Zürich Franken für Dollar | Berlin Cents für Mark |
|---|---|---|---|---|---|---|
| Parität | 4,87 | 49,85 | 5,18 | 5,18 | 5,18 | 23,83 |
| Kurs 31. Oktober 1918 | 4,75 | 54,60 | 5,47 | 6,36 | 5,01 | 3,30* |
| Kurs 25. März 1920 | 3,87 | 46,25 | 13,40 | 19,60 | 5,81 | 1,35 |

* 30. Oktober 1919 (erste Zeichnung nach dem Kriege).

*Quelle*
„Archiv für Weltwirtschaft" und „Economist", New York 1920.

Wir wollen diese Tafel, die wegen der Verschiedenartigkeit der Zeichnungsmethoden nicht leicht zu übersehen ist, kurz erläutern.

Das englische Pfund Sterling zeigte bei Kriegsschluß dem Dollar gegenüber ein Disagio von 2,5%; hingegen am Ende der Hochkonjunktur bereits 20%! Japans Geld war bei Kriegsschluß um 10% *überwertet*; es fiel während dieser Periode um 15% und zeigt bereits ein Disagio. Für einen Dollar mußte man bei Kriegsschluß in New York 5,47 französische Francs bezahlen. Ende März 1920 aber bereits 13,40 Francs. Für Italien sind die betreffenden Zahlen 6,36 und 19,60. Das italienische Geld ist bereits auf den vierten Teil seines nominellen Goldwertes gesunken! Die deutsche Mark aber auf den achtzehnten Teil!

Dieser Sturz der Valuta drückt sich in einer entsprechend größeren Erhöhung des Preisniveaus in den betreffenden Ländern aus und führt zu den bekannten Erscheinungen der Valuten- und Warenspekulation, welche dieser Konjunkturperiode in der ganzen Welt, mit Ausnahme der Vereinigten Staaten und einiger neutraler Länder, den Stempel aufdrückt! Es wurden riesige Gewinne gemacht, aber die Produktion selbst verfiel, das Defizit der Staatshaushalte stieg ins ungeheure, die Arbeiterschaft verelendete.

Den Parallelismus des Valutasturzes mit der Preiserhöhung zeigen folgende Zahlen (vgl. Tabelle 31):

*Tabelle 31*

| Indexzahlen der Großhandelspreise | Deutschland Statistisches Reichsamt | Frankreich Statistique general | Italien Bacchi |
|---|---|---|---|
| Durchschnitt 1918 | 216 | 339 | 409 |
| 1920 | 1455 März | 591 April | 679 April |
| Kurs des Dollars | Mark | Francs | Lire |
| 31. Oktober 1918 | 30,30* | 5,47 | 6,36 |
| 25. März 1920 | 74,90 | 13,40 | 196,0 |

* 30. Oktober 1919 (erste Zeichnung nach Kriegsschluß).

Je höher der Dollarkurs, desto höher die Preise! Jede Kalkulation wird zur Valutaspekulation!

Betrachten wir nunmehr einzelne Repräsentanten der verschiedenen ökonomischen Gruppen. *Deutschland.* Am ausgeprägtesten zeigt sich die Tatsache, daß die Nachkriegskonjunktur bloß eine Spekulationskonjunktur war in Deutschland. Während die Preise innerhalb eineinhalb Jahren auf das siebenfache stiegen, innerhalb dieses Zeitraumes aber je nach dem Schwanken der Valutakurse mit hundert Prozent des Friedenspreises monatlich hin und her schwankten, ging die Produktion zurück. Der Ernteertrag zeigt folgende Entwicklung [Gebiet: Verkleinertes Deutschland. Ertrag in Mio t (vgl. Tabelle 32)]:

*Tabelle 32*

| | Weizen | Roggen | Sommergerste | Hafer | Kartoffeln |
|---|---|---|---|---|---|
| 1918 | 2,3 | 6,7 | 1,9 | 7,4 | 24,7 |
| 1919 | 2,2 | 6,1 | 1,7 | 4,5 | 21,5 |
| 1920 | 2,3 | 5,0 | 1,8 | 4,9 | 28,2 |

*Quelle*
„Wirtschaft und Statistik" vom 1. März 1919.

Wir sehen: Die große Konjunkturperiode hat keine Besserung in der Landwirtschaft gebracht. Die Erträge sind geringer als im letzten Kriegsjahr. Die Hektarerträge sind um 25% niedriger als in der Vorkriegszeit.

Ähnlich steht es mit der industriellen Produktion. Es betrug die Produktion in Mio t (vgl. Tabelle 33):

*Tabelle 33*

| | Steinkohle* | Braunkohle | Kali |
|---|---|---|---|
| 1918 | 158,3 | 100,6 | 9,4 |
| 1919 | 116,7 | 93,8 | 7,8 |
| 1920 | 140,8 | 111,6 | 11,4 |

* Mit Saargebiet. Vgl. „Wirtschaft und Statistik" vom 1. Februar 1920.

*Quelle*
E. Pawlowsky, „Der Bankrott Deutschlands", S. 27 (nichtamtliche Daten).
Über Eisen- und Stahlproduktion gibt es keine amtlichen Daten.

Die Kohleproduktion hatte sich im Jahre 1920 gehoben. Aber die Zwangslieferungen an die Entente verschlimmerten die Kohleversorgung Deutschlands. Die Hälfte der Fabriken lag wegen Kohlemangel still.[20] Die Arbeitsleistung verringerte sich weiter. Der Lohn hielt nicht Schritt mit der Teuerung. Arbeiterschaft und Beamtenstand verelendeten. Riesige Streiks und Aufstände zeigen den ergebnislosen Kampf des Proletariats um die Verbesserung seiner Lebenshaltung: Es streikten im Jahre 1919 mehr als 5 Millionen Arbeiter; die verlorenen Arbeitstage werden amtlich mit 47 Millionen angegeben.[21] Der Notenumlauf stieg während dieser Periode mit über 20 Mrd. Mark auf das Doppelte des Standes bei Kriegsschluß. Die Schulden des Staates vermehrten sich um zirka 40 Mrd.! Die Konjunktur war eine *Ausverkaufskonjunktur*. Nicht das Ergebnis der laufenden Produktion wurde ausgeführt, sondern es wurde weiter am Vermögen gezehrt!

*Frankreichs* Wirtschaftslage zeigt in dieser Periode eine gewisse Besserung, zum Teil durch die im Friedensvertrag Deutschland auferlegten Zwangslieferungen. Der stark agrarische Charakter des Landes, der intensive Fleiß der von der Armee entlassenen Bauern

20 Die Daten der „Denkschrift des Reichswirtschaftsamtes" geben die Produktion der verschiedenen Industrien im Jahre 1920 auf 12 bis 50% der Vorkriegszeit an.
21 Statistisches Jahrbuch für das Deutsche Reich 1920.

ermöglichten eine Ausdehnung der bebauten Fläche und der Hektarerträge. Der Ertrag betrug in Mio dt (vgl. Tabelle 34):

*Tabelle 34*

| | Weizen | Gerste | Hafer | Kartoffeln |
|---|---|---|---|---|
| 1918 | 61,4 | 6,0 | 25,6 | 65,2 |
| 1919 | 49,7 | 4,5 | 24,9 | 77,3 |
| 1920 | 62,7 | 7,7 | 42,2 | 103,2 |

*Quelle*
„Annuaire statistique de la France", 1919/1920.

Der Fortschritt ist nicht groß, aber er ist immerhin vorhanden. Die Produktion der wichtigsten Waren gestaltete sich in Mio t folgendermaßen (vgl. Tabelle 35):

*Tabelle 35*

| | Kohle | Eisen | Stahl |
|---|---|---|---|
| 1918 | 26,3 | 1,29 | 1,80 |
| 1919 | 22,0 | 2,41* | 2,18* |
| 1920 | 25,0 | 3,43* | 3,00* |

* Mit Elsaß-Lothringen.

Über die Entwicklung der Industrie fehlen uns die Daten. Manche Zeichen deuten darauf hin, daß die Konjunktur auch hier überwiegend eine spekulative war. So war z. B. der Verbrauch an Baumwolle geringer als in den Jahren des Krieges.

Sehr mißlich war die Lage der Finanzen. Um die Wiedergutmachungen eintreiben zu können, hält Frankreich ein Heer von 800000 Mann in Waffen. Die Kosten dieses Heeres belasten das Budget Frankreichs mit vielen Milliarden. Die Einnahmen des Staates deckten nicht einmal die Hälfte der Ausgaben. Die Staatsschuld stieg bis Ende Dezember 1919 auf die Summe von 220 Mrd. Francs, war daher viel größer als jene des besiegten Deutschland (190 Mrd. Mark). Der Notenumlauf erhöhte sich im Verlaufe des Jahres 1919 um weitere 7 Mrd. Die Teuerung schritt ihrem Höhepunkt entgegen. Der auswärtige Handel zeigt ein Defizit von 23 Mrd. Francs im Jahre 1920.

Zusammenfassend können wir sagen: die Produktion zeigt in Frankreich in dieser Periode eine kleine Besserung, die finanziellen und valutarischen Verhältnisse eine bedeutende Verschlechterung. Die Lage Italiens und Belgiens ist derjenigen Frankreichs analog, nur wurde die Wirtschaft Italiens durch die heftigere Arbeiterbewegung geschwächt.

*England* ist das einzige europäische kriegführende Land, welches sich während der Hochkonjunktur merklich erholt hat. Zwar stieg die Produktion auch hier nicht in allen Zweigen. Die wichtigsten Daten sind die folgenden (in Mio; vgl. Tabelle 36):

*Tabelle 36*

| | Weizen (dz) | Kohle (t) | Eisen (t) | Stahl (t) | Schiffbau (Tsd. t) |
|---|---|---|---|---|---|
| 1918 | 25,0 | 231 | 9,2 | 9,5 | 1,348 |
| 1919 | 21,0 | 233 | 7,4 | 7,9 | 1,620 |
| 1920 | 15,5 | 229 | 8,1 | 9,0 | 2,056 |

Wir sehen, mit Ausnahme des Schiffbaues ging die Produktion in den Hochkonjunkturjahren nicht über die Produktion des letzten Kriegsjahres hinaus und blieb bei den grundlegenden Gütern — Kohle und Eisen — hinter der Friedensproduktion ganz erheblich zurück. (1913 Kohle 292 Mio t, Eisen 10,4 Mio t.[22]) Die individuelle Arbeitsleistung zeigt im Kohlenbergbau eine rückläufige Bewegung; alle Kapitalisten der anderen Produktionszweige klagen ebenfalls. Riesige Streiks hemmen die Produktion!

Dagegen hat sich England während dieser Zeit staatsfinanziell ziemlich konsolidiert, hat die Steuerschraube sehr straff angezogen[23] und das Defizit des Staatshaushaltes beseitigt, freilich mit Hilfe der Summen, welche aus der Veräußerung von Kriegsgütern eingeflossen (zirka 300 Mio Pfd. Sterling). Immerhin ist England der einzige kriegführende Staat, dessen Staatsschulden sich seit dem Kriege vermindert haben.[24]

Die Valutakurse zeigen in London während dieser Periode folgende Entwicklung (vgl. Tabelle 37):

22 Wichtig ist, daß während der Hochkonjunktur in England die Zahl der Arbeitslosen nach den amtlichen Angaben nicht nur ungewöhnlich hoch war, sondern auch eine steigende Tendenz zeigte.
Es gab Arbeitslose in England und Wales:

| | |
|---|---|
| September 1918 | 446600 |
| Dezember 1919 | 483148 |
| Juli 1920 | 494300 |

23 Nach den Feststellungen der Entente-Sachverständigen beträgt die gesamte Steuerlast pro Kopf und Jahr:

| | |
|---|---|
| England | 17,0 £ |
| Frankreich | 5,16 £ |
| Deutschland | 2,11 £ |

Interessant ist, daß das Einkommen in England einer viel stärkeren Besteuerung unterliegt als in den Kolonien.
Es betrug die Einkommensteuer bei einem Jahreseinkommen von:

| £ | England | Südafrika | Australien | Kanada | Neuseeland |
|---|---|---|---|---|---|
| 250 | 13,50 | — | 4,50 | 10,00 | — |
| 800 | 141,75 | 25,50 | 60,00 | 32,00 | 58,25 |
| 800 unerarbeitetes | 165,75 | 25,50 | 78,00 | 42,00 | 58,25 |

24 Die Staatsschuld Englands betrug 8079 Mio £ am 31. Dezember 1919 und 7644 £ am 31. März 1921. (Economist vom 23. April 1921.)

*Tabelle 37*

| | Paris | Italien | Schweiz | New York | Bombay | Berlin | Stockholm |
|---|---|---|---|---|---|---|---|
| 31. 10. 1918 | 26,06 | 30,38 | 23,65 | $4{,}76^1/_2$ | $1{,}6^1/_{16}$ | 76,50* | 16,60 |
| 31. 03. 1920 | 58,45 | 81,0 | 22,20 | 3,88 | $2{,}4^3/_{16}$ | 285 | 18,08 |

* 12. August 1919.

Wir sehen, wie die Valuten aller europäischen kriegführenden Staaten England gegenüber in dieser Periode sich entwerteten; wie andererseits die Valuta Englands 20% von ihrem Werte gegenüber dem Dollar verloren hat.

Die englische Industrie hat in dieser Periode der steigenden Preise ungeheure Profite gemacht, die zum Teil erst in den Bilanzen des Jahres 1920 zum Ausdruck kamen.[25] Besonders die Kohleindustrie und die Schiffahrtsgesellschaften wucherten die fremden Länder völlig aus.

Die *Vereinigten Staaten* haben sich während dieser Periode weiter zur wirtschaftlichen Vormacht der Welt entwickelt. Hier hatte sich nicht nur der Profit der Kapitalisten, sondern auch die Produktion erhöht. Dies beweisen folgende Zahlen (vgl. Tabelle 38). Der Ernteertrag betrug in Mio dz:

*Tabelle 38*

| | Weizen | Gerste | Hafer | Mais | Kartoffeln | Baumwolle Mio Ballen |
|---|---|---|---|---|---|---|
| 1918 | 250,8 | 55,8 | 223,3 | 635,7 | 121,1 | 11,6 |
| 1919 | 254,3 | 35,1 | 178,8 | 726,1 | 96,8 | 12,2 |
| 1920 | 214,2 | 44,0 | 221,5 | 821,1 | 117,2 | 13,2 |

*Quelle*
„Annuaire statistique de la France", 1919, 1920.

Die Produktion betrug (in Mio; vgl. Tabelle 39):

*Tabelle 39*

| | Kohle (t) | Eisen (t) | Petroleum (Barrels) | Seeschiffe (Tsd. t) | Automobile (Stück) |
|---|---|---|---|---|---|
| 1913 | 517 | 31,5 | 248 | 276 | |
| 1914 | 466 | 23,7 | 265 | 200 | 892000 |
| 1918 | 615 | 39,5 | 356 | 3033 | 1153600 |
| 1919 | 494 | 30,6 | 378 | 4075 | 1974000 |
| 1920 | 600 | 31,4 | 442 | 2746 | 2350000 |

25 Die englischen Baumwollspinnereien schütteten im Jahre 1920 25,11% Dividende im Durchschnitt aus. (Manchester Guardian vom 27. Januar 1921.) Die Schafwollindustrie hatte im Jahre 1919 nach den Feststellungen der „Central Profiteering Com." 59,4% reinen Profit, nach Abzug der Kriegssteuer noch 39,05%. Die Riesenprofite der Kohlebergwerke sind allgemein bekannt.

Wir sehen das Anschwellen des Schiffbaues, der Petroleumausbeute und der Automobilindustrie; hingegen bleibt die Eisenerzeugung beträchtlich hinter der Kriegszeit zurück. Die Baumwollernte hat den Friedensstand noch nicht erreicht. Auch die Vermehrung des Viehbestandes ist eine minimale; bei Pferden ist sogar ein Minus von 1918 auf 1920 vorhanden; die Weizenernte ist schwankend, die Maisernte hingegen steigend. Immerhin ist es wahrscheinlich, daß sich das Wirtschaftsleben der Vereinigten Staaten in dieser Periode gehoben hat.[26]

Dem abwärtsgehenden Europa gegenüber zeigt sich dies vor allem darin, daß eben in dieser Periode die Valuten aller Länder Europas auf dem amerikanischen Markte einen kolossalen Preissturz erfuhren. Bei Beginn dieser Periode: 31. Oktober 1918, zeigte von den europäischen Valuten nur die Italiens ein bedeutenderes Disagio — zirka 20% (die Valuta der feindlichen Staaten wurde noch nicht notiert), die englische und französische hatten ein unbedeutendes Disagio, die Valuten der neutralen Länder sowie diejenige Japans standen auf pari oder hatten ein Agio!

Am Ende dieser Periode aber (31. März 1920) war die französische Valuta auf 40% ihres Goldwertes gefallen, die italienische auf 25% und alle neutralen Valuten zeigen ein Disagio von 10 bis 20%! Hierin drückt sich die Tatsache aus, daß die Volkswirtschaft Europas während der „Hochkonjunktur"periode durchaus nicht gesundete.

Wir wollen nur noch bemerken, daß auch in der Hochkonjunktur der Vereinigten Staaten die Spekulation eine große Rolle spielte. Laut den Daten des „Comptrollers of Currency" betrug die Gesamtsumme der Kredite aller amerikanischen Banken

30. Juni 1919 25086 Mio Dollar
30. Juni 1920 30892 Mio Dollar

Hierzu bemerkt ein hervorragender amerikanischer Kapitalist, G. B. Roberts, Vizepräsident der „National City Bank of New York", daß diese zuschüssige Riesensumme von 6 Mrd. Dollar spekulativen Zwecken gedient haben müsse, da die Produktion sich nicht erhöht hätte und, wie er sagt, sich auch nicht erhöhen konnte, da ohnehin alle Maschinen liefen und alle Arbeiter beschäftigt waren. — Wir würden darin bereits den Beginn der Krise sehen; zuschüssiges Geldkapital war nötig, weil die Waren in der Zirkulationssphäre stockten.

Das statistische Material, welches uns für diese Periode über die *außereuropäischen Länder* zur Verfügung steht, ist nicht genügend, um eine so kurze Periode gut kennzeichnen zu können. Wir wollen nur bemerken, daß die Konjunktur in diesen Gebieten einen *stark spekulativen Charakter* hatte und daß der erste Anstoß zur Krise von den asiatischen Ländern ausging, wo der Silberpreis zusammenbrach und hierdurch der Absatz der europäischen und amerikanischen Waren erschwert wurde.

Eine besondere Beachtung verdient die wirtschaftliche Entwicklung *Japans* in dieser Periode. Es gibt vielleicht keinen Staat, in welchem der spekulative Charakter dieser Nachkriegskonjunktur so deutlich zutage tritt wie in dem „frühkapitalistischen" Japan. Hier gab es *nur* eine *Preiskonjunktur*. Die Blüte der japanischen Industrie, verursacht durch

26 Immerhin gibt es amerikanische Fachmänner, die behaupten, daß die Nachkriegskonjunktur rein spekulativ war und keine Erholung der Produktion brachte. A. C. Miller vom Federal Reserve Board schreibt z. B. über das Jahr 1919: „Es gab eine starke Ausdehnung des Handels (business), begleitet von großer spekulativer Aktivität ... Der Index der Quantität der Produktion (physical volume of production) zeigt keine nennenswerte Änderung." (Annals of the American Academy, Januar 1922, Seite 144.)

den Ausfall der europäischen Konkurrenz, hörte bereits einige Monate nach Kriegsschluß auf. Schon 1919 beginnt die Ausfuhr von industriellen Artikeln zu fallen, die Einfuhr zu steigen (1918 169 Mio Yen, 1919 bereits 261 Mio). Auch wurde die japanische Ausfuhr nach Frankreich und England, nach Ägypten und Australien stark vermindert!

Während aber die Produktion bereits zurückging und der Handel Japans vom Weltmarkt verdrängt wurde, gab es eine tolle Spekulation. „Bei dem fast ununterbrochenen Steigen der Warenpreise und der Aktienkurse glaubt jeder, sein Geld durch Spekulationen rasch und sicher vermehren zu können ... Alles kaufte und verkaufte, gründete und spekulierte an der Börse. Waren, die gar nicht existierten, wurden an einem Tage mehrmals verkauft. Unternehmungen, die niemals ausgeführt werden sollten, brachten den Gründern hohen Gewinn ein ... Die Warenpreise wurden auf eine unnatürliche Höhe getrieben, so daß Japan als das teuerste Land der Erde betrachtet wird."[27] — Es folgte alsbald ein Zusammenbruch von riesigen Dimensionen[28], welcher nur durch eine sehr energische Hilfe der Regierung nicht zu einer völligen Katastrophe führte.

27 Aus der „Sammelmappe des deutschen Auswärtigen Amtes": Bericht über Japan.

28 Der bereits früher erwähnte Korrespondent der „Vossischen Zeitung" schreibt ebenda: „Aber eines Tages kamen statt des Goldes vom Ausland wieder Maschinen, Werkzeuge, Stahlplatten, Instrumente, Chemikalien, Farbstoffe, Medikamente, Textilwaren, Spielwaren, Schreibwaren, kamen, zahlten die hohen Zölle und wurden doch gekauft. Als könne man den Geldüberfluß gar nicht schnell genug loswerden. Statt des Gründungsfiebers nun ein wildes Verlangen nach Waren und Rohstoffen aller Art, ob man sie brauchte oder nicht, ob der Markt sie verlangte oder nicht, nur fort vom Gelde, vom Papier. Je stärker die Kaufgier, desto höher stiegen die Preise, aber man war nicht mehr allein auf dem Weltmarkt. Irgendwo in der Welt kam plötzlich die Vernunft, die längst vergessene, zu Worte, irgendwo wurde plötzlich der erste Feuerbrand in den Scheiterhaufen der Kriegswirtschaft geworfen, zündete und brannte weiter.
Da kam die zweite Erkenntnis. Zuerst bei der Regierung, die offenbar von einer Panik erfaßt, plötzlich der ‚Bank von Japan' und den halbstaatlichen Banken Anweisung zu sehr starker Einschränkung von Krediten gab und dadurch mit einem Schlage das im Nachkriegsboom noch viel mehr und vor allen Dingen noch viel unsolider als während des Krieges hochgetriebene Gebäude der Wirtschaft bis in seine Grundmauern erschütterte. Von der zweiten Hälfte März 1920 bis in den Juli wurden immer weitere Kreise in den Strudel hineingerissen, die kleinen Spekulanten fielen wie die Fliegen, die großen und allergrößten glaubten erst, daß auch diese Krise wie die vom November 1918 vorübergehen werde, und suchten deshalb ihre gewaltigen, rein spekulativen und sehr teuer erworbenen Lager zu halten. Als dann aber klar wurde, daß die ganze Welt von der Epidemie ergriffen war, gaben auch sie die Hoffnung auf."

# III. Die gegenwärtige Wirtschaftskrise

Die gegenwärtige Wirtschaftskrise zeichnet sich vor allem durch ihre Heftigkeit aus: sowohl was die Größe des Preissturzes, als auch die ungeheure Zahl der Arbeitslosen sowie die geographische Verbreitung anbelangt. Es gibt keine Ecke der Welt, die nicht von der Krise in Mitleidenschaft gezogen wäre.

Verfolgen wir Entstehung und Gang der Krise geographisch, so finden wir, daß dieselbe in den ökonomisch stärksten Ländern, wie Amerika und Japan, ihren Anfang nahm. Während in Mitteleuropa die vorhandenen Produktionsmittel wegen Mangel an Kohle und ungenügender Transportmöglichkeiten unbenützt blieben, die zur Deckung der vorhandenen Nachfrage nötigen Güter nicht hergestellt werden konnten, häuften sich in Amerika und Japan bereits die unverkäuflichen Vorräte. Es ist bezeichnend, wann in den verschiedenen Ländern die Großhandelspreise den höchsten Punkt erreichten.

| | 1920 |
|---|---|
| Vereinigte Staaten | Januar |
| Japan | März |
| England, Frankreich, Italien | April |
| Kanada, Indien | Mai |
| Schweden | Juni |
| Holland | Juli |
| Australien | August |

Die Ziffern für Mitteleuropa besagen nichts, da der Gang der Preisentwicklung durch die sehr starken Schwankungen der Valuta deformiert ist.

Wir können ferner feststellen, daß der Kapitalismus der Krise gegenüber eine sehr starke Widerstandskraft zeigte. Der Geschäftsgang in der englischen Textilindustrie zum Beispiel war schon im Frühjahr 1920 schleppend, Asien kaufte fast nichts mehr, trotzdem hielten sich die hohen Preise noch ein halbes Jahr fast auf voller Höhe; erst im Oktober setzte der große Preissturz ein! Und die Kleinhandelspreise setzten ihre Aufwärtsbewegung noch monatelang fort, nachdem die Großhandelspreise bereits fielen[29]. Die Konsumenten waren von der Kriegszeit her gewohnt, dem Kaufmann jeden Preis zu zahlen, den er verlangte!

29

| 1920 | Vereinigte Staaten | | England | |
|---|---|---|---|---|
| | Großhandelspreise Bradstreet | Einzelhandelspreise Bureau of Labour | Großhandelspreise Statist | Kleinhandelspreise* Cost of living |
| Januar | 227 (!) | 248 | 289 | 225 |
| Februar | 226 | 249 | 306 | 230 |
| März | 225 | 253 | 308 | 230 |

Der starke Widerstand des Kapitals brach erst zusammen, als die staatlichen oder unter staatlichem Einfluß stehenden Zentralbanken Japans und der Vereinigten Staaten gegen Mitte 1920 starke Krediteinschränkungen vornahmen und die Spekulation zur Abstoßung der zu hohen Preisen gehaltenen Vorräte zwangen.

Die starke Widerstandskraft des Kapitals zeigt sich auch darin, daß selbst nach diesem erzwungenen Abbau der Spekulation sich zwar die Konkurse vermehrt haben, daß aber von den großen Banken und den hochkapitalistischen Unternehmungen fast kein einziges zum Fallen gekommen ist. Diese Widerstandskraft des Kapitals hat ihren Grund darin, daß die Organisation des Kapitals sich seit Kriegsbeginn fast vollständig ausgebaut hat. Die Vereinigung der Unternehmungen in große Trusts, ihre fast restlose Einordnung in die Konzerne der Großbanken knüpften dieselben so eng aneinander, daß kein Glied herausbrechen durfte, sollte nicht das ganze Gebäude zusammenstürzen. Erst in der allerjüngsten Zeit, Ende 1921, ist mit dem Zusammenbruch der Banca di Sconto *ein führendes Geldinstitut zu Falle gekommen*. Aber im ganzen zeigte der Kapitalismus eine unerwartet zähe Widerstandskraft. In manchen Ländern, vor allem in Japan, wurde derselbe durch staatliche Maßnahmen — nachdem sich die verherrenden Wirkungen der Krediteinschränkung zeigten — auch künstlich gestützt.

Während dieser Zeit, aber auch bis heute, wird in der hochkapitalistischen Presse Englands und Amerikas immer wieder die Beschuldigung gegen den Detailhandel erhoben, daß er durch künstliches Hochhalten der Preise die Liquidierung der Vorräte und damit der Krise selbst verhindere.

## Die Ursachen der gegenwärtigen Weltkrise

Jede kapitalistische Wirtschaftskrise erscheint immer als Überproduktionskrise, indem ein Teil der Güter, die produziert wurden, zu solchen Preisen, die noch einen entsprechenden Profit enthalten, nicht absetzbar sind. Die Überproduktion ist jedoch fast immer bloß eine relative, nur durch die gegebene Einkommensverteilung verursachte. Dies ist auch bei der gegenwärtigen Wirtschaftskrise im allgemeinen der Fall.

| 1920 | Vereinigte Staaten | | England | |
|---|---|---|---|---|
| | Großhandelspreise Bradstreet | Einzelhandelspreise Bureau of Labour | Großhandelspreise Statist | Kleinhandelspreise* Cost of living |
| April | 225 | 265 | 313 (!) | 232 |
| Mai | 216 | 272 (!) | 306 | 241 |
| Juni | 210 | 269 | 301 | 250 |
| Juli | 205 | 262 | 299 | 252 |
| August | 196 | 250 | 298 | 255 |
| September | 184 | 242 | 293 | 261 |
| Oktober | 170 | 225 | 282 | 264 |
| November | 148 | 207 | 263 | 276 (!) |
| Dezember | 138 | 201 | 243 | 269 |

* Die Grundlage = 100 hinzugerechnet.

Untersuchen wir jedoch die gegenwärtige Krise, so finden wir *eine* absolute, ziffernmäßig feststellbare Überproduktion, und zwar an Seeschiffen!

Der gesamte Bestand an Seeschiffen betrug nach Angaben des „Lloyd-Registers" (in 1000 t):

| 1914 | 1919 | 30. Juni 1920 | 30. Juni 1921 |
|---|---|---|---|
| 49100 | 50900 | 57314 | 61975 |

Die Gesamtmenge der zur See zu befördernden Güter hat sich seit 1914 keinesfalls vermehrt. Die Ausschaltung Rußlands aus dem Weltverkehr, die verminderte Produktion der mittel- und osteuropäischen Staaten, die wachsende Industrialisierung der Kolonialländer haben sicherlich eine Verminderung der Frachten verursacht. Die um ein Fünftel vermehrte Tonnage bedeutet daher wirkliche Überproduktion. Daher mußte sich, nachdem in den ersten eineinhalb Jahren nach Einstellung des Krieges die während des Krieges liegengebliebenen Transporte erledigt und die Truppen nach Hause transportiert waren, ein absoluter Überfluß an Tonnage zeigen.

*Laut Bericht der Hamburg-Amerika-Linie lagen im März 1921 nicht weniger als 30% der Welttonnage auf.*[30]

Gab es in anderen Industriezweigen ebenfalls eine absolute Überproduktion?

Von einigen Ausnahmen (Gummi) abgesehen, nicht. Die Weltproduktion an den wichtigsten Gütern war im Jahre 1920 kleiner als vor dem Kriege. Von einer absoluten Überproduktion kann daher keine Rede sein.

*Das Wesen der Krise ist das Fehlen eines weltwirtschaftlichen Gleichgewichtes.*

Die Störung erfolgte aus drei verschiedenen Ursachen.

1. *Die ungleiche Entwicklung der Produktivkräfte während des Krieges* in den kriegführenden und in den vom Kriege nutzenziehenden Gebieten. Die Weltwirtschaft zerfällt in zwei Teile: ein *Überproduktionsgebiet* (Amerika, Japan, England) und ein *Unterproduktionsgebiet* (Deutschland, Polen, Rußland, Osteuropa usw.)

2. *Die ungleiche Preisentwicklung der industriellen und der landwirtschaftlichen Waren* im wichtigsten Überproduktionsgebiet, in den Vereinigten Staaten.

30 Dies machte den ungeheuren Preisfall in den Frachtraten erklärlich.
Die Frachtrate Indien—England betrug:

| 1914 | März 1918 | März 1919 | März 1921 |
|---|---|---|---|
| 176 sh | 175 sh | 75 sh | 20 bis 22 sh |

Die Entwicklung im Laufe des Jahres 1920 zeigen die folgenden Zahlen:
Die Rate betrug für *eine Fahrt* in *Schilling* (Report of the Chamber of Shipping, in: Economist vom 29. Februar und 14. Januar 1922):

| | 1920 Januar | April | September | Dezember 1921 | |
|---|---|---|---|---|---|
| England — La Plata | 190 | 150 | 102 | 42 | 13/6 Minimum |
| Cardiff — Port Said | 65 | 75 | 30 | 15 | |
| Monatliche Charter | 25 | 20 | 13 | 10 | 5 Minimum |

3. *Die Nichtanpassung der Produktion an die veränderten Einkommensverhältnisse der Nachkriegszeit.*

4. *Die Störung der weltwirtschaftlichen Arbeitsteilung durch die Industrialisierung bisher agrarischer Länder.*[31]

## 1. Absolute Unterproduktion und relative Überproduktion

Wir haben bereits in den vorhergegangenen Kapiteln nachdrücklich auf die Verschiedenheit der Entwicklung der Wirtschaft in Europa und in den Überseeländern hingewiesen. Europa verarmte, während die Produktionskräfte der überseeischen Länder und auch der Kolonialländer sich stark entfalteten. Dieses Mißverhältnis blieb während des Krieges unbemerkt; die Folgen zeigten sich erst zwei Jahre nach Kriegsschluß, vor allem in Amerika.

Während des Krieges, welcher so ungeheuer viel Kriegsmaterial verschlang, wurden in Amerika und den anderen neutralen kapitalistischen Ländern riesige Anlagen zur Produktion von Kriegsmaterial angelegt. Diese Anlagen wurden nach Kriegsende für Friedensproduktion umgestellt (Maschinenfabriken, Möbelfabriken usw.). Der Produktionsapparat wurde auf diese Weise, vor allem in den Vereinigten Staaten, sehr erweitert, und es entstand alsbald eine *relative* Überproduktion an vielen Gütern. Der *Inlandsmarkt* der Vereinigten Staaten konnte die durch die Umstellung auf Friedensproduktion vermehrte Produktion nicht aufnehmen, vor allem deshalb nicht, weil die Landbevölkerung der Vereinigten Staaten durch den Rückgang der Preise der landwirtschaftlichen Produkte einen großen Teil ihrer Kaufkraft eingebüßt hatte. Wir kommen darauf im nächsten Abschnitt eingehend zurück.

Was aber die Ausfuhr anbelangt, so hörte der Massenabsatz für die Heere der Entente auf, auch die staatlichen Kredite, welche den ungeheuren Absatz amerikanischer Waren in Europa während des Krieges möglich machten. Die amerikanischen Waren mußten auf dem freien Markt den Wettbewerb mit den Erzeugnissen der europäischen und kolonialen Industrie aufnehmen. Würde Arbeitswert gegen Arbeitswert oder Goldwert gegen Goldwert getauscht, so wäre die Industrie Amerikas sicher Sieger geblieben, denn sie produziert alles billiger als die neue Industrie der Kolonien oder die des herabgekommenen Europas. Tatsächlich ist das Gegenteil eingetreten: die Produkte des verarmten Deutschlands bieten jenen der Vereinigten Staaten und Englands auf dem Weltmarkt erfolgreich Konkurrenz.[32]

31 In meinem Buche: „Die wirtschaftspolitischen Probleme der proletarischen Diktatur" (siehe auch Bd. I der vorliegenden Ausgabe) wird die Krise des Kapitalismus unrichtig, weil einseitig auf die Tatsachen der Wirtschaft Mitteleuropas aufgebaut, dargestellt. Diese fehlerhafte Einstellung ist historisch begründet. Wir waren während des Weltkrieges von der periodischen Presse der Ententeländer abgeschnitten. In der revolutionären Periode November 1918 bis August 1919 hatte ich keine Zeit, mich mit ausländischen Wirtschaftsverhältnissen zu beschäftigen; während der Internierung wiederum war hierfür die technische Möglichkeit nicht vorhanden. So beurteilte ich die Lage *aller* kapitalistischen Länder im Wesen nach dem Bilde Mitteleuropas, die ganz andersartige Entwicklung der Vereinigten Staaten, Japans und der Kolonialländer außer acht lassend.

32 Die Ursachen dieser Erscheinung werden von E. Pawlowsky (d. i. E. Varga — d. Hrsg.) in „Der Bankrott Deutschlands" (Hamburg 1921), folgendermaßen entwickelt:
„Wir sehen folgendes Problem: der deutsche Arbeiter arbeitet mit Hilfe eines schlechteren sachlichen Produktionsapparates, seine Arbeitsleistung ist stark gesunken und ist heute sicherlich bedeutend niedriger als jene des englischen oder amerikanischen Arbeiters. Das gleiche Produkt, in Deutschland er-

Hierin zeigt sich am besten die tiefgehende Störung der kapitalistischen Weltwirtschaft. Kontinentaleuropa ist schrecklich verarmt. Es würde alles aus Amerika brauchen: Lebensmittel, Rohstoffe, Maschinen, Fabrikate. Aber es hätte eigentlich nichts als Gegenleistung zu geben. Gold ist keines mehr vorhanden. Es zahlt mit Papiergeld. Aber Papiergeld verliert seinen Wert[33], wenn die Länder, wo dasselbe in Kurs ist, keine Güter dafür verkaufen können. Entwertetes Papiergeld bedeutet aber — billige Weltmarktpreise. Und es entsteht der eigenartige Zustand, daß die Produkte der Industrie solcher Länder mit schlech-

zeugt, enthält mehr tatsächliche Arbeitszeit, als wenn es in England oder Amerika erzeugt würde. Die deutsche Arbeitsstunde ist weltwirtschaftlich genommen keine „*gesellschaftliche*" Arbeitsstunde. *Würden die Waren auf dem Weltmarkt nach ihren Werten verkauft, könnten die deutschen Waren nirgends mit den amerikanischen oder englischen konkurrieren.*

Die bürgerliche Ökonomie antwortet mit dem Hinweis auf die ungünstigen Valutaverhältnisse, welche die deutschen Waren konkurrenzfähig machen. Das heißt aber an der Oberfläche haften. Die Tatsache muß durch die realen Produktions- und Verteilungsverhältnisse erklärt werden können.

Bei der Bestimmung der Höhe des Arbeitslohnes sagt Marx: „Im Gegensatz zu den andren Waren enthält . . . die Wertbestimmung der Arbeitskraft ein historisches und moralisches Element", denn „der Umfang sogenannter notwendiger Bedürfnisse, wie die Art ihrer Befriedigung (ist) selbst ein historisches Produkt und hängt daher größtenteils von der Kulturstufe eines Landes . . . ab". Das Kapital, Erster Band, in: MEW, Bd. 23, Berlin 1962, S. 185. Nun haben sich die ‚historischen und moralischen Elemente' infolge des Krieges derartig gestaltet, daß die deutsche Arbeiterklasse in der Art ihrer Bedürfnisbefriedigung um 50 Jahre zurückgefallen ist. Sie arbeitet aber mit der Technik des 20. Jahrhunderts. Es ergibt sich, daß zwar in den deutschen Waren tatsächlich ein größeres Quantum von Arbeitszeit enthalten ist als in denjenigen der englischen oder neutralen Länder von derselben Art: daß aber der Anteil der deutschen Arbeiter an dem Wertprodukt ihrer Arbeit ein so ungemein niedriger, die Mehrwertrate so ungeheuer hoch ist, daß hierdurch die Minderwertigkeit der deutschen Arbeitsleistung überkompensiert wird und die deutschen Kapitalisten imstande sind, trotz hoher Schutzzölle mit ihren Waren überall vorzudringen!

Anders ausgedrückt: die Leistung des deutschen Arbeiters ist zwar geringer als jene des gut genährten französischen, englischen oder amerikanischen Arbeiters, aber sein realer Lohn ist noch unverhältnismäßig niedriger."

Das Bulletin des Schweizer Bankvereins, Oktober 1920, gibt die damals bestehenden durchschnittlichen Stundenarbeitslöhne der verschiedenen Länder, in Schweizer Franken gemessen:

| | |
|---|---|
| England | 2,10 |
| Schweiz | 1,77 |
| Frankreich | 1,10 |
| Belgien | 1,03 |
| Italien | 0,55 |
| Deutschland | 0,55 |
| Österreich | 0,53 |

33 Das Disagio gegenüber dem Dollar betrug Ende 1920 in %:

| | | | | | |
|---|---|---|---|---|---|
| Schweiz | 21,2 | Norwegen | 41,4 | Deutschland | 94,3 |
| Holland | 22,1 | Griechenland | 61,4 | Tschechoslowakei | 94,4 |
| Schweden | 26,3 | Belgien | 68,0 | Jugoslawien | 96,5 |
| England | 27,5 | Frankreich | 69,6 | Österreich | 98,9 |
| Spanien | 30,3 | Italien | 82,1 | Ungarn | 99,1 |
| Dänemark | 41,4 | Rumänien | 93,5 | Polen | 99,2 |

Auffallend ist besonders das hohe Disagio der neutralen Valuten, welche bei Kriegsende auf pari standen oder ein Agio hatten, wie die spanische und die Schweizer Valuta. *Dies bedeutet, daß das neutrale Europa in den Verfall Mitteleuropas miteinbezogen wurde!*

ter Valuta und *objektiv* teurer Produktion, in Geld ausgedrückt, billiger sind als die Produkte der amerikanischen Industrie.

Diese Verhältnisse spiegeln sich sehr interessant wider in der Gestaltung des auswärtigen Handels der Vereinigten Staaten. Derselbe betrug in Mrd. Dollar (vgl. Tabelle 40):

*Tabelle 40*

| | Ausfuhr | Einfuhr | Ausfuhr-überschuß |
|---|---|---|---|
| 1913 | 2,43 | 1,77 | 0,66 |
| 1914 | 2,33 | 1,91 | 0,42 |
| 1915 | 2,72 | 1,65 | 1,07 |
| 1916 | 4,27 | 2,18 | 2,09 |
| 1917 | 6,23 | 2,67 | 3,56 |
| 1918 | 5,84 | 2,86 | 2,98 |
| 1919 | 7,75 | 3,83 | 3,92 |
| 1920 | 8,08 | 5,20 | 2,88 |

Diese rohen Zahlen besagen nicht viel. Die amtliche Zeitschrift „Federal Reserve Bulletin"[34] reduziert den Außenhandel gewisser ausgewählter Artikel, welche zusammen ungefähr die Hälfte des gesamten Außenhandels ergeben, auf die Preise des Jahres 1913. (Das Verfahren ist ziemlich mangelhaft, gibt aber doch ein annäherndes Bild.) Das Ergebnis erscheint ziemlich überraschend (vgl. Tabelle 41):

*Tabelle 41*

| | Ausfuhr | Einfuhr |
|---|---|---|
| 1913 | 100 | 100 |
| 1919 | 118,6 | 168,4 |
| 1920 | 107,7 | 168,8 |
| 1921 | 207,9 | 135,6 |

Während also nach den Preisen des Jahres 1920 berechnet die Ausfuhr auf die Basis von 1913 bezogen = 333 ist, die Einfuhr aber = 294, ergibt sich nach der Umrechnung auf die Preisbasis 1913, daß die Einfuhr in stärkerem Maße gestiegen ist als die Ausfuhr. *Dies bedeutet, daß die Vereinigten Staaten infolge des hohen Preisstandes ihrer Valuta eigentlich viel billiger kaufen, als der Wert der eingekauften Waren ist!* Daß jene verarmten Länder, welche so stark auf die Hilfe des reichen Amerikas angewiesen wären, von diesem bei dem internationalen Warenverkehr ausgebeutet werden. Es ist dies das Spiegelbild derselben Tatsache, welche wir oben anführten: daß die Waren des Unterproduktionsgebietes infolge des niedrigen Anteils der Arbeiterschaft am Wertprodukt billiger auf den Weltmarkt kommen als die Waren des Überproduktionsgebietes und, wie es scheint, auch billiger als ihr Goldwert[35].

34 Federal Reserve Bulletin, Februar 1922.

35 Parvus hat für Deutschland öfter nachgewiesen, daß die deutschen Preise in Dollar 1921 billiger sind als 1913, ebenfalls in Dollar nach dem jeweiligen Kurs.

Durch die Verarmung Kontinentaleuropas, durch die Entwertung seiner Valuta und durch die hieraus entstehende große Differenz zwischen Wert und Preis der europäischen Waren ist die Rolle Europas als Handelsgebiet für Amerika relativ immer geringer geworden. Es betrug der *Export* der Vereinigten Staaten in Mio Dollar (vgl. Tabelle 42):

*Tabelle 42*

| Export | 1914 | 1919 | 1920 |
|---|---|---|---|
| Europa | 1486 | 4645 | 4864 |
| Übrige Welt | 878 | 2387 | 3247 |
| *Import*: | | | |
| Europa | 896 | 373 | 1179 |
| Übrige Welt | 998 | 2723 | 4056 |

*Quelle*
„The Annals of the American Academy", März 1921, S. 4.

Wir sehen: Die Vereinigten Staaten erhielten von Europa nur einen Bruchteil des Wertes der von ihnen in den Jahren 1919 und 1920 gelieferten Waren in Waren zurückgezahlt. Der größte Teil wurde kreditiert. Die Kauffähigkeit Europas mußte aufhören, wenn Amerika keine weiteren Kredite mehr gewährte. Und Amerika scheut sich, weitere Kredite zu geben, weil es eben keine Garantie für die Rückzahlung sieht!

Die Produkte des erweiterten Produktionsapparates können auf dem Weltmarkt nicht untergebracht werden.

*Daher relative Überproduktion von Gütern in Amerika, Japan und England*, welches Kontinentaleuropa gegenüber in der gleichen Lage ist, wie die Vereinigten Staaten ganz Europa gegenüber. *Diese relative weltwirtschaftliche Überproduktion in den Ländern des „gesunden" Kapitalismus wurde verursacht durch die Unterproduktion in Mittel- und Osteuropa und die Ausschaltung Rußlands aus dem Weltverkehr.* Dies gab den ersten Anstoß zur Krise in den Vereinigten Staaten und Japan. Die Krise verpflanzte sich dann auf alle neutralen und kolonialen Gebiete. Und weil eben in Mitteleuropa eine ständige Unterproduktionskrise herrscht, weil selbst die vorhandenen Produktionsanlagen infolge von Mangel an Kohlen und Rohstoffen nicht ausgenutzt werden können, ist die gegenwärtige Überproduktionskrise dort viel weniger fühlbar. Die Zahl der Arbeitslosen ist in Deutschland verhältnismäßig viel geringer als in Amerika oder in England.

## 2. Verschiedene Preisentwicklung der landwirtschaftlichen und industriellen Waren

Eine der Hauptursachen der Wirtschaftskrise ist die verschiedene Preisentwicklung der landwirtschaftlichen und industriellen Produkte, welche das Gleichgewicht zwischen Stadt und Land empfindlich gestört haben. Die Linie der Entwicklung ist auch hier in den Unterproduktionsgebieten eine völlig andere als in den Gebieten der relativen Überproduktion. Während im ersteren Gebiete die landwirtschaftlichen Produkte einen höheren Preisstand erreichten als jene der Industrie, ist im Überproduktionsgebiete das Gegenteil der Fall.

Der Ausgangspunkt der verschiedenen Entwicklung liegt in der verschiedenen Preispolitik der Kriegszeit. In den blockierten Ländern Mitteleuropas wurde das System der Maximalpreise angewendet. Da hier offenbar war, daß dieses Gebiet die zur Versorgung seiner Bevölkerung nötigen Lebensmittel nicht produzieren kann (wobei der gesteigerte Konsum der im Heere dienenden breiten Volksschichten stark ins Gewicht fällt), richtete sich die Preispolitik dahin, ein übermäßiges Ansteigen der Preise zu verhindern. Das Ergebnis war ein kontinuierliches Zusammenschrumpfen der Produktion: Verminderung der bebauten Fläche und geringere Durchschnittserträge. Selbstverständlich spielt neben dem bewußten Wollen der Betriebsleiter auch die allgemeine Verarmung: Mangel an Menschenkraft, an Vieh und künstlichem Dünger eine große Rolle. Daß jedoch die verringerte Profitmöglichkeit hierbei eine große Rolle spielt, beweist der Umstand, daß in Deutschland noch im Jahre 1921 der Rückgang der Ernteerträge bei Roggen in jenen Landesteilen am größten war, wo der Großgrundbesitz, der bewußte Profitwirtschaft treibt, am stärksten vertreten ist.[36]

Der Versuch, unter kapitalistischen Verhältnissen trotz eines tatsächlich vorhandenen Mankos die Preise künstlich niederzuhalten, führte nicht zum Ziele. Trotz der amtlich festgesetzten Höchstpreise wurde ein großer Teil der landwirtschaftlichen Produkte zu Monopolpreisen verkauft. Und da infolge des lang andauernden Krieges die industrielle Produktion noch stärker zurückging als die landwirtschaftliche, und da die Bauern von der Stadt nur mehr Papiergeld an Stelle von realen Gütern erhalten konnten, wurde der Güteraustausch zwischen Stadt und Land immer schwächer. Bei der Bauernschaft machte sich die *Tendenz zur Rückkehr zur geschlossenen Hauswirtschaft immer stärker geltend.* Die Bauern Mittel- und Osteuropas produzierten nur soviel Lebensmittel, wie zu ihrem eigenen Bedarf nötig war, und suchten andererseits alles zu produzieren, was sie brauchten. Es ist selbstverständlich, daß bei dieser Abschließungstendenz in erster Linie die städtische Bevölkerung, die Industrie, aber auch die Gesamtwirtschaft dieser Länder leiden mußte. Das Auseinanderfallen von Stadt und Land in den letzten Jahren des Krieges ist eine der Hauptursachen des wirtschaftlichen Niederganges Mittel- und Osteuropas und damit der gegenwärtigen Weltwirtschaftskrise.

In den *angelsächsischen Ländern* wurde in bezug auf die landwirtschaftliche Produktion die entgegengesetzte Preispolitik befolgt. Statt *Höchstpreise* festzusetzen, wurden hier den Farmern für eine Reihe von Jahren *Mindestpreise* vom Staate garantiert. Das Ergebnis war, wie aus den von uns früher gegebenen Daten hervorgeht, eine starke Vergrößerung der landwirtschaftlichen Produktion in den Vereinigten Staaten und in England während des Krieges. Als aber nach dem Kriege der Massenbedarf an amerikanischen Lebensmitteln aufhörte, bzw. als Amerika keine weiteren Kredite mehr gewähren wollte und Europa nicht die Möglichkeit hatte, die amerikanischen Lebensmittel durch reale Gegenleistungen zu bezahlen, trat in Amerika ein scharfer Preisfall der landwirtschaftlichen Produkte ein. Dieser Preisfall war viel stärker als jener der industriellen Produkte und verursachte eine Erschütterung des innern wirtschaftlichen Gleichgewichtes in den Vereinigten Staaten, was zur Verschärfung und zur Fortdauer der Wirtschaftskrise wesentlich beitrug.

Um dies zu verstehen, müssen wir folgendes überlegen:

Wenn wir den Warenverkehr der ganzen Welt oder eines einzelnen Landes — welches wir als „geschlossenen Handelsstaat" isoliert betrachten — in zwei Teile teilen: *landwirtschaftliche Produkte und industrielle Güter*, so muß die Preissumme der jährlich zum

36 Wirtschaft und Statistik, 3/1921.

Verkauf gelangten Waren der beiden Hälften gleich sein (von der Konsumtion jedes Teiles an eigenen Erzeugnissen abgesehen). Ein glatter Warenabsatz ist nur auf diese Weise möglich. Die für den eigenen Bedarf überflüssigen landwirtschaftlichen Produkte können nur von der Industrie, der „Stadt", gekauft werden und umgekehrt. Es ist dies ein einfaches Gegenstück zu den bekannten Reproduktionsschemas von Quesnay und Marx. Wie steht es nun hiermit in den Vereinigten Staaten?

In einem außerordentlich interessanten Artikel des Michiganer Professor Friday in der „New Republic" vom 28. 12. 1921 finden wir folgende sehr bezeichnenden Zahlen (vgl. Tabelle 43):

*Tabelle 43*

| | Wert aller Farmprodukte | Durch die Industrie neuproduzierter Wert |
|---|---|---|
| | (Mio Dollar) | |
| 1899 | 4,717 | 4,831 |
| 1904 | 6,122 | 6,293 |
| 1909 | 8,558 | 8,529 |
| 1914 | 9,895 | 9,878 |
| 1919 | 24,982 | 25,500 |

Nachdem diese Zahlen durch zwei voneinander vollkommen unabhängige Regierungsämter errechnet wurden, eine zweckbewußte Fälschung ausgeschlossen ist, kann die Gleichheit der Entwicklung nur der Ausdruck der Notwendigkeit sein, daß in den — den Verhältnissen eines geschlossenen Handelsstaates sehr nahe stehenden — Vereinigten Staaten, wo vor dem Kriege nur 10% der Gesamtproduktion die Grenzen des Landes verlassen hatten, das ökonomische Gleichgewicht die Gleichheit der zwei Hauptproduktionszweige bedingt.

Nun hat sich aber der Preisabbau des letzten Jahres nicht gleichmäßig vollzogen für landwirtschaftliche und industrielle Produkte. Während der Preisindex Ende 1921 für alle anderen Produkte 150, für Industrieartikel 170 beträgt, ist derselbe für Farmprodukte bloß 119; Eine ganze Reihe von sehr wichtigen Farmprodukten stand Ende Dezember 1921 in den Vereinigten Staaten niedriger als im Durchschnitt 1913, und zwar in Cents (vgl. Tabelle 44):

*Tabelle 44*

| | Durchschnitt 1913 | Dezember 1921 |
|---|---|---|
| Braugerste | 63,96 | 63,50 |
| Hafer | 44,33 | 43,33 |
| Mais | 70,62 | 67,42 |
| Rindfleisch | 19,33 | 13,00 |
| Schmalz | 11,17 | 9,37 |
| Häute | 17,88 | 16,17 |

*Quelle*
„Wirtschaft und Statistik", 1/1922.

Brotgetreide und Kartoffeln stehen im Preis über jenem von 1913, aber auch Kohle, Eisen, Petroleum usw.

Es ergibt sich die Situation, daß, obwohl die Farmer an Gütern in ihrer Naturalform 1921 ebensoviel erzeugt haben wie 1919 und 1920, sie in einer Notlage sind, weil sie die hohen Preise der Industriegüter nicht bezahlen können. Andererseits: Da die Preise der industriellen Güter auf 170 stehen, kann die Industrie nur 70% an Gütern — dem Quantum nach — an die Farmer absetzen, als wenn das Preisniveau ebenfalls wie 1919 wäre oder umgekehrt der Preisindex der Farmerprodukte ebenfalls auf 170 stünde. Das Ergebnis ist: Notlage der Farmer[37] einerseits, Beschränkung der industriellen Produktion auf 70% der Kapazität anderseits. Die Gleichheit in der Preissumme von Farmproduktion und Industrieproduktion ist hierdurch wiederhergestellt.

Friday fügt noch hinzu, daß die Besserung der Lage nur möglich sei durch Wiederaufbau der *europäischen Industrie!* Denn die Weltmarktpreise hängen von dem europäischen Preise der landwirtschaftlichen Produkte ab, diese können aber nicht in die Höhe gehen, bis die Kaufkraft der städtischen Bevölkerung in Europa durch Wiederaufbau der industriellen Produktion gehoben wird. Das scheinbar rein amerikanische Problem der Verschiedenheit der Preisentwicklung in der Industrie und in der Landwirtschaft, welches das Haupthindernis der Konjunkturentwicklung in den Vereinigten Staaten ist, mündet auf diese Weise in das Problem der Wiederaufrichtung der Unterproduktionsgebiete Europas ein.

Wir wollen vor allem die Ausführungen Fridays durch einige Tatsachen ergänzen, bevor wir zu ihrer Kritik übergehen.

In *Kanada* herrscht — laut einem Bericht des „Economist" vom 21. 1. 1922 — in den Prärieprovinzen eine Depression, wie es in der Geschichte von Kanada noch niemals der Fall war. Tausende Farmerfamilien können nicht nur ihre Schulden nicht bezahlen, sondern auch die lebensnotwendigen Güter nicht kaufen. Die Mißlage ist zum Teil den hohen Eisenbahnfrachten zuzuschreiben, wie Tabelle 45, welche die Verhältnisse vom 15. Dezember darstellt, zeigt:

*Tabelle 45*

| | | von Seskatoon, Station Fort William | | |
|---|---|---|---|---|
| | | Preis per Bushel Cents | Fracht per 100 Pfd. Cents | Die Fracht beträgt % des Preises |
| 1. Weizen | 1917 | 221 | 22 | 5,9 |
| | 1921 | 109 | 33.5 | 18,4 |
| 2. Gerste | 1917 | 79.5 | 22 | 9,4 |
| | 1921 | 41.5 | 33.5 | 26,9 |
| | | von Grand Prärie, Station Alta | | |
| 1. Weizen | 1917 | 221 | 43 | 11,6 |
| | 1921 | 109 | 53 | 32,5 |
| 2. Gerste | 1917 | 79.5 | 43 | 18,4 |
| | 1921 | 41.5 | 59 | 46,0 |

37 Die hohen Profite der Farmer hatten natürlich ein entsprechendes Ansteigen der Pacht- und Bodenpreise zur Folge. Zehntausende Farmer, die sich bei gestiegenen Preisen angekauft hatten, stehen nun vor dem Ruin.

Zu dieser Tafel braucht man nicht viel Worte: sie zeigt, daß die Frachtkosten prozentual auf das $2^1/_2$fache gestiegen sind und im ärgsten Fall 46% des Erlöses wegnehmen.

In diesem Fall ist es klar, was Friday bei den Vereinigten Staaten nicht sieht oder nicht sehen will: *daß das verschiedene Tempo des Preisabbaues in der Landwirtschaft und der Industrie und dem Transport* in erster Linie nicht von den Weltmarktverhältnissen abhängt, sondern von dem Umstand, daß in der Landwirtschaft *freie Preisbildung, in der Industrie und im Transport aber das Monopol herrscht.* Die gewaltigen, mit den Eisenbahnen zusammengeschlossenen Kartelle verhindern den weiteren Preisfall der industriellen Waren; sie schränken die Produktion ein, statt die Preise auf ein dem Preisfall der Farmprodukte entsprechendes Niveau herabzusetzen!

An diesem Punkte wird nun das Problem zu dem Springpunkt der *inneren* Politik der Vereinigten Staaten, Kanadas und wahrscheinlich (ich kenne die Verhältnisse nicht) auch Argentiniens, Südafrikas und Australiens. (Es müssen dort im Wesen die gleichen Verhältnisse gegeben sein.) Jedenfalls steht fest, daß in den Vereinigten Staaten die alten Parteirahmen — Republikaner und Demokraten — im Zerfall sind: daß Abgeordnete und Senatoren beider Parteien sich zu einem Farmerblock zusammenfinden. Ende Januar hat die Agriculture-Conference in den Vereinigten Staaten begonnen. *Es kann kein Zweifel bestehen, daß eine unbeeinflußte Untersuchung der Frage den Gegensatz zwischen Farmern und dem organisierten Industrie-, Eisenbahn- und Bankkapital voll enthüllen muß!*

Ohne uns weiter mit den Ursachen und politischen Folgen dieser Erscheinung zu beschäftigen, wollen wir nur betonen, daß eine der wichtigsten Ursachen der amerikanischen industriellen Krise und damit der Krise der ganzen Weltwirtschaft dieses Mißverhältnis zwischen den Preisen der landwirtschaftlichen und industriellen Produkte ist.

## 3. Nichtanpassung der Produktion an die veränderten Einkommensverhältnisse

Mit dem Ende des Krieges setzte in den Ententeländern eine Herabsetzung der Einkommenverhältnisse ein. Das Heer wurde in diesen Ländern gut bezahlt, und wenn auch die Arbeitslöhne während des Krieges nicht überall mit der Teuerung Schritt hielten, so gab es keine Arbeitslosigkeit, sondern noch die Möglichkeit, durch Überstunden das Einkommen zu erhöhen. Nach der erfolgten Demobilisierung hörten die Heereseinkommen auf; die während des Krieges neu in den Arbeitsprozeß einbezogenen Frauen, alten Leute und Jugendlichen wurden entlassen; der spekulative Aufschwung der Nachkriegszeit brachte sehr hohe Preise, mit denen der Verdienst der Arbeiter nicht Schritt hielt. Das Einkommen der breiten Massen verminderte sich. Dies ergab eine soziale Wurzel der Krise. — Betrachten wir die Krise aus diesem Gesichtspunkt, so finden wir, daß *die Krise bei jenen Gütern einsetzte, die zwar dem Massenkonsum dienen, aber doch nicht absolut unentbehrlich sind:* Kleidern, Schuhen und Genußmitteln. Bei diesen war der Preisfall am heftigsten. Wenn wir z. B. aus den englischen Preisnotierungen — die englische Valuta zeigt in dieser Periode dem Golde gegenüber ein ständiges Disagio von 20% — zwei Gruppen bilden: 1. *für die unentbehrlichen Güter* und 2. *für leichter entbehrliche*, erhalten wir folgendes Bild (vgl. Tabelle 46):

*Tabelle 46*
1. Gruppe
Indexzahlen der unentbehrlichen Güter bzw. ihrer Rohstoffe

| | 1. Mai 1920 | 1. April 1921 | Preisveränderung seit 1. Mai 1920 % |
|---|---|---|---|
| Weizen, englisch | 234 | 285 | +21 |
| Weizen, Manitoba | 270,5 | 246 | − 8 |
| Erdäpfel, englisch | 512 | 352 | −31 |
| Rindfleisch, englisch | 240 | 272 | +13 |
| Zucker, englisch | 473,2 | 411 | −13 |
| Butter, dänisch | 230,7 | 227 | − 1 |
| Roheisen, Cleveland | 400 | 300 | −25 |
| Exportkohlen | 567,9 | 281,5 | −51 |
| Petroleum, raffiniert | 305,9 | 325,3 | + 8 |

*Tabelle 47*
2. Gruppe
Indexzahlen der entbehrlichen Güter bzw. ihrer Rohstoffe

| | 1. Mai 1920 | 1. April 1921 | Preisveränderung seit 1. Mai 1920 % |
|---|---|---|---|
| Reis Nr. 2 | 510,5 | 173,7 | −65 |
| Tee, indisch | 159 | 109,6 | −32 |
| Kaffee | 239,1 | 126,8 | −48 |
| Baumwolle, amerikanisch | 379,3 | 112,3 | −70 |
| Wolle, Merino | 530,2 | 111,6 | −78 |
| Hanf, Neu-Seeland | 258,3 | 187,5 | −27 |
| Gummi | 94,6 | 36,6 | −61 |

Wir sehen, daß von den unentbehrlichen Gütern nur die übermäßig in die Höhe getriebene Exportkohle einen wirklich großen Preissturz erlitt, während Weizen, Petroleum und Rindfleisch sogar in die Höhe gingen. Hingegen weisen die entbehrlichen Güter bzw. ihre Rohstoffe einen Preissturz bis zu 78% auf.

Aus diesen Tafeln ergibt sich, daß auch eine relative Überproduktion in sozialer Hinsicht vorliegt, d. h., es werden mehr Güter für den entbehrlichen Massenkonsum produziert, als die Arbeiter und Beamten bei ihrem gesunkenen, realen Einkommen kaufen können. Der soziale Ausdruck dieser Tatsache war die „*Käuferstreikbewegung*“ der Mittelklassen in den verschiedensten Ländern.

Dieser Ursachenkomplex steht mit dem Verfall der Wirtschaft Mittel- und Osteuropas im engsten Zusammenhang: Diese wenig produzierenden Gebiete sind es, wo die Kaufkraft der breiten Massen, Arbeiter und Angestellten, am stärksten gesunken ist. Die relative Überproduktion wird durch die absolute Unterproduktion dieser Gebiete verursacht.

## 4. Die Störung der weltwirtschaftlichen Arbeitsteilung durch Industrialisierung bisher agrarischer Länder

Wir haben uns bereits mit der Tatsache beschäftigt, daß während des Krieges — begünstigt durch das Entfallen der europäischen Konkurrenz und der großen Differenz zwischen den Preisen des Rohmaterials und des Fertigproduktes — in den überseeischen Gebieten neue bodenständige Industrien entstanden sind. Aber auch in Europa, selbst in den vom Kriege am schwersten betroffenen Gebieten, sind gewisse neue, unmittelbar dem Interesse des Krieges dienende Industrien entstanden: chemische Fabriken, Betriebe der Metallindustrie usw.

Nach Beendigung des Krieges sind die neuen Industrien dem scharfen Wettbewerb der europäischen und amerikanischen Industrie ausgesetzt, deren Arbeitskosten durch das Vorhandensein einer geübten, gelernten Arbeiterschaft niedriger sind. Das jähe Sinken der Schiffsfrachtraten bringt die Standortvorteile der westeuropäischen Industrieländer wieder zur vollen Geltung. Dies löste eine scharfe Krise in der Industrie der überseeischen Länder aus, welche verschärft wurde durch den scharfen Preisfall jener landwirtschaftlichen Produkte, die nicht zu den unentbehrlichen Konsumtionsartikeln gehören. (Kaffeekrise in Brasilien, Rohrzuckerkrise auf Kuba, Teekrise in Indien, Seidenkrise in Japan.)

Aber auch die neuentstandenen Industrien der europäischen Länder hatten nach dem Kriegsschluß einen schweren Stand.

Die einzelnen Länder trachten nunmehr, ihre eigene Industrie zu schützen. Eine neue Periode des Hochschutzzolles setzt ein.[38] In vielen Ländern gibt es sogar *Ausfuhrzölle!* Die Nachteile dieses Zustandes werden durch den Umstand verschärft, daß in Osteuropa an Stelle Rußlands und der österreich-ungarischen Monarchie eine Reihe von kleinen Staaten getreten ist, deren jeder eine selbständige Industrieschutzzollpolitik treibt. Die Vorteile der weltwirtschaftlichen Arbeitsteilung gehen verloren: Der Weltmarkt selbst löst sich auf.

Hierzu kommt das ungeheure Disagio und die großen Schwankungen der Valutakurse! Jede kapitalistische Kalkulation wird zu einer Valutaspekulation![39] Die kleinen neutralen Länder mit ihrer hohen Valuta und ihrer für den Weltbedarf eingestellten Industrie, z. B. die Schweiz, Schweden, leiden daher am schwersten unter der Krise! Absolute Unterproduktion und relative Überproduktion sind zum Teil durch dieses Zerfallen des Weltmarktes verursacht.

38 Das Freihändler-England hat seine hohen Zölle gegen deutsche Farben und Instrumente, sein Anti-Dumping-Gesetz. Frankreich hat die Zölle um 300% erhöht. Auf dem Gebiete der österreichisch-ungarischen Monarchie sind jetzt 10 neue Zoll-Linien. Indien hat den Zoll für englische Waren auf 11% erhöht usw.

39 Einige Beispiele für die Schwankungen der Kurse auf dem Londoner Markt innerhalb des letzten Jahres [im Verhältnis zu £]:

| Währung | 1. Juli 1920 | 31. Dez. 1920 | 31. März 1921 | 1. Juli 1921 | 30. Dez. 1921 |
|---|---|---|---|---|---|
| Mark, deutsch | 149.00 | 258.00 | 245.00 | 293.00 | 778.00 |
| Mark, polnisch | 570.00 | 2200.00 | 3275.00 | 8500.50 | 12000.00 |
| Franc, französisch | 47.20 | 59.72 | 56.10 | 46.57 | 52.30 |
| Lire | 65.62 | 101.75 | 89.85 | 76.00 | 97.50 |

## Krise und Arbeitslosigkeit

Die Last der Krise fällt vor allem auf das Proletariat in Gestalt einer in der Geschichte des Kapitalismus bisher nicht erlebten Arbeitslosigkeit. Bei der Verschiedenheit der angewendeten statistischen Methoden lassen sich die Zahlen der verschiedenen Länder nicht unmittelbar vergleichen (vgl. Tabelle 48):

(Tabelle 48 siehe S. 228)

Wir wollen daher nur die wichtigsten Entwicklungslinien hervorheben.

1. Die Entwicklung der Arbeitslosigkeit ist in den zwei Hauptgebieten der Weltwirtschaft verschieden. Die Zahl der Arbeitslosen ist absolut und relativ in den Ländern des „gesunden" Kapitalismus — in den Vereinigten Staaten, England, in den kleinen neutralen Ländern Europas — am größten, in den Unterproduktionsgebieten geringer. Hier wurde die Arbeitslosigkeit zum Teil künstlich vermindert durch obligatorische Wiedereinstellung der vom Heere zurückkehrenden Arbeiter in jene Betriebe, in welchen sie vor dem Kriege arbeiteten.

2. Während der Krise selbst zeigt die Arbeitslosigkeit in den Überproduktionsgebieten eine steigende, in den Unterproduktionsgebieten eine fallende Tendenz. Die durch die Krise hervorgerufene relative weltwirtschaftliche Überproduktion hat es möglich gemacht, daß die an Unterproduktion leidenden Gebiete die zur Ingangsetzung der Produktion nötigen Kohlen und Rohstoffe erhalten. So erhielt z. B. die Alpine Montan-Gesellschaft in Deutsch-Österreich im Frühjahr 1921 soviel Koks aus der Tschechoslowakei, daß sie nach jahrelangem Stillstand neue Hochöfen anblasen konnte, zu einer Zeit, als in England und Amerika die Hochöfen nach der Reihe stillgelegt wurden!

3. Der Gang der Arbeitslosigkeit in den Unterproduktionsgebieten ist umgekehrt parallel mit dem Kurssturz der Landesvaluta.[40] Bessert sich die Valuta, so stockt die Ausfuhr, die Arbeitslosigkeit steigt.

Die in der Anmerkung gegebenen Ziffern sind — wie wir schon betonten — nur von ungefährer Pünktlichkeit. Die faktische Arbeitslosigkeit ist sicher *größer*, als es diese Zahlen zeigen. Auch ist die Teilarbeitslosigkeit, die „Kurzarbeit", in den meisten Zahlen überhaupt nicht in Betracht gezogen. Ihre große Bedeutung geht aus folgendem hervor. Die „International Federation of Cottonspinners" macht halbjährlich internationale Aufnahmen über die Arbeitszeitverkürzungen in der Baumwollindustrie. *Es wird die Arbeitszeitverkürzung auf völligen Stillstand aller Spindeln umgerechnet;* es ergab sich, daß die Spinnereien von 26 Wochen des Sommerhalbjahres — endend 31. Januar — folgende Wochen zu 48 Arbeitsstunden stillstanden:

| | 1921 | 1922 |
|---|---|---|
| in England | 6 | 6 |
| in Frankreich | 3 | 3 |
| in Deutschland | 3 | 7,5 |
| in Italien | 1 | 4 |
| in der Tschechoslowakei | 3 | 6 |
| in Spanien | 5 | 6,5 |

40 Für Deutschland in übersichtlichen Kurven dargestellt in: Wirtschaft und Statistik, 1/1922.

| | 1921 | 1922 |
|---|---|---|
| in Belgien | 5 | 8 |
| in der Schweiz | 1 | 2,5 |
| in Polen | 1 | — |
| in Österreich | 8 | 1 |
| in Japan | — | 16,5 |
| in Indien | — | — |

Vereinigte Staaten: Von 36000000 Spindeln standen Ende Dezember 1920 6000000, Ende Januar 1921 4540000, Ende Januar 1922 2385000 still.

Eine schwer zu entscheidende Frage ist, inwiefern von den Kapitalisten Betriebseinschränkungen und Arbeiterentlassungen vorgenommen wurden, ohne daß die Absatzstockung

*Tabelle 48*

Die wichtigsten Daten über die Arbeitslosigkeit sind die folgenden (nach den Daten des Reichsarbeitsblattes)*

| | England % aller Versicherten | Belgien % der Gewerkschaften | Niederlande **% der Gewerkschaften | Dänemark % der Fachverbände | Schweden % der Gewerkschaften |
|---|---|---|---|---|---|
| 1920 | | | | | |
| erstes Viertel | 4,6 | — | 8,9 | 9,8 | 6,5 |
| zweites Viertel | 2,7 | — | 7,6 | 2,8 | 3,3 |
| drittes Viertel | 3,1 | — | 4,7 | 2,6 | 2,9 |
| viertes Viertel | 4,5 | 12,3 | 8,3 | 8,3 | 9,3 |
| 1921 | | | | | |
| Januar | 8,2 | 19,3 | 16,5 | 19,7 | 20,2 |
| Februar | 9,5 | 22,7 | 16,4 | 23,2 | 20,8 |
| März | 11,3 | 31,5 | 13,9 | 23,6 | 24,6 |
| April | 15,0 | 31,2 | 11,9 | 21,7 | 24,2 |
| Mai | 17,3 | 32,3 | 9,4 | 18,6 | 25,3 |
| Juni | 17,8 | 22,9 | 8,1 | 16,8 | 27,9 |
| Juli | 14,8 | 21,4 | 7,6 | 16,7 | 27,8 |
| August | 13,2 | 21,7 | 7,3 | 17,7 | 26,8 |
| September | 12,2 | 17,7 | 7,1 | 16,6 | 26,2 |
| Oktober | 12,8 | 13,6 | — | 18,3 | 27,2 |
| November | 15,7 | — | — | 20,8 | 28,6 |
| Dezember | 16,2 | — | — | 25,2 | — |
| 1922 | | | | | |
| Januar | 16,2 | — | — | 28,9 | 35,6 |
| Februar | 15,7 | — | — | — | — |

* nach Daten des Reichsarbeitsblattes
** nichtamtliche Zahlen

dies erzwungen hätte, um die Arbeiter für die Lohnherabsetzungen gefügig zu machen. In einzelnen Fällen scheint dies festzustehen.

*Die Lasten der Krise haben vor allem die Arbeiter zu tragen: Arbeitslosigkeit, Herabsetzung der Geldlöhne*, was in den meisten Fällen, da bei den Kleinhandelspreisen der Preissturz nur verspätet und in vermindertem Maßstabe erfolgt, eine Verschlechterung der wirtschaftlichen Lage bedeutet. Dies leitet uns hinüber zur Frage: Wie hat sich die reale Lebenshaltung des Proletariats während und nach dem Kriege gestaltet?

| Norwegen % der Gewerkschaften | Kanada % der Gewerkschaften | Deutschland % der Gewerkschaften | Schweiz | Frankreich amtlich Unterstützte | Vereinigte Staaten** | Italien |
|---|---|---|---|---|---|---|
| 1,9 | 3,7 | 2,7 | 3992 | — | | 256000 |
| 0,9 | 2,4 | 2,8 | 3491 | — | | 141000 |
| 1,4 | 2,7 | 5,5 | 5653 | — | | 99000 |
| 3,9 | 9,8 | 4,1 | 15101 | 40000 | | 104000 |
| | | | | | | |
| 10,5 | 13,1 | 4,5 | 34652 | — | | 120000 |
| 13,1 | 16,1 | 4,7 | 42705 | 89289 | | 130000 |
| 14,9 | 16,5 | 3,7 | 47577 | — | | 145000 |
| 14,7 | 16,3 | 3,9 | 47949 | 75569 | | 250145 |
| 16,1 | 15,5 | 3,7 | 52635 | — | | 300000 |
| 18,4 | 13,2 | 3,0 | 54039 | — | | 389000 |
| 15,9 | 9,1 | 2,6 | 55605 | 37226 | | 413797 |
| 14,7 | 8,7 | 2,2 | 63182 | — | | 470000 |
| 14,7 | 8,5 | 1,4 | 66646 | 20408 | 6,5 Mio*** | 473216 |
| — | 7,4 | 1,2 | 74238 | 18831 | | 455000 |
| — | — | 1,4 | 80692 | 16158 | 3,5 Mio+ | 513000 |
| — | — | 1,6 | 88967 | 9602 | | — |
| | | | | | | |
| — | — | — | 97000 | — | | 540000 |
| — | — | — | 99541 | | | 600000 |

*** Angabe des Arbeitsamtes
+ Angabe des Handelsamtes

# IV. Die Lebenshaltung der Arbeiterschaft seit Kriegsausbruch

Es wäre eine der wichtigsten Aufgaben, festzustellen, ob und in welchem Maße die reale Lebenshaltung des Proletariats sich seit Kriegsbeginn gebessert oder verschlechtert hat. Die vorhandenen Daten geben nur ein unklares und widersprechendes Bild. Es müßte das Verhältnis der Geldlöhne zu den Kosten der Lebenshaltung zu verschiedenen Zeitpunkten festgestellt werden. Nun besitzen wir wohl für verschiedene Länder fortlaufende Berechnungen der Kosten der Lebenshaltung; deren Richtigkeit wird aber sowohl von den Arbeitern[41] wie von den Arbeitgebern angezweifelt. Was aber die Lohnsätze und deren Veränderung anbelangt, so sind die Zahlen so widersprechend, daß dieselben nur mit größter Vorsicht zu benutzen sind. Auch sind die Begriffe „Reallohn", „Lebenshaltungskosten" sehr unklar. Man kann darunter verstehen:

1. Die Kaufkraft eines *Stundenlohnes*,
2. die Kaufkraft eines *Tagelohnes* oder des Lohnes einer „*Normal*"-*Woche*,
3. die Kaufkraft des *Jahresverdienstes*,

in Güterquantitäten ausgedrückt. Die drei scheinbar identischen Formen können ein sehr verschiedenes Ergebnis geben. Bei Erhöhung des realen Stundenlohnes kann der reale Tages- oder Wochenlohn geringer werden — wenn die Arbeitszeit verkürzt wird. Und der reale *Jahresverdienst* hängt nicht nur vom Stundenlohn und der Teuerung ab, sondern auch davon, wieviel Tage im Jahre Arbeitsgelegenheit vorhanden war. Unsere nachfolgenden Ausführungen haben daher nur bedingten Wert![42]

## 1. Deutschland und die mitteleuropäischen Staaten

Es bedarf eigentlich keines zahlenmäßigen Beweises, daß die Lage der Arbeiterschaft in Deutschland, Polen, Deutsch-Österreich, Ungarn usw. sich während des Krieges stark verschlechterte. *Wichtiger ist, daß sich auch während der Hochkonjunkturperiode hieran nichts geändert hat.*

Nehmen wir Beispiele aus *Deutschland.* Daten aus der Denkschrift der Generalkommission der Gewerkschaften Deutschlands: „Die wirtschaftliche Lage der deutschen Arbeiter und die Beschlüsse der Pariser Konferenz".

Die durchschnittliche Steigerung war nach der Aufnahme der Gewerkschaften von 1914 bis Ende 1920 (vgl. Tabelle 49):

41 Siehe z. B. die Kritik der Berechnung der englischen Cost of living durch das von den Trade-Unions und der Labour Party beauftragte Komitee: Final Report on the Cost of living, London 1921, Seite 39.

42 Die beste, wenn auch sehr grobe Methode zur Vergleichung der Lage der Arbeiterschaft ist, wie wir schon ausführten, der Vergleich des Konsums an Massengütern: Brot, Fleisch, Zucker, Kaffee, Tee usw. Nur erscheinen diese Daten immer sehr verspätet und sind für die Kriegsperiode durch die besondere Verpflegung der Armee minder brauchbar!

*Tabelle 49*

| bei den Löhnen | bei den Lebenshaltungskosten | |
|---|---|---|
| | Berechnung der Gewerkschaften | Calwer-Index |
| Für 1444851 Arbeiter 9fach<br>Für 817706 Arbeiter 6,5fach<br>Für 37496 Arbeiter 4,2fach | 15,5fach | 14,7fach |

„*Die Löhne der deutschen Arbeiter müßten doppelt so hoch sein, wenn sie ihnen auch nur das bescheidene Maß der Lebenshaltung wie vor dem Kriege ermöglichen sollten*“ ist die Schlußfolgerung der Gewerkschaften.

Die Ergebnisse der amtlichen Lohnaufnahme im Februar 1920 werden von der „Wirtschaft und Statistik“, I/2, folgendermaßen wiedergegeben (vgl. Tabelle 50):

*Tabelle 50*

| Gesamtdurchschnitt | Lohnsteigerung Juli 1914—Febr. 1920 (%) |
|---|---|
| Bergarbeiter | 1093 |
| Eisen- und Metallarbeiter | 800 |
| Textilindustrie | 932 |
| Baugewerbe | 613 |

Nach diesen Zahlen, welche von den Gewerkschaften — wie es uns scheint, mit vollem Rechte — scharf angegriffen wurden, hätte eine nicht unbeträchtliche Steigerung des Reallohnes stattgefunden: Die Lebenshaltungsindexziffer des Statistischen Reichsamtes wies im Februar 1920 eine Höhe von bloß 623 aus. Diese Zahl ist aber offenbar gefälscht: denn gleichzeitig wird eine *Steigerung* der *Großhandelsindexziffern* (ebenfalls Februar 1920) auf 1376 amtlich festgestellt.

Die Fälschung wird auch offen zugegeben. A. Heichen schreibt im großbürgerlichen „Berliner Tageblatt“ am 13. Juli 1921 folgendes:

„Daß die Indexziffer des Statistischen Reichsamtes so irreführende Ergebnisse angibt, ist nicht verwunderlich und erklärt sich aus einer Konstruktion, die darauf zugeschnitten war, die wirkliche Teuerung nicht voll in Erscheinung treten zu lassen. Waren es doch vornehmlich politische Gründe, die zu ihrer Entstehung Anlaß gegeben haben! Wenn es mit Hilfe dieser Indexziffer gelungen ist, übertriebene und mit der Verarmung Deutschlands nicht verträgliche Entlohnungsansprüche abzuwehren, so ist das an sich volkswirtschaftlich durchaus erfreulich. Dann hat diese Indexziffer die wichtige Funktion erfüllt, die fortschreitende Geldentwertung zu dämmen. Das ändert aber nichts an der Tatsache, daß diese Ziffer durch eine politisch ad hoc zugespitzte Konstruktion der öffentlichen Meinung des In- und Auslandes ein objektiv falsches Bild von der Entwicklung der Teuerung in Deutschland gibt. Das mag, wie gesagt, in mancher Beziehung erfreulich sein, erfreulich nicht zuletzt vom Interessenstandpunkt der Arbeitgeber.“

Daher ergeben auch die Berechnungen Kuczynskis, eines der besten bürgerlichen Statistiker Deutschlands, ein ganz anderes Ergebnis sowohl für 1919 als für 1920. Er schreibt („*Das Existenzminimum*“, Seite 30):

„Unter Einbeziehung aller in der Reichsstatistik nicht berücksichtigten lebensnotwendigen Ausgaben (Bekleidung, Wäsche, Reinigung, Hausrat, Fahrgeld, Steuern usw.) kam ich für den Februar 1920 zu einem Existenzminimum von insgesamt 254 Mark. Demgegenüber ergab die Reichsstatistik als durchschnittlichen Wochenverdienst des erwachsenen männlichen Arbeiters in Groß-Berlin:

| | |
|---|---|
| Baugewerbe | 175 Mark |
| Glas- und keramische Industrie | 171 Mark |
| Lederindustrie | 199 Mark |
| Industrie der Öle und Fette | 160 Mark |

Setzt man den gesamten Durchschnitt für alle erwachsenen männlichen Arbeiter in Groß-Berlin auf 170 Mark an, so wäre er um etwa ein Drittel geringer gewesen als die damaligen Kosten des Existenzminimums für eine sechsköpfige Familie (254 Mark). Zum Vergleiche sei darauf hingewiesen, daß dasselbe Existenzminimum im letzten Vorkriegsjahr mit knapp 29 Mark um reichlich ein Sechstel geringer war als der damalige Durchschnittsverdienst von rund 35 Mark . . .

Für den November 1920 schätze ich den durchschnittlichen Wochenverdienst auf 240 Mark, die Kosten des Existenzminimums betrugen 316 Mark. Der Verdienst war also ähnlich wie im August 1919, um etwa ein Viertel geringer als die Kosten des Existenzminimums.“

Natürlich mangelt es nicht an Klopffechtern der Bourgeoisie, die zu beweisen versuchen, daß die Lebenshaltung der deutschen Arbeiter sich im Kriege und nach dem Kriege gebessert hat. Aber ist es überhaupt nötig, die Verelendung des deutschen Proletariats durch statistische Daten zu beweisen? Ist dies nicht ohnehin offensichtlich in der schlechten Kleidung, in der allgemeinen Abmagerung, in der von jeder Krankenkasse wiederholten Feststellung des Überhandnehmens der Tuberkulose und der Krankheiten im allgemeinen? Weiß nicht jedermann, daß die Kleider, die Wäsche, die ärmlichen Habseligkeiten des deutschen Arbeiters zu den wucherischen Bauern aufs Land wandern? Doch wir wollen einige Zeugen anführen: Der englische Politiker Charles Roden Buxton und seine Gattin Dorothy Frances Buxton haben sich mitten im Ruhrkohlendistrikt, in Essen, bei der Familie eines deutschen Bergarbeiters einlogiert und während der Zeit ihres Aufenthaltes bis ins kleinste die Lebenshaltung der Familie geteilt. Aus ihrem Bericht im „Labour Leader“ teilt die „Rote Fahne“ folgendes mit:

„Sternstraße 7 ist die Adresse, aber mehr Rauch als Sterne ist aus den Fenstern zu sehen. Herr Duda ist Kohlenhäuer. Im Jahre 1910 verdiente er durchschnittlich 30 Mark die Woche. Jetzt verdient er 300 Mark. Die Preise sind etwa um das 20fache gestiegen, so daß, was er damals für 30 Mark kaufte, jetzt 600 Mark kostet. Er kann mit anderen Worten nur die Hälfte von dem kaufen, was er damals kaufte. Dies gibt einen ungefähren Maßstab der Änderung in der Lebenshaltung, die in ganz Deutschland vor sich gegangen ist. Andere Leute sind schlechter daran, weil sie eine größere Familie haben und weniger sparsam sind. Man muß auch bedenken, daß die Bergleute jetzt besser bezahlt sind als alle anderen Arbeiterschichten und wenig von Arbeitslosigkeit betroffen sind. Dudas gaben uns auf unser Ersuchen das, was sie für sich selber hatten. Das Frühstück bestand stets aus Schwarzbrot mit sehr wenig Schmalz bestrichen und sogenanntem Kaffee. Die Brotration ist ein halbes Pfund täglich. Unser Wirt nahm vier dünne

Schnitten mit sich in die Grube. Die Hauptmahlzeit war das Mittagessen nach seiner Rückkehr von der Schicht. Mit Ausnahme der Sonntage, wo wir Fleisch hatten, bestand es aus Kohl und Kartoffeln oder Erbsen und Kartoffeln, jeden Tag, mit gelegentlich einem winzigen Schnittchen Wurst und mit Brot und Kaffee. Das Abendessen wurde gewöhnlich aus dem Übriggebliebenen vom Mittag bereitet und bestand aus Bratkartoffeln oder Kartoffelpuffern, und an ein oder zwei Tagen gab es dazu ein wenig Gerstensuppe oder gekochten Reis. Butter bekamen wir natürlich nicht zu sehen.

Der Mangel an Wäsche war noch schlimmer als der an Nahrung. Wir besuchten eine ganze Anzahl von Familien in deren Wohnungen, keineswegs besonders von Armut auserwählte. Auf unser Ersuchen zeigten sie uns ihre Schränke und Schubladen und wir fanden sie so gut wie leer. Hunderte von Bergleuten sind jetzt auf das Einhemdsystem heruntergekommen. Sie gehen Sonnabend abend zu Bett und können nicht aufstehen, ehe das eine Hemd gewaschen und getrocknet ist. Was die Kinder betrifft, so können sehr viele unter ihnen einfach nicht zur Schule gehen, weil sie keine Unterwäsche haben.

Und doch geht diese langsame Zermalmung des deutschen Volkes, die der Versailler Vertrag mit solchem Erfolg zustande bringt, ohne jede Sensation vor sich. Die Leute fallen nicht auf der Straße um; sind sie müde und krank und ihre Kleider in Fetzen, so bleiben sie in den Arbeitspausen zuhause oder legen ihren Weg zur Arbeitsstätte so unauffällig wie möglich zurück. Sind die Kinder schwach oder ohne Schuhe und Hemd, so werden sie daheim behalten."

Und der der mehrheitssozialdemokratischen Partei angehörende Regierungspräsident von Düsseldorf, Dr. Grützner, erklärte im Dezember 1920 öffentlich: „Seit Monaten gehen Kinder meiner Beamten in Düsseldorf ohne Hemd zur Schule" (Frankfurter Zeitung vom 29. Dez. 1920).

Hunderte ähnlicher, *nichtkommunistischer* Äußerungen könnten wir anführen! Und ebenso schlecht sind die Verhältnisse in Polen, Deutsch-Österreich, Ungarn, Rumänien usw.

Hat sich nun die Lage im Verlauf des Jahres 1921 gebessert?

Dies wird kaum jemand ernstlich zu behaupten wagen. Im Frühjahr 1921, als die Preise eine abwärtsgehende Richtung zeigten, bestand eine Hoffnung hierfür; sie schwand aber, als in der zweiten Hälfte 1921 die neue Teuerung einsetzte[43], welche bis jetzt anhält und im Frühjahr 1922, als Auswirkung der neuen Steuern, sich noch weiter verschärfen wird. Selbst Parvus, ein verläßlicher Anwalt der Bourgeoisie, berechnet[44], daß im dritten Quartal 1921 die Löhne der Bergarbeiter gegenüber dem zweiten Quartal um 9% gestiegen sind, hingegen die *Großhandelspreise* um fast 50%. Wenn Parvus eine derartige Verschlechterung der Lage der „anerkannterweise die führende Schicht der deutschen Arbeiterschaft" bildenden Bergarbeiter hervorhebt, können wir sie als voll bewiesen annehmen.

43 Das Existenzminimum eines Ehepaares mit zwei Kindern in Groß-Berlin zeigt nach Berechnung Kuczynskis folgendes Bild:

| | |
|---|---|
| Januar 1920 | 220 Mark |
| Januar 1921 | 320 Mark |
| Januar 1922 | 548 Mark |

44 Die Glocke vom 13. Februar 1922.

## 2. Ententeländer

Für *Frankreich* und *Italien* besitzen wir wenig zusammenfassendes Material über die Erhöhung der Löhne. Einzelne Daten aus Arbeiterblättern wollen wir hier nicht anführen.

Das französische Arbeitsministerium gibt Daten über die Lohnsteigerung der Kohlenarbeiter (vgl. Tabelle 51):

*Tabelle 51*

| | Nordbecken Franc pro Tag | % | Kanalbecken Franc pro Tag | % | Loirebecken Franc pro Tag | % | Großhandels-Preis-Index Durchschnitt des Jahres |
|---|---|---|---|---|---|---|---|
| 1913 | 6,20 | 100 | 4,13 | 100 | 4,06 | 100 | 100 |
| 1914 | 6,34 | 103 | 5,59 | 135 | 4,85 | 120 | 103 |
| 1918 | 13,17 | 213 | 11,77 | 285 | 10,27 | 250 | 341 |
| 1919 | 16,77 | 270 | 15,03 | 360 | 14,12 | 345 | 358 |

*Quelle*
„Wirtschaft und Statistik", 1/1920.

Wenn wir in Betracht ziehen, daß die Kleinhandelspreise immer stärker steigen als die Großhandelspreise, so ist die Verschlechterung der Lebenslage der französischen Bergarbeiter offenbar.

Im Jahre 1921 fand eine *Enquête* über die Lohnverhältnisse in Frankreich statt. Die Angaben wurden von den Bürgermeistern und Gewerbegerichten geliefert. Es sind daher *Schätzungen*, und zwar hauptsächlich der Löhne in handwerksmäßigen Berufsarten: Maurer, Schlosser, Schmiede, Buchdrucker usw. Das Ergebnis ist:

| | Lohnsteigerung 1911—1921 | |
|---|---|---|
| | pro Stunde | pro Tag |
| Durchschnitt Paris | 429 | 363 |
| Durchschnitt andere Orte | 509 | 413 |

*Quelle*
„Wirtschaft und Statistik" 1921.

Diese Zahlen sind mit den Großhandelsindexziffern oder den Lebenshaltungskosten nicht vergleichbar, 1. weil letztere als Basis 1913 oder 1914 haben, 2. weil nicht angegeben ist, auf welchen *Monat* des Jahres 1921 sich diese beziehen, 3. weil die Schätzungen offenbar zu hoch sind. Trotzdem zeigen selbst diese Zahlen, wenn man sie mit der Teuerung vergleicht, eine Verschlechterung der Lage der Arbeiterklasse.

*England.* Über die Entwicklung der Arbeitslöhne in England 1914 bis Ende 1920 gibt das Februarheft 1921 der „Labour Gazette" zusammenfassende Daten. Das Ergebnis ist folgendes:

Steigerung des durchschnittlichen Wochenlohnes vom 9. August 1914 bis 31. Dezember 1920

| | | | |
|---|---|---|---|
| Maurer | 151 | Bergarbeiter, ungelernt | 200 |
| Zimmerer und Tischler | 152 | Schiffszimmerer | 121 |
| Röhrenleger | 156 | Nieter | 131 |
| Strukkateure | 151 | Former | 121 |
| Maler | 174 | Modelltischler | 122 |
| Bauhilfsarbeiter | 224 | Monteure | 129 |
| Bergarbeiter | 150 | Hilfsarbeiter | 209 |

*Quelle*
„Wirtschaft und Statistik", März 1921.

*Die Steigerung der Lebenshaltungsindexziffer bis Ende 1920 betrug 169. „Bei allen gelernten Berufen bleibt die Lohnsteigerung um 35—40 Prozent hinter der Verteuerung der Lebenshaltung zurück.*" Und wenn wir noch in Betracht ziehen, daß nach den sehr beachtenswerten Untersuchungen des Arbeiterkomitees[45] die Lebenshaltungskosten im Herbst 1920 um 28 Punkte zu niedrig angegeben waren, so bekommen wir einen Begriff von dem starken Rückgang in der Lebenshaltung der englischen gelernten Arbeiterschaft, die von der Besserung der Lage der viel kleineren Schicht von ungelernten Arbeitern durchaus nicht aufgewogen wird.

Was das Jahr 1921 anbelangt, so besserte sich die Lage der Arbeiterschaft in den ersten Monaten infolge des Preisfalles, von der Arbeitslosigkeit abgesehen. Alsbald aber setzten die scharfen Lohnherabsetzungen ein, *welche die Lebenslage des englischen Proletariats weit unter das Vorkriegsniveau herabdrückten!*

Wir unterlassen es, die spärlichen Daten über die kleinen europäischen Länder wiederzugeben und gehen zu dem ökonomischen Gewinner des Krieges, den *Vereinigten Staaten*, über. In der ersten Ausgabe schrieben wir folgendes:

„Die Vereinigten Staaten scheinen der einzige Staat zu sein, in welchem sich eine Verbesserung der Lebenslage der Arbeiterschaft während des Krieges mit einiger Sicherheit feststellen läßt. Auch die Analyse der wirtschaftlichen Verhältnisse der Vereinigten Staaten, welche wir früher gaben, macht dies wahrscheinlich."

Zwar schien uns diese Auffassung nicht recht zu stimmen mit den verläßlichsten Daten, die wir finden konnten, den Angaben der United Steel Comp. über ihre eigenen, ca. 250000 Köpfe zählenden Arbeiter. Die Durchschnittsbezüge aller Angestellten betrugen (vgl. Tabelle 52).

*Die Lebenslage der Arbeiter des Stahltrusts hat sich nach diesen pünktlichen Daten durchaus nicht gebessert!*

Wir schrieben trotz dieser Feststellung weiter: „Indessen, verläßliche Kenner der Lage, unsere Genossen, sind der Ansicht, daß die amerikanische Arbeiterschaft im allgemeinen während des Krieges über ihren Standard verdient, sogar etwas erspart hat: Dies macht ihr möglich, die gegenwärtige schwere Arbeitslosigkeit zu überstehen."

Es liegt uns nun eine absolut verläßliche amerikanische Untersuchung vor, welche beweist, daß *auch der Standard der amerikanischen Arbeiterschaft* — vielleicht mit Ausnahme der Arbeiter in der Munitionsindustrie — *während des Krieges stark zurück-*

45 Final Report on the Cost of Living.

*Tabelle 52*

| | Pro Kopf und Tag (Dollar) | Pro Jahr (Dollar) | U.S. Bureau of Labour-Index (Kleinhandelspreise) |
|---|---|---|---|
| 1913 | 2,92 | 905 | 100 |
| 1914 | 2,97 | 905 | 99 |
| 1915 | 3,01 | 925 | 100 |
| 1916 | 3,36 | 1042 | 123 |
| 1917 | 4,16 | 1296 | 175 |
| 1918 | 5,38 | 1685 | 196 |
| 1919 | 6,17 | 1902 | 214 |
| | Steigerung in % | | |
| 1913/1919 | 108 | 111 | 114 |

*gegangen ist.* Da diese Tatsache mit der allgemeinen Auffassung im Widerspruch steht, wollen wir diese Untersuchung eingehender behandeln.

Die Untersuchung, welche P. H. Douglas, Prof. der Universität in Chicago, und Francis Lambertson in „*The American Economic Review*“[46] veröffentlichen, ist eine Fortsetzung älterer Untersuchungen von I. M. Rubinow in derselben Zeitschrift.

Als Basis dienen Stundenlöhne, Löhne einer „vollen“ Woche und die *Lebensmittelpreise* im Durchschnitt der Jahre 1890—1899. Dies wird als 100 angesetzt. Die Lohnverhältnisse der uns interessierenden Periode 1912—1918 wurden für folgende Berufe aufgearbeitet auf Grund amtlichen Materials:

Bäckereien, Bauindustrie, Gießereien und Maschinenfabriken, Marmor- und Steingruben, Mühlen, Buchdruckereien, Zeitungsindustrie, Schuhindustrie, Wollindustrie, Baumwollwaren.

Als Lohn wurde in der ersten Gruppe von Industrien der Tariflohn (union rates) genommen, bei den drei letzten die tatsächlich bezahlten Lohnlisten (pay-rolls).

Die Ergebnisse der mit der größten wissenschaftlichen Umsicht durchgeführten Berechnungen zeigt folgende Tabelle 53 (etwas vereinfacht durch Weglassung der Daten über den *Stundenlohn*):

*Tabelle 53*

Index der Reallöhne 1890—1918

| | Voller Wochenlohn | Detailpreis der Lebensmittel | Kaufkraft des „vollen“ Wochenlohnes, gemessen an den Detailpreisen der Lebensmittel |
|---|---|---|---|
| 1890 | 100,9 | 101,9 | 98,4 |
| 1891 | 100,1 | 103,4 | 96,8 |
| 1895 | 98,3 | 97,1 | 97,5 |
| 1896 | 99,9 | 95,2 | 104,6 |

46 The American Economic Review, Bd. III, 1921, S. 421.

*Tabelle 53* (Fortsetzung)

Index der Reallöhne 1890—1918

| | Voller Wochenlohn | Detailpreis der Lebensmittel | Kaufkraft des „vollen" Wochenlohnes, gemessen an den Detailpreisen der Lebensmittel |
|---|---|---|---|
| 1900 | 104,6 | 103,0 | 101,6 |
| 1905 | 114,4 | 116,4 | 98,3 |
| 1910 | 126,5 | 144,1 | 87,8 |
| 1911 | 128,9 | 143,0 | 90,1 |
| 1912 | 132,6 | 159,2 | 85,9 |
| 1913 | 135,2 | 155,7 | 86,8 |
| 1914 | 137,9 | 158,5 | 87,0 |
| 1915 | 135,5 | 156,5 | 86,0 |
| 1916 | 144,8 | 177,6 | 80,8 |
| 1917 | 146,9 | 233,4 | 64,0 |
| 1918 | 187,7 | 266,6 | 70,4 |

*Quelle*
The American Economic Review, 1921, Bd. III, S. 421.

Wir sehen: *die Kriegsjahre brachten der amerikanischen Arbeiterschaft einen starken Rückgang des Reallohnes,* am Wochenlohn gemessen. An den *Stundenlöhnen* gemessen ist der Rückgang etwas geringer, da mittlerweile eine Herabsetzung der Arbeitszeit eingetreten ist. Doch ist der Rückgang auch an dem Stundenlohn gemessen beträchtlich: 1910—15 = 96, hingegen 1916 = 92,6, 1917 = 71,6, 1918 = 79,3.

Die Autoren fügen hinzu:

1. daß in den eigentlichen Kriegsindustrien die Löhne stärker stiegen als die Lebensmittelpreise, daß aber andererseits die Löhne der hier ebenfalls nicht berücksichtigten *Bergarbeiter, Eisenbahner und Landarbeiter* — wie aus anderen Untersuchungen hervorgeht — *ebenfalls gesunken sind;*

2. daß die Kosten der *Lebenshaltung* eine um zwei bis drei Prozent geringere Erhöhung zeigen als der Preis der Lebensmittel, welcher hier als Vergleichsbasis benützt wird.[47]

Wenn es also wahr ist, daß sich die Lage der Arbeiterschaft in den Vereinigten Staaten während des Krieges gebessert hätte, so geschah dies durch die volle Beschäftigung und durch Überstunden! Also durch stärkere Ausbeutung, nicht durch einen größeren Anteil am Wertprodukt!

Was die Nachkriegszeit anbelangt, so fehlt es an umfangreichem Material. Es gibt nur die Stichprobenstatistik der Stadt New York. Dieselbe zeigt folgendes Bild[48]:

Den Verdienst und die Kleinhandelspreise vom Juli 1914 gleich 100 genommen, fällt der Lohn von 1916 an stark unter die Lebensmittelpreise; der Lohn hebt sich gegen Ende 1919 über die Lebensmittelpreise und steht in der ersten Hälfte 1921 beträchtlich höher. Die

47 „Wirtschaft und Statistik" vom 24. März 1921 kommt auf Grundlage zum Teil desselben amtlichen Materials zu dem Ergebnis, daß die Lohnerhöhung zwischen 1913 und 1919 bei den gelernten Berufen „durchweg hinter der Verteuerung der Lebenshaltung zurückblieb".

48 Siehe verschiedene Nummern von „Wirtschaft und Statistik".

scharfen Lohnkürzungen in der zweiten Hälfte 1921 in Verbindung mit der ungeheuren Arbeitslosigkeit haben das „Gleichgewicht" sicher wieder hergestellt.

Zur Kontrolle der Entwicklung in den Vereinigten Staaten wollen wir noch kurz die Daten für Kanada hinzufügen.[49]

Die Steigerung betrug zwischen 1913 und 1920, 1913 = 100 gesetzt:

| | |
|---|---|
| Durchschnitt für sämtliche Gewerbe und Berufe: | |
| Stundenlöhne | 193,3 |
| Wochenlöhne | 179,3 |
| Kosten der Lebenshaltung | 218,0 |

„Danach ist die Lohnentwicklung bis dahin überall hinter dem Ansteigen der Preise zurückgeblieben. — Die Verhältnisse liegen also hier ähnlich wie in den Vereinigten Staaten, mit dem Unterschiede, daß es dort wenigstens einigen Berufen gelungen ist, eine über die Verteuerung der Lebenskosten hinausgehende Lohnerhöhung zu erzielen."

Zusammenfassend können wir feststellen: *Der Reallohn der Proletarier aller Länder war während des Weltkrieges und in der Nachkriegskonjunktur niedriger als vor dem Kriege.* Die Teuerung war überall größer als die Lohnerhöhung. Und nur durch Überspannung aller Kräfte, durch viele Überstunden ist es geringen Teilen der in der Kriegsindustrie beschäftigten Arbeiter gelungen, ihren Wochenverdienst zu erhöhen. *Die Ausbeutung der Arbeiter war in dieser Periode größer als früher! —*

Wir wollen nur noch auf den Zusammenhang der Krise mit der Lebenshaltung der Arbeiter hinweisen. Die Unterproduktion in Mitteleuropa und das Aufhören der hohen Verdienste in der Kriegsindustrie aller Länder hatte eine starke Verschlechterung der Lebenslage des Proletariats — und eine noch stärkere des Beamtentums — zur Folge. Diese großen Konsumentenschichten mußten ihren Verbrauch an irgendwie entbehrlichen Gütern: Schuhen, Kleidern, Möbeln, Hausgerät, Büchern usw. auf ein Minimum beschränken. Daher ging die Krise und der Preissturz von diesen Produktionszweigen aus. „Die Käuferstreikbewegung", die ganz Europa erfaßt hatte, ist der als soziale Massenbewegung auftretende Ausdruck der ökonomischen Tatsache der Kaufunfähigkeit.

49 Wirtschaft und Statistik, I/10.

# V. Die Arbeitsleistung seit Kriegsbeginn

Durchblättern wir die Berichte der kapitalistischen Gesellschaften während des Krieges und während der Hochkonjunktur, so finden wir die immer wiederkehrende Klage über den *mangelnden Arbeitswillen und die geringe Arbeitsleistung der Arbeiter.*[50] Es wäre sehr interessant, festzustellen, wie sich in Wirklichkeit die Arbeitsleistung während des Krieges und seither gestaltet hat. Entsprechende Daten, besonders für den Bergbau, gibt es. Aber wir müssen uns im klaren darüber sein, daß die Arbeitsleistung nicht nur von der Arbeiterschaft und dem Arbeitswillen der Arbeiter, sondern auch von der Art der technischen Ausrüstung abhängt. In den Ländern, wo der Kapitalismus leistungsfähig war, wurde der sachliche Produktionsapparat verbessert und hierdurch — unabhängig vom Arbeitswillen der Arbeiter — die Leistung erhöht. In den verfallenden Ländern hingegen verschlechterte sich der Produktionsapparat, was die Leistungen der Arbeiter hinderte. Mit diesem Bedenken müssen wir die folgenden Zahlen betrachten (vgl. Tabelle 54):

*Tabelle 54*
Leistungen der amerikanischen Kohlenarbeiter in der Bitumen-Kohlegewinnung

| | Zahl der Arbeitstage pro Jahr | Jahresausbeute pro Kopf (t) | Tagesleistung pro Kopf der Untertagearbeiter (t) |
|---|---|---|---|
| 1913 | 232 | 916 | 3,85 |
| 1914 | 195 | 806 | 3,88 |
| 1915 | 203 | 867 | 4,14 |
| 1916 | 230 | 998 | 4,24 |
| 1917 | 243 | 1071 | 4,27 |
| 1918 | 252 | 1134 | 4,40 |

*Quelle*
Siehe „Enquête sur la Production du Bureau International du Travail".

50 „Als der Arbeitstag verkürzt wurde, wurde vorausgesagt, daß die Leistung dieselbe oder eine höhere sein wird. Es trat das Gegenteil ein: die Leistung pro Mann und Stunde wurde geringer . . ." (Rede des Präsidenten der Vickers Electric Comp., in: Manchester Guardian vom 21. März 1921.)
„Die Arbeitsleistung ist in dem letzten halben Jahre so gefallen, wie es niemand vernünftigerweise hätte erwarten können." (Rede des Präsidenten von Davis and Comp., in: Times vom 21. März 1921.)
„Es kann kein Zweifel über die schädliche Wirkung der enorm erhöhten Arbeitslöhne und der gleichzeitig stark gefallenen Rate der Produktion in allen Industrien bestehen." (Präsident der Reliance Fuel Comp., in: Economist vom 5. März 1921.)
Der „Report on Cotton Manufactures" beschuldigt die Gewerkschaft, daß dieselbe die Arbeitsleistung verringert, um die Zahl der Arbeitslosen nicht zu vermehren. (Economist vom 5. März 1921.)
„Es besteht kein Zweifel, daß die englische Industrie ernstlich unter der Unterproduktion leidet. Diese ist allgemein, und ist vor allem dem Glauben der Arbeiter geschuldet, daß die Verringerung der Leistung ihnen nützlich sei." (Economist vom 19. Februar 1921.)
Wir könnten ungezählte weitere Beispiele geben.

Hierbei muß auf die wachsende Bedeutung der Maschinerie in den Kohlengruben der Vereinigten Staaten hingewiesen werden. Mehr als die Hälfte der geförderten Bitumen-Kohle wurde mit Hilfe der Maschinerie abgebaut (undercut) . . . Es wurde eine Maschine mit Erfolg angewendet, welche die Kohle bricht, aushebt und in die Hunte verladet in einer kontinuierlichen Betätigung . . . Das verspricht eine weitere Erhöhung der Förderung pro Mann und Tag.[51]

*Tabelle 55*

| pro Kopf der Untertagearbeiter | Jahresausbeute (t) | | Tagesleistung | | |
|---|---|---|---|---|---|
| | England | Japan | England | Frankreich | Japan |
| 1901 | 400 | 176 | 1,50 | 1,05 | 0,73 |
| 1913 | 371 | 182 | 1,28 | 1,08 | 0,80 |
| 1914 | 341 | 179 | 1,25 | 1,07 | 0,83 |
| 1915 | 393 | 156 | 1,36 | 0,94 | 0,79 |
| 1916 | 377 | 170 | 1,28 | 1,01 | 0,76 |
| 1917 | 359 | 155 | 1,26 | 0,96 | 0,72 |
| 1918 | 337 | — | 1,19 | 0,91 | — |

Die Berechnung der Leistung der Untertagarbeiter läßt die Lage besser erscheinen als sie ist, denn die Vermehrung der Belegschaft fand vor allem Übertag statt; die Berechnungen nach der Gesamtbelegschaft ergeben daher ein noch schlechteres Ergebnis.

Leistungen der *deutschen* Kohlenarbeiter pro Jahr und Kopf (t):

| | Ruhrgebiet | Oberschlesien |
|---|---|---|
| 1913 | 380 | 145 |
| 1918 | 284 | 139 |
| 1919 | 230 | 86 |
| 1920 | 289 | 106 |

Wir sehen: Vereinigte Staaten Aufstieg, Europa stetiger Abstieg, nur in Deutschland 1920 kleine Besserung. Von einer Annäherung an die Vorkriegsleistung ist in Europa nirgends etwas zu sehen. Ähnlich steht es in jenen Produktionszweigen, die sich statistisch schwerer erfassen lassen.[52] Die Unterproduktionskrise Europas beruht zum Teil auf der geringen Leistung der Arbeiter, welche neben dem *mangelnden Willen, unter kapitalistischen Bedingungen sich anzustrengen*, auch auf die Verschlechterung der Produktionsmittel und

51 The American Economic Review, Bd. III, März 1921, Supplement, S. 54 (von C. E. Lesher, Herausgeber des „Coal-Age").

52 Der sehr pessimistische Calwer schreibt in seinen Monatsübersichten November 1921: „Man kann annehmen, daß heute mindestens drei Arbeitskräfte nötig sind, um das zu leisten, was zwei Arbeiter 1913 leisteten." Januar 1922: „Im allgemeinen ist die Arbeitsleistung unter die Hälfte der Vorkriegszeit gesunken."

die ungenügende Ernährung der Arbeiter zurückzuführen ist. Bei gewissen Betriebszweigen, wo die Verkürzung der Arbeitszeit nicht durch erhöhte Produktion wettgemacht werden kann, wie z. B. im Eisenbahndienst, ist die Einführung des Achtstundentages die Ursache des Rückganges der Arbeitsleistung.[53] Es ist daher nicht zu verwundern, daß die Kapitalisten der ganzen Welt — trotz der großen Arbeitslosigkeit — gegen den Achtstundentag Sturm laufen.

53 Nach den Angaben der deutschen Regierung entfielen auf

| | 1 km Betriebslänge | 1000 Lokomotivkilometer |
|---|---|---|
| 1913 | 13,10 Köpfe | 0,61 Köpfe |
| 1919 | 20,66 Köpfe | 1,40 Köpfe |
| 1920 | 19,63 Köpfe | 1,19 Köpfe |

des gesamten Eisenbahnerpersonals.

# VI. Das Krisenjahr 1921*

Trotzdem die Daten über das Jahr 1921 gegenwärtig noch nicht vollständig vorliegen, läßt sich bereits ein allgemeiner Überblick gewinnen.

Es müssen hier vor allem zwei Fragen aufgeworfen werden:

1. Wie hat sich die Wirtschaft während des Jahres 1921 im Vergleich mit den vorhergehenden Krisenjahren gestaltet?

2. Wie war die Tendenz der Entwicklung während des Jahres selbst?

1. Betrachten wir das Jahr 1921 als Ganzes im Vergleich mit dem Vorjahre, so können wir im allgemeinen eine *starke Verschlechterung der Wirtschaft* konstatieren.

Die wichtigsten Momente dieser Verschlechterung sind die folgenden:

a) *Die Produktion fast aller wichtigen Waren hat während des Jahres eine starke Verminderung erfahren;*

b) *die Arbeitslosigkeit ist im Verlauf des Jahres im Durchschnitt viel größer gewesen als im Jahre 1920;*

c) *das Auseinanderfallen der Weltwirtschaft* geographisch in Überproduktions- und Unterproduktionsländer *hat sich verschärft;*

d) *der Außenhandel ist gegenüber 1920 stark zurückgegangen;*

e) *die Preise in jenen Ländern*, deren Valuta eine relative Beständigkeit zeigt, *sind am Jahresschluß niedriger als am Anfang des Jahres.*

*Die Zahl der Konkurse und die Größe der Konkursmassen war im Jahre 1921 bedeutend größer als im Jahre 1920.*

2. Betrachten wir den *Gang der Wirtschaft* im Verlaufe des Jahres 1921 selbst, *so finden wir eine sehr langsame* und sich nicht auf alle Staaten erstreckende, *aber doch sichtbare Tendenz zur Überwindung der aktuellen Wirtschaftskrise.*

a) Die Produktion im Jahre 1921 verglichen mit 1920

Zum Beweise unserer Behauptung, daß die Produktion im Jahre 1921 im Weltmaßstabe einen starken Rückgang aufweist, geben wir folgende Tabelle über die Produktion der wichtigsten Waren in den letzten 2 Jahren (vgl. Tabelle 56):

*Tabelle 56*

| | 1921 | 1920 | 1921 in % zu 1920 |
|---|---|---|---|
| | (Mio t) | | |
| Weizen | 77,5 | 71,9 | 108 |
| Roggen | 20,5 | 14,8 | 139 |
| Gerste | 21,0 | 20,8 | 101 |
| Hafer | 44,2 | 50,0 | 88 |

* Zum Teil aus meiner Broschüre: „Die Lage der Weltwirtschaft und der Gang der Wirtschaftspolitik in den letzten drei Jahren“, (Verlag der Kommunistischen Internationale) 1922.

*Tabelle 56* (Fortsetzung)

| | 1921 | 1920 | 1921 in % zu 1920 |
|---|---|---|---|
| | (Mio t) | | |
| Mais | 84,8 | 89,1 | 95 |
| Kartoffeln | 87,6 | 99,2 | 88 |
| Zuckerrüben | 30,2 | 31,1 | 97 |
| Wein (hl) | 10,9 | 13,4 | 81 |
| Hanf | 6,4 | 9,8 | 65 |
| Baumwolle | 28,8 | 39,4 | 73 |
| Tee (Pfund) | 532 | 634 | 78 |
| Rohrzucker | 11,7 | 12,9 | 90 |
| Jute | — | — | 66 |
| Eisen | 360 | 60,6 | 60 |
| Stahl | 40,7 | 68,3 | 60 |
| Kohle | 110,0 | 130,5 | 83 |
| Petroleum | 75,0 | 63,0 | 119 |
| Schiffbau | 7,2 | 4,5* | 60 |

* Diese Zahl enthält 400000 t, an welchen die Weiterarbeit zeitweilig eingestellt wurde. Vgl. Economist vom 14. 1. 1921.

b) Die Arbeitslosigkeit im Durchschnitt des Jahres 1921

In dem Kapitel „Krise und Arbeitslosigkeit“ gaben wir bereits eine detaillierte Übersicht über die Arbeitslosigkeit in den Jahren 1920 und 1921. Die Tafel ergibt, daß die Arbeitslosigkeit im Jahre 1921 im Durchschnitt mindestens doppelt so groß war wie im Jahre 1920 und ein Vielfaches der Arbeitslosigkeit normaler Jahre betrug. Die Arbeitslosigkeit verteilt sich nicht gleichmäßig auf alle Länder der Welt; sie ist am stärksten in jenen Ländern, die zu einem Überproduktionsgebiet gehören, deren Valuta am höchsten steht. So betrug die Zahl der Arbeitslosen in Prozenten im Durchschnitt des Jahres 1921[54]:

| | | | |
|---|---|---|---|
| England | 15 | Schweden | 25 |
| Belgien | 21 | Norwegen | 15 |
| Niederlande | 10 | Kanada | 13 |
| Dänemark | 20 | Vereinigte Staaten | 20 |

Wir müssen nachdrücklich betonen, daß diese Zahlen nur eine ungefähre Verläßlichkeit haben und untereinander nicht unmittelbar verglichen werden können, weil die Grundlagen der statistischen Aufnahme in den verschiedenen Ländern verschieden sind.

c) Das Auseinanderfallen der Weltwirtschaft

in ein Gebiet mit relativer Überproduktion und eins mit absoluter Unterproduktion hat sich im Verlauf des Jahres 1921 weiter verschärft. Aus den Daten der Produktion läßt sich dies heute kaum feststellen, da die genügenden Unterlagen hierzu fehlen. Indessen können wir als äußeres Symptom die Gestaltung der Valutaverhältnisse heranziehen. Und

54 Die Daten sind entnommen: in bezug auf die landwirtschaftliche Produktion den Berichten des Internationalen landwirtschaftlichen Instituts in Rom; in bezug auf die industriellen Produktion verschiedenen englischen Zeitschriften.

da finden wir folgendes: Während die Valuta der neutralen europäischen Länder und Englands, wie in minderem Maßstabe auch Frankreichs und Italiens dem Dollar gegenüber im Verlaufe des Jahres sich bedeutend gebessert haben — die Valuta der Schweiz hat wieder die Goldparität erreicht —, *sind die Valuten Mittel- und Osteuropas im Verlaufe des Jahres 1921 dem Dollar oder dem Pfund gegenüber sehr scharf gefallen.*

Für ein Pfund Sterling wurden notiert in London:

| | Parität | Ende 1920 | Ende 1921 |
|---|---|---|---|
| Deutsche Mark | 20,43 | 258 | 778 |
| Österreichische Krone | 24,02 | 1500 | 11000 |
| Polnische Zloty | 20,43 | 2250 | 12000 |
| Bulgarische Lewa | 25,22 | 277 | 590 |
| Jugoslawische Dinar | 25,22 | 127 | 272 |
| Griechische Drachmen | 25,22 | 47,50 | 99 |

Eine Ausnahme bildet auf diesem Gebiete nur die tschechoslowakische Krone, welche gegenwärtig etwas besser steht als ein Jahr früher.

Wenn wir hingegen die Daten der westeuropäischen Länder nehmen und dieselben mit dem Dollar vergleichen, so finden wir folgende Entwicklung: Es wurden notiert in New York:

| | Parität | Ende 1920 | Ende 1921 |
|---|---|---|---|
| Paris Französische Franc | 19,30 | 5,93 | 8,02 |
| Brüssel Belgische Franc | 19,30 | 6,23 | 7,67 |
| Schweizer Franc | 19,30 | 15,25 | 19,52 |
| Spanische Peseta | 19,30 | 13,45 | 14,93 |
| Dänische Krone | 26,80 | 15,65 | 19,93 |
| Norwegische Krone | 26,80 | 15,65 | 15,93 |
| Schwedische Krone | 26,80 | 19,98 | 25,05 |
| Italienische Lira | 19,30 | 3,48 | 4,21 |
| Englische Pfund | 4,87 | 3,53 | 4,20 |

(Hierzu muß bemerkt werden, daß alle Valuten im Cent für eine fremde Einheit gezeichnet werden; nur das Pfund wird in Dollar notiert.)

Durch die verschiedenartige Entwicklung der westeuropäischen und osteuropäischen Valuten ist die Kluft zwischen den Überproduktions- und Unterproduktionsgebieten noch schärfer geworden.

### d) Das Zusammenschrumpfen des Außenhandels

Das Jahr 1921 brachte eine sehr starke Verminderung des Außenhandels aller wichtigen Länder der Welt. Wir geben die folgende Tabelle 57 hierüber:

*Tabelle 57*

| | in Mrd. Geldeinheiten | | | | | |
|---|---|---|---|---|---|---|
| | Einfuhr | | | Ausfuhr | | |
| | 1913 | 1920 | 1921 | 1913 | 1920 | 1921 |
| Vereinigte Staaten | 1,77 | 5,01 | 2,51 | 2,43 | 7,51 | 4,49 Dollar |
| England | 0,77 | 1,94 | 1,09 | 0,64 | 1,56 | 0,81 Pfund |
| Frankreich | 8,42 | 49,90 | 23,55 | 6,88 | 26,89 | 21,55 Franc |
| Italien | 3,65 | 15,86 | | 2,51 | 7,80 | Lire |
| Deutschland | 10,77 | 98,13* | 78,26* | 10,10 | 69,31* | 66,38 Mark* |

* Ohne Januar bis April; Daten aus: „Wirtschaft und Statistik", „Manchester Guardian", Annual Review 1921.

Selbstverständlich ist die tatsächliche Verminderung des Außenhandels viel geringer, da doch das Preisniveau im Jahre 1921 bedeutend niedriger war als im Jahre 1920. In einem späteren Kapitel geben wir eine Umrechnung der Außenhandelsdaten auf Grundlage der durchschnittlichen Preisindexe der genannten Jahre. Selbstverständlich ist das eine sehr grobe Methode, da die Preisveränderung bei verschiedenen Warengruppen verschieden ist.

Über den englischen Außenhandel finden wir eine verläßliche Umrechnung auf der Preisbasis von 1913 im „Manchester Guardian", Annual Review.

Sie zeigt folgendes Bild (vgl. Tabelle 58):

*Tabelle 58*

| Außenhandel auf die Preisbasis von 1913 umgerechnet (Mio £) | 1921 | 1920 | 1913 |
|---|---|---|---|
| Einfuhr | 571 | 679 | 769 |
| Ausfuhr (engl. Ware) | 262 | 372 | 525 |
| Ausfuhr (fremde Ware) | 86 | 99 | 110 |

Die Ausfuhr englischer Waren ist auf die Hälfte des Jahres 1913 gefallen und um ein Drittel geringer als 1920. Eine genaue Umrechnung auf der Basis von 1920 und 1913 würde bei allen Ländern ein ähnliches Ergebnis haben.

### e) Die Preisbewegung im Jahre 1921

Die Preisbewegung im Jahre 1921 ist als ganzes genommen die folgende: Die Preise stehen Ende des Jahres niedriger als Anfang des Jahres, was ein Beweis dafür ist, daß die Krise sich in diesem Jahre auch fortgesetzt hat. Die Indexzahlen einiger Länder sind die folgenden:

| | | Januar | Dezember |
|---|---|---|---|
| Vereinigte Staaten | Bradstreet | 137 | 123 |
| England | Economist | 255 | 198 |
| Frankreich | Statistique générale | 407 | 326 |
| Italien | Bacchi | 642 | 595 |
| Schweiz | Neue Züricher Zeit | 230 | 176 |
| Schweden | Handelstid | 207 | 174 |
| Japan | Japanische Bank | 201 | 172 |

Die Preisbewegung der Länder mit sich entwertender Valuta kommt nicht in Betracht, da hier die Preise sich nach der Änderung der Valutakurse verändern. Bei einigen Ländern ist der Preisfall zum Teil dem eben erwähnten Kursfall ihrer Valuta im Vergleich mit dem die Weltmarktpreise bestimmenden Dollar zuzuschreiben. Eine Ausnahmestellung nimmt dabei Japan ein. Hier zeigt sich eine Erhöhung des Preisniveaus bei vollwertiger Valuta.

Die *Zahl der Konkurse* und die Summe der Konkursmassen zeigt im Jahre 1921 eine steigende Tendenz.

Vereinigte Staaten*

| | 1919 | 1920 | 1921 |
|---|---|---|---|
| Zahl der Konkurse | 6451 | 8881 | 19652 |
| Höhe der Verpflichtungen (in Mio Geldeinheiten) | 113 | 295 | 624 |

* Die Banken sind hierin nicht enthalten; siehe „Weltwirtschaftliche Nachrichten" vom 15. Februar 1922.

In Deutschland hat die *Zahl* der Konkurse im Verlauf des Jahres 1921 abgenommen, in England, Frankreich und Italien — wie wir glauben — zugenommen. Eine volle Statistik besitzen wir leider nicht.

Die größere Zahl und Bedeutung der Konkurse kann aber auch so gedeutet werden — und dies scheint richtiger zu sein —, daß sich der Kredit im allgemeinen gefestigt hat und es nicht mehr nötig ist, „faule" Unternehmungen künstlich zu stützen.

Verminderte Produktion, ausgedehnte Arbeitslosigkeit, Verschärfung des Auseinanderfallens der Weltwirtschaft, verminderter Außenhandel, gesunkene Preise, vermehrte Konkurse: Das sind die Hauptmerkmale, auf Grund welcher wir das Jahr 1921 als Ganzes für ein ausgesprochenes Krisenjahr halten müssen, ein schärferes Krisenjahr als das Jahr 1920.

# VII. Symptome der Besserung während des Jahres 1921

Wir erwähnten bereits im vorhergehenden Kapitel, daß, obwohl das Jahr 1921 ein scharfes Krisenjahr ist, im Verlaufe des Jahres selbst Symptome einer Besserung zu konstatieren sind. Einwandfreies Zahlenmaterial zum Beweise dieser Behauptung läßt sich schwer erbringen, um so mehr als der Entwicklungsgang durchaus nicht einheitlich ist. Die Hauptzeichen der sich bessernden allgemeinen Wirtschaftslage sind die folgenden:

1. *Die Erleichterung des Geldmarktes;* in den maßgebenden Ländern der Weltwirtschaft herrscht besonders in der zweiten Hälfte des Jahres eine große Geldflüssigkeit. Der Bankzinsfuß wurde mehrere Male im Verlaufe des Jahres herabgesetzt.

Der Zinsfuß der Federal Reserve Banken in den Vereinigten Staaten zeigt folgende Entwicklung:

| | |
|---|---|
| Anfang 1921 | 7,0% |
| 5. Mai | 6,5% |
| 16. Juni | 6,0% |
| 21. Juli | 5,5% |
| 21. September | 5,0% |
| 2. November | 4,5% |

Ähnliche Herabsetzungen des Bankzinsfußes, wenn auch in verringertem Maßstabe, fanden in England und in den neutralen Ländern statt. Die Geldflüssigkeit ist zum Teil *eine Folge der fallenden Preise und der verminderten Warenproduktion und des Warenaustausches*; hierdurch wird Geld als Zirkulationsmittel im Verkehr überflüssig. Andererseits aber wurde auch der Notenumlauf in den Ländern des Überproduktionsgebietes stark eingeschränkt. Der Banknotenumlauf betrug:

| | Ende 1920 | Ende 1921 |
|---|---|---|
| | (Mio Einheiten) | |
| Vereinigte Staaten (Federal Res.) | 3405 | 2444 |
| England (Banknoten) | 125 | 120 |
| Frankreich | 38600 | 37400 |
| Schweden | 731 | 591 |
| Italien | 15171 | 13273 |

Wir müssen annehmen, daß die Geldflüssigkeit zum Teil auch auf den wiedererstarkten Kredit zurückzuführen ist, trotzdem dies mit dem starken Zunehmen der Konkurse im Verlauf des Jahres 1921 im Widerspruch zu sein scheint.

Ein zweites Symptom der Besserung ist, daß der *Preisfall in der zweiten Hälfte des Jahres viel langsamer ist* und sich in den wirtschaftlich entscheidenden Ländern ein Anziehen der Preise zeigt. So zum Beispiel in den *Vereinigten Staaten*, wo die *Bradstreet-*

*Indexnummer im Mai auf 115, im Dezember auf 132 stand,* und in *Japan,* wo die Indexnummer im *Januar auf 201* und *im November auf 219* stand. Es ist bezeichnend, daß die eingetretene Besserung der Preise gerade in jenen Ländern begann, in denen — wie wir ausführten — auch die Krise begonnen hatte.

Betrachten wir den Gang der Produktion im Verlaufe des Jahres, so finden wir, daß in den maßgebenden Ländern in der zweiten Hälfte des Jahres die Produktion eine steigende Tendenz zeigt. Wir wollen hier einige Daten anführen:

Vereinigte Staaten

| | | |
|---|---|---|
| | Mai | Dezember |
| Eisenproduktion (Tsd. t) | 864 | 1649 |
| | Juli | Dezember |
| Stahlproduktion (Tsd. t) | 803 | 1427 |

Der Verbrauch an Baumwolle in der Textilindustrie der Vereinigten Staaten betrug im Januar 366000 Ballen, im November 527000 Ballen.

In England sehen wir, daß auch dort die Krise der Schwerindustrie infolge des Kohlenarbeiterstreiks ihren Höchststand Mitte des Jahres erreichte und daß seither die Produktionsziffern von Kohle, Eisen und Stahl eine langsame, aber stetige Erhöhung aufweisen. In Frankreich, welches in vielen Beziehungen eine Ausnahmestellung einnimmt — es hat praktisch keine Arbeitslosigkeit —, zeigt sich auch eine langsame Erhöhung der Produktion. Was Deutschland anbelangt, so ist es bekannt, daß in der zweiten Hälfte des Jahres 1921 infolge des Marksturzes eine sehr starke Beschäftigung einsetzte. Die Zahl der Arbeitslosen fiel — wie aus unserer früheren Tabelle ersichtlich — auf 1,2 Prozent. Hilferding, Levi und andere schlossen hieraus auf ein endgültiges Wiedererstarken der deutschen Wirtschaft. Kapitalistische Kreise urteilen viel pessimistischer darüber, und tatsächlich ist bereits am Ende des Jahres ein neuer Rückgang eingetreten.

Immerhin ist es eine Tatsache, daß das zweite Halbjahr 1921 gewisse Zeichen der Besserung der allgemeinen Wirtschaftslage in allen maßgebenden Ländern aufweist. Wir müssen nunmehr untersuchen, inwiefern es sich hierbei um einen Beginn der endgültigen Überwindung der aktuellen Wirtschaftskrise handelt oder ob es bloß eine vorübergehende Erscheinung ist.

Um diese Frage behandeln zu können, wollen wir vor allem kurz ausführen, wie die früheren Krisen des „normalen" Kapitalismus überwunden wurden.

Die Krisen des „normalen" Kapitalismus hatten mit der gegenwärtigen Krise das äußere Symptom der relativen Überproduktion gemeinsam; die Überproduktion wurde durch folgende Prozesse überwunden:

1. Es setzte ein *großer Preissturz* ein, welcher die gesamte Menge der auf dem Weltmarkt vorhandenen Güter auf jene Preissumme herabsetzte, welche *„dem gesellschaftlich notwendigen Bedürfnis"* entsprach.

2. Insofern die Überproduktion dadurch entstand, daß gewisse Waren auf dem bisherigen Absatzmark keine Käufer fanden, wurde der Kreis des kapitalistischen Marktes durch Einbeziehung neuer, bisher nicht kapitalistischer Gebiete erweitert.

3. Es wurden durch technische Neuerungen eine Herabsetzung der Produktionskosten, eine Hebung der Produktivität der Arbeit erzielt, die Arbeitsleistung erhöht und die Preise der Kauffähigkeit des Marktes zeitweilig angepaßt.

In der neuesten Entwicklung des Kapitalismus ist insofern eine Änderung eingetreten, als durch die monopolistische Zusammenfassung ganzer Produktionszweige der Preissturz verringert oder zumindest verlangsamt wurde und eine planmäßige Einschränkung der Produktion vor sich ging, bis der Markt die überflüssigen Waren langsam aufgenommen hatte.

Es fragt sich nun, ob diese früheren Formen der Überwindung der Wirtschaftskrisen auch gegenwärtig dieselbe Wirkung haben würden. Und da müssen wir auf unsere Grundauffassung zurückkommen, daß diese Krise keine der „normalen" Krisen der kapitalistischen Wirtschaft ist. Der wesentliche Unterschied besteht darin, daß bei früheren Krisen die Grundtatsachen der kapitalistischen Wirtschaft: die Einheit des Weltmarktes, das Gleichgewicht zwischen dem Zentrum der Weltwirtschaft: Westeuropa, der industriellen Werkstatt der Welt und dem sich im Kreise um dieselbe lagernden, minder entwickelten agrarischen Gebiete nicht verändert wurden. Die früheren Krisen des Kapitalismus waren die Folgen der Anarchie der kapitalistischen Produktion und der Tatsache, daß die Akkumulation des Kapitals eine fortwährende Ausdehnung des kapitalistischen Marktes erforderte, welche zeitweilig auf Hindernisse stieß. Die Ursachen der gegenwärtigen Wirtschaftskrise haben wir in einem früheren Kapitel bereits ausgeführt; sie sind in vielen Punkten verschieden von den Ursachen einer „normalen" Wirtschaftskrise. Wir können daher, wenn wir die Möglichkeiten der Wiederherstellung einer „normalen" kapitalistischen Weltwirtschaft untersuchen, nicht die alten Schemen anwenden, sondern müssen die Ursachen der gegenwärtigen Wirtschaftskrise konkret analysieren.

# VIII. Tendenzen und Bestrebungen zur Überwindung der Weltwirtschaftskrise

Das Wesen der Krise ist das Fehlen eines weltwirtschaftlichen Gleichgewichts. Bei der Untersuchung der Ursachen der Zerstörung des weltwirtschaftlichen Gleichgewichts hatten wir bereits in dem betreffenden Kapitel folgende Ursachengruppen zusammengestellt:

1. das Zerfallen der Weltwirtschaft in ein Gebiet der relativen Überproduktion und in ein Gebiet der absoluten Unterproduktion;
2. die ungleiche Preisentwicklung der industriellen und landwirtschaftlichen Waren;
3. die Nichtanpassung der Produktion an die verminderten Einkommensverhältnisse der Nachkriegszeit;
4. die Störung der weltwirtschaftlichen Arbeitsteilung durch die Industrialisierung bisher agrarischer Länder.

Wenn wir die wirtschaftlichen Verhältnisse der letzten drei Jahre untersuchen, so finden wir, daß gewisse Tendenzen und Bestrebungen zur Überwindung der Weltwirtschaftskrise tatsächlich vorhanden sind. Und zwar können wir hier zwei verschiedene Gruppen unterscheiden: *immanente Tendenzen und bewußte wirtschaftspolitische Bestrebungen.* Ich verstehe unter immanenten Tendenzen Handlungen einzelner kapitalistischer Wirtschaftssubjekte im Interesse ihrer eigenen Privatwirtschaft, welche zusammengefaßt eine Tendenz zur Überwindung der Wirtschaftskrise ergeben. Die Einzelnen handeln in ihrem eigenen Privatinteresse. Das Ganze ergibt eine Tendenz zur Wiederherstellung des weltwirtschaftlichen Gleichgewichts. Es ist der alte anarchische Mechanismus des Kapitalismus, der in dieser Weise wirkt.

Unter bewußten Bestrebungen aber verstehe ich Handlungen des Staates und einzelner Wirtschaftsgruppen; Forderungen der letzteren, welche bewußt eine Überwindung der Krise sich als Zweck setzen. Die nähere Untersuchung ergibt, daß sich beide Gruppen nach jenen Ursachenkomplexen einteilen lassen, welche wir als Ursachen der Krise angaben.

## 1. Die immanenten Überwindungstendenzen in der Weltwirtschaft

Als erste Ursachengruppe fanden wir das Zerfallen der Weltwirtschaft in zwei inkongruente Gebiete: ein Gebiet der Überproduktion und ein Gebiet der Unterproduktion. Der Widerspruch mußte überwunden werden. Die Erscheinungen der gegenwärtigen Krise sind die dem Kapitalismus eigentümlichen nicht bewußten Tendenzen zur Überwindung dieses Widerspruchs. In Amerika, in Japan, in England, in den neutralen Staaten Europas hat eine — wie das Ergebnis zeigt — übermäßige Ausdehnung des Produktionsapparates stattgefunden. Die Waren finden keine Käufer. *Das Kapital versucht, die Störung auszugleichen, indem es einfach einen großen Teil der Produktionsmittel stillegt.* Wenn der fünfte Teil der Produktionsmittel stillgelegt wird, die Arbeiterschaft aus dem Produktionsprozesse ausgeschaltet, auf das Pflaster geworfen wird, so wird hierdurch die relative Überproduktion aus der Welt geschafft. Der Prozeß geht „unbewußt" vor sich. Das Kapital handelt im eigenen Profitinteresse, nicht im bewußten Bestreben zur Überwindung der Wirtschaftskrise. *Andererseits sehen wir in den Gebieten der Unterproduktion eine rege Tätigkeit.* In Deutschland, in Österreich werden alle Produktionsmöglichkeiten voll ausgenützt. Es besteht die Tendenz, die Krise der Weltwirtschaft durch die vermehrte Produktion in diesen Gebieten auszugleichen. Dies entspricht den Interessen des Kapitals auf diesem Gebiete. Es fragt sich nun, ob diese Tendenzen stark genug sind, das Gleichgewicht der Weltwirtschaft wiederherzustellen.

Wir erachten es für unmöglich. Der Zustand, daß der fünfte Teil der Arbeitskräfte in den Gebieten der Überproduktion arbeitslos sein soll, ist auf die Dauer sozial unhaltbar. Mag das Gefüge des Kapitalismus in England und Amerika noch so fest erscheinen: Eine solche Belastung als ständige Erscheinung erträgt es nicht. Und wir sehen bereits, wie Lloyd George, der ein feines Gefühl für die Notwendigkeiten der englischen Bourgeoisherrschaft hat, sich anschickt, die Fragen der Weltpolitik aus dem Gesichtspunkt zu betrachten: *Wie kann die englische Arbeitslosigkeit behoben werden?*

Andererseits ist die Hoffnung, daß die Gebiete der absoluten Unterproduktion durch eigene Arbeit, durch Erhöhung der Produktion gesunden werden, ziemlich trügerisch. Am besten fundiert ist unter diesen Staaten Deutschland. Es gibt viele Politiker, vor allem im Lager der SPD, USP und der KAG, welche ganz ernst der Meinung sind, daß die Wirtschaft Deutschlands auf dem Wege der Gesundung ist. Sie stützen sich hierbei hauptsächlich auf die volle Beschäftigung der Arbeitskräfte in der zweiten Hälfte 1921. Aber schon Ende 1921 zeigte sich ein Abflauen der Konjunktur auch in Deutschland. Und einsichtige kapitalistische Kreise sind der Meinung, daß die Produktion Deutschlands den laufenden Bedarf noch immer nicht deckt. Dieser Ansicht gab Rathenau zu wiederholten Malen Ausdruck: jüngst in seiner Rede vor dem Obersten Rat in Cannes. Auch der Bericht der Hamburger Handelskammer über das Jahr 1921 besagt, daß das fortschreitende Ansteigen der Preise für ausländische Rohstoffe ein Weiterführen der Wirtschaft nur auf beschränkter Basis gestattet.[55] Der Aufschwung der Produktion scheitert hier eben immer wieder an dem Mangel an Rohstoffen, Kohle und Verkehrsmitteln, an der geringen Arbeitsleistung der Arbeiterschaft, verursacht vor allem durch ungenügende Nahrung, durch Herabsetzung des Standards. Außerdem wird die Wiederaufrichtung der Wirtschaft Deutschlands durch Reparationsleistungen behindert. Wir beschäftigen uns damit in einem besonderen Teil.

Die Belastungsprobe für die kapitalistische Gesellschaftsordnung ist im Unterproduktionsgebiet nicht geringer als in den Überproduktionsgebieten. Dort riesige Arbeitslosigkeit bei wenig herabgesetztem Standard der Arbeitenden, hier minimale Lebensmöglichkeiten bei voller Beschäftigung. Es ist fraglich, welcher Zustand unhaltbarer ist.

## 2. Die Reparationsfrage

Die eben geschilderte immanente Tendenz zur Wiederherstellung des weltwirtschaftlichen Gleichgewichts wird durch die Deutschland auferlegten Reparationslasten für Kontinentaleuropa noch besonders durchkreuzt. Diese Frage ist für Deutschland von besonderer Wichtigkeit. Wir müssen aber doch darauf hinweisen, daß dieselbe bloß ein Detailproblem der ganzen Störung des weltwirtschaftlichen Gleichgewichts ist und ihre Lösung — wenn von einer Lösung überhaupt die Rede sein kann — keinesfalls gleichbedeutend wäre mit der Lösung der Weltwirtschaftskrise überhaupt, wie man in Deutschland zu glauben geneigt ist. Immerhin ist die Bedeutung Deutschlands als Käufer auf dem Weltmarkt verhältnismäßig viel größer, als seiner Einwohnerzahl entspricht. Wir schätzen die Bevölkerungszahl des von uns als Unterproduktionsgebiet bezeichneten Länderkomplexes:

55 Eine detaillierte Analyse der Wirtschafts- und Finanzlage Deutschlands gibt E. Pawlowski: „Der Bankrott Deutschlands“ (Verlag der Kommunistischen Internationale), 1921.

Deutschland, Rußland, Polen, die früheren Länder der österreichisch-ungarischen Monarchie, mit Ausnahme der Tschechoslowakei, und die Balkanstaaten, zusammen auf ungefähr 300 Millionen. Hiervon entfällt auf Deutschland ungefähr der fünfte Teil. Aber die Verflechtung Deutschlands in die Weltwirtschaft war viel stärker als die der anderen Länder. Im Jahre 1912 kauften die einzelnen Länder vom Gesamtexport der übrigen Welt folgende Prozentsätze ein[56]:

| | |
|---|---|
| Deutschland | 16,4% |
| Österreich-Ungarn | 3,8% |
| Rußland | 3,3% |

Die Wiederherstellung Deutschlands ist daher von größerer Bedeutung als die Wiederherstellung der anderen Gebiete. Die Wichtigkeit Deutschlands für die Wiederherstellung des weltwirtschaftlichen Gleichgewichts ist um so größer, als es besonders Käufer der Produkte jener Länder war, die heute ganz besonders stark unter der Überproduktion leiden. Deutschland kaufte im Jahre 1912 14,8% der Ausfuhr der Vereinigten Staaten und 10% der Ausfuhr Englands.

Was ist das Wesen des Reparationsproblems, in den Rahmen unserer Auffassung der Weltwirtschaftslage eingestellt?

Nach der ursprünglichen Bestimmung sollte Deutschland jährlich Güter im Gesamtwert von $3^1/_2$ Mrd. Goldmark an die Entente abgeben. Es ist dies ungefähr der zehnte Teil des Volkseinkommens des ganzen, unversehrten Deutschlands in den Jahren vor dem Krieg. Nun ist es Tatsache, daß die gegenwärtige Produktion Deutschlands kaum für die Erneuerung der Produktionsmittel und die Erhaltung seines Proletariats genügt. Die Durchführung des Friedensvertrages erscheint unmöglich: Deutschland würde in einigen Jahren vollkommen verelenden; es würde rasch aller Produktionsmittel und aller Güter entblößt sein. Im Zusammenhang damit würde seine Valuta auf dem Weltmarkt vollkommen wertlos werden. Soziale Kämpfe der schrecklichsten Art um die Aneignung des Restes der Produkte würden das Land in die soziale Revolution führen oder in die vollständige Barbarei zurückwerfen!

Andererseits sehen wir, daß der Weltmarkt gegenwärtig nicht imstande ist, Waren des Überproduktionsgebietes aufzunehmen. Würde die Entente darauf bestehen, die Reparationslasten voll von Deutschland einzutreiben, so wäre Deutschland zu einem riesigen Export deutscher Waren gezwungen. Dadurch würde die Krise der Weltwirtschaft nicht nur nicht gelöst, sondern ins Ungeheure vergrößert werden.[57]

Die naheliegendste Lösung wäre, die Reparationslasten ganz zu streichen. Diese Lösung wäre denkbar, wenn Deutschland ausschließlich an Länder des Überproduktionsgebietes seine Zahlungen zu leisten hätte. Wir sehen, daß sich England mit dem Gedanken,

56 Industrie- und Handelszeitung vom 25. Oktober 1921.

57 Obwohl die Außenhandelsstatistik Deutschlands für die letzten Jahre nicht sehr zuverlässig erscheint, glauben wir, daß das absolute Quantum der von Deutschland exportierten Waren, in Gold oder in Arbeitszeit ausgedrückt, in den Jahren 1920 und 1921 verhältnismäßig klein, bedeutend kleiner als vor dem Kriege war. Aber bei dem relativen Gleichgewichtszustand der Weltwirtschaft vor dem Krieg störte diese Ausfuhr die Wirtschaft der übrigen kapitalistischen Länder, mit Ausnahme Englands, wenig. Heute aber, wo die Aufnahmefähigkeit des Weltmarkts sehr stark eingeengt ist, wird die wiederbeginnende Ausfuhr Deutschlands von allen Ländern der Welt als sehr lästig empfunden und verschärft noch den Zwiespalt der Weltwirtschaft.

keinen Pfennig von Deutschland zu erhalten, ziemlich ausgesöhnt hat. Die englischen Staatsmänner und Wirtschaftspolitiker sehen klar, daß:

1. *die Kosten der Arbeitslosenunterstützungen viel größere Summen erfordern*, als England an Reparationszahlungen erhalten würde, selbst in dem unrealen Falle, daß Deutschland seine Reparationszahlungen voll bezahlen könnte;

2. daß die Lage der kapitalistischen Gesellschaft in England eine derartige Neuordnung erfordert, welche einen raschen Abbau der gefahrdrohenden Arbeitslosigkeit ermöglicht. Wird Deutschland gezwungen, die Reparationslasten voll zu bezahlen, so wird es zugleich gezwungen, große Warenmassen zu Schleuderpreisen auf den Weltmarkt zu werfen. Dies bedeutet aber eine Verewigung der englischen Arbeitslosigkeit.

Aber die Reparationsleistungen fallen nur zu einem geringen Teil an das reiche England, welches das Problem durch die einfache Erlassung seiner Forderungen lösen möchte und auch imstande wäre, dies zu tun. Einen überwiegenden Teil sollen Frankreich, Italien, Belgien und Serbien erhalten, — Länder, welche auf diesen Zuschuß zur Herstellung des Gleichgewichts in ihrem Staatshaushalt stark angewiesen sind. Vor allem gilt dies für Frankreich. Frankreich hatte während des Krieges ebenso schlecht finanziell losgewirtschaftet wie Deutschland. Es wurden auch in Frankreich, in Goldfrancs berechnet, im Krieg weit weniger Steuern gezahlt als im Frieden. Auch hier wurde verkündet: Der Feind wird zahlen! Und als der Sieg errungen war, wollte man sich tatsächlich an Deutschland schadlos halten. Es wurden Milliarden unter die Wähler[58] verteilt, um bei den Neuwahlen eine nationale Mehrheit zusammenbringen zu können. Die wirklichen Sachschäden, die Frankreich erlitten hat, schätzt Keynes — unseres Erachtens ganz korrekt — auf bloß 20 Mrd. Goldfrancs, also bei dem gegenwärtigen Kurs des Franc ungefähr 40 Mrd. Aber die Schätzung der Schäden wurde, wieder in der Hoffnung, daß die Bezahlung auf Kosten Deutschlands erfolgen würde, auf das Drei- bis Vierfache hinaufgeschraubt, und den Kapitalisten des besetzten Gebietes, die „gute Beziehungen" hatten, wurden auch derartig überschätzte Summen zugebilligt.[59] Das Ergebnis ist, daß das Budget Frankreichs ein Defizit von jährlich vielen Milliarden aufweist. Selbst die volle Quote der Frankreich gebührenden Reparationszahlungen würde nicht genügen, das Gleichgewicht des französischen Staatshaushaltes herzustellen. Daher ist Frankreich, von den nationalistischen, chauvinistischen Gefühlen ganz abgesehen, auch finanziell nicht in der Lage, auf ein einfaches Erlassen der Reparationszahlungen einzugehen. Die finanzielle Lage Frankreichs erfordert, daß die deutschen Zahlungen voll eingehen.

58 Siehe das sehr interessante Buch des bürgerlichen Abgeordneten Lachapelle: „La vérité sur notre situation financière", Paris 1921.

59 Nach den letzten Äußerungen des neuen Ministers für Wiederaufbau in Frankreich hat der französische Staat bisher tatsächlich ausgezahlt auf die Rechnung Deutschlands:

| | |
|---|---|
| Vergütung von Kriegsschäden | 45 Mrd. Francs |
| Pensionen | 25 Mrd. Francs |
| Andere Ausgaben | 10 Mrd. Francs |
| Summe | 80 Mrd. Francs |

Dabei gibt es noch ganze Landstriche, in denen bloß Fabriken und die Landsitze der Reichen neugebaut sind, Bauern und Arbeiter aber noch immer in provisorischen Baracken hausen.

Andererseits ist aber Frankreich durch die Angliederung von Elsaß-Lothringen zu einem Ausfuhrland der Produkte der Schwerindustrie geworden. Wird Deutschland zu der Bezahlung der Reparationslasten gezwungen, so bedeutet dies eine Entwertung der deutschen Valuta, Schleuderexport auf dem Weltmarkt, eine vernichtende Konkurrenz für ganze Zweige der französischen Industrie. Frankreich sucht einen Ausweg, dieses Problem zu umgehen, indem es einerseits die volle Bezahlung der Reparationslasten fordert, andererseits aber seinen inneren Markt durch sehr hohe Zölle gegen den Wettbewerb der deutschen Waren zu schützen sucht. Indessen führt dies nicht zum Ziel. Der deutsche Preisdruck macht sich über die anderen Länder hin geltend, da Deutschland durch seine Schleuderpreise auf vielen Gebieten die Weltmarktpreise diktiert. Andererseits treibt der Deutschland auferlegte Zwang, die Reparationslasten in goldgleichen Valuten zu bezahlen, bei jeder fälligen Zahlung diese Valuten in die Höhe und verbreitert dadurch die Kluft, welche zwischen den Über- und Unterproduktionsgebieten besteht. Wir sehen: Jeder Versuch der Eintreibung der Reparationskosten verschärft die Krise der Weltwirtschaft. Das Interesse Frankreichs an der Sanierung seiner Staatsfinanzen durch die deutschen Zahlungen steht in schärfstem Widerspruch mit der Tendenz zur Herstellung eines weltwirtschaftlichen Gleichgewichtes.

*Das Wiesbadener Abkommen ist ein Versuch, diese Schwierigkeiten zu umgehen.* Das wirtschaftliche Wesen dieses Abkommens besteht darin, daß Deutschland, statt anarchisch Warenmassen auf den aufnahmeunfähigen Weltmarkt zu werfen, nach einem bestimmten System Güter an Frankreich liefern soll. Und zwar Güter zum Wiederaufbau der zerstörten Gebiete, also zu einer Verwendung, die *außerhalb des regulären Ganges der französischen Wirtschaft liegt.* Es wäre eine Art, Güter von Deutschland zu bekommen, ohne sich auf dem Warenmarkt eine unerträgliche Konkurrenz zu schaffen: Lieferungen und Leistungen zum Wiederaufbau von Wohnhäusern, Wegen usw., also zu *privaten* Zwecken, ohne den Produktionsprozeß auszudehnen und das Warenangebot unmittelbar zu vermehren.

Das Wiesbadener Abkommen wäre für Frankreich günstig. Aber es ist noch immer nicht ratifiziert: England und das private Profitinteresse einflußreicher kapitalistischer Gruppen verhindert es.[60] Für Deutschland wäre hierdurch nicht viel gewonnen. Die Lieferung von Gütern in großen Quantitäten und gleicher Beschaffenheit würde die Produktion verbilligen. Die Bezahlung der Lasten unmittelbar mit Sachgütern würde Deutschland von dem Zwange entheben, sich zur Bezahlung der Reparationsraten um einen noch so hohen Preis Valuten beschaffen zu müssen. Aber das Grundproblem: Wie kann das verarmte Deutschland seiner verminderten Produktion jährlich Güterquantitäten im Werte von $2^1/_2$—3 Mrd. Goldmark entziehen, wird hierdurch nicht berührt. Ja, das Problem wäre noch verschärft dadurch, daß Deutschland in den nächsten Jahren *mehr Güter an Frankreich liefern sollte, als der Anteil Frankreichs an den Reparationsleistungen beträgt.* Deutschland würde eine Vorauszahlung leisten, es würde Frankreich die mehr gelieferten Güter kreditieren. Dies ist bei der Verarmung Deutschlands ein undurchführbares Experiment, und wir müssen jenen deutschen Wirtschaftspolitikern recht geben, die das Wiesbadener Abkommen als für Deutschland schädlich bezeichnen. . . .

Das Reparationsproblem wäre nur im Rahmen einer allgemeinen Lösung des gestörten weltwirtschaftlichen Gleichgewichtes mitzulösen: jeder spezielle Lösungsversuch führt zur Verschärfung der allgemeinen Krise.

60 Inzwischen ist das Abkommen mit gewissen Modifizierungen ins Leben getreten.

3. Tendenzen zur Ausgleichung der Preise landwirtschaftlicher und industrieller Produkte

Wir führten früher aus, daß das Mißverhältnis zwischen den Preisen der landwirtschaftlichen und industriellen Produkte ebenfalls eine Ursache der Störung des weltwirtschaftlichen Gleichgewichts ist. Dieses Mißverhältnis hatte in den Staaten des Unterproduktionsgebietes im allgemeinen die Form angenommen, daß *die landwirtschaftlichen Güter gegenüber den industriellen Gütern überwertet wurden*. Das Ergebnis war eine Lockerung des wirtschaftlichen Zusammenhanges zwischen Stadt und Land. Die Bauern bekamen für ihre landwirtschaftlichen Güter so hohe Preise, daß ihr Standard bei geringer Produktion gedeckt war und der Anreiz zur Ausdehnung der landwirtschaftliche Produktion wegfiel. Andererseits sahen wir das Aufleben der landwirtschaftlichen Produktion durch die Städter in der Nähe der Städte selbst. In den letzten Jahren zeigt sich nun in diesen Ländern eine Ausdehnung der Landwirtschaft, ein langsames Ansteigen der Produktion in Verbindung mit der von uns oben geschilderten stärkeren industriellen Produktion. Da Lebensmittelüberschüsse nur in den Ländern mit hoher Valuta vorhanden sind, sind in den Unterproduktionsgebieten Lebensmittel aus dem Ausland nur schwer und zu teuren Preisen zu beschaffen, was eine Ausdehnung und Hebung der landwirtschaftlichen Produktion ermöglicht.

Das umgekehrte Bild sehen wir in den Ländern des Überproduktionsgebietes und in den Kolonialländern. Die hier im Überfluß vorhandenen Lebensmittel können infolge des hohen Standes der Valuta und der beschränkten Kauffähigkeit der Unterproduktionsgebiete nicht verkauft werden. Infolgedessen muß die Produktion eingeschränkt werden. Wir sehen das an dem Rückgang der bebauten Fläche in England, an der planmäßigen Einschränkung der Produktion von landwirtschaftlichen Gütern in den Vereinigten Staaten und in Südamerika. Am schärfsten finden wir es in der von den Farmern propagierten Verwendung von Mais statt Kohle zum Heizen im amerikanischen Westen[61] und in der Verwendung von Mais in Argentinien zu Heizzwecken (nach Angaben Nansens in seiner Rede vor dem Völkerbund). Wir sehen hier auf dem Gebiete der Landwirtschaft dieselben immanenten Tendenzen zur Verminderung der Produktion zum Zwecke der Erhöhung der Profite am Werke, wie wir es bei der Industrie durch die Einschränkung der Produktion sahen.

4. Anpassungstendenzen an die veränderte Einkommensverteilung

Wir führten aus, daß eine der Ursachen der Krise die veränderte Einkommensverteilung nach dem Kriege ist. Wir können diese Veränderung so charakterisieren, daß im allgemeinen das gesamte Einkommen der Arbeiterschaft und Beamtenschaft kleiner geworden ist. Infolgedessen ging vor allem der Bedarf an solchen Massengütern zurück, welche nicht unbedingt notwendig und unentbehrlich sind. Die immanente Ausgleichstendenz zeigten wir auch bereits in der Tatsache auf, daß während der Krise der Preisfall eben dieser Produkte, z. B. der Textilien, Kleider und entbehrlichen Lebensmittel, viel schärfer war als jener der Waren der unentbehrlichen Konsumtion.

Eine andere Art der Einkommensverschiebung, die wir bisher nicht erwähnten, ist jene, welche durch die Häufung von Staatsschulden entstanden ist.[62]

61 Vgl. New York Times vom 10. Nov. 1921.

62 Das „Prager Tagblatt“ vom 17. Dezember 1921 schreibt dazu: „Die National City Bank in New York veröffentlicht eine Übersicht über die gegenwärtigen Schulden der wichtigsten Staaten und setzt diese Zahl in Vergleich mit dem Schuldenstand Ende des Jahres 1913.“ Danach hatten diese Länder insgesamt eine Schuldenlast von 95412 Mio £ gegen nur 10700 Mio £ im Jahre 1913. Die infolge des Krieges

Diese ungeheure Anhäufung von Staatsschulden bedeutet eine entsprechende Vergrößerung des nominellen Einkommens derjenigen, welche diese Anleihen gezeichnet hatten. Auf das Gebiet der realen Einkommenverteilung übertragen, würde dies bedeuten, daß der eine Teil der Bevölkerung der kapitalistischen Länder einen Anspruch hat, von dem Gesamtprodukt der Arbeit der Gesamtheit Güter im Werte von vielen Milliarden arbeitslos, als *Zinsen der Staatsschuld zu erhalten*. Dies bedeutet also, daß trotz der vor sich gegangenen Verarmung fast ganz Europas ein großer Teil der Bevölkerung das formelle Recht hätte, arbeitslos auf Kosten des andern Teils zu leben. Dies ist aber real offenbar unmöglich.

*Die immanente Tendenz zur Überwindung dieses Widerspruches zeigt sich in der Entwertung der nominellen Geldeinheit*. Je verarmter das Land, je größer seine Verschuldung, desto entwerteter seine Valuta. Der Besitzer des Staatsschuldenpapiers erhält daher wohl formell die vollen Zinsen seines nominellen Kapitals; aber er erhält dieselben in einer so stark entwerteten Valuta, daß das Zinseinkommen ihn nicht davon befreit, durch

eingetretene Verschuldung beläuft sich somit auf 84712 Mio £. Wenn man einen Zinsfuß von 5% zugrunde legt, so ergibt sich eine jährliche Zinsenlast von $4770^2/_3$ Mio £ gegen 335 Mio £ im Jahre 1913. Die Steigerung gegen das Friedensjahr macht also die gewaltige Summe von $4235^2/_3$ Mio £ aus. Nachstehend geben wir eine Übersicht über die Staatsschulden der einzelnen Länder in Mio £:

| | 1913 | 1921 |
|---|---|---|
| Deutschland | 279,5 | 17750,0 |
| Deutsche Freistaaten | 963,8 | 2075,0 |
| Vereinigte Staaten von Amerika | 256,7 | 5980,5 |
| England | 871,5 | 8477,5 |
| Frankreich | 1585,5 | 12750,0 |
| Belgien | 180,5 | 1167,5 |
| Niederlande | 115,5 | 261,5 |
| Schweiz | 5,7 | 92,5 |
| Italien | 755,2 | 4662,0 |
| Österreich | 503,3 | 3958,3 |
| Tschechoslowakei | — | 2283,7 |
| Ungarn | 433,7 | 3550,0 |
| Rußland | 1134,5 | 5693,5 |
| Rumänien | 79,2 | 1317,5 |
| Bulgarien | 33,7 | 358,0 |
| Griechenland | 51,5 | 203,0 |
| Türkei | 169,0 | 577,5 |
| Spanien | 453,5 | 588,7 |
| Kanada | 120,7 | 585,0 |
| Australien | 20,2 | 489,0 |
| Neuseeland | 109,5 | 244,5 |
| Britisch-Indien | 368,7 | 265,7 |
| China | 242,5 | 471,5 |

Hierbei ist zu bemerken, daß die Verschuldung in den Jahren 1919 und 1920 nach den Daten des nordamerikanischen Sachverständigen F. A. Dolph fast ebensoviel ausmachte wie die Verschuldung während des Weltkrieges selbst.

Arbeit seinen Lebensunterhalt verdienen zu müssen. Zahlenmäßig ausgedrückt; Hatte jemand vor dem Kriege 100000 Mark in deutschen Anleihen angelegt, so konnte er von dem Betrag der Zinsen arbeitslos ein „bürgerliches" Leben führen. Heute hingegen genügen die Zinsen von 100000 Mark nicht einmal für die Ausgaben eines Monats. Die Entwertung des Geldes gleicht daher den Widerspruch zwischen dem formellen Rechtsanspruch auf ein arbeitsloses Einkommen auf Grundlage der Forderungen an den Staat und der durch die Verarmung diktierten Notwendigkeit zur Arbeit aus. Ähnlich steht es in den Gebieten der Unterproduktion mit den Dividendeneinkommen: Die Kurse der Aktien sind so hoch, daß die Verzinsung des neuangelegten Kapitals minimal ist und die Verzinsung des ursprünglichen Kapitals real auch viel niedriger ist als vor dem Kriege.

### 5. Die Überwindung der überflüssigen Industrialisierung

Wir führten aus, daß eine der Ursachen des gestörten weltwirtschaftlichen Gleichgewichtes das Entstehen neuer Industrien in den bisher agrarischen Ländern ist. Die Entfernung dieser Krisenursache geht in der Form der Konkurrenz auf dem Weltmarkt vor sich. Die wieder auf dem Weltmarkt erscheinenden Industrien Westeuropas, vor allem Englands und Deutschlands, richten in vielen Fällen die nicht gut fundierten Industrien der Agrarländer durch ihre Konkurrenz zu Grunde. Andererseits geht aber der Ausgleich zugleich mit jener der ersten Gruppe vor sich; die überflüssig gewordenen Industrieanlagen des Überproduktionsgebietes werden stillgelegt, und ein Teil der industriellen Arbeiterschaft wendet sich wieder der Landwirtschaft zu.

### 6. Tendenz zur Überwindung der Krise durch Kapitalexport

Das Kapital hatte bereits im „normalen" Kapitalismus die Tendenz zur Abwanderung ins Ausland, trotz des Bestehens eines „nationalen" Kapitalismus. *Der Kapitalexport bedeutete ein Gegengewicht gegen die Tendenz der sinkenden Profitrate*: In den dem Kapitalismus neuerschlossenen Gebieten ist sowohl die Mehrwertrate als auch die Profitrate höher als in den alten kapitalistischen Ländern mit hoher organischer Zusammensetzung des Kapitals. In der gegenwärtigen Wirtschaftskrise besteht vor allem in den Ländern des Überproduktionsgebietes, wo die Produktionskosten aus den oben erwähnten Gründen höher sind als in den Ländern des Gebietes der Unterproduktion mit seinen Kulilöhnen, wo die Profite stark zusammengeschmolzen sind, die Tendenz zur Auswanderung des Kapitals. Wir sehen diese Tendenz wirksam in dem Bestreben der Kapitalisten der reichen Länder, ihr Kapital in den Unterproduktionsgebieten anzulegen. Dieses geht in verschiedenen Formen vor sich:

1. Kapitalistengruppen der Überproduktionsländer, welche bisher im eigenen Gebiet produzierten und von dort aus die Länder des gegenwärtigen Unterproduktionsgebietes mit Waren versorgten, errichten in diesen Ländern neue Produktionsstätten, da hier die Lohnkosten viel niedriger und der Profit viel höher ist! Der Prozeß bedeutet in vielen Fällen einen Abbau der weltwirtschaftlichen Arbeitsteilung, eine verminderte Produktivität, da auf schlechteren Standorten produziert wird.[63]

63 Als Beispiele der Abwanderung wollen wir einiges aus einem interessanten Artikel der „Industrie- und Handelszeitung" (vom 17. Dezember 1921) über Kapitalauswanderung aus der Schweiz anführen: „So verlegten die Nestle- und die Bally-Gesellschaft ihren technischen Schwerpunkt mehr und mehr nach dem Ausland und scheinen ihren schweizerischen Stammfirmen nur die finanzielle und kaufmännische Zentralverwaltung belassen zu wollen. So muß die führende und noch relativ gut rentierende Züricher Maschinenfabrik Escher-Wyß u. Co. heute nicht nur ihren Ravensburger Betrieb stärker

2. *Kapitalistengruppen legen in der Form von Beteiligung an bereits bestehenden Aktiengesellschaften Kapital in den Unterproduktionsgebieten an.* Die Überwertung der guten Valuten ermöglicht es, in diesen Gebieten Anteile an Sachwerten billiger zu erstehen als in den reichen Gebieten. Auch der einfache Ankauf von Besitzungen, städtischen Zinshäusern, ganzer Fabriken gehört hierher.

Beide Vorgänge bedeuten: *Überführung von Waren, vor allem Produktionsmittel, aus dem Überproduktionsgebiet in die Unterproduktionsgebiete*, im ersten Fall unmittelbar, im zweiten auf dem Umweg über den Ankauf, ermöglicht durch den Besitz von fremden Valuten. (Insofern dieselben von den neuen Besitzern nicht spekulativ thesauriert werden.) Sie dienen daher der immanenten Ausgleichstendenz der Weltwirtschaft. Wie dieser Prozeß quantitativ zu bewerten ist, läßt sich schwer beurteilen. Vieles gelangt nicht in die Öffentlichkeit.[64] Eines steht aber fest: Diese „unbewußte" Ausgleichstendenz hat sich bisher als viel zu schwach erwiesen, um den Zwiespalt der Weltwirtschaft zu überbrücken.

Es ist bezeichnend für die Anarchie der kapitalistischen Gesellschaft, *daß auch eine parallele Gegentendenz vorhanden ist.* Stinnes und der Siemenskonzern errichten neue Unternehmungen in fremden Weltteilen, und viel Kapital wird aus Furcht vor Umsturz, Erfassung der Sachwerte aus den armen Ländern nach den reichen verschoben.[65]

beschäftigen als die schweizerische Stammfabrik, sondern sie beabsichtigt auch, der erfolgten Errichtung einer Fabrikfiliale in Oberitalien weitere Auslandsniederlassungen folgen zu lassen. Selbst die Chocolats Suisses S. A. in Vevey, die im letzten Jahre noch 22 v. H. Dividende verteilen konnte, ist zur Ausnützung der besseren ausländischen Produktionsbedingungen zur Eröffnung eines neuen Fabrikbetriebes in Pontarlier geschritten.

Noch nachdenklicher müssen den schweizerischen Wirtschaftspolitiker weitere Meldungen stimmen, wonach alte schweizerische Stickereifirmen ihre Maschinen nach Amerika abtransportieren, die qualifizierten schweizerischen Uhrenarbeiter ins Ausland abwandern, daß schweizerische Seidenweber nach Kanada auswandern, um ihr Gewerbe dort weiter zu betreiben, daß Genfer Bijouteriefabriken ihren Betrieb nach Frankreich verlegen."

64 Viel Kapital wurde in der Nachkriegszeit von Frankreich in Polen, Rumänien, Ungarn und der Tschechoslowakei angelegt. Hierbei wirkte freilich auch der bewußte Wille mit, diese Länder als einen politischen Schutzwall gegenüber Deutschland und Rußland auszugestalten. Die Engländer haben sich der Donauschiffahrt bemächtigt. Daneben geht auch der „normale" Kapitalexport nach den bisher dem Kapitalismus weniger erschlossenen Gebieten weiter. Englisches und amerikanisches Kapital gehen nach den Kolonien, teilweise nach Südamerika und China. Japanisches Kapital vor allem nach China.

65 Es ist vor allem auch hier Stinnes, der die Führung inne hat. Die „Times" vom 22. November 1921 bringt auf Grundlage einer amerikanischen Zeitschrift folgende Zusammenstellung: „An der Alpinen Montangesellschaft in Italien ist Stinnes mit 90 Millionen Lire beteiligt. Stinnes ist beteiligt an der „Promotan"-Gesellschaft in Zug (Schweiz). Mit 32 Millionen Franken ist er durch den Sichelkonzern in Luzern an der Papierhandelsgesellschaft (Luzern) interessiert. 1,9 Millionen schwedische Kronen hat er angelegt in der schwedischen Arbeits-Werkstätten-Gesellschaft in Oresundesarvet. Mit 200 Millionen Kronen, die er dem Prager Magistrat zur Verfügung gestellt hat, kontrolliert er die dortigen städtischen Gaswerke. Mit 30 Millionen Mark ist er an der österreichischen Metallgesellschaft in Greinitz beteiligt. Durch die badische Anilinfabrik, die mit der italienischen Bianchi-Gesellschaft in Interessengemeinschaft steht, ist er an den italienischen Dye-Werken interessiert. In Chile und verschiedenen anderen Teilen Südamerikas hat er große Konzessionen erworben. In Spanien beutet er Waldland und Mineralfunde aus, wobei der Profit an Banken geht, die derartige südamerikanische Konzessionen finanzieren. In Portugal, Skandinavien und im Baltikum soll Stinnes gleichfalls Kapital angelegt haben."

Wie die „Times" dazu sagt, sind diese Angaben noch durchaus unvollständig. Es sind beispielsweise die österreichische Alpine Montangesellschaft und die Anfang Dezember bekannt gewordenen Kon-

Eine besondere Form bildet die „kapitalistische Lohnarbeit“. Kapitalisten des Überproduktionsgebietes übergeben den Kapitalisten der armen Länder den Rohstoff zur Vornahme eines gewissen Arbeitsprozesses in ihren Betrieben. Der Rohstoff bleibt während des Arbeitsprozesses Eigentum des fremden Kapitalisten. Der einheimische Kapitalist ist zu einem derartigen Geschäft genötigt, weil er bei der Entwertung der inländischen Valuta nicht genügend Kapital besitzt, um auf eigene Rechnung Rohstoffe einzukaufen und das Valutarisiko zu tragen. Der ausländische Kapitalist hat den Vorteil der billigeren Lohnkosten als in seiner Heimat. Es ist ein Aufleben des Verlagssystems unter hochkapitalistischen Formen. Das Proletariat der armen Länder wird doppelt ausgebeutet.[66]

Indessen, der Verlauf der Krise zeigt, daß alle diese immanenten Tendenzen zur Wiederherstellung des weltwirtschaftlichen Gleichgewichtes nicht den gewünschten Erfolg hatten. Dies gab den Anlaß zu bewußten Versuchen einer Überwindung der Krise, zu welchen wir jetzt übergehen.

zessionen in Niederländisch-Indien nicht erwähnt. Seitdem hat Stinnes eine Beteiligung an den Salgo-Kohlengruben und den Rima-Eisenwerken in Ungarn erworben. In der letzten Zeit hat er im Chaco-Baumwolldistrikt in Argentinien umfangreiche Konzessionen erworben. Vertreter des Stinneskonzerns sind, wie der „Konfektionär“ erfährt, bereits an Ort und Stelle mit Vorarbeiten beschäftigt.

66 „The Daily Herald“ berichtet in seiner Nummer vom 12. Januar 1922, daß heute in viel größerem Maßstab als früher Rohwolle aus England nach Deutschland zum Kämmen geschickt wird. Der Grund dafür ist die Billigkeit der deutschen Arbeitskräfte. Die aus den deutschen Kämmereien hervorgehenden Kammzüge werden alsdann in England billiger verkauft als die, die in England selbst hergestellt sind.
In gleicher Weise wirkt der Kulilohn des polnischen Arbeiters. Die Wollmagnaten in Bradford haben beispielsweise in Polen Maschinen zum Kämmen der Wolle erworben. Für den englischen Unternehmer bedeutet das eine gewaltige Verbilligung der Produktion, denn die polnischen Arbeitslöhne kommen für ihn auf 8 bis 10 sh die Woche, die Löhne der englischen Arbeiter in Bradford selber dagegen auf mehr als 3 Pfund Sterling. Der englische Arbeitslohn kommt also mindestens sechs- bis achtmal so hoch wie der polnische.

# IX. Bewußte Bestrebungen zur Wiederherstellung des weltwirtschaftlichen Gleichgewichts[67]

Im vorigen Kapitel schilderten wir die immanenten Tendenzen zur Wiederherstellung eines weltwirtschaftlichen Gleichgewichtes: Verminderung der Produktion in den Überproduktionsgebieten, Anspannung der Produktion in den Unterproduktionsgebieten, Preisabbau und Geldentwertung, Vernichtung der neu entstandenen Industrien durch die Konkurrenz usw. Neben diesen unbewußten Bestrebungen, sich mit ihnen verflechtend, laufen *bewußte wirtschaftspolitische Versuche* zur Überwindung der Krise. Diese lassen sich in folgenden Hauptlinien zusammenfassen:

1. *Abbau der weltwirtschaftlichen Arbeitsteilung.*
2. *Erschließung neuer Märkte für den Kapitalismus.*
3. *Organisierte Wiederaufrichtung der Produktion in den Unterproduktionsgebieten.*
4. *Verdrängung der Konkurrenz vom Weltmarkt durch einen neuen Weltkrieg.*

Wir wollen diese Versuche einzeln skizzieren.

## 1. Abbau der weltwirtschaftlichen Arbeitsteilung

Die Wirtschaftskrise in den einzelnen Ländern ist eine Folge des zerstörten Gleichgewichts der Weltwirtschaft. Die einfachste Reaktion hierauf ist der *Versuch der Schaffung einer autarkten (selbstgenügsamen) nationalen Volkswirtschaft*, eines Sich-Ausschaltens aus dem gefahrdrohenden Wirbel der Weltwirtschaft. Auf dieser Linie liegen:

a) *Die Verhinderung des Eindringens ausländischer Waren auf den nationalen Markt durch Einfuhrverbote und hohe Schutzzölle.* Wir sehen dieses Bestreben in allen Ländern. England, das klassische Land des Freihandels, führt Schutzzölle für seine Schlüsselindustrien ein; Amerika, Frankreich, Italien umgeben sich mit Hochschutzzöllen. Die Länder des Unterproduktionsgebietes brauchen diese Mittel weniger: Ihre entwertete Valuta schützt sie stärker als die höchsten Zölle.

b) *Die Verhinderung der Ausfuhr gewisser Waren durch Ausfuhrverbote.* Diese findet vor allem in den Ländern des Unterproduktionsgebietes statt, wo man bestrebt ist, die für die heimische Volkswirtschaft nötigen Rohstoffe und Materialien gegen die Ausfuhr nach valutastarken Ländern zu schützen.

c) *Das Bestreben zur Rückkehr zur Landwirtschaft in den hoch entwickelten Industrieländern.* Typisch für diese Tendenzen ist die Kampagne, welche im Dezember 1921 in der „Times" einerseits von dem gewesenen Landwirtschaftsminister Ernle für die Ausdehnung der Landwirtschaft im Mutterlande selbst, anderseits von Lord Northcliffe im Interesse der Auswanderung zur landwirtschaftlichen Kolonisation in Australien geführt wurde.[68]

In Frankreich ist der Ruf: Retour à la terre! schon vor dem Kriege in Mode gewesen. Ansätze zu Agrarreformen in verschiedenen Ländern dienen demselben Zweck.

67 Mit Ergänzungen nach meiner Broschüre „Die Lage der Weltwirtschaft und der Gang der Wirtschaftspolitik in den letzten drei Jahren" (Verlag der Kommunistischen Internationale, 1922).

68 Siehe die Artikelserie in der „Times": The empty continent.

Wie wir schon im vorigen Kapitel ausführten, ist die Rückkehr zur Landwirtschaft in den Ländern Europas gegenwärtig auch privatwirtschaftlich vorteilhaft. Das bewußte Bestreben fällt hier zusammen mit den immanenten, von Profitbedürfnissen des Kapitals diktierten Tendenzen. Ähnlich steht es mit der Ausdehnung der bergbaulichen Produktion in den Gebieten der armen Länder: Es werden allerhand arme Gruben abgebaut, die im früheren Gleichgewichtszustand der Weltwirtschaft nicht abbauwürdig waren, heute aber infolge der Valutadifferenzen für den einheimischen Kapitalismus mit Profit abgebaut werden können.

Das Ergebnis dieses Bestrebens zur Ausschaltung aus der *Weltwirtschaft* zeigt sich in der Veränderung der Bedeutung des Außenhandels in den letzten Jahren. Der gesamte Außenhandel, Einfuhr und Ausfuhr zusammen, betrug in *Mio Geldeinheiten*:

| | England (£) | Frankreich (Francs) | Vereinigte Staaten (Dollar) |
|---|---|---|---|
| 1913 | 1403,5 | 15301 | 4196 |
| 1920 | 3494 | 58839 | 13508 |
| 1921 | 1897 | 45101 | 7094 |

Selbstverständlich gibt dies kein Bild der wirklichen Bedeutung des Außenhandels, da sich die Preisverhältnisse während dieser Zeit stark verändert haben. Exakte Umrechnung auf Preise von 1913 liegt nicht vor, mit Ausnahme von England, dessen Daten wir oben gaben. Wir können jedoch versuchen, in grober Weise, auf Grundlage des jeweiligen Großhandelsindexpreises, eine Reduktion vorzunehmen.

Die Preisindizes im Durchschnitt des Jahres 1920 und Dezember 1921 waren:

| | England | Frankreich | Vereinigte Staaten |
|---|---|---|---|
| 1920 | 280 | 500 | 200 |
| 1921 (ungefähr) | 190 | 350 | 150 |

Reduzieren wir nun die Außenhandelssummen auf das Preisniveau von 1913 = 100, so bekommen wir folgende Ziffern:

*Wert des Außenhandels, umgerechnet nach dem Preisindex von 1913*

| | England | Frankreich | Vereinigte Staaten |
|---|---|---|---|
| 1920 | 1268 | 11568 | 6754 |
| 1921 | 1000* | 12890 | 4730 |

* Diese Summe ist größer als die pünktlichere Berechnung des „Manchester Guardian", die wir oben zitierten. Der faktische Rückgang des Außenhandels ist daher noch größer, als diese Zahlen zeigen.

Wir sehen, daß der Goldwert des gesamten Außenhandels, mit Ausnahme der Vereinigten Staaten, bedeutend geringer ist als im Jahre 1913. Für Deutschland besitzen wir keine vollständigen Daten der letzten zwei Jahre. Auch würde eine Umrechnung infolge der sehr starken Valuta- und Preisschwankungen im Verlauf eines Jahres nicht einmal ein annäherndes Bild geben.[69]

Was bedeutet nun diese Tendenz zur Bildung von autarkten nationalen Volkswirtschaften in bezug auf die Produktion? Offenbar nichts anderes als *eine allgemeine Herabsetzung der Produktivität der Arbeit.* Dieselbe Gesamtarbeitszeit aller Arbeitenden der kapitalistischen Welt verkörpert sich in einer viel geringeren Quantität von nützlichen Gütern als bei einer voll ausgenützten weltwirtschaftlichen Arbeitsteilung. Für die Überproduktionsgebiete kann dies als zeitweilige Lösung in Betracht kommen; für die Unterproduktionsgebiete hingegen wirkt diese Tendenz verschärfend auf die Krise.

Nun läßt sich diese Tendenz zur Schaffung von selbstgenügsamen nationalen Wirtschaftsgebieten natürlich unmöglich durchführen, und zwar aus klimatischen Gründen. Von den in Betracht kommenden kapitalistischen Großmächten sind *die Vereinigten Staaten* am ehesten zur Selbstgenügsamkeit fähig, da die wichtigsten Stoffe: *Lebensmittel, Brennstoffe, Erze jeder Art, Baustoffe, Faserstoffe* im eigenen Lande vorhanden sind. Sie sind nur auf die Einfuhr ganz spezieller tropischer Güter: Kolonialwaren, Kaffee, Tee, Gummi usw. angewiesen. Sie haben noch unbegrenzte Möglichkeiten zur Ausdehnung der Rohstoffgewinnung: Sie besitzen das „Kolonialreich" im Mutterlande selbst. Von den europäischen Staaten steht Frankreich dieser Möglichkeit am nächsten. Es hat sein ausgedehntes Kolonialreich wirtschaftlich und sozial fest in der Hand. Es steht mit seiner kolonialen Bevölkerung auf relativ sehr gutem Fuße[70] und hat vorläufig keine großen kolonialen Schwierigkeiten. Es ist, zusammen mit den Lieferungen seiner Kolonien, mit Lebensmitteln, Eisenerzen und — nach Wiederaufbau der nördlichen Kohlengebiete und dem Ausbau seiner Wasserkräfte — auch mit Kohle versorgt. Dagegen hat es keine Textilien, keine Kolonialwaren in genügender Quantität und absolut kein Petroleum auf eigenem Gebiete.

Für *Deutschland* und *Italien* kommt eine selbstgenügsame Wirtschaft nicht in Betracht. Beide müssen Lebensmittel einführen, Textilstoffe, Kolonialwaren, Petroleum; Italien außerdem Kohle und Holz.

*Am schlimmsten von allen Großmächten ist aber England daran.* Das Mutterland hat zwar Überfluß an Kohle und Eisen, alles andere fehlt aber. Lebensmittel werden nur für vier Monate produziert; Holz, Petroleum, Textilrohstoffe aller Art, Kolonialprodukte müssen eingeführt werden. Von allen Großmächten hat sich England am weitesten zur „industriellen Werkstätte" der Welt entwickelt. Alle Bemühungen zur Intensivierung der Landwirtschaft, auch die gelungenen Versuche zum Bau von Zuckerrüben und der Schaffung einer „nationalen" Zuckerindustrie können über die Tatsache nicht hinwegtäuschen, daß von der Bevölkerung des eigentlichen England sich nur 12% der Landwirtschaft widmen.

Dabei kann England keineswegs auf seine Kolonien in *jener* Weise rechnen wie Frankreich. Die Gebiete mit eigener Selbstverwaltung, zu denen nunmehr auch Irland gehört, treiben ebenfalls eine Wirtschaftspolitik in der Richtung zur Selbstgenügsamkeit, *aber in der umgekehrten Richtung als das Mutterland.* Fördert England notgedrungen die Rück-

69 Die angeführten Daten sind entnommen dem „Annuaire statistique de la France" und verschiedenen Nummern der „Wirtschaft und Statistik".

70 Ich verweise in bezug auf die für die weitere Öffentlichkeit überraschende Tatsache, daß die Franzosen in der Beherrschung der Kolonialvölker ein viel größeres Geschick zeigen als die Engländer, auf die sehr interessante Studie von Rudolf Asmis: „Afrikanische Weltprobleme" im Dezemberheft der „Preußischen Jahrbücher".

kehr zur Landwirtschaft, so suchen Kanada, die Vereinigten Staaten und Südafrika, Australien und Neuseeland ihre eigene Industrie zu entwickeln, ihren agrarischen Charakter abzustreifen. Sie machen sich ökonomisch und politisch vom Mutterland immer unabhängiger. Die zwei großen *unterworfenen* Kolonialländer Ägypten und Indien aber befinden sich in hellem Aufruhr: in Ägypten bewaffneter Aufstand, in Indien intensiver, vorläufig friedlicher Widerstand.[71] Das britische Weltreich ist in Auflösung begriffen; hell lodern die Flammen an allen Ecken und Enden. Der Zusammenbruch des früheren Gleichgewichtes der kapitalistischen Weltwirtschaft trifft England am schwersten, weil es das komplizierteste, in die Weltwirtschaft *am stärksten verwobene* Produkt des Kapitalismus ist. Trotz dem gegenteiligen Schein, trotz seiner unleugbar ungemein großzügigen Politik *halten wir England für das schwächste Glied in der Reihe der kapitalistischen Weltmächte.*

Aber die Rückkehr zur autarken Wirtschaft verbietet sich nicht nur aus der unbedingten Notwendigkeit, auf eigenem Gebiet nicht produzierbare Güter zu importieren: Das Wirtschaftsleben Englands und der Vereinigten Staaten, aber auch jenes von Frankreich und Deutschland ist auf einen starken Export von industriellen Gütern aufgebaut. Sollen nicht große Teile des sachlichen Produktionsapparates unbenützt zugrunde gehen, sollen nicht Millionen von Arbeitern in England und Amerika *ständig* arbeitslos sein, so müssen diese Länder für ihren Überfluß an industriellen Waren sich Absatzmärkte schaffen. Keine der großen kapitalistischen Weltmächte kann sich auf eine Isolierung, auf eine Selbstgenügsamkeit einrichten. Das Bestreben nach Selbstgenügsamkeit kann zu keiner Lösung der Weltkrise führen.

## 2. Erschließung neuer Märkte: das Problem China[72]

Sind die vom Kapitalismus geschaffenen Produktionskräfte so groß geworden, daß ihre Produkte innerhalb des kapitalistischen Absatzmarktes keine Käufer fanden, so fand der Kapitalismus bisher immer einen Ausweg, indem er neue Gebiete der kapitalistischen Ausbeutung erschloß. Überblicken wir die Erde, so finden wir, daß Europa, Amerika und Australien bereits ganz in die kapitalistische Wirtschaft einbezogen sind. Afrika ist unter den europäischen Völkern aufgeteilt: Infolge seiner dünnen Bevölkerung und der geringen Produktivität seiner primitiven Völkerschaften bietet es geringe Aussichten; die entwickelten Teile, Südafrika und Ägypten, sind politisch schwer zu behandeln. Es bleibt daher nur Asien. Von seinen großen Gebieten hat sich aber Kleinasien politisch als für eine Kolonisation untauglich erwiesen. Indien ist im Besitz Englands, Nord- und Mittelasien gehört zu Sowjetrußland. Es bleibt daher nur China mit seinen nördlichen und westlichen *Anliegern*: Mongolei, Mandschurei.

71 Wir glauben uns nicht zu täuschen, wenn wir den Unterschied im Verhalten der französischen und englischen Kolonien vor allem auf die höhere wirtschaftliche Entwicklung der letzteren zurückführen. Hinter allen national und religiös gefärbten anti-englischen Ideologien steht die nationale Bourgeoisie der betreffenden Länder während des Weltkrieges, die sich stark entwickelt. Der Kampf für die nationale Befreiung ist zugleich ein Kampf für die Befreiung des bodenständigen nationalen Kapitals von der Übermacht des europäischen Auslandskapitals.

72 Aus meiner Broschüre: „Die Lage der Weltwirtschaft und der Gang der Wirtschaftspolitik in den letzten drei Jahren". (Verlag der Kommunistischen Internationale, 1922).

Immerhin ein fetter Bissen. Vierhundert Millionen Kulturmenschen, reiche Bodenschätze, weite, fruchtbare Gebiete. In das kapitalistische System einbezogen, könnte es für einige Jahrzehnte die überflüssigen Industrieprodukte des Überproduktionsgebiets aufnehmen. Tatsächlich schien es, als ob eine Einigung der kapitalistischen Weltmächte über die Modalitäten einer gemeinsamen Erschließung Chinas das wichtigste wirtschaftspolitische Ergebnis der Washingtoner Konferenz werden sollte. Aber allmählich ist es damit ganz still geworden und alles scheint beim alten zu bleiben.

Bei näherer Untersuchung hat es sich nämlich ergeben, daß bei den gegebenen politischen Verhältnissen China ebenfalls kein rasch erschließbares Gebiet ist, ja, daß seine Erschließung große militärische Kräfte und riesige Kosten erfordern würde, die zu dem zu erwartenden Ergebnis nicht im Verhältnis stehen. Dies hängt mit den tiefgehenden politischen und sozialen Veränderungen, die in China in dem letzten Jahrzehnt vor sich gingen, eng zusammen.

Beurteilen wir die Sache richtig, so ist der gegenwärtige Zustand Chinas kein Verfall, sondern ein *Übergang von der den vorkapitalistischen wirtschaftlichen Verhältnissen entsprechenden feudal-bürokratischen Zentralregierung zu neuen, den Interessen des während des Weltkrieges rasch entwickelten chinesischen Kapitalismus entsprechenderen Regierungsformen.*[73] Jene lokalen Regierungen, mit Generälen an der Spitze, die zugleich die reichsten Kapitalisten der Provinz sind, zeigen klar, um was es sich handelt: um Regierungen, welche den Interessen der sich entwickelnden nationalen Bourgeoisie dienen. Aber bei den riesigen Entfernungen und den schlecht entwickelten Verkehrs- und Verständigungsmitteln ist die kapitalistische Entwicklung noch nicht so weit vorgeschritten, um eine kapitalistische Zentralregierung nötig zu haben oder bilden zu können. Wir dürfen nicht vergessen, daß, wenn China in zehn Teile zerfällt, jedes Gebiet im Durchschnitt 46 Millionen Menschen umfaßt; eine Zahl, welche den Bedürfnissen nach der Größe des Wirtschaftsgebietes im Anfangsstadium des Kapitalismus völlig entspricht.

Mag diese Erklärung richtig oder falsch sein, jedenfalls steht folgendes fest:

1. daß das chinesische Volk nicht geneigt ist, sich friedlich als Kolonie der imperialistischen Mächte gebrauchen zu lassen;
2. daß es nicht unbedeutende militärische Kräfte zu einem Widerstand organisiert hat;
3. daß bei den riesigen Dimensionen des Landes eine militärische Besetzung ungeheure Kosten verursachen würde;
4. daß keine von den nicht unmittelbar benachbarten Großmächten die nötige strategische Basis zu einem Großkrieg gegen China besitzt: weder die Vereinigten Staaten, noch England, noch Frankreich. Einzig und allein Japan könnte gegen China strategisch vorgehen.

Dies sind unseres Erachtens die Gründe dafür, daß der Plan einer „friedlichen Durchdringung" des chinesischen Weltreiches in den Arbeiten der Washingtoner Konferenz ganz zurück trat. Es scheint, daß die innere Entwicklung in China zu weit fortgeschritten ist, als daß die imperialistischen Mächte das Reich zur Grundlage einer Ausweitung des Kapitalismus verwenden könnten. *Das gestörte Gleichgewicht der Weltwirtschaft kann durch den Absatz der industriellen Produkte des Überproduktionsgebietes in China nicht wiederhergestellt werden.*

73 Daß sich der Kapitalismus in China trotz der chaotischen politischen Verhältnisse flott weiter entwickelt, zeigt die steigende Einfuhr von Maschinen jeder Art, die aus den Berichten der englischen Fachzeitschriften zu ersehen ist.

## 3. Wiederaufrichtung der Unterproduktionsgebiete in Europa

Die dritte Strömung in der Wirtschaftspolitik der Weltmächte ist eine Wiederherstellung der Wirtschaft in den wirtschaftlich zerstörten Gebieten Europas: Deutschland, Polen, Rußland, die Nachfolgestaaten der österreichisch-ungarischen Monarchie (mit Ausnahme der Tschechoslowakei), der Balkan, ein Komplex von ungefähr 300 Millionen Menschen. Der ganze Komplex war vor dem Kriege bereits in die kapitalistische Weltwirtschaft einbezogen, einzelne Teile, wie Deutschland, fast an der Spitze des Kapitalismus marschierend. Alle diese Staaten leiden — ungeachtet der tiefgehenden politischen Unterschiede, welche zwischen dem kapitalistischen Mitteleuropa und der proletarischen Sowjetrepublik bestehen — ökonomisch an demselben Übel: an der *Verarmung durch den Krieg*, an Mangel von sachlichen Produktionsmitteln, an ungenügender Produktion, an hieraus entstehender ungenügender Ernährung der arbeitenden Massen. Ursache und Wirkung verketten sich zu einem falschen Zirkel: Die ungenügende Lebenshaltung erzeugt eine sich verringernde Leistungsfähigkeit, verminderte Produktion . . .

Die Lösung der Weltwirtschaftskrise erscheint daher theoretisch sehr leicht: Sie bestünde in der Überführung der in den Überproduktionsgebieten überflüssigen Güter und Produktionsmittel in die verarmten Gebiete. Aber jene überflüssigen Warenmengen bilden kapitalistisches Privateigentum. Ihre Überlassung an die verarmten Gebiete kann daher nur mit Einhaltung der Gesetze des Kapitalismus vollzogen werden, das heißt, das Eigentum an den überlassenen Gütern muß erhalten bleiben und dieselben müssen Profit tragen. Dies macht die Lösung ungeheuer schwierig.

Dieser Lösungsversuch hat schon eine lange Geschichte. Englische politische Ideologen: Norman Angell und Keynes, machten damit den Anfang. Es folgten die Bankiers mit konkreteren Vorschlägen: Ter Meulens Plan, Vanderlips Plan einer europäischen internationalen Bank usw.; die inoffizielle Anregung Englands der gegenseitigen Erlassung der Kriegsschulden in Verbindung mit einer Erleichterung der Reparationsleistung für Deutschland; Parvus' Propaganda für einen internationalen Konzern zum Wiederaufbau Deutschlands und Rußlands; Stinnes' englisch-deutsche Zusammenarbeit in Rußland. Endlich der Beschluß der Pariser Konferenz der Entente-Finanzleute, dem Obersten Rat die Gründung einer internationalen Bank mit einem Kapital von 20 Millionen Pfund vorzuschlagen, um allen bedürftigen Ländern Kredite zum Wiederaufbau ihrer Verkehrswege und ihres Produktionsapparates zu gewähren, wenn sie nur *„den Schutz des Eigentums“* garantieren. — Wir sehen, die Pläne nehmen immer konkretere Formen an und breiten sich aus, indem man Rußland einbezieht. Nachdem die chinesischen Pläne sich als undurchführbar erwiesen haben, sucht das internationale Kapital auf dem Riesengebiet Rußlands die zu ihrem weiteren Bestehen nötige Ausdehnung ihres Absatzgebietes.

Die bewußten Versuche, durch Gewährung von großen Krediten eine Überführung von überflüssigen Produktionsmitteln aus den Überproduktionsgebieten in die Unterproduktionsgebiete zu bewerkstelligen und hierdurch eine Wiederherstellung des weltwirtschaftlichen Gleichgewichtes zu fördern, sind bisher über die Ausarbeitung von Plänen nicht gediehen. Es handelt sich hierbei um zwei verschiedene Dinge:

a) Die von englischen Wirtschaftspolitikern propagierte gegenseitige Erlassung der Kriegsschulden der Alliierten untereinander, in Verbindung mit einer Erleichterung der Reparationslasten Deutschlands. Die Verwirklichung dieser Pläne scheiterte bisher an dem Widerstand des Hauptkreditoren, der Vereinigten Staaten. Nicht als ob den Vereinigten Staaten eine tatsächliche Rückzahlung der alliierten Schulden wünschenswert wäre. Als im Oktober

1920 England 500 Millionen Schulden an die Vereinigten Staaten zurückzahlte, da erklärten einsichtige amerikanische Wirtschaftspolitiker, es wäre für die Vereinigten Staaten vorteilhafter gewesen, wenn England die Bezahlung dieser Schuld unterlassen hätte.[74]

Der Gedankengang der amerikanischen Wirtschaftspolitiker ist vollkommen richtig: Eine in raschem Tempo erfolgende Rückzahlung der amerikanischen Forderungen würde der für den internationalen Handelsverkehr so wichtigen Tendenz zur Stabilisierung der Valutaverhältnisse, welche sich in der zweiten Hälfte 1921 stark geltend machte, ein Ende machen.

Indessen sind es weniger unmittelbar wirtschaftliche Überlegungen als politische Bedenken, welche diesen Plan zum Scheitern brachten. Die Vereinigten Staaten wollen die mächtige politische Waffe, welche ihre ungeheuren Forderungen an Europa bilden, nicht ohne weiteres aus der Hand lassen. Auch muß man in Erwägung ziehen, daß der Hauptschuldner Amerikas England ist, welches trotz seiner großen ökonomischen Schwierigkeiten vorläufig ein *zahlungsfähiges* Land ist; Englands Schuldner hingegen sind die kontinentalen Länder, die vorläufig tatsächlich zahlungsunfähig sind. Infolge des Widerstandes der Vereinigten Staaten scheint es, daß die interalliierte Schuldenstreichung bloß in europäischem Maßstabe vor sich gehen könnte.

Es muß jedoch betont werden, daß die Erlassung der interalliierten Schulden *kein positiver Schritt* zur Lösung der Weltwirtschaftskrise wäre. Es bedeutet nicht, daß Produktionsmittel aus den reichen Ländern in die armen übertragen werden, sondern nur die Ungültig-Erklärung von Forderungstiteln, deren reale Wertgegenstände noch im Kriege verbraucht wurden. Die Verminderung der Reparationslasten erleichtert für Deutschland den Wiederaufbau aus eigenen Mitteln, bedeutet aber für Frankreich, für welches seine ausländischen Kriegsschulden nur eine theoretische Last bedeuten, da es die Zinsen derselben tatsächlich nicht bezahlt, eine Verschlechterung seiner finanziellen Lage. Eine gegenseitige Erlassung der Schulden wäre daher eine Teillösung des Teilproblems der Reparation, aber keine Überwindung des weltwirtschaftlichen Zerfalls.

*b) Eine internationale Kreditaktion von größtem Ausmaße*, gewährt allen Ländern des Unterproduktionsgebietes, Rußland inbegriffen! Dies wäre der ökonomisch einzig richtige

74 „Wer bezweifelt,“ urteilte die National City Bank of New York im November, „daß unsere Märkte sich gegenwärtig in besserer Verfassung befinden würden, wenn Großbritannien und Frankreich nicht am 15. Oktober ihre gemeinsame Anleihe in New York getilgt hätten? ... Wenn sie die 400 Millionen Dollar nicht gezahlt hätten, so hätten sie um so viel mehr zum Ankauf unserer Erzeugnisse zur Verfügung gehabt. Der Mensch kann eben nicht im gleichen Zuge Schulden tilgen und Mehreinkäufe von Waren vollziehen.“ Im Juni 1921 wiederholte die gleiche führende Finanzmacht: „Zur Zeit sind wir mehr daran interessiert, daß Europa unsere Erzeugnisse kauft, als daß es alte Schulden begleicht. So liegen die Dinge noch immer. Die Zahlkraft Europas dient besser, sowohl nach unseren wie nach den europäischen Interessen, zum Ankauf für amerikanische Produkte, die Europa braucht und die sich bei uns im Überfluß angehäuft haben, als zur Abtragung von Schulden an unsere Regierung ... Die hohen Devisenkurse, die in ganz Europa auf New York vorherrschen, bilden aber ein schweres Hemmnis für unsere heutige Ausfuhr, und falls gar noch Regierungen von Schuldnerstaaten sich zum Wettlauf mit der Geschäftswelt auf dem Devisenmarkt anschicken, werden diese Kurse noch mehr emporgetrieben. In einer Zeit, wo es für amerikanische Geschäftskreise als wichtigste Frage gilt, durch Kreditgewährung Europa zum Käufer auf unserem Markt zu machen, wäre es für uns ein seltsames Vorgehen (strange policy), unsere europäische Schuldner aufzufordern, alle ihre Zahlkraft aufzuwenden, um an das Schatzamt der Vereinigten Staaten Schulden abzutragen.“ (Zitiert nach: Max Schippel, Amerikas Wirtschafts- und Finanzlage, Stuttgart 1921.)

und mögliche Weg. Voll durchgeführt, würde diese Maßregel die durch den Krieg verursachte Spaltung der Weltwirtschaft beseitigen. Der Überfluß der Produktionsmittel und der Waren im allgemeinen in den Überproduktionsgebieten würde nach den Unterproduktionsgebieten abfließen, die Produktion in diesen Gebieten einen raschen Aufschwung nehmen, der normale, die ganze kapitalistische Welt umfassende Warenaustausch wieder beginnen, die Valutakurse stabilisiert werden. Natürlich würde dies keine endgültige Stabilisierung der kapitalistischen Gesellschaftsordnung bedeuten: Die *alten Widersprüche* der Klassengesellschaft blieben bestehen, verschärft durch das Bestehen Sowjetrußlands und die Erstarkung des Unabhängigkeitsstrebens aller kolonialen und halbkolonialen Länder. Aber die akute Krise könnte überwunden werden.

Die ökonomische Möglichkeit in quantitativer Beziehung ist sicherlich auch vorhanden. Das Arbeitsprodukt von sechs Millionen amerikanischer, zwei Millionen englischer und einer Million anderer gegenwärtig arbeitsloser Arbeiter würde, zwei bis drei Jahre hindurch den verarmten Gebieten zur Verfügung gestellt, den erforderlichen Ausgleich bewirken.

Was verhindert diese Lösung?

Es ist das *politische Problem* von Deutschland und Rußland! Es sind die, trotz der zunehmenden internationalen Verflechtung der Kapitalinteressen im Wesen unveränderten machtpolitischen Gegensätze der „nationalen“ Imperialismen!

Fassen wir vorerst das deutsche Problem ins Auge. Vor dem Weltkriege kämpften vor allem England und Deutschland um die wirtschaftliche Vormachtstellung in der Welt. Die Vereinigten Staaten waren noch im Wesen ein Agrarland, Frankreich und Japan Industriemächte zweiten Ranges. Der Weltkrieg rückte Amerika in die erste Linie. Frankreich wurde durch die Angliederung Elsaß-Lothringens zu einem schwerindustriellen Exportland, das mit den ersten zwei in scharfem Wettbewerb steht. Japan ist zumindest für Asien und Afrika ebenfalls in die Reihe der imperialistischen Weltmächte gerückt. Würde nun die Wirtschaft Deutschlands durch große Auslandskredite und durch Reduzierung der Reparationskosten ins Gleichgewicht gebracht werden, so würde Deutschland, gestützt auf die billigen Lohnkosten, alsbald wieder als der gefährlichste Konkurrent der industriellen Weltmächte dastehen. Eine Entwicklung, die vor allem für Frankreich gefährlich wäre. Daher sehen wir, daß französisches Kapital in großen Summen in Polen und in den Donauländern angelegt wird, in Deutschland aber nur ausnahmsweise; polnische, tschechische usw. Anleihen finden in den reichen Ländern Aufnahme, eine nennenswerte deutsche Auslandsanleihe kam aber bisher nicht zustande.

Anders steht es mit Rußland. Hier wäre eine profitable Kapitalanlage möglich, ohne damit in absehbarer Zeit einen gefährlichen Konkurrenten großzuziehen. Hier stellen sich aber der neuen Kapitalanlage politische Hindernisse, die Herrschaft des Proletariats, entgegen. Indessen ist das Problem Rußlands so kompliziert, daß wir es gesondert behandeln müssen.

Als wir diese Zeilen schreiben, Mitte Februar 1922, sehen wir eben die französischen Chauvinisten am Werke, die große Wirtschaftskonferenz von Genua, wo England die Absicht hatte, ernste Maßnahmen zur Wiederaufrichtung der Wirtschaft der Unterproduktionsgebiete — Rußland inbegriffen — zu bewerkstelligen, zu hintertreiben. Das relativ selbstgenügsame Frankreich, welches infolge seiner Entvölkerung von der Arbeitslosigkeit verschont ist, schätzt die Möglichkeit seiner politischen Vorherrschaft auf dem europäischen Kontinent höher ein als die Wiederherstellung der zerstörten Wirtschaft Europas.

# X. Die Krise Rußlands und die Weltwirtschaftskrise

Rußland macht in den letzten Jahren ebenfalls eine Wirtschaftskrise durch, deren Intensität alles andere übertrifft. Wir wollen versuchen, einerseits den Zusammenhang der russischen Krise mit der allgemeinen Weltwirtschaftskrise aufzuzeigen, andererseits aber die Ursachen zu ergründen, welche zur besonderen Verschärfung der Lage in Rußland führten.

Rußland leidet an derselben absoluten Unterproduktion wie die kriegführenden Länder Mittel- und Osteuropas überhaupt als Folge des Weltkrieges. Die wirtschaftliche Basis Rußlands war von jeher schwach. Schon in Friedenszeiten waren die Kosten des modernen Staatsapparates und vor allem des teuren Heeres größer, als die primitive Wirtschaft vertragen konnte. Die Landwirtschaft, die Grundlage der Wirtschaft, war rückständig. Die Erträge — trotz des fruchtbaren Bodens — die kleinsten in Europa: eine Folge der Armut und der Unwissenheit der russischen Bauern. Das Bestehen eines weit ausgedehnten Großgrundeigentums änderte hieran nichts, da dasselbe zum größten Teil an Bauern in Kleinpacht verpachtet war. Nur der *chronische Hunger* des russischen Bauern — wie wir ihn aus den Schriften Tolstois und anderer Schriftsteller kennen — *ermöglichte jene Ausfuhr von Lebensmitteln*, aus dessen Erlös die Zinsen der Auslandsschulden und der Import von Kriegsmaterial bezahlt wurden. Die neuentstandene Großindustrie, zum großen Teil mit Hilfe ausländischen Kapitals gegründet, war nicht aus den Bedürfnissen des Landes organisch erwachsen. Sie stützte sich auf Heereslieferungen, hohen Schutzzoll und die der Bedürfnislosigkeit des russischen Bauern entsprechenden niedrigen Arbeitslöhne. *Die Produktivität der Arbeit war sehr gering*: ein Viertel, ein Zehntel jener der hochkapitalistischen Länder. Das Land war an akkumulierten realen Gütern sehr arm.

Die primitive Wirtschaft war den Anforderungen des Weltkrieges nicht gewachsen. Rußland brach als erste der Weltmächte im Kriege zusammen. Wie weit der Niedergang der Wirtschaft in der Kerenskij-Epoche bereits fortgeschritten war, zeigt uns die kleine Schrift Lenins: „Die drohende Katastrophe und wie können wir dieselbe bekämpfen?"

Mit der Besitzergreifung der Bolschewiki nahm die wirtschaftliche Zerrüttung kein Ende: im Gegenteil, dieselbe verschärfte sich. Aus zwei Gründen. Der Friede von Brest-Litowsk brachte zwar das Ende des auswärtigen Krieges, aber keinen Frieden. Eine Reihe von gegenrevolutionären Angriffen, unterstützt durch die europäische Bourgeoisie, trug den Krieg Jahre hindurch in das Innere des Gebietes Rußlands. Dann folgte der große Krieg gegen Polen. Erst 1921 kann halbwegs als Friedensjahr betrachtet werden. Aber die Tatsache der Isolierung als einzige proletarische Macht innerhalb der kapitalistischen Welt nötigt Rußland auch heute noch, seine besten Kräfte zur Aufrechterhaltung einer großen Armee zu verwenden — zum Schaden des wirtschaftlichen Wiederaufbaues. Die *Blockade* Rußlands verschärfte die Krise, indem sie es dem Lande unmöglich machte, die Vorteile der weltwirtschaftlichen Arbeitsteilung auszunützen. Und da Rußland vor dem Kriege in erster Linie Produktionsmittel einführte, traf die Blockade vor allem die Produktion.

Soweit unterscheidet sich die Wirtschaftskrise Rußlands nicht prinzipiell von jener der kapitalistischen Länder des Unterproduktionsgebietes. Es gibt aber Ursachen, die, der Tatsache der Diktatur des Proletariats entspringend, die Unterproduktionskrise Rußlands verschärfen. Es hätte keinen Sinn, dies leugnen zu wollen. Jede Revolution bringt im Beginne eine Auflösung der Arbeitsdisziplin, was einen Rückgang der Arbeitsleistung und daher eine Minderproduktion nach sich zieht. Ich schrieb darüber an einem andern Ort[75]: „... Da in jeder Klassengesellschaft das Inzuchthalten der Arbeitenden während des Arbeitsprozesses mit den Mitteln der Klassenherrschaft ausgeübt wird, bedeutet jede Revolution eine tiefgehende Lockerung der Arbeitsdisziplin. Auch eine bürgerliche Revolution ... erschüttert den Autoritätsglauben der Massen und hierdurch die Arbeitsdisziplin ... Die alten Mittel der gewaltsamen Zucht der Arbeitenden, die Mittel der Klassendisziplin ... verlieren jeden Sinn, sobald die Arbeiter selbst die Betriebe verwalten, Regierung und bewaffnete Macht in ihren Händen ist. *Es entsteht die schwere Aufgabe, eine neuartige, den geänderten sozialen Machtverhältnissen angepaßte freie Arbeitsdisziplin zu schaffen.*"

Aber die Entstehung dieser neuen, freien Arbeitsdisziplin braucht Zeit. Die alte Ideologie wirkt weiter. Die große Masse der Arbeitenden kann den grundlegenden Unterschied: arbeiten für den Profit des Kapitalisten und arbeiten für die Allgemeinheit nicht rasch erfassen. Daher ist ein Rückgang der Arbeitsdisziplin, damit der Arbeitsleistung und der Produktion am Beginn jeder Diktatur unvermeidlich, und der proletarische Staat ist oft genötigt, im Interesse der Arbeiterschaft selbst Zwangsmittel gegen jene Arbeiterschichten anzuwenden, die mit den Methoden der freien Arbeitsdisziplin zu keiner gehörigen Arbeitsleistung gebracht werden können. In Rußland wurde der Übergang zur neuen Arbeitsdisziplin noch dadurch besonders erschwert, daß die besten Elemente des russischen Proletariats bis heute im Kampf mit der Gegenrevolution oder in der Roten Armee festgehalten sind. Es fehlt auf diese Weise in den Betrieben der beste Kern, welcher die neue Arbeitsdisziplin *bewußt* auf sich nimmt und durch sein Beispiel die trägen Massen mitreißt ...

Der zweite wichtige, durch die Tatsache der Diktatur hervorgerufene Faktor in der Verschärfung der Unterproduktionskrise war die Einschränkung der landwirtschaftlichen Produktion durch die Bauern, die *starke Tendenz zur Rückkehr zur geschlossenen Hauswirtschaft*. Diese Tendenz war bei den Bauern Mittel- und Osteuropas — wie wir bereits erwähnten — während des Krieges unter kapitalistischen Verhältnissen ebenfalls vorhanden. In Rußland wurde dieselbe durch die bekannten Notwendigkeiten des „Kriegskommunismus" aufs äußerste verschärft.

Obwohl der Boden Rußlands rechtlich der Gesamtheit der Arbeitenden gehört, so ist doch tatsächlich jeder der 30 Millionen russischer Bauern selbständiger Betriebsleiter seiner Wirtschaft[76]. Was und wieviel produziert wird, hängt — von dem schrecklichen Mangel an technischen Hilfsmitteln abgesehen — von seinem Willen ab! Nun war die Sowjetregierung gezwungen, im Interesse der Verteidigung des Landes und der Diktatur die volle Enteignung aller landwirtschaftlichen Produkte der Bauern, welche zur Fortführung der Wirtschaft und zur Ernährung der Familie nicht unentbehrlich waren, durchzuführen. Prinzipiell sollte die Regierung die Bauern als Gegenleistung mit industriellen Gütern jeder Art versorgen. In den ersten zwei Jahren geschah dies auch tatsächlich. Aber mit dem fortschreitenden Verfall der industriellen Produktion wurde dies unmöglich. Der Bauer mußte sein Getreide abliefern, ohne eine reale Gegenleistung zu erhalten. Er reagierte mit der Rückkehr zur geschlossenen Hauswirtschaft: Er baute nur soviel an, wie für seinen eigenen

75 E. Varga, Die wirtschaftspolitischen Probleme der proletarischen Diktatur, 2. Auflage, S. 80—81 (siehe auch Bd. I, S. 121 der vorliegenden Ausgabe).

76 Wir sehen hier von der im Jahre 1921 beginnenden Tätigkeit der Saatkomitees zur staatlichen Regulierung der Bauernwirtschaft ab.

Bedarf genügte[77], baute aber alle Arten von Pflanzen, welche das Klima zu bauen erlaubte: Tabak, Hanf, Gemüse usw. Er kehrte zur primitivsten Form der Hausindustrie zurück: machte Zuckersaft aus Rüben; gerbte selbst die Häute der gefallenen Tiere; spann und webte aus selbstgepflanztem Hanf Stoffe. *Der Widerspruch zwischen privatwirtschaftlicher Produktion und gemeinwirtschaftlicher Aneignungsweise* fand seinen verhängnisvollen Ausgleich in einem rasch fortlaufenden Zerfall der Gesamtwirtschaft, in einem fast vollständigen Aufhören des Güteraustausches zwischen Stadt und Land.

Endlich zwang der Krieg und die Weigerung der russischen Kapitalisten, unter der Herrschaft der Arbeiterklasse zu produzieren — sie hofften damals noch, durch ihre wirtschaftliche Sabotage die Arbeiterregierung rasch stürzen zu können —, die Sowjetregierung zu einer viel weitergehenden Ausdehnung der staatlichen Gemeinwirtschaft, als die schwachen Kräfte des russischen Proletariats organisatorisch bewältigen konnten.[78] Es entstand eine gewaltige Bürokratie, welche durch Hemmung des Güteraustausches nicht einmal jene Produktionsmöglichkeiten auszunutzen gestattete, welche das verarmte, zerfallene Land noch besaß.

*

Die vor fast einem Jahre inaugurierte Neue Ökonomische Politik ist berufen, die zutage getretenen Mängel zu beseitigen. Zu diesem Zwecke dienen:

1. *Die Ersetzung des Zwanges zur Ablieferung des ganzen Lebensmittelüberschusses durch die Naturalsteuer.*[79] Diese Maßregel beseitigt den oben dargestellten Widerspruch zwischen privatwirtschaftlicher Produktion und gemeinwirtschaftlicher Aneignung. Sie gibt den 30 Millionen russischer Bauern den Anreiz zur erhöhten Produktion wieder.

2. *Der Abbau der staatlichen Gemeinwirtschaft* auf ein Maß, welches organisatorisch bewältigt werden kann. Die Wiedergestattung des freien Handels ist eine natürliche Ergänzung beider Maßregeln. Ohne Freihandel hätte für Bauern die Naturalsteuer keinen Wert. Und die aus der staatlichen Gemeinwirtschaft ausgeschiedenen, verpachteten Betriebe können ebenfalls nur produzieren, wenn ihnen der Vertrieb ihrer Erzeugnisse ermöglicht wird.

*Diese zwei Maßnahmen bedeuten eine prinzipielle Änderung in der Stellung des Staates.* Im früheren System des Kriegskommunismus umfaßte die Staatswirtschaft prinzipiell alle Einwohner des Staates. Jeder Bürger sollte für den Staat arbeiten; jeder hatte das Anrecht, vom Staate versorgt zu werden. Die einzelnen Wirtschaftssubjekte lösten sich in der staatlichen Gemeinwirtschaft auf. Im Sinne der neuen Wirtschaftspolitik stellt sich der Staat als Wirtschaftsgebilde allen anderen einzelnen Wirtschaftssubjekten gegenüber, ähnlich wie im Kapitalismus. (Nur ist der in unmittelbarer staatlicher Verwaltung verbleibende Teil der Wirtschaft viel ausgedehnter.) Er nimmt einen Teil des Wertproduktes seiner Einwohner für sich in der Form von Steuern in Anspruch. Darüber hinaus aber verkehrt er mit den einzelnen Wirtschaftssubjekten als Gleichgestellter: kauft und verkauft, transportiert, macht Bankgeschäfte usw.

77 Siehe P. I. Popov, Proizvodstvo chleba v RSFSR i federirujuščichsja s neju respublikach, Moskva 1921.

78 Im Kapitalismus ist es den Proletariern unmöglich, ihre Fähigkeiten auf dem Gebiete der wirtschaftlichen Organisation zu entwickeln. Die Kapitalisten gewähren ihnen hierzu keine Möglichkeit. Die nötigen Kenntnisse müssen in der Diktatur selbst erworben werden. Dies ist ebenfalls einer der Gründe des Rückganges der Produktion im Beginn der Diktatur.

79 Die Notwendigkeit dieser Maßregel wird von Lenin in seiner Broschüre „Über die Naturalsteuer" (Werke, Bd. 32, Berlin 1961, S. 381—382) in unübertrefflicher Weise dargestellt.

3. *Um dies erfolgreich durchführen zu können, fand eine Umorganisierung der staatlichen Betriebe statt.* Dieselben wurden auf kommerzielle Basis gestellt, d. h. sie mußten einen in Gold ausdrückbaren Überschuß aufweisen. Dies wird erreicht:

a) durch Wiedereinführung des Prinzips der Bestimmung des Arbeitslohnes im Verhältnis zur geleisteten Arbeit. Dies hat eine weitgehende Reduktion des Arbeiterstandes, eine Abstoßung der überflüssigen Arbeitskräfte zur Folge. Der Staat erhält nur jene Arbeitsfähigen, die hierauf durch ihre Arbeit ein Recht haben: die anderen müssen selbst für sich sorgen.

b) *Die Verkaufspreise der Waren und Leistungen der staatlichen Betriebe werden rechnerisch den Produktionskosten angepaßt.* Auf dem Markte treten die Staatsbetriebe als private Wirtschaftsgebilde auf: kaufen und verkaufen, trachten den höchstmöglichen Nutzen zu erzielen!

c) Um dies zu ermöglichen, werden die Betriebe nach wirtschaftlichen Gesichtspunkten umgruppiert: staatliche Trusts, die Leitung der früheren bürokratischen Fesseln entledigt und den Bedürfnissen der Ausnützung der Konjunktur des freien Marktes angepaßt. Und da die neue Wirtschaftspolitik die früheren Beschränkungen des Erwerbes natürlich ebenfalls aufhebt, ist die Möglichkeit der Gründung „*gemischtwirtschaftlicher Unternehmungen*" (Aktiengesellschaften unter Beteiligung des Staates und der Kapitalisten) gegeben. Der Weg für den Staatskapitalismus ist gemacht![80]

*

Die neue Wirtschaftspolitik ist sicherlich geeignet, fördernd auf die Wiederherstellung der Wirtschaft zu wirken. Aber für Rußland gilt dasselbe wie für die andern Länder des Unterproduktionsgebietes: Eine Überwindung der Krise ist in absehbarer Zeit nur möglich, wenn überflüssige Produktionsmittel der Überproduktionsgebiete ihren Weg dahin finden.

Da aber diese überschüssigen Warenvorräte kapitalistischen Besitz bilden, können dieselben nur den „Gesetzen" des Kapitalismus entsprechend nach Rußland überführt werden: Das Eigentum der ausländischen Kapitalisten muß als solches sichergestellt und die Möglichkeit des Profiterwerbs gegeben sein. Dies ist der Kern der Konzessionsfrage. Die *Formen* der Kapitalübertragung können dieselben sein wie die früher allgemein erörterten. Staatsanleihen, Erwerb von Konzessionen zur Ausnutzung von Naturschätzen, Beteiligung an bereits bestehenden Unternehmungen usw. Die neue Wirtschaftspolitik Sowjetrußlands macht den Weg für die Beteiligung des Auslandskapitals frei.

Wird aber das ausländische Kapital diesen Weg beschreiten?

Die weltwirtschaftliche Gesamtlage ist für Rußland entschieden günstig. In den Ländern des Überproduktionsgebietes gibt es unverkäufliche Warenvorräte und unausgenützte Produktionsmöglichkeiten: Die ungeheure Arbeitslosigkeit zeugt dafür. Das Wiedererscheinen Rußlands als Käufer auf dem Weltmarkt mit seinen ungeheuren, seit langen Jahren zurückgehaltenen Bedürfnissen würde den Kapitalisten des Überproduktionsgebietes höchst erwünscht sein und zur Überwindung der Weltwirtschaftskrise beitragen.

*Minder wichtig ist das Wiedererscheinen Rußlands als Verkäufer auf dem Weltmarkt.* Jene Erzeugnisse, welche in Friedenszeiten die Hauptausfuhrwaren Rußlands bildeten:

80 Ich kann mich hier nur mit den rein wirtschaftlichen Zusammenhängen der Frage beschäftigen: Die soziale und politische Seite behandelte ich in meinem Artikel: „Sozialismus und Kapitalismus in Rußland" (Russische Korrespondenz, November 1921. Diese Zeitschrift enthält ungemein reiches Material über Rußland).

Getreide und Rohstoffe, sind im Gebiet der Überproduktion — wie wir oben anführten — im Überfluß vorhanden. Nur Petroleum, Manganerze, Platina, Felle sind gesuchte Waren. Aber im allgemeinen ist zu sagen: *Das Bedürfnis der kapitalistischen Welt nach Rußland als Käufer ist unvergleichlich größer als das Bedürfnis nach seinen Lieferungen als Verkäufer!*

Dies trifft nun sehr gut mit den Bedürfnissen Rußlands zusammen. Rußland ist potentiell ein sehr reiches Land. Eine Erhöhung der Durchschnittserträge auch bloß auf das niedrige Niveau Ungarns würde einen Ausfuhrüberschuß von Hunderten Millionen Doppelzentnern an Lebensmitteln ergeben! Seine riesigen Wälder bergen die größten Holzmengen der Welt. Metalle, Petroleum, Kohle in Sibirien besitzt es im Überfluß. *Aktuell* durchlebt aber Rußland von allen Ländern die schwerste Unterproduktionskrise. Es kann kein Massengut ausführen, ohne seine eigene Wirtschaft zu schädigen. Zu den obenerwähnten Ursachen der Unterproduktion gesellt sich das unverschuldete Unglück: die Mißernte! Eine rasche Wiederaufrichtung der Produktion Rußlands kann nur durch die Überführung großer Gütermassen, vor allem Produktionsmittel, auf Kredit, gegen spätere Bezahlung, erfolgen.

Wird das Kapital diesen Weg beschreiten?

Die Aussichten sind ungewiß. Das englische Kapital, welches am schwersten unter der Arbeitslosigkeit und an der Einengung seines Arbeitsmarktes leidet, wäre zu Konzessionen bereit. Aber Frankreich, welches eine viel selbstgenügsamere Wirtschaft besitzt und kaum eine Arbeitslosigkeit kennt, sabotiert die Bestrebungen Englands, die Wirtschaftskonferenz von Genua. Die Vereinigten Staaten stehen abseits. Japan sucht seinen Vorteil in der Aneignung sibirischer Gebiete. Die schroff hervortretenden widerstreitenden Interessen der einzelnen imperialistischen Wirtschaften, verschärft durch nationalistisch-militaristische Strömungen, lassen es wahrscheinlich erscheinen, daß — trotz der Bestrebungen zu einem einheitlichen Vorgehen in Rußland und gegen Rußland — die Beteiligung des Auslandskapitals sehr schwer vor sich gehen wird.

Zu den widerstreitenden Interessen der einzelnen „nationalen" Volkswirtschaften in bezug auf das russische Problem gesellen sich die Interessengegensätze innerhalb der verschiedenen Schichten der Bourgeoisie desselben Landes. Die französischen Besitzer von russischen Staatspapieren fordern vor allem: Anerkennung der Schulden, baldige Aufnahme des Zinsendienstes. Die schwerindustrielle Bourgeoisie ist einer Vereinbarung geneigter, weil sie Waren nach Rußland auszuführen hofft. Die Luxusindustrie ist Gegner der Sowjetregierung, weil sie nur von einer Wiederkehr des zaristischen Regimes die Erneuerung der Luxusausfuhr erhofft, usw. Alle diese sich kreuzenden Strömungen machen es schwierig, zu einer klaren Erkenntnis der Lage zu gelangen.

Hinzu tritt eine weitere Komplikation. Rußland hat zwar die Möglichkeit für eine Anlage von Auslandskapital freigemacht. Aber es ist nicht geneigt, zu gestatten, daß unter diesem Titel das Land in eine Kolonie verwandelt wird. Die Vorbereitungen der Ententekapitalisten, die Gründung einer internationalen Finanzorganisation mit Einbeziehung Deutschlands und Japans zeigen, daß das Ententekapital diesen Zweck verfolgt. Die Wiedereinbeziehung Rußlands in die Weltwirtschaft kann daher auch noch am Widerstande Sowjetrußlands scheitern.

Die scharf hervortretenden Gegensätze der imperialistischen Großmächte lassen es als wahrscheinlich erscheinen, daß sie die Lösung der Weltwirtschaftskrise in hergebrachter Weise, mit Waffengewalt, herbeizuführen versuchen werden.

# XI. Überwindungsversuche auf Kosten des Proletariats

Wir haben bisher eine starke Tendenz des Kapitals zur Überwindung der Krise außer acht gelassen, weil dieselbe wohl dem Profitinteresse des einzelnen Kapitalisten entspricht, hingegen nicht geeignet ist, in der Richtung einer Überwindung der Krise im allgemeinen zu wirken. Es ist dies der Versuch der Kapitalisten, die Krise auf Kosten des Proletariats durch Erhöhung der Ausbeutung zu überwinden; eine Methode, die dem antagonistischen Charakter der kapitalistischen Gesellschaft am angemessensten erscheint.

Die Kapitalisten versuchen, durch Verlängerung der Arbeitszeit, durch Herabsetzung der Löhne, Erhöhung der Arbeitsleistung die Krise zu überwinden. Sie fordern die gleichen Mittel: sowohl in den Überproduktionsgebieten als auch in den Gebieten der Unterproduktion. Es scheint ein sinnloses Beginnen zu sein, auf erhöhte Arbeitsleistung und Verlängerung des Arbeitstages zu drängen, in einer Zeit, da viele Millionen Arbeiter arbeitslos sind und die Krise sich vor allem in der Unverkäuflichkeit der Waren auf dem Weltmarkt zu erkennen gibt. Aber für den einzelnen Kapitalisten Englands und Amerikas zeigt sich die Krise in einer andern Form: Der einzelne Kapitalist findet, daß seine Ware auf dem Weltmarkt unverkäuflich sei, weil seine Produktionskosten im Vergleich zu jenen Deutschlands oder Polens zu hoch seien. Verlängerung der Arbeitszeit und Herabsetzung der Löhne bedeutet für ihn erhöhte Konkurrenzfähigkeit auf dem Weltmarkt. Daß die Verlängerung der Arbeitszeit und die Vergrößerung der Arbeitsleistung in den Gebieten der Überproduktion zu einer noch größeren Arbeitslosigkeit, zu einer Verschärfung der Krise führen würden: um das kümmert sich der einzelne Kapitalist nicht.

Die Kapitalisten Deutschlands, Polens usw. fordern das nämliche: Verlängerung des Arbeitstages und Erhöhung der Arbeitsleistung. Zwar können sie sich nicht darauf berufen, daß die Arbeitskosten bei ihnen höher wären als auf dem Weltmarkt. Aber sie benutzen das Argument, daß in armen Ländern jeder mehr leisten müsse, da die Armut des Landes nur durch vermehrte Produktion zu überwinden sei. Eine Mehrproduktion in diesen Gebieten würde nicht nur dem Interesse des einzelnen Kapitalisten dienen, sondern auch auf der Linie des Ausgleichs der Krise liegen. Indessen besteht wenig Aussicht, mit dieser Methode Erfolge erzielen zu können. In den Unterproduktionsländern ist das Proletariat so schlecht genährt, sein Standard so tief gesunken, der sachliche Produktionsapparat so herabgekommen, die Mehrwertrate ohnehin schon so hoch, daß eine vermehrte Herauspressung von Arbeitsleistung im allgemeinen unmöglich erscheint. Der Versuch hierzu müßte zu einem katastrophalen Verkommen des Proletariats führen. Höhere Leistungen sind in diesen Gebieten nur durch eine Verbesserung des sachlichen Produktionsapparates, durch vorhergehende Verbesserung der Ernährung und durch bessere Organisation der Produktion zu erzielen. Letztere ist in Deutschland durch Zusammenschluß der für einander arbeitenden Betriebe, durch weitgehende Rationalisierung des Produktionsprozesses vielfach durchgeführt worden. Um aber die Produktion und die Produktivität der Arbeit in nennenswertem Maße zu heben, die Produktionskosten herabsetzen zu können, wären grundlegende Änderungen nötig.

Die Herabsetzung der Produktionskosten in den Unterproduktionsgebieten ist entweder durch *Verbesserung und Erneuerung des sachlichen Produktionsapparates* oder *durch Er-*

*höhung der individuellen Arbeitsleistung der Proletarier bei unverändertem sachlichem Produktionsapparat möglich.* Ersteres setzt eine starke, reale Akkumulation voraus, d. h., vom jährlichen Wertprodukt der Gesellschaft muß ein größerer Teil als gewöhnlich dem individuellen Konsum entzogen und zur Vergrößerung des technischen Produktionsapparates verwendet werden.

Wer soll aber auf seinen Anteil verzichten?

*Die Kapitalisten sagen, die Arbeiter!*

*Die Arbeiter sollen noch weniger konsumieren als bisher*, um die Erneuerung des sachlichen Produktionskapitals durch hohe Profite zu ermöglichen. Aber die Arbeiter Europas sind hierzu nicht gewillt. Das Proletariat Europas ist nicht mehr jene geduldige Masse, welche die kapitalistische Gesellschaftsordnung mit all ihren Entbehrungen für etwas unwandelbar Festes angesehen hat. Das Proletariat Europas hat im Krieg seinen eigenen Wert kennen gelernt. Die herrschende Klasse der kriegführenden Länder appellierte ja täglich an seine Opferwilligkeit. Das Proletariat hat jahrelang Waffen gehandhabt. Es hat gelernt, mit Waffen in der Hand sein Leben kämpfend aufs Spiel zu setzen. Es ist nicht länger gewillt, ruhig zu entbehren. Es will sich keine neuen Entbehrungen auferlegen lassen, um den Wiederaufbau des Kapitalismus zu ermöglichen, mögen die Ritter des Burgfriedens noch so eindringlich dies befürworten. Das Lebensniveau der Arbeiter Mittel- und Osteuropas ist bereits so tief gesunken, daß eine weitere Herabsetzung nur unter scharfen Kämpfen möglich scheint.[81]

*Aber vielleicht könnten die Herren Kapitalisten ihre Lebenshaltung herabsetzen*, keine Luxusgüter konsumieren, sondern den Wiederaufbau der Produktionsmittel betreiben! Es gibt einige kapitalistische Wortführer, die dies von der Bourgeoisie fordern (Rathenau). Auch wurde die Einfuhr von Luxusgütern in verschiedenen Ländern eine Zeitlang verboten. Aber die Tatsache steht fest, daß die Bourgeoisie ihren persönlichen Anteil an den Gütern des Lebens nicht verkürzt hat; im Gegenteil, der Luxus ist heute in Europa größer als je: Die „neuen Reichen", die Schieber und Spekulanten, prassen und schwelgen mit dem leicht erworbenen Verdienst wie nie zuvor.[82]

Die andere Lösung wäre: *Die Proletarier sollen bei derselben Lebenshaltung mehr produzieren.* Um den sachlichen Produktionsapparat erneuern zu können, um hierdurch eine spätere Erhöhung der Lebenshaltung der Arbeiterschaft zu ermöglichen, soll das Proletariat — mehr arbeiten. Aber das Proletariat ist auch hierzu weder gewillt, noch auch — mindestens in den Unterproduktionsgebieten — fähig. Bei seiner schlechten Ernährung ist es zu einer höheren Leistung ständig nicht fähig.

Die Wirtschaftskrise kann auf Kosten des Proletariats nicht überwunden werden.

81 Der Streik der Eisenbahner Deutschlands im Februar 1922 beweist, daß politisch keineswegs klassenbewußte Elemente durch die Not zum Kampf gezwungen werden.

82 Der Verbrauch an Likören und Schaumweinen war im Jahre 1921 in Deutschland größer als je!

# XII. Vom kommenden Weltkrieg*

Während des Kampfes, den das Proletariat Europas mit dem Kapital in den nächsten Jahren durchkämpfen wird, werden auch die drei imperialistischen Großmächte: die Vereinigten Staaten, England und Japan ihren Kampf um die Weltherrschaft untereinander auskämpfen müssen: Sie werden, den Gesetzen der kapitalistischen Gesellschaft gemäß, diesem Kampf nicht ausweichen können. Durch die Ausschaltung Rußlands und den Verfall Mitteleuropas ist der Weltmarkt für diese imperialistischen Weltmächte zu eng geworden. Sie müssen mit den Waffen entscheiden, wer der Herr sein soll!

Der Kampf hat bereits begonnen. Der angreifende Teil sind hierbei die Vereinigten Staaten. Diese haben sich während des Krieges wirtschaftlich zur stärksten Macht der Welt entwickelt. Und die Großbourgeoisie Amerikas, die jetzt in der Person Hardings am Ruder ist, ist nicht geneigt, sich in der Ausbeutung des Weltmarktes durch das maritime und politische Übergewicht Englands beschränken zu lassen.

Bereits werden die Differenzen zwischen England und Japan einerseits, den Vereinigten Staaten anderseits immer häufiger und schärfer. Die Vereinigten Staaten verwahren sich gegen das Monopol Englands auf die Ausbeutung des Petroleums in Mesopotamien! Scharfe Reden im Senat weisen darauf hin, daß England von den Vereinigten Staaten billig amerikanisches Petroleum bekommt, während es in Asien den Schiffen der Vereinigten Staaten das Petroleum sehr teuer verkauft.[83] England wird beschuldigt, ein Weltmonopol auf alles Petroleum außerhalb der Vereinigten Staaten zu erstreben, beziehungsweise zu besitzen. Immer öfter wird in amerikanischen Zeitungen und Zeitschriften die Möglichkeit eines Krieges mit England erörtert. Andererseits protestieren die Vereinigten Staaten gegen die Entscheidung des „Völkerbundes" — welcher durch das Fehlen der Vereinigten Staaten, Deutschlands und Rußlands zu einem Weltherrschaftsinstrument Englands geworden ist —, welcher die Insel Jap im Stillen Ozean Japan zuspricht. England ist erbittert über den industriellen Wettbewerb der Vereinigten Staaten, welcher England in der allerjüngsten Zeit sogar aus seiner ein Jahrhundert alten Monopolstellung auf dem Weltkohlenmarkt zu verdrängen beginnt.[84] Auch die Weigerung Amerikas, in eine Verhandlung über die

* Ich lasse dieses Kapitel aus der ersten Auflage unverändert stehen. Aus zwei Gründen: es hat bei den gegenwärtig so raschen Änderungen der weltpolitischen Lage ein historisches Interesse. Zweitens aber: ich halte die hier dargestellten Gegensätze bloß für überbrückt, durchaus nicht für ausgeschaltet. — Die neueste Entwicklung gebe ich in der Fortsetzung.

83 Siehe meinen Artikel über Amerika in Nr. 17 der „Kommunistischen Internationale".

84 Die Kohlenausfuhr der Vereinigten Staaten betrug nach

| | Frankreich | Italien | Holland | Schweden |
|---|---|---|---|---|
| | in Tsd. t | | | |
| 1914 | 47 | 776 | — | — |
| 1919 | 532 | 1633 | 722 | 253 |
| 1920 | 3646 | 2388 | 2147 | 1247 |

gegenseitige Erlassung der Kriegsschulden der Alliierten einzutreten, hat in England schwere Mißstimmung hervorgerufen.

Und schon wird auch offen zum Kriege gerüstet! Das Flottenbauprogramm der Vereinigten Staaten ist so ausgedehnt, daß in einigen Jahren die englische Flotte um die Hälfte überflügelt sein wird. Kader für ein Landheer von mehreren Millionen Menschen werden gebildet. Die Versuche zur Herstellung neuer Mordwerkzeuge, vor allem giftiger Flüssigkeiten und Gase, werden energisch fortgesetzt. Der Panamakanal soll befestigt werden, die Forts die stärkste Artillerie der Welt erhalten. General R. Lee Bullard, Kommandant der I. Division der amerikanischen Expeditionsarmee in Frankreich 1918, erklärte in einem Vortrag im Republikanischen Klub, daß Amerika, da es auf keinen Krieg vorbereitet war, während des Krieges *unter englischem Protektorat stand*, daß britische Truppen *zwischen* den amerikanischen und dem Feind standen, *bis sie sich eingeübt hatten!* Dies darf sich nicht wiederholen: Amerika muß ein schlagfertiges Heer haben. (Times vom 21. Februar 1921.) Senator Mac Cormick, engster Freund Hardings, kündigt im Senat die Fortsetzung der Rüstungen an, *in Rücksicht auf die japanischen Rüstungen.* „Amerika muß seine Position behalten". (Daily Herald vom 19. Februar 1921.) Es sind dieselben Argumente, welche vor dem Kriege in Deutschland üblich waren. Der Wettbewerb um den verengerten Weltmarkt und das Interesse der im Krieg zu hoher Macht gelangten Kriegsindustrie zeitigen die nämliche Politik.

Der kommende Krieg wird, wenn die proletarische Revolution nicht früher siegt, die Zerrüttung des Kapitalismus vollenden. Wie der vergangene Weltkrieg in Rußland die Diktatur des Proletariats und in Mitteleuropa den Verfall des Kapitalismus nach sich zog, so wird der kommende Weltkrieg die Zerstörung des Kapitalismus auf der ganzen Welt vollenden.

*

Diese Ausführungen scheinen heute, neun Monate nach ihrer Niederschrift, vollkommen veraltet zu sein. Es gibt wieder einmal eine Hochkonjunktur der pazifistischen Ideologie. Die pazifistischen Ideologen aller Parteien berufen sich auf die schönen Ergebnisse der Washingtoner Abrüstungskonferenz und erklären es für eine Blasphemie, gegenwärtig von kommenden neuen Kriegen zu sprechen. Überblickt man aber unvoreingenommen die Ergebnisse der Washingtoner Konferenz, so ergibt sich folgendes Bild: Der Weltkrieg hat gezeigt, daß die kostspieligen großen Kampfschiffe bei der neuen Technik der Seekriegsführung die großen Kosten ihrer Herstellung und Instandhaltung nicht lohnen. Die Einschränkung der Seerüstung in bezug auf Großkampfschiffe ist daher nichts anderes als organisierte Anpassung an die neue Technik des Seekrieges. Jeder Versuch einer Beschränkung der Rüstungen in bezug auf Unterseeboote und Kleinfahrzeuge scheiterte an dem Widerstand der teilnehmenden Mächte; jeder Versuch einer Rüstungsbeschränkung auf dem Lande an dem Widerstand Frankreichs. Der Militarismus der Welt ist heute nach der Washingtoner Konferenz noch immer weit größer und kostspieliger als vor dem Weltkriege. Nur nimmt er andere Formen an: statt Großkampfschiffe — Unterseekreuzer, statt Maschinengewehre — giftige Gase, welche die Be-

Italien hat einen fünfjährigen Lieferungsvertrag mit den Vereinigten Staaten für Kohle abgeschlossen. Überall verdrängt die amerikanische Kohle die englische, trotz der um 20 Prozent höheren Valuta! — Dies hat sich während des Jahres 1921 geändert. England hat die amerikanische Kohle wieder vom Weltmarkt zurückgedrängt.

völkerung ganzer Landstriche mit einem Schlage auszurotten geeignet sind. Die „Fortschritte" fußen auf den Erfahrungen des letzten Weltkrieges.

Prinzipiell müssen wir aber an die Pazifisten die Frage richten: *Haben jene Ursachen, welche bisher zu den imperialistischen Kriegen geführt haben, aufgehört zu wirken?* Ich glaube, niemand wird diese Frage in bejahendem Sinne beantworten. Es hat schon früher verheerende Weltkriege gegeben; aber sie haben den nächsten Krieg nicht verhindert, sondern vorbereitet. Es hat schon früher Friedenskongresse und Abrüstungskonferenzen gegeben: Sie haben den Weltkrieg nicht hintangehalten. Auf welchen Grund stützen die Pazifisten ihren Glauben, daß es diesmal anders sein wird?

Äußere Kriege gehören zum Wesen jeder Klassengesellschaft im allgemeinen. Unsere ganze Darstellung zeigt, daß die gegenwärtige Wirtschaftskrise eine schwere Belastungsprobe für die imperialistischen Weltmächte bedeutet.

Gelingt es, wie wir ausführten, weder durch Schaffung von selbstgenügsamen nationalen Wirtschaftsgebieten, noch durch die Erschließung von neuen Gebieten oder durch Wiederaufrichtung der Unterproduktionsgebiete das weltwirtschaftliche Gleichgewicht wiederherzustellen, für die unverkäuflichen Produkte der Überproduktionsgebiete Absatzmärkte zu schaffen, so bleibt auch diesmal nichts anderes übrig als der bewaffnete Kampf der imperialistischen Mächte um die Beherrschung des für alle zusammen zu eng gewordenen Weltmarktes. Alle pazifistischen Bestrebungen werden hieran nichts ändern.

# XIII. Die Bilanz der drei Nachkriegsjahre

Nachdem wir sowohl die Ursachen der Krise als auch jene immanenten Tendenzen und bewußten Bestrebungen zur Überwindung derselben durchflogen haben, fällt uns nunmehr die Aufgabe zu, ein allgemeines Urteil über die Entwicklung des Kapitalismus in den letzten drei Jahren zu fassen.

Diese Aufgabe ist nicht leicht, da die Erscheinungen sehr kompliziert sind und einander entgegengesetzte Strömungen sich im Gesamtbild kreuzen. Es gibt Zeichen der Konsolidierung und es gibt Zeichen eines weiteren Verfalls. Wir wollen versuchen, diese gegeneinander abzuwägen.

Zu den Konsolidierungserscheinungen rechnen wir vor allem als wichtigstes Moment: *das wiedergefundene Selbstbewußtsein der herrschenden Klassen Mitteleuropas.* Während Ende 1918 und im Jahre 1919 die mitteleuropäische Bourgeoisie, betäubt und in Furcht gejagt, ihr Kapital durch Verschiebungen ins neutrale Ausland rettete, fühlt sich dieselbe von neuem als Herr, organisiert die Wirtschaft, schließt sich zu noch größeren Trusts zusammen, lehnt sich an das englische, französische und amerikanische Kapital an, macht Geschäfte auf Jahrzehnte; kurzum, richtet sich auf einen weiteren, langen Bestand des Kapitalismus ein. Und sie versucht, durch Organisierung von Klassenarmeen auch die Arbeiter zu zwingen, an die Unerschütterlichkeit des Kapitalismus zu glauben. Die Bourgeoisie geht zum Angriff gegen die Errungenschaften des Proletariats, vor allem gegen den Achtstundentag vor.[85]

Andererseits ist auch nicht zu verkennen, daß in den Reihen der großen Arbeitermassen jene starke seelische Kampfstimmung gegen das Weiterbestehen des kapitalistischen Regimes, welche wir im Jahre 1919 und 1920 beobachten konnten und welche wir als eine der Hauptursachen für die Krise des Kapitalismus in unserem Buche über die „*Wirtschaftspolitischen Probleme der proletarischen Diktatur*" anführten, einer *starken Depression gewichen ist.* Große Massen der mitteleuropäischen Arbeiterschaft scheinen sich vorläufig psychologisch mit dem weiteren Bestand des Kapitalismus abgefunden zu haben. Der soziale Widerstand gegen eine Wiederaufrichtung des kapitalistischen Regimes in den Unterproduktionsgebieten ist gegenwärtig entschieden viel kleiner als vor ein bis zwei Jahren. Es wäre töricht, zu leugnen, daß die soziale Basis des Kapitalismus Ende 1921 stärker ist, als sie Ende 1918 war.

Fragen wir, ob der sachliche Produktionsapparat sich seit dem Kriege ebenfalls gebessert habe, so ist hierauf schwer eine Antwort zu geben. Wenn wir die Geldzahlen der neuen Kapitalanlagen betrachten wollen, so müssen wir auch in dieser Beziehung einen Fortschritt konstatieren. Diese Zahlen sind aber sehr schlechte Stützen: 1. ist der Wert des Geldes in den Unterproduktionsgebieten auf einen Bruchteil gesunken; 2. werden Kriegsprofite kapitalisiert, das Kapital verwässert. Wir müßten Daten über die Naturalform des Produktionsapparates haben. Solche stehen uns aber nicht zur Verfügung. Es gibt Nachrichten über starke Ausdehnung des Produktionsapparates in der Schwerindustrie Deutschlands und Amerikas; andererseits konstatierte Stinnes einen starken Verfall der Kokerei-

85 In Polen wurde in jüngster Zeit der Zehnstundentag vom Parlament wieder eingeführt.

anlagen in Deutschland. Im allgemeinen können wir sagen, daß, nachdem die gesamte Produktion der Weltwirtschaft in den drei Nachkriegsjahren bedeutend kleiner war als vor dem Kriege, von einer großen realen Akkumulation keine Rede sein kann. Denn wie könnte viel akkumuliert werden, wenn wenig produziert wird.[86]

Von einer ökonomischen Festigung des Gesamtkapitalismus kann angesichts der bestehenden ungeheuren Arbeitslosigkeit, der immer weiter sich verbreitenden Kluft zwischen den Gebieten der Über- und Unterproduktion keine Rede sein. Andererseits ist es unleugbar, daß sich in der Konjunktur im letzten Halbjahr — wie wir es ausgeführt haben — eine gewisse Besserung zeigt, und daß alle Fachleute des Kapitalismus, sowohl in Amerika als auch in England, für das nächste Jahr eine starke Besserung der Konjunktur voraussagen.[87]

Dies steht jedoch in keinem Widerspruch mit unserer Behauptung, daß die Krise der kapitalistischen Weltwirtschaft durchaus nicht als überwunden betrachtet werden kann.

86 Die typischste Form der Akkumulation ist die Bautätigkeit. Nun ist es sicher, daß die Bautätigkeit während der letzten Jahre in allen Ländern des Kapitalismus sehr gering war: weder neue Eisenbahnen, noch neue Wohnhäuser sind in solchem Maßstabe gebaut worden wie vor dem Kriege. Und die Wohnungsnot ist in allen Großstädten unverändert groß.

87 Führende Amerikaner äußerten sich in folgender Weise (Wirtschaftsdienst Nr. 5 vom 3. Februar 1922): Der Vizepräsident der Vereinigten Staaten, Coolidge, sagt in einer Zuschrift an das New Yorker „Journal of Commerce": „Es bestehen viele und wachsende Anzeichen dafür, daß unser Land am Anfang einer wesentlich gesteigerten wirtschaftlichen Blüte steht. Es hat eine durchgreifende Deflation auf allen Warenmärkten stattgefunden, die nunmehr abgeschlossen scheint, und jede andere Erscheinung deutet darauf hin, daß das Geschäftsleben eine feste Grundlage erhalten hat."
Hoover, der Sekretär für Handel im Kabinett Harding, erklärt: „Wir haben den jähesten Preissturz, der überhaupt in der Geschichte unseres Landes vorgekommen ist, durchgemacht und haben in gewissem Umfange noch die Wiedergesundung Europas abzuwarten, aber wir stehen besser da als andere, und unsere Aussichten für die Zukunft sind relativ besser. Wir haben im Jahre 1921 eine große Umstellung durchgemacht und sind nun in guter Form und sind sicher, im Jahre 1922 unsere Stellung zu verbessern."
William C. Redfield, früherer Sekretär für Handel, sagt: „Wir sind aus dem Dreck heraus; steigen jetzt den Berg hinan. Wir sind noch nicht aus dem Wald heraus und haben noch weit zu gehen, bis wir zu normalen Verhältnissen kommen. Und doch darf gesagt werden, daß der Fortschritt evident ist."
Präsident Mitchell der New York National City Bank schloß eine Rede über die Wirtschaftslage mit den Worten: „Das Schlimmste liegt bestimmt hinter uns. Die Liquidierung der Vorräte in vielen Geschäftszweigen, die im Laufe des Jahres 1921 erfolgt ist und zum Auftauen des erstarrten Kredits geführt hat, ist soweit als möglich vor sich gegangen; der Geschäftsmann muß sich jetzt aufs neue nach den Verdienstmöglichkeiten umsehen, und zwar unter schärferen Bedingungen des Konkurrenzkampfes; von einer vollen wirtschaftlichen Blüte des Landes kann nicht die Rede sein, bis die auswärtigen Märkte wieder aufnahmefähig sind für unsere Erzeugnisse. Die Wiederkehr eines balancierenden Außenhandels und das allmähliche Durchsetzen der Gesetze der Volkswirtschaft, das benötigt Zeit. Im Vergleich mit verschiedenen führenden Ländern, die ich kürzlich gesucht habe, scheinen wir im Moment uns einer wirtschaftlichen Blüte zu erfreuen und die meistbegünstigste aller Nationen zu sein."
Charles M. Schwab, der Präsident des Stahltrusts, sagt: „Wir scheinen jetzt um die Ecke und unterwegs zu sein zu einer neuen Blüte der Wirtschaft. Man darf sehr wohl glauben, daß das Schlimmste an Deflation vorbei ist und daß, da wir unsere Geschäfte allmählich neu anpassen, bald wieder normale Verhältnisse hergestellt sein werden. Die notwendigen Anpassungen von Preisen und Löhnen mögen noch ein, zwei Jahre oder mehr verlangen, aber ich glaube, daß wir eine Rückkehr zu mächtiger Prosperität erleben werden, wenn wir einmal begriffen haben, daß wir alle die Lasten von heute tragen müssen."
Ähnlich viele andere.

*Wir müssen zwischen der durch den Krieg verursachten ständigen Krise der Weltwirtschaft und den aktuellen Erscheinungsformen unterscheiden.* Wenn wir behaupten, daß die Krise der Weltwirtschaft weiterbesteht, so wollen wir damit durchaus nicht behaupten, daß dieselbe nunmehr ständig in aktueller Form gegenwärtig sein wird. Sicherlich werden noch Zeiten einer besseren Konjunktur kommen. Aber an dem Grundübel, an dem Fehlen eines weltwirtschaftlichen Gleichgewichts, hat sich nichts geändert. Die Bestrebungen zu einem grundlegenden Neuaufbau der Weltwirtschaft, welche wir skizzierten, scheitern immer wieder an den widersprechenden Interessen der einzelnen kapitalistischen Länder. Bestehen aber die Grundursachen weiter, so müssen dieselben — nach kurzen Perioden einer besseren Konjunktur — immer wieder die Krisen in ihrer akuten Form reproduzieren.

Die wirtschaftliche Gleichgewichtslosigkeit und die stets wiederkehrenden aktuellen Krisenperioden müssen aber die in dem letzten Jahre zustandegekommene soziale Festigung des Kapitalismus wieder untergraben. Und hierbei wollen wir nicht vergessen, daß in der Gesamtstruktur der Arbeiterbewegung Europas während dieser Periode eine tiefgehende Wandlung vor sich gegangen ist. Nach dem Abfalle der bloß gefühlsmäßig revolutionären Massen während der gegenwärtigen Depressionsperiode ist in allen Ländern Europas *eine bewußte kommunistische Kerntruppe zurückgeblieben*, welche, durch heftige Kämpfe gestärkt, zu wirklichen Revolutionären sich herausbildete. Unsere Feinde mögen über die Schwächen, über die nie endenwollenden Gärungsprozesse in den verschiedenen kommunistischen Parteien frohlocken. Tatsache bleibt doch, daß es in Europa vor drei Jahren höchstens kommunistische Grüppchen, heute aber starke kommunistische Parteien mit Tausenden erprobter Kämpfer gibt. Dies ist ein großer historischer Fortschritt. Und da außer den „normalen" Widersprüchen der kapitalistischen Gesellschaftsordnung die grundlegende Störung des weltwirtschaftlichen Gleichgewichtes unverändert besteht, so ist es unausbleiblich, daß die gegenwärtige Depressionsperiode der revolutionären Bewegung in nicht ferner Zeit wieder von einer revolutionären Welle abgelöst wird, welche uns alle „Gefühlsrevolutionäre", die in der Depressionsperiode abfielen, wieder zuführen wird.

*Den Schwankenden aber müssen wir sagen: Erst in der Depressionsperiode zeigt es sich, wer ein wirklicher Revolutionär ist!*

Vierter Teil

# Die Niedergangsperiode des Kapitalismus*

* Verlag der Kommunistischen Internationale, 1922, Auslieferungsstelle für Deutschland: Carl Hoym Nachf. Louis Cahnbley, Hamburg 8

# Vorwort

Fünfviertel Jahre sind seit dem letzten Kongreß der Kommunistischen Internationale vergangen. In der gegenwärtigen Periode der revolutionären Entwicklung eine große Zeitspanne. Es scheint daher notwendig, die Entwicklung der Weltwirtschaftslage auf Grund der Erfahrungen dieser Zeitspanne nochmals zu überblicken.

Dieser Überblick soll sich nicht nur auf die Jahre 1921/1922 beschränken. Die Kommunistische Internationale ist im Begriff, sich ein Programm zu schaffen. Dies setzt auf der Grundlage des Marxismus eine eingehende Analyse der Veränderungen im ökonomischen Unterbau voraus. Meine Schrift soll ein Beitrag zur Erleichterung der Diskussion über die Programmfrage sein. Daher versuchte ich, *die theoretische Seite der Frage etwas eingehender zu behandeln*, auf die Gefahr hin, daß die Darstellung hierdurch schwerer verständlich wird. Ich habe andererseits, um die Schrift in jenen Grenzen zu halten, welche das Durchlesen für jeden Kongreßteilnehmer möglich macht, das Zahlenmaterial auf ein Minimum beschränkt.[1]

Um das Ergebnis unserer Untersuchung vorauszunehmen:

Die Krise der kapitalistischen Weltwirtschaft ist nicht überwunden, der „normale" Kapitalismus ist nicht wiederhergestellt, wie es die Vertreter der kapitalistischen Interessen im Lager des Proletariats, die Cunow, Hilferding, Levi usw. schon vor zwei Jahren voraussagten. Aber es ist auch noch kein endgültiger Zusammenbruch desselben erfolgt, wie es manche „linke Genossen" in unseren Reihen hofften. Die Kräfte des Wiederaufbaues und der Zerrüttung hielten sich in der Periode zwischen den beiden Kongressen im Weltmaßstab so ziemlich die Wage.

Das labile Gleichgewicht der sozialen Kräfte besteht weiter, die Krise dauert an, aber die Macht der Bourgeoisie hat außerhalb Rußlands noch immer das Übergewicht. Unsere Aufgabe ist es, die Weltlage theoretisch unvoreingenommen, ohne Illusionen zu untersuchen, praktisch aber die Kräfte des Proletariats im Weltmaßstab zu sammeln, zu organisieren und an jenen Punkten in den Endkampf um die Macht einzusetzen, wo der Gegner am schwächsten ist. Der Kampf wird noch geraume Zeit andauern. Es ist daher notwendig, daß die Kommunistische Internationale Grundlagen und Methoden dieses Kampfes programmatisch festlegt . . .

*Berlin, den 29. September 1922.* *E. Varga.*

1 Für Leser, welche mehr Zahlenmaterial brauchen, verweise ich vor allem auf die *zweite* Auflage meiner „*Krise der kapitalistischen Weltwirtschaft*" (Band 25 der Bibliothek der Kommunistischen Internationale), ferner auf unser neues „*Internationales Jahrbuch für Wirtschaft, Politik und Arbeiterbewegung*" wie auch auf meine *Vierteljahresberichte* in der Internationalen Pressekorrespondenz". (Siehe auch Bd. I, S. 323 bis 423 der vorliegenden Ausgabe.)

# 1. Kapitel
# Aufstieg und Niedergang des Kapitalismus

Das Wirtschaftsjahr 1921/1922 hat zwar jene Hoffnungen, die die kapitalistischen Kreise gehegt hatten, nicht erfüllt; aber immerhin zeigt sich im Jahre 1922 in den wirtschaftlich entscheidenden kapitalistischen Ländern: Vereinigte Staaten, England, Japan und Frankreich, eine Besserung der Wirtschaftslage. Wir geben später zahlenmäßige Daten hierfür. Es muß also von neuem die grundlegende Frage aufgeworfen werden: Ist die gegenwärtige Weltwirtschaftskrise eine *vorübergehende, gewöhnliche Krise innerhalb des Kapitalismus, nach deren Überwindung eine Periode der ökonomischen Prosperität und der sozialen Festigung der Klassenherrschaft folgen wird, um später wieder einer schwächeren, gewöhnlichen Krise zu weichen?*

Oder aber ist es eine *beständige Krise, welche durch kurze Perioden der Prosperität wohl gehemmt, aber nicht aufgehalten wird?*

Bevor wir uns mit dieser Frage beschäftigen, bevor wir die ökonomischen Merkmale der verschiedenen Typen der Krisen geben, müssen wir darauf hinweisen, daß der Kampfeswille des Proletariats selbst einer der entscheidendsten Machtfaktoren im Verlaufe des sozialen Geschehens ist. Wir müssen uns davor hüten — wie es die Sozialdemokratie tat — in einen wissenschaftlichen Fatalismus zu verfallen, den unabwendbaren Zusammenbruch des Kapitalismus auf marxistischer Grundlage einfach festzustellen — und dann den Zusammenbruch ruhig abzuwarten! Ohne einen langandauernden, erbitterten, opferreichen Kampf des Proletariats wird der Kapitalismus nie zusammenbrechen. Der Kapitalismus wird alle Schwierigkeiten auf Kosten des Proletariats zu überwinden suchen, das Proletariat in die Verelendung hineinpeitschen, die ganze Gesellschaft auf ein vorkapitalistisches Kulturniveau herabdrücken, aber an der Klassenherrschaft zähe festhalten!

Wenn wir also im folgenden von einer anhaltenden Krise des Kapitalismus sprechen, so verstehen wir darunter eine Periode, in welcher der Widerspruch zwischen Produktionskräften und Produktionsverhältnissen sich zugespitzt hat: eine Periode, in der die Klassenverhältnisse derartig sind, daß der Klassenkampf des Proletariats erfolgreich sein, zum Sturze der Klassenherrschaft führen kann. Aber der Kampf muß ausgefochten werden, damit der Sieg errungen werden kann.

Zu dem ökonomischen Unterbau zurückkehrend, wollen wir versuchen, den Unterschied zwischen den früheren Krisen und der gegenwärtigen Krisenperiode aufzuzeigen.

*Die früheren Krisen des Kapitalismus waren periodisch wiederkehrende Phasen in der* — trotz der Krisen — *aufsteigenden Gesamtentwicklung des Kapitalismus.* Wenn wir von den periodischen Krisen absehen und nur die großen Linien der Entwicklung verfolgen, so finden wir, daß der Kapitalismus als Ganzes bis zum Weltkriege eine aufsteigende Tendenz zeigte. Dies dokumentiert sich in folgendem: Die kapitalistische Produktionsweise *dehnte sich geographisch aus;* immer neue Länder wurden dem Kapitalismus unterworfen.

Der Kapitalismus *gestaltete sich aus*, indem in den kapitalistischen Ländern selbst die vorkapitalistischen Schichten der Gesellschaft in die kapitalistische Produktion einbezogen wurden. Die Goldvaluta, die den glatten internationalen Austausch der Waren auf kapitalistischer Basis ermöglichte, wurde in immer mehr Ländern eingeführt, Maße und Wert des Außenhandels stiegen.

Die Grundlage dieser Entwicklung war eine starke Akkumulation von Kapital, wobei das Sinken der Profitrate in den hochentwickelten kapitalistischen Ländern infolge der sich stetig erhöhenden organischen Zusammensetzung des Kapitals durch Kapitalexport in minder entwickelte Länder mit hoher Mehrwerts- und Profitrate kompensiert wurde. Die Organisierung des Kapitals in monopolistische, sich über das ganze Wirtschaftsgebiet eines Landes erstreckende Gebilde verringerte die faux frais der kapitalistischen Produktionsweise.

Das Ergebnis war eine, von den periodischen Krisen abgesehen, stetige Erhöhung der Produktion sowohl im Weltmaßstab, als in jedem einzelnen kapitalistischen Lande. Die *Lebenshaltung des Proletariats zeigt eine langsame Erhöhung*. Das Kreditsystem und das Kleinaktienwesen erlauben den Arbeitern und Minderbemitttelten, sich mit ihren Ersparnissen an der Mehrwertaneignung zu beteiligen. Der Kreis der am Bestehen des Kapitalismus — wenigstens scheinbar — Interessierten dehnt sich aus. Das Proletariat der Kolonialmächte erhielt vom Kapital einen kleinen Anteil aus den in den Kolonien zusammengerafften überdurchschnittlichen Profiten. Die aufsteigende Oberschicht des Proletariats, vor allem die Arbeiterbürokratie, wurde der großen Masse entfremdet, dem Kapitalismus dienstbar gemacht. Alle Klassen unterwarfen sich der Führung des Kapitals. Die Großgrundbesitzer wurden zu Kapitalisten, die Kapitalisten legten Kapital in Grundeigentum an, das Finanzkapital zeigte die Tendenz, alle besitzenden Schichten miteinander zu verschmelzen. Die Krisen waren vorübergehende Phasen innerhalb der aufsteigenden Entwicklung, Folgen der Anarchie der kapitalistischen Produktionsweise, und verursachten nur vorübergehende Oberflächenstörungen im Gesamtbau des Kapitalismus. Das ganze System aber blieb im Gleichgewicht.

Das Bild des absteigenden, verfallenden Kapitalismus zeigt hingegen ganz andere Züge:

1. Die geographische Ausdehnung der kapitalistischen Produktionsweise wird kleiner; neben kapitalistischen Ländern bestehen und mehren sich bereits Länder, in denen das Proletariat seine Diktatur errichtet.

2. Innerhalb der einzelnen kapitalistischen Länder zeigt sich die Tendenz zur Rückkehr zu vorkapitalistischen Wirtschaftsformen.

3. Die internationale Arbeitsteilung wird eingeschränkt, der Außenhandel schrumpft zusammen: Die früher einheitlich um den hochindustriellen Kern in Westeuropa gelagerte Weltwirtschaft verliert ihr Gleichgewicht und zerfällt in Teile mit ganz verschiedener wirtschaftlicher Struktur.

4. Die einheitliche, nur durch die verschiedene Größe der Geldeinheiten unterschiedene Goldvaluta wird durch eine haltlose, schwankende Papiervaluta ersetzt: Es zeigt sich eine Tendenz zur Rückkehr zum Naturaltausch.

5. Die Akkumulation wird durch eine fortschreitende Verarmung — Desakkumulation — ersetzt.

6. Die Produktion wird kleiner.

7. Das Kreditsystem bricht zusammen.

8. Die Lebenshaltung des Proletariats sinkt; entweder infolge der mit der Teuerung nicht schritthaltenden Geldlöhne oder infolge der ungeheuren Arbeitslosigkeit.

9. Unter den verschiedenen Schichten der besitzenden Klassen entbrennt ein verschärfter Kampf um die Verteilung des sich vermindernden gesellschaftlichen Wertproduktes. Dies zeigt sich politisch in dem steten Wechsel der Regierungen, dem Zusammen-

bruch und der Neubildung der Parteien, dem Fehlen einer einheitlichen Regierungspartei in den Parlamenten usw.

10. Ideologisch wird der Glaube an die Ewigkeit und Unerschütterlichkeit der kapitalistischen Gesellschaftsordnung wankend: Die herrschende Klasse ist genötigt, sich selbst zum Schutze ihrer Herrschaft zu bewaffnen.

Jenen Zustand des Kapitalismus, der in diesen Punkten unvollständig und flüchtig skizziert ist, wollen wir als *Verfallstadium des Kapitalismus oder als Periode der ständigen Krise* bezeichnen.

Diese Züge sind natürlich nicht in allen Ländern der Welt gleich stark vorhanden. Es gibt Länder, in denen sie alle wiederzufinden sind, aber es gibt auch Länder, die von der Krise noch kaum ergriffen sind, ja, die erst im Anfangsstadium ihrer kapitalistischen Entwicklung stehen. Aber ihr kapitalistischer Aufstieg vollzieht sich innerhalb eines im ganzen absteigenden Kapitalismus. Wir werden uns später noch damit eingehend beschäftigen.

Diese Periode der ständigen Krise muß im Weltmaßstabe als langdauernd angenommen werden. Innerhalb derselben wird es Zeiten besserer Konjunktur und der *akuten* Krisen geben, ebenso wie in der Periode des aufsteigenden Kapitalismus. Es ergeben sich also drei klar unterscheidbare Krisentypen:

1. Die einzelnen Krisenphasen: *akute Krisen in der Periode des Aufstieges.*
2. Die *Krisenperiode* oder die Periode des Niedergangs des Kapitalismus.
3. Die einzelnen Krisenphasen: *akute Krisen in der Krisenperiode selbst.*

Diese Unterscheidungen müssen festgehalten werden, wenn wir uns mit der Weltwirtschaftslage beschäftigen. Dieselbe kann gegenwärtig folgendermaßen charakterisiert werden: *Wir befinden uns nicht mehr in einer Krisenphase* — wie zur Zeit des III. Kongresses —, *sondern in einer Phase der sich bessernden Konjunktur; aber unverändert innerhalb der Krisenperiode des Kapitalismus.*

Diese unsere Auffassung wird auf zwei Seiten auf Widerstand stoßen: Die Sozialdemokraten und überhaupt alle, die am Weiterbestehen der kapitalistischen Gesellschaftsordnung interessiert sind, behaupten, daß wir in keine Krisenperiode, in kein Niedergangsstadium des Kapitalismus eingetreten seien, sondern nur eine durch den Krieg ausgelöste und vertiefte Krisenphase durchgemacht haben, nach deren nunmehr im Gange befindlichen Überwindung sich wieder die normale Aufstiegsperiode des Kapitalismus fortsetzen werde. — Gewisse Kreise der „Linken" innerhalb unserer Partei hingegen leugnen, daß wir innerhalb der Krisenperiode in eine Phase der besseren Konjunktur eingetreten seien. Demgegenüber wollen wir im nachfolgenden beweisen:

1. daß wir tatsächlich in eine Periode der ständigen Krise eingetreten sind;
2. daß der Krieg, der diese Krisenperiode einleitete, kein „Zufall", sondern die notwendige Folge des die gegenwärtige Stufe des Kapitalismus bildenden Imperialismus sei;
3. daß eine aktuelle Besserung der Konjunktur tatsächlich im Zuge ist.

## 2. Kapitel
# Das Wesen des Niederganges des Kapitalismus

Wir wollen vor allem versuchen, den Niedergang des Kapitalismus in ein theoretisches Gesamtbild zusammenzufassen.

Die normale kapitalistische Weltwirtschaft war ein Gebilde von stetig labilem Gleichgewichtszustande, in welchem eine *erweiterte Reproduktion vor sich ging*. Marx entwickelt das Schema eines Gleichgewichtszustandes bzw. eines sich fortwährend erneuernden Gleichgewichtszustands bei erweiterter Reproduktion, in der Voraussetzung, daß die ganze Welt bereits in das kapitalistische System einbezogen ist bzw. für ein isoliert betrachtetes, einzelnes kapitalistisches Land. Die Krisen erklären sich hierbei als Gleichgewichtsstörungen, als Folgen der Anarchie des kapitalistischen Wirtschaftssystems, indem das zum Gleichgewicht nötige Verhältnis der Produktion von Produktionsmitteln, von für das Proletariat notwendigen Lebensmitteln und von den ausschließlich in den Konsum der Kapitalisten eingehenden Luxuswaren nicht eingehalten wurde.[2]

Nur waren natürlich die Gleichgewichtsbedingungen der tatsächlich gegebenen kapitalistischen Weltwirtschaft unvergleichlich komplizierter, da es kein in allen Teilen gleichmäßig entwickeltes System war. Das periodisch gestörte, in den Krisenphasen sich wiederherstellende Gleichgewicht der kapitalistischen Weltwirtschaft hatte — außer den von Marx angegebenen — noch folgende Grundlagen:

1. Was das Gleichgewicht der kapitalistischen Weltwirtschaft vom Gesichtspunkte des *Werte-Gleichgewichts anbelangt*:

a) Das Zentrum der kapitalistischen Weltwirtschaft, West- und Mitteleuropa, erhielt ohne Gegenleistung aus der ganzen Welt jährlich große Wertmassen als Profit des Auslandskapitals und als Ertrag der politischen Ausbeutung der Kolonien;

b) Das Zentrum sandte andere, neuakkumulierte Wertmassen als neue Kapitalanlage in die kapitalistisch minderentwickelten Länder. Daß aber ein Gleichgewicht tatsächlich zustande kam, beweist die sehr geringe Schwankung der Devisenkurse vor dem Kriege.

2. Vom Standpunkte des Gleichgewichts des *Güteraustausches*:

Das Zentrum erhielt Lebensmittel und Rohstoffe aus den minderindustrialisierten,

2 Vgl. Karl Marx, Das Kapital, Zweiter Band, in: MEW, Bd. 24, Berlin 1963, Die Marxsche Dreiteilung ist — ähnlich wie das „Tableau économique" von Quesnay — natürlich nur eine grobe Annäherung. Es genügt für die Erhaltung resp. fortgesetzte Wiedererschaffung eines Gleichgewichts durchaus nicht, wenn das nötige quantitative Verhältnis zwischen den Produktionssphären I, II und III gewahrt ist, denn es können *innerhalb* jeder dieser Sphären Waren produziert worden sein, die wohl ihrem Gesamtwerte nach, nicht aber ihrer Naturalform nach, dem gesellschaftlichen Bedürfnisse entsprechen. Wenn z. B. das nötige Quantum an Gütern der Sphäre I produziert wurde, aber an Stelle von Produktionsmitteln der Eisen- und Stahlindustrie jene der Textilindustrie oder der Landwirtschaft, so kann dies der Ausgangspunkt einer Gleichgewichtsstörung, einer Krisenphase sein, obwohl das Verhältnis der Verteilung der Produktion zwischen den Sphären I, II und III das richtige, dem Schema entsprechende war. Das wirkliche Schema der Gleichgewichtsbedingungen wäre eine sich ins Unendliche verzweigende Reihe! Die Schwierigkeit der Feststellung dieser Reihe zeigt sich praktisch kraß bei den Versuchen zur Schaffung eines einheitlichen Wirtschaftsplanes in Sowjetrußland.

weniger in den Kapitalismus einbezogenen Ländern und bezahlte für jenen Teil, den es nicht als Profit und Ausbeutungseinkommen ohne Gegenleistung erhielt, mit industriellen Gütern.

Daß ein wenn auch durch die Krisenphasen überbrückter Gleichgewichtszustand in der Güterproduktion und dem Gesamtaustausch im Weltmaßstabe vorhanden war, beweist die Tatsache, daß das Proletariat — abgesehen von der zur Aufrechterhaltung des Systems unentbehrlichen industriellen Reservearmee — Arbeit und einen, wenn auch sehr langsam aufsteigenden Lebensunterhalt fand; daß jedes Kapital zu einer Verwertung gelangte; daß jedermann im allgemeinen sein Einkommen in die ihm genehme Güterform umsetzen konnte.

Die Möglichkeit der Aufrechterhaltung dieses Gleichgewichtssystems war dadurch gefährdet, daß das neuakkumulierte Kapital der das industrielle Zentrum der kapitalistischen Weltwirtschaft bildenden imperialistischen Weltmächte keine entsprechende Profite verheißenden Neuanlagen mehr finden konnte. Dies führte, wie wir im 4. Kapitel näher ausführen werden, zum Weltkriege: Die imperialistischen Weltmächte hielten es für zweckmäßiger, mit Waffengewalt zu entscheiden, wem die Möglichkeit der Ausbeutung der nichtimperialistischen Gebiete zufallen sollte.

Der Krieg aber vernichtete — mindestens zeitweilig — die Grundlagen des früheren Gleichgewichts der kapitalistischen Weltwirtschaft.

1. Von der *Wertseite* betrachtet:

a) Während des Krieges verbrauchten die europäischen kriegführenden Mächte nicht nur die Profite ihres Auslandskapitals, sondern diese Kapitalien wurden selbst aufgebraucht und veräußert.

b) Die Akkumulation von Kapital kam zum Stillstand, es fand zum Teil eine Desakkumulation, eine Verarmung statt. (Natürlich muß hierbei von der durch die Entwertung der nominellen Geldeinheit entstandenen Scheinakkumulation, Scheinbereicherung abgesehen werden.) Dieser Prozeß setzt sich zum Teil auch heute noch fort.

Diese Zerstörung des Wertgleichgewichtes der kapitalistischen Weltwirtschaft wird durch das Valutachaos dokumentiert.

2. Von der *Naturalform* aus betrachtet:

Die bisher agrarische Lebensmittel und Rohstoffe liefernden Gebiete haben eine eigene Industrie geschaffen. Die Produkte des industriellen Zentrums finden keinen Absatz. Daher Überfluß an industriellen Gütern und anhaltende riesige Arbeitslosigkeit in den hochindustriellen Ländern. Andererseits Überfluß an Lebensmitteln und Rohstoffen in den agrarischen Ländern, was zu einer planmäßigen Einschränkung der Produktion (Baumwolle, Kautschuk, Kaffee usw.) und zur Verwendung von Lebensmitteln als Heizmaterial führt. In beiden Gebieten relative Überproduktion, Fehlen des weltwirtschaftlichen Gleichgewichts.

Diesen Gebieten steht der Komplex der mittel- und osteuropäischen Staaten gegenüber, wo infolge des Krieges und der Blockade eine so tiefgehende Vernichtung von Gütern, eine derartige Verschlechterung des sachlichen und menschlichen Produktionsapparates eintrat, daß eine anhaltende Unterproduktion vorhanden ist; d. h., es wird weniger produziert als zur Erneuerung des sachlichen und menschlichen Produktionsapparates nötig wäre. Statt Reproduktion auf erweiterter Stufenleiter findet Reproduktion auf verminderter Stufenleiter statt.

Dies sind unseres Erachtens nach die theoretischen Umrisse der gegenwärtigen schweren Gleichgewichtsstörung der kapitalistischen Weltwirtschaft, die das Wesen der gegenwärtigen

Krisenperiode ausmacht. Das Ergebnis ist, daß die gesamte kapitalistische Weltwirtschaft sich nicht mehr auf einer aufsteigenden, sondern auf einer absteigenden Linie bewegt.

Da aber diese Ausführungen vielen sehr abstrakt scheinen werden, wollen wir jene konkreten Züge, die wir bereits im ersten Kapitel skizzierten und in denen sich der Niedergang charakterisiert, nochmals näher ausführen und zeigen, daß dieselben tatsächlich vorhanden sind.

*

Wir haben im vorigen Kapitel die Grundzüge des Niederganges des Kapitalismus skizziert und versucht, das Wesen dieses Niederganges theoretisch zusammenzufassen. Nunmehr versuchen wir zu zeigen, daß diese Züge sich tatsächlich feststellen lassen.

1. *Die geographische Ausdehnung des Kapitalismus wird kleiner*; denn obwohl die kapitalistische Entwicklung durch die stärkere Einbeziehung von Südamerika und China noch Fortschritte macht, so ist andererseits ganz Rußland mit den angeschlossenen Sowjetrepubliken, wie auch die Republik des Fernen Ostens aus der Reihe der bürgerlichen Länder ausgeschieden. Und wenn auch das isolierte proletarische Rußland gezwungen ist, dem im Weltmaßstabe noch stärkeren Kapitalismus, dessen Hilfe es bei dem Wiederaufbau seiner Wirtschaft braucht, Konzessionen zu machen, so besteht doch ein grundlegender Unterschied zwischen Sowjetrußland, wo die Staatsmacht in den Händen des Proletariats liegt, und den kapitalistischen Ländern, wo die kapitalistische Klasse herrscht.

2. *Innerhalb der einzelnen kapitalistischen Länder zeigt sich eine Tendenz zur Rückkehr zu vorkapitalistischen Wirtschaftsformen*: Dies ist am stärksten im Zentrum der Krise, in Mittel- und Osteuropa, der Fall. Statt der Produktion für den Markt — Eigenproduktion der Bauern. Statt Geldsteuern — Getreidesteuern (Ungarn). Statt Geldkredite — Getreidekredite. Das Kapital selbst — insofern es nicht in der Produktion festgelegt ist — nimmt in steigendem Maße die vorkapitalistische Form des unproduktiven Handelskapitals an.

3. *Die internationale Arbeitsteilung wird eingeschränkt, der Außenhandel schrumpft zusammen, die Einheit der Weltwirtschaft zerfällt*: Der Abbau der internationalen Arbeitsteilung ist in vollem Zuge. Die hochkapitalistischen Länder erhöhen die Zollsätze zum Schutze des inländischen Marktes noch weiter (neuer Zolltarif der Vereinigten Staaten). Die bisherigen Agrarländer schützen ihre neuentwickelte Industrie durch hohe Zölle und Einfuhrverbote. Andererseits suchen alle Industrieländer ihre Landwirtschaft zu entwickeln (Agitation in England für Abwanderung in die Landwirtschaft, künstliche Schaffung einer Zuckerrübenindustrie, Auswanderung in die Siedelungskolonien usw.). Das Ergebnis ist ein Abbau der internationalen Arbeitsteilung, ein Zusammenschrumpfen des internationalen Warenaustausches.[3]

3 *Gestaltung des Außenhandels der wichtigsten Länder im letzten Jahrzehnt:*

| | 1913 | 1918 | 1919 | 1920 | 1921 | Großhandels-indexziffern 1913 = 100 | 1921 umgerechnet auf 1913 |
|---|---|---|---|---|---|---|---|
| | Großbritannien (in Mio Pfund) | | | | | | |
| Einfuhr | 659 | 1285 | 1461 | 1710 | 980 | 202 | 485 |
| Ausfuhr | 525 | 501 | 799 | 1334 | 703 | | 350 |

4. Noch wichtiger als diese Einzelsymptome ist die ihnen zugrunde liegende Tatsache: der *Zerfall der früher einheitlichen Weltwirtschaft.* In der aufsteigenden Periode des Kapitalismus war die Weltwirtschaft ziemlich gleichmäßig um den höchstentwickelten, westeuropäischen Kern gelagert. Von dort ausgehend breitete sich der Kapitalismus nach allen Seiten aus, wobei nicht die geographisch nächsten, sondern die verkehrstechnisch am leichtesten erreichbaren Gebiete am stärksten in den Kapitalismus einbezogen wurden. Alle Länder zeigten im Wesen die gleiche Entwicklungslinie, nur mit dem einen grund-

| | 1913 | 1918 | 1919 | 1920 | 1921 | Großhandels-indexziffern 1913 = 100 | 1921 umgerechnet auf 1913 |
|---|---|---|---|---|---|---|---|
| | Deutschland (in Mio Mark) | | | | | | |
| Einfuhr | 10770 | — | — | 98136 | 119132 | 1911 | 9250 |
| Ausfuhr | 10097 | — | — | 69311 | 99921 | | 7900 |
| | Frankreich (in Mio Francs) | | | | | | |
| Einfuhr | 8421 | 22301 | 35799 | 49905 | 23548 | 345 | 6800 |
| Ausfuhr | 6880 | 6596 | 11880 | 26894 | 21553 | | 6200 |
| | Italien (in Mio Lire) | | | | | | |
| Einfuhr | 3645 | 16039 | 16623 | 15862 | 20058 | 578 | 3500 |
| Ausfuhr | 2312 | 3345 | 6066 | 7804 | 9224 | | 1600 |
| | Schweiz (in Mio Francs) | | | | | | |
| Einfuhr | 1919 | 2401 | 3533 | 4200 | 2253 | 195 | 1150 |
| Ausfuhr | 1376 | 1963 | 3298 | 2374 | 1764 | | 900 |
| | Belgien (in Mio Francs) | | | | | | |
| Einfuhr | 5050 | — | 5223 | 12942 | 10054 | 368 | 2600 |
| Ausfuhr | 3716 | — | 2289 | 8862 | 7147 | | 200 |
| | Dänemark (in Mio Kronen) | | | | | | |
| Einfuhr | 855 | 946 | 2519 | 2943 | 1635 | 250 | 650 |
| Ausfuhr | 721 | 758 | 909 | 1962 | 1466 | | 590 |
| | Vereinigte Staaten (in Mio Dollar) | | | | | | |
| Einfuhr | 1749 | 3031 | 3904 | 5279 | 2508 | 148 | 1700 |
| Ausfuhr | 2446 | 6149 | 7920 | 8228 | 4425 | | 3000 |
| | Japan (in Mio Yen) | | | | | | |
| Einfuhr | 729 | 1668 | 2173 | 2335 | 1613 | 200 | 800 |
| Ausfuhr | 632 | 1962 | 2099 | 1947 | 1252 | | 620 |

Wenn wir die Summe der Aus- und Einfuhr im Jahre 1921 mit der Teuerungszahl dividieren, d. h. auf das Preisniveau von 1913 zurückführen, so ergibt sich ein starkes Zusammenschrumpfen des Außenhandels. (Die Umwertung ist nur ganz annähernd erfolgt, da die Methode ebenfalls eine sehr grobe ist.) Nur die Ausfuhr der Vereinigten Staaten und die Einfuhr Japans scheint 1921 größer zu sein als 1913. Dagegen ist der Rückgang bei allen europäischen Staaten sehr stark.

legenden Unterschied, ob sie *Träger* der kapitalistischen Entwicklung — imperialistische Kolonialmächte — oder Objekte der Entwicklung — ausgebeutete Kolonien — waren.[4]

Die gegenwärtige Niedergangsperiode des Kapitalismus wird durch den Zerfall dieses einheitlichen kapitalistischen Weltbildes gekennzeichnet. Der Schwerpunkt des Kapitalismus rückt nach den Vereinigten Staaten und Japan; Mittel- und Osteuropa scheiden aus der Reihe der führenden kapitalistischen Gebiete aus. Während die Produktion der noch intakten Gebiete auf dem Weltmarkte keinen Absatz findet, genügt die Produktion Mittel- und Osteuropas nicht, um den laufenden Verbrauch zu decken. *Wir haben diese Erscheinung als ein Auseinanderfallen der Welt in ein Gebiet der relativen Überproduktion und in ein Gebiet der absoluten Unterproduktion bezeichnet.* Sicherlich ist damit der wesentlichste Unterschied gekennzeichnet. Wir werden aber — eben in Hinsicht auf die Programmfrage — versuchen, innerhalb dieser Zweiteilung besondere, konkrete ökonomische Typen in der gegenwärtigen Niedergangsperiode herauszuarbeiten.

*Die einheitliche Goldvaluta wird durch Papiervaluten, die riesigen Kursschwankungen unterliegen, ersetzt.* Dies ist eigentlich ein Teilsymptom des Auseinanderfallens der Weltwirtschaft, es ist aber besonders wichtig, weil es als rückwirkende Ursache dieses Auseinanderfallen beschleunigt. Diese Tatsache selbst ist so allgemein bekannt, daß sie kaum eines Beweises bedarf. Außer den Vereinigten Staaten und der Schweiz gibt es kein kapitalistisches Land mit tatsächlicher Goldwährung. Die Entwicklung des aus den Valutakursen der wichtigsten kapitalistischen Länder[5] zusammengestellten „*Generalindex*“ des Federal Reserve Bulletins, der den Gesamtkurs dieser Valuten im Monatsdurchschnitt *in Prozenten der Dollarparität* ausdrückt, zeigt folgendes Bild:

| | | | |
|---|---|---|---|
| 1918 November | 101 | 1920 Dezember | 55 |
| 1919 Februar | 100 | 1921 Juli | 52 |
| 1919 Juli | 92 | 1921 Dezember | 57 |
| 1919 Dezember | 78 | 1922 Juli | 55 |
| 1920 Juli | 70 | | |

Es scheint aus diesen Daten, als sei im Weltmaßstab in den letzten $1^1/_2$ Jahren eine Stabilisation eingetreten. Dies ist aber nur dem Umstande zuzuschreiben, daß einige europäische Valuten — Holland, England, Frankreich — sich in dieser Periode gebessert haben. Hingegen entwerteten sich die Valuten der mittel- und osteuropäischen Staaten, die in die Bildung obigen Valutaindexes, mit Ausnahme Deutschlands, nicht miteinbegriffen sind, kontinuierlich weiter und sind auf einem Tiefstand angelangt, der ihnen fast ihren Geldcharakter nimmt.

Es notierte im Monatsdurchschnitt Juli und in Prozent der Dollarparität[6]:

| | | | |
|---|---|---|---|
| Griechenland | 15,33 | Deutschland | 0,86 |
| Finnland | 11,12 | Ungarn | 0,38 |
| Jugoslawien | 6,33 | Österreich | 0,02 |
| Bulgarien | 3,78 | Tschechoslowakei | ≈10,– |
| Rumänien | 3,13 | Polen | ≈ 0,09 |

4 Die Entwicklung einer inländischen Kapitalistenklasse in den Kolonien, die unzertrennlich mit der Einbeziehung derselben in den Kapitalismus verbunden ist, ist geeignet, diesen Unterschied friedlich (englische Siedlungskolonien) oder in revolutionärer Weise (Ägypten, Indien) zu beseitigen.

5 Belgien, Dänemark, Frankreich, Deutschland, Großbritannien, Italien, Holland, Norwegen, Spanien, Schweiz, Schweden, Kanada, Argentinien, Brasilien, Chile, China, Indien, Japan.

6 Federal Reserve Bulletin, August 1922, Seite 1016.

Das Ergebnis dieser Entwicklung ist, daß das einheimische Geld nicht nur im internationalen Verkehr, sondern auch im Inlandsverkehr als Preismaß und Zirkulationsmittel immer mehr ausscheidet. Ganze Industriezweige sind in Deutschland zur Preisfestsetzung in ausländischer Währung übergegangen; bei vielen Geschäften wird ganze oder teilweise Bezahlung in fremder Valuta zur Bedingung gestellt.

Noch hindernder als der niedrige *Stand* der Valuta ist der *Prozeß* der Entwertung selbst für die kapitalistische Wirtschaft, da dieselbe nicht gradlinig, sondern in großen Schwankungen vor sich geht, was jede Vorausberechnung, jedes auf lange Sicht geplante Geschäft in diesen Gebieten unmöglich macht. Daher sehen wir auch die Tendenz zur Rückkehr zum Tauschhandel, zur Getreidevaluta.[7]

5. *Die Akkumulation wird durch eine fortschreitende Verarmung ersetzt.* Es ist fraglich, ob dieser Satz im Weltmaßstabe richtig ist. Es ist wahrscheinlich, daß der gesamte akkumulierte Reichtum der kapitalistischen Welt gegenwärtig kleiner ist als vor dem Kriege. Es ist aber fraglich, ob seit dem Kriege eine weitere Verarmung der kapitalistischen Welt stattgefunden hat. Das publizierte statistische Material reicht zur Entscheidung dieser Frage nicht aus. Wir glauben aber, daß eine weitere Verarmung für das Zentrum der Krise — Deutschland, Österreich, Ungarn, Polen, Italien usw. — als feststehend angenommen werden kann. Wir werden später für Deutschland einen zahlenmäßigen Versuch hierzu bringen.

6. *Die Produktion vermindert sich.* Wir geben nachstehend eine Tabelle, welche die Produktion der wichtigsten Güter im letzten Jahrzehnt enthält[8]. Viele dieser Zahlen sind von einer nur *annähernden Genauigkeit*, genügen aber, um die *Tendenz* der Entwicklung zu illustrieren (vgl. Tabelle 1).

Wenn wir diese Tabelle, welche die Produktion der wichtigsten Waren enthält, anschauen, dann ist auf den ersten Blick ein Rückgang der Produktion nicht festzustellen. Die Mehrzahl der angeführten Produktionszahlen zeigt zwar einen Rückgang; doch gibt es auch manche: Weizen, Mais, Rohrzucker, Petroleum, Schiffbau, die eine Steigerung aufweisen. Indessen müssen hierbei zwei wichtige Momente in Betracht gezogen werden.

1. *Unter normalen Umständen wies die Weltproduktion in einem gleichen Zeitraum eine starke Steigerung auf.* Stillstand oder geringe Steigerung bedeutet *aufhören der Akkumulation*, also Niedergang des Kapitalismus.

7 Unter den zahllosen derartigen Erscheinungen geben wir hier zwei Proben, die uns gerade während der Niederschrift in die Hände fielen. In der „Deutschen Allgemeinen Zeitung" vom 21. 9. 1922 lesen wir: „Rückkehr zum Tauschhandel". Nach einer eigenen Drahtmeldung hat die Landwirtschaftskammer Weimar für die Landwirtschafts-Winterschulen in Triptis und Marksuhl das Schulgeld in Roggenwährung festgesetzt, und zwar zahlen die Thüringer $1^1/_2$ Ztr. für das halbe Jahr, Nichtthüringer 2 Ztr. Roggen. — Das Kraftwerk Sachsen-Thüringen AG in Auma, welches vergangene Woche den Preis für Licht auf 45 M und für Gas auf 36 M. erhöht hat, gibt bekannt, daß es gerne bereit sei, an Stelle des Geldes für eine Kilowattstunde Lichtstrom 10 Eier oder 3 Pfund Weizenmehl oder $^1/_4$ Ztr. Kartoffeln in Zahlung zu nehmen. — Der Ärzte-Verein in Naumburg teilt mit, daß die Ärzte künftighin von der ländlichen Bevölkerung zur Erleichterung der Zahlung die Schuld in Naturalien nach dem Friedenspreise einfordern werden. Auch die Braunschweiger Ärzte werden sich von der Landbevölkerung künftighin die Rechnung in Naturalien bezahlen lassen. — „Zeitungsabonnement in Naturalien". Das „Tageblatt" in Langensalza gibt seinen Beziehern bekannt, daß sich der Bezugspreis für den kommenden Monat auf 60 M stellt, die auch in Naturalien, 6 Pfund Getreide oder 10 Eier, gezahlt werden können.

8 Die Daten sind dem „Annuaire International de Statistique Agricole" sowie dem „Jahrbuch für Wirtschaft, Politik und Arbeiterbewegung", ferner der Wirtschaftskurve der „Frankfurter Zeitung", August 1922, entnommen.

*Tabelle 1*
Weltproduktionszahlen (ohne Rußland)*
*(Pflanzenstoffe in Mio dz)*

| | Durchschnitt 1909/1913 | Durchschnitt 1914/1918 | Durchschnitt 1919/1922 |
|---|---|---|---|
| Weizen | 799,0 | 790,8 | 800,3 |
| Gerste | 264,7 | 250,8 | 252,9 |
| Roggen | 213,6 | 167,1 | 191,2 |
| Hafer | 494,4 | 486,5 | 478,9 |
| Mais | 971,4 | 974,3 | 1056,7 |
| Kartoffeln | 1133,6 | 982,0 | 993,3 |
| Rübenzucker | 62,7 | 45,7 | 43,1 |
| Rohrzucker | 95,9 | 120,1 | 128,9 |
| Kaffee | 11,6 | 12,1 | 9,7 |
| Kakao | 2,3 | 3,0 | 3,9 |
| Tee (in Mio kg) | 280,5 | 343,8 | 332,8 |
| Baumwolle | 40,7 | 38,8 | 36,8 |
| Jute | 15,3 | 15,3 | 11,3 |

*Bergbauliche Produkte*

| | 1912 | 1913 | 1914 | 1915 | 1916 | 1917 | 1918 | 1919 | 1920 | 1921 |
|---|---|---|---|---|---|---|---|---|---|---|
| | (in Mio t) | | | | | | | | | |
| Steinkohle | 1377 | 1478 | 1346 | 1340 | 1390 | 1345 | 1331 | 1158 | 1300 | 1100 |
| Petroleum | 47 | 52 | 55 | 56 | 62 | 67 | 67 | 80 | 90 | 1099 |
| Roheisen | 73 | 78 | 59 | 62 | 71 | 67 | — | — | 61 | 40 |
| Stahl | — | 75 | — | — | — | — | — | — | 68 | 41 |
| Rohkupfer | 103 | 103 | 96 | 109 | 144 | 147 | 147 | 96 | 98 | 53 |
| Rohzinn | 125 | 133 | 121 | 125 | 125 | 130 | 114 | 124 | 122 | — |
| Rohzink | 974 | 1000 | 888 | 833 | 965 | 990 | 822 | 645 | 719 | 458 |
| Rohblei | 1182 | 1187 | 1176 | 1116 | 1169 | 1190 | 1196 | 864 | 849 | 888 |
| | (in Tsd. kg) | | | | | | | | | |
| Gold | 701 | 692 | 661 | 708 | 683 | 637 | 568 | 549 | 542 | 468 |
| Silber | 6980 | 6960 | 5000 | 5600 | 5000 | 5100 | 5600 | 5500 | 5020 | 4850 |
| | (in Tsd. t) | | | | | | | | | |
| Schiffbau | 2900 | 3330 | 2850 | 1200 | 1690 | 2960 | 5440 | 7140 | 5860 | 3440 |

*Weltviehstand* (mit Rußland; nach den den Jahren 1911 und 1921 nächstliegenden Viehzählungen)**
(in Mio St.)

| | 1911 | 1921 |
|---|---|---|
| Pferde | 110,5 | 99,8 |
| Rindvieh | 482,8 | 510,9 |
| Schafe | 617,8 | 532,2 |
| Schweine | 260,2 | 209,7 |

*Quellen*
* Pflanzenprodukte aus Annuaire Statistique Agricole 1909/1921, S. 261 f.
** Viehstandszahlen aus Annuaire Statistique Agricole 1909/1921, S. 234f.

2. Zerlegen wir die Weltproduktion in Teile, so finden wir, *daß die Steigerung in den außereuropäischen Gebieten mit sich entwickelndem Kapitalismus stattfand; Europa aber durchweg einen starken Rückgang aufweist.*

So ist es z. B. bei

Weizen: 1909/1913 Europa (ohne Rußland) 35,2% der Weltproduktion
1919/1921 Europa (ohne Rußland) 28,8% der Weltproduktion

bei Rindvieh:
1909/1913 Europa (ohne Rußland) 127,5 Mio Stück
1919/1921 Europa (ohne Rußland) 122,1 Mio Stück

Jene Produkte, welche eine starke Steigerung aufweisen: Mais, Rohrzucker, Kakao, Tee, Petroleum, sind durchweg außereuropäische Produkte; die Produktion desjenigen Teiles, wo der Niedergang am weitesten fortgeschritten ist, Europas, zeigt auf der ganzen Linie einen scharfen Rückgang.

7. *Das Kreditsystem bricht zusammen.* Dies ist vor allem für jene Länder gültig, in denen die Entwertung der Valuta andauert, während in den Ländern mit einigermaßen stabiler Valuta der innere Kredit noch intakt ist. In Deutschland, Österreich, Ungarn, Polen usw. ist das Kreditsystem insofern zusammengebrochen, als bei der rapiden Entwertung der Geldeinheit niemand langfristige Kredite gewähren kann. Andererseits verliert das Sparen im engeren Sinne, d. h. das Anhäufen von Geld oder Guthaben in Landeswährung jeden Sinn, da die ersparten Beträge in einigen Monaten auf ein Bruchteil zusammenschmelzen. Wir werden bei Deutschland Daten dafür geben, wie die Ersparnisse des deutschen Volkes innerhalb Jahresfrist zusammengeschmolzen sind.

Aber auch der *internationale Kredit* ist zusammengebrochen: der Staatskredit, weil jene Staaten, in welchen die Krise am weitesten fortgeschritten ist, keines Kredites gewürdigt werden. (Österreich bettelt schon seit Jahren um einen Kredit, bietet alle möglichen Garantien an: erfolglos.)

Der *internationale Privatkredit* zwischen den Staaten mit guter und entwerteter Valuta ist ebenfalls zusammengebrochen. Amerikanische Kapitalisten können z. B. Deutschland keinen *Markkredit* gewähren, weil sie nicht wissen, wie weit sich die Mark in der Kreditperiode entwerten wird, wieviel *Dollar* sie am Verfallstage zurückerhalten werden. Der deutsche Kapitalist kann keinen *Dollarkredit* aufnehmen, da er in Mark rechnet und nicht weiß, wieviel Mark er am Verfallstage würde zu bezahlen haben.

8. *Die Lebenshaltung des Proletariats sinkt.* Das Kapital ist nicht mehr imstande, dem Proletariat eine ständige, geschweige denn eine steigende Lebenshaltung zu gewähren. Die Verelendung der Arbeiterklasse geht in verschiedenen Formen vor sich. In den Ländern mit guter Valuta in der Form einer ungeheuren Arbeitslosigkeit. Dies zeigt die folgende Tabelle.

*Die wichtigsten Daten über die Arbeitslosigkeit sind die folgenden* (in % der gewerkschaftlich Organisierten resp. Versicherten; vgl. Tabelle 2):

*Tabelle 2*

| | | England | Belgien | Niederlande | Dänemark | Schweden | Norwegen |
|---|---|---|---|---|---|---|---|
| 1921 | Januar | 8,2 | 19,3 | 16,5 | 19,7 | 20,2 | 10,5 |
| | Juli | 14,8 | 21,4 | 7,6 | 16,7 | 27,8 | 15,9 |
| | August | 13,2 | 21,7 | 7,3 | 17,7 | 26,8 | 14,7 |

*Tabelle 2* (Fortsetzung)

| | | England | Belgien | Niederlande | Dänemark | Schweden | Norwegen |
|---|---|---|---|---|---|---|---|
| | September | 12,2 | 17,7 | 7,1 | 16,6 | 26,2 | 14,7 |
| | Oktober | 12,8 | 13,6 | 7,0 | 18,3 | 27,2 | 15,1 |
| | November | 15,7 | 13,9 | 10,0 | 20,8 | 28,6 | 16,9 |
| | Dezember | 16,2 | 11,4 | 17,0 | 25,2 | — | 18,3 |
| 1922 | Januar | 16,2 | 11,2 | 20,3 | 28,9 | 35,6 | 20,4 |
| | Februar | 15,7 | 10,1 | 21,3 | 33,1 | 32,1 | 21,3 |
| | März | 14,6 | 9,2 | 14,2 | 27,9 | 30,6 | 21,9 |
| | April | 14,4 | 8,9 | 11,4 | 24,0 | 28,6 | 21,3 |
| | Mai | 13,5 | 7,4 | 10,5 | 16,1 | 23,3 | 16,3 |
| | Juni | 12,7 | — | 9,5 | 13,2 | 21,5 | 15,2 |
| | Juli | 12,3 | — | 9,4 | 12,5 | 20,2 | — |
| | August | 12,0 | — | 9,3 | 11,1 | — | — |

| | | Kanada | Deutschland | Schweiz | Frankreich | Italien | Vereinigte Staaten |
|---|---|---|---|---|---|---|---|
| 1921 | Januar | 13,1 | 4,5 | 34652 | 40000 | 120000 | — |
| | Juli | 9,1 | 2,6 | 55605 | 37226 | 413797 | — |
| | August | 8,7 | 2,2 | 63182 | — | 470000 | — |
| | September | 8,5 | 1,4 | 66646 | 20408 | 723216 | 6,5 Mio |
| | Oktober | 7,4 | 1,2 | 74238 | 18831 | 455000 | — |
| | November | 11,1 | 1,4 | 80692 | 16158 | 513000 | 3,5 Mio |
| | Dezember | 15,1 | 1,6 | 88967 | 9602 | — | Angaben des Arbeitsamtes |
| 1922 | Januar | 13,9 | 3,3 | 97000 | 9244 | 540000 | |
| | Februar | 10,6 | 2,7 | 99541 | 8474 | 607000 | |
| | März | 9,6 | 1,1 | 89099 | 6609 | 576284 | |
| | April | 10,4 | 0,9 | 80799 | 5207 | 498606 | |
| | Mai | 8,7 | 0,7 | 71100 | 4968 | 432372 | |
| | Juni | 5,3 | 0,6 | 59456 | 6027 | 356492 | |
| | Juli | — | 0,6 | 52180 | — | — | ungefähr 1,5 Mio |
| | August | — | 0,7 | 51789 | — | — | |

In den Ländern mit sich entwertender Valuta ist es weniger die Arbeitslosigkeit, als die stetig wachsende Teuerung, mit der die Lohnerhöhung nicht Schritt hält. Diese Tatsache ist so allgemein anerkannt, daß es nicht nötig ist, Daten anzuführen; wir verweisen auf die zweite Ausgabe der „Krise der kapitalistischen Weltwirtschaft" und auf unser „Internationales Jahrbuch". Aber auch in dem „reichen" England wurde der Lohn großer Arbeiterschichten so stark herabgesetzt, daß ihre Lebenshaltung bei voller Arbeitszeit weit unter jene der Vorkriegszeit gesunken ist.

In die Verelendung wird die Beamtenschaft in diesen Gebieten in verstärktem Maße einbezogen. Die früher privilegierte, in ihrer Lebenshaltung und Ideologie sich den herrschenden Klassen anpassende Schicht der Intellektuellen und Beamten sinkt in das Proletariat hinab.

9. *Unter den verschiedenen Schichten der besitzenden Klassen geht ein verschärfter Kampf um die Verteilung des verminderten gesellschaftlichen Wertproduktes vor sich.* Dies sehen wir fast in allen kapitalistischen Ländern. Die Bauernschaft, die in der Aufstiegsperiode des Kapitalismus als selbständige *politische* Klasse kaum hervortrat, ist gegenwärtig nicht nur in Mittel- und Osteuropa, sondern auch in den Vereinigten Staaten ein Machtfaktor ersten Ranges geworden. Sie versucht, sich internationale Klassenorganisationen zu schaffen. In Polen, Ungarn, Bulgarien, Jugoslawien usw. kämpft sie gegen die Bourgeoisie um die Eroberung oder Behaltung der Staatsmacht. Der Zusammenhang zwischen Stadt und Land löst sich auf. Die *Bauernschaft* weigert sich, zum Aufbau des Bourgeoisstaates in der Form von Steuern materielle Opfer zu bringen. Nur die Furcht vor dem Proletariat einigt die reichen Bauern mit der Bourgeoisie, während die weiten Schichten der *armen* Bauern sich dem kämpfenden Proletariat nähern.

Das *Kleinbürgertum* der Länder mit fallender Valuta — Handwerker und Kleinhändler — verarmen in raschem Tempo, da sie trotz hoher Verdienste in der nominellen Geldeinheit ihren Betrieb infolge der Teuerung nur in einem immer kleineren Maßstab weiterführen können.

Innerhalb der eigentlichen Bourgeoisie geht ein *Kampf zwischen den Rohstoffproduzenten* (Schwerindustrie), welche vor allem den inneren Markt mit Hilfe hoher Schutzzölle beherrschen wollen, und den *Produzenten von Fertigwaren*, die an der maßlosen Verteuerung der Rohstoffe leiden, vor sich. Die Großgrundbesitzer stellen sich an die Spitze der reichen Bauern, um eine ihnen genehme Steuer- und Zollpolitik zu erzwingen. Die verringerte Produktion zwingt jede Schicht zum Kampfe um einen relativ vergrößerten Anteil.

Der Kampf spielt sich nicht unmittelbar ab, sondern als Kampf um die Preisbestimmung, um die Zoll- und Steuerpolitik. Der Niedergang des Kapitalismus spiegelt sich wider in dem trostlosen Zustand der Staatsfinanzen. Es gibt außer England kein europäisches Land, das kein Defizit im Staatshaushalt hätte. Die zur Deckung desselben notwendigen Maßnahmen — Vermehrung der Staatsschulden und des Papiergeldumlaufes — tragen ihrerseits wiederum zum Niedergang des Kapitalismus bei. Keine Klasse will aus dem Eigenen für die Erhaltung des Staates Opfer bringen.

Dieser Niedergang hat eine ständige *politische Krise* zur Folge. In allen bürgerlichen europäischen Ländern sind die Regierungswechsel zu einer beständigen Erscheinung geworden. Nirgends gibt es eine kompakte Regierungspartei. Die schärfere Klassenscheidung innerhalb der besitzenden Klassen entspricht einer *Zersplitterung der parlamentarischen Parteien*: ihrer Unfähigkeit zu einer selbständigen Politik — die rasch wechselnden, kurzlebigen Koalitionen. Nur die Notwendigkeit, das revoltierende Proletariat niederzuhalten, einigt zeitweise die hadernden Schichten und Parteien.

10. *Ideologisch ist der Glaube an die Unerschütterlichkeit der kapitalistischen Klassenherrschaft erschüttert.* Die nähere Ausführung dieses Satzes würde über den Rahmen unserer Arbeit hinausgehen. Wir wollen nur hervorheben, daß die bedingungslose Autorität des kapitalistischen staatlichen Gewaltapparates — mindestens in jenen Ländern, wo der Niedergang am weitesten fortgeschritten ist — verschwunden ist. Nicht nur das Proletariat — durch das Bestehen des russischen Sowjetstaates ermutigt — beweist durch seine revolutionären Kämpfe, durch die Aufrichtung von Organisationen, die einen Teil des staatlichen Machtkreises an sich zu reißen suchen, daß es nicht an die Unerschütterlichkeit der Klassenherrschaft glaubt; nicht nur die Kolonialvölker beweisen durch ihre Aufstände

dasselbe: auch die Bourgeoisie hat ihr Vertrauen verloren. Die Tatsache, daß die Bourgeoisie gezwungen war, überall sich selbst zu bewaffnen, weiße Garden zu bilden, beweist die Schwäche der Klassenherrschaft. Die Bourgeoisie kann den Schutz ihrer Herrschaft nicht länger bezahlten Leuten aus einer anderen Gesellschaftsklasse anvertrauen; sie hat nicht länger die Möglichkeit, einen Teil des Proletariats selbst zu bewaffnen und zur Niederhaltung der Gesamtheit zu verwenden; sie muß sich selbst bewaffnen. Dies ist kein Zeichen der Stärke, sondern der Schwäche der Klassenherrschaft, die dann am stärksten ist, wenn sie zur Aufrechterhaltung das Minimum an bewaffneter Macht braucht, wenn die bloße Drohung mit der Staatsmacht zur Aufrechterhaltung der Klassenherrschaft genügt. Es ist ein sicherer Beweis des Niedergangs, daß sich gegenwärtig der bewaffnete Kampf der Bourgeoisie mit dem Proletariat zum Teil außerhalb des Staatsapparates abspielt (Märzaktion, Faschistenkämpfe, spanische Offiziersliga, Ungarn usw.).

Andererseits sehen wir, daß die Bourgeoisie den Staatsapparat auch ökonomisch beiseite schiebt und sich selbst durch seine Organisationen an die Stelle des Staates setzt. Es sind große kapitalistische Organisationen, welche zum Teil schon ganz offen (Stinnes' Reparationsvertrag) an die Stelle des Staates treten.

Es ist unleugbar, daß es der Bourgeoisie nach der großen revolutionären Krise bei Kriegsschluß mit Hilfe der Sozialdemokraten gelungen ist, ihre Herrschaft wieder zu festigen. Sie ist jetzt daran, die Kulissen wegzuräumen, die Sozialdemokraten, die ihre Schuldigkeit getan haben, hinauszuwerfen, die Errungenschaften der revolutionären Periode dem Proletariat wieder zu entreißen. Der Niedergang des Kapitalismus ist eben kein automatischer Prozeß, sondern eine Kampfperiode mit wechselnden Erfolgen und Mißerfolgen für das kämpfende Proletariat.

## 3. Kapitel
# Die Rolle des Krieges im Kapitalismus

Die sozialdemokratischen Verfechter der Ansicht, daß die gegenwärtige Krise des Kapitalismus nur eine vorübergehende Phase sei, welcher eine weitere Periode des Aufstiegs folgen wird, behaupten zugleich, daß die gegenwärtige Krise „bloß" eine Folge des Weltkrieges sei. In der Tatsache haben sie auch sicherlich Recht. *Ihr Irrtum oder ihre bewußte Fälschung besteht aber darin, daß sie den Weltkrieg als etwas Zufälliges, mit der Entwicklung des Kapitalismus nicht notwendig Verbundenes und sich nicht Wiederholendes betrachten.* Konsequenterweise sind sie auch Pazifisten, begeistern sich für Wilson und geben sich den Anschein, noch immer an den ewigen Frieden des Völkerbundes zu glauben.

Aber der Weltkrieg war kein von gewissenlosen Politikern zufällig heraufbeschworenes Ereignis, sondern ein Kampf, auf den sich die Bourgeoisie der hochkapitalistischen Länder seit Jahrzehnten vorbereitet hat. Jahrzehnte hindurch wurden Millionen Menschen für das Massenschlachten ausgebildet, ein beträchtlicher Teil des jährlichen Weltproduktes in Mordinstrumenten angelegt. Umsonst waren alle pazifistischen, antimilitaristischen Kundgebungen, umsonst suchte Norman Angell zu beweisen, daß der Krieg „ein schlechtes Geschäft sei". Die Bourgeoisie ließ sich in ihren Kriegsvorbereitungen nicht stören, von der Entfachung des Weltkrieges nicht abhalten.

Und heute, vier Jahre nach Kriegsende, ist der Militarismus stärker als je. Es stehen mehr Menschen in Waffen als vor dem Weltkriege, — und ein noch größerer Teil der jährlichen Produktion wird für Rüstungszwecke verausgabt. Ist es keine Naivität, dies alles für einen Zufall, für ein Mißverständnis zu halten?

Tatsächlich sind aber Militarismus und Kriege notwendige Folgen der hochkapitalistischen Entwicklung. Die Theorie Norman Angells, welche das Fundament der pazifistischen Agitation der Sozialdemokratie bildet, ist auf eine überholte Entwicklungsstufe des Kapitalismus, auf die Interessen des *englischen Handelskapitals* zugeschnitten. Aber in den höchstentwickelten kapitalistischen Ländern ist es nicht das Handelskapital, welches die Politik des Staates bestimmt, sondern das mit der Schwerindustrie eng verbundene Finanzkapital. Und dessen Interesse ist es nicht, sich im freien internationalen Wettbewerb mit den Konkurrenten zu messen: nicht möglichst kauffähige Absatzmärkte zu schaffen, sondern *monopolistisch gesicherte Anlagegebiete für ihren Kapitalexport zu erobern.*[9]

Hierzu wird das Kapital durch die innere Entwicklung, durch die Tendenz der fallenden Profitrate getrieben.[10]

Durch die *technische Entwicklung* wird die organische Zusammensetzung des Kapitals — vor allem in der Schwerindustrie — immer höher, der Umschlag des industriellen

9 Der Gegensatz zwischen industriellem und Handelskapital zeigte sich scharf bei Gelegenheit der Balfour-Note. Das Handelskapital Englands war für die bedingungslose Streichung der interalliierten Schulden, um die glatte Neuregelung der Reparationsfrage zu ermöglichen und Deutschland als Absatzmarkt wieder aufzurichten. Die englische Industrie hingegen — repräsentiert durch die Federation of British Industry — war gegen die Streichung der Schulden und offen oder stillschweigend für die Herabdrückung Deutschlands zu einer Rohstoffe liefernden Kolonie. — Der neue Zolltarif der Vereinigten Staaten bedeutet ebenfalls den vollen Sieg des amerikanischen Industriekapitals über das Handelskapital.

10 Karl Marx, Das Kapital, Dritter Band, in: MEW, Bd. 25, Berlin 1973, S. 372.

Kapitals langsamer, die Profitrate niedriger. Hierzu kommt in den letzten Jahrzehnten des 19. Jahrhunderts ein neuer Umstand. Mit Hilfe seiner stärkeren Organisation erringt das Proletariat eine Erhöhung seiner Lebenshaltung. Das „historische Moment", welches „den Umfang der sogenannten notwendigen Bedürfnisse und die Art ihrer Befriedigung" mitbestimmt[11], wirkt im Sinne einer Erhöhung des Arbeitslohnes. Anders ausgedrückt: Die notwendige Arbeit dehnt sich auf Kosten der Mehrarbeit aus. Die Mehrwertrate fällt. Bei einer gegebenen Größe des variablen Kapitals bewirkt dies eine Beschleunigung der fallenden Tendenz der Profitrate.

Das Kapital kämpft gegen die fallende Tendenz der Profitrate durch verschiedene Mittel. Durch organisatorischen Zusammenschluß, wobei das vertrustete Kapital die faux frais der Zirkulationssphäre vermindert, einen Teil des Profits des Handelskapitals an sich reißt, seine eigene Profitrate durch monopolistische Feststellung der Preise auf Kosten der anderen Schichten erhöht. Vor allem aber durch *Kapitalexport* nach Ländern, wo die notwendige Arbeitszeit kürzer, die Mehrwert- und Profitrate höher ist. Um die Ausbeutung dieser Gebiete zu ermöglichen, müssen dieselben den Bedingungen des Kapitals im allgemeinen gefügig gemacht, d. h. unterjocht werden. Das Kapital jedes hochentwickelten kapitalistischen Landes ist — um das Fallen der Profitrate zu verlangsamen — gezwungen, sich größere Kolonialgebiete zu unterwerfen.[12] Und es scheut auch vor einem Kriege zum Schutze oder zur Eroberung von monopolistisch beherrschten Anlagesphären nicht zurück.

Es läßt sich natürlich auch ein kapitalistischer „*Gottesfrieden*" denken. Es wäre denkbar, daß die internationale Organisierung, die Vertrustung des Kapitals der führenden Mächte so weit fortschreiten könnte, daß die Rivalität zwischen den einzelnen „nationalen" Kapitalismen gegenstandslos würde. Nur in diesem Falle hätte der bürgerliche Pazifismus Aussichten auf Verwirklichung. Aber selbst in diesem Falle bliebe die Notwendigkeit bestehen, das Bestreben der unterdrückten kolonialen Bevölkerung, sich vom Joche des Imperialismus zu befreien, mit Waffengewalt niederzuhalten. Tatsächlich sind wir hiervon sehr weit entfernt. Die Ansätze zum internationalen Zusammenschluß sind gegenüber den Gegensätzen der nationalen Kapitalismen bedeutungslos. Und wir hoffen, daß die gegenwärtige Niedergangsperiode des Kapitalismus nicht von so langer Dauer sein wird, um eine derartige internationale Vertrustung zu ermöglichen.

Der eben durchgekämpfte Weltkrieg war jedenfalls kein unglücklicher Zufall, sondern eine natürliche Folge jener Gegensätze, welche sich bereits in den vorhergehenden langandauernden Kriegsrüstungen manifestierten. Der Weltkrieg leitete wohl die Krisenperiode ein, kann aber keinesfalls als eine Ursache, die bei besserer Politik hätte vermieden werden können, betrachtet werden. *Und sein Ergebnis ist — historisch betrachtet — eben dies, daß ein gefährlicher Konkurrent um die Weltherrschaft, Deutschland, ausgeschaltet, und das ganze Gebiet östlich des Rheins in eine Kolonie des siegreichen Ententekapitals verwandelt wurde.* Der Weltkrieg war daher nur eine Erscheinungsform der Krise des Kapitalismus und ergab eine Reproduktion der imperialistischen Gegensätze auf einer höheren Stufe;

11 Vgl. Karl Marx, Das Kapital, Erster Band, in: MEW, Bd. 23, Berlin 1972, S. 185.

12 Wir sind daher mit Rosa Luxemburg über die Tatsache einig, daß der hochentwickelte Kapitalismus als Imperialismus zu Zusammenstößen im Weltmaßstab drängt. Aber in der Begründung besteht eine große Differenz. Wir glauben nicht, daß eine Akkumulation, ja ein Weiterbestehen des Kapitalismus unmöglich sei ohne eine weitere Ausdehnung der kapitalistischen Produktionsweise auf bisher nicht kapitalistische Schichten.

nur vier imperialistische Mächte: England, Frankreich, die Vereinigten Staaten und Japan stehen — bis an die Zähne bewaffnet — einander gegenüber. *Und nur die Furcht vor der proletarischen und kolonialen Revolution hält sie davon ab, aufeinander loszugehen.*

Wir wollen zum Schluß noch folgendes bemerken: Es ist überhaupt nicht wahr, daß der Krieg wirtschaftlich für die führende Schicht des Kapitals, das industrielle Kapital, ein „schlechtes Geschäft" wäre. Wir besitzen zahlenmäßiges Material vor allem über die amerikanischen Profite.[13]

Die Gesamtsumme der reinen Profite aller Aktien-Gesellschaften betrug:

| | Mio Dollar | | Mio Dollar |
|---|---|---|---|
| 1909 | 3125 | 1915 | 5187 |
| 1910 | 3360 | 1916 | 8766 |
| 1911 | 3214 | 1917 | 10730 |
| 1912 | 3832 | 1918 | 9500* |
| 1914 | 3711 | 1919 | 8500* |

* Schätzungen: die früheren Ziffern nach den amtlichen International Revenue Reports.

Was Bergbau und Fabrikindustrie im besonderen anbelangt, so liegen folgende spezielle Daten vor:

| | Gesamter reiner Profit (Mio Dollar) |
|---|---|
| 1909 | 1326 |
| 1910 | 1436 |
| 1911 | 1310 |
| 1916 | 5026 |
| 1917 | 6809* |

* weitere Daten liegen nicht vor.

Wir sehen: Das industrielle Kapital hat seine Profite verfünffacht. Es hat durchaus kein schlechtes Geschäft gemacht! Und ebenso dürfte es mit der englischen, französischen und deutschen Industrie stehen, über deren Kriegsgewinne uns keine zusammenfassenden Daten vorliegen.

13 Siehe D. Friday, Profits, Wages and Prices, New York 1921, S. 15 u. 17.

4. Kapitel
# Die Wirtschaftstypen der Niedergangsperiode des Kapitalismus

Wir wollen nunmehr versuchen, das Chaos der gegenwärtigen Periode durch eine Gruppierung der Länder je nach ihrer Stellung in der Weltwirtschaft ein wenig zu ordnen, gewisse Typen herauszuheben. Es kann sich hierbei natürlich nur um grobe Umrisse handeln. Der Mangel eines weltwirtschaftlichen Gleichgewichts, dessen konkrete Erscheinungsformen wir im zweiten Kapitel skizzierten, macht sich in einer allgemeinen Unsicherheit, in dem Nebeneinanderbestehen von Wirtschaftstypen verschiedensten Charakters geltend.

### *I. Gruppe: Staaten mit noch nicht voll entwickeltem Kapitalismus*

Obwohl der Kapitalismus im Weltmaßstab bereits in seine Niedergangsperiode eingetreten ist, gibt es noch eine ganze Reihe von Staaten, in denen der Kapitalismus seine volle Entwicklung noch nicht erreicht hat. Es sind dies außereuropäische Gebiete mit bisher nicht voll ausgenutzten Naturschätzen, mit großen agrarischen und bergbaulichen Produktionsmöglichkeiten: Gebiete, in denen während des Krieges, da als Folge des Schiffsraummangels die Frachten sehr teuer waren und die Standortvorteile der europäischen Industrie nicht zur Geltung kamen, das Tempo der Industrialisierung viel rascher wurde. Diese Gebiete hatten, trotz ihrer niedrigen kapitalistischen Entwicklung, durch die akute Krise schwer gelitten; ihre neuentstandene Industrie kann dem neueinsetzenden — durch die niedrigen Frachtsätze begünstigt — Wettbewerb der alten Industriezentren schwer standhalten; andererseits leiden die Landwirtschaft und die Rohstoffproduktion an der gesunkenen Kauffähigkeit Europas.

Diese Gruppe umschließt Staaten, die auf sehr verschiedenen Stufen der wirtschaftlichen und politischen Entwicklung stehen. Wir versuchen, dieselben in Untergruppen zu scheiden. Die Scheidung kann natürlich keine scharfe sein; bei manchen Staaten ist es zweifelhaft, zu welcher Untergruppe sie gehören.

#### *a) Die unterdrückten Kolonialgebiete Englands, Frankreichs, Belgiens und Italiens in Afrika mit unkultivierter einheimischer Bevölkerung*

Diese Gebiete befinden sich gegenwärtig auf der untersten Stufe der wirtschaftlichen Entwicklung unter allen Ländern der Erde. Das Kapital ist noch ganz *ausländisches Kolonialkapital* (Plantagen, Handelskapital); die eingeborene Bevölkerung, noch kaum differenziert, befindet sich auf einer niedrigen Kulturstufe. Der kapitalistischen Entwicklung stehen die dünne, zu geringe Bevölkerung und ungünstige Naturverhältnisse hindernd im Wege (Regenmangel, tropische Hitze, Schlafkrankheit).

#### *b) Die unterdrückten Kolonien mit nicht europäischer, aber auf höherer Kulturstufe stehender Bevölkerung*

Hierzu zählen wir die spanischen, französischen und englischen Kolonien in Nordafrika, die englischen Kolonien in Vorderasien: Englisch-, Französisch- und Holländisch-Indien, die japanischen und amerikanischen Kolonien. Diese Gebiete haben einen mehr oder minder entwickelten Kapitalismus, eine sich rasch entwickelnde einheimische Kapitalistenklasse, eine Bevölkerung, welche die Anfänge einer dem Kapitalismus entsprechenden

Klassenschichtung aufweist, die aber durch den Gegensatz zu den unterdrückenden Kolonialmächten zu einer Einheit verbunden ist. Der Niedergang des Kapitalismus im Weltmaßstab schädigt zwar einerseits ihre wirtschaftliche Entwicklung, indem er den Absatz ihrer Rohstoffe erschwert; anderseits machten dieselben während des Krieges große Fortschritte in der Industrialisierung, haben sie den Kolonialmächten gegenüber eine größere wirtschaftliche und politische Bewegungsfreiheit errungen. Ihre politische Befreiung wird eines der Fundamente des kapitalistischen Imperialismus zerstören.

*c) Die formell unabhängigen Kolonialstaaten*

In Asien: China, Persien, Afghanistan, die Türkei; in Amerika: Mexiko und die Staaten Südamerikas. Sie sind formell unabhängig, weil sie nicht Kolonien einer imperialistischen Macht sind, sondern das Streitobjekt der vier miteinander ringenden Weltmächte bilden. — Ihre wirtschaftliche Struktur und kulturelle Entwicklung sind sehr verschieden: In China lebt ein altes Kulturvolk, in Brasilien teilweise ganz unkultivierte Indianerstämme. Gemeinschaftlich ist aber die Möglichkeit einer raschen kapitalistischen Entwicklung, da große Naturschätze unausgenutzt sind. Obwohl es bereits einen einheimischen Kapitalismus gibt, besteht die Möglichkeit einer starken Ausdehnung der kapitalistischen Warenproduktion und einer großen Kapitaleinfuhr. Diese Gebiete sind es, auf welche die außereuropäischen imperialistischen Mächte — die Vereinigten Staaten und Japan — zur Weiterentwicklung ihres Kapitalismus im Falle eines endgültigen Zusammenbruches in Europa vor allem rechnen. Daß diese Gebiete vom Niedergang der kapitalistischen Weltwirtschaft verhältnismäßig wenig angegriffen sind, beweist der günstige Stand ihrer Valuta.[14]

*d) Die Gruppe der englischen Siedlungskolonien*

Kanada, die südafrikanischen Kolonien, Australien, Neuseeland. Obwohl formell Kolonien, sind es faktisch unabhängige, fast voll entwickelte kapitalistische Staaten. Sie besitzen eine breite agrarische Grundlage, welche sie von den Vorgängen am Weltmarkte zum Teil unabhängig und eine bodenständige Weiterentwicklung des Kapitalismus möglich macht. Der Niedergang des Kapitalismus macht sich in dem erschwerten Absatz der Lebensmittel und Rohstoffe am Weltmarkt und durch die scharfe Konkurrenz der alten Industrieländer gegenüber dieser neuentwickelten Industrie am heimischen Markt geltend. Daher werden diese Staaten wahrscheinlich zu einem Schutzzollsystem übergehen und sich stark in der Richtung auf eine autarke, selbstgenügsame Wirtschaft entwickeln. Für ihre noch im Wesen gesunde Wirtschaftslage spricht die Tatsache, daß die letzte akute Krisenphase dieselben wenig mitriß: Ihre Valuta, ihr Staatshaushalt, ihre Kreditorganisation sind nicht angegriffen.

14 Laut dem Federal Reserve Bulletin vom August 1922 notierten — Durchschnitt des Monats Juli — in % der Parität des Dollars:

| | |
|---|---|
| China: Shanghai Tael | 118,2 |
| China: Meser Ranis Dollar | 118,0 |
| China: Hongkong | 121,3 |
| Argentinien (Peso Gold) | 84,8 |
| Brasilien (Milreis) | 42,3 |
| Chile (Peso Papier) | 64,7 |
| Mexiko | 97,3 |
| Cuba | 99,8 |
| Uruguay | 78,7 |

### *II. Gruppe der Staaten mit vollentwickeltem, im Wesen noch intaktem Kapitalismus*

Diese Gruppe umschließt die *führenden imperialistischen Staatswesen der Gegenwart.* Einige derselben sind in den Niedergang schon sehr stark einbezogen; im Wesen aber ist ihr Kapitalismus noch intakt, da ihr Geld- und Kreditsystem noch gesund sind, die Kapitalakkumulation noch im Gange ist, der Glaube an den weiteren Bestand des Kapitalismus noch feststeht. Da sich das Schicksal des Kapitalismus vor allem in diesen Ländern entscheidet, müssen wir uns fast mit jedem besonders beschäftigen.

#### *a) Japan*

Japan entwickelte sich im Verlauf einiger Jahrzehnte zu einem vollkapitalistischen, imperialistischen Staatswesen mit allen bezeichnenden Zügen: Militarismus, Kapitalexport, koloniale Ausdehnung. Doch blieb die soziale Umgestaltung hinter der Umwälzung im ökonomischen Unterbau stark zurück. Soziale und Rechtsverhältnisse zeigen noch stark feudalen Charakter, so daß die Ausgestaltung der dem Kapitalismus angemessenen politischen Verhältnisse: Rechtsgleichheit, politische Demokratie, Volksparlament usw. noch als Fortschritt gelten müssen. In den Niedergang des Kapitalismus und vor allem in die akute Krisenphase war das Land stark einbezogen. Aber der Produktionsapparat ist intakt, die Akkumulation setzt sich fort, Geld- und Kreditsystem sind trotz großer Zusammenbrüche spekulierender Firmen gesund.[15]

Durch die geographische Nähe der noch unaufgeschlossenen Riesengebiete Chinas und dessen Außenländer (Mandschurei, Mongolei), durch seine Lage zwischen den gesündesten kapitalistischen Teilen der Weltwirtschaft: Vereinigte Staaten, Kanada, Australien hat es Aussicht, seinen Kapitalismus von dem rapiden Verfall Mitteleuropas mehr oder weniger unabhängig weiter zu erhalten.

#### *b) Die Vereinigten Staaten von Nordamerika*

Die Vereinigten Staaten sind während des Krieges zu einer vollentwickelten imperialistischen Weltmacht geworden. Ihr Produktionsapparat hat sich stark vergrößert; es ist aus einem Agrarland zu einem Industrieland, aus einem Kapital importierenden ein Kapital im Auslande anlegendes, aus einem Schuldnerland ein Gläubigerland geworden.

Es unterscheidet sich von den europäischen imperialistischen Ländern vor allem durch seine *viel breitere agrarische Grundlage*: Es kann sich noch immer nicht nur mit allen nötigen Lebensmitteln selbst versorgen, sondern es ist das größte Exportland von Weizen, Mais, Baumwolle. Es ist in der eigenartigen Lage, daß es sowohl Industrieartikel als agrarische Erzeugnisse in großen Quantitäten exportieren muß, soll es seine Produktionsfähigkeit voll ausnutzen.[16]

*Eben deshalb ist es in den Niedergang des Kapitalismus stark einbezogen.* Nachdem es im letzten Jahrzehnt einen Ausfuhrüberschuß von rund 23 Mrd. Dollar gehabt hat (rd. 100 Mrd. Goldmark), nachdem es seine auswärtigen Schulden durch Rückkauf seiner Wertpapiere

15 In der ganzen Periode seit Kriegsende stand der japanische Yen im allgemeinen auf der Goldparität; die Schwankungen dem Dollar gegenüber betrugen nicht mehr als 5% über und unter Pari.

16 Der Ausführungsüberschuß der Vereinigten Staaten betrug im letzten Jahrzehnt in Mio Dollar:

| 1913 | 1914 | 1915 | 1916 | 1917 | 1918 | 1919 | 1920 | 1921 | zus. in 9 Jahren |
|---|---|---|---|---|---|---|---|---|---|
| 737 | 323 | 1779 | 3109 | 3281 | 3118 | 4016 | 2949 | 1917 | 21,309 |

getilgt hat, nachdem es den Alliierten mehr als 11 Mrd. Anleihen gegeben hat, nachdem 40% des gesamten sichtbaren Goldwertes der Welt in seinen Besitz gelangt ist, steht es vor dem Problem: Was soll die Welt und vor allem das verarmende Europa *als Gegenleistung für die Lieferung amerikanischer Waren geben?* Und da innerhalb des Kapitalismus alle Unregelmäßigkeiten der interstaatlichen Wertbilanz sich in der Gestaltung der Valuta geltend machen, kann die Frage auch so formuliert werden: *Wie ist der weitere Warenexport der Vereinigten Staaten bei dem ungeheuren Disagio der kontinental-europäischen Valuten möglich?* Dies hängt mit der Frage der Verzinsung und Amortisierung der alliierten Schulden aufs engste zusammen. In welcher Form könnten England, Frankreich, Italien usw. ihre Schuld an Amerika verzinsen und amortisieren, ohne Waren nach den Vereinigten Staaten einzuführen? Nach den Vereinigten Staaten, wo eine Zeit lang 6 Millionen Arbeiter arbeitslos waren, weil es eben den Überfluß seiner Produktion in keiner Weise auf dem Weltmarkt unterbringen konnte!

Auch das *Auseinanderfallen der landwirtschaftlichen und industriellen Produktion* ist in den Vereinigten Staaten bereits zu beobachten. Bei der allgemeinen, sich auf fast alle Waren erstreckenden relativen Überproduktion in 1920 bis 1921 fielen die Preise der landwirtschaftlichen Produkte viel stärker als jene der industriellen Waren, weil die großen Trusts durch planmäßige Einschränkung der Produktion die Preise besser halten konnten.[17] Das Ergebnis war, daß die Farmer verarmten und ihre Kaufkraft sehr zurückging, was hinwiederum natürlich den Absatz der industriellen Produkte stark einschränkte. Dies führte zu dem scharfen Kampf zwischen Farmern und vertrustetem Bank-, Industrie- und Eisenbahnkapital (Farmerblock im Senat, Non partisan league).

Die Vereinigten Staaten versuchten nunmehr, die Krise durch zwei Mittel zu lösen: 1. *durch Sicherung des inneren Marktes.* — Der neue Zolltarif, der im Wesen dem deutschen Vorkriegszolltarif gleich ist, bringt sehr hohe Schutzzölle sowohl der *Landwirtschaft* als auch der *Industrie.* Der innere Markt soll dem inländischen Kapital voll und ganz ausgeliefert werden;[18]

2. *durch Kapitalexport.* Der Überschuß der Produktion aber soll vor allem in den kapitalistischen noch unentwickelten Gebieten der Länder Südamerikas, in China und in den englischen Siedlungskolonien angelegt werden. (Kanada ist mit den Vereinigten Staaten wirtschaftlich bereits enger als mit England verbunden.)

Der neue Hochschutzzolltarif ist *antieuropäisch*, ist ein Versuch, die Vereinigten Staaten aus dem Niedergang Europas auszuschalten; ein Versuch, der wenig Aussicht auf Erfolg hat und jedenfalls Europa dem weiteren Niedergang preisgibt. Nur die *proeuropäische* Politik, die Streichung der alliierten Schulden, Gewährung von großen Krediten an Kontinental-Europa, d. h. die Überführung von einem Teil des in Amerika allzu groß entwickelten Produktionsapparates nach den verarmten Teilen Europas wäre vielleicht geeignet, ein neues weltwirtschaftliches Gleichgewicht in absehbarer Zeit herbeizuführen, wenn die proletarische Revolution hierzu dem Kapitalismus die nötige Zeit lassen würde.

### *c) England und die neutralen europäischen Staaten*

Eine dritte Gruppe bilden England und die neutralen europäischen Staaten. Der Produktionsapparat dieser Länder wie auch ihr Geld- und Kreditsystem ist im Wesen noch

17 Siehe Näheres in meiner „Krise der kapitalistischen Weltwirtschaft", 2. Aufl. (Siehe auch Bd. I, S. 220 bis S. 223 der vorliegenden Ausgabe.)

18 Der neue Zolltarif bedeutet den vollen Sieg des produktiven — sowohl industriellen als agrarischen — Kapitals über das Handels- und Geldkapital.

intakt. Da dieselben — vor allem England selbst — ferner die Schweiz und die Skandinavischen Staaten, nicht über eine so breite agrarische und Rohstoffbasis verfügen wie die Vereinigten Staaten, sind sie viel stärker auf den Weltmarkt angewiesen als diese. Ein viel größerer Prozentsatz ihrer industriellen Produktion muß auf dem Weltmarkt Absatz finden, um eine ständige Arbeitslosigkeit zu vermeiden; und viel mehr Lebensmittel und Rohstoffe müssen aus dem Auslande importiert werden. Ist auch der Kapitalismus in diesen Ländern im Wesen noch intakt, so zeigte die anhaltende starke Arbeitslosigkeit[19], daß der Niedergang im Zusammenhang mit dem Verschwinden des früheren weltwirtschaftlichen Gleichgewichts auch hier begonnen hat! Und da diese Staaten über keine genügende eigene Agrarbasis verfügten, um eine selbstgenügsame Politik auch nur versuchen zu können, der Kolonialbesitz Englands außerdem durch die Freiheitsbewegung in Indien, Vorderasien und Afrika immer mehr gefährdet wird, dürften diese Staaten — trotz der momentanen Besserung der Konjunktur — rascher und stärker in den Niedergang eingezogen werden, als die außereuropäischen vollkapitalistischen Staaten.

In den sozialen Verhältnissen macht sich der Niedergang in England weniger geltend als in Amerika. Das fast vollkommene Fehlen einer Bauernklasse stellt das Proletariat unmittelbar der Bourgeoisie gegenüber, welche wesentlich einheitlich ist. Nur zwischen dem Handels- und Bankkapital einerseits und dem eigentlichen Industriekapital anderseits besteht ein gewisser Gegensatz in der Wirtschaftspolitik. Ersteres ist für Opfer zum Zwecke der Wiederaufrichtung Europas, letzteres fürchtet die deutsche Konkurrenz. Aber von einem *Kampf* dieser Schichten gegeneinander kann kaum die Rede sein . . . Das Proletariat aber ist erst auf dem Wege zur Revolutionierung, ist noch fast vollkommen in der Macht der mit den Kapitalisten zusammenarbeitenden Gewerkschaftsführer.

### *III. Gruppe der Staaten, in welchen der Niedergang des Kapitalismus offenkundig ist*

*In diese Gruppe reihen wir alle bürgerlichen Staaten Kontinentaleuropas ein, die am Weltkrieg teilnahmen.* Gemeinsam allen hierher gehörenden Staaten ist eine starke *Verminderung der Produktion* im Vergleich mit der Vorkriegszeit, eine Verminderung oder vollständiger Stillstand der Akkumulation oder gar Desakkumulation (Reproduktion auf sich vermindernder Stufenleiter); Geldwesen und Kreditsystem mehr oder weniger erschüttert; starkes Disagio, große Kursschwankungen, Staatsfinanzen zerrüttet, der Zusammenhang zwischen Landwirtschaft und Industrie gelockert. In den meisten dieser Staaten ist die Macht des Staates stark erschüttert; die Bourgeoisie bewaffnet sich selbst zum Schutze der Klassenherrschaft (Organisation Escherich, Faschisten, Erwachende Magyaren usw.). Die Klassengegensätze verschärfen sich; es gibt weder stabile Regierungsparteien, noch stabile Regierungen. Die Parteien sind in unzählige Fraktionen zersplittert, die Regierungskrisen nehmen kein Ende.

Diese Niedergangserscheinungen treten in den einzelnen Staaten in sehr verschiedenem Grade hervor. Überhaupt ist die *Verschiedenheit von Land zu Land, der rasche Wechsel der Verhältnisse, die allgemeine Unstabilität das Bezeichnende für diese Ländergruppe.* Es ist daher auch unmöglich, auf beschränktem Raume eine auch nur annähernd vollständige Skizze zu geben.

19 Siehe die Tafel der Arbeitslosigkeit auf Seite 294/295.

*Die „Siegerstaaten" Frankreich, Italien, Belgien.*

a) *Frankreich.* Die wirtschaftlichen Verhältnisse Frankreichs sind insofern günstiger als jene Englands, als es eine breitere agrarische Basis hat und sich bei normaler Ernte mit Lebensmitteln selbst versorgen kann. Der bäuerliche Charakter des Landes macht es den Vorgängen auf dem Weltmarkt gegenüber etwas unempfindlicher. Hingegen ist ein Teil seines sachlichen Produktionsapparates noch nicht wiederhergestellt, der menschliche Produktionsapparat durch Kriegsverluste und den riesigen Militarismus vermindert, die Staatsfinanzen in einem trostlosen Zustande, der Kurs der Valuta auf 40% der Goldparität gefallen.

Andererseits ist Frankreich durch die Angliederung Elsaß-Lothringens zu einem schwerindustriellen Exportlande geworden. Diese Tatsache im Zusammenhang mit seinem ausgedehnten Kolonialbesitz, seinem Militarismus und Nationalismus macht es — trotz der Zerrüttung der Staatsfinanzen und des Geldwesens — *neben den Vereinigten Staaten, England und Japan zu einer der führenden imperialistischen Mächte.* Es hat sein Einflußgebiet fast auf das ganze bürgerliche Europa östlich des Rheins ausgedehnt. Es bedroht Deutschland durch seine Reparationsforderungen, beherrscht Polen, die Tschechoslowakei, Ungarn und die kleine Entente durch Kapitalsanlage und militärische Bündnisse, es trachtet, ganz Europa östlich des Rheins, ja darüber hinaus die Angora-Türkei und Vorderasien, alle jene Gebiete, die infolge des Weltkrieges wirtschaftlich zu Kolonialgebieten herabgesunken sind, in *sein Kolonialgebiet zu verwandeln.*

Indessen ist die ökonomische Basis Frankreichs, seine geringe und sich verringernde Bevölkerung, der gering entwickelte und im Kriege geschädigte sachliche Produktionsapparat, die trotz des gegenteiligen Scheines einer starken Akkumulation in Geldform stets geringe Akkumulation von Produktionsmitteln innerhalb der Landesgrenzen, das zerrüttete Geldwesen und der schlechte Zustand der Staatsfinanzen nicht dazu geeignet, einen solchen riesigen machtpolitischen Überbau auf die Dauer zu tragen. Der Widerspruch zwischen dem schwach entwickelten ökonomischen Unterbau und dem überentwickelten machtpolitischen und militärischen Überbau wird sich in absehbarer Zeit in einem großen Zusammenbruch geltend machen (möglicherweise im Gefolge eines neuen Krieges) und den falschen Schein der Blüte Frankreichs endgültig vernichten.

In *Italien* ist der Niedergang des Kapitalismus viel weiter fortgeschritten. Ständige Krisen in den meisten Industrien, große Arbeitslosigkeit, das Geld auf 20% der Goldparität gefallen, die Staatsfinanzen zerrüttet, die Staatsmacht verfallen, der Klassenkampf wird mit Waffengewalt außerhalb des staatlichen Machtbereichs ausgetragen. Der Niedergang ist so weit fortgeschritten, daß das Land von der besseren Phase des laufenden Jahres kaum etwas profitiert hat.

b) *Die Industriestaaten Mitteleuropas, in welchen der Verfall am weitesten fortgeschritten ist*

In diese Gruppe möchten wir vier Staaten einreihen: Deutschland, Österreich, Polen und die Tschechoslowakei.

Die ersten drei zeigen die Niedergangserscheinungen in vollster Entwicklung. Die Produktion sehr vermindert, der sachliche Produktionsapparat herabgekommen, das Proletariat unterernährt, seine Lebenshaltung sinkend. Der Gang der Produktion ganz von der Entwicklung der Valutakurse abhängig: bei fallenden Kursen starke Auslandsaufträge und der Schein einer guten Konjunktur; sobald das Preisniveau sich einigermaßen dem Weltmarktpreis annähert, Verschlechterung der Konjunktur. Da *objektiv teurer*, weil mit schlechterem und nicht voll ausgenutztem Produktionsapparat produziert wird als in den Staaten der II. Gruppe, da jede Ware gleicher Qualität mehr tatsächliche Arbeitszeit enthält als jene der II. Gruppe, so kann Konkurrenzfähigkeit auf dem Weltmarkte nur durch die fortgesetzte Verschlechterung der Lebenshaltung des Proletariats aufrechterhalten werden, die in der Form vor sich geht, daß die Lohnsteigerungen stets stark hinter der Teuerung zurückbleiben.

Die Produktion ist bedeutend kleiner als vor dem Kriege und genügt nicht zur Befriedigung des laufenden Bedarfs. Die Akkumulation ist zum Stillstand gekommen.[20] Trotz gewaltig gesteigerter Papierumsätze und Papiergewinne erweist es sich, daß die Kleinhändler nicht imstande sind, aus dem Erlös die verkaufte Warenmenge wieder einzukaufen, die Handwerker die Materialien zur Fortsetzung des Gewerbes zu beschaffen, die ausländische Rohstoffe verarbeitende Großindustrie ihre Rohstoffe in gleicher Quantität zu importieren. Die Wirtschaft läuft immer leerer, die Produktion schrumpft zusammen.

Die Valuta entwertet sich in raschem Tempo. Für ein englisches Pfund wurde in London notiert:

| | Parität | Ende 1920 | Ende 1921 | 22. Sept. 1922 |
|---|---|---|---|---|
| Deutsche Mark | 20,43 | 258 | 778 | 6300 |
| Österreichische Krone | 24,2 | 1500 | 11000 | 335000 |
| Polnische Mark | 20,43 | 2250 | 12000 | 35000 |

Noch störender wirken die ungeheuren Kursschwankungen, welche bei der deutschen Mark im Sommer 1922 monatlich 50% des Kurses betrugen.

Daher wird das einheimische Geld sowohl als Preismaß als auch als Zirkulationsmittel immer mehr ausgeschaltet. Man kalkuliert in fremder „*Edelwährung*". Da aber die vorhandenen Vorräte an fremden Valuten möglichst zurückgehalten werden, so schwillt die Masse des zirkulierenden Papiergeldes ins Ungemessene. Die deutsche Notenbank wirft gegenwärtig täglich über 3 Mrd. Mark neues Papiergeld in den Verkehr, die österreichische vielleicht an die 50 Milliarden.

*Das Kreditsystem ist zusammengebrochen.* Niemand will einen langfristigen Kredit in der heimischen Valuta gewähren, da bei der Rückzahlung die Kaufkraft auf einen Bruchteil gesunken ist. Die Zinssätze erreichen eine phantastische Höhe. Ein immer größerer Teil des Kapitals, der Haus- und Grundbesitz geht in die Hände des Auslandes über. Das ganze Gebiet sinkt faktisch, ökonomisch und politisch zu einem Kolonialgebiet der Ententeländer herab.

*Die Staatsfinanzen sind zusammengebrochen.* Die rapide fortschreitende Teuerung wirft jeden Versuch, ein reales Budget aufzustellen, über den Haufen. Die schwebenden Schulden rasen in die Höhe; die Regierungen sind nicht imstande, weder eine ausländische noch eine innere Anleihe zu bekommen.

*Das Land löst sich von der Stadt los.* Obwohl die Städte hungern, wird die landwirtschaftliche Produktion eingeschränkt.[21]

20 Innerhalb eines Jahres ist die Gesamtsumme der deutschen Spareinlagen um 10% gestiegen, ihr Wert in Gold umgerechnet aber auf den zehnten Teil gefallen.

21 Trotz des großen Mangels an Lebensmitteln geht die Intensität der Landwirtschaft zurück. In Preußen erhöhte sich die Fläche der *Brache* im Jahre 1921 dem Jahre 1913 gegenüber um 19,4%, jene der *Weide* um 15%, während das Ackerland um 4,1% (760269 ha) abnahm. Diese Entwicklung ging auch von 1921 auf 1922 weiter!

In den Städten sinken die Schichten der Beamten, der Intellektuellen, der Rentner und Ruhegehälter Beziehenden rasch in das Proletariat hinab. Der allgemeine Verfall zeigt sich im inneren Kampf der einzelnen Schichten, in der absoluten Unsicherheit der politischen Verhältnisse, in der Erbitterung der arbeitenden Massen.

Der Verfall ist in Österreich am meisten fortgeschritten. In Deutschland wird derselbe von den Reparationslasten beschleunigt. Relativ am besten steht noch Polen, weil es eine breitere agrarische Basis hat, weder mit Kriegsschulden noch mit Reparationen belastet ist. Hingegen wird es — ähnlich wie Frankreich — eben durch seinen Militarismus, durch seinen mit dem unentwickelten und zerrütteten ökonomischen Unterbau in Widerstreit stehenden machtpolitischen Oberbau rasch in die Richtung des völligen Verfalls getrieben.

Eine besondere Stellung nimmt die *Tschechoslowakei* ein, deren Wirtschaftslage im Wesen viel gesünder ist als jene aller umgebenden Länder. Dies führt dazu — so widersprechend dies zu sein scheint —, *daß sie aus der akuten Krisenphase nicht herauskommen kann.* Obwohl ihre Valuta ebenfalls auf ungefähr ein Zehntel der Goldparität gefallen ist, ist sie allen umliegenden Ländern gegenüber eine unerreichbar hohe Valuta. Und da es ein hochindustrielles Land ist, welches einen großen Prozentsatz seiner Produktion ausführen muß (der industrielle Produktionsapparat ist dem Bedürfnis der 60 Millionen Einwohner zählenden früheren österreichisch-ungarischen Monarchie angepaßt), befindet es sich in einer *akuten* Krise, aus welcher es nur herauskommen kann, wenn es den allgemeinen Niedergang der umliegenden Länder teilt.

c) *Die osteuropäischen Kleinstaaten und die Randstaaten*

Diese Staatengruppe enthält Staaten von sehr verschiedenem wirtschaftlichen Charakter. Alle sind in den Niedergang des Kapitalismus stark einbezogen; aber ihre stärkere agrarische Basis gibt ihnen eine größere Widerstandskraft, als jene der Länder Mitteleuropas. Das Geldwesen ist zerrüttet[22], die Staatsfinanzen schlecht, die Produktionsmittel immer mehr in den Besitz von Ausländern übergehend.

Es würde zu weit führen, sich mit jedem dieser Staaten besonders zu beschäftigen. Der Verfall ist in den besiegten Ländern — Ungarn und Bulgarien — weiter fortgeschritten, als in den anderen. Einige dieser Staaten wurden von den imperialistischen Staaten durch Kapitalanlagen wirtschaftlich gestützt; so vor allem Griechenland durch England. Ist der wirtschaftliche Verfall dieser Länder nicht so offenbar als jener der industriellen Staaten Mitteleuropas, so ist andererseits der soziale Zerfall desto offenkundiger. In Bulgarien, in Ungarn, in Jugoslawien harte Kämpfe zwischen einzelnen Schichten der herrschenden Klassen; in Griechenland Revolution, überall ständige Regierungs- und Partei-

22 Es wurde für ein £ in London gezeichnet:

| | Parität | Ende 1920 | Ende 1921 | 22. IX. 1922 |
|---|---|---|---|---|
| Ungarn | 24,02 | — | 2550 | 11000 |
| Rumänien | 25,22 | 276 | 550 | 680 |
| Jugoslawien | 25,22 | 127 | 272 | 300 |
| Bulgarien | 25,22 | 277 | 590 | 800 |
| Griechenland | 25,22 | 47,5 | 99 | 196 |
| Lettland | 25,22 | — | 1000 | 1160 |
| Finnland | 25,22 | 120 | 221 | 202 |

krisen. Es scheint, daß diese Länder der proletarischen Revolution — trotz ihrer relativ besseren Wirtschaftslage — näher stehen, als jene Mitteleuropas, weil hier der Widerstand der herrschenden Klassen kein einheitlicher ist.

### *IV. Die Gruppe der Sowjetstaaten*

Das Bestehen der Sowjetstaaten ist der schlagendste Beweis für den Niedergang des Kapitalismus. Die Kapitalisten sind zwar im Weltmaßstab noch stärker als das Proletariat, und diese Tatsache hat das isolierte proletarische Rußland gezwungen, dem Kapitalismus wesentliche Konzessionen zu machen, um den Wiederaufbau der russischen Wirtschaft zu beschleunigen. *Andererseits aber hat sich die kapitalistische Welt unfähig erwiesen, das tief verhaßte Sowjetrußland zu vernichten.* Der tiefgehende Interessengegensatz der vier imperialistischen Weltmächte, welcher sie stets am Rande der Kriegsgefahr taumeln läßt; die Furcht vor der revolutionären Kraft des Proletariats im eigenen Lande, welches trotz aller Machenschaften der Sozialverräter auf der Seite des proletarischen Rußlands steht (in Zeiten der Gefahr anerkennen ja auch die Sozialverräter, daß der Zusammenbruch Sowjetrußlands das Signal zur Niederschmetterung des Proletariats in allen kapitalistischen Ländern wäre), läßt eine militärische Intervention nunmehr als endgültig aussichtslos erscheinen.

*Während der Niedergang des Kapitalismus fortschreitet*, erstarkt der neue, eine bessere Zukunft verheißende Staatentypus, die Sowjetmacht. *Sie breitet sich geographisch aus*: Von Zentralrußland ausgehend, ist sie nunmehr an den Küsten des Schwarzen und des Kaspischen Meeres und des Stillen Ozeans, an den Grenzen Indiens und Chinas angelangt. Über ganz Asien gewinnt sie Einfluß als siegreicher Vorkämpfer gegen den Imperialismus.

*Sie festigt sich im Innern wirtschaftlich.* Während die Entwertung des Geldes in Mittel- und Osteuropa unaufhaltsam weitergeht, ist der Sowjetrubel stabilisiert. Während die Zerrüttung der Staatsfinanzen dort unerhörte Dimensionen annimmt, ist Sowjetrußland im Zuge, seinen Staatshaushalt zu balancieren. Während dort das Auseinanderfallen von Landwirtschaft und Industrie, von Land und Stadt noch fortschreitet, ist in Sowjetrußland die Wiederverknüpfung im Gange.

*Sie festigt sich im Innern sozial.* Die Bourgeoisie als Klasse ist vernichtet. Das Verhältnis der Bauern zur Sowjetmacht bessert sich; nirgends gibt es mehr Aufstände oder Bandenkämpfe. Die Staatsmacht ist stärker als in irgend einem Lande Europas. Und je mehr sich die Sowjetmacht festigt, je mehr sie die wirtschaftlichen Schwierigkeiten überwindet, je mehr sich die Lage der Arbeitenden hebt, desto schärfer wird der Widerstand des mit dem Niedergang des Kapitalismus fortschreitender Verelendung preisgegebenen Proletariats in Kontinentaleuropa gegen den weiteren Bestand des kapitalistischen Gesellschaftssystems, desto weniger ist es geneigt, die von ihm für den Wiederaufbau des Kapitalismus geforderten Opfer auf sich zu nehmen. Auf diese Weise wird die Sowjetmacht durch ihr bloßes Bestehen und Gedeihen ein mächtiger Faktor des Niederganges des Kapitalismus.

# 5. Kapitel
# Die Wirtschaftsentwicklung des letzten Jahres

Zur Zeit des III. Kongresses der Kommunistischen Internationale im Juli 1921 hatte die erste Krisenphase der Niedergangsperiode im Weltmaßstab ihren Höhepunkt erreicht. Es war schon damals vorauszusehen, daß eine bessere Konjunkturphase bevorsteht. *Tatsächlich hat sich seither die Konjunktur im Weltmaßstab gebessert, und der Höhepunkt der Besserung scheint noch nicht erreicht zu sein.*

Es muß jedoch bemerkt werden, daß — entsprechend der Zerrüttung der Weltwirtschaft — diese Besserung der Konjunktur sich nicht auf alle Staaten gleichmäßig erstreckt. Am ausgeprägtesten ist dieselbe in den Staaten der I. und II. Gruppe, während einige der in den Niedergang stärker einbezogenen Staaten: *Italien, Tschechoslowakei, Ungarn, bisher nicht fähig waren, die Krisenphase zu überwinden.* Daher ist die Gleichgewichtsstörung der Weltwirtschaft durch die Besserung des letzten Jahres durchaus nicht geringer geworden. Die Kluft zwischen den noch entwicklungsfähigen und den intakten kapitalistischen Ländern — Gruppe I und II — und der stark in den Niedergang einbezogenen Gruppe III ist heute vielleicht noch größer als vor einem Jahre. Wenigstens deutet die weitere scharfe Verschlechterung der Valuta darauf hin. Wir können natürlich nicht alle Länder in unsere Untersuchung einbeziehen. Die Feststellung der Konjunkturentwicklung ist auf eine so kurze Periode nur bei jenen Ländern möglich, von welchen fortlaufende monatliche Statistiken vorliegen, wenn wir nicht wahllos Konjunkturberichte aneinanderreihen wollen. Dies bestimmte die Auswahl der Länder.[23] Daher ist es leider unmöglich, Näheres über die Länder der I. Gruppe zu geben, da entweder gar keine oder nur schon weit zurückliegende statistische Daten vorhanden sind. Im allgemeinen läßt sich feststellen, daß die Konjunktur sich in diesen Ländern, vor allem infolge der Preiserhöhung der landwirtschaftlichen Produkte, im verflossenen Jahr gebessert hat.

*Gruppe II*

*a) Die Vereinigten Staaten von Amerika*

Die Konjunktur in den Vereinigten Staaten, der führenden kapitalistischen Weltmacht, hat sich im letzten Jahre entschieden gebessert; dies läßt sich sicher feststellen, obwohl das Bild der Konjunkturentwicklung durch die Riesenstreiks der Bergarbeiter und Eisenbahner getrübt wird. Als Maßstab für die Gestaltung der Konjunktur nehmen wir die wichtigsten Daten des „*Business Indicator*", des amtlichen „Survey of current business". Die Daten des Jahres 1913 = 100 gesetzt, drückt dieser Index die Veränderungen in Prozenten aus (vgl. Tabelle 3).

Diese Zahlen geben ein sicheres Bild von der Besserung der Konjunktur, besonders wenn man noch die außerordentlich lebhafte Bautätigkeit, die ausgezeichnete Konjunktur in dem Lokomotiv-, Waggon-, landwirtschaftliche Maschinen- und Automobilbau in Betracht zieht. Die Konjunktur hat sich in den letzten Monaten, für welche uns prozentuale Daten noch nicht zur Verfügung stehen, weiter gebessert. Der Bankzinsfuß ist gleich der Vorkriegszeit. Die Arbeitslosigkeit, welche zur Zeit des Tiefpunktes der Krise 5 bis

23 Siehe auch meine Vierteljahresberichte in der „Internationalen Pressekorrespondenz".

6 Millionen betragen hat, ist auf das „normale" Maß zusammengeschrumpft. In vielen Industrien wird bereits über Arbeitermangel geklagt. Unter dem Eindruck des Abwanderns der Arbeiter in die Bauindustrie *hat der Stahltrust ab 1. September 1922 freiwillig eine Lohnerhöhung von 20% für seine 200000 Arbeiter durchgeführt*, ein sicheres Zeichen der wesentlich gebesserten Konjunktur. Auch das Preisniveau zeigt eine langsame Erhöhung, wie in normalen Zeiten. Die abwärts gehenden Zahlen des Exportes bei steigendem Preisniveau beweisen, daß die *Besserung ganz und gar aus dem Innern heraus erfolgt ist*. Es ist die starke Erhöhung der Preise der landwirtschaftlichen Produkte und die gute Ernte, welche diese industrielle Besserung hervorrief. Es ist ein Beweis für die innere Kraft des amerikanischen Kapitalismus, aber nicht für die Besserung der allgemeinen Weltlage.

*b) Japan*

Über die Wirtschaftslage Japans stehen uns keine so detaillierten Daten zur Verfügung, als über jene der Vereinigten Staaten. Das allgemeine Bild, wie es aus den Berichten der englischen Fachzeitschriften hervorgeht, ist ein Verharren in der Krisenphase mit einem kleinen Zug zur Besserung. Der Preisindex ist stabil: für das Jahr 1922: 206, 205, 200, 197, 194, 197, 201. Der Kurs der Valuta ist ebenfalls stabil, einige Prozente unter Dollarparität, mit einem Zug zur Verschlechterung, wahrscheinlich eine Folge der wieder sehr stark passiven Außenhandelsbilanz.

*c) England*

Die Wirtschaftslage Englands ist aus der Krisenphase noch nicht heraus. Immerhin aber ist eine Besserung unverkennbar. Wir wollen die wichtigsten Daten tabellarisch zusammenfassen (vgl. Tabelle 4).

Diese Daten zeigen eine gewisse Besserung der Produktion in der Schwerindustrie. Eine allgemeine Besserung der Lage beweist die starke Abnahme der Zahl der Arbeitslosen im Verlauf des Jahres. Indessen dürfen diese *Zahlen nicht allzu optimistisch beurteilt werden*. Eine Verminderung der Arbeitslosigkeit tritt in der Sommerzeit regelmäßig ein. Außerdem hat der langanhaltende Streik der Bergarbeiter in den Vereinigten Staaten der englischen Kohlenindustrie eine vorübergehende Konjunktur gebracht. Wenn wir ferner in Betracht ziehen, daß die Baumwollindustrie Lancashires ab 30. September neuerdings eine Verkürzung der wöchentlichen Arbeitszeit um 27% vorgenommen hat, daß die Arbeitslosigkeit in der Baumwollindustrie wieder anschwillt, so müssen wir die Lage und die Aussichten der englischen Wirtschaft noch immer als krisenhaft beurteilen. Eine ausgiebige Besserung zeigt die finanzielle Lage. Der Kurs des Pfund besserte sich von 3,54 auf 4,45. Der Bankzinsfuß ist 3%. Das Staatsbudget ist im Gleichgewicht. Der Satz der Einkommenssteuer wurde um einen Shilling pro £ herabgesetzt.

*Gruppe III*

In der Gruppe der kontinentaleuropäischen Länder, in denen der Niedergang des Kapitalismus am weitesten fortgeschritten ist, sind die Verhältnisse außerordentlich bunt und widersprechend. Während einige Staaten die aktuelle Krisenphase überwunden zu haben scheinen (Frankreich, Finnland), befinden sich andere (Italien und vor allem die Tschechoslowakei) noch in der akuten Krisenphase, während andere (Deutschland, Österreich), welche während der allgemeinen akuten Krisenphase eine Scheinkonjunktur durchmachten, gegenwärtig aller Wahrscheinlichkeit nach *vor* einer akuten Krisenphase stehen. Wir wollen versuchen, diese verschiedenen Verhältnisse an dem Zahlenmaterial einiger Länder zu illustrieren. Leider steht uns hier viel weniger aktuelles statistisches Material zur Verfügung als bei den angelsächsischen Staaten.

*Tabelle 3*

| | Jahr 1920 | Jahr 1921 | 1921 Juli | Aug. | Sept. | Okt. | Nov. | Dez. |
|---|---|---|---|---|---|---|---|---|
| Produktion von Roheisen | 119 | 54 | 34 | 37 | 38 | 49 | 55 | 64 |
| Produktion von Stahl | 135 | 66 | 36 | 52 | 53 | 73 | 75 | 65 |
| Produktion von Kupfer | 99 | 39 | 17 | 21 | 21 | 24 | 22 | 18 |
| Produktion von Weichkohle | 116 | 85 | 76 | 87 | 88 | 110 | 90 | 77 |
| Produktion von Anthrazit | 97 | 95 | 92 | 94 | 93 | 99 | 90 | 78 |
| Produktion von Rohöl | 181 | 189 | 194 | 198 | 176 | 172 | 183 | 203 |
| Verbrauch an Wolle | 118 | 135 | 132 | 145 | 155 | 168 | 163 | 159 |
| Verbrauch an Baumwolle | 117 | 85 | 85 | 97 | 101 | 103 | 109 | 106 |
| Außenhandel Import | 294 | 140 | 119 | 130 | 120 | 126 | 141 | 159 |
| Außenhandel Export | 331 | 181 | 157 | 177 | 157 | 166 | 142 | 143 |
| Großhandelsindex aller Waren | 226 | 147 | 141 | 142 | 141 | 142 | 141 | 140 |
| Automobile (Tsd. St. pro Monat) | 183 | 139 | | | | | | |

*Tabelle 4*
*Monatliche Daten:*

| | Jahresdurchschnitt | | | 1921 | | | | | |
|---|---|---|---|---|---|---|---|---|---|
| | 1913 | 1920 | 1921 | Juli | Aug. | Sept. | Okt. | Nov. | Dez. |
| Kohle (Mio t) | 24 | 19,1 | 13,7 | 15,2 | 16,6 | 16,5 | 21,1 | 17,9 | 22,6 |
| Roheisen (Tsd. t) | 855 | 670 | 218 | | Streik | 158 | 236 | 272 | 275 |
| Stahl (Tsd. t) | 639 | 756 | 302 | Streik | 439 | 429 | 405 | 444 | 381 |
| % der Arbeitslosen unter allen Versicherten | | | | 14,8 | 13,2 | 12,2 | 12,8 | 15,7 | 16,2 |
| Großhandelspreisindex | | Juni | | | | | | | |
| Economist: 1914 = 100 | | 305 | | 186 | 188 | 192 | 178 | 174 | 170 |
| Kurs des £ (in Dollar) | | | | 3,57 | — | — | 3,87 | 3,97 | 415 |
| Ausfuhr (in Mio £) | | | | 52,5 | 61,3 | 63,8 | 72,6 | 72,7 | 68,6 |
| Einfuhr (in Mio £) | | | | 80,8 | 88,6 | 87,1 | 84,7 | 89,2 | 85,3 |

*a) Die Siegerstaaten: Frankreich*

Die Wirtschaft Frankreichs hat zwar die Krisenphase noch nicht überwunden, aber eine starke Besserung ist jedenfalls eingetreten. Dies zeigt vor allem die Entwicklung der Arbeitslosigkeit. Die Zahl der *unterstützten* Arbeitslosen hat sehr stark abgenommen, ist kleiner als in der Vorkriegszeit.

Wir versuchen, die wichtigsten Daten der französischen Wirtschaft ebenfalls tabellarisch zusammenzufassen (vgl. Tabelle 5).

Diese Zahlen zeigen eine sichtbare Besserung der Wirtschaftslage. Das Preisniveau ist stabil mit einem Zug zur Teuerung. Der Banknotenumlauf hat etwas abgenommen. Die Kursschwankungen des Franc sind zwar noch sehr stark; der Kurs selbst zeigt aber keine entschiedene Tendenz zur Verschlechterung.

*Tabelle 3* (Fortsetzung)

| | 1922 | | | | | | |
|---|---|---|---|---|---|---|---|
| | Jan. | Febr. | März | April | Mai | Juni | Juli |
| Produktion von Roheisen | 64 | 64 | 79 | 81 | 90 | 92 | |
| Produktion von Stahl | 72 | 79 | 107 | 111 | 123 | 119 | |
| Produktion von Kupfer | 25 | 37 | 61 | 75 | 87 | 92 | |
| Produktion von Weichkohle | 94 | 103 | 126 | Streik | | 40 | |
| Produktion von Anthrazit | 82 | 89 | 115 | Streik | | 51 | |
| Produktion von Rohöl | 208 | 197 | 225 | 217 | 224 | 219 | |
| Verbrauch an Wolle | 153 | 158 | 176 | 130 | — | — | |
| Verbrauch an Baumwolle | 109 | 98 | 108 | 93 | 103 | 105 | |
| Außenhandel Import | 145 | 144 | 171 | 145 | 170 | 172 | |
| Außenhandel Export | 135 | 121 | 156 | 150 | 149 | 156 | |
| Großhandelsindex aller Waren | 138 | 142 | 141 | 143 | 148 | 150 | |
| Automobile (Tsd. St.) | 91 | 173 | 122 | 214 | 255 | 288 | |

*Tabelle 4* (Fortsetzung)

| | 1922 | | | | | | | |
|---|---|---|---|---|---|---|---|---|
| | Jan. | Febr. | März | April | Mai | Juni | Juli | Aug. |
| Kohle (Mio t) | 17,7 | 19,8 | 19,9 | 22,9 | 19,1 | 15,8 | 23,2 | 18,1 |
| Roheisen (Tsd. t) | 288 | 300 | 390 | 394 | 408 | 369 | 399 | 412 |
| Stahl (Tsd. t) | 328 | 415 | 549 | 404 | 462 | 400 | 473 | 521 |
| % der Arbeitslosen unter allen Versicherten | 16,2 | 15,2 | 14,6 | 14,4 | 13,5 | 12,7 | 12,3 | 12,0 |
| Großhandelspreisindex Economist: 1914 = 100 | 167 | 166 | 167 | 167 | 170 | 171 | 171 | 166 |
| Kurs des £ (in Dollar) | 4,22 | 4,36 | 4,38 | 4,41 | 4,44 | 4,45 | 4,45 | 4,45 |
| Ausfuhr (in Mio £) | 71,6 | 68,5 | 74,7 | 64,7 | 67 | 60,9 | 68,7 | 70 |
| Einfuhr (in Mio £) | 76,5 | 69,4 | 87,9 | 80,7 | 88,8 | 84,3 | 81,8 | 83 |

Aber auch hier muß betont werden, daß diese Besserung keinesfalls überschätzt werden darf. Die Produktion von Eisen und Stahl hat noch kaum diejenige der Vorkriegszeit überschritten, trotz der Angliederung Lothringens und trotz des Umstandes, daß der amerikanische Bergarbeiterstreik die Konkurrenz der englischen Schwerindustrie vom französischen Markt abgelenkt hat. Die Produktionskapazität ist noch immer nur bis auf ein Drittel ausgenutzt. Die Ursache hiervon ist der Mangel an Koks und Kokskohle, schlechte Organisation, Fehlen der Verbindungen am Weltmarkt. Die Ernte ist schlecht ausgefallen. Die Notwendigkeit großer Getreideimporte wird die Außenhandelsbilanz passiv machen, den Franckurs drücken. Und was die Tatsache anbelangt, daß es keine Arbeitslosigkeit gibt, so muß die ungeheure Abnahme der Bevölkerung infolge des Krieges hier in Betracht gezogen werden.

*Tabelle 5*

| | Monatsdurchschnitt | | | 1921 | | | | | |
|---|---|---|---|---|---|---|---|---|---|
| | 1913 | 1920 | 1921 | Juli | Aug. | Sept. | Okt. | Nov. | Dez. |
| Kohleproduktion | 3400 | 2100 | 2400 | 2630 | 2450 | 2490 | 250 | 2570 | 2703 |
| Kohleimport (Tsd. t) | 1558 | 2005 | 1472 | 660 | 1065 | 1874 | 1301 | 3291 | 2895 |
| Eisenproduktion (Tsd. t) | 439* | 286 | 280 | 267 | 255 | 244 | 256 | 295 | 301 |
| Stahlproduktion (Tsd. t) | 391* | 254 | 255 | 223 | 232 | 236 | 260 | 277 | 302 |
| Arbeitslose (Tsd.) | | 40 | | 37 | | 20 | 19 | 16 | 10 |
| Ausfuhr (Tsd. t) | 1840 | 1871 | 1333 | 1194 | 1035 | 1172 | 1252 | 1515 | 2507 |
| Einfuhr (Tsd. t) | 3685 | 4211 | 3165 | 2164 | 2543 | 3993 | 2809 | 5161 | 5197 |
| Ausfuhr in (Mio Frs.) | 573 | 2241 | 1796 | 1563 | 1725 | 1775 | 1759 | 1749 | 2182 |
| Einfuhr in (Mio Frs.) | 701 | 4759 | 1962 | 1468 | 1737 | 2225 | 2227 | 2333 | 3154 |
| Großhandelsindexziffer | 100 | 510 | 345 | 330 | | | 331 | 332 | 326 |
| Kurs des Franc in New York | 19,30 | 7,00 | 7,50 | 7,80 | 7,80 | 7,30 | 7,30 | 7,20 | 7,89 |
| Banknotenumlauf (Mrd. Frs.) | 5,6 | 38 | 39,4 | 36,9 | 36,8 | 37,1 | 37,2 | 36,3 | 36,5 |

* ohne Lothringen.

Der schwächste Punkt des französischen Wirtschaftslebens ist aber nach wie vor die *Lage der Staatsfinanzen.* Frankreich bucht alle Ausgaben, welche aus dem Krieg stammen, in ein besonderes Budget, welches durch die Reparationszahlungen gedeckt werden soll. Im abgelaufenen Finanzjahr wurden mehr als 16 Mrd. Francs auf diese Weise gedeckt. Außerdem verblieb ein Defizit von mehreren Milliarden im „ordentlichen" Budget. Für das Jahr 1923 wurde das Gleichgewicht des ordentlichen Budgets in der Weise hergestellt, daß das Defizit von 4 Mrd. ebenfalls auf das „Wiedergutmachungsbudget" überschrieben wurde, mit der Begründung, daß es die Zinsen jener Staatsschuld-Summe von 80 Mrd. Franc seien, welche Frankreich aufgenommen und Deutschland vorgestreckt habe, indem es den Geschädigten Schadenersatz leistete. Außerdem schuldet Frankreich an die Vereinigten Staaten, bei dem gegenwärtigen Kurs berechnet, ungefähr 40, an England ungefähr 30 Mrd. Francs, für deren Verzinsung und Amortisation das französische Budget bisher keinen Pfennig vorsieht. Und nur die ungemein starke Sparsamkeit der französischen Kleinbürger und Bauern[24] *und ihre ungebrochene Bereitschaft, dem bankrotten Staat immer wieder ihre Ersparnisse zur Verfügung zu stellen*, ermöglicht es dem Lande, ohne eine Papiergeldemission auszukommen, einen Zusammenbruch der Valuta zu vermeiden. Ewig kann dies aber nicht andauern: Die neue Reparationspolitik Frankreichs, die Verlegung des Schwergewichts auf die Naturallieferungen, ist eine Folge dieser Erkenntnis. Nur auf diese Weise kann Frankreich, welches bisher außer der Reparationskohle von Deutschland tatsächlich blutwenig erhalten hat, etwas von dem Verlorenen retten.

24 Eine Studie des Federal Reserve Bulletin vom Juli 1922 gibt die Ersparnisse Frankreichs im letzten Jahre folgendermaßen an:

1919 27 Mrd. Francs
1920 47 Mrd. Francs
1921 39 Mrd. Francs

*Tabelle 5* (Fortsetzung)

| | 1922 | | | | | | | |
|---|---|---|---|---|---|---|---|---|
| | Jan. | Febr. | März | April | Mai | Juni | Juli | Aug. |
| Kohlenproduktion | 2669 | 2501 | 2764 | 2479 | | | 2525 | |
| Kohlenimport (Tsd. t) | 1676 | 2153 | 2081 | 1538 | 2058 | | | |
| Eisenproduktion (Tsd. t) | 312 | 323 | 386 | 383 | 442 | 416 | 428 | 445 |
| Stahlproduktion (Tsd. t) | 315 | 317 | 367 | 324 | 364 | | 360 | 390 |
| Arbeitslose (Tsd.) | 9 | 8 | 7 | | 5 | 5 | 6 | |
| Ausfuhr (Tsd. t) | 1554 | 1520 | 1570 | 1794 | 1538 | 1799 | 1936 | — |
| Einfuhr (Tsd. t) | 3396 | 4126 | 4434 | 3787 | 4396 | 4307 | 4223 | — |
| Ausfuhr (Mio Frs.) | 1639 | 1853 | 1877 | 1963 | 1869 | 1963 | 1887 | — |
| Einfuhr (Mio Frs.) | 1488 | 1847 | 1932 | 1744 | 1810 | 1851 | 1996 | — |
| Großhandelsindexziffer | 314 | 306 | 307 | 314 | 317 | 325 | 325 | |
| Kurs des Franc in New York | 8,16 | 8,73 | 9,00 | 9,20 | 8,24 | 9,76 | 8,24 | 7,70 |
| Banknotenumlauf (Mrd. Frs.) | 36,4 | 36,2 | 35,5 | 35,8 | 36,— | 36,— | 36,4 | |

*Quellen*
Federal Reserve Bulletin; Wirtschaft und Statistik etc.

*Italien.* Die Wirtschaftslage Italiens hat sich in der Periode zwischen den zwei Kongressen eher verschlechtert als gebessert. Für den Beweis dieser Tatsachen stehen uns leider wenig Daten zur Verfügung, weil die italienische Statistik mangelhaft ist und sehr verspätet erscheint. Einige Daten wollen wir anführen (vgl. Tabelle 6):

*Tabelle 6*

| | | Zahl der Arbeitslosen | Bacchi Index der Großhandelspreise | Kurs des Lire in New York Parität = 19,30 | Umlauf an Banknoten Mrd. Lire |
|---|---|---|---|---|---|
| 1921 | Juli | 413000 | 520 | | 17,9 |
| 1921 | Oktober | 455000 | 599 | 4,12 | 18,3 |
| 1922 | Januar | 540000 | 577 | 4,37 | 18,8 |
| 1922 | Februar | 600000 | 562 | 4,91 | 18,2 |
| 1922 | April | 513000 | 527 | 4,96 | 18,2 |
| 1922 | Mai | | 527 | 5,26 | 17,7 |
| 1922 | Juni | | | 4,57 | 17,2 |
| 1922 | Juli | | | 4,96 | 17,6 |

Von den Industrien Italiens befinden sich einige, die sich während des Krieges entwickelt hatten: Eisen- und Stahlindustrie, Schiffbau, chemische Industrie, in einer permanenten Krise. Die finanzielle Lage des Staates ist andauernd schlecht, die Valuta auf ungefähr ein Viertel der Goldparität entwertet. Das Land durch Partei- und Klassenkämpfe zerfleischt.

### b) *Die mitteleuropäischen Industriestaaten*

Wir wollen aus dieser Gruppe die zwei entgegengesetztesten: Deutschland und die Tschechoslowakei, herausheben.

*Deutschland.* Am schärfsten umstritten ist die Beurteilung der Wirtschaftslage Deutschlands. Während die Deutschen allgemein ihre Wirtschaftslage als sehr ungünstig beurteilen, wird von den Ententesachverständigen seine Lage als sehr günstig beurteilt. Erstere stützen sich auf die Symptome der Verarmung Deutschlands: Sinken der Lebenshaltung, Zusammenbruch der Valuta, Staatsbankerott; letztere auf die volle Beschäftigung der deutschen Industrie, auf das Fehlen der Arbeitslosigkeit.

Wir stehen in diesem Streite ganz auf der Seite der Deutschen. Trotzdem tatsächlich seit einem Jahre die deutschen Arbeiter voll beschäftigt sind, halten wir die Wirtschaftslage Deutschlands für katastrophal schlecht.

Wir gehen hierbei vor allem von der Produktion aus. Die Ernte dieses Jahres war sehr schlecht. Dies ist kein bloßer Zufall, sondern eine Folge der gesunkenen Intensität der landwirtschaftlichen Produktion; Brachland und Weiden vermehren sich, die Hektarerträge werden kleiner.

Nach amtlichen Angaben betrug der Konsum pro Kopf in Deutschland:

| An Brotgetreide (ohne Saatgut) | | an Fleisch in Preußen | |
|---|---|---|---|
| 1913/1914 | 256 kg | 1913 | 46,15 kg |
| 1921/1922 | 141 kg | 1921 | 28,52 kg |

Nach den Daten von „Wirtschaft und Statistik", Nr. 17, ergeben die amtlich kontrollierten Schlachtungen im ersten Halbjahr 1922 ebenfalls bloß 45% der Fleischmenge pro Kopf des Jahres 1913!

Auch in allen anderen Gebieten der Produktion und des Konsums sehen wir das gleiche Bild. Die Kohleproduktion hebt sich nicht trotz aller Anstrengungen: Für die deutsche Industrie verbleibt, nach Abzug der Reparations- und Verkehrskohlen ein Bruchteil der Friedenszeit. Über Eisen und Stahl werden keine Daten veröffentlicht.

Rechnen wir die Zahlen des Außenhandels, der Kapitalanlagen, die Spareinlagen[25] der

25 Die Deutsche Bank rechnete die Papiermarkzahlen ihrer Bilanz in Goldmark nach dem jeweiligen Dollarkurs um. Die Umrechnung ergibt folgendes Bild:

| | 1921 | | 1913 |
|---|---|---|---|
| | Papier | Mrd. Goldmark | Goldmark |
| Gesamtumsatz | 2125 | 85 | 125 |
| Fremde Gelder | 38,6 | 0,88 | 1,58 |
| Kredite | 9,7 | 0,22 | 0,86 |
| Gesamtdividende (Mio) | — | 1,48 | 25 |

Hierbei ist in Betracht zu ziehen, daß die Deutsche Bank seit 1913 eine Reihe von Groß- und Mittelbanken in sich vereinigt hat und daß ihr Aktienkapital 1913 nur 200 Mio, gegenwärtig aber 400 Mio nominal beträgt.

Gesamtsumme des zirkulierenden Geldes[26], die Dividenden usw. in Goldmark oder fremde Valuta um, so ergibt sich immer ein fortgesetztes Zusammenschrumpfen der deutschen Wirtschaft. Die erlösten Beträge genügen nur zu einer Weiterführung der Wirtschaft auf verminderter Stufenleiter. Dies zeigt sich bei jedem Kaufmann, jedem Gewerbetreibenden, bei jedem Großindustriellen, der ausländische Rohstoffe verarbeitet. *Eine Akkumulation findet nicht statt*; es herrscht absolute Not an Kapital, was zu einer Erhöhung des Bankzinsfußes auf 8% führte: Tatsächlich wird der doppelte und dreifache Zinsfuß gezahlt. Deutschland verarmt rapid weiter.

Der Widerspruch zwischen voller Beschäftigung der Arbeiterschaft und Verarmung erklärt sich aus folgendem Grunde:

1. Ein beträchtlicher Teil des Produktes wird Deutschland auf Grund des Friedensvertrages ohne Gegenleistung abgenommen.
2. Der Produktionsapparat ist viel größer, als der tatsächlichen Produktion entsprechen würde; die bloße Instandhaltung des überflüssigen Teiles erfordert große Arbeitskräfte.
3. Die Arbeitsleistung ist infolge Unterernährung und sozialer wie auch politischer Unzufriedenheit sehr gering.
4. Die Kosten des Faktors Arbeitskraft sind bei den ungeheuer hohen Materialkosten relativ sehr gering geworden; es kommt dem Kapital nicht darauf an, an der so ungemein billigen Arbeitskraft zu sparen (eben deshalb ist auch der technische Fortschritt gehemmt).

Diese Tatsachen erklären den scheinbaren Widerspruch zwischen voller Beschäftigung aller Arbeitskräfte und tatsächlichem Niedergang. Der Zusammenbruch der deutschen Valuta, der in dieser Periode katastrophale Dimensionen angenommen hat (zur Zeit des dritten Kongresses kostet ein Dollar ungefähr 70 Mark, gegenwärtig 1600), ist nur das äußere Zeichen der inneren Verschlechterung der deutschen Wirtschaft.[27]

*Österreich*, das nicht durch Reparationen belastet ist, zeigte in dieser Periode dasselbe Bild wie Deutschland, nur trat dort der Kapitalmangel, die Folge der fortschreitenden

26 Im „M. G. Commercial" vom 3. August finden wir folgende interessante Berechnung:

| | Notenzirkulation (in Mrd. Mark) | Kurse des £ | Gesamtwert der zirkulierenden Noten (in Mio Pfund) |
|---|---|---|---|
| Ende 1918 | 32,8 | 40 | 820 |
| Ende 1919 | 49,8 | 180 | 270 |
| Ende 1920 | 81,0 | 250 | 320 |
| Ende 1921 | 122,2 | 775 | 158 |
| Januar 1922 | 128,6 | 860 | 134 |
| Februar 1922 | 128,2 | 975 | 131 |
| März 1922 | 139,6 | 1425 | 98 |
| April 1922 | 149,8 | 1250 | 120 |
| Mai 1922 | 161,6 | 1250 | 129 |
| Juni 1922 | 178,0 | 1600 | 110 |
| Juli 1922 | 190,0 | 2500 | 76 |

Dies setzte sich im August und September in verstärktem Maße fort, bis es zu einem katastrophalen Mangel an Geldzeichen im September führte.

27 Während des Drucks hat der Kurs 3000 Mark überschritten.

Verarmung, früher und schärfer zutage. In *Polen* hat sich die Landwirtschaft im verflossenen Jahre gehoben, aber seine Wirtschaft wird durch den riesigen machtpolitischen Apparat (Heer, Diplomatie, Bürokratie) zu stark belastet, als daß eine entschiedene Besserung hätte eintreten können.

Eine ganz andere Entwicklung zeigt die *Tschechoslowakei*. Die Gründe hierfür haben wir bereits oben angegeben. Die tschechische Krone, die im Oktober 1921 in New York 1,05 Cents notierte, stieg im September auf 3,35. Während vor $1^1/_2$ Jahren die deutsche Mark und die tschechische Krone noch gleichwertig waren, werden heute für die Krone 50 Mark bezahlt. Dieses andauernde Steigen des Kronenkurses gegenüber allen umgebenden Ländern führte zu einer katastrophalen Krise der Industrie in der Tschechoslowakei, die noch mit unveränderter Schärfe andauert. Ganze Industriezweige werden stillgelegt, die Arbeiter wandern aus. Ein großer Konzentrationsprozeß geht vor sich, da die schwachen Elemente zusammenbrechen: Die Regierung ist ebensowenig im Stande, die Aufwärtsbewegung zu verhindern, wie die deutsche die Abwärtsbewegung. Jeder flüchtet in der Tschechoslowakei vor der fremden Valuta, jeder wirft sie sofort nach Erhalt auf den Markt. Die Versuche der Regierung, durch Aufkauf der fremden Valuta den Aufstieg zu verhindern, sind mißlungen. Sehr große Mengen an fremden Zahlungsmitteln sind bei der Staatsbank aufgehäuft worden, ohne jeden Erfolg. Die Tschechoslowakei muß wirtschaftlich herabkommen, um ihre spezielle Krise überwinden zu können.

### *d) Die Balkanländer und Randstaaten*

Die Statistik dieser Länder ist nicht genügend entwickelt, um über eine so kurze Periode eine Orientierung geben zu können. Doch scheint sich ihre Wirtschaftslage etwas gebessert zu haben.

# 6. Kapitel
# Entwicklungstendenzen und Zukunftsaussichten

Wenn wir die Entwicklung des abgelaufenden Wirtschaftsjahres im ganzen überschauen, so können wir folgendes feststellen:

Der Kapitalismus hat im verflossenen Jahr etwas an Festigkeit gewonnen, und zwar durch die ihm innewohnenden immanenten Tendenzen zur Wiederherstellung des gestörten Gleichgewichts. Solche Tendenzen entstehen aus Handlungen einzelner Wirtschaftssubjekte zur Erhöhung ihres Profites.[28] Da keine Möglichkeit besteht, die in den „Überproduktionsgebieten" unverkäuflichen Waren am Weltmarkt zu profitablen Preisen zu veräußern, stellten viele einzelne Kapitalisten ihre Produktion ein; Ergebnis: Verminderung der Produktion. Da infolge der Entwertung des Geldes die Preise der ausländischen Waren in den „Unterproduktionsgebieten" scharf steigen, wird ihr Konsum eingeschränkt, ihre Produktion im Inlande selbst versucht. Gesamtergebnis: Tendenz zur Wiederherstellung des gestörten Gleichgewichtes zwischen reichen und verarmten Ländern. In derselben Richtung wirkt die „*Überfremdung*". Das in den reichen Ländern überschüssige Kapital wird in den verarmten Ländern zum Ankauf von Aktien, Liegenschaften usw. verwendet, in der Produktion angelegt. Die das frühere Gleichgewicht störende Industrialisierung der Kolonialländer wird durch rücksichtslose Konkurrenz der alten Industrieländer bekämpft: der Mangel an Lebensmitteln in den Industrieländern durch Ausdehnung der Landwirtschaft daselbst. Aber all dies privatkapitalistisch, nicht gesellschaftlich, sondern unbewußt, dem antogonistischen, seine eigenen Gesetze nicht kennenden Wesen des Kapitalismus entsprechend. Diese unbewußten Tendenzen haben manches zu der eingetretenen Besserung beigetragen. Aber sie hatten nicht die Kraft, das Gleichgewicht der kapitalistischen Weltwirtschaft wiederherzustellen. Um so weniger, weil gleichzeitig die bewußten Bestrebungen zur Herstellung eines weltwirtschaftlichen Gleichgewichtes ganz und gar erfolglos blieben. *Bewußte Bestrebungen nenne ich wirtschaftspolitische Maßregeln*, welche nicht dem Zwecke einer unmittelbaren Erhöhung des Profites einzelner Wirtschaftssubjekte, sondern *dem Zwecke der Überwindung der Krise dienen.*

Die wichtigste Linie dieser Bestrebungen war der Wunsch, die ungleichmäßige Verteilung der Produktionskräfte zwischen den Ländern der II. und III. Gruppe zu beheben. Dies sollte geschehen:

a) durch Entfernung einer der Ursachen der Reproduktion auf verminderter Stufenleiter in den Ländern Europas: die *Streichung der interalliierten und Reduzierung der Reparations-Schulden.* Denn obwohl von den Alliierten erst England im Begriffe steht, die erste Rate der Zinsen und Amortisation seiner Schuld an die Vereinigten Staaten zu bezahlen, so lasten diese Verpflichtungen ungemein schwer auf den beteiligten Ländern und untergraben ihre internationale Kreditfähigkeit.[29] Das Beispiel der Reparationszahlungen

28 Wir haben diese Tendenzen in der *2. Auflage* unserer „Krise der kapitalistischen Weltwirtschaft" eingehend behandelt.

29 Für Deutschland wurde dies von der internationalen Bankierkonferenz offiziell konstatiert. Nun beträgt der Betrag, den Deutschland wirklich verzinsen und amortisieren sollte, bekanntlich 50 Mrd. Goldmark. Die Verschuldung des an Bevölkerung um ein volles Drittel kleineren Frankreichs an England und Amerika beträgt ungefähr 70 Mrd. Papierfrancs gleich 30—35 Mrd. Goldfrancs, also mehr als die Hälfte der tatsächlichen deutschen Reparationsverpflichtung.

zeigte, wie ungemein schwierig es für kapitalistische Länder ist, nicht nur große Wertmassen ohne Gegenleistung hinzugeben, sondern auch anzunehmen! Wäre das Schuldnerland eines der Länder aus dem Gebiete der relativen Überproduktion, so würde die Übertragung von großen Wertmassen ohne Gegenleistung in der Richtung zur Wiederherstellung des weltwirtschaftlichen Gleichgewichtes wirken. Tatsächlich geht die Kette der Verpflichtungen in der umgekehrten Richtung: Die Vereinigten Staaten und England, jene Staaten, welche vor allem daran leiden, daß der Weltmarkt für ihre im Lande überschüssigen Produkte keinen zahlungsfähigen Bedarf hat, sind die eigentlichen Gläubiger; sie sollen jährlich Milliardenwerte ohne Gegenleistung in Empfang nehmen! Dies kann in letzter Linie nur in Warenform geschehen, würde also — wenn geleistet — nur die Überproduktion im eigenen Lande vergrößern.[30] Und die Schuldner sind Staaten der III. Gruppe, Staaten, die an einer ungenügenden Akkumulation oder an Desakkumulation leiden. Eine Abgabe von Werten ohne Gegenleistung würde ihre Wirtschaftslage alsbald katastrophal gestalten, wie es das Beispiel Deutschlands beweist.

Die Zwiespältigkeit und Kopflosigkeit der gegenwärtigen Wirtschaftspolitik beweist am besten die Tatsache, daß die Vereinigten Staaten auf die Bezahlung der alliierten Schulden bestehen, gleichzeitig aber durch eine Zollmauer die Wareneinfuhr zu verhindern versuchen; daß Frankreich die volle Bezahlung der Reparationen von Deutschland fordert, gleichzeitig aber sich gegen die Konkurrenz deutscher Waren auf dem französischen Markte wehrt.[31]

b) *Kredite an die verarmten Länder der III. Gruppe.* Das Gleichgewicht der kapitalistischen Weltwirtschaft könnte nur wiederhergestellt werden, wenn außer der Streichung der interalliierten Schulden und einer gründlichen Reduzierung der Reparationslasten eine großzügige Übertragung von Produktionsmitteln aus den reichen an die armen Länder ge-

30 „Wer bezweifelt", urteilte die National City Bank of New York im November 1920, „daß unsere Märkte sich gegenwärtig in besserer Verfassung befinden würden, wenn Großbritannien und Frankreich nicht am 15. Oktober ihre gemeinsame Anleihe in New York getilgt hätten? ... Wenn sie die 400 Millionen Dollar nicht gezahlt hätten, so hätten sie um so viel mehr zum Ankauf unserer Erzeugnisse zur Verfügung gehabt. Der Mensch kann eben nicht im gleichen Zuge Schulden tilgen und Mehreinkäufe von Waren vollziehen." Im Juni 1921 wiederholte die gleiche führende Finanzmacht: „Zur Zeit sind wir mehr daran interessiert, daß Europa unsere Erzeugnisse kauft, als daß es alte Schulden begleicht. So liegen die Dinge noch immer. Die Zahlkraft Europas dient besser, sowohl nach unseren, wie nach den europäischen Interessen, zum Ankauf für amerikanische Produkte, die Europa braucht und die sich bei uns im Überfluß angehäuft haben, als zur Abtragung von Schulden an unsere Regierung ... Die hohen Devisenkurse, die in ganz Europa auf New York vorherrschen, bilden aber ein schweres Hemmnis für unsere heutige Ausfuhr, und falls gar noch Regierungen von Schuldnerstaaten sich zum Wettlauf mit der Geschäftswelt auf dem Devisenmarkt anschicken, werden diese Kurse noch mehr emporgetrieben. In einer Zeit, wo es für amerikanische Geschäftskreise als wichtigste Frage gilt, durch Kreditgewährung Europa zum Käufer auf unserem Markt zu machen, wäre es für uns ein seltsames Vorgehen (strange policy), unsere europäischen Schuldner aufzufordern, alle ihre Zahlkraft aufzuwenden, um an das Schatzamt der Vereinigten Staaten Schulden abzutragen." (Zitiert nach: Schippel, Amerikas Wirtschafts- und Finanzlage, Stuttgart 1921.)

31 Der Stinnes-Lubersac-Vertrag, wie die anderen seither getroffenen Lieferungsverträge scheinen geeignet, das Problem für Frankreich zu lösen: Es empfängt die Zahlungen in einer Naturalform, welche außerhalb des sich wiederholenden, „normalen" Bedarfes des französischen Marktes liegen. Es ist aber bei weitem keine Lösung für Deutschland. Die Hingabe so großer Wertmassen ohne Gegenleistung, mag ihre Naturalform wie immer sein, muß auf die kranke deutsche Wirtschaft verhängnisvoll wirken.

schieht. Unter kapitalistischen Verhältnissen bedingt dies große internationale Kreditaktionen. Aber alle derartigen Pläne sind bisher gescheitert. *Sie sind im Wesen gescheitert* — von den ideologischen Momenten des Hasses gegen die gewesenen Feinde abgesehen — *an dem Widerstand des englischen und amerikanischen industriellen Kapitals, welches eine Wiederaufrichtung Deutschlands als industrielle Großmacht nicht dulden will!*

Das industrielle Kapital der angelsächsischen imperialistischen Mächte *will die volle Ausnutzung des Sieges in der Form, daß ganz Mittel- und Osteuropa* — wenn möglich *auch Frankreich — in seine Kolonialgebiete verwandelt wird.* (Sie müssen sich natürlich zeitweilig mit der Machtstellung Frankreichs abfinden). Die Produktionsmittel sollen durch Beteiligung und Aufkauf zu Spottpreisen in die Verfügung des englischen und amerikanischen Kapitals gelangen; statt Fertigwaren sollen Rohstoffe für die angelsächsische Industrie produziert werden; die Lebenshaltung des Proletariats auf jene der Kolonien herabgedrückt werden; die „Kapitalisten" sollen im Dienste des fremden Kapitals die Ausbeutung der Proletarier für einen geringen Anteil am Profit besorgen und durch die Machtmittel der Kolonialmächte gegen die soziale Revolution geschützt werden.[32] Die ganze Welt soll in ein angelsächsisches Kolonialgebiet verwandelt werden, ein angelsächsisches Weltimperium geschaffen werden.

Dies ist die weltwirtschaftliche Perspektive der angelsächsischen Mächte, wobei jedes natürlich sein *eigenes* Weltimperium aufrichten will. Aber vor seiner Verwirklichung müßten vor allem die zwei imperialistischen Reiche: Japan und Frankreich, aus dem Felde geschlagen sein und ebenfalls zu Mächten dritten Ranges degradiert werden. Ein neuer Weltkrieg liegt auf dieser Linie, wobei es durchaus nicht ausgemacht ist, daß die beiden angelsächsischen Größmächte in einem Lager sein werden.

Aber der Verwirklichung dieses Planes stehen außer der gegenseitigen Rivalität der vier imperialistischen Weltmächte noch andere Hindernisse entgegen: *die revolutionäre Freiheitsbewegung der unterdrückten Kolonialvölker, der revolutionäre Klassenkampf des Proletariats und Sowjetrußlands.* Es ist ein Wettlauf entgegengesetzter Kräfte. Die kapitalistischen Weltmächte wollen die Krise des Kapitalismus auf Kosten des Proletariats überwinden, indem sie die ganze Welt in das Kolonialgebiet einiger Großmächte verwandeln und auf diese Weise ein neues weltwirtschaftliches Gleichgewicht auf kapitalistischer Grundlage herstellen, wenn auch hierbei viele Millionen Proletarier rasch oder langsam Hungers sterben und die Kultur Europas zugrunde geht.

Demgegenüber steht die proletarische Konzeption der Diktatur des Proletariats in allen Kulturländern! Welche sind die Aussichten seiner Verwirklichung?

Sicherlich ist die Krise des Kapitalismus nicht überwunden.

Sicherlich sind wir mitten in einer Periode des Niederganges des Kapitalismus, was die *objektive Möglichkeit* einer siegreichen proletarischen Revolution schafft. Aber die objektive Möglichkeit ist noch lange keine Wirklichkeit. Die Herrschaft des Proletariats muß erkämpft werden! Die objektive Entwicklung selbst führt nie automatisch zum Zusammenbruch des Kapitalismus. Kämpft das Proletariat nicht entschlossen revolutionär, so *wird* die imperialistische Weltkonzeption siegen, so *wird* der Kapitalismus die Krise überwinden! Er wird die noch unentwickelten Gebiete dem Kapitalismus erschließen, wird frühere kapitalistische Länder in nichtkapitalistische — im Sinne Rosa Luxemburgs —

32 Diese Absichten traten bei den Kreditverhandlungen mit Österreich am klarsten zutage: Auslieferung der aufzustellenden Notenbank an die Anglobank und die (französische) Länderbank; Abschaffung der gleitenden Lohnskala; Abschaffung des Achtstundentages.

zurückverwandeln, wird in weiteren Weltkriegen Millionen und Millionen Proletarier dahinschlachten und auf Kosten des Proletariats seine wankende Herrschaft wieder aufrichten.

Nie ist für Größeres gekämpft worden: Das Schicksal einer Welt ist der Kampfpreis. *Wir wollen kämpfen!*

Fünfter Teil

# Wirtschaft und Wirtschaftspolitik im 4. Vierteljahr 1929*

* Aus: Internationale Pressekorrespondenz, Berlin, 10 (1930), Nr. 12, S. 265—304.

# I. Krise in den Vereinigten Staaten — Krise der Weltwirtschaft

## 1. Verlorene Illusionen

„*Prosperität*“, „*Prosperität für immer*“, „*Prosperität für alle*“. Dies waren die Schlagworte, mit denen die kapitalistische Presse seit Jahren die Lage der Vereinigten Staaten charakterisiert. Die europäische Bourgeoisie, bedrängt von der chronischen wirtschaftlichen Depression, der revolutionären Arbeiterbewegung und der Nähe der den Sozialismus rasch bauenden Sowjetunion, schöpfte Hoffnung und Beruhigung aus der Prosperität der Vereinigten Staaten von Amerika. Sie hoffte auf einen neuen Wiederaufstieg des Kapitalismus nach amerikanischem Beispiel.

Die Reformisten der ganzen Welt, treue Knechte der Bourgeoisie, begeisterten sich für die Vereinigten Staaten von Amerika. Sie schickten Delegationen nicht nach der Sowjetunion, wo die Arbeiterschaft die Macht erobert hat, sondern nach den Vereinigten Staaten von Amerika, wo die mächtigste, brutalste Bourgeoisdiktatur besteht. Sich auf das Beispiel der Vereinigten Staaten von Amerika berufend, suchten sie ihre Kapitalisten zu überzeugen, daß sie nur hohe Löhne zahlen brauchten, um ähnlich wie in den Vereinigten Staaten von Amerika eine krisenlose Prosperität zu genießen. Nicht die Sowjetunion, wo die Arbeiterklasse die Macht erobert hatte, sondern das von den kapitalistischen Unterdrückern beherrschte Amerika wurde der Arbeiterschaft als zu erstrebendes Vorbild hingestellt!

„*Prosperität für immer*“, so lautete das Schlagwort. In zwei dicken Bänden[1], die Mitte 1929 erschienen sind, untermauerten die „wissenschaftlichen“ Ideologen der Bourgeoisie der Vereinigten Staaten von Amerika, mit Hoover an der Spitze, durch ein gewaltiges Zahlenmaterial die offizielle Lehre von der niemals endenden Prosperität. „Der gewaltige natürliche Reichtum des Landes“ und die „unersättliche Nachfrage“ („unsatiable demand“) wurden als die Grundpfeiler der ständigen Prosperität bezeichnet. In den Lehren der bürgerlichen Vulgärökonomie befangen, hatten diese Herren — wie immer in der Prosperität — vergessen, daß im Kapitalismus die Entwicklung der Produktivkräfte nach einer gewissen Dauer der Prosperität an die Schranke der beschränkten Konsumtionskraft der breiten Masse stößt. Sie wurden wie immer von der Krise überrascht, überrumpelt.

*Die Illusion der ständigen Prosperität ist zerschlagen.* Der gewaltigste Börsenkrach in der Geschichte des Kapitalismus, durch den Millionen Menschen ihr Vermögen verloren haben, der Rückgang der Produktion der wichtigsten Industrien um 20 bis 70%, der Bankrott unzähliger Unternehmungen, all dies erteilt den Ideologen der Prosperitätslehre eine schmerzliche Lektion in marxistischer Dialektik.

Die vollständige Unfähigkeit der bürgerlichen Nationalökonomie, den Konjunkturverlauf vorauszusehen, hat sich diesmal wieder schlagend gezeigt. In den Vereinigten Staaten von Amerika gibt man jährlich viele Hundert Millionen Dollar für Konjunkturforschung aus. Neben den großen selbständigen Konjunkturforschungsinstituten haben jede Großbank, viele große Unternehmungen, fast alle Universitäten ihre Konjunkturforschungsabteilungen. Trotzdem sind sie nicht imstande, den Gang der Konjunktur auch nur

1 Recent Economie Changes, New York 1929.

annähernd vorauszusagen, obwohl das im Interesse der Kapitalisten selbst liegen würde. Sie sind nicht imstande dazu, weil das nur auf Grundlage der marxistischen Methode möglich wäre.

Man kann jedoch nicht für die Konjunkturvoraussage die marxistische Methode anwenden, sonst aber die Vulgärökonomie als Grundlage beibehalten. Wenn man sich aber auf den Standpunkt des Marxismus stellt, so muß man auch die Konsequenzen daraus ziehen, daß der Kapitalismus keine ewige Gesellschaftsform, sondern eine historisch vorübergehende ist und daß sein Ende bereits begonnen hat. Das dürfen aber die bürgerlichen Nationalökonomen nicht sehen. Daher können sie nicht mit der marxistischen Methode Konjunkturforschung betreiben. Daher sind sie trotz der reichen Mittel, die ihnen zur Verfügung stehen, zu einer Voraussage des Konjunkturganges unfähig.

*Die Theorie des „organisierten Kapitalismus" hat auch für die Vereinigten Staaten Bankrott gemacht!* Obwohl die Monopolbildung in den Vereinigten Staaten von Amerika am weitesten fortgeschritten ist, kann von einer Überwindung der Anarchie der kapitalistischen Produktionsweise angesichts der gewaltigen Krise nicht die Rede sein! Die Ansicht, als ob sich im „organisierten Kapitalismus" die inneren ökonomischen Gegensätze mildern würden (Bucharin), kann angesichts der Tatsache, daß in der Krise das Vermögen von Millionen Menschen expropriiert wurde, daß die Zahl der Arbeitslosen schätzungsweise 6 Millionen erreichen wird, von denen keiner einen Pfennig Unterstützung erhält, während sich die größten Monopolisten an der Börsenkrise bereichern, mit gutem Glauben nicht länger aufrechterhalten werden.

*Die Theorie der Lovestone und Comp. hat Bankrott erlitten!* Der Kapitalismus der Vereinigten Staaten von Amerika nimmt keine Ausnahmestellung in dem Sinne ein, als ob er unabhängig und ungestört vom Niedergang des Weltkapitalismus seinen Aufstieg fortsetzen könnte.

Die Ereignisse haben die vollkommene Richtigkeit der auf dem Marxismus aufgebauten Auffassung der Komintern erwiesen. Es gibt keine Ausnahmestellung des Kapitalismus der Vereinigten Staaten von Amerika. Es gibt keine dauernde Prosperität. Jeder Aufschwung muß in einer Krise enden, die die sich während des Aufstiegs zwangsmäßig entwickelnden inneren Widersprüche momentan gewaltsam löst.[2]

Die Vorzugsstellung des Kapitalismus der Vereinigten Staaten von Amerika auf Grund ihres natürlichen Reichtums und der gewaltigen Aufnahmefähigkeit ihres inneren Marktes wird in dieser Krise einen starken Rückschlag erfahren. Die großzügige Expropriation der Mittelschichten durch den Börsenkrach, die unausbleibliche Vermehrung der Arbeitslosenarmee während der Krise und nach der Krise (infolge der neuen Welle der Ra-

2 Ich selbst hatte in meiner Rede auf dem X. Plenum des EKKI (Juli 1929), als die hochgelehrten Leiter der Konjunkturinstitute der Vereinigten Staaten von Amerika noch von der „Prosperität für immer" schwatzten, erklärt: „Wir können mit Sicherheit behaupten, daß die amerikanische Hochkonjunktur das Jahr 1930 nicht umfassen wird." Und ich fügte weiter hinzu: „Wir haben eine ganze Menge konkreter Anzeichen dafür, daß die gegenwärtige amerikanische Hochkonjunktur zu Ende gehen wird, bevor noch Europa und insbesondere die ärmeren Teile Europas in die Hochkonjunktur hineinkommen werden."
Ich erwähne dies bloß deswegen, um die Überlegenheit der marxistischen Methode über die mit den reichsten materiellen Mitteln ausgestattete bürgerliche Wissenschaft zu demonstrieren.

tionalisierung), all dies bedeutet eine Einschränkung der Aufnahmefähigkeit des inneren Marktes, der Hauptgrundlage[3] der bisherigen relativen Stabilisierung des Kapitalismus.

Dies wird den Kapitalismus der Vereinigten Staaten von Amerika zwingen, in viel stärkerem Maße als bisher Absatz für seine auf dem Inlandmarkt unverkäuflichen Waren auf dem Weltmarkt zu suchen. Er wird dabei auf den schärfsten Widerstand der anderen kapitalistischen Staaten stoßen, die ebenfalls an Überproduktion laborieren. Diese werden sich durch Zollerhöhungen gegen das Eindringen der Waren aus den Vereinigten Staaten schützen bzw. einen scharfen Preiskampf mit Amerika beginnen. So werden die Vereinigten Staaten von Amerika viel intensiver als bisher in die Weltwirtschaft einbezogen werden, wodurch die allgemeine Krise des Kapitalismus verschärft und der Kapitalismus der Vereinigten Staaten von Amerika selbst stärker in den Niedergang des Weltkapitalismus einbezogen werden wird.

Die durch die Expropriation der Mittelschichten und der steigenden chronischen organischen Arbeitslosigkeit bedingte Einschränkung der Aufnahmefähigkeit des inneren Marktes wird zur Folge haben, daß sich, wie Marx sagt, „der letzte Grund aller wirklichen Krisen . . . die Armut und Konsumtionsbeschränkung der Massen gegenüber dem Trieb der kapitalistischen Produktion, die Produktivkräfte so zu entwickeln, als ob nur die absolute Konsumtionsfähigkeit der Gesellschaft ihre Grenze bilde“[4] viel rascher geltend machen wird als bisher. Die Jahre der Prosperität werden viel kürzer, die Krisen und Depressionsperiode viel länger werden, der ganze Wirtschaftsverlauf wird dem der europäischen kapitalistischen Länder in der Nachkriegszeit ähnlich werden. Wie die proletarische Revolution und der Aufbau des Sozialismus in der Sowjetunion die nächste Etappe in der Geschichte Europas darstellen, so zeigt das Bild des heutigen kapitalistischen Europas die nächste Etappe der Entwicklung der Vereinigten Staaten von Amerika. Die Illusionen einer ständigen Prosperität, einer planmäßigen krisenlosen Wirtschaft, einer Ausnahmestellung der Vereinigten Staaten von Amerika gegenüber dem niederbrechenden Weltkapitalismus sind dahin.

## 2. Die Ursachen der Krise in den Vereinigten Staaten von Amerika

Von dem jahrelang andauernden Aufstieg geblendet, verfielen die Kapitalisten der Vereinigten Staaten von Amerika und ihre wissenschaftlichen Ideologen in den Wahn, daß die Prosperität nunmehr für immer gesichert sei. Sie hatten wieder einmal die Erfahrung vergessen, daß sich der Kapitalismus von seinem Kindesalter an zyklisch entwickelt, daß jedem Aufschwung eine Krise folgt und daß diese zyklische Bewegung dem Kapitalismus bis zu seinem Sturze eigen sein muß.

Die zyklische Bewegung ist vom Kapitalismus unzertrennlich. Jedem Aufschwung muß eine Krise folgen, die die Widersprüche, die sich in der Phase des Aufschwungs herausbilden, momentan gewaltsam lösen. „Die Krisen sind immer nur momentane gewaltsame Lösungen der vorhandenen Widersprüche, gewaltsame Eruptionen, die das gestörte Gleich-

3 Von dem ganzen neuproduzierten Wert in der Wirtschaft der Vereinigten Staaten von Amerika gingen bisher nicht mehr als 10% ins Ausland und der Prozentsatz hat sich seit 1899 im Wesen nicht geändert („Commerce Yearbook 1928“, S. 93).

4 K. Marx, Das Kapital, Dritter Band, in: MEW, Bd. 25, Berlin 1964, S. 501.

gewicht für den Augenblick wiederherstellen."[5] Welches ist der Widerspruch, der in der Krise seine momentane Lösung finden muß? Marx antwortet darauf: „Der Widerspruch, ganz allgemein ausgedrückt, besteht darin, daß die kapitalistische Produktionsweise eine Tendenz einschließt nach absoluter Entwicklung der Produktivkräfte . . . abgesehn von den gesellschaftlichen Verhältnissen, innerhalb deren die kapitalistische Produktion stattfindet . . ."[6]

Die kapitalistische Produktionsweise muß zu periodischen Krisen führen, da die Kapitalisten, gezwungen durch die gegenseitige Konkurrenz, ständig auf eine Verminderung der Produktionskosten hinarbeiten. Um dies zu erreichen, wenden sie fortgesetzt neue Produktionsverfahren an, die die Lohnkosten herabsetzen. Dies ist aber nur möglich bei gleichzeitiger Erhöhung der organischen Zusammensetzung des Kapitals und bei fortgesetzter Ausdehnung der Produktionskapazität. Die Produktion wird erweitert ohne Rücksicht auf die Konsumtionskraft der Gesellschaft. Die Konsumtionskraft „ist aber bestimmt weder durch die absolute Produktionskraft noch durch die absolute Konsumtionskraft (d. h. was die Gesellschaft konsumieren würde, wenn ihre Zahlungsfähigkeit unbeschränkt wäre — E. V.), sondern durch die Konsumtionskraft auf Basis antagonistischer Distributionsverhältnisse, welche die Konsumtion der großen Masse der Gesellschaft auf ein nur innerhalb mehr oder minder enger Grenzen veränderliches Minimum reduziert."[7]

In der Phase des Aufschwungs wird der Produktionsapparat erweitert. Der Widerspruch zwischen Produktion und Konsumtionskraft bleibt latent, weil ein bedeutender Teil der Produktion in der Naturalform von Produktionsmitteln hergestellt wird, die die Klasse der Kapitalisten untereinander kauft und verkauft und die die naturale Form der Akkumulation der Kapitalistenklasse darstellen. Aber Produktionsmittel werden nicht als Selbstzweck produziert, wie dies Tugan-Baranovskij behauptet hatte. Produktionsmittel werden produziert, um damit Konsumtionsmittel zu schaffen.

Die gegen Ende der Depressionsphase begonnene Erweiterung des Produktionsapparates wurde in der Phase der Hochkunjunktur beendet; beginnen die neu errichteten bzw. erweiterten Werke Fertigwaren auf den Markt zu werfen, so entsteht eine Überproduktion an Waren, um so mehr, als gleichzeitig mit der vorläufigen Beendigung der Erneuerung des fixen Kapitals Arbeitskräfte freigesetzt werden und sich die Nachfrage nach dem Rohstoffen für fixes Kapital vermindert. Aber die Kapitalisten sind nicht imstande, die eingetretene Änderung zu bemerken; da die Preise noch in die Höhe gehen und die Profite groß sind, setzen sie die Produktion weiter fort, d. h. der Widerspruch zwischen der Produktionskraft und der Konsumtionskraft der Gesellschaft geht in eine akute Form über, die nur in einer Krise ihre Lösung finden kann. Dies ist in einfachster Form die Lehre Marxens über die Unvermeidlichkeit der periodischen Krisen in der kapitalistischen Produktionsweise.

Es fragt sich nun: Läßt sich die Richtigkeit dieser Auffassung zahlenmäßig für die gegenwärtige Krise in den Vereinigten Staaten feststellen? Wir glauben, daß dies möglich ist. Es werden in den Vereinigten Staaten von Amerika Daten veröffentlich, wie groß die Lohnsumme und wie groß der Wert der Produktion in der Fabrikindustrie (sie ist für das

5 Ebenda, S. 259.

6 Ebenda.

7 Ebenda, S. 255.

Wirtschaftsleben in den Vereinigten Staaten von Amerika ausschlaggebend) monatlich sind. Hierzu dient der *Index des „Federal Reserve Board“*.[8]

Es ergibt sich folgendes Bild für den eben zu Ende gegangenen industriellen Zyklus:

Durchschnitt 1923/1925 = 100

| | 1922 | 1923 | 1924 | 1925 | 1926 | 1927 | 1928 | 1929 |
|---|---|---|---|---|---|---|---|---|
| Einkommen der Farmer („gross income“) Mio Dollar | 10,4 | 11,3 | 12,0 | 12,7 | 12,1 | 12,3 | 12,5 | 12,65 |
| Index der Lohnsumme | 81,1 | 103,4 | 95,7 | 106,9 | 104,3 | 102,0 | 101,8 | 108,6 |
| Index des Produktionsvolumens | 85 | 101 | 95 | 104 | 108 | 106 | 111 | 122 |

Wir sehen, daß das *Mißverhältnis* zwischen der ausgezahlten Lohnsumme und dem Einkommen der Farmer einerseits und dem Wert der Produktion (*das Volumen wird auf Grund der Preise von 1923/1925 berechnet*, da sich ja Waren ihrer Naturalform nach nicht summieren lassen) unter gewissen Schwankungen *immer größer wird.* Im Durchschnitt der ersten neun Monate 1929 beträgt die Schere über 13%. Da die Kaufkraft der Handwerker und der großen Masse der kleinen und mittleren Kapitalisten ebenfalls eine fallende Tendenz hat, ist der Widerspruch zwischen Konsumtions- und Produktionskraft der Gesellschaft ein ganz krasser geworden und die Krise mußte entsprechend den Lehren von Marx unvermeidlich eintreten[9].

Es ist interessant, daß nicht die wissenschaftlichen Ideologen des Kapitalismus der Vereinigten Staaten von Amerika, wohl aber einige führende Kapitalisten, die Marx niemals gelesen haben, aus unmittelbarer Erfahrung eine Ahnung von dem Wesen der Krise zeigen.

8 Die Daten werden vom „Federal Reserve Board“ nunmehr in einem neuen Index zusammengefaßt, der die Jahre 1923 bis 1925 = 100 setzt. Er ist in dem Novemberheft des „Federal Reserve Board“ veröffentlicht. Der Hauptunterschied des neuen Indexes des Beschäftigungsgrades und der bezahlten Löhne für die amerikanische Großindustrie gegenüber dem bisherigen Index besteht in folgendem:
1. Als Basis dient nicht mehr das Jahr 1923, sondern der Monatsdurchschnitt 1923/1925.
2. Der Kreis zugrunde liegender statistischer Daten wurde durch Einbeziehung des Materials der zweijährigen Industriezählungen verbreitert. Hierdurch wurde die Unzulänglichkeit beseitigt, daß seit 1923 neu entstandene Unternehmungen bei der Darstellung der Entwicklung des Beschäftigungsgrades außer acht gelassen wurden. Der neue Index umfaßt nunmehr 50 Industriezweige, die in 14 Gruppen zusammengefaßt sind, über die monatlich statistische Daten geliefert werden. Er umfaßt ungefähr 78% der Lohnempfänger im Jahre 1927, weitere 21% werden auf Grundlage der Zensusdaten einkalkuliert unter der Voraussetzung, daß die Entwicklung des Beschäftigungsgrades der Lohnsummen in diesen 21% betragenden, nicht unmittelbar erfaßten Industriezweigen mit den unmittelbar aufgenommenen 78% parallel laufen.
Der Gesamtindex wird durch Abwägung der einzelnen Industriezweige nach der Zahl der beschäftigten Arbeiter vorgenommen. Äußerlich ist durch den Übergang zur Berechnung von 1923 auf 1923/1925 ein besseres Bild des Beschäftigungsgrades entstanden. Dies ist aber rein äußerlich, da der Beschäftigungsgrad im Durchschnitt 1923/1925 niedriger war als 1923 allein, wodurch selbstverständlich für die letzten Jahre eine höhere Indexzahl herauskommt.

9 Selbstverständlich gibt es daneben auch, sich mit der grundlegenden Disproportion kreuzend, besondere Disproportionen, wie das starke Zurückbleiben der Landwirtschaft und die sprunghafte Entwicklung der Automobilindustrie.

So schreibt Raskob, der Leiter der General Motors Co., jenes gewaltigen Unternehmens, das in diesem Jahre rund zwei Millionen Automobile produzierte und einen Reingewinn von 300 Mio Dollar erzielte, folgendes: „Wir haben die Produktion so rasch und erfolgreich vorwärts getrieben, daß wir vor dem Problem stehen, wie die Güter zu konsumieren, die wir produzieren (d. h. wie die überproduzierten Waren zu verkaufen, den in ihnen steckenden Wert und Mehrwert zu realisieren. — E. V.).

*Wir sind genötigt, die Produktionsmaschinerie zu verlangsamen. Wir wagen nicht, ihre latenten Möglichkeiten zu entwickeln!* Unser Fortschritt im Export war in jüngster Zeit groß, aber die Bedingungen der Welt setzten diesem Fortschritt Grenzen".[10]

Wir sehen, daß dieser kluge Kapitalist den Verfaulungsprozeß des Kapitalismus der Vereinigten Staaten von Amerika konstatiert, indem er erklärt, daß die Kapitalisten der Vereinigten Staaten von Amerika nicht wagen, die latenten Produktionsmöglichkeiten zu entwickeln. Er schlägt als Ausweg vor, die industrielle Produktion auf fünf Tage die Woche zu beschränken und die Arbeit in den Fabriken von Freitag abends bis Montag morgens ruhen zu lassen. Dies würde, wie er sagt, den Arbeitern und Angestellten zwei Tage in der Woche die Möglichkeit geben, ihre Automobile zu benutzen, Ausflüge zu machen; es würden viel mehr Automobilreifen, Benzin, Öl usw. verbraucht werden; zur Unterbringung und Verpflegung der Ausflügler würden neue Hotels, neue Einrichtungen gebraucht werden, die Arbeiter würden ihre Sonntagskleider zweimal so rasch abnutzen usw. Selbstverständlich ist dieser Lösungsvorschlag den speziellen Interessen der Automobilindustrie angepaßt. Er zeugt aber dafür, daß die großen Kapitalisten mehr Einsicht in das Wesen der kapitalistischen Produktionsweise haben als ihre Ideologen.

## 3. Die bereits erreichte Tiefe der Krise

Den richtigen Maßstab für die Messung der Tiefe der Krise bilden die Vorgänge in der Produktionssphäre, der Rückgang der Produktion vom höchsten Stand. Es ist unrichtig, die Krise durch Vergleich mit der Produktion des entsprechenden Monats des Vorjahres zu messen, da sich die Produktionskapazität im Laufe des letzten Jahres sehr stark erhöht hat[11]. Wir geben zur Charakterisierung des scharfen Falls der Produktion einige Ziffern. Der *Produktionsindex des „Annalist"* zeigt folgende Entwicklung[12]:

| Mai | Juni | Juli | August | September | Oktober | November |
|---|---|---|---|---|---|---|
| 108,8 | 107,5 | 108,5 | 106,8 | 105,7 | 103,7 | 94,8* |

* Vorläufige Zahl für Dezember etwa 88.

10 North American Review, 29/1929.

11 Wie stark die Produktionskapazität im letzten Jahr gestiegen ist, zeigt die Erklärung des Präsidenten der Steel Corporation, Farwell, auf der Sitzung des Amerikanischen Eisen- und Stahlinstituts am 26. Oktober 1929, wonach die damalige Nachfrage, die eine ungefähr 80prozentige Ausnutzung der Kapazität der Werke des Stahltrusts darstellte, vor einem Jahr 110% der damaligen Kapazität betragen hätte.

12 Der „Annalist"-Index ist ein reiner Konjunkturindex, der sowohl die durch Saisonschwankungen der Bevölkerung und andere Momente bedingte, sich bei Ausschaltung des Einflusses des industriellen Zyklus ergebende Steigerung der Produktion ausschließt. Er umfaßt folgende Elemente: Produktion von Eisen, Stahl, Kohle, Zink, Automobile, elektrischer Energie, Schuhe, Konsumtion von Baumwolle und Wolle, Zahl der beladenen Güterwaggons.

Wir sehen, daß die Produktion vom Höchstpunkt 108,8 im Mai auf 94,8 im November und auf etwa 88 im Dezember gefallen ist, d. h. eine Verminderung von etwa 19%. In den wirklichen Krisen erreicht diese Verminderung 25 bis 30%, so daß der Tiefpunkt der Krise wahrscheinlich noch lange nicht erreicht ist[13].

Folgende Daten zeigen den Rückgang der Produktion einiger wichtiger Zweige vom Höchstpunkt (die Dezemberzahlen sind vorläufig; — vgl. Tabelle 1—4):

*Tabelle 1*
Produktion von Automobilen
Personen- und Lastautomobile, Vereinigte Staaten und Kanada zusammen (in Tsd. St.)

| Mai | Juni | Juli | August | September | Oktober | November | Dezember |
|---|---|---|---|---|---|---|---|
| 636 | 567 | 518 | 513 | 430 | 394 | 214 | 160 |
| Rückgang 75% | | | | | | | |

*Tabelle 2*
Bauindustrie
Summe der monatlichen Baukontrakte (in Mio Dollar)

| Juli | August | September | Oktober | November | Dezember |
|---|---|---|---|---|---|
| 652 | 489 | 445 | 446 | 350 | 300 |
| Rückgang: 54% | | | | | |

*Tabelle 3*
Eisen- und Stahlindustrie (arbeitstäglich — in Tsd. t)

| | Mai | Juni | Juli | Aug. | Sept. | Okt. | Nov. | Dez. |
|---|---|---|---|---|---|---|---|---|
| Eisen | 126 | 124 | 122 | 121 | 117 | 116 | 106 | — |
| Stahl | 195 | 195 | 186 | 182 | 180 | 167 | 135 | 120 |
| Zahl der im Betrieb befindlichen Hochöfen | 219 | 218 | 216 | 210 | 205 | 203 | 177 | — |
| Rückgang bei Eisen | 10% | | | | | | | |
| Rückgang bei Stahl | 30% | | | | | | | |
| Rückgang bei Hochöfen | 20% | | | | | | | |

*Tabelle 4*
Zahl der wöchentlich verladenen Eisenbahnwaggons

| Ende September | Ende Oktober | Ende November | Ende Dezember |
|---|---|---|---|
| 1202111 | 1133510 | 983000 | 923240 |
| Rückgang: 23,2% | | | |

13 Zugleich zeigen die Zahlen des „Annalist", daß der Höchstpunkt der Konjunktur bereits im Mai erreicht war.

Wir sehen aus diesen Daten, daß der heftigste Rückgang in der Automobilindustrie eingetreten ist, also in jenem Industriezweig, in dem sich die Disproportion zwischen Produktionskraft und Konsumtionskraft der Gesellschaft am leichtesten geltend macht: Automobile sind in den Vereinigten Staaten von Amerika ein Massenverbrauchsartikel, der jedoch leichter entbehrt werden kann als Lebensmittel oder Kleidung; daher setzte der Rückschlag am schärfsten hier ein.

Es ist selbstverständlich, daß der Rückgang der Produktion eine entsprechende Steigerung der Arbeitslosigkeit mit sich bringt. Der monatliche Index des Beschäftigungsgrades des „Federal Reserve Board" in der Großlndustrie zeigt folgende Entwicklung, 1923 bis 1925 gleich 100 gesetzt, Saisonschwankungen ausgeschaltet (Dezember 1929, Seite 786):

| Mai | Juni | Juli | August | September | Oktober |
|---|---|---|---|---|---|
| 123 | 126 | 124 | 123 | 121 | 117 |

Neuere Daten liegen noch nicht vor.

Wenn wir annehmen, daß der Index der Beschäftigung ungefähr prozentual dem Konjunkturindex des „Annalist" gefallen ist (von September auf November um 10%), so dürfte der Beschäftigungsgrad im November auf 110 stehen, d. h. 15% der im Juni beschäftigten Arbeiter wurden außer den damals schon Arbeitslosen in die Reihen der Arbeitslosenarmee gestoßen. Wir übertreiben keinesfalls, wenn wir schätzen, daß es im Tiefpunkt der Krise in den Vereinigten Staaten von Amerika 6 Millionen Vollarbeitslose geben wird.

## 4. Börsenhausse und Börsenkrach als Krisenelemente

Der Glaube an die unbegrenzte Dauer der Prosperität hat zu einer Steigerung der Aktienkurse, zu einer unerhörten Börsenspekulation geführt, die die breitesten Kreise der Bevölkerung, bis hinunter zu den Bürofräuleins, Kellnern, Arbeitern, ergriffen hat. Die Kurse der Aktien richten sich bekanntlich nicht bloß nach dem jeweiligen Zinsfuß und dem bereits realisierten Gewinne, sondern nach dem in der Zukunft erhofften Gewinn. Marx sagt:

„Die Aktien . . . werden zu Waren, deren Preis eine eigentümliche Bewegung und Festsetzung hat. Ihr Marktwert erhält eine von ihrem Nominalwert verschiedne Bestimmung, ohne daß sich der Wert (wenn auch die Verwertung) des wirklichen Kapitals änderte. Seinerseits schwankt ihr Marktwert mit der Höhe und Sicherheit der Erträge, worauf sie Rechtstitel geben. Ist der Nominalwert einer Aktie, d. h. die eingeschoßne Summe, die die Aktie ursprünglich repräsentiert, 100 Pfd. St. und wirft das Unternehmen statt 5% 10% ab, so steigt ihr Marktwert bei sonst gleichbleibenden Umständen und bei einem Zinsfuß von 5% auf 200 Pfd. St., denn, zu 5% kapitalisiert, stellt sie jetzt ein fiktives Kapital von 200 Pfd. St. vor. Wer sie zu 200 Pfd. St. kauft, erhält 5% Revenue von dieser Kapitalanlage. Umgekehrt, wenn der Ertrag der Unternehmung abnimmt. *Der Markwert dieser Papiere ist zum Teil spekulativ, da er nicht nur durch die wirkliche Einnahme, sondern durch die erwartete, vorweg berechnete bestimmt ist. Aber die Verwertung des wirklichen Kapitals als*

*konstant vorausgesetzt ... steigt und fällt der Preis dieser Wertpapiere umgekehrt wie der Zinsfuß.*“[14]

Nun sind aber in der seit Jahren andauernden Spekulation die Kurse so hoch getrieben worden, daß der Ertrag in gar keinem Verhältnis zu dem Preis der Aktie mehr stand. Hier einige Beispiele. Die im letzten Jahr gezahlte Dividende betrug, auf den höchsten Börsenkurs berechnet, in Prozenten:

| | % |
|---|---|
| American Power and Light | 0,6 |
| American Water Works | 0,5 |
| General Electric | 1,0 |
| Westinghouse Electric | 1,4 |
| Standard Oil New York | 1,2 |
| United States Steel | 2,7 |

*Quelle*
Annalist vom 29. November 1929.

Es mußte für jeden, der nicht durch das Spekulationsfieber absolut geblendet war, klar sein, daß sich ein solcher Zustand auf die Dauer nicht halten kann! Aber die Propaganda der „dauernden Prosperität“ ließ die Spekulanten nicht zur Besinnung kommen. Das Ergebnis war, daß die Kurse der führenden Spekulationspapiere weiter stiegen: Der Index des „Wall Street Journal“, der 400 Industrieaktien umfaßt, stieg von 163 im April 1926 bis 381 Anfang Oktober 1929. Der „Annalist“-Index, der 25 Industrieaktien umfaßt, von 138 am 30. März 1926 auf 469 am 19. September 1929. Die Kurse der führenden Papiere haben sich also in $3^1/_2$ Jahren auf das $3^1/_2$fache erhöht: jedes Jahr verdoppelt! Berechnet man die Gesamtsumme der Kurssteigerung in den letzten drei Jahren, so kommt man auf eine 100 Mrd. Dollar weitaus übersteigende Summe[15].

Die Spekulation hatte noch nie dagewesene Dimensionen erreicht. Alles freie Kapital strömte der Börse zu. Umsonst versuchte die Leitung der Zentralbanken, der „Federal

14 K. Marx, Das Kapital, Dritter Band, in: MEW, Bd. 25, a. a. O., S. 485 (Hervorhebung — E. V.).

15 Die relative Größe dieser Summe geht aus folgenden Vergleichszahlen hervor, die dem „Statistical Abstract of U.S.A. 1928“, S. 289, entnommen sind und sich auf das Jahr 1922 beziehen: Die Gesamtsumme der Kurssteigerung der Aktien übersteigt also die Summe des konstanten Kapitals, von den Gebäuden abgesehen.

| | Mrd. Dollar |
|---|---|
| Gesamtvermögen | 321 |
| hiervon: | |
| Gesamte Maschinerie und Werkzeuge der Industrie | 16 |
| Gesamte Eisenbahnen mit Ausrüstung | 20 |
| Gesamter Viehstand | 6 |
| Gesamter Vorrat an Industrieproduktion | 28 |

Reserve Board", durch Mahnungen und durch Einschränkungen der Kredite die Spekulation zu zügeln; da an der Börse für Leihkapital (Call money) 10 bis 20% Zinsen gezahlt wurden, verliehen die großen Monopolorganisationen ihr überschüssiges Kapital an der Börse an, statt es bei den Banken anzulegen.

Das Spekulationsfieber ging tief bis in die Kreise der kleinen Sparer hinein. Der beste Beweis hierfür ist, daß in dem Finanzjahr, das mit dem 30. Juni 1929 schließt, die Zahl der Sparkasseneinlagen um eine halbe Million abgenommen hat und die Gesamtsumme der Einlagen um 200 Millionen geringer wurde, während in den vorhergehenden Jahren diese Summe jährlich um 2 Mio Dollar höher wurde.[16]

Freilich bedeutet die Erhöhung der Aktienkurse keine Zunahme des wirklichen Vermögens. Aktien sind fiktives Kapital, wirkliches Kapital sind (natürlich bloß solange sie in einer kapitalistischen Gesellschaft durch den Mehrwert der ausgebeuteten Arbeiter befruchtet werden, „Wert heckenden Wert" bilden) die Fabriken, Werke usw.

„Die Aktien von Eisenbahn-, Bergwerks-, Schiffahrts- etc. Gesellschaften stellen wirkliches Kapital vor, nämlich das in diesen Unternehmungen angelegte und fungierende Kapital ... Aber dies Kapital existiert nicht doppelt, einmal als Kapitalwert der Eigentumstitel, der Aktien, und das andre Mal als das in jenen Unternehmungen wirklich angelegte oder anzulegende Kapital ... Soweit die Entwertung oder Wertsteigerung dieser Papiere unabhängig ist von der Wertbewegung des wirklichen Kapitals, das sie repräsentieren, ist der Reichtum einer Nation gerade so groß vor wie nach der Entwertung oder Wertsteigerung."[17]

Wenn aber auch die Kurssteigerung der Aktien bloß fiktiv ist, so bedeutet dies keinesfalls, daß sie keine Wirkung auf die Gestaltung des Konjunkturganges gehabt hätte. Die einzelnen Aktienbesitzer, die ihren Gewinn im Laufe der Hausseperiode durch Verkauf ihrer Aktien realisierten, gewannen dadurch eine zuschüssige Kaufkraft, eine zuschüssige Konsumtionskraft. Diese Konsumtionskraft war ökonomisch nicht real, sie entsprang nicht der Schaffung von neuem Wert durch Produktion. *Trotzdem wirkte sie auf dem Warenmarkt als Erhöhung der Nachfrage, verlängerte die Dauer der Hochkonjunktur, indem die bestehende Disproportion zwischen Produktion und Konsumtionskraft der Gesellschaft dadurch verdeckt wurde: um so größer wurde die Disproportion; um so schwerer die Krise!*[18]

Die Börsenspekulation hat dazu geführt, daß die sichtbare Kapitalausfuhr der Vereinigten Staaten in den Monaten der höchsten Spekulation zum Stillstand gekommen ist, wie folgende Tabellen zeigen[19]:

16 Vgl. New York Times vom 2. November 1929.

17 K. Marx, Das Kapital, Dritter Band, in: MEW, Bd. 25, a. a. O., S. 484—486.

18 Konjunkturverlängernd und die Disproportion verschärfend wirkte auch das weitverbreitete Ratenzahlungsgeschäft. Verkauft man Konsumtionsmittel auf spätere Bezahlung an Beamte, Angestellte, Arbeiter, so bedeutet dies, daß die später zu produzierende Kaufkraft vorweggenommen wird, daß heute mehr Waren verkauft werden als es die tatsächliche Konsumtionskraft der Gesellschaft erlauben würde. Nun hatte sich der Verkauf auf Abzahlung in den Vereinigten Staaten von Amerika in den letzten Jahren sehr verbreitet — ein Drittel aller neuen Automobile wurden im Jahre 1929 auf Raten verkauft (Frankfurter Zeitung vom 3. Dezember 1929), ebenso Möbel usw. Die Gesamtsumme kann auf 6 bis 8 Mrd. Dollar geschätzt werden, ein wichtiger Posten in der Verdeckung des Widerspruchs zwischen Produktions- und Konsumtionskraft!

19 Aus „Financial and Commercial Chronicle", von uns errechnet.

*Tabelle 5*
Kapitalemission und Kapitalexport der Vereinigten Staaten von Amerika während des letzten Industriezyklus
Neue Kapitalemission (ohne Konversionen) — erste 10 Monate (Mio Dollar)

| | 1929 | 1928 | 1927 | 1926 | 1925 | 1924 | 1923 |
|---|---|---|---|---|---|---|---|
| Insgesamt | 9267,4 | 6042,2 | 6448,8 | 5368,9 | 4958,8 | 4753,5 | 3472,9 |
| Hiervon erhielten: | | | | | | | |
| Kanada | 313,7 | 167,4 | 274,7 | 197,5 | 121,2 | 219,3 | 65,0 |
| Andere Länder | 367,3 | 1012,3 | 1014,7 | 715,6 | 702,7 | 587,8 | 185,9 |
| Inland | 8586,4 | 4862,5 | 5159,4 | 4455,8 | 3134,9 | 3956,4 | 3232,0 |

Diese Tabelle (Tab. 5) zeigt, daß sich, obwohl in den ersten elf Monaten 1929 die Kapitalemission in den Vereinigten Staaten von Amerika die vorhergehenden Jahre weitaus überschritten hat, der Kapitalexport, von Kanada abgesehen, auf einen Bruchteil der früheren Jahre beschränkt hat.

*Tabelle 6*
Neue Kapitalemission in den Vereinigten Staaten von Amerika
im Jahre 1929 (in Mio Dollar)

| | Insgesamt | Kanada | Anderes Ausland | Inland |
|---|---|---|---|---|
| Januar | 915,1 | 17,0 | 22,7 | 875,4 |
| Februar | 894,4 | 19,2 | 45,6 | 829,6 |
| März | 984,2 | 42,2 | 181,0 | 761,0 |
| April | 676,6 | 15,6 | — | 661,0 |
| Mai | 1127,2 | 41,0 | 6,2 | 1080,0 |
| Juni | 773,0 | 111,7 | 60,5 | 600,0 |
| Juli | 879,7 | 25,0 | 10,4 | 844,3 |
| August | 843,2 | — | 21,2 | 822,2 |
| September | 1306,0 | — | 8,0 | 1298,6 |
| Oktober | 843,4 | 42,4 | 10,2 | 790,8 |
| November | 280,5 | 8,6 | 24,1 | 247,8 |
| Summe | 9523,9 | 322,7 | 389,8 | 8810,7 |

*Quelle*
Financial Chronicle 1929.

Diese Tabelle (Tab. 6) zeigt, daß in den Monaten des Überganges von der Hochkonjunktur zur Krise — Juli, August, September — die Emission von Kapital nach dem Auslande praktisch aufgehört hatte und die Vereinigten Staaten von Amerika in dieser Zeit wieder ein Kapitalimportland geworden waren. Im Monat November ist die Kapitalemission auf ein Minimum zusammengeschrumpft.

Wie gewaltige Summen die Börse aufgenommen hatte, zeigt die Statistik der auf Wertpapiere gewährten Anleihen („Brokers loans"). Diese entwickelten sich wie folgt:

Mio Dollar jeweils am 30. September

| 1926 | 1927 | 1928 | 1929 |
|---|---|---|---|
| 3219 | 3915 | 5514 | 8549 |

Wir sehen, daß im Verlauf eines Jahres die Summe der Wertpapieranleihen um volle drei Milliarden Dollar zugenommen hat, eine Summe, die selbst für ein so reiches Land wie die Vereinigten Staaten von Amerika keine Kleinigkeit ist und die Möglichkeit des Kapitalexports stark vermindern muß.

Die einzelnen großen Monopolorganisationen: General Motors, General Electric, Ford usw. setzen zwar ihr Vordringen auf dem Weltmarkt in Form von Kapitalanlagen fort, dies geschieht aber unmittelbar aus eigenem Vermögen, nicht über den Kapitalmarkt. Andererseits hatte die Börsenspekulation in Aktien der Vereinigten Staaten von Amerika auch auf Europa übergegriffen; europäisches kurzfristiges Kapital wurde in großen Summen an der New Yorker Börse entweder zum Ankauf von Aktien oder als Börsenleihgeld angelegt.

Den höchsten Grad der Spekulation stellen die sich während der Hausseperiode rasch ausbreitenden Investment-Trusts, Holding und Trading Companien dar. Es sind *dies Aktiengesellschaften, die keinerlei Produktion betreiben, sondern ihr Aktienkapital zum Ankauf von Aktien anderer Unternehmungen verwenden. Ihr Kapital stellt also fiktives Kapital zweiter Potenz dar.* Es ist bezeichnend, daß im Monat August 82% Neuemissionen vom Aktienkapital in den Vereinigten Staaten von Amerika für derartige Unternehmungen erfolgten. Der Scheingewinn aus der Kurssteigerung der Aktien verdoppelt sich auf diese Weise: denn die Aktien dieser sich ausschließlich mit dem An- und Verkauf von Aktien beschäftigenden Unternehmungen steigen mit der Kurssteigerung der in ihrem Besitze befindlichen Aktien. Es entsteht eine Verdoppelung der Scheingewinne.

Die ersten Einbrüche der Kurse erfolgten bereits im September, als es den eingeweihtesten Monopolkapitalisten klar zu werden begann, daß sich die niedrige Verzinsung des in Aktien angelegten Kapitals durch Erhöhung der in diesem Jahre zu zahlenden Dividenden bessern werde. Sie begannen zu verkaufen, wobei sie versicherten, die Prosperität dauere an, bloß die Aktienkurse seien zu hoch getrieben worden.

Nach dem Kurseinbruch Anfang September schrieb „Financial Chronicle", eines der tonangebenden Organe des Monopolkapitals der Vereinigten Staaten von Amerika, am 14. November an leitender Stelle: „Merkwürdig genug zerbrechen sich viele Leute den Kopf darüber, um die Ursache des Kurssturzes zu finden und suchen eine Erklärung in einer gewissen Schwäche der allgemeinen Lage. Indessen ist die Wahrheit, daß der Markt unter seinem eigenen Gewicht zusammenfällt und es ist gar nicht notwendig, äußere Ursachen zu suchen. Ein Kurseinbruch war schon längst fällig, da die Kurse durch spekulative Manipulationen zu einer solchen Höhe hinaufgeschraubt wurden, daß ein Einbruch unvermeidlich war und es ist ein Wunder, daß er sich so lange verzögert hat."

Aber die Ideologen der „Prosperität für immer" wollten sich mit dem Ende der Börsenhausse nicht zufrieden geben. Herr Irving Fisher, die erste wissenschaftliche Autorität der Vereinigten Staaten von Amerika auf dem Gebiete der Nationalökonomie, erklärte Anfang September, als die Kurse am höchsten standen: „Die hohen Effektenpreise ... beruhen auf der sicheren Erwartung höherer Gewinne in der Zukunft ... Die Besorgnisse über eine scheinbare Inflation der Effektenwerte erscheinen in Anbetracht der jüngsten Dividendenausschüttungen ungerechtfertigt, um so mehr, als in Zukunft noch höhere Dividenden zu erwarten sind ... Meiner Ansicht nach ist eine gewisse Steigerung der Rendite zu erwarten, höheren Dividenden." Ähnlich äußerten sich *Mitchell*, der Leiter der größten USA-Bank, der National City Bank, *Ayres*, ein Führer des in der USA eine ungeheure Bedeutung besitzenden Lebensversicherungsgeschäftes, und andere. Beruhigt setzten die uneingeweihten jedoch nicht als Folge einer Verringerung der Effektenpreise, sondern als Folge von „kleinen Leute" die Spekulation weiter fort.

Da kam am 29. Oktober der große Börsenkrach, der größte, den es in der Geschichte jemals gegeben hat. Sechzehn Millionen Aktien wurden an der New Yorker Börse auf den Markt geworfen, außerdem sechs Millionen Aktien an der Nebenbörse („Curb"). Der Kurssturz war ungeheuer. Die großen Bankhäuser schlossen sich unter Führung von Morgan zusammen, um einen noch weiteren Zusammenbruch durch Käufe an der Börse zu verhindern. Es gelang, den Sturz aufzuhalten, sogar eine neue Steigerung der Kurse herbeizuführen, aber im November kamen neue Kursstürze und im Dezember wieder welche. Das *Ausmaß des Kurssturzes* zeigen folgende Zahlen:

| | Höchstkurs | | |
|---|---|---|---|
| | 19. Sept. | 13. Nov. | 21. Dez. |
| „Annalist"-Index (25 Industrieaktien) | 469,5 | 221,0 | 275,0 |
| „Wall Street Journal" (440 Aktien) | 381,2* | 198,7 | 241,0 |

* 9. Oktober.

Die Kursgestaltung einiger weltbekannter Aktien zeigt folgende Entwicklung (siehe Tabelle 7):

*Tabelle 7*

| | 1929 Höchstkurs | 1929 Kurs am 29. Okt. | 1929 Fall vom höchsten Kurs (in %) | 1929 Kurs am 31. Dez.[20] |
|---|---|---|---|---|
| General Electric | 403 | 250 | 38 | 243 |
| General Motors | $97^3/_4$ | $47^1/_2$ | 51 | $40^1/_2$ |
| U.S. Steel Trust | $261^3/_4$ | $185^1/_2$ | 29 | 171 |
| Internationaler Harvester | 142 | $85^1/_2$ | 42 | 79 |
| American Smelting | $130^1/_4$ | 80 | 40 | 73 |
| Du Pont de Nemours | 231 | 150 | 35 | $116^1/_2$ |
| Chrysler Automobile | $135^3/_4$ | $39^3/_4$ | 71 | $36^3/_8$ |
| Standard Oil of New Jersey | 83 | 64 | 23 | $66^6/_8$ |
| Radio Corporation of America | $114^3/_4$ | 40 | 65 | $43^1/_2$ |
| Westinghouse Electric | $292^5/_8$ | 145 | 50 | 144 |

20 Wir sehen, daß trotz der Stützungsaktion die Kurse dieser Papiere Ende des Jahres — mit zwei Ausnahmen — noch niedriger standen als am Tage des großen Krachs.

Der Kurssturz verminderte die Gesamtsumme des in Aktien angelegten fiktiven Kapitals um 50 bis 60 Mrd. Dollar. Am Tage der höchsten Panik, am 29. Oktober, als 16 Millionen Aktien an der New Yorker Börse ihren Besitzer wechselten, betrug der Kursverlust „mindestens 25 Milliarden Dollar". „In San Francisco wurden die Kursverluste an den Aktien der Transamerica Bank (die Bank des amerikanischen Italieners Giannini) allein an einem Tage auf über eine Milliarde Dollar geschätzt."[21]

Was war die Rolle des Börsenkrachs in der Krise der Vereinigten Staaten? *Der Börsenkrach ist keinesfalls die Ursache der Wirtschaftskrise. Im Gegenteil, es war das Heranreifen der Wirtschaftskrise, die den Börsenkrach auslöste!* Dies bedeutet aber nicht, daß der Börsenkrach keinen Einfluß auf den Verlauf der Krise hätte. So wie die Börsenhausse durch die Schaffung einer unrealen zuschüssigen Kaufkraft die Disproportion zwischen Produktions- und Konsumtionskraft der Gesellschaft verdeckte, dadurch den Widerspruch vertiefte und die Krise hinausschob, so offenbarte der Börsenkrach durch Vereinigung dieser scheinbaren Kaufkraft die Größe der Disproportion, beschleunigte den Ausbruch der Krise und verschärfte diese!

Der Börsenkrach bedeutet die Expropriation des Vermögens von vielen Millionen „kleinen Leuten" (kleine und mittlere Kapitalisten[22], Beamte, Angestellte, gelernte Arbeiter). Wer war der Gewinnende? Natürlich die großen Kapitalisten, die ihre — zur Beherrschung ihrer Unternehmungen überschüssigen Aktien — noch rechtzeitig zu hohen Kursen verkauften und die gleichen Aktien nach dem Börsenkrach zu halben Preisen zurückkauften (dies schließt natürlich nicht aus, daß auch *einzelne* Großkapitalisten, die ihre Papiere zu lange behielten, schwere Verluste erlitten haben). Der Mechanismus der Interventionskäufe durch das Bankkonsortium bedeutet ebenfalls nichts anderes als eine fortgesetzte Expropriation der kleinen Leute: das Konsortium kauft, wenn die Panik am größten und die Kurse am niedrigsten: es verkauft, wenn infolge der Intervention die Kurse wieder etwas in die Höhe gegangen sind und es wieder „Leute", d. h. außerhalb des Kreises des Stützungskonsortiums stehende Geldbesitzer, gibt, die den Versicherungen der Eingeweihten, daß der Krach nunmehr vorüber sei, Glauben schenken[23]. So machten die Großbanken auch während des Börsenkrachs glänzende Geschäfte.

Um die durch den Börsenkrach vom 24. bis 29. Oktober erschrockenen „kleinen Leute" wieder an die Börse zur weiteren Beraubung heranzuziehen, erklärten die Börsenmakler am 31. Oktober, daß „von heute ab den kleinen Spekulanten sowohl in bezug auf Deckung wie auf Orderausführung größeres Entgegenkommen gezeigt werde als bisher. Man brauche

21 Bergwerks-Zeitung vom 31. Oktober 1929.

22 Die ökonomische Basis dieser alles in der Geschichte übersteigenden Spekulation ist der Umstand, daß es bei der herrschenden Stellung des Monopolkapitals in der Produktion fast unmöglich ist, Kapital als industrielles, die Durchschnittsprofitrate abwerfendes Kapital anzulegen. Entweder sind die Rohstoffquellen in Monopolbesitz oder man braucht so riesige Summen zur Schaffung eines neuen konkurrenzfähigen Unternehmens, die sich mit Umgehung des Finanzkapitals nicht beschaffen lassen. Die kleinen Kapitalisten müssen sich also mit dem Zins begnügen oder durch Börsenspekulation ihr Glück versuchen.

23 Wenn einige Tage an der Börse eine Beruhigung eintrat, versicherten die führenden Kapitalisten jedesmal, die Krise sei vorüber, es sei wieder Zeit, Aktien zu kaufen. „Am 30. Oktober erklärte der alte Rockefeller, die Krise sei definitiv überwunden! Die Geschäftslage sei vollkommen zufriedenstellend und die meisten Papiere ständen auch heute noch viel zu niedrig. Sowohl er wie sein Sohn kauften große Mengen solider Papiere als Kapitalanlage." („Neue Freie Presse" vom 30. Oktober 1929.)

Kunden, die noch im Besitz von Geldmitteln seien, nachdem die schwarzen Tage der Börse Tausende von Konten ausgelöscht hätten".[24]

Indem der Börsenkrach Millionen Leute um 50 bis 60 Mrd. Dollar — wenn auch bloß fiktiven Kapitals — ärmer machte, bedeutete er eine gewaltsame Verminderung der Konsumtionskraft der Gesellschaft. Millionen Leute hörten nicht nur auf, wie bisher aus ihren realisierten Gewinnen im Glauben an ihre Papiergewinne freigiebig einzukaufen, sondern sie selbst erscheinen als Verkäufer von entbehrlichen Waren: Automobilen, Juwelen, Pelzen usw. auf dem Markt.[25] Ebenso sind manche Kaufleute und kleinere Fabrikanten durch ihre Börsenverluste gezwungen, Waren um jeden Preis auf den Markt zu werfen. Während früher immer versichert wurde, daß es in den USA *keine überschüssigen Vorräte* gäbe, daß der Markt infolge der Monopolbildung und der gut ausgebauten Statistik gar nicht mehr „anarchisch" sei, zeigt es sich, daß mit dem Eintritt der Krise Vorräte, die als normal gelten, überschüssig sind. Die Disproportion zwischen Produktions- und Konsumtionskraft tritt so mit voller Schärfe hervor und findet ihre gewaltsame Lösung durch einen Preisfall und durch Einschränkung der Produktion, d. h. durch eine wirkliche Krise, die im Sinne des Marxismus jeden Aufschwung beenden muß.

## 5. Organisierte Krisenbekämpfung — ein aussichtsloser Versuch

Hoover, der erste Sachwalter des Monopolkapitals der Vereinigten Staaten, trat nach dem ersten Börsenkrach in Tätigkeit und wollte versuchen, den Ausbruch der Wirtschaftskrise zu verhindern. Das erste Mal in der Geschichte des Kapitalismus wurde der Versuch unternommen, dem zyklischen Gang der kapitalistischen Produktion durch „planmäßige" Maßnahmen entgegenzuwirken.

Entsprechend dem monopolistischen Charakter des USA-Kapitalismus setzte sich Hoover vor allem mit den führenden Großkapitalisten in Verbindung. Er berief die Eisenbahnmagnaten, die größten Industriellen, die Führer der Federal-Reserve-Banken usw. gruppenweise zu sich und forderte sie auf, die Produktion fortzusetzen und insbesondere durch große Investitionen der Konjunktur einen neuen Anstoß zu geben. Die Herren Kapitalisten waren mit Versprechungen nicht geizig. Die Eisenbahnmagnaten versprachen, im nächsten Jahr 1,2 Milliarden für Neubauten, für Lokomotiven- und Waggonbestellungen auszugeben, um 38% mehr als im Jahre 1929. Die Versammlung der größten Industriellen: O. D. Young (General Electric), A. P. Sloan (General Motors), Teagle (Standard Oil), Du Pont, Ford usw., versprach, die Produktion wie bisher weiterzuführen, keine Arbeiter zu entlassen und die Löhne nicht herabzusetzen. Die Telegraph und Telephone Company

24 Frankfurter Zeitung vom 1. November 1929.

25 Die „Neue Freie Presse" gibt folgende Schilderung der Vorgänge am Tage nach der letzten Panik: „In den Büros der Börsenmakler löste eine aufregende Szene die andere ab. Zahlreiche Personen, besonders weibliche Spekulanten, fielen in Ohnmacht, als sie erfuhren, daß sie ihr Kapital verloren hatten. Verzweiflungs- und Wutausbrüche waren auf der Tagesordnung. Auch im Inseratenteil der Zeitungen macht sich bereits der Börsenzusammenbruch bemerkbar. Zahlreiche Luxusautomobile der teuersten ausländischen Marken und wertvollster Schmuck werden zum Verkauf angeboten von Leuten, die noch gestern Millionäre waren. Die Pfandleiher in ganz New York machten so gute Geschäfte wie noch nie zuvor und konnten besonders im Theaterviertel und in der Gegend von Manhattan den Andrang der Geldsuchenden kaum bewältigen . . . Sogar in den Straßen der Stadt ist der Eindruck der Börsenkatastrophe deutlich bemerkbar. Überall sieht man verzweifelte und niedergeschlagene Gesichter."

versprach, im nächsten Jahr 600 Millionen Dollar zu investieren: die Leiter der Eisen- und Stahlindustrie versprachen, ein großes Programm der Ersetzung der veralterten Werke durch neue durchzuführen usw.

Ihren Versprechungen gegenüber erhielt die Großbourgeoisie folgende greifbare Vorteile: 1. Herabsetzung des Bankzinsfußes; 2. Herabsetzung der Einkommensteuer um 160 Millionen Dollar im Jahre.

Am gleichen Tage wie die Großindustriellen erschienen auch die Herren Führer der Gewerkschaften der USA, Green Woll (Präsident und Vizepräsident der AF. of L.), Johnston (Lokomotivführer), Whitney (Eisenbahner), Lewis (Bergarbeiter) usw. bei Hoover; die USA-Milliardäre setzten sich nicht gern an einen Konferenztisch mit den Gewerkschaftsführern; Hoover mußte mit ihnen gesondert sprechen.

Das Ergebnis der zwei Konferenzen wurde von Hoover in folgendem zusammengefaßt:

„Der Präsident wurde von den *Arbeitgebern*, die auf der Konferenz heute morgen anwesend waren, ermächtigt, auf ihre individuelle Verantwortung hin zu erklären, daß sie keine Schritte zur Herabsetzung der Löhne beginnen werden und es fest empfehlen, daß diese Einstellung von dem ganzen Lande befolgt werden soll; sie meinen, daß, abgesehen von menschlichen Überlegungen, hierdurch die Konsumtionskraft des Landes aufrechterhalten wird.

Der Präsident wurde von den *Vertretern der Arbeiter* ermächtigt, zu erklären, als ihre individuelle Ansicht und ihre feste Empfehlung an das ganze Land, daß keine neuen Bewegungen zwecks Lohnerhöhung, abgesehen von denen, die bereits im Gange sind, begonnen werden sollen und daß die Arbeiter in jeder Weise mit der Industrie bei der Lösung ihrer Probleme zusammenarbeiten werden.

Der Zweck dieser Deklaration ist, die Sicherheit zu geben, daß während der Dauer der gegenwärtigen Situation keine Konflikte entstehen sollen, die die Kontinuität der Arbeit berühren und auf diese Weise die Stabilität der Arbeitsverhältnisse aufrechtzuerhalten."[26]

„*Capital-Labor Pact*" (*„Burgfrieden zwischen Kapital und Arbeit"*) überschreibt die „New York Times", das führende Organ der USA-Großbourgeoisie, die Vereinbarung! Es hat damit einen der wesentlichsten Züge der Aktion Hoovers richtig erfaßt. Die glänzend bezahlten Gewerkschaftsführer (Green hat ein Jahresgehalt von 100000 Dollar) benutzen die Gelegenheit, um für ihren ununterbrochenen Verrat an den Interessen der Arbeiterklasse eine aktuelle Basis zu gewinnen. Die Krise soll durch gemeinsame Anstrengungen der Kapitalisten und der Arbeiterklasse überwunden werden. Dies heißt natürlich: *Die Krise soll auf Kosten der Arbeiter gelöst werden.* Die Herren Kapitalisten werden ihre Versprechungen, die Löhne nicht herabzusetzen, natürlich nicht halten. Sie setzen die Löhne bereits herab. Sie haben im Monat November bereits 400000 Arbeiter aufs Pflaster geworfen. Die Arbeiterverräter werden aber versuchen, ihr Versprechen zu halten und die Arbeiter von jeder Lohnbewegung abhalten. Was sie übrigens auch bisher taten.[27]

26 Deklaration von Hoover am 21. Oktober 1929.

27 Ob ihnen das so leicht gelingen wird, ist eine andere Frage. Die Unzufriedenheit der Arbeiter ist sehr groß. Dies bewog einen „linken" Gewerkschaftsführer, A. J. Muste, sich scharf gegen Green zu wenden: „Das Versprechen Greens beweist, daß die organisierte Arbeit keine eigene unabhängige Politik hat, sondern immer der Führung der Großkapitalisten (Big Business) folgt. Durch das Versprechen, keine Lohnerhöhung zu fordern, werden die Moral und der Mut der Arbeiter niedergedrückt gerade in dem Moment, in dem sie in den Kampf gerufen werden sollten gegen Lohnherabsetzung, Verlängerung der

Nachdem der Burgfrieden auf diese Art organisiert war, wurden am 5. Dezember die Vertreter aller Arten des Großkapitals mit den ausgewählten Gewerkschaftsführern zusammen zu einer Gesamtversammlung bei der Amerikanischen Handelskammer vereinigt. Hier wurde das große Investitionsprogramm — 8 Milliarden Dollar — für das nächste Jahr verkündet und ein großer Rat, bestehend aus 72 Personen — darunter auch Herr Green als „Vertreter der Arbeiter" — zur Leitung der Aktion gegen die Krise gewählt.

Wie sollen wir dieses Programm der Vermeidung der Krise durch Investitionen beurteilen?

Eine rein theoretische Überlegung zeigt uns, daß eine solche Aktion nur zur Verlängerung der Krise dienen kann. In der Tat wurde die Krise unvermeidlich, weil die Disproportion zwischen der Produktionskraft und der Konsumtionskraft der Gesellschaft, wie wir oben zahlenmäßig nachwiesen, so groß wurde, daß sie nur in einer Krise ihre gewaltsame Lösung finden konnte. Und was plant Hoover? Eine weitere Erhöhung der Produktionskraft, also eine Verschärfung eben jener Disproportion, die in der Krise ihre gewaltsame Lösung finden muß! Würde also das Hoover-Programm tatsächlich durchgeführt werden, so würde es bedeuten, daß die *Tiefe der Krise zeitweilig vermindert, dafür aber die Dauer der Krise weiter ausgedehnt würde.*

„Abstrakt theoretisch" ließe sich die Krise gerade auf dem umgekehrten Weg durch eine starke Erhöhung der Konsumtionskraft der Gesellschaft, also vor allem durch Erhöhung der Arbeitslöhne (und Unterlassung der Ausbeutung der Bauernschaft) vermeiden! Dies ist der Weg, den die Sozialdemokraten (und Ford, worüber später) vorschlagen. Aber für jeden Marxisten ist es klar, daß die Kapitalistenklasse niemals darauf eingehen wird, einen Teil ihres Mehrwerts freiwillig der Arbeiterklasse zu überlassen, bloß um die Möglichkeit zu gewinnen, der Arbeiterklasse mehr Waren verkaufen zu können! Es zeugt von der vollständigen Verlotterung und Verfaulung der Reformisten, daß sie, die sich noch immer „Marxisten" nennen, eine solche Wirtschaftspolitik propagieren! Die Kapitalisten, obwohl sie Marx nicht kennen, lachen über diesen Blödsinn. Für den Kapitalismus gibt es nur einen Weg: die Krise austoben zu lassen, ihre Last möglichst auf das Proletariat abzuwälzen ...

Kehren wir nun zu dem Investitionsprogramm Hoovers zurück. Setzen wir voraus, das Acht-Milliarden-Programm würde voll durchgeführt werden. Würde es die Überwindung der Krise bedeuten? Keinesfalls! Die Erfahrung zeigt, daß eine wirkliche Krise eine Einschränkung der Produktion von 25 bis 30% mit sich bringt (im November war der Produktionsindex des „Annalist" bereits um 15% gefallen, von 108,6 im August auf 93,5 im November und die Abwärtsbewegung dauert weiter an). Der Wert der Produktion allein der USA-Großindustrie hätte im Jahre 1929, wenn die Krise nicht gekommen wäre, 75 Mrd.

Arbeitszeit und Beschleunigung des Arbeitstempos und zu einer Zeit, in der die Arbeiter des Südens in einem blutigen Konflikt zwecks Erhöhung ihrer Lebenshaltung engagiert sind ... Was haben die Arbeiter für ihre Bereitwilligkeit erhalten? Ein Versprechen der Arbeitgeber, die Löhne nicht zu reduzieren, ein Versprechen, das so viel wert ist wie ein Scheck auf 1 Million Dollar eines Mannes, der kein Guthaben in der Bank hat. Zweifellos sind die Arbeitgeber zu klug dazu, um eine allgemeine Lohnherabsetzung zu verkünden. Es gibt aber viele Wege, um die Löhne zu beschneiden, um die Lohntüten dünn zu machen, wie es viele Millionen Arbeiter während der Depression 1921/1923 erfahren haben. Was geschieht mit einem Arbeitgeber, der den Lohn herabsetzt? Wird er von der Regierung ins Gefängnis geworfen, oder werden Banken seine Anleihen kündigen? Was wird mit den arbeitslosen Arbeitern geschehen, die durch die Beschleunigung des Arbeitstempos, die zweifellos eingeführt wird, um die Lohnkosten zu vermindern, aufs Pflaster geworfen wurden?" (New York Times vom 25. November 1929.) Wir sehen: Dieser Druck der Massen muß schon recht groß sein, wenn ein Reformist so spricht.

Dollar betragen. Hinzu kommt die Produktion der Landwirtschaft, der Bauindustrie, der Eisenbahnen usw. Die Krise bedeutet also eine Produktionsverminderung von mindestens 25 bis 30 Mrd. Dollar. Selbst wenn das Programm Hoovers ganz durchgeführt werden würde, könnte es die Krise eben nur zeitweilig abschwächen, aber keinesfalls sie überwinden.

Aber es kann keine Rede davon sein, daß dieses Programm voll durchgeführt wird! Der auch im monopolistischen Kapitalismus, wenn auch unter anderen Formen unverändert andauernde Konkurrenzkampf, die unverändert bestehende Anarchie der Produktion läßt kein planmäßiges Vorgehen zu. Ein großer Teil des Acht-Milliarden-Programms ist leeres Gerede. Die Eisenbahnen werden wahrscheinlich ihre Versprechungen einlösen. Die Eisenbahnen haben in den letzten Jahren verhältnismäßig wenig eingekauft, wenig Schienen, wenig Lokomotiven, wenig Waggons — dies geht aus einer Zusammenfassung in der Oktobernummer des „Guaranty Survey", des Monatsbulletin der Guaranty Trust Comp., klar hervor. Bei ihnen liegt ein reales Bedürfnis nach Erweiterung ihres Produktionsapparates vor; sie hätten das ohnehin gemacht. Um Hoover zu unterstützen und bei der schlechten Geschäftslage billiger einzukaufen, vergeben sie diese Bestellungen schon jetzt anstatt im nächsten Jahr. Dagegen sind beim Häuserbau — von den acht Milliarden sollen zwei auf Wohnungsbau gehen — die Aussichten der Verwirklichung höchst zweifelhaft, denn die Mieten sind sehr niedrig, die Krise wird sie noch weiter drücken und es wird für das Privatkapital zu gewagt sein, Kapital im Häuserbau anzulegen.

Was noch *wichtiger ist, schon machen sich ganz scharf die inneren Widersprüche zwischen den einzelnen Kategorien der Kapitalisten geltend.* Hoover hat große Investitionen der Eisenbahnen, zugleich aber auch Ausbau des Kanalsystems und weit ausgedehnten Bau von Automobilstraßen vorgeschlagen. Das Eisenbahnkapital protestiert: Du forderst von uns, wir sollen eine Milliarde Dollar in unseren Eisenbahnen neu anlegen, aber gleichzeitig organisierst du die Konkurrenz der Schiffahrt und der Automobile gegen uns! Wie können wir unter solchen Umständen neues Kapital in die Eisenbahnen anlegen, wir werden doch nur Verluste haben!

Ein anderes Beispiel: Hover hat in seinem Programm große Summen für kommunale Bauten in den verschiedenen Städten vorgesehen. Aber die Farmer protestieren: Wir brauchen keine städtischen Neubauten, wir wollen nicht die Kommunalsteuer erhöht haben, damit man in den Städten neue Theater oder Krankenhäuser baue! Wir sind in einer schlechten Lage, wir wollen keine Steuererhöhung.

Ein drittes Beispiel die Schiffahrt: Man beschloß, aus Staatsmitteln Subventionen für Schiffsneubauten zu bewilligen. Nun protestierten die bestehenden Schiffahrtsgesellschaften: Ihr macht uns ja Konkurrenz, wir werden zugrundegehen, wenn Ihr diese neuen Gesellschaften organisiert.

Kurz, es zeigt sich, daß eine planmäßige Einwirkung unter kapitalistischen Verhältnissen unmöglich ist. Wir sagen nicht, daß die Aktion von Hoover keinerlei Wirkung haben wird, aber die Wirkung wird nicht in der Überwindung der Krise, sondern darin bestehen, die Tiefe der Krise in einem sehr geringen Grade zu vermindern, hingegen die Dauer der Krise und der darauf folgenden Depression auszudehnen.

Die Führer des Monopolkapitals der Vereinigten Staaten von Amerika wissen dies selbst ebenso gut wie wir. Ihr Zweck ist in Wirklichkeit gar nicht die Überwindung der Krise, *sondern die Schaffung eines Zentralorgans zum Kampf gegen die revolutionäre Bewegung, die Schaffung eines faschistischen Kerns, der die bereits bestehenden, aber noch zersplitterten, faschistischen Kräfte*: A. F. of Labor, Company Unions, Civic Federation, American League,

Pinkerton-Detektive, bewaffnete Fabrikpolizei usw. *unter einer einheitlichen Leitung vereinigt!* Die Kapitalisten sehen voraus, daß die Arbeiterkämpfe in der Zukunft in dem Maße, wie der allgemeine Niedergang des Kapitalismus die Vereinigten Staaten von Amerika stärker ergreift — eine solche Ausdehnung erfahren werden, daß die von den einzelnen Kapitalisten unterhaltene bewaffnete Macht[28] nicht ausreichen wird, um die Arbeiter niederzuhalten; die Kräfte müssen zentral geleitet werden. Der große Wirtschaftsrat zur Durchführung des Hoover-Programms ist die nach außen hin unschuldigste Form dieser Organisation. Die Faschisierung ist auch in den Vereinigten Staaten von Amerika im Gange![29]

## 6. Die Demagogie Fords

Der weltberühmte USA-Milliardär, der Autofabrikant Ford, der seit Jahren die schärfste Ausbeutung seiner Arbeiter mit einer insbesondere bei den Reformisten beliebten Demagogie durchführt, benützt auch die gegenwärtige Krise, um für sich Reklame zu machen. Auf der Konferenz der Großkapitalisten mit Hoover, am 21. Oktober, erklärte Ford unerwartet, er werde nicht nur die Löhne in seinen Betrieben nicht herabsetzen, sondern er werde die Löhne seiner 150000 Arbeiter erhöhen. Er verteilte eine Erklärung, wonach die Ursache der Krise darin zu suchen sei, daß sich die Leute von der produktiven Arbeit abgewendet und sich dem Börsenspiel ergeben hätten. Der Ausweg sei die Erhöhung der Kaufkraft des Publikums. Damit verließ er, ohne das Ende abzuwarten, die Konferenz.

Alsbald wurden in den Zeitungen Nachrichten verbreitet, Ford erhöhe die Anfangslöhne der Arbeiter von fünf auf sechs Dollar und den Minimallohn der schon länger Arbeitenden von sechs auf sieben Dollar. Eine großartige Reklame für die Fordautos.

Was geschah aber tatsächlich? Tatsächlich setzte Ford unter dem Vorwand, daß er die Fabrikation auf ein neues Modell umstellen wolle, den größten Teil seiner Fabrik still und hat mehrere 10000 Arbeiter aufs Pflaster geworfen. Dies bedeutet nach der Praxis von Ford, die er ständig anwendet, daß die entlassenen Arbeiter unter Umständen zwar wieder eingestellt werden, aber immer nur mit der Bezahlung der Anfänger. Hierbei ist in Betracht zu ziehen, daß die Arbeit in den Ford-Unternehmungen ein so mörderisches Tempo hat, daß Arbeiter, die vier bis fünf Jahre bei Ford gearbeitet haben, so ausgesogen und ausgemergelt sind, daß kein anderer Arbeitgeber sie einstellen will. Diese Tatsache ist in einem bürgerlichen Buch über die amerikanische Automobilindustrie festgestellt.[30]

Zugleich mit der demagogischen Ankündigung der Erhöhung der Löhne setzte Ford die Preise seiner Automobile herab; eine sehr verständliche Maßnahme in Zeiten der

28 In dem „demokratischsten Lande der Welt“ hat jeder Fabrikant das Recht, auf eigene Kosten eine bewaffnete Macht zu unterhalten. Diese Werkpolizei wird aus dem Abschaum der Gesellschaft, aus Lumpenproletariern, Einbrechern, Mördern rekrutiert, sie werden bei Streiks in erster Reihe gegen die Arbeiter eingesetzt!

29 Es ist unter diesen Umständen nicht verwunderlich, daß von allen europäischen Zeitungen der „Vorwärts“ für den Plan Hoovers die größte Begeisterung zeigt: „Es ist bewundernswert, wie alle verantwortlichen Stellen der Vereinigten Staaten, besonders ihr Präsident, sofort in großzügigstem Maßstab eine Organisation schaffen wollen, um einen Konjunktureinbruch durch Vergebung von öffentlichen Massenaufträgen zu verhindern. Das ist das Beispiel, das Hoover insbesondere Deutschland gibt und an dem Deutschland lernen sollte, wo diese Dinge auch tausendfach diskutiert, aber bisher über das Anfangsstadium noch nicht hinausgekommen sind.“ („Vorwärts“ vom 17. Dezember 1929.)

30 Siehe R. Dunn, The Labor in the Automobile Industry, New York 1929.

Krise, um den Verkauf zu fördern und die Konkurrenz zu schlagen. Es entspricht aber vollkommen dem Geiste dieses skrupellosen Demagogen, daß er die Herabsetzung der Preise in erster Linie auf Kosten seiner Verkaufsagenten durchgeführt hat. Er erklärte: „Unsere Verkäufer nehmen teil an der Preisreduktion, indem sie eine Herabsetzung ihrer Provision annehmen." Bisher hatten die Ford-Verkäufer 20% vom Verkaufspreis als Provision; sie wurde nunmehr auf $17^1/_2$% herabgesetzt. Bei den weitverbreiteten Methoden bedeutet dies, daß die Verkäufer den größeren Teil der Preisherabsetzung auf sich nehmen müssen. Bei dem Tudor-Sedan-Wagen beträgt die Preisreduktion 25 Dollar. Infolge der Herabsetzung der Provision muß hiervon der Verkaufsagent 17,5 Dollar tragen, die Ford Co. bloß $7^1/_2$ Dollar. Bei dem Roadster beträgt die Reduktion 15 Dollar, hiervon tragen der Verkaufsagent 13 Dollar, die Ford Co. 2 Dollar.[31]

Es sei noch bemerkt, daß die neu herabgesetzten Preise in vielen Fällen höher sind als die Originalpreise dieser Wagen vor den Preiserhöhungen, die Ford im Laufe der Hochkonjunktur vorgenommen hatte. Das ganze Manöver Fords läuft also darauf hinaus, den Verkaufsagenten einen Teil ihres Gewinnes wegzunehmen, wobei Ford selbst ein höherer Preis in die Tasche fließt, als es vor der Hochkonjunktur der Fall war. Ford benutzt also die Krise, um seinen eigenen Gewinn auf Kosten der Verkaufsagenten zu erhöhen.[32]

Die großmäulige demagogische Ankündigung Fords, daß er zwecks Überwindung der Krise die Löhne erhöhen und die Preise herabsetzen werde, ist also purer Schwindel. Im Gegenteil, er benutzt die Gelegenheit, um sich zu bereichern. Er will damit nicht nur Reklame für sich und seine Automobile machen, sondern er möchte tatsächlich dahin wirken, daß *andere* Kapitalisten die Löhne ihrer Arbeiter erhöhen und die Preise ihrer Wagen herabsetzen. Nur Arbeiter, die gut verdienen, können ein Auto kaufen; daher liegt es im Interesse der billige Wagen erzeugenden Automobilunternehmungen, daß das Lohnniveau hoch sei. Aber die Löhne seiner eigenen Arbeiter ist Ford ebenso wenig geneigt zu erhöhen, um mehr Automobile an seine Arbeiter verkaufen zu können, wie die ganze Kapitalistenklasse nicht geneigt ist, dem Zureden der Reformisten nachzugeben und durch Lohnerhöhungen den inneren Markt zu erweitern und die Konjunktur zu bessern. Aus eigener Tasche Geld herauszugeben, damit für dieses Geld Waren gekauft werden können, wäre für die Kapitalisten ein zu schlechtes Geschäft.

## 7. Modifikationen des Krisenverlaufs infolge des monopolistischen Charakters des Kapitalismus der Vereinigten Staaten von Amerika

Wir haben es gegenwärtig in den Vereinigten Staaten von Amerika zweifellos mit einer klassischen Überproduktionskrise, einer wirklichen Krise zu tun. Dies bedeutet aber nicht, daß der Verlauf der Krise in allen Einzelheiten dem von Marx beschriebenen klassischen Typus entsprechen wird.

Beim klassischen Typus der Krise entsteht in der akuten Phase der Krise eine Kreditkrise, da infolge der Stockung der Verkäufe nicht genug Geld eingeht, um den fälligen Zahlungsverpflichtungen nachzukommen. Massenhafte Bankrotte erschüttern das gegenseitige Vertrauen und führen zu einem Stillstand der Kreditoperationen. Dies führt dazu, daß

31 Vgl. Wall Street Journal vom 2. November 1929.

32 20% Provision scheinen ungeheuer hoch zu sein. Es muß aber in Betracht gezogen werden, daß in den meisten Fällen der Händler das gebrauchte Automobil des Käufers von diesem zu einem guten Preis abkaufen muß, wobei er bei dem Weiterverkauf gewöhnlich einen ziemlich bedeutenden Verlust erleidet.

jedermann möglichst viel bares Geld in der Hand haben will; daher massenhaftes Abheben von Guthaben aus den Sparkassen und Banken, was zu einer Bankkrise führt. Da die Banken ihren Verpflichtungen nicht nachkommen können, da ja die jeweils im Kapitalismus zirkulierende Geldsumme nur einen Bruchteil der durch gegenseitige Gutschreibungen (Scheck, Clearing, usw.) ausgeglichenen Forderungen ausmacht; da es unmöglich ist, im Moment der Kredit- und Bankkrise so viel Bargeld herbeizuschaffen, um alle fälligen Forderungen mit barem Gelde ausgleichen zu können, entsteht eine Geldkrise in dem Sinne, daß bares Geld als Zahlungsmittel und Zirkulationsmittel gegenüber anderen Formen des Werts überzahlt wird.

Wir glauben, daß die Krisenerscheinungen der Zirkulationssphäre: Kreditkrise, Bankkrise, Geldkrise, infolge des stark entwickelten monopolistischen Charakters des Kapitalismus der Vereinigten Staaten von Amerika und der Tatsache, daß in den USA ein großer Überfluß an Gold vorhanden ist, nur in sehr geringem Grade eintreten werden. Es werden zwar massenhafte Bankrotte von kleinen und mittleren Unternehmungen stattfinden. Das Massensterben hat schon begonnen, wird aber dadurch verdeckt, daß viele Bankrotte mittels Übernahme der bankrotten Unternehmungen durch größere Unternehmungen ähnlicher Art im stillen abgewickelt werden. Aber die großen monopolistischen Unternehmungen werden die Krise — vielleicht von einigen Unternehmungen abgesehen, ohne Schwierigkeiten überleben. Diese Unternehmungen sind mit dem Bankkapital so eng zum Finanzkapital verwachsen, daß das Bankkapital alles daran setzen muß, um ihren Zusammenbruch zu verhindern.

Nun ist das amerikanische Banksystem infolge des großen Goldvorrates wenn nötig imstande, den großen monopolistischen Unternehmungen neue Riesensummen von Banknoten zur Verfügung zu stellen. Die Summe des zirkulierenden Geldes war während der Hochkonjunktur nur um ein geringes höher — rund 200 Mio Dollar — als in den vorhergehenden Jahren. Es sind in den Vereinigten Staaten von Amerika noch immer Goldzertifikate, d. h. Banknoten, die zu 100% mit Gold gedeckt sind, also ökonomisch keine Banknoten, sondern Goldgeld darstellen, in der Höhe von 1 Mrd. Dollar in Zirkulation. Sollten sich im Laufe der Krise, was wir nicht glauben, Schwierigkeiten einstellen, so würde nichts im Wege stehen, die Goldzertifikate einzuziehen, an ihrer Stelle echte Banknoten mit der normalen bankmäßigen Golddeckung von 30 bis 40% in Verkehr zu setzen und auf diese Weise die zirkulierende Geldmenge um 2 Mrd., also rund 50%, zu erhöhen. Die Ausnahmestellung, die sich der USA-Kapitalismus durch den Besitz der Hälfte des ganzen Goldschatzes der Welt im Kriege erobert hat, wird nach unserer Meinung hinreichen, um eine allgemeine Kredit-, Bank- und Geldkrise zu verhindern.

Der Hauptunterschied zwischen dem Krisenverlauf im klassischen Kapitalismus und im Monopolkapitalismus liegt aber nicht in dem Unterbleiben der Kredit-, Bank- und Geldkrise, sondern darin, daß die *Lasten der Krise von den Kapitalisten weitestgehend auf das Proletariat und auf die ärmeren Schichten der Bevölkerung abgewälzt wird.*

Die Disproportion zwischen der Produktionskraft und der Konsumtionskraft der Gesellschaft wurde in der Krise im klassischen Kapitalismus vor allem durch einen scharfen Preisfall gelöst. Die gesamte Summe der vorhandenen Waren wurde durch diesen Preisfall, wie Marx sagt „auf die gesellschaftlich nötige Preissumme reduziert". Den Verlust trugen die Kapitalisten. Im Monopolkapitalismus wehren sich die Kapitalisten gegen den Preissturz und die Disproportion wird durch eine starke und langandauernde Verminderung der Produktion ausgeglichen. Dies bedeutet, daß die *Lasten der Krise vor allem dem Proletariat in Form von lang andauernder Massenarbeitslosigkeit aufgebürdet werden*, es bedeutet ferner, daß die kleinen Kapitalisten, Händler, Handwerker zwar genötigt sind, die Preise ihrer Waren herabzusetzen, um verkaufen und aus dem Erlös ihren Verpflichtungen nachkommen zu können, daß aber die großen Kapitalisten die Preise überhaupt nicht oder in viel geringerem Maße herabsetzen.

In der gegenwärtigen Krise ist im Gegensatz zur allgemeinen Regel im monopolistischen Kapitalismus ein starker Preisfall zu erwarten, da das gegenwärtige Preisniveau noch inflationistische Elemente enthält und höher ist als es gegenüber der stark gestiegenen Produktivität der Arbeit sein sollte. Der Preisfall hat in den Vereinigten Staaten von Amerika bereits ziemlich scharf eingesetzt. Der Großhandelspreisindex des „Annalist" fiel von 149,1 im Juli auf 140,9 am 10. Dezember. Für die Frage, in welchem Maße sich die Krise in den USA auf dem Weltmarkt auswirken wird, ist der Umstand, wie stark die Preise in den Vereinigten Staaten von Amerika fallen werden, von großer Bedeutung. Die Hauptlinien des Überganges der Krise von einem Land auf das andere ist ja der forcierte Warenexport aus jenen Ländern, die zuerst in die Krise eintraten, je größer der Preisfall, desto schärfer die Konkurrenz, desto rascher werden die Länder der Welt in die Krise einbezogen.

## 8. Die Krise in den Vereinigten Staaten von Amerika führt zu einer Krise in allen kapitalistischen Ländern

Wenn wir die Folgen der Krise in den Vereinigten Staaten von Amerika auf die übrigen kapitalistischen Länder untersuchen, dürfen wir nicht vergessen, daß wir in der Periode des Niederganges des Kapitalismus, in der Periode der allgemeinen Krise der kapitalistischen Gesellschaftsordnung leben. Dies erklärt den uneinheitlichen Gang des industriellen Zyklus. Bedeutende Teile des europäischen Kapitalismus stehen so stark unter dem Druck der allgemeinen Krise des Kapitalismus, daß sie eine wirkliche Hochkonjunktur überhaupt nicht entwickeln können. Tatsächlich war die Hochkonjunktur in den Vereinigten Staaten von Amerika eine mehr oder weniger isolierte Erscheinung; nur Kanada und einige westeuropäische Länder nahmen daran teil, Großbritannien, Deutschland, Osteuropa nicht. Hier konnten die in der ersten Hälfte 1929 konstatierten Elemente eines Konjunkturaufschwungs nicht zur Entfaltung gelangen.

Bedeutet dies aber, daß es, da es keine Hochkonjunktur gab, auch keine Krise in diesen Ländern geben könne, da das Wesen der Krise eben die gewaltsame Lösung der in der Hochkonjunktur entstandenen Widersprüche bilde? So zu urteilen, heißt „abstrakttheoretisch" urteilen. Wenn auch große Teile des Kapitalismus infolge der allgemeinen Krise des Systems nicht mehr imstande sind, die zyklische Bewegung voll durchzumachen, wenn sie es zu keiner Hochkonjunkturphase bringen, so bedeutet dies nicht, daß auch keine Krisenphase in Gestalt der Verschärfung des chronischen Krisenzustandes möglich wäre.

Wenn wir die Produktion als Maßstab anwenden, können wir die Sachlage in groben Zügen ungefähr wie folgt formulieren: Im aufsteigenden Kapitalismus ist die Produktion in der Krisenphase jedes industriellen Zyklus fast so hoch wie in der Hochkonjunkturphase des vorhergehenden Zyklus; im niedergehenden Kapitalismus ist die Produktion in der Phase der „Hochkonjunktur" nur wenig höher als in der Krisenphase des vorhergehenden Zyklus ... „Abstrakt theoretisch" zu urteilen, daß ohne vorhergehende Konjunktur keine Krise möglich sei, bedeutet die Leugnung der allgemeinen Krise der kapitalistischen Gesellschaftsordnung, ein vollkommenes Verkennen der heutigen, konkreten Lage des Kapitalismus.

Wir haben das volle Recht zu behaupten, daß die Krise in den Vereinigten Staaten von Amerika zu einer allgemeinen Krise führt usw., aus folgenden Gründen:

a) Die Vereinigten Staaten von Amerika bilden ihrem ökonomischen Gewichte nach fast 50 Prozent der ganzen kapitalistischen Weltwirtschaft: eine akute Krise in den Vereinigten Staaten von Amerika bedeutet also allein schon fast eine Weltkrise.

b) Es gibt eine Gruppe von Ländern, die bereits vor der Krise in den Vereinigten Staaten von Amerika eine akute Krise durchmachten; es sind dies die osteuropäischen Länder: die Tschechoslowakei, Österreich, Ungarn, Polen, der Balkan, die Randstaaten, ein Komplex von rund 100 Millionen Einwohnern.

c) Es gibt eine zweite, die westeuropäische Gruppe: Frankreich, Belgien, Schweiz, Skandinavien usw. Das ist ein Gebiet, in dem ein ziemlich starker Aufschwung in den letzten Jahren stattgefunden hat, in dem die Elemente der Krise ebenfalls herangereift sind und in dem unter dem Anstoß der Krise in den Vereinigten Staaten von Amerika der Eintritt einer scharfen Krise wahrscheinlich ist.

Wir haben dann Länder mit einer chronischen Depression, wie z. B. Großbritannien, oder mit einer scharf wechselnden Konjunktur, wie Deutschland.

d) Wir haben ferner eine vollständige Zerrüttung der *chinesischen* Wirtschaft durch den Bürgerkrieg, der selbst die Zersetzung der chinesischen Gesellschaftsordnung dokumentiert: eine seit Jahren andauernde Depression in *Japan*, die sich in nächster Zeit auch unabhängig von der Rückwirkung der Krise in den Vereinigten Staaten von Amerika verstärken wird als Folge zur Rückkehr zur freien Goldausfuhr; eine schwere Depression in *Australien* und einen schlechten Geschäftsgang in *Indien*. Von den amerikanischen Ländern ist *Kanada* bereits voll und ganz in die Krise der Vereinigten Staaten von Amerika einbezogen. In *Brasilien* herrscht infolge des scharfen Preissturzes des Kaffees, der die ausschlaggebende Ausfuhrware des Landes bildet, eine schwere Krise. *Argentinien* mußte in den letzten Wochen die Goldausfuhr verbieten, was einen starken Sturz der Valuta hervorrief. Kurzum, wohin wir uns auch wenden, finden wir den Boden für eine die ganze Welt umfassende Wirtschaftskrise wohl vorbereitet.

Den gleichen Eindruck gewinnen wir, wenn wir die Weltwirtschaft vom Gesichtspunkt der wichtigsten Warenarten betrachten. Wir haben eine *Agrarkrise*, die in einer Reihe von Getreideimportländern (Deutschland, Frankreich, Italien) durch rasch aufeinander folgende Zollerhöhungen, in den Vereinigten Staaten durch hohe staatliche Beleihung der Getreidevorräte (Tätigkeit des Federal Farm Boards), in Kanada durch den Weizenpool in *latentem* Zustand erhalten wird,[33] die aber in jedem Moment akut werden kann. Von wichtigen landwirtschaftlichen Rohstoffen gibt es eine *latente Baumwollkrise*: die Preise werden nur dadurch aufrechterhalten, daß der Federal Farm Board die amerikanischen Baumwollvorräte mit 16 Cent das Pfund belehnt; es gibt akute *Zucker- und Kautschukkrisen*!

Bei den Bergbauprodukten haben sich zur chronischen *Kohlekrise* eine Krise des *Silbers* und der Preisfall einer Reihe farbiger Metalle gestellt. Die *Textilindustrie* Europas befindet sich nach wie vor in einer schweren Depression. Ebenso die Kunstseide, der Schiffbau und Lokomotivbau. Elemente einer allgemeinen Wirtschaftskrise sind in allen Richtungen vorhanden.

Was die *Zirkulationssphäre* anbelangt, so wurde die europäische Kreditkrise durch

33 Den Krisenzustand beweisen auch die Versuche eines deutsch-polnischen Roggenexportabkommens und die jüngst abgeschlossene ungarisch-jugoslawische Weizenexportvereinbarung.

den nach dem Börsenkrach einsetzenden Rückstrom des an den Börsen der Vereinigten Staaten von Amerika angelegten Kapitals — der gegenwärtig in Form eines starken Goldabflusses aus den Vereinigten Staaten nach Europa stattfindet — momentan gemildert. Aber die großen Zusammenbrüche in Großbritannien und Deutschland und der in Mittel- und Osteuropa noch immer außerordentlich hohe Zinsfuß zeigen die großen inneren Widersprüche auch auf diesem Gebiete.

*Wie überträgt sich nun die Krise in den Vereinigten Staaten von Amerika auf die anderen Länder?*

Es gibt zwei Hauptarten der Übertragung:

a) Einschränkung der Einfuhr,

b) Ausdehnung der Ausfuhr zu niedrigen Preisen.

Die erste Übertragungsart ist schon in voller Wirksamkeit:

„Die ersten weltwirtschaftlichen Rückwirkungen der New Yorker Börsenkatastrophe sind mit unheimlicher Geschwindigkeit zutage getreten. Wall Street hatte das akute Stadium der Krise noch nicht einmal hinter sich, als schon Hunderte von Diamantenschleifern in Amsterdam sich von einem Tag auf den anderen auf das Pflaster geworfen sahen. Der Wichtigkeit nach stehen Diamanten an dritter Stelle unter den Exportgütern der Südafrikanischen Union . . .

Die Diamantenminen, die rund 70000 Arbeiter beschäftigen, werden ihre Produktion einschränken . . .

Ungefähr zu gleicher Zeit wie die Orders für geschliffene Diamanten annulliert wurden, liefen im schweizerischen Jura die Telegramme ein, die die üblichen hohen amerikanischen Weihnachtsaufträge bei unserer Uhrenindustrie beschnitten . . . .

Nicht weniger überraschend haben die Neuyorker Ereignisse das Hotelgeschäft an der Riviera verdorben . . .

Auch die Gruppe der mit der Hotel- und Fremdenindustrie verbundenen Luxuswaren- und Souvenir-Industrien, von der Haute Couture in Paris bis zu den Antiquitätenläden in der Provinz wird stark in Mitleidenschaft gezogen werden . . .

Unter den asiatischen Staaten wird in erster Linie Japan die Wirkung einer verminderten amerikanischen Konsumtionskraft ernstlich zu spüren bekommen. Das für den japanischen Außenhandel ausschlaggebende Ausfuhrprodukt ist Seide, 46,6 Prozent der japanischen Ausfuhr entfielen im Jahre 1927 auf Rohseide und Rohseidegewebe."[34]

Mit der Einschränkung der Produktion wird auch die Einfuhr wichtiger industrieller Rohstoffe: Kautschuk, Zinn u. a. rasch zurückgehen.

Indessen, entscheidend wird für die Übertragung der Krise die Forcierung der Ausfuhr von industriellen Produkten sein. Die Ausfuhr der Vereinigten Staaten von Amerika an industriellen Fertigwaren ist im stetigen Steigen begriffen, sie war in der Zeit der Hochkonjunktur in den ersten neun Monaten 1929 höher als jemals. Im dritten Vierteljahr 1929, als die Krise noch nicht entfaltet war, überstieg der Fertigwarenexport um 9% jenen des dritten Vierteljahres 1928.[35]

Es ist selbstverständlich, daß sich mit der scharfen Einschränkung der Aufnahmefähigkeit des inneren Marktes das Kapital der Vereinigten Staaten von Amerika mit verschärfter Kraft auf den Export stürzen wird. Selbstverständlich braucht hierzu die Industrie der USA eine gewisse Vorbereitungsarbeit. Die Briten betonen nicht ganz mit Unrecht, daß der

34 Neue Zürcher Zeitung vom 29. November 1929.

35 Daten des Department of Commerce, in: New York Times vom 11. November 1929.

Exportapparat der USA (Bankfilialen, Vertretungen usw.) ungenügend entwickelt ist! Daher wird der Rückschlag der Krise in den Vereinigten Staaten von Amerika auf die anderen imperialistischen Länder nicht *sofort* einsetzen, sondern wird einige Monate zu seiner vollen Entfaltung brauchen. Aber das USA-Kapital wird sich die nötige Organisation zweifellos schaffen, und da die Produktionskapazität der Industrie aller kapitalistischen Länder die Aufnahmefähigkeit des Weltmarktes überschreitet, so wird das von den Vereinigten Staaten von Amerika ausgehende verstärkte Angebot genügen, um die latent bereits vorhandene Krise in eine akute zu verwandeln, eine allgemeine Weltwirtschaftskrise auszulösen.

## 9. Verschärfter Kampf um den Weltmarkt: erhöhte Kriegsgefahr

Die Führer des USA-Kapitalismus Hoover, Mellon, Klein (Leiter des Handelsamtes) stellen sich sehr harmlos, wenn sie von dem künftigen Wettbewerb des USA-Kapitals auf dem Weltmarkt sprechen. Herr Hoover betont scheinheilig, die Rolle des USA-Kapitals im Ausland soll vor allem „Aufbauarbeit" sein: Hebung des Wohlstandes der anderen Völker; keinesfalls beabsichtigen die Vereinigten Staaten von Amerika eine Dumpingoffensive auf dem Weltmarkt. Aber die „Deutsche Bergwerks-Zeitung" vom 25. Dezember 1929 schreibt hierüber ganz richtig folgendes: „Für Deutschland wäre es meines Erachtens eine Gefahr, wenn wir den Worten des Präsidenten blind Glauben schenkten und wenn wir annehmen würden, daß die Rückwirkungen der amerikanischen Wirtschaftsdepression uns nur wenig tangieren. Wir würden damit einen genauso schweren Fehler begehen, wie wir ihn in der falschen Einschätzung Amerikas im Weltkrieg machten . . . Daneben hat Amerika bereits seine Kräfte systematisch dazu verwandt, um sich den Weltmarkt zu erschließen . . . Es ist gerade Hoover, der heute vor einer Wirtschaftsoffensive Amerikas beruhigt, der jahrelang seine Kräfte dazu verwandte, seinem Lande die beste Außenhandelsorganisation zu geben, die den konsularischen Apparat aller anderen Länder um ein Vielfaches übertrifft. Diese wichtige Organisation steht heute bereit, um dem amerikanischen Export neue Ventile zu öffnen."

Ein anderes Organ des europäischen Finanzkapitals, die „Neue Zürcher Zeitung" vom 29. November 1929, schreibt vollkommen richtig folgendes: „Die auf größte Massenfabrikation eingestellte amerikanische Industrie erträgt Produktionseinschränkungen nur schlecht. Sie muß ihre Produktionskapazität bis zu einer gewissen Grenze ausnützen oder sie läuft Gefahr, unter dem Gewicht der stehenden Kosten zusammenzubrechen. Diese Grenze übersteigt nun aber in einigen amerikanischen Industrien: Automobile, Radioapparate, Bureaueinrichtungen, bereits die ‚normale' Aufnahmefähigkeit des inneren Marktes. Forcierte Auslandsverkäufe sind somit für gewisse amerikanische Industrieprodukte unvermeidlich."

In ähnlichem Sinne wie Hoover sucht auch Julius Klein, der Freund und Vertraute des Präsidenten, Europa zu beruhigen. Man braucht aber nur das nicht für das Zeitungspublikum bestimmte neue Buch Kleins[36] durchzublättern, um zu sehen, wie groß die Bedeutung des Außenhandels für die USA ist, obwohl bisher nur 10% der Produktion exportiert wurden. Bereits im Vorwort schreibt er: „Für eine große Gruppe weitblickender Industrieller bedeutet der Export präzise die Differenz zwischen Gewinn und Verlust aus ihrem Geschäft als Ganzes. Der Export sichert die volle Beschäftigung der Fabriken

36 J. Klein, Frontiers of Trade, New York 1929 (mit einem Vorwort von Hoover).

und die daraus folgende Stabilität der Löhne, der Preise, Transportkosten und anderer lebenswichtiger wirtschaftlicher Elemente. Der Export dient daher und wird immer mehr und mehr als Faktor der Modifizierung aller gefährlichen Einbrüche in unserer industriellen Kurve dienen."

Was besonders die Rolle des Außenhandels während der *Krise* anbelangt, schreibt er folgendes: „Die Bedeutung unseres Exports während solcher Krisen, wie die Panik von 1837, die Depressionsperiode von 1873 und der Krach von 1907, werden wir später voll ausführen. In allen diesen Fällen brachte der Außenhandel eine sehr hilfreiche Korrektion der Situation im Inlande, die mindestens zum Teil die schweren Folgen des Krachs im Inland mäßigte."[37] Wiederholt unterstreicht er die wachsende Bedeutung des Exports von Industriewaren: „Der Außenhandel ist daher ein, wenn auch bescheidener, aber unschätzbarer Teil unseres ganzen kapitalistischen Systems geworden. Er hat immer wieder als Faktor der Stabilisierung unserer Wirtschaftslage gedient ... Wenn auch der Außenhandel nicht mehr als vielleicht 10 bis 11 Prozent unseres gesamten Handelsumsatzes ausmacht, so hat dieser bescheidene Teil oft mehr als eine Großindustrie aus der Not gerettet."[38]

Die gewaltigen Monopole der Vereinigten Staaten von Amerika, deren innerer Markt durch hohe Zölle gegen ausländische Konkurrenz geschützt ist, werden ihre durch die verringerte Aufnahmefähigkeit des inneren Marktes überschüssig gewordenen Waren zu billigen Preisen auf den Weltmarkt werfen, werden *alle* Mittel anwenden, um ihre Konkurrenten niederzuringen.

Zu diesen Mitteln gehört als eines der wichtigsten *die Verbindung des Warenexports mit dem Kapitalexport. Gewährung von langfristigen Krediten, Anleihen an Käufer von Industriewaren* usw. Wir hatten oben gezeigt, daß in den Monaten der höchsten Börsenspekulation alles Kapital an die Börse gezogen wurde, so daß die Vereinigten Staaten von Amerika zeitweilig wieder ein Kapitalimportland wurden. Durch den Börsenkrach wurden viele Milliarden Geldkapital, das im Kauf und Verkauf von Aktien gebunden war, für andere Zwecke freigesetzt. Um wie riesige Summen es sich hierbei handelt, zeigt die Gestaltung der auf Wertpapiere als Unterpfand (brokers loans) gewährten Kredite:

Gesamtsumme der Wertpapierkredite (Mio Dollar)

| 30. September | 31. Oktober | 30. November |
|---|---|---|
| 8549 | 6109 | 4017 |

In den letzten Monaten des Jahres wurden rund fünf Milliarden Dollar Leihkapital frei. Da die Anleihen nur einen Teil der Summen bilden, die im Börsenspiel engagiert waren, können wir die freiwerdende Summe auf mindestens 10 Milliarden Dollar schätzen. Da außerdem durch die Einschränkung des Warenumsatzes infolge der Krise Geld als Zirkulationsmittel freigesetzt wird, das sich in Leihkapital verwandelt, ist nach einiger Zeit, nachdem die *akute Phase* der Krise vorüber ist, mit einem großen Kapitalüberfluß, mit sehr niedrigen Zinssätzen und einem starken Kapitalexport zu rechnen[39].

37 Ebenda, S. 120.

38 Ebenda, S. 141.

39 Gegenwärtig findet ein sehr starker Goldabfluß aus den Vereinigten Staaten nach Europa statt. Während in den ersten neun Monaten des Jahres netto 245 Mio Dollar in Gold nach den Vereinigten Staaten von Amerika geströmt ist, beginnt nach dem Börsenkrach ein starker Abfluß — 120 Mio Dollar in den letzten zwei Monaten. Dies ist aber noch kein Kapitalexport (oder nur zu einem geringen Teil), sondern der Rückfluß des an den Börsen der Vereinigten Staaten von Amerika tätig gewesenen europäischen Kapitals.

*Billige Preise, langfristige Kredite, große Anleihen, unmittelbare Anlage von Kapital in ausländischen Unternehmungen*: das sind die Hauptmittel, mit denen das Kapital der Vereinigten Staaten von Amerika seinen Konkurrenten auf dem Weltmarkt auf den Leib rücken wird. Von den großen Industrieländern können nur Großbritannien und in geringerem Grade Frankreich den Kampf mit der Waffe des Kapitalexports aufnehmen; Deutschland, Italien, Japan sind hierzu unfähig, sie sind selbst auf Kapitalimport angewiesen, können daher nur *durch noch billigere Preise* zu konkurrieren versuchen.

Der Hauptkampf wird sich zwischen den zwei imperialistischen Hauptmächten, den Vereinigten Staaten von Amerika und Großbritannien, abspielen. Der Kampf tobt seit Jahren. Die Kämpfenden haben in ihrem wirtschaftlichen Konkurrenzkampf verschiedene Gewichte in die Wagschale zu werfen. Die Vereinigten Staaten von Amerika ihren natürlichen Reichtum, die gewaltige Aufnahmefähigkeit ihres inneren Marktes, die bessere maschinelle Ausrüstung ihres Produktionsapparates, Großbritannien seine in der ganzen Welt ausgebauten Stützpunkte für den Außenhandel, seine Auslandsbanken und Filialen, vor allem aber sein riesiges Kolonialreich, seine monopolistisch beherrschten Märkte!

*Das Kapital der Vereinigten Staaten von Amerika dringt vor*, indem es sich durch Aktienkauf, durch den Ankauf ganzer ausländischer Unternehmungen Positionen sichert. Es sind vor allem die Elektrizitätsindustrie und die Automobilindustrie, die im Vormarsch auf dem Weltmarkt sind. Das Kapital der Vereinigten Staaten von Amerika hat in der letzten Zeit die Mehrheit der Aktien der Englischen General Electric erworben, ferner das Elektrizitätswerk von Schanghai (eines der größten in der Welt), es ist am AEG-Konzern in Deutschland beteiligt. In den letzten Wochen, schon während der Krise, gingen große Aktienpakete der „Sofina“, der unter belgischer Firma arbeitenden internationalen Finanzierungsgesellschaft für elektrische Unternehmungen, in den Besitz der Vereinigten Staaten von Amerika über. Am 19. Oktober wurde auf der Generalversammlung der Mailänder Edison-Werke — der größten Elektrizitätsgesellschaft Norditaliens — mitgeteilt, daß *Morgan* und die *National City Bank* 110000 neue Aktien für die Summe von 160 Millionen Lire übernehmen usw.[40] Das Kapital der Vereinigten Staaten von Amerika benutzt jede Gelegenheit, um sich die Elektrizitätsindustrie der Welt zu unterjochen; und die Elektrizitätswirtschaft bildet eine entscheidende Machtposition!

Ähnlich sind die Vorgänge in der Automobilindustrie: Aufkauf der Opel-Werke in Deutschland, Beteiligung an den Citroën-Werken in Frankreich, Einrichtung von neuen Fabriken oder Montagewerken in den verschiedensten Ländern.

Das USA-Kapital sieht gut, daß der stärkste Rückhalt des britischen Kapitalismus das Imperium, die Kolonien sind. Daher greift es diese vor allem ökonomisch an. Es hat Kanada weitgehend an sich gefesselt, gewährt Anleihen an Australien usw. Das britische Kapital ist natürlich auch nicht untätig. Einer seiner aristokratischen Vorkämpfer, Lord D'Abernon, reist nach Argentinien, Uruguay, Brasilien, schließt dort große Geschäfte ab. Einer der Arbeiterlakaien des britischen Kapitals, Herr Thomas, reist nach Kanada, um für britische Kohle und Eisen Absatz gegen die USA-Konkurrenz zu sichern. Ein anderer Kapitalsknecht, Herr Snowden, schachert auf der Haager Konferenz und sichert den britischen Kohlenbaronen den Absatz von Kohle nach Italien usw.

*Der wirtschaftliche Kampf ist unzertrennlich mit dem politischen Kampf verbunden.* Die Vereinigten Staaten von Amerika anerkennen demonstrativ die Unabhängigkeit Ägyptens, unterstützen die antibritischen Generale in China, fraternisieren mit der Süd-

40 Vgl. Bergwerks-Zeitung vom 21. Oktober 1929.

afrikanischen Union, lassen durch ihre Zeitungen durchblicken, daß sie Australien gegen einen Angriff Japans besser schützen würden als Großbritannien usw. In Mittelamerika und im Norden Südamerikas verdrängen die Vereinigten Staaten von Amerika immer mehr den britischen Einfluß. Großbritannien wehrt sich, indem es versucht, die ökonomische Verbindung zwischen Mutterland und Kolonien zu stärken. Die Idee des „*Empire*" *als ökonomische Einheit* wird vom britischen Kapital immer stärker in den Vordergrund geschoben, freilich ohne Aussicht auf Erfolg.

Dieses Ringen der zwei imperialistischen Hauptmächte um die ökonomische Vorherrschaft in der Welt wird durch den Gang der kapitalistischen Entwicklung im allgemeinen und durch die gegenwärtige Krise im besonderen äußerst verschärft. Unter diesen Umständen sind Flottenkonferenz, Abrüstungskonferenz, Friedensbeteuerung nur Mittel, die drohende Kriegsgefahr zu verheimlichen: *Verschärfung der ökonomischen Gegensätze kann nicht mit einer Ausgleichung der politischen Gegensätze parallel gehen!* Mögen vielleicht manche der führenden Politiker ehrliche Pazifisten sein, die *unerbittliche Logik der kapitalistischen Entwicklung stellt gebieterisch das Problem der Neuverteilung der Welt auf die Tagesordnung.*

„Die Kapitalisten teilen die Welt nicht etwa aus besonderer Bosheit unter sich auf, sondern weil die erreichte Stufe der Konzentration sie zwingt, diesen Weg zu beschreiten, um Profite zu erzielen; dabei wird die Teilung ‚nach dem Kapital', ‚nach der Macht' vorgenommen — eine andere Methode der Teilung kann es im System der Warenproduktion und des Kapitalismus nicht geben."[41]

Die Machtverhältnisse haben sich geändert: Das Kapital drängt zu einer entsprechenden Neuverteilung: nicht nur das USA-Kapital, sondern auch das deutsche und das italienische, die ohne monopolistisch gesicherte Absatzmärkte, ohne Kolonialbesitz dastehen (die italienischen Kolonien haben keinen wirtschaftlichen Wert). Im großen Krieg zwischen Großbritannien und den Vereinigten Staaten wollen auch die deutschen und die italienischen Kapitalisten einen „Platz an der Sonne" gewinnen.

Man könnte hier die Frage aufwerfen: Dem Kapitalismus drohen die proletarische Revolution und die Revolution der kolonialen Völker, und doch wollen die Imperialisten einen neuen Krieg um die Neuverteilung der Welt beginnen? Aber es liegt im Wesen des Imperialismus, daß er durch übermäßige Gewinne aus den Kolonien einen Teil des Proletariats zu bestechen und auf seine Seite zu bringen versuchen muß; je größer die Gefahr der proletarischen Revolution, desto mehr! Die kolonialen Übergewinne verringern sich infolge des wachsenden Widerstandes der kolonialen Völker, der vielen Aufstände, des Strebens der Halbkolonien nach Unabhängigkeit. Das Kapital jeder der imperialistischen Mächte weiß keinen anderen Ausweg, als zu versuchen, einen größeren Teil der Kolonien an sich zu reißen!

Die Widersprüche der dritten Periode auf außerpolitischem Gebiete gelangen zur vollsten Entfaltung.

*Die Krise* rückt durch die äußerste Verschärfung des ökonomischen Kampfes nicht bloß die Gefahr des neuen imperialistischen Weltkrieges in die Nähe; *noch stärker wirkt sie in der Richtung der Beschleunigung eines Angriffes auf die Sowjetunion.* Die Bourgeoisie der ganzen Welt erträgt die Herrschaft des Proletariats auf einem Sechstel der Erde nur zähneknirschend. Sie hätte die Sowjetunion längst wieder überfallen, wenn sie nicht die

41 W. I. Lenin, Der Imperialismus als höchstes Stadium des Kapitalismus, in: Werke, Bd. 22, Berlin 1960, S. 257.

innerimperialistischen Gegensätze, die Furcht vor dem revolutionären Proletariat im eigenen Lande und die Gefahr eines Sturzes ihrer Herrschaft im Falle einer Niederlage immer wieder vor einem Angriff zurückschrecken ließen.

In der Krise erträgt die Weltbourgeoisie die Existenz der Sowjetunion noch schwerer. Der in der Niedergangsperiode ständig vorhandene Widerspruch zwischen der beschränkten Aufnahmefähigkeit des Weltmarktes und dem ohne Rücksicht auf diese Schranken überentwickelten Produktionsapparat macht sich in der Krise und der Depression besonders stark geltend — dabei auch die Tatsache, daß der Markt der Sowjetunion den Ausdehnungsgelüsten der Imperialisten versperrt ist! Was für eine Ausweitung seines Ausbeutungsfeldes würde das Weltkapital gewinnen, wenn auf den weiten Gefilden der Sowjetunion mit ihren reichen Naturschätzen der Kapitalismus wieder aufgerichtet werden könnte!

Hierzu kommen der Fünfjahrplan und die Tatsache, daß dieser im ersten Jahr planmäßig, ja darüber hinaus, ausgeführt wurde.

Die besten Köpfe des Kapitalismus werfen die Frage auf: Was für Aussichten bestehen dafür, jemals den russischen Markt in *irgendwelcher Form* für den Kapitalismus zurückzugewinnen, wenn das im Fünfjahrplan festgelegte gewaltige Programm der Industrialisierung zu Ende geführt ist? Sie fragen sich: Was wird mit unseren Absatzmöglichkeiten auf dem Weltmarkt, wenn in einem Jahrzehnt die Sowjetunion als großer Exporteur von Industriewaren auf dem Weltmarkt erscheint? Sie fragen sich: Wie können wir mit unserer planlosen Vergeudung[42], mit unserem übergroßen Produktionsapparat, mit unseren riesigen unproduktiven Auslagen gegenüber der planmäßigen Wirtschaft der Sowjetunion aufkommen?

Sie fragen sich mit Schrecken: Wie lange wird es mit der Hilfe der Sozialfaschisten noch gelingen, die Wahrheit vor den Arbeitermassen zu verheimlichen? Wer wird den Kapitalismus vor dem Sturm des revolutionären Proletariats retten, wenn die Wahrheit durchbricht, daß in der Sowjetunion der Aufbau ohne Kapitalisten, der sozialistische Aufbau, mit Riesenschritten vorwärtsgeht, während im niedergehenden Kapitalismus eine Krise die andere jagt, die Arbeiter massenhaft aus der Produktion geworfen und chronisch arbeitslos gemacht werden?

Wie wird es möglich sein, die kolonialen Völkerschaften weiter unter dem Joch des Imperialismus zu behalten, wenn sie sehen, daß sich auf dem Gebiete der Sowjetunion jede Nation in voller Freiheit entwickeln kann? *Alle Momente des Gegensatzes zwischen dem niedergehenden Kapitalismus und dem sich aufbauenden Sozialismus (der im Fünfjahrplan*

42 Ein krasses Beispiel der furchtbaren Vergeudung in der Petroleumwirtschaft der Welt hat Deterding auf dem jüngsten Kongreß des American Petroleum Institute dargelegt: „. . . Der Produzent müsse seine Anlagen ausdehnen, das verlange die immer zunehmende Zahl der Konsumenten. Doch gegenwärtig werde zu viel Rohöl gefördert, zu viel transportiert, zu viel raffiniert und zu viel verschifft . . .
In Mexiko wurden 1920...24 Rohrleitungen mit einer Tageskapazität von 1085000 Faß angelegt, als damals eine Tagesproduktion von 400000 Faß erzielt wurde. Heute beträgt sie 98000 Faß und die mexikanischen Produzenten haben einige hundert Millionen Dollar Investitionen umsonst verausgabt. Besser wäre es selbst vom Standpunkt des Ölverbrauchs gewesen, diese Summe für Straßenbau oder landwirtschaftliche Zwecke zu verwenden. Die Zersplitterung der Ölländereien in kleine Parzellen sei die verschwenderischste aller Produktionsmethoden. Dann Galizien: Als die Förderung von 760000 Tonnen im Jahre 1906 auf 2050000 Tonnen im Jahre 1909 emporschnellte, wurden Raffinerien wie Babys unter Prohibitivzoll geboren. Wie könne die gegenwärtige Produktion von weniger als 700000 Tonnen diese alte Auslage ertragen?" („Frankfurter Zeitung" vom 5. Dezember 1929.)

*eine gewaltige konkrete Gestalt gewinnt) werden durch die Krise verschärft. Die Kriegsgefahr rückt nahe heran. Äußerste Wachsamkeit der kommunistischen Parteien und des revolutionären Proletariats aller Länder ist das Gebot der Stunde!*

## 10. Zuspitzung der inneren Gegensätze; Herannahen der proletarischen Revolution

Die jetzt begonnene Krise bedeutet eine schwere Erschütterung des Kapitalismus und kann in manchen Ländern zu akut revolutionären Situationen, zu Kämpfen um die Macht führen. Die Hoffnung der Bourgeoisie, daß die Krise glatt überwunden und dann ein neuer Aufstieg beginnen würde, sind ganz und gar unbegründet. Wir leben in der Periode des Niederganges des Kapitalismus. Die Zeiten, in denen die Krisen durch Ausdehnung des Bereichs der kapitalistischen Produktionsweise *auf aufsteigender Linie* überwunden werden konnten, sind vorüber! Die Ausweitung des kapitalistischen Absatzmarktes im Inland durch Verwandlung der für den eigenen Gebrauch produzierenden Bauern in Warenproduzenten und Lohnarbeiter — die Hauptlinie der Schaffung und Ausweitung des inneren kapitalistischen Absatzmarktes[43] — ist in den imperialistischen Ländern USA, Großbritannien, Deutschland beendet; 80 bis 90% der Produktion der Bauernschaft sind bereits in den kapitalistischen Markt einbezogen!

Die Ausweitung des äußeren Marktes wäre „abstrakt-theoretisch" noch durchaus möglich: Einige hundert Millionen Menschen in China, Südamerika, Afrika, leben noch in vorkapitalistischen Verhältnissen. Eine gewisse Entwicklung in dieser Richtung wird zweifellos noch stattfinden, wird aber durch die eigene Industrialisierung der Kolonialländer und durch ihren wachsenden Widerstand gegen die imperialistische Unterjochung behindert. Die erreichbare Ausweitung des Absatzmarktes ist jedenfalls viel zu gering, um den Widerspruch zwischen dem sprunghaft erweiterten Produktionsapparat und der beschränkten Konsumtionskraft der Gesellschaft auszugleichen.

*Die Methoden, die der Kapitalismus zur Überwindung der Krise anwendet, führen zwangsmäßig zu einer Verschärfung der ökonomischen Widersprüche und der sozialen Gegensätze, die rasch zu noch tieferen Krisen führen müssen.* Wir haben bereits am Beispiel der Maßnahmen Hoovers gezeigt, wie er die durch die Widersprüche zwischen Produktionskraft und Konsumtionskraft der Gesellschaft verursachte Krise durch eine weitere Ausdehnung des Produktionsapparates beseitigen will!

Das Gleiche tut auch jeder einzelne Kapitalist. In seinem an der Oberfläche der Erscheinungen haftenden Gehirn spiegelt sich der grundlegende Widerspruch der kapitalistischen Produktionsweise auf folgende Art wider: Die Geschäfte gehen schlecht. Die Kunden wollen zu den bisherigen Preisen nicht kaufen. Meine Konkurrenten unterbieten mich. Ich muß meine Produktionskosten herabsetzen. Ich muß vor allem die Lohnkosten vermindern. Ich muß weiter rationalisieren. Ich werde daher neue Maschinen einführen, das Arbeitstempo beschleunigen, den Arbeitslohn herabsetzen, um die Lohnkosten zu senken und dadurch die Produktionskosten zu vermindern. Dann kann ich meine Konkurrenten unterbieten, sie aus dem Felde schlagen, wieder schöne Profite einheimsen.

Alle Kapitalisten denken ungefähr so; eine *neue Rationalisierungswelle wird die unmittel-*

43 Vgl. W. I. Lenin, Die Entwicklung des Kapitalismus in Rußland, Kapitel I, in: Werke, Bd. 3, Berlin 1960.

*bare Folge der Krise sein.* Was bedeutet dies aber in der Niedergangsperiode des Kapitalismus, bei einer sehr geringen Möglichkeit der Ausweitung des Absatzmarktes durch Einbeziehung bisher nicht kapitalistischer Schichten und Völker in den Bereich des Kapitalismus?

Die Rationalisierung bedeutet die Freisetzung von weiteren Arbeitslosenheeren, eine Erhöhung der chronischen Massenarbeitslosigkeit, Erhöhung der Rate der Ausbeutung der Arbeitenden, Verminderung des Anteils der Arbeiterklasse am Wertprodukt. Ergebnis: Die Konsumtionskraft der Gesellschaft wird geringer. Ein großer Teil der kleinen und mittleren Kapitalisten, die nicht schon in der Krise bankrott gemacht haben, verfügt nicht über genug Kapital, um den nötigen Umbau des Produktionsapparates vorzunehmen. Er geht zugrunde. Ergebnis: Die Konsumtionskraft der Gesellschaft wird geringer. Die Rationalisierung bedeutet Vergrößerung der Produktionskapazität, vermehrtes Angebot von Waren, obwohl die Konsumtionskraft der Gesellschaft eben durch die Rationalisierung geringer wurde!

Die Methode, die die Bourgeoisie zur Überwindung der Krise anwendet — *die einzige, die sie anwenden kann* — schafft für eine geringe Zeitspanne, solange die Erneuerung des fixen Kapitals vor sich geht, eine Erleichterung, eine Besserung der Konjunktur; sobald aber diese Erneuerung vollzogen ist und die rationalisierten Betriebe ein vermehrtes Quantum von Waren auf den Markt zu werfen beginnen, macht sich der Widerspruch zwischen der durch die Rationalisierung erhöhten Produktionskraft und verringerter Konsumtionskraft der Gesellschaft um so schärfer geltend. Die erhoffte Hochkonjunktur bleibt aus oder führt sehr rasch zu einer neuen noch schwereren Krise: Es gibt keinen Ausweg für den Kapitalismus aus dem Niedergang!

*Die Krise selbst bedeutet eine äußerste Zuspitzung des Klassenkampfes zwischen Bourgeoisie und Proletariat.* Vor allem wird die chronische Arbeitslosigkeit, die in den führenden Industriestaaten Deutschland, Großbritannien, Vereinigte Staaten von Amerika in den letzten sechs Jahren 10 bis 12% betrug (Kurzarbeit *nicht* in Betracht gezogen), auf 15 bis 20% ansteigen. Die Bourgeoisie, die den Ausweg aus der Krise in der Herabdrückung der Lohnkosten sucht, benutzt die Gelegenheit der massenhaften Arbeitslosigkeit zu einem Angriff auf die Lebenshaltung der Arbeiterklasse. Der Kampf wird in allen kapitalistischen Ländern auf breiter Basis entbrennen.

Die Führung des Kampfes der Arbeiterklasse fällt einzig und allein den kommunistischen Parteien und den von ihnen geführten revolutionären Gewerkschaftsorganisationen zu. Die reformistischen Gewerkschaftsführer werden mit Berufung auf die große Arbeitslosigkeit und auf die Krise jeden Lohnkampf noch offener und hemmungsloser sabotieren als bisher; sie werden, dem Beispiel von Green folgend, für die Zeit der Krise einen formellen Burgfrieden mit der Bourgeoisie schließen. Die Sozialfaschisten werden mit ihren bewaffneten privaten Mörderbanden in den Vereinigten Staaten von Amerika, mit ihren staatlich organisierten Polizeikadern in Deutschland, Polen usw. über die kämpfenden revolutionären Arbeiter im Dienste der Bourgeoisie herfallen. Der sozialfaschistische Charakter der Soziäldemokratie wird viel zynischer als bisher hervortreten; neue Arbeitermassen werden sich vom Einfluß der Sozialfaschisten freimachen . . .*

* Die Kennzeichnung der sozialdemokratischen Bewegung als sozialfaschistisch findet sich in mehreren Arbeiten Vargas Ende der 20er/Anfang der 30er Jahre. Varga stützt sich dabei auf Einschätzungen der Kommunistischen Internationale und der KPD in dieser Periode. Nach der folgenschweren Niederlage der deutschen Arbeiterbewegung und dem Sieg des Faschismus in Deutschland wurde die These vom

Werden die kommunistischen Parteien entschlossen die Führung des Kampfes übernehmen, so wird es in jenen Ländern, in denen die kommunistischen Parteien noch klein sind, wie in Großbritannien und in den Vereinigten Staaten, gelingen, sich zur Massenpartei zu entwickeln. In anderen Ländern, z. B. in Deutschland, Polen usw., in denen es schon große kommunistische Massenparteien gibt, wird es ihnen gelingen, die Mehrheit des Proletariats zu erobern.

Die Kämpfe zwischen Proletariat und Bourgeoisie werden keine bloßen Abwehrkämpfe des Proletariats gegen den Angriff des Kapitals sein, sondern sich, in Verbindung auch mit dem Kampfe der gewaltigen Massen der Arbeitslosen, zu großen Offensivkämpfen gestalten. Dies führt in der dritten Periode, in der jeder größere ökonomische Kampf zu einem politischen Kampf wird, zur *Notwendigkeit des politischen Massenstreiks, zur Aufrollung der Machtfrage auf der ganzen Linie, zur Zuspitzung des Klassenkampfes in manchen Ländern bis zum bewaffneten Aufstand* und zu direkten Kämpfen um die Macht.

Die Krise wird auch der Bauernschaft, dem Kleinbürgertum und den Beamten und Angestellten schwere Schläge versetzen. Die Arbeitslosigkeit trifft die Kopfarbeiter nicht minder hart als die Handarbeiter. Dies wird diese Schichten der Arbeit der Kommunisten zugänglicher machen. Aber auch der Arbeit der Faschisten! Wir sehen bereits das starke Ansteigen der für die Nationalsozialisten abgegebenen Stimmen bei den letzten Wahlen in Deutschland. Wie oft bei Herannahen von akut revolutionären Situationen, gewinnen die zwei entgegengesetzten Pole: die Partei der Revolution und die Partei der offenen Gegenrevolution an Einfluß. Die Bourgeoisie rüstet auf allen Wegen gegen die proletarische Revolution; sie bedient sich sowohl des Faschismus alten Stils als auch des Sozialfaschismus. Die kommunistischen Parteien müssen den Kampf sowohl gegen den Sozialfaschismus als auch gegen den offenen Faschismus, die beide mit dem staatlichen Gewaltapparat der Bourgeoisie immer mehr zu einer Einheit verwachsen, aufnehmen.

Die Verschärfung des Klassenkampfes durch die Wirtschaftskrise wird offenbar zum Verbot der kommunistischen Parteien in weiteren Ländern, zur Auflösung der roten Gewerkschaften und der vom revolutionären Flügel beherrschten Lokalorganisationen führen. Der Terror der Bourgeoisie wird sich ausdehnen und verschärfen. Die Bourgeoisie wird alle Mittel der Unterdrückung der revolutionären Massenbewegung anwenden; die kommunistischen Parteien müssen sich ernst und dringend auf die Illegalität vorbereiten.

Die Krise und die von der Bourgeoisie angewendeten Mittel zu ihrer Überwindung verschärfen den Kampf zwischen Bourgeoisie und Proletariat aufs äußerste. Für die kommunistischen Parteien steht eine Zeit der höchsten sich steigernden Kämpfe und einer nicht aufhörenden Kampfbereitschaft bevor. Alle für die dritte Periode bezeichnenden Momente werden in nächster Zeit zur vollen Entfaltung gelangen. Schwere Kämpfe stehen uns bevor. *Wir gehen in manchen Ländern akut revolutionären Situationen entgegen!* Die Krise wird uns unserem Endziel, dem Sturz der kapitalistischen Herrschaft auf der ganzen Welt, mit großen Schritten näherbringen.

„Sozialfaschismus" von den Führungsgremien der Komintern und der KPD besonders im Prozeß der Vorbereitung des VII. Weltkongresses einer gründlichen Kritik unterzogen. Die These vom „Sozialfaschismus" wurde als eine fehlerhafte Einschätzung charakterisiert, die den Kampf um die Herstellung der Aktionseinheit erschwerte. — Siehe dazu auch im „Grundriß" zur Geschichte des deutschen Volkes: Klassenkampf — Tradition — Sozialismus, Berlin 1974, S. 425/426 sowie Josef Schleifstein, Zum historischen Hintergrund der „Sozialfaschismus"-These, enthalten in E. Varga, Wirtschaft und Wirtschaftspolitik 1922—1939, Bd. I, Westberlin, S. 121ff. (D. Hrsg.)

# II. Die Schranken des Aufstiegs des deutschen Kapitalismus

Alle Zeichen weisen darauf hin, daß sich der rasch verschärfende Klassenkampf in Deutschland wieder einer akut-revolutionären Situation nähert. Elemente einer „*allgemein-nationalen Krise*" — eine der von Lenin genannten Vorbedingungen einer akut-revolutionären Situation — sind unverkennbar vorhanden: Krise der Regierung und der Regierungsmehrheit, Spaltung der Deutschnationalen Partei, Vordringen der Nationalsozialisten, starkes Anwachsen des Einflusses der KPD in den Massen, Demonstrationen, die fast täglich zu Zusammenstößen führen, das Vordringen der Forderung nach einem Diktator usw. *Es erscheint daher notwendig zu versuchen, die ökonomische Basis dieser Verschärfung des Klassenkampfes, d. h. die Lage des deutschen Kapitalismus, eingehender zu untersuchen.*

Wir hatten eine derartige Untersuchung an dieser Stelle vor drei Jahren gegeben.[44] Wir hatten das Ergebnis unserer Untersuchungen in folgenden Thesen zusammengefaßt:

„1. Der deutsche Kapitalismus hat seit der Stabilisierung große Fortschritte gemacht, ohne aber das Vorkriegsniveau bisher in der Produktion, Konsumtion und Akkumulation erreicht zu haben.

2. Der Wiederaufbau geschah nicht ganz aus eigenen Kräften; er wurde durch den Kapitalimport stark gefördert.

3. Das Problem des deutschen Kapitalismus ist nicht gelöst. Der Widerspruch zwischen Produktions- und Verwertungsverhältnissen ist äußerst scharf. Um das Millionenheer von Arbeitslosen wieder im Produktionsprozeß unterbringen zu können und die Reparationslasten zu zahlen, müßte die deutsche Fertigwarenausfuhr um ein Sechstel des ganzen Weltbedarfs gesteigert werden.

4. Der Widerspruch zwischen der zu imperialistischen Ausdehnungsbestrebungen zwingenden inneren Entwicklung der deutschen Wirtschaft und dem Mangel an machtpolitischen Mitteln zur Verwirklichung dieser Bestrebungen wird immer schärfer. Es mangelt dem deutschen Kapitalismus an Kapital zum Kapitalexport. Das Land ist zu Reparationszahlungen verpflichtet, die Staatseinnahmen sind beschlagnahmt. Reichsbahn und Reichsbank stehen unter Kontrolle der imperialistischen Konkurrenten.

5. Den Widerspruch zwischen Produktions- und Verwertungsmöglichkeiten sucht die deutsche Bourgeoisie durch Rationalisierung, durch stärkere Ausbeutung des Proletariats, im Wege einer Ausdehnung des Exports auf dem Weltmarkt zu überwinden. Hierdurch wird der innere Markt weiter eingeengt. Der Kampf zwischen Proletariat und Bourgeoisie muß sich verschärfen.

6. Die Ausdehnung des Warenexports stößt auf den Widerstand der konkurrierenden imperialistischen Staaten und auf die Grenzen der Aufnahmefähigkeit des Weltmarktes für Fertigwaren. Die deutsche Bourgeoisie versucht, die Konkurrenz durch internationale Kartellbildungen zu mildern, in der Hoffnung, sich infolge der niedrigen Lohnkosten einen hohen Profit bei geringer Produktion zu sichern. Die Tendenz der Ausweitung des Aus-

44 Siehe: Der Weg des deutschen Kapitalismus, in: Internationale Pressekorrespondenz Nr. 132 vom 5. Nov. 1926, Bd. 2 dieser Ausgabe, Dritter Teil, S. 99—126.

landsabsatzes kreuzt sich mit der Tendenz zur Bildung internationaler Monopolorganisationen.

7. Das Problem der Weiterentwicklung des deutschen Kapitalismus bis zur Vorkriegshöhe und darüber hinaus ist bisher nicht gelöst. Alle Lösungsversuche laufen auf eine stärkere Ausbeutung des Proletariats hinaus. Ob die kapitalistische Lösung gelingen wird, hängt einerseits von der Entwicklung des Weltkapitalismus, andererseits von dem Grade und der Nachhaltigkeit des Widerstandes der deutschen Arbeiterschaft gegen die stärkere Ausbeutung ab."

Wir wollen nunmehr, gestützt auf die Ergebnisse der Betriebszählung von 1925 und neuerer statistischer Daten, unsere damaligen Untersuchungen ergänzen und überprüfen.

## Die Gestaltung der Produktion

Wenn wir von den Schwankungen der Produktion innerhalb der — in Deutschland in der Nachkriegszeit sehr kurzen — industriellen Zyklen absehen, so weist die industrielle Produktion seit der Valutastabilisierung eine *sehr starke Steigerung auf, vielleicht die stärkste unter allen kapitalistischen Ländern*; freilich war auch die kapitalistische Wirtschaft nirgends auf ein so tiefes Niveau gefallen wie die deutsche im Jahre 1923. Leider fehlt es an einem guten Index der Produktion in Deutschland.

Der Produktionsindex des Instituts für Konjunkturforschung, der allein in Frage kommt, umfaßt bloß folgende Waren[45]: Steinkohle, Braunkohle, Roheisen, Rohblöcke, Walzwerkserzeugnisse, Kali, Kalk, Zement, Baumwollgarn, Leinengarn, Hanfgarn, Papierhalbstoffe, Pappe, Papier. Es fehlen die wichtigsten, alle Industriezweige umfassenden Elemente: *Verbrauch von elektrischer Energie, Zahl der beladenen Eisenbahnwaggons.* Es fehlt die für Deutschland ausschlaggebende *Metallverarbeitung*! Trotz dieser Mängel gibt der Index ein annäherndes Bild der Gestaltung der Produktion (siehe Tabelle 8):

*Tabelle 8*
Produktionsindex des Instituts für Konjunkturforschung
(Juli 1924 bis Juni 1926 = 100)

| 1924 | 1925 | 1926 | 1927 | 1928 | 1929 (erste neun Monate) |
|---|---|---|---|---|---|
| 87,8 | 106,6 | 108,8 | 123,7 | 119,4 | 123,4 |

Es lassen sich ziemlich klar zwei Abschnitte unterscheiden: Die ersten drei Jahre 1924 bis 1926 mit einem Durchschnittsindex von 98,3. Die weiteren drei Jahre 1927 bis 1929 mit einem Durchschnittsindex von 122,1. Es folgt daraus als erste wichtige Tatsache: *Der Aufstieg der deutschen Produktion hat im Jahre 1927 seine höchste Stufe erreicht, dann aber ist sie nicht mehr gestiegen.* Da das letzte Vierteljahr 1929 zweifellos eine Verminderung ergeben und das Jahr 1930 ein Krisenjahr für die ganze Weltwirtschaft sein wird, kann festgestellt werden, daß der Aufstieg der deutschen Wirtschaft zumindest vorläufig sein Ende

45 Vgl. Vierteljahrshefte zur Konjunkturforschung, 2/1927, S. 26.

erreicht hat[46] (siehe Tabelle 9). Leider ist der Index auf die Vorkriegszeit nicht errechnet, so daß ein unmittelbarer Vergleich nicht möglich ist.

*Tabelle 9*
Indexziffern der Produktion*
(Juli 1924 bis Juni 1926 = 100)

| | 1924 | 1925 | 1926 | 1927 | 1928 | 1929 |
|---|---|---|---|---|---|---|
| 1. Vierteljahr | 77,5 | 111,8 | 94,4 | 121,9 | 128,4 | 120,6 |
| 2. Vierteljahr | 86,1 | 107,1 | 91,4 | 122,5 | 121,6 | 126,1 |
| 3. Vierteljahr | 86,1 | 103,3 | 100,7 | 123,3 | 117,6 | 123,6 |
| 4. Vierteljahr | 101,6 | 104,1 | 116,7 | 126,9 | 108,9 | |

* Nach den Berechnungen des Instituts für Konjunkturforschung

Indessen lassen sich einige wichtige Einzeldaten zum Vergleich anführen (siehe Tabelle 10):

*Tabelle 10*
Monatsdurchschnitt

| Zeit | Steinkohle | Braunkohle | Gesamt — auf Steinkohle umgerechnet | Roheisen | Rohstahl | Kaliproduktion | Stromerzeugung (in Mrd. kWh) |
|---|---|---|---|---|---|---|---|
| | (in Mio t) | | | (in Tsd. t) | | | |
| 1913 jetziges Gebiet | 11,7 | 7,3 | 13,3 | 910 | 993 | 1189 | — |
| 1924 jetziges Gebiet | 9,9 | 10,4 | 12,2 | 653 | 809 | 896 | — |
| 1925 jetziges Gebiet | 11,0 | 11,6 | 13,6 | 841 | 1004 | 1353 | 20,3 |
| 1926 jetziges Gebiet | 12,1 | 11,6 | 14,7 | 803 | 1022 | 1089 | 21,2 |
| 1927 jetziges Gebiet | 12,8 | 12,5 | 15,6 | 1091 | 1347 | 1269 | 25,1 |
| 1928 jetziges Gebiet | 12,6 | 12,5 | 15,6 | 984 | 1210 | 1432 | 27,9 |
| 1929 jetziges Gebiet | 13,6 | 14,5 | 16,8 | 1116 | 1354 | 1462* | 29,0* |

* 1929 auf Grund der ersten zehn Monate geschätzt (Vgl. „Vierteljahrshefte zur Konjunkturforschung" und „Wirtschaft und Statistik").

*Diese Daten zeigen, daß es dem deutschen Kapital gelungen ist, was im Jahre 1926 noch zweifelhaft erschien, die Produktion über das Vorkriegsniveau hinaus zu heben!* Wenn wir aber die seither stattgefundene Vermehrung der Zahl der Erwerbstätigen und den viel leistungsfähigeren Produktionsapparat in Betracht ziehen, springt das Mißverhältnis zwischen Produktionsmöglichkeit und tatsächlicher Produktion scharf in die Augen; wir kommen darauf später zurück.

46 Noch klarer geht dies aus den Zahlen des Produktionsindex nach Vierteljahren hervor.

*Die landwirtschaftliche Produktion*

Die Klagen der deutschen Landwirtschaft, vor allem der großen Agrarier Ostpreußens, über ihren wirtschaftlichen Bankrott haben sich im letzten Jahre immer mehr verstärkt. Sie hatten das erwünschte Ergebnis: Die Agrarzölle wurden mit Hilfe der sozialfaschistischen Minister bis auf das Doppelte der Vorkriegszeit erhöht.

Indessen *deutet die Gestaltung der Produktion auf keine allgemeine Krise der Landwirtschaft* hin (siehe Tabelle 11):

*Tabelle 11*
Ernteerträge (in Mio t)

| | Weizen | Roggen | Gerste | Hafer | Kartoffeln | Zuckerrüben |
|---|---|---|---|---|---|---|
| 1911/1913 | 3,77 | 9,59 | 2,97 | 7,68 | 38,0 | 13,9 |
| 1923 | 2,90 | 6,68 | 2,36 | 6,11 | 32,6 | 8,7 |
| 1924 | 2,43 | 5,73 | 2,40 | 5,65 | 36,4 | 10,3 |
| 1925 | 3,22 | 8,06 | 2,60 | 5,58 | 41,7 | 10,3 |
| 1926 | 3,05 | 7,50 | 2,62 | 6,57 | 30,0 | 10,9 |
| 1927 | 3,28 | 6,83 | 2,79 | 6,35 | 37,6 | 11,9 |
| 1928 | 3,85 | 9,58 | 3,35 | 7,00 | 41,3 | 11,9 |
| 1929 | 3,31 | 8,11 | 2,99 | 6,98 | — | — |

*Quelle*
Statistisches Jahrbuch 1926 und 1929; Wirtschaft und Statistik, 4. Septemberheft (für 1929).

Es ist zu bemerken, daß die Ernteerträge in der Vorkriegszeit im allgemeinen zu *hoch*, in der Nachkriegszeit infolge der zehn Jahre andauernden Zwangswirtschaft zu *niedrig* angegeben sind, so daß die Erträge der letzten drei Jahre ungefähr jenen der letzten drei Vorkriegsjahre gleichgesetzt werden können.

*Tabelle 12*
Viehstand (in Mio St.)

| | Pferde | Rindvieh | Schweine | Schafe | Hühner |
|---|---|---|---|---|---|
| 1913 | 3,807 | 18,474 | 22,533 | 4,988 | 63,970 |
| 1924 | 3,855 | 17,326 | 16,895 | 5,735 | 63,675 |
| 1925 | 3,917 | 17,202 | 16,200 | 4,754 | 64,122 |
| 1926 | 3,873 | 17,221 | 19,424 | 4,080 | 67,800 |
| 1927 | 3,810 | 18,011 | 22,899 | 3,819 | 71,350 |
| 1928 | 3,712 | 18,014 | 20,106 | 3,636 | 76,003 |

*Quelle*
Statistisches Jahrbuch 1929, S. 85.

Der Pferde- und Rindviehbestand (siehe Tabelle 12) ist also jenem von 1913 gleich; Der Schweinebestand ist kleiner, der Hühnerbestand bedeutend größer als 1913. Im ganzen der Vorkriegszeit gleich. Eine allgemeine Krise der Landwirtschaft gibt es nicht.

## Mißverhältnis zwischen Produktion und Produktionskapazität

Wir haben gesehen, daß sich die Produktion der letzten drei Jahre ungefähr auf dem gleichen Niveau bewegte; hingegen hat sich die Produktionskapazität infolge der Rationalisierung stark gehoben. Die Zahl der Erwerbstätigen nimmt ebenfalls rasch zu! Es taucht immer wieder die Frage auf: *Warum ist die Produktion verhältnismäßig so gering? Dies ist das Grundproblem des deutschen Kapitalismus.*

Was den sachlichen Produktionsapparat anbelangt, so liegen gegenwärtig die Zahlen der Betriebszählung für 1925 vor. Sie zeigen, verglichen mit 1907, der letzten Vorkriegsbetriebszählung, einen gewaltigen Fortschritt. Wir nehmen als Maß die Verwendung von Kraftmaschinen (siehe Tabelle 13):

*Tabelle 13*
Verwendung von Kraftmaschinen in Industrie und Handwerk

| | in Mio PS | | Zunahme (%) |
|---|---|---|---|
| | 1925 | 1907 | |
| Primärkraftmaschinen | 21,6 | 7,4 | 191 |
| Elektromotoren | 14,2 | 1,9 | 689 |

Wenn wir in Betracht ziehen, daß die Energieausnutzung heute zweifellos besser ist, daß die Arbeitsmaschinerie, die mit diesem Energiequantum in Bewegung gesetzt ist, zweifellos viel leistungsfähiger ist als vor 22 Jahren, da seit 1925 die Zahl der Kraftmaschinen zweifellos stark weiter gestiegen ist, *so müßte die industrielle Produktion* — bei gleicher Ausnutzung des Produktionsapparates — *gegenwärtig bedeutend größer sein als in der Vorkriegszeit*! Da hiervon keine Rede sein kann, so ist es offenbar, daß die Produktionskapazität ständig nur zu einem Teil ausgenutzt ist.

Dieses Mißverhältnis zwischen Produktionskapazität und tatsächlicher Produktion — die durch Einzeldaten aus den verschiedenen Industrien bestätigt wird — bedeutet, daß sich *die gleichen Mehrwertsmaße in einer viel niedrigeren tatsächlichen Durchschnittsprofitrate darstellen*, als es der organischen Zusammensetzung des Kapitals bei normaler Ausnutzung der Betriebe entspräche. Anders ausgedrückt: Die organische Zusammensetzung des gesellschaftlichen Gesamtkapitals ist viel höher als es der technischen Zusammensetzung bei normaler Ausnutzung entspräche. Dies ist der ökonomische Sinn des von den Bürgerlichen vielgebrauchten Ausdrucks: „*Mengenkonjunktur*", „Konjunktur ohne Profit" (Profit machen sie natürlich, und berechnet auf den Wert des wirklich fungierenden Kapitals, auch keinen niedrigen Profit, aber nach den Gesetzen des Kapitalismus verteilt sich der Profit auf das Gesamtkapital, ohne Rücksicht darauf, daß große Teile des Produktionsapparates an der Mehrwertaneignung nicht teilnehmen, nicht als Kapital fungieren).

Das gleiche Mißverhältnis finden wir, wenn wir die tatsächliche Produktion mit der Zahl der Arbeitsfähigen und der Erwerbstätigen vergleichen. Die Volks- und Betriebszählung von 1925 zeigt, daß es gegenwärtig absolut und relativ viel mehr Leute im arbeitsfähigen Alter gibt als vor dem Kriege (Folge des Krieges) (siehe Tabellen 14 und 15):

*Tabelle 14*
Prozentzahl der im arbeitsfähigen Alter (15 bis 50 Jahre) befindlichen Bevölkerung

| | 1910 | 1925 |
|---|---|---|
| Männer | 51,1 | 54,7 |
| Frauen | 50,2 | 56,2 |
| Zusammen | 50,6 | 55,5 |

*Quelle*
Statistisches Jahrbuch 1929, S. 15.

*Tabelle 15*
Die Zahl der im besten Arbeitsalter (von 20 bis 40) Befindlichen (in Mio)

| | |
|---|---|
| 1910 | 17,6 |
| 1925 | 20,3 |

*Quelle*
Statistisches Jahrbuch 1929, S. 15, Fußnote.

Dementsprechend hat auch die *Zahl der Erwerbstätigen* sehr stark zugenommen, wie folgende Zahlen zeigen (siehe Tabelle 16):

*Tabelle 16*
Zahl der Erwerbstätigen[47]

| | Insgesamt | Hiervon Frauen (Mio) | In der Landwirtschaft | % aller Erwerbstätigen | In der Industrie (Mio) | % aller Erwerbstätigen |
|---|---|---|---|---|---|---|
| 1907 | 28,23 | 10,13 | 8,56 | 34 | 9,83 | 39,1 |
| 1913 | 30,50 | — | 9 | — | 11 | — |
| 1925 | 35,85 | 13,63 | 9,76 | 30,5 | 13,24 | 41,4 |
| 1929 | 37,50 | — | 10 | — | 14 | — |

Ziemlich zuverlässig geschätzt *gibt es heute in der Landwirtschaft um eine Million, in der Industrie um drei Millionen Erwerbstätige mehr als vor dem Kriege.* Sie arbeiten besonders in der Industrie an einem viel größeren und besseren Produktionsapparat. Aber die Produktion ist nicht entsprechend größer als in der Vorkriegszeit.

Die Erklärung liegt zu einem großen Teil an der massenhaften Arbeitslosigkeit, die mit dem Stillegen eines großen Teils des Produktionsapparates parallel geht, ferner an dem größeren Anteil der nicht in der Produktionssphäre, sondern in der Zirkulationssphäre (Handel, Verwaltung usw.), also nicht wertschaffenden Erwerbstätigen.

47 1907 und 1925 Zahlen der Betriebszählung, in: Statistisches Jahrbuch, 1929, S. 23. 1913 und 1929 von uns im Wege der Interpolation geschätzt. Unsere Schätzung der Zahl der Erwerbstätigen im Jahre 1926 war — wie die Zahlen der Betriebszählung von 1925 zeigen — zu niedrig.

*Tabelle 17*
Arbeitslosigkeit der Gewerkschaftsmitglieder (in %; Jahresdurchschnitt)

| 1907/1913 | 1924 | 1925 | 1926 | 1927 | 1928 | 1929 erste 11 Monate |
|---|---|---|---|---|---|---|
| 2,3 | 13,5 | 6,7 | 18,0 | 8,7 | 8,6 | 12,7 |

*Quelle*
Statistisches Jahrbuch 1929, S. 278 (für 1929 Zeitungen).

Wenn wir die Zahlen der Arbeitslosigkeit der Gewerkschaftsmitglieder (siehe Tabelle 17) als für die ganze Arbeiterschaft gültig annehmen, so ergibt sich, daß in der Nachkriegszeit das Fünf- bis Sechsfache an Arbeitslosen vorhanden war als vor dem Kriege. Hierzu kommt die stark gestiegene Kurzarbeit!

Das Institut für Konjunkturforschung gibt folgende Prozentdaten der Arbeitslosigkeit:

| | Vollarbeitslose Gewerkschaftsmitglieder | Kurzarbeiter | | Vollbeschäftigte |
|---|---|---|---|---|
| | | überhaupt | eingerechnet auf Vollarbeitslose | |
| 1924 | 8,9 | 8,9 | 3,6 | 85,0 |
| 1925 | 8,3 | 8,6 | 2,5 | 89,0 |
| 1926 | 18,8 | 15,9 | 4,8 | 77,3 |
| 1927 | 8,8 | 3,4 | 0,8 | 90,4 |
| 1928 | 8,6 | 5,7 | 1,3 | 90,1 |
| 1929 | | | | |
| Januar | 19,4 | 8,7 | 1,9 | 78,7 |
| Juli | 8,6 | 6,9 | 1,6 | 89,8 |
| Oktober | 10,9 | 7,0 | 1,6 | 87,5 |
| Dezember | 20,0 | — | — | — |

Wir sehen, daß die Prozentzahl der Vollbeschäftigten seit 1927 ständig gesunken ist.

Das Ergebnis dieses Zustandes, daß die Produktionskräfte unausgenutzt bleiben, daß gewaltige Produktionsanlagen und Millionen Arbeitskräfte gleichzeitig brachliegen, ist die Tatsache, daß Produktion und Konsumtion *je Kopf* berechnet auch gegenwärtig kaum höher sind als vor dem Kriege. Hier die Daten, die hierüber vorhanden sind (siehe Tabelle 18):

*Tabelle 18*
Verbrauch der wichtigsten industriellen Rohstoffe je Kopf* (in kg)

| | 1913 | 1924 | 1925 | 1926 | 1927 | 1928 | 1929*** |
|---|---|---|---|---|---|---|---|
| Steinkohlen | 2470 | 1819 | 1887 | 1754 | 2088 | 2113 | 2250 |
| Kohle überhaupt (Braunkohle, Koks, Briketts auf Steinkohle umgerechnet) | 2666 | 2163 | 2218 | 1986 | 2426 | 2507 | 2700 |
| Roheisen | 277 | 123 | 160 | 143 | 143 | 213 | 240 |

*Tabelle 18*

| | 1913 | 1924 | 1925 | 1926 | 1927 | 1928 | 1929*** |
|---|---|---|---|---|---|---|---|
| Zink | 3,4 | 1,3 | 2,4 | 2,8 | 3,2 | 3,0 | 3,0 |
| Kalirohsalze | 153 | 119 | 174 | 134 | 159 | 179 | — |
| Blei | 3,4 | 1,7 | 3,4 | 2,7 | 4,0 | 3,8 | 3,7 |
| Kupfer | 4,0 | 2,8 | 4,3 | 3,2 | 4,8 | 4,5 | 3,9 |
| Baumwolle Roh und Baumwollabfälle | 7,23 | 4,30 | 5,90 | 4,68 | 7,14 | 5,38 | — |
| Erdöl** | 15,23 | 3,76 | 7,37 | 12,67 | 17,38 | 19,49 | — |

* Berechneter Verbrauch ohne Berücksichtigung der Bestände.
** Mit Ausnahme von mineralischem Schmieröl (siehe Statistisches Jahrbuch für das Deutsche Reich, 1928: S. 404; 1929: S. 298).
*** Von uns roh geschätzt auf Grund von Leistungsmeldungen („Frankfurter Zeitung" vom 10. Januar und 15. Januar 1930).

Die Gestaltung des produktiven Verbrauchs steht in keinem Verhältnis zur stark gestiegenen Produktionskapazität.

Nicht minder interessant und für die Lebenshaltung des ganzen Volkes besonders bezeichnend ist der Verbrauch der wichtigsten Massenartikel (siehe Tabelle 19):

*Tabelle 19*
Verbrauch von wichtigen Massenartikeln* (je Kopf in kg)

| | 1913/1914 | 1923/1924 | 1924/1925 | 1925/1926 | 1926/1927 | 1927/1928 |
|---|---|---|---|---|---|---|
| Roggen | 153,1 | 105,5 | 87,2 | 114,5 | 97,2 | 102,9 |
| Weizen und Spelz | 95,8 | 57,4 | 67,9 | 73,7 | 78,8 | 88,3 |
| Gerste | 108,0 | 41,5 | 45,4 | 57,5 | 70,5 | 69,8 |
| Hafer | 128,3 | 87,3 | 85,1 | 85,9 | 95,3 | 93,0 |
| Kartoffeln | 700,2 | 433,1 | 495,1 | 581,9 | 381,9 | 498,1 |
| Zucker** | 18,99 | — | 20,21 | 20,51 | 21,70 | 23,02 |
| Bier** | 102,1 | — | 60,7 | 75,4 | 76,1 | 80,8 |
| Fleisch | 49,49 | — | 44,94 | 45,41 | 49,95 | 52,84 |
| Branntwein (l) | 5,40 | 2,85 | 3,01 | 3,86 | 4,16 | — |
| Heringe** | 2,99 | 2,76 | 2,27 | 2,02 | 2,17 | 2,21 |
| Kaffee** | 2,44 | 0,87 | 1,42 | 1,66 | 1,95 | 2,17 |
| Kakao** | 0,77 | 1,38 | 1,28 | 0,98 | 1,12 | 1,21 |
| Südfrüchte** | 4,44 | 4,77 | 6,09 | 6,20 | 6,72 | 8,00 |

* Bei Getreide verfügbar zum Verbrauch für menschliche und tierische Ernährung und gewerbliche Zwecke (vom 1. Juli bis 30. Juni durchschnittlich jährlich).
** 1913, dann zweitgenanntes Jahr.

*Quelle*
Statistisches Jahrbuch für das Deutsche Reich, 1928 bis 1929 (verschiedene Seiten).

Die Daten der Tabelle sind zur Beurteilung der Gestaltung des persönlichen Bedarfs in Deutschland natürlich nicht ausreichend. Es läßt sich eine *Verschiebung* des Verbrauchs feststellen: mehr Zucker, Südfrüchte, Kakao, auch etwas mehr Fleisch, weniger Brot und Kartoffeln, Bier, Branntwein, weniger Ausgaben für Kleidung, aber keinesfalls eine eindeutige Erhöhung gegenüber der Vorkriegszeit, trotz der gewaltig gestiegenen maschinellen Ausrüstung. Freilich sind alle diese Statistiken, insbesondere jene des Getreideverbrauchs, wenig zuverlässig.

Bei dem Vergleich zwischen Produktion und Verbrauch gegenwärtig und in der Vorkriegszeit muß — worauf Genosse Dengel richtig hingewiesen hat — die in keiner Statistik zum Ausdruck kommende starke Verminderung der handwerksmäßigen Produktion gegenüber der Vorkriegszeit in Anschlag gebracht werden.

## Das Verwertungsproblem des deutschen Kapitalismus

Stilliegen großer Teile des Produktionsapparates und chronische Massenarbeitslosigkeit sind die Kennzeichen der deutschen Wirtschaft in den letzten Jahren. Wir haben oben gezeigt, daß der Aufstieg der deutschen Wirtschaft mit dem Jahre 1927 vorläufig sein Ende erreicht hat. Es fragt sich nun, handelt es sich hierbei um eine Konjunkturerscheinung oder sind die besonderen Momente, die den starken Aufstieg der deutschen Wirtschaft nach der Valutastabilisierung ermöglichten, nicht mehr wirksam, was für Deutschland eine ähnliche Entwicklung bedeuten würde, wie wir sie für Großbritannien in der Nachkriegszeit beobachten konnten.

Die bürgerliche Konjunkturforschung in Deutschland steht auf dem ersten Standpunkt. Es heißt z. B. in dem jüngsten Heft des Instituts für Konjunkturforschung: „Die letzten Monate haben eine Beschleunigung des Konjunkturrückganges gebracht, in dem sich die deutsche Wirtschaft seit Ende 1927 befindet" (Seite 6).

In gewundenen und schwer verständlichen Ausführungen wird sodann dargelegt, warum sich die Elemente des Aufstiegs infolge verschiedener äußerer Ereignisse nicht entfalten konnten und es wird schließlich eine krisenmäßige Verschlechterung in den letzten Monaten konstatiert. „Durch die gekennzeichnete Entwicklung — rückgängige Produktion, sinkende Preise, steigende Arbeitslosigkeit, rückgängiger Umsatz, absinkende Aktienkurse — hat sich aber die Konstellation der den Wirtschaftsverlauf bestimmenden Faktoren verwandelt. Die wirtschaftliche Tätigkeit ist nunmehr bis an die Grenze, bei deren Erreichen eine Lösung vordem entstandener Spannungen ... stattzufinden pflegt: die Wirtschaft ist im Begriff, oder doch nicht weit davon entfernt, in eine konjunkturelle Depression einzutreten" (Seite 9).

*Demgegenüber sind wir der Meinung, daß der deutsche Kapitalismus in seiner Entwicklung an die Schranken seiner Absatzmöglichkeiten, d. h. an die Grenze der Verwertung des Kapitals, gestoßen ist.* Da seit Jahren unausgenutzte Produktionsmittel und unbeschäftigte Arbeiter gleichzeitig vorhanden sind; da wir selbst nach Beurteilung des Konjunkturinstituts gegenwärtig in eine Krisenphase eintreten, der eine Depression folgen wird, so ist es klar, daß es sich bei dem Absatzmangel um keine Konjunkturerscheinung, sondern um eine Niedergangserscheinung des Kapitalismus selbst handelt.

Dies bedeutet natürlich nicht, daß — vorausgesetzt, daß die kapitalistische Gesellschaftsordnung in Deutschland die starke Erschütterung, die die beginnende Weltkrise mit sich bringen wird, glücklich übersteht — kein neuer Konjunkturaufstieg mehr stattfinden kann. Aber der allgemeine Aufstieg des deutschen Kapitalismus, abgesehen von den jeweiligen industriellen Zyklen, der sich in den letzten Jahren bereits unter großen Erschwerungen vollzogen hatte, wird sich nicht fortsetzen. Alle Anzeichen deuten darauf hin, daß nunmehr der Kapitalismus Deutschlands, ähnlich wie jener der USA, in weit stärkerem Maße als bisher die Züge des allgemeinen Niederganges des Kapitalismus zeigen wird.

Die Tatsache, daß große Teile des Produktionsapparates seit Jahren stilliegen und gleichzeitig massenhaft Arbeiter arbeitslos sind, bedeutet, daß eine Ausdehnung der Produktion an die Schranken der Absatzmöglichkeiten stößt. Der Widerspruch zwischen der Produktionskraft und der Konsumtionskraft der kapitalistischen Gesellschaft macht sich hier in schlagendster Weise geltend. Der Widerspruch wird in jenen Phasen der deutschen Entwicklung gemildert, in denen eine große Erneuerung und Umbildung des Produktionsapparates stattfindet (technische Rationalisierung). Die Kapitalistenklasse ist in diesen Zeitläufen Käufer ihres eigenen, sonst überschüssigen Produkts. Sobald aber diese Vergrößerung des fixen Kapitals ein vorläufiges Ende erreicht und die rationalisierten Betriebe ihre Produkte als Waren auf den Markt zu bringen beginnen, macht sich die beschränkte Konsumtionsfähigkeit der breiten Massen in Deutschland gebieterisch geltend. Die Entwicklung des Kapitalismus stößt an die Schranke des kapitalistischen Absatzmarktes.

Daß es sich bei diesen Schranken des Absatzes vor allem um die Enge des Absatzmarktes in Deutschland selbst handelt, zeigt die rasche Entwicklung der deutschen Ausfuhr in den letzten zwei Jahren, in jenen Jahren, die das Institut für Konjunkturforschung als Jahre des Konjunkturrückgangs bezeichnet. In diesen Jahren ist es dem deutschen Kapitalismus gelungen, die Ausfuhr von Fertigfabrikaten um eine Milliarde Mark zu steigern, zugleich in den Monaten August, September, Oktober das erste Mal seit vielen Jahren einen Ausfuhrüberschuß zu erzielen (siehe Tabelle 20):

*Tabelle 20*
Außenhandel (in Mrd. Mark)

| | Ausfuhr | Ausfuhr-überschuß | Fertigwarenausfuhr (in % der Gesamtausfuhr) | |
|---|---|---|---|---|
| 1913* | 15,93 | 0,36 | 11,15 | 70,0 |
| 1924 | 6,57 | — | 5,19 | 79,0 |
| 1925 | 9,29 | — | 6,75 | 72,7 |
| 1926 | 10,41 | 0,41 | 7,15 | 68,7 |
| 1927 | 10,80 | — | 7,72 | 71,5 |
| 1928 | 12,05 | — | 8,70 | 72,2 |
| 1929 | 13,51 | 0,73 | 9,83 | 72,8 |

* Auf Grundlage der Einheitswerte von 1925.

*Quelle*
Statistisches Jahrbuch 1929, S. 187; ergänzt aus „Wirtschaft und Statistik".

Die Ursache der Absatzschwierigkeiten des deutschen Kapitalismus, die zur ungenügenden Verwertung des deutschen Kapitals führen, müssen also in erster Linie in der Gestaltung der Einkommensverhältnisse in Deutschland selbst gesucht werden.

Es ist natürlich sehr schwer, den wirklichen Profit des deutschen industriellen Kapitals festzustellen; das Jammern der deutschen Kapitalisten über die „fehlende Rente" ist allein natürlich kein Beweis. Gewisse Anhaltspunkte bieten die Dividende der Aktiengesellschaften und die Kursgestaltung der Aktien (siehe Tabelle 21):

*Tabelle 21*
Gestaltung des Reingewinns der Aktiengesellschaften[48]
(ohne Banken, Beteiligungs- und Versicherungsgesellschaften)

| | Zahl der Gesellschaften | Nominalkapital | Bilanzmäßiges Eigenkapital* | Gewinn | Verlust |
|---|---|---|---|---|---|
| | | (Mrd. Mark) | | (in % des Eigenkapitals) | |
| 1924/25 | 2736 | 14,26 | 15,70 | 5,1 | 1,6 |
| 1925/26 | 2662 | 13,55 | 14,43 | 5,3 | 1,9 |
| 1926/27 | 1775[49] | 10,46 | 10,97 | 7,0 | 0,6 |
| 1927/28 | 1881 | 13,73 | 14,96 | 7,2 | 0,5 |

* Nominalkapital plus Genußscheine plus Reserven.

Wir betonen: Diese Daten geben nur einen *sehr bedingten, sehr unzuverlässigen Einblick in die tatsächliche Gestaltung des Profits des deutschen industriellen Kapitals*, um so mehr, als keine Garantie besteht, daß es Jahr für Jahr die gleichen Betriebe sind, die erfaßt wurden. Der Einfluß des guten Konjunkturjahres 1927 ist unverkennbar, aber ebenso auch die Folge der Ausmerzung und Aufsaugung von unzähligen kleinen, nicht lebensfähigen Betrieben und der starken Abschreibungen an Kapital. Auch fehlt natürlich eine Scheidung zwischen Monopolkapital und den kleineren Unternehmungen, die einen Teil ihres Gewinnes an die Monopolisten abgeben müssen (die gemischte chemische Industrie: Die Gesellschaften mit 1 bis 2 Mio Aktienkapital zeigen z. B. für 1927 10,19% Reingewinn, die Ausschaltung bloß dieser drei Gesellschaften würde den Durchschnitt des Restes bereits wahrnehmbar senken!).

Zweifellos werden die Ergebnisse im Jahre 1929 und 1930 entsprechend dem schlechten Geschäftsgang wieder eine fallende Tendenz zeigen.

Einen anderen — wenn auch ebenfalls sehr unzuverlässigen, weil auch durch die Höhe des Zinsfußes beeinflußten — *Anhaltspunkt* bildet die *Kursgestaltung der Aktien* (siehe Tabelle 22).

Das scharfe Fallen der Kurse im letzten Halbjahr zeigt die sich verschlechternden Gesamtaussichten der Zukunft; das Auseinandergehen der Kursgestaltung zwischen den Aktien der stark monopolistischen Bergbau- und Schwerindustrie und der Gruppe der verarbeitenden Industrie signalisiert die wachsende Differenz zwischen den Gewinnaussichten je nach dem Grade der Monopolbildung.

### *Die wachsende relative Begrenztheit des inneren Marktes*

Die ungenügende Verwertung des industriellen Kapitals ist neben anderen Faktoren, auf die wir später zurückkommen, hoher Anteil des Leihkapitals am Profit, hohe Steuern, Auslandsbeteiligung, Mangel an Kolonien — vor allem der ungenügenden Ausnutzung des

48 Zusammengestellt aus „Statistisches Jahrbuch" 1928 und 1929 und aus verschiedenen Nummern der „Wirtschaft und Statistik". Die Daten beziehen sich auf Aktiengesellschaften mit einem Kapital von mindestens 1 Million Mark, deren Aktien an der Börse notiert werden.

49 Das starke Fallen der Zahl der Gesellschaften und ihrer Bilanzsumme ist der unvollständigen Erfassung (nur 60% aller Gesellschaften), der Umstellung auf Goldmark, dem Verschwinden der Inflationsunternehmungen und der starken Fusionsbewegung zuzuschreiben!

*Tabelle 22*
Aktienkursindex des Instituts für Konjunkturforschung

| Durchschnitt | | Bergbau und Schwerindustrie | Verarbeitende Industrien | Handel und Verkehr | Insgesamt |
|---|---|---|---|---|---|
| 1925 | | 74,5 | 88,4 | 79,4 | 88,2 |
| 1926 | | 116,6 | 99,3 | 98,8 | 103,0 |
| 1927 | | 161,6 | 147,9 | 135,6 | 147,2 |
| 1928 | | 145,8 | 140,6 | 133,2 | 139,5 |
| 1929 | Januar | 147,3 | 137,6 | 134,0 | 138,6 |
| | Juli | 142,2 | 124,8 | 122,6 | 128,0 |
| | Oktober | 131,4 | 111,2 | 117,6 | 117,7 |

sachlichen Produktionsapparates, d. h. des fixen Kapitals geschuldet. Eine vollkommene Ausnutzung ist unmöglich, weil — unter den gegebenen antogonistischen Distributionsverhältnissen — keine zahlungsfähigen Abnehmer vorhanden sind.

Entscheidend hierbei ist die Aufnahmefähigkeit des inneren Marktes; folgende Faktoren sind hier ausschlaggebend:

a) Verminderter Anteil des Proletariats am Wertprodukt. Leider gibt die unvollständige deutsche Statistik nicht die Möglichkeit, den Anteil der Arbeiterschaft unmittelbar festzustellen, wie in den USA. Indessen, indirekte Beweise hierfür gibt es genug.

1. Daß der Anteil der Arbeiter am Wertprodukt abnimmt, ist ein allgemeines Gesetz der kapitalistischen Produktionsweise; es ist die Folge der erhöhten Produktivität der Arbeit, wodurch sich die Arbeitszeit, die in der den Wert der Arbeitskraft bestimmenden Menge von Lebensmitteln enthalten ist, vermindert.

2. Die Rationalisierung erhöht dies durch die Intensivierung der Arbeit.

3. Der Reallohn der Arbeiter, d. h. das Quantum der Lebensmittel, die ein Arbeiter für den Lohn eines Zeitabschnittes, während dessen er vollbeschäftigt war, erhält, ist in der letzten Zeit, selbst nach den amtlichen Zahlen, nicht mehr oder minimal gestiegen.

Der tarifmäßige Wochenlohn im Durchschnitt aller Arbeiter betrug (in Reichsmark):

| | im Oktober | | | | |
|---|---|---|---|---|---|
| | 1925 | 1926 | 1927 | 1928 | 1929 |
| Produktionsmittelindustrie: | | | | | |
| Gelernte | 44,28 | 45,54 | 48,38 | 52,12 | 55,93 |
| Ungelernte | 33,51 | 34,43 | 37,58 | 40,17 | 42,91 |
| Konsumtionsmittelindustrie: | | | | | |
| Gelernte | 30,91 | 30,91 | 34,30 | 37,43 | 38,69 |
| Ungelernte | 26,66 | 26,24 | 28,95 | 31,48 | 32,64 |
| Lebenshaltungsindex (alle Elemente) | | | 150,2 | 152,1 | 153,5 |

Wenn wir in Betracht ziehen, daß diese Zahlen am Bedürfnis der Bourgeoisie entsprechend zurechtgestutzt sind (höchste Tarifklasse mit sozialen Zuschlägen, Zusammenstellung des Lebenshaltungsindex aus den billigsten Elementen usw.) und wenn wir die stets wachsende

Zahl der Arbeitslosen in Betracht ziehen, so ergibt sich für Deutschland das gleiche wie für die Vereinigten Staaten: *eine wachsende Schere zwischen der Gesamtsumme der Produktion und der Gesamtsumme des Arbeitslohnes, zwischen der Produktionskraft und der Kaufkraft der Bevölkerung.*

b) Es gibt leider für Deutschland keine Statistik des landwirtschaftlichen Roheinkommens, so wie in den USA. Indessen läßt die wachsende Schere zwischen den Preisen der landwirtschaftlichen Produkte und den industriellen Fertigwaren es klar erkennen, daß auch die Kaufkraft der Landwirtschaft in den letzten zwei Jahren stark gesunken ist.

Landwirtschaftliche und industrielle Produkte

| | 1926 | 1927 | 1928 | 1929 | November |
|---|---|---|---|---|---|
| Index der landwirtschaftlichen Produkte | 129,3 | 137,8 | 134,3 | 127,4 | |
| Index der industriellen Fertigwaren | 149,5 | 147,3 | 158,8 | 156,4 | |

So sehen wir, daß sich die Aufnahmefähigkeit des inneren Marktes für Industriewaren in den letzten zwei Jahren relativ eingeengt hat. Die Krise, die in den letzten Monaten 1929 eingetreten ist — und von uns schon vor einem halben Jahr vorausgesagt wurde — *ist nicht die Folge der Krise in den Vereinigten Staaten von Amerika*, deren Wirkungen auf dem Weltmarkt erst jetzt zur Entfaltung gelangen, sondern die Folge dieses *Widerspruchs zwischen der auch im Jahre 1929 zunehmenden Produktion und der sich relativ vermindernden Aufnahmefähigkeit des inneren Marktes.* Die Zunahme des Exports, so bedeutend sie auch war, konnte diesen Widerspruch höchstens etwas mildern, aber nicht beseitigen. Daß die Krise ohne eine vorhergehende Hochkonjunktur eintritt, beweist, wie stark Deutschland unter dem Einfluß des allgemeinen Niedergangs des Kapitalismus steht.

„Das wirtschaftliche Hauptkennzeichen des Jahres 1929 besteht in einer sehr erheblichen Verschärfung des Einschrumpfungsprozesses der deutschen Wirtschaft . . . Es ergibt sich also, daß in Deutschland mehr Arbeitsplätze stillgelegt als neu eingerichtet werden; es ist nicht einmal mehr möglich, den vorhandenen Arbeiterbestand zu beschäftigen, geschweige denn, den in den Produktionsprozeß neu einzugliedernden aufzunehmen. Aus diesem Grunde war schon Anfang Dezember dieses Jahres die Zahl der von der Arbeitslosenversicherung unterstützten Vollerwerbslosen um 220000 höher als in der entsprechenden Zeit des Vorjahres." So charakterisierte die „Deutsche Bergwerks-Zeitung" vom 24. Dezember 1929 die allgemeine Lage der deutschen Wirtschaft im wesentlichen richtig, wenn sie auch die inneren Zusammenhänge nicht kennt[50].

### *Weitere Ursachen der ungenügenden Verwertung des Kapitals in Deutschland*

Die Hauptursache der ungenügenden Verwertung des industriellen Kapitals in Deutschland ist, wie wir oben ausführten, die ungenügende Ausnutzung des fixen Kapitals. Anders ausgedrückt, daß die organische Zusammensetzung des gesellschaftlichen Gesamtkapitals höher ist als es der technischen Zusammensetzung des Kapitals entsprechen würde.

Zu dieser Hauptursache gesellen sich weitere Momente: Von dem Profit des industriel-

50 Die Reichskreditgesellschaft gibt (Bericht 1. Halbjahr 1929) die Zahl der Beschäftigten in Prozent jener des Jahres 1925 wie folgt an: jeweils im April 1927 105,3; April 1928 109,5; April 1929 109,6. Die ganze Zunahme des letzten Jahres blieb arbeitslos.

len Kapitals erhält das Leihkapital einen unverhältnismäßig hohen Anteil[51]. Da die deutsche Industrie und die deutsche Landwirtschaft mit einem sehr großen Anteil an Leihkapital arbeiten, fällt die Differenz zwischen einer Verzinsung des Leihkapitals von 4 bis 6%, wie vor dem Kriege (oder wie auch heute in den Kapitalexportländern), gegenüber 10 bis 15% gegenwärtig, als Faktor der Verminderung des dem industriellen Kapital verbleibenden Profitanteils, d. h. des Unternehmergewinns, sehr stark ins Gewicht. Daher das Schlagwort von der ungenügenden Kapitalbildung in Deutschland.

Während vor dem Kriege die Gesamtverwertung des deutschen Kapitals durch die Kapitalanlagen im Auslande gehoben wurde, während gegenwärtig die Hauptkonkurrenten Deutschlands auf dem Weltmarkt, die Vereinigten Staaten, Großbritannien, Frankreich, durch große Kapitalanlagen im Auslande und monopolistisch geschützten Kolonien und Halbkolonien als Absatzmärkte den Profit ihres Gesamtkapitals erhöhen können, ist der deutsche Kapitalismus nicht nur von ausländischen Kapitalanlagen aus der Vorkriegszeit durch den Krieg entblößt worden, sondern ist genötigt, einen steigenden Anteil des Profits des industriellen Kapitals unmittelbar dem Auslandskapital zu überlassen. An die Stelle fixverzinslicher ausländischer Anleihen tritt bei den besten Unternehmungen immer mehr der Verkauf von Aktien der großen Unternehmungen an das ausländische Kapital[52].

Die Reparationslasten werden zwar zum großen Teile auf die arbeitenden Massen abgewälzt, aber unmittelbar wirken sich die Reparationslasten in Form von erhöhten Steuern — auch der Kapitalisten — aus, die jedoch zum großen Teile von den Konsumenten getragen werden müssen, wodurch aber eine entsprechende Einengung der Kaufkraft des inneren Marktes entsteht.

Ungenügende Ausnutzung des fixen Kapitals, zu hoher Anteil des Leihkapitals am Profit, Mangel an Einkommen aus Kapitalanlagen im Ausland und an monopolistisch gesicherten Absatzmärkten, Belastung mit Reparationen, das sind die Hauptmomente, die zur ungenügenden Verwertung des deutschen industriellen Kapitals führen.

## Kapitalüberfluß — Kapitalmangel

Das Hauptschlagwort, mit dem sowohl Kapitalisten als auch die Sozialdemokraten die Notwendigkeit eines Abbaus der Sozialpolitik begründen, ist der angebliche Kapitalmangel in Deutschland, die Notwendigkeit einer stärkeren Kapitalbildung.

Gibt es in Deutschland einen Kapitalmangel?

Nein! *Es gibt einen Kapitalüberfluß*, es gibt einen chronischen Überfluß an produktivem Kapital. Es stehen ja ständig große Teile des Produktionsapparates still, was unter kapitalistischen Verhältnissen nichts anderes bedeutet, als daß fixes Kapital im Verhältnis zu den Verwertungsmöglichkeiten überflüssig ist.

51 Monatsgeld an der Berliner Börse kostet 1927 7%, 1928 8 bis 9%, seit Juni 1929 10%. Für erste Hypotheken zahlte man das ganze Jahr hindurch $10^1/_2$ bis 11%, für zweite 14 bis 15%. Im November lag der Durchschnitt der 8prozentigen Goldpfandbriefe nur wenig über 92% (Vgl. Kölnische Zeitung vom 22. Dezember 1929).

52 Das ausländische Kapital kauft nur Aktien der besten deutschen Unternehmungen, die zu Weltmarktkombinationen nötig sind: Elektro, Automobile, Chemie. Die übrigen wuchert es als Leihkapital aus.

*Es gibt aber in Deutschland einen Mangel an Leihkapital*, einen Mangel, der durch die hohen Zinssätze signalisiert wird. Es gibt einen Kapitalmangel in dem Sinne, daß das deutsche industrielle Kapital das zu dem den Kapitalisten von der Weltmarktkonkurrenz aufgezwungenen weiteren Ausbau des Produktionsapparates nötige Kapital nicht im Inland aufbringen kann, sondern, wie bereits gesagt, ausländisches Kapital heranziehen muß.

Wie groß die Kapitaleinfuhr Deutschlands tatsächlich ist, läßt sich genau natürlich nicht feststellen, es gibt dafür verschiedene Schätzungen. Die Schätzungen der Zahlungsbilanz ergeben folgende Zahlen (siehe Tabelle 23):

*Tabelle 23*
Kapitaleinfuhr per Saldo
(in Mrd. Reichsmark)

| 1924 | 1925 | 1926 | 1927 | 1928 |
|---|---|---|---|---|
| 3,05 | 3,40 | 0,73 | 4,31 | 4,65 |

*Quelle*
Wirtschaft und Statistik, 9. Jg. (1929), S. 410: Die Deutsche Zahlungsbilanz 1924 bis 1928.[53]

Mögen diese Zahlen, was die Errechnungsmethode anbelangt, noch so zweifelhaft sein, sie gewinnen eine gewisse Wahrscheinlichkeit, wenn man sie mit dem Passivsaldo der Handelsbilanz in diesen Jahren und den Reparationsleistungen vergleicht. Jedenfalls kann so viel als feststehend angenommen werden, daß der deutsche Kapitalismus jährlich einige Milliarden Mark Kapital aus dem Ausland in Anspruch nehmen mußte.

Ausgehend von dieser Verschuldung an das Ausland wird von der deutschen Bourgeoisie in erster Linie eine Beschleunigung der Kapitalbildung gefordert. In der die Ansichten der deutschen Großbourgeoisie am präzisesten zusammenfassenden Denkschrift des Reichsverbandes der deutschen Industrie „Aufstieg oder Niedergang" steht unter den Leitsätzen an erster Stelle: „Ausgangspunkt für alle Maßnahmen der Wirtschafts-, Finanz- und Sozialpolitik ist unter den für die deutsche Wirtschaft gegebenen Umständen die Förderung der Kapitalbildung. Sie ist die Voraussetzung für die Steigerung der Produktion und liegt daher im Interesse aller Schichten des deutschen Volkes."

53 Etwas abweichende Zahlen gibt die Reichskreditgesellschaft (in Mrd. Reichsmark):

| | Kapitaleinfuhr per Saldo | Anleihen | Beschafft aus Effekten, Immobilien, Wechseln, Guthaben und sonstigen kurzfristigen Krediten und Schuldbuchforderungen |
|---|---|---|---|
| 1925 | 3,93 | 1,32 | 2,61 |
| 1926 | 0,95 | 1,77 | 0,82 (reexportiert) |
| 1927 | 4,63 | 1,66 | 2,97 |
| 1928 | 4,52 | 1,56 | 2,96 |

*Quelle*
Reichskreditgesellschaft 1928/1929, S. 24.

Es muß hier nun die Frage aufgeworfen werden: Ist die Kapitalbildung in Deutschland im Verhältnis zur Vorkriegszeit wirklich so gering? Eine Schätzung der Kapitalbildung ist ein sehr schwieriges Beginnen. Es gibt Elemente der Kapitalbildung, die statistisch ziemlich einwandfrei erfaßt werden können; das sind die Sparkasseneinlagen. Diese zeigen in den letzten Jahren einen ununterbrochenen Aufstieg (siehe Tabelle 24):

*Tabelle 24*
Sparkasseneinlagen und deren Zunahme (in Mio Reichsmark)

| | 1913 | 1925 | 1926 | 1927 | 1928 | 1929 bis 31. 10. |
|---|---|---|---|---|---|---|
| Bestand am Ende des Jahres | 18306 | 1612 | 3096 | 4665 | 6988 | 8723 |
| Monatliche Zunahme | 84 | 82 | 124 | 131 | 163 | 174 |

Die Zunahme der Spareinlagen ist also, obwohl sie in diesem Jahre etwas abgenommen hat, doppelt so groß wie vor dem Kriege. Nun ist es wahrscheinlich, daß in diesen Summen gegenwärtig Bestandteile enthalten sind, die keine ersparten Einkommen bilden (Kassenbestände von Kommunen, städtischen Unternehmungen und ähnliches). Trotzdem scheint die Kapitalbildung aus Einkommen stärker zu sein als vor dem Krieg.

Was die gesamte Kapitalbildung anbelangt, so besitzen wir eine vergleichende Schätzung, die der Reichskreditgesellschaft, die sich aber nur auf die Jahre 1925 bis 1927 erstreckt. Sie zeigt folgendes Bild (siehe Tabelle 25):

*Tabelle 25*
Schätzung der Kapitalbildung in Deutschland

| | 1913* Nach Vorkriegswerten | unter Berücksichtigung der Geldentwertung | 1925 nach Zeitwerten | 1926 | 1927 | Jahresdurchschnitt 1925—1927** |
|---|---|---|---|---|---|---|
| Zusammen (nach Helfferich) | 8,5 | 11,9 | — | — | — | — |
| Aus Zinsüberschuß | 1,0 | 1,4 | — | — | — | — |
| Aus Produktionsüberschuß | 7,5 | 10,5 | 9,5 | 6,3 | 12,0 | 9,3 |
| Dagegen Kapitaleinfuhr zu anderen Zwecken als Währungsdeckung | — | — | 3,1 | — | 4,4 | 2,5 |
| | 8,5 | 11,9 | 6,4 | 6,3 | 7,6 | 6,8 |

* Früheres Reichsgebiet.
** Heutiges Reichsgebiet, jedoch ohne Saarland.

*Quelle*
Reichskreditgesellschaft, 1927/1928, S. 19.

Die Schätzung zeigt, daß im Jahre 1927 die Kapitalbildung aus Produktionsüberschüssen in Deutschland größer war als im Jahre 1913. Trotzdem das fortwährende Geschrei über ungenügende Kapitalbildung!

Aber den Kapitalisten handelt es sich auch nicht in erster Linie um die Kapitalbildung im allgemeinen, sondern das Schlagwort der ungenügenden Kapitalbildung verdeckt bloß propagandistisch die Forderung des deutschen Kapitals nach einer höheren Verwertung. Klar ist dies in der oben erwähnten Denkschrift gesagt: „Leitsatz Nr. 4: Die Unternehmungen müssen über die Sicherung der *Rentabilität* hinaus *Eigenkapital* bilden können.“

Schließlich muß man noch die Frage aufwerfen: Wie verträgt sich die Tatsache, daß in Deutschland ein offenbar großer Überschuß an fixem Kapital vorhanden ist, wovon die stillgelegten Produktionsanlagen zeugen, mit der fortwährenden Klage über Kapitalmangel, der Tatsache des hohen Zinsfußes und der wachsenden Kapitalverschuldung an das Ausland?

Wir sind bei diesem Punkt auf einen Grundwiderspruch des Kapitalismus im allgemeinen und des deutschen Kapitalismus im besonderen gestoßen. Die Kapitalisten können sich zwar des Vorhandenseins von stillgelegten Produktionsanlagen nicht entziehen. Aber befangen in den Erscheinungen der Zirkulationssphäre meinen sie, daß das Stilliegen eines Teils des Produktionsapparates infolge Absatzmangels den zu hohen Selbstkosten zuzuschreiben sei. Jeder Einzelne denkt: Könnte ich meine Ware billiger auf den Markt werfen, so wären die volle Ausnutzung der Produktionskapazität und dadurch höherer Profit gesichert. Daher das Bestreben der Kapitalisten, durch Erneuerung des Produktionsapparates, durch Verminderung der Lohnkosten, durch Intensivierung der Arbeit, kurz durch alle jene Maßnahmen, die zusammenfassend Rationalisierung genannt werden, die Produktionskosten herabzusetzen.

Obwohl das vorhandene gesamte fixe Kapital gegenüber der Konsumtionskraft des Landes viel zu groß ist, wird es immer weiter vergrößert, weil jeder einzelne Kapitalist hierdurch für sich selbst eine Rettung aus der verfahrenen Lage erhofft. Dieser Widerspruch zwischen dem tatsächlichen Überfluß an produktivem Kapital und dem Mangel an Leih- bzw. neuem Investitionskapital ist die Folge des Gegensatzes zwischen den Interessen des Einzelkapitals und des Gesamtkapitals.

*Kampf um die Erhöhung des Unternehmergewinnes*

Der Unternehmergewinn kann auf folgende Weise erhöht werden:

1. Durch die Erhöhung der angeeigneten Mehrwertmasse;
2. Durch Verminderung der Summe des Gesamtkapitals, auf die sich die gegebene Mehrwertmasse verteilt;
3. Verminderung des Anteils der Grundrente am Mehrwert, Verminderung des Anteils des Leihkapitals am Profit.

Betrachten wir die wirtschaftspolitischen Bestrebungen des deutschen Industriekapitals in den letzten Jahren, so sehen wir, wie es alle diese Möglichkeiten abtastet, um seinen Gewinn zu erhöhen. Hierbei ergeben sich bei den verschiedenen Schichten der Bourgeoisie gewisse Abweichungen.

Die Bourgeoisie jener Industriezweige, die ausschließlich auf den Massenabsatz im Inland angewiesen ist, sucht die Lösung zeitweilig auf einer anderen Linie als die Schwerindustrie und die Exportindustrie. Die auf den Inlandmarkt angewiesene Fertigwarenindustrie machte eine Zeitlang den Versuch, ihren Profit auf Kosten der Grundrente zu erhöhen. Daher Widerstand gegen die Erhöhung der Agrarzölle. Indessen läßt sich diese Politik aus Klassengründen nicht konsequent durchführen. Die Bourgeoisie ist gegenüber der wachsenden revolutionären Bewegung des Proletariats gezwungen, ein Klassenbündnis mit den Agrariern und den von ihnen geführten Teilen der Bauernschaft aufrechtzuerhalten. Je stärker der Kampfeswille des Proletariats, desto enger ist dieses Kampfbündnis, das übrigens durch die wachsende Ineinanderflechtung des Bank-, Industrie- und Agrarkapitals eine feste ökonomische Basis besitzt. Die Verdoppelung der Agrarzölle Ende 1929 bedeutet eine starke Erhöhung der Grundrente auf Kosten entweder des Profits oder des Anteils der Arbeiter am Wertprodukt.

Nachdem das Industriekapital eine Erhöhung des Anteils der Grundrente am Mehrwert aus politischen Gründen zugestehen mußte, nachdem keine Möglichkeit besteht, den Anteil des Leihkapitals am Profit durch irgendwelche Maßnahmen zu senken (er ist durch das Angebot und die Nachfrage nach Leihkapital anarchisch bestimmt), bleibt für die Erhöhung des Unternehmergewinns nur der Ausweg übrig, entweder die Summe des Kapitals, auf die gleiche Mehrwertmasse entfällt, zu verringern oder die Mehrwertmasse zu vergrößern bzw. eine Kombination beider Methoden.

Tatsächlich wendet das große Kapital der Industrie beide Methoden an. Es verringert die Gesamtsumme des Kapitals, indem es kleine und mittlere Unternehmungen zugrunde richtet, ihr Kapital vernichtet oder es sich zu besonders günstigen Bedingungen aneignet. Der entscheidende Weg aber zur Erhöhung des Unternehmergewinns ist die Erhöhung der Mehrwertmasse *auf dem Wege einer erhöhten Ausbeutung des Proletariats.*

Eine der Arten dieses Angriffs ist die vom Großkapital erzwungene Finanzreform. Diese Finanzreform ist im wesentlichen die Durchführung jener Forderungen, die der Reichsverband der Deutschen Industrie in der oben erwähnten Denkschrift aufgestellt hatte. Die Denkschrift fordert: „Arbeit, Zins und Steuerlast in ein richtiges Verhältnis zu bringen". Sie fordert einen Abbau der sozialen Gesetzgebung, eine Steuerreform, deren leitende Gesichtspunkte sind: „Steuerabbau und Umbau des Steuersystems im Sinne einer Entlastung der direkten Steuern zwecks Senkung der Produktionskosten und Stärkung der Kapitalbildung" (Seite 34). Die Denkschrift fordert einen Abbau der Steuerbelastung im allgemeinen und einen Abbau der Sozialpolitik im besonderen. „Der Reichsverband hält ... eine verständige Sozialpolitik für einen notwendigen Teil jeder Wirtschaftspolitik. Auf der anderen Seite darf aber die Sozialpolitik nicht die Grenzen überschreiten, die ihr durch die wirtschaftliche Entwicklung gesetzt sind." (Seite 27)[54]

Insbesondere fordert der Reichsverband vom Reichstag und der Reichsregierung „die erneute sofortige Inangriffnahme einer weiteren Arbeitslosenversicherungsreform mit dem Ziele, diese Reform durch weitere Sparmaßnahmen, nicht aber durch Erhöhung der Beiträge, durchzuführen."

Die Ende 1929 durchgeführte Finanzreform bedeutet die Verwirklichung der meisten Forderungen des Reichsverbandes: Erhöhung der Lebensmittelzölle, Erhöhung der Steuern auf Bier und Tabak. Verschlechterung der sozialen Leistungen, bedeutet ökonomisch selbst in dem Falle, daß das Großkapital die beginnende Krise nicht zu einer Herabsetzung der Geldlöhne benutzen würde, eine Verminderung des Realeinkommens der Arbeiterklasse und eine entsprechende Erhöhung der Grundrente und des Profits.

Die Bourgeoisie und die Agrarier versuchen gemeinsam auf Kosten des Proletariats ihre Lage zu verbessern. Unter den gegebenen Umständen ist für die deutsche Bourgeoisie kein anderer Lösungsversuch möglich. Dieses Vorgehen bedeutet aber eine offene Kampfansage an das Proletariat, ohne daß es natürlich die grundlegenden Widersprüche irgendwie lösen könnte.

54 Der Reichsverband erklärt, daß nach sehr komplizierten Schätzungen die Gesamtziffer der sozialen Lasten im Jahre 1928 etwa 5,3 Mrd. Mark gegenüber 1,2 im Jahre 1913 betrage.

Die eingetretene Wirtschaftskrise wird die Lage sowohl der deutschen Bourgeoisie als auch des deutschen Proletariats weiter verschlechtern. Die Tatsache, daß der Aufstieg der deutschen Wirtschaft im Jahre 1927 ein Ende erreicht hat, daß die Ansätze zu einer besseren Konjunktur in der ersten Hälfte 1929 zu keiner Entfaltung gelangen konnten, daß die Widersprüche Ende 1929 zu einer Krise aus inneren Ursachen führten, die durch den Einfluß der Wirtschaftskrise in den USA in naher Zeit weiter verschärft werden wird, all dies ist die ökonomische Basis jener „allgemeinen nationalen Krise", deren Elemente gegenwärtig in Deutschland vorhanden sind und die das Herannahen akut revolutionärer Situationen signalisiert.

# III. Allgemeiner Teil

## Das allgemeine Bild der Weltwirtschaft

*Das entscheidende Ereignis der Berichtsperiode ist der Beginn der Wirtschaftskrise in den Vereinigten Staaten von Amerika.* Wir haben uns damit oben eingehend beschäftigt und wollen hier nur seine Folgen auf die übrige kapitalistische Welt in Erwägung ziehen.

Im allgemeinen kann festgestellt werden, daß *sich die Auswirkung der Krise in den Vereinigten Staaten von Amerika bisher wenig geltend gemacht hat.* Es wurden zwar Bestellungen auf Luxusartikel von den Vereinigten Staaten zurückgezogen, der Import von Industrierohstoffen hat rasch abgenommen, aber der zu erwartende starke Export von Industriewaren ist noch nicht eingetreten. Daß er erfolgen wird, darüber kann kaum ein Zweifel bestehen. Was verzögernd wirkt, ist der Mangel einer weltwirtschaftlichen Verkaufs- und Vertriebsorganisation der meisten Industrien der Vereinigten Staaten von Amerika, die bisher vor allem den Innenmarkt mit Waren versorgten. Die Amerikaner haben im Konsularapparat eine glänzend ausgebaute Organisation für die Beobachtung der ausländischen Märkte, aber es fehlt ihnen noch die Verkaufs- und vor allem die Finanzierungsorganisation im Auslande, jenes weitverzweigte Netz von Banken und Bankfilialen, die eine so große Stütze des britischen Exporthandels bilden.

*Unabhängig von dem Einfluß der Krise in den Vereinigten Staaten hat sich die Wirtschaftslage in den meisten kapitalistischen Ländern in den letzten Monaten erheblich verschlechtert.* In jenen Ländern Osteuropas — Tschechoslowakei, Polen, Österreich, Ungarn, Balkan usw. —, deren Lage schon seit Mitte des Jahres eine krisenhafte war, hat sich die Krise verschärft. In Deutschland, wo es sich vor drei Monaten noch nicht sicher feststellen ließ, ob die Elemente eines konjunkturellen Aufstiegs, die im ersten Halbjahr unseres Erachtens — entgegen der Ansicht des Konjunkturinstituts — zweifellos vorhanden waren, zu weiterer Entfaltung gelangen würden, oder ob bereits ein Übergang in die Krise eintritt, ist das letztere eingetroffen. Die Wirtschaftslage Deutschlands hat sich in den letzten drei Monaten zweifellos rapid verschlechtert, verschlechtert aus innenwirtschaftlichen Ursachen, die wir oben ausführten, nicht als Einwirkung der Krise in den Vereinigten Staaten von Amerika. Diese wird ihre Wirkung erst im Jahre 1930 ausüben.

Die günstige Wirtschaftslage *Westeuropas* — Frankreich, Belgien, Holland, Schweiz, Skandinavien — hat sich in den letzten Monaten wenig geändert, obzwar gewisse Einwirkungen der Krise in den Vereinigten Staaten und in Osteuropa auch hier unverkennbar sind. Symptomatisch hierfür ist der Beschluß des kontinentaleuropäischen Stahlkartells, die Produktion um 10 Prozent einzuschränken. Da diese Länder, insbesondere Frankreich, in den letzten Jahren einen ziemlich bedeutenden konjunkturellen Aufstieg durchgemacht hatten, wodurch die Elemente einer Wirtschaftskrise herangereift sind, so ist es wahrscheinlich, daß unter der Einwirkung der Krise in den Vereinigten Staaten auch dieser Länderkomplex in den nächsten Monaten in die Krise mit einbezogen wird. Erste Anzeichen der beginnenden Krise zeigen sich um die Jahreswende in Belgien.

In der Wirtschlaftslage *Großbritanniens* läßt sich vorläufig keine Verschlechterung feststellen, soweit es sich aus den vorliegenden Daten beurteilen läßt. Das Ende der Spannung auf dem Geldmarkt, das Herabsetzen des Bankzinsfußes und der Rückstrom des Goldes aus den Vereinigten Staaten haben auf die britische Wirtschaft, in der das internationale

Bank- und Finanzierungsgeschäft eine so große Rolle spielt, vorerst belebend gewirkt. Dies dürfte aber nur eine vorübergehende Erscheinung sein; in die allgemeine Weltwirtschaftskrise wird natürlich auch Großbritannien einbezogen werden.

Von den *außereuropäischen Ländern* wurde *Kanada*, das ökonomisch mit den Vereinigten Staaten aufs engste verbunden ist, am schärfsten in die Krise in den Vereinigten Staaten einbezogen, wobei die schlechte Weizenernte des vergangenen Jahres ebenfalls eine Rolle spielt. Überhaupt herrscht auf dem amerikanischen Kontinent und außerhalb der Vereinigten Staaten eine schlechte Wirtschaftslage. Diese Länder, deren weltwirtschaftliche Verbundenheit auf einer sehr beschränkten Zahl von Ausfuhrwaren basiert und bei denen die Ausfuhr eine relativ große Rolle in der Gesamtwirtschaft spielt, werden durch die weltwirtschaftlichen Vorgänge stärker in Mitleidenschaft gezogen als Länder mit einer älteren und vielseitiger entwickelten wirtschaftlichen Struktur. Die Krise in der Erdölindustrie und der katastrophale Fall der Silberpreise lasten auf *Mexiko*, der Preissturz in Kaffee ist ein schwerer Schlag für *Brasilien*, das Fallen der Getreidepreise und der Fleischpreise hat die Handels- und Zahlungsbilanz *Argentiniens* sehr stark getroffen, so daß es die freie Goldzufuhr einstellen mußte, wodurch die Valuta in ein Disagio geraten ist.

Von den *asiatischen Ländern* steht *Japan* vor der Wiedereinführung des freien Goldverkehrs, d. h. vor einer Rückkehr zum Goldstandard. Dies wird, wie die Erfahrung aller Länder zeigt, zu einer Depression führen bzw. die seit langem bestehende Depression wird sich vertiefen. Hierzu kommen äußere Umstände; der langandauernde innere Krieg in China, Zerrüttung des chinesischen Marktes und die Wirtschaftskrise in den Vereinigten Staaten. Dies trifft Japan insofern besonders hart, da 46% der japanischen Ausfuhr aus Seide und Seidenwaren bestehen, von denen 80% nach den Vereinigten Staaten gehen.

Die Lage *Hinterindiens* und *Holländisch-Indiens* wird durch den Preisfall von Kautschuk, Kaffee und Zucker schwer beeinträchtigt. *Australien* leidet ähnlich wie Argentinien an einer schlechten Ernte bei niedrigen Getreidepreisen.

Zusammenfassend können wir feststellen, daß sich, obwohl sich der Einfluß der Krise in den Vereinigten Staaten auf die übrige kapitalistische Welt erst in geringem Maße geltend gemacht hat, der überwiegende Teil der kapitalistischen Weltwirtschaft in einem Krisenstadium befindet. Eine Ausnahme bilden in diesem Moment nur der westeuropäische Länderkomplex und Großbritannien. Es ist aber zweifellos, daß in absehbarer Zeit auch diese in die allgemeine Krise einbezogen werden. *Es ist daher wahrscheinlich, daß wir nach dem Jahre 1920 in diesem Jahre das erste Mal wieder eine die ganze kapitalistische Welt umfassende Wirtschaftskrise haben werden.*

Es wäre aber unrichtig zu glauben, daß die ganze kapitalistische Weltwirtschaft gleichzeitig die gleiche Bewegung durchmachen wird, daß die Krisenphase *alle* kapitalistischen Länder zum gleichen Zeitpunkt umfassen müßte. Dies war auch vor dem Kriege nicht der Fall. Betrachten wir die synchronistische Tafel der Konjunkturzyklen in der Vorkriegszeit[55], so sehen wir, daß der Zeitraum, in dem die verschiedenen Länder die gleiche Phase des industriellen Zyklus durchmachen, ungefähr zwei Jahre beträgt; (es kam sogar auch vor, daß Länder aus dem allgemeinen Gang des industriellen Zyklus überhaupt herausfielen und einen eigenen Zyklus durchmachten).

Man darf also die Sache nicht allzu mechanisch auffassen und erwarten, daß bereits in den nächsten Monaten eine alle kapitalistischen Länder ohne Ausnahme umfassende Wirtschaftskrise eintreten wird. *Dies ist möglich, braucht aber nicht der Fall zu sein.*

55 Am besten dargestellt bei W. L. Thorp-W. C. Mitchell, Business Annals, New York 1926, S. 94—95.

Aber selbst, wenn einzelne Länder vorläufig die Krisenphase vermeiden würden, können wir mit vollem Recht den Beginn einer unmittelbar bevorstehenden allgemeinen Krisenphase der Weltwirtschaft feststellen, da jene Länder, die bereits heute in die Krise einbezogen sind, ihrem ökonomischen Gewicht nach die größere Hälfte, vielleicht zwei Drittel der kapitalistischen Weltwirtschaft darstellen!

Über die Dauer der begonnenen Weltwirtschaftskrise läßt sich in diesem Augenblick noch wenig sagen. Es ist nicht ohne Interesse, die Perspektiven des American Harvard Institute, daß als die größte wissenschaftliche Autorität gilt, wiederzugeben:

„Die wirtschaftlichen Folgen des Börsenkrachs haben sich noch nicht voll ausgewirkt, zwei bis drei Monate allgemeiner Geschäftsflaute stehen noch bevor ... In mancher Beziehung dürfte der Tiefpunkt allerdings bald überwunden sein, denn der konjunkturelle Rückschlag ist bereits jetzt als außerordentlich drastisch anzusprechen. Die industrielle Produktion z. B. hat bereits einen weit schärferen Rückschlag aufzuweisen als im Jahre 1923, wobei sich der Abstieg in bedeutend kürzerer Zeit vollzogen hat. Alle diese Tatsachen zwingen zu der Folgerung, daß weder die optimistischen Ansichten verschiedener Kreise noch die lediglich durch die Börsenereignisse oder die Entwicklung der Schlüsselindustrien inspirierten Alarmrufe gerechtfertigt sind. Berechtigt erscheint die Voraussage, daß eine Belebung der Konjunktur im Frühjahr und eine weitere Besserung der Wirtschaftslage im Herbst zu erwarten sind."[56]

Wenn wir in Betracht ziehen, daß die ganze Wirtschaftsberichterstattung der Vereinigten Staaten gegenwärtig darauf eingestellt ist, die öffentliche Meinung zu beruhigen und die Krise als bloße Folge des Börsenkrachs darzustellen, so müssen wir die Äußerungen des Harvard-Instituts dahin deuten, daß es mit einer Krise bzw. einer Depression für das ganze Jahr 1930 in den Vereinigten Staaten rechnet.

## Die Krise und das Preisproblem

Die Wucht, mit der die Wirtschaftskrise in den Vereinigten Staaten auf den europäischen Kapitalismus und insbesondere auf jene Länder, wie z. B. Großbritannien und Deutschland, die keine vorhergehende Hochkonjunktur durchgemacht haben, deren Wirtschaft vor allem durch den allgemeinen Niedergang des Kapitalismus beeinflußt wird, einwirken wird, hängt vor allem davon ab, *wie stark der Preisfall in der Krise sein wird.*

Bei dieser Gelegenheit wird es sich entscheiden, ob jenes Weltwirtschaftspreisniveau, das sich nach dem großen Preisfall in der Krise 1920 bis 1921 herausgebildet hatte, als „normales", d. h. dem Wertverhältnis von Gold und Waren entsprechendes Preisniveau anzusprechen ist oder ob es noch Elemente der Inflation aus der Kriegsperiode enthält, die bei dieser Gelegenheit liquidiert werden würden. Ist die erste Ansicht richtig, so dürfte der Preisfall in der Krise nicht besonders groß sein, da ja auch in der Konjunktur keine Erhöhung der Preise eingetreten war. Ist der zweite Standpunkt — den wir seit jeher einnehmen — richtig, so dürfte der Preisfall über den in den Krisen der Vorkriegszeit üblichen hinausgehen.

Theoretisch kann man die Frage folgendermaßen skizzieren:

1. Nehmen wir an, daß die Produktionskosten des Goldes, des Wertmessers, in einer Periode konstant bleiben, während der Wert aller anderen Waren entsprechend der für den Kapitalismus charakteristischen Erhöhung der Produktivität der Arbeit fällt, so müßte

56 Deutsche Bergwerks-Zeitung vom 24. Dezember 1929.

sich dies in einem Fallen des allgemeinen Preisniveaus ausdrücken. Die geringere Arbeitszeit, die in der Wareneinheit enthalten ist — d. h. der verringerte Wert —, würde sich in einer geringeren Quantität des wertbeständigen Goldes ausdrücken.

2. Setzen wir voraus, daß die Erhöhung der Produktivität der Arbeit durchschnittlich bei allen Waren *und* in der Goldproduktion gleichmäßig vor sich gegangen wäre. In diesem Fall würde zwar die in der Einheit der verschiedenen Waren enthaltene Arbeitszeit — d. h. ihr Wert — geringer geworden sein, da aber gleichzeitig der Wert des Goldes in einem gleichen Maße gesunken wäre, würde das Preisniveau unverändert bleiben.

3. Die in der Einheit des Goldes enthaltene Arbeitszeit — d. h. der Wert des Goldes — könnte stärker gesunken sein als diejenige der Waren infolge einer im Vergleich mit dem Durchschnitt der Warenproduktion stärkere Steigerung der Produktivität im Goldbergbau. In diesem Falle müßte das Preisniveau in die Höhe gehen.[57] Die allgemein bekannte Tatsache ist, daß das bisherige Preisniveau im Durchschnitt ungefähr 40 bis 50 % über jenem der Vorkriegszeit lag.

Was ist die Ursache dieser Erscheinung?

Die Erklärung, daß die Produktivität der Arbeit in der Warenproduktion gegenüber der Vorkriegszeit um ein Drittel gefallen wäre, bei gleichbleibendem Wert des Goldes, wäre natürlich unrichtig. Die Tatsachen beweisen, daß die Produktivität der Arbeit seit der Vorkriegszeit nicht nur nicht gefallen, sondern sehr stark gestiegen ist. Die Preisverschiebung kann daher keinesfalls auf die Weise erklärt werden, daß bei gleichgebliebenem Wert des Goldes die in der Einheit der Waren enthaltene Arbeitszeit und damit ihr Wert gestiegen wären. Wenn wir den Wert des Goldes als gleichgeblieben voraussetzen, so müßte das allgemeine Preisniveau gegenwärtig zweifellos niedriger stehen als vor dem Kriege.

Aber auch die andere mögliche Erklärung, daß der Wert des Goldes gegenüber der Vorkriegszeit um ein Drittel gefallen wäre, daß die in der Gewichtseinheit des Goldes enthaltene Arbeitszeit gegenwärtig um ein Drittel niedriger wäre als in der Vorkriegszeit, stimmt mit den Tatsachen nicht überein. Es ist seit der Vorkriegszeit keinerlei technische Revolution im Goldbergbau eingetreten, die zu einer sprunghaften Verminderung des Goldwertes geführt hätte. Die Tatsache, daß die Goldproduktion ihrem Gesamtquantum nach die Vorkriegshöhe noch kaum erreicht hat, beweist dies indirekt, denn wäre irgendeine große technische Neuerung vorhanden gewesen, so hätte sich die Produktion des Goldes rasch ausgedehnt.

57 Es ist hier — wie das allgemein üblich ist — angenommen, daß das Austauschverhältnis zwischen Gold und Waren von den jeweiligen Produktionskosten bestimmt ist. Wir glauben, wie wir das schon öfters ausführten, daß dies theoretisch nicht ganz richtig ist. Erstens bildet die laufende Goldproduktion, die Produktion des letzten Jahres, nur einen kleinen Bruchteil des gesamten Goldvorrats, der die Funktion des Geldes gegenüber den Waren ausübt. Es ist nicht wahrscheinlich und nur in gewissem Sinne der Grenznutztheorie annähernd, wenn man annimmt, daß der Wert des gesamten Goldquantums der Welt von dem Wert des jeweils in dem letzten Jahre produzierten im Verhältnis zum vorhandenen Gesamtvorrat relativ sehr geringen Quantums bestimmt wird.
Zweitens: Die Produktionskosten, daher auch der Wert des neuproduzierten Goldes, wechseln je nach den Naturbedingungen der Goldproduktion, d. h. je nach dem Goldgehalt des produzierten Erzes. Die Auslagen richten sich nach dem Quantum des verarbeiteten Erzes, die Einnahmen nach seinem Goldgehalt; daher die Tatsache der Bergwerksrente im Goldbergbau. Wenn man weiter annimmt, daß der Wert des im letzten Jahr produzierten Goldes den Wert des Gesamtquantums des in der Welt vorhandenen Goldes bestimmt, so müßte auch gesagt werden, welche von den von Bergwerk zu Bergwerk variierenden Produktionskosten bzw. Wert des Goldes bestimmend für das Gesamtquantum sei?
Indessen würde die Erörterung dieses Problems zu weit in allgemeine theoretische Fragen hineinführen.

Wir kommen also zu dem Ergebnis, daß *die Verschiebung des Austauschverhältnisses zwischen Gold und Waren nicht auf einer Verschiebung des Wertverhältnisses beruht!* Wir müssen daher die Erklärung der Teuerung in Preisfaktoren suchen, die sich unabhängig von den Änderungen in der Wertbasis geltend machen.

Wie wir öfters ausführten, glauben wir, daß der Preissturz im Jahre 1920 die inflatorischen Elemente der Preisbildung während des Krieges, also die Preiserhöhung, die während des Weltkrieges — als die Nachfrage nach Waren das Angebot ständig überstieg — unabhängig von Wertverschiebungen vor sich ging, nicht vollkommen liquidiert hatte. Gewisse Elemente der Produktionskosten wie z. B. Pachten, Frachtkosten, Steuern und ähnliches waren auf Grund der Preisverhältnisse der Kriegszeit auf Jahre hinaus vertraglich fixiert und konnten daher nicht abgebaut werden. Daher bildete sich unter der Einwirkung dieser vertraglich fixierten Elemente der Produktionskosten nach der Krise von 1920 ein neues Preisniveau heraus, das gegenüber der Vorkriegszeit noch immer starke Elemente der Inflationsperiode mit enthielt. Nur eine eingehende, sich auf die Produktionskosten der einzelnen Waren erstreckende Analyse der Preisgestaltung der Nachkriegszeit könnte das Vorhandensein dieser Elemente konkret nachweisen.

Daß das Preisniveau, das sich nach der Krise von 1920 herausgebildet hatte, nicht dem Austauschverhältnis zwischen Gold und Ware ihrem Wert nach entspricht, beweist die Tatsache, daß in den letzten Jahren, insbesondere während der Hochkonjunktur, in den Vereinigten Staaten von Amerika keine Preiserhöhung eingetreten ist: im Gegenteil, Hochkonjunktur und Preissenkung fielen zeitlich zusammen, was in der Vorkriegszeit niemals der Fall war. Der langsame Abbau der Inflationselemente in der Preisbildung ging trotz der Hochkonjunktur allmählich vor sich. Folgende Tabelle zeigt die Preisgestaltung der letzten Jahre in den wichtigsten kapitalistischen Ländern:

| | Vereinigte Staaten (Bureau of Labour) | Großbritannien (Economist) 1913 = 100 | Deutschland (Statist. Reichsamt) |
|---|---|---|---|
| 1925 | 158,7 | 160,9 | 141,8 |
| 1926 | 151,0 | 140,4 | 134,4 |
| 1927 | 146,8 | 143,7 | 137,6 |
| 1928 | 147,5* | 140,9 | 140,0 |
| 1929 | 148,0 (Sept.) | 126,9 (Dez.) | 135,5 (Nov.) |

* Umgerechnet: gegenwärtig wird dieser Index, auf das Jahr 1926 als Grundlage bezogen, veröffentlicht.

Die Tendenz zum Preisfall ist, wenn auch Schwankungen im Zusammenhang mit dem Konjunkturgang und anderen Momenten vorhanden sind, zweifellos vorhanden, am klarsten in Großbritannien, wo die Preisgestaltung nicht durch Schutzzölle beeinträchtigt wird.

Neben dem Rest der Inflation spielen offenbar Preiserhöhungen als Folge der starken Monopolentwicklung (gegenwärtig mehr als in der Vorkriegszeit) eine Rolle bei der Höhe des Preisniveaus. Die monopolistischen Preiszuschläge, die die Monopole über den Produktionspreis im Sinne von Marx (Kostenpreis plus Durchschnittsprofit) hinaus vornehmen, gehen — insofern sie Rohstoffe bzw. Halbfabrikate betreffen — in die Produktionskosten der folgenden Produktionsstufe ein. Unter der allgemeinen Voraussetzung der marxistischen Wertlehre, daß die Gesamtsumme der Preise mit der Gesamtsumme der Werte zusammenfallen muß, könnten Monopolprofite nur Verschiebungen in der Preisbildung von Monopolwaren und Nicht-Monopolwaren hervorbringen, aber keine allgemeine Preissteigerung; die höhere Profitrate der Monopolkapitalisten müßte sich durch eine niedrigere Profitrate in jenen Zweigen, in denen keine Monopolbildung vorhanden ist, kompensieren.

Dies gilt aber nur unter der Voraussetzung, daß auch die Arbeitskraft zu ihrem vollen Wert bezahlt wird. Sehen wir von dieser Voraussetzung ab, die in der Niedergangsperiode des Kapitalismus praktisch offenbar noch weniger zutrifft als in früheren Perioden des Kapitalismus, so läßt es sich sehr gut denken, daß die als Ergebnis der Monopolprofite entstehende Preiserhöhung bei Rohstoffen und Halbfabrikaten auf die Fertigfabrikate übertragen und in Form von erhöhten Preisen mindestens zu einem Teil auf die Arbeiterklasse abgewälzt wird. Also Herabsetzung des Preises der Arbeitskraft unter ihren Wert. Es ist dies ein sehr komplizierter Prozeß und es wäre keinesfalls richtig — wie dies mehrmals in der marxistischen Literatur geschieht — das gegenwärtige höhere Preisniveau einfach als Ergebnis der Monopolbildung darzustellen. Daß es sich nicht um eine einfache Sache handelt, zeigt die Tatsache, daß die Preise der Fertigwarenindustrien, die im allgemeinen einer schwächeren Monopolbildung unterliegen als die Rohstoffe und Halbfabrikate, im Durchschnitt ein viel höheres Preisniveau aufweisen als die ersteren.

In Deutschland wurde Mitte Dezember vom Statistischen Reichsamt folgender Index notiert (1913 gleich 100):

| | |
|---|---|
| Rohstoffe und Halbfabrikate | 129,2 |
| Industrielle Produktionsmittel | 139,6 |
| Industrielle Konsumgüter | 168,7 |

Wir sehen also, daß relativ am stärksten gegenüber 1913 die Preise der industriellen Konsumgüter gestiegen sind, bei denen im großen und ganzen die Monopolbildung am geringsten fortgeschritten ist, und am wenigsten die Preise der Rohstoffe und Halbfabrikate, die der stärksten Monopolbildung unterliegen. Es findet also offenbar eine Überwälzung der monopolistischen Preiserhöhungen auf die weiteren Stufen der Produktion statt und man kann das hohe Preisniveau nicht einfach der Wirksamkeit der Kartelle zuschreiben.

Auf Grund aller dieser Überlegungen glauben wir, daß die jetzt begonnene allgemeine Krise einen stärkeren Preisabbau bringen wird als dies in den „normalen" Krisen üblich ist, da weitere Reste der inflationistischen Preisbildung abgebaut werden dürften. Tatsächlich findet gegenwärtig ein starker Rückgang der Preise von wichtigen Waren auf dem Weltmarkt statt. Der Preisfall wäre noch stärker, insbesondere bei landwirtschaftlichen Produkten, wenn nicht durch künstliche Stützungsaktionen (Kanadischer Weizen-Pool, Beleihung der Weizen- und Baumwollvorräte durch den Staat in den Vereinigten Staaten, Kaffeevalorisation in Brasilien, Roggenausfuhr-Abkommen zwischen Polen und Deutschland, Weizenausfuhr-Abkommen zwischen Ungarn und Jugoslawien) die Preise hochgehalten würden.

Von dem Ausmaße des Preisfalls, den die Krise in den Vereinigten Staaten mit sich bringen wird, hängt aber nicht nur die Wucht ab, mit der die Krise in den Vereinigten Staaten auf die übrige kapitalistische Welt einwirken wird, sondern wird auch die Bedeutung der internationalen Verschuldung weitgehend beeinflußt werden. Die Reparationsverpflichtungen Deutschlands im Young-Plan und die interallierten Schulden sind in nominalen Geldeinheiten vertraglich fixiert. Ihr Betrag ist unabhängig von dem Austauschverhältnis zwischen Gold und Waren: vom Preisniveau. Tritt also ein Sinken des Preisniveaus von 10 bis 20% ein, so bedeutet dies, daß sich die Reparationsverpflichtungen Deutschlands, d. h.

jenes Quantum an Waren bzw. Werten, das Deutschland zur Bezahlung seiner Verpflichtungen seinen Schuldnern überlassen müßte, ebenfalls automatisch um 10 bis 20% erhöhen. Das gleiche ist mit den Schulden der Ententeländer untereinander und vor allem an die Vereinigten Staaten der Fall. Sie erhöhen sich ihrem realen Gewichte nach entsprechend dem Sinken des Preisniveaus. Das gleiche gilt natürlich auch von den auf privatem Wege entstandenen internationalen Zahlungsverpflichtungen.

Wenn Deutschland z. B. gegenwärtig mit den Reparationen zusammen rund drei Milliarden Mark jährlich an Zinsen und Amortisationen zu bezahlen hat, so würde es bei einem Sinken des Preisniveaus um 20% zur Zahlung seiner Verpflichtungen eine Warenmenge ins Ausland exportieren müssen, die bei dem heutigen Preisniveau 3,6 Mrd. Mark betragen würde. Andererseits würde sich der Tribut, den die ganze Welt an die Vereinigten Staaten zu zahlen hat, ebenfalls um 10 bis 20% erhöhen.

Ein starker Preisfall würde aber auch innerhalb der einzelnen nationalen Wirtschaften große Verschiebungen und schwere Krisen bedeuten. Bei den kurzfristigen Zahlungsverpflichtungen innerhalb der Zirkulationssphäre würde sich eine Lage herausbilden, bei der die Kaufleute aus dem Verkauf der Waren weniger einlösen würden als sie selbst dafür zu zahlen verpflichtet wären. Zahlungsstockungen, Bankrotte, eine allgemeine Erschütterung des Vertrauens wären die Folge.

Die Industrie arbeitet bekanntlich in großem Maße mit langfristigem Leihkapital — Obligationen, Hypothekenkrediten, fixverzinslichen Vorzugsaktien usw. Der Preisfall bedeutet, daß sich der Anteil des Leihkapitals am Profit des Unternehmens real entsprechend dem Preisfall erhöht. Der Preisfall bedeutet auf diese Weise eine Verschiebung der Einkommensverteilung zugunsten der Kreditoren und zu Lasten der Schuldner, eine automatische Erhöhung des realen Einkommens der Rentnerklasse. Kurzum, alle jene Erscheinungen, die wir aus der Deflationsperiode in Großbritannien gut kennen.

Wir sehen also, wie wichtig die Frage der Größe des Preisfalls nicht nur für die Weiterpflanzung der Krise in den Vereinigten Staaten, sondern auch für die Gestaltung der Schuldenlasten sowohl national als auch international sowie für die Einkommenverteilung zwischen den einzelnen Klassen innerhalb der nationalen Wirtschaften ist.

## Geld- und Kapitalmarkt

Die starke Spannung auf dem Geldmarkt, die sich bis zu einer Kreditkrise gesteigert hatte, — am 26. September hatte die Bank von England ihren Zinsfuß auf $6^1/_2$% erhöht, was nur in Krisenzeiten der Fall zu sein pflegt — ging mit dem Zusammenbruch der Börsenhausse in den Vereinigten Staaten mit *einem* Schlag zu Ende. Kurzfristiges Kapital, das bis Oktober ununterbrochen von Europa nach den Vereinigten Staaten wanderte, schlug sofort den Rückweg ein. Die Folge waren eine jähe Änderung in der Gestaltung der Valutakurse zwischen Europa und den Vereinigten Staaten und dementsprechend ein starker Rückfluß von Gold aus den Vereinigten Staaten nach Europa.

Für einen Dollar wurden notiert Schweizer Franken in Zürich[58]:

| | |
|---|---|
| 1. September | $5{,}19^5/_8$ |
| 1. Oktober | $5{,}18^1/_4$ |
| 1. November | $5{,}15^7/_8$ |
| 1. Dezember | 5,15 |

58 Verschiedene Nummern der „Neuen Zürcher Zeitung“.

Ganz ähnlich entwickelten sich auch die Kurse der anderen europäischen Goldvaluten, sie standen von November an ständig auf oder unter dem Goldexportpunkt des Dollar. Daher setzte auch von November an ein starker Export von Gold aus den Vereinigten Staaten ein.

Der Nettoexport von Gold betrug:

| | |
|---|---|
| November | 25 Mio Dollar |
| Dezember | 91 Mio Dollar |

Auch im Januar setzt sich die Goldausfuhr nach Zeitungsnachrichten weiter fort.

Dieser Goldrückfluß macht es den europäischen Notenbanken möglich, zu einer Herabsetzung der hohen Bankraten zu schreiten. Die Bank von England setzte im Laufe von sechs Wochen die Bankrate dreimal herab: von $6^1/_2$ auf 5 Prozent. Fast alle Notenbanken der Welt — mit Ausnahme von Paris und der Schweiz, die ihre $3^1/_2$-Prozent-Bankrate auch während der Spannung aufrechterhalten hatten, setzten in den Monaten November/Dezember ihre Raten herunter. Die *erste* Wirkung der Krise der Vereinigten Staaten war auf diese Weise eine unerwartete Erleichterung des europäischen Geldmarktes.

Es taucht hier die Frage auf, ob der starke Geldabfluß aus den Vereinigten Staaten dort nicht in Kürze zu einer neuen Verschärfung des Geldmarktes führen würde. Wir glauben, daß diese Voraussetzung unrichtig ist. Das Federal-Reserve-System besaß Ende 1929, nach dem starken Goldexport im Dezember, noch immer einen um 300 Millionen Dollar größeren Goldvorrat, als vor einem Jahre! Mit europäischen Augen gesehen, ist ein Abfluß von 91 Millionen Dollar in einem Monat ein sehr schwerwiegendes Ereignis. Aber die Goldbestände der Vereinigten Staaten sind fast ebenso hoch wie die von ganz Europa. Das Jahr 1929 schließt — trotz des starken Abflusses am Jahresende — mit einer Zunahme des Goldvorrates von 250 Millionen Dollar, rund einer Milliarde Mark. Selbst wenn also der Goldabfluß in der Höhe wie im Dezember noch mehrere Monate andauern würde, brauchte es aus *diesem* Grunde keinesfalls zu einer Versteifung des Geldmarktes in den Vereinigten Staaten zu kommen.

Eine Verknappung ist um so unwahrscheinlicher, als — wie wir bei der Analyse der Krise in den Vereinigten Staaten bereits darlegten — allein durch den Börsenkrach rund 10 Mrd. Dollar an Geld- bzw. Leihkapital freigeworden sind. Die Einschränkung des Warenumsatzes macht ebenfalls Geld als Zirkulationsmittel frei, das als Leihkapital Verwendung finden kann. Schließlich besitzt das System in den fast eine Milliarde Dollar betragenden zu 100 Prozent mit Gold gedeckten Goldzertifikaten eine starke Reserve für eine eventuell nötige Ausdehnung der Notenzirkulation.

Eine Verknappung auf dem Geldmarkt der Vereinigten Staaten ist in den nächsten Monaten um so unwahrscheinlicher, als die Politik Hoovers auf eine möglichst rasche Wiederbelebung der Wirtschaft gerichtet ist und unter den hierzu angewendeten Mitteln die reichliche Versorgung der Geschäftswelt mit billigem Kredit eine große Rolle spielt. Tatsächlich sehen wir, daß das Reservesystem bemüht ist, die Notenzirkulation hochzuhalten. Die angeschlossenen Banken zahlen zwar ihre Schulden — eben weil Geldkapital aus den oben angeführten Gründen überflüssig geworden ist — an die Federal-Reserve-Banken zurück; diese aber suchen durch Ankauf von Wechseln und Staatspapieren auf dem offenen Markt die Banknoten wieder in die Zirkulation zu werfen. Unter diesen Umständen sind die Befürchtungen in bezug auf eine neuerliche Geldverknappung in den Vereinigten Staaten unseres Erachtens unbegründet (sie könnte nur als Folge einer Kreditkrise, einer allgemeinen Erschütterung des Vertrauens eintreten, was unwahrscheinlich ist). Anders steht die Sache für Europa. Hier, wo sich der Niedergang des Kapitalismus viel stärker geltend macht, wo auch die großen kapitalistischen Unternehmungen viel schwächer fundiert sind als in den Vereinigten Staaten, wo in weiten Gebieten auch heute größte Kapitalknappheit, sehr hohe Zinssätze und in einigen Ländern, z. B. in Polen und auf dem Balkan, eine sehr hohe Zahl von Wechselprotesten und Bankrotten stattfindet, sind eine allgemeine Vertrauenskrise und als deren Folge Kreditkrise, Bankkrise und Geldkrise keinesfalls ausgeschlossen. Es hängt von der Wucht der Konkurrenz der Vereinigten Staaten auf dem Weltmarkt ab, wie scharf sich die Krise in Europa geltend machen wird. Je schärfer die Wirtschaftskrise, desto wahrscheinlicher auch Kredit-, Bank- und Geldkrise.

## Abwehrversuche gegen die Konkurrenz der USA

Obwohl die infolge der Krise zu erwartende Verschärfung der Konkurrenz der Vereinigten Staaten auf dem Weltmarkt noch nicht eingetreten ist, beginnen bereits die Versuche der Abwehr. Dies ist selbstverständlich, da der Export von Industriewaren aus den Vereinigten Staaten bereits in der Periode der Hochkonjunktur in den ersten neun Monaten 1929 um 9 Prozent höher als im Jahre 1928 war und die Industrie der anderen Länder stark bedrängte. Die Abwehrmaßnahmen der einzelnen Länder bestehen vor allem in der Erhöhung der Zolltarife. Obwohl auf der Weltwirtschaftskonferenz 1927 alle Staaten feierliche Deklarationen über die Notwendigkeit eines Zollabbaues abgegeben hatten, obwohl in diesem Jahre der Völkerbund einen zweijährigen Stillstand der Zollerhöhungen beschließen sollte, werden die Zölle gegenwärtig in fast allen Ländern erhöht. Deutschland, Italien, Frankreich, Australien, sogar Ägypten, gehen mit Zollerhöhungen vor.

Indessen sind Schutzzölle nur für Länder mit einem bedeutenden inneren Markt von wirklichem Nutzen. Bei der rasch vor sich gehenden Konzentration der Betriebe muß ein Betrieb, der seine Produktion zu den weltwirtschaftlich-gesellschaftlichen Produktionskosten herstellen soll, sehr groß sein, aber der innere Markt eines kleinen Zollgebietes kann die Produktion eines so großen Unternehmens nicht aufnehmen. Daher Bestrebungen, dem Vordringen des Kapitalismus der Vereinigten Staaten in größeren Gebietseinheiten entgegenzutreten.

Charakteristisch für diese Bestrebungen ist die wieder erstarkende Bewegung in Großbritannien zur Schaffung eines zollgeschützten Imperiums, innerhalb dessen Grenzen Freihandel herrschen soll (free trade within the Empire). Sehr bezeichnend ist die Tatsache, daß der Führer der britischen Konservativen, Baldwin, in seiner Neujahrsbotschaft an die Primrose League, die Kernorganisation der Konservativen Partei, den Gedanken des Imperiums als zollgeschützte Wirtschaftseinheit in den Vordergrund stellt. Dies zeigt, daß die Konservative Partei die nächste Wahlschlacht unter diesem Programm auskämpfen will.

Tastende Versuche zur Schaffung eines größeren geschlossenen Wirtschaftsgebietes, freilich vorläufig auf rein ideologischem Gebiet, finden in Europa statt. Die Paneuropa-Bewegung, der Gedanke einer europäischen Föderation, wie sie Briand angeregt hatte, und ähnliches zeigen die Richtung dieser Bestrebungen. Die ökonomische Verflechtung des europäischen Kapitals, insbesondere Tatsachen wie das kontinentaleuropäische Stahlkartell und das deutsch-französische Kaliabkommen, geben diesen politischen Ideen eine gewisse ökonomische Fundierung.

Selbstverständlich ist es von der Idee zur Wirklichkeit eine gewaltige Distanz. Die Widersprüche zwischen den Interessen der Bourgeoisie der einzelnen Länder durchkreuzen immer wieder diese Bestrebungen. Dies ist auch innerhalb des britischen Imperiums der Fall. Es ist ganz undenkbar, daß sich die Idee des „Freihandels innerhalb des Reichs" bei gleichzeitigem Zollschutz gegenüber der übrigen Welt verwirklichen ließe. Es würde bedeuten, daß Kanada, Australien und Südafrika ihre industrielle Entwicklung den Interessen des Mutterlandes unterordnen würden, wovon keine Rede sein kann. Andererseits hätte die ökonomische Einheit des Empire für diese großen Lebensmittel- und Rohstoffexportländer nur einen Sinn, wenn Großbritannien von seiner traditionellen Freihandelspolitik abgehen und Lebensmittel- und Rohstoffzölle gegenüber den Ländern außerhalb des Imperiums anwenden würde.

Ebenso schwer sind die Interessengegensätze zwischen den einzelnen Ländern Kontinentaleuropas. Auch hier ist keinerlei Aussicht vorhanden, daß die Idee einer ökonomischen Vereinigung des kapitalistischen Europa sich in absehbarer Zeit verwirklichen könnte. Diese Ideen und Pläne zeigen nur, wie tief die allgemeine Krise des Kapitalismus ist, wie ausweglos sein Schicksal erscheint. Lange bevor diese Pläne zur Verwirklichung gelangen könnten, wird der Kapitalismus dem Ansturm der proletarischen Massen erliegen.

## Die Arbeitslosigkeit

Krise, Wintersaison und fortschreitende organische Arbeitslosigkeit haben um die Jahreswende zu einem ungeheuer starken Anschwellen der Arbeitslosigkeit in der kapitalistischen Welt geführt. Die Zahl der Arbeitslosen überschreitet in der kapitalistischen Welt sicherlich zehn Millionen. Dabei sind die amtlich gegebenen Zahlen überall bedeutend kleiner, als es der Wirklichkeit entspricht.

An der Spitze marschieren mit ihrem viele Millionen zählenden Heer von Arbeitslosen zweifellos die *Vereinigten Staaten.* Wir gaben im I. Teil unserer Übersicht bereits einige Schätzungen. Amtlich wird berichtet, daß bereits im September 16% aller Arbeiter mit gekürzter Arbeitszeit gearbeitet haben. Die Zahl der Vollarbeitslosen dürfte nach den großen Entlassungen in den letzten zwei Monaten zumindest 4 bis 5 Millionen betragen.

An zweiter Stelle steht *Deutschland.* Die Zunahme der Zahl der Arbeitslosen ist hier eine stürmische. Allein in der zweiten Hälfte Dezember betrug die Zunahme 20%. Am 15. Dezember wurden 1,4 Millionen Arbeitslose unterstützt, 200000 erhielten Krisenunterstützung. Die Zahl jener Vollarbeitslosen, die keine Unterstützung erhalten, wird vom Konjunkturinstitut regelmäßig auf 10% geschätzt. Sicher eine zu niedrige Schätzung, aber selbst auf dieser Grundlage ergeben sich 1,8 Millionen Vollarbeitslose. Hierzu die Kurzarbeiter — mindestens eine Million (geschätzt auf Grundlage der Angaben der Gewerkschaften!), zusammen mindestens drei Millionen Arbeitslose. Mit ihren Familien eine Bevölkerung von über 10 Millionen Menschen (bis Mitte Januar ist die Arbeitslosigkeit um etwa eine weitere Million gestiegen).

Bereits im November gab es 13,8% Vollarbeitslose und 7,3% Kurzarbeiter in den Gewerkschaften, zusammen also 21,1%. Im Januar dürfte diese Zahl 30% erreichen. Da nicht die gleichen Arbeiter ständig arbeitslos sind, so ergibt sich folgender Zustand: Es gibt ungefähr 2 bis 4% der Arbeiterschaft — Alte, Halbinvalide, Kranke, Gelegenheitsarbeiter —, die fast ständig arbeitslos sind. Es gibt 10 bis 20% der Arbeiterschaft, die Verräter an der Sache der Klasse — Technische Nothilfe, Stahlhelm, Werkmeister, Gewerkschaftsfunktionäre und ähnliches —, der neue Typus der Arbeiteraristokratie, die niemals oder fast niemals arbeitslos sind. Es gibt die restlichen 75 bis 80% der Arbeiterschaft, die die große Armee der Arbeitslosen ergibt. Wenn man die durchschnittliche Arbeitslosigkeit (Kurzarbeit) auf drei Monate im Jahre annimmt, so ergibt sich, daß bei einer Arbeitslosigkeit bzw. Kurzarbeit von zusammen 20% jeder Arbeiter — mit Ausnahme der neuen Arbeiteraristokratie — jedes Jahr drei Monate arbeitslos ist. Die Arbeitslosigkeit ist keine Ausnahmeerscheinung mehr wie in der Vorkriegszeit, sondern das *Regelmäßige*, das Unausbleibliche, das Typische im Leben der Arbeiterklasse[59].

Welche Rolle spielt hierbei die organische Arbeitslosigkeit? Dies ist bei der Mangelhaftigkeit der deutschen Statistik schwer festzustellen. Zumindest findet der Nachwuchs der Arbeiterschaft keinen Platz im Produktionsprozeß. In einer interessanten Zusammenstellung der „Bergwerks-Zeitung" vom 29. Dezember 1929 finden wir hierüber folgende Daten (siehe Tabelle 26):

*Tabelle 26*
Gesamtzahl der Beschäftigten (nach der Statistik der reichsgesetzlichen Krankenkassen in % des Standes am 15. Juni 1925)

| | Jan. | Febr. | März | April | Mai | Juni | Juli | Aug. | Sept. |
|---|---|---|---|---|---|---|---|---|---|
| 1928 | 94,3 | 94,9 | 96,0 | 98,4 | 101,2 | 102,4 | 102,7 | 102,7 | 102,6 |
| 1929 | 91,7 | 89,3 | 90,4 | 96,6 | 101,4 | 102,7 | 102,7 | 102,5 | 102,0 |

Der Höchststand des Beschäftigungsgrades im Jahre 1929 zeigt mit 102,7% eine nur um 2,7 höhere Zahl als Mitte 1925, vor vier Jahren. Das sind rund 300000 (bei etwas unter 1,2 Millionen Krankenkassenmitgliedern). Der Zuwachs an Arbeitskräften muß aber das Doppelte betragen haben.[60]

Das dritte Hauptland der chronischen Massenarbeitslosigkeit ist Großbritannien. Die Hoffnung, daß es der Arbeiterpartei-Regierung gelingen würde, die Zahl der Arbeitslosen zu vermindern, hat sich als vollkommen trügerisch erwiesen. Die Zahl der Arbeitslosen ist gegenwärtig um einige 100000 höher als beim Regierungsantritt der Britischen Arbeiterpartei!

Die Tendenz zur Stagnation bzw. Abnahme der vom industriellen Kapital beschäftigten, unmittelbar Wert und Mehrwert schaffenden Arbeiter, die Zunahme der unproduktiven

59 Ich hatte auf dem X. Plenum des EKKI den Standpunkt vertreten, der von der Komintern zurückgewiesen wurde, daß Lebenshaltung und Reallohn der Arbeiterschaft identisch seien. Dies war tatsächlich unrichtig. Dies würde bedeuten, daß wir als zentrale Figur, als Repräsentanten der Arbeiterklasse den vollbeschäftigten Arbeiter setzen, was bei der unablässig fortschreitenden Ausdehnung der Arbeitslosigkeit absolut unrichtig wäre! Der vollbeschäftigte Arbeiter wird mit der immer weiter fortschreitenden organischen Arbeitslosigkeit immer mehr der Repräsentant der schmalen Schicht privilegierter Arbeiterverräter, der neuen Arbeiteraristokratie, die sich dem Kapital verkauft hat und eine gegenrevolutionäre Kraft bildet.

60 Die seit 1925 neu ins arbeitsfähige Alter tretenden Jahrgänge der Bevölkerung Deutschlands (12 bis 15 Jahre) umfassen rund 5 Millionen, die austretenden (46 bis 50 Jahre) rund 3 Millionen. Zuwachs rund 2 Millionen. Hiervon Arbeiter rund 800000. Zuwachs an Arbeitslosen rund 400000 in vier Jahren.

*Tabelle 27*
Hauptunterstützte Erwerbslose (in Tsd.)

| | Januar | Februar | März | April | Mai | Juni | Juli |
|---|---|---|---|---|---|---|---|
| 1927 | 1965 | 2175 | 2075 | 1460 | 1330 | 749 | 633 |
| 1928 | 1547 | 1452 | 1208 | 892 | 762 | 724 | 647 |
| 1929 | 2391 | 2622 | 2019 | 1325 | 1011 | 929 | 863 |

| | August | September | Oktober | November | Dezember |
|---|---|---|---|---|---|
| 1927 | 560 | 492 | 456 | 751 | 1399 |
| 1928 | 654 | 663 | 764 | 1138 | 1929 |
| 1929 | 883 | 910 | 1061 | 1194 | 1400* |

* Mitte Dezember.

Arbeiter, die Zunahme der unproduktiven Arbeiter zeigt sich klar an den Zahlen der britischen Statistik:

| | 1923 | 1927 | 1928 | 1929 |
|---|---|---|---|---|
| | (in Mio) | | | |
| Zahl aller versicherten Arbeiter im Juli | 11,49 | 11,78 | 11,88 | 12,09 |

| | Zunahme in 6 Jahren 600000 | Zunahme im letzten Jahr 212000 |
|---|---|---|
| Hiervon: Handel | 423000 | 66000 |
| Hotels, Klubs, Restaurants | 74000 | 10000 |
| Kommunale Beamte | 32000 | 19000 |
| Tramway und Autobus | 47000 | 14000 |
| | 576000 | 109000 |

*Quelle*
The Ministry of Labour Gazette, November 1929.

Es zeigt sich, daß von der Zunahme von 600000 Versicherten innerhalb sechs Jahren 576000 auf diese vier, unmittelbar keinen Wert und Mehrwert schaffenden Beschäftigungszweige entfällt! Auch im letzten Jahre entfallen mehr als die Hälfte der Zunahme auf diese vier unproduktiven Zweige.

Die Zahl der Versicherten fällt aber nicht mit der Zahl der *Arbeitenden* zusammen! Die Arbeitslosen sind in diesen Zahlen nicht enthalten. Da die Arbeitslosigkeit einiger Industrien — Bergbau, Schiffbau, Baumwollindustrie — weit über dem Durchschnitt steht, dürfte die Zahl der tatsächlich aktuell Wert und Mehrwert schaffenden Arbeiter relativ noch geringer sein, als dies die obigen Zahlen zeigen.

Aber nicht nur diese großen Industrieländer haben gegenwärtig eine sehr hohe Arbeitslosigkeit, auch alle anderen europäischen Länder — mit Ausnahme bisher von Frankreich — haben ihre absolut zwar viel kleinere, aber im Verhältnis zur Zahl der Industriearbeiterschaft recht hohe Arbeitslosigkeit. So wird z. B. in *Polen* amtlich für Dezember eine Arbeitslosenzahl von 154000 angegeben, die tatsächlich gewiß bedeutend höher ist. In *Österreich*, in der *Tschechoslowakei*, in *Ungarn* sind die Arbeitslosenzahlen höher als jemals. In Ungarn schätzt das Ministerium für Volkswohlfahrt die Arbeitslosigkeit auf 15% bereits im November.[61] In *Italien*, in Spanien, überall Massenarbeitslosigkeit.

Wir geben im folgenden die Tabelle der Arbeitslosigkeit, die jedoch wegen Rückständigkeit der Statistik, die um die Jahreswende eingetretene starke Erhöhung der Arbeitslosigkeit noch nicht wiedergibt:

| | Großbritannien | Belgien | Holland | Dänemark | Schweden | Deutschland |
|---|---|---|---|---|---|---|
| 1929 Juli | 9,8 | 0,6 | 3,1 | 9,8 | 6,5 | 8,6 |
| 1929 Aug. | 10,1 | 0,5 | 3,3 | 9,3 | 6,3 | 8,9 |
| 1929 Sept. | 10,1 | 0,6 | 3,3 | 8,8 | 7,2 | 9,6 |
| 1929 Okt. | 10,4 | 0,5 | 3,5 | 10,0 | 8,6 | 11,0 |
| 1929 Nov. | 11,0 | — | — | 19,9 | 10,4 | 13,8 |
| 1929 Dez. | 11,1 | — | — | — | — | 20,0 |

## Die zweite Haager Konferenz

Es ist uns wegen Raummangels unmöglich, eine Analyse der Entwicklung der Reparationsfrage seit der ersten Haager Konferenz zu geben. Wir beschränken uns auf einige skizzenhafte Bemerkungen.

1. Nach langen, äußerst schwierigen Verhandlungen wurde das Statut der Bank für Internationale Zahlungen (BIZ) fertiggestellt und der Sitz der Bank in der Schweiz bestimmt. Die Statuten bedeuten eine Einengung des ursprünglich sehr weit gedachten Tätigkeitsgebietes der BIZ. Auch das Aktienkapital wurde nicht, wie ursprünglich gedacht, mit 300 Millionen Dollar, sondern mit bloß 100 Millionen Dollar bestimmt. Es wird also keinesfalls eine Großbank im internationalen Maßstabe sein.

2. Deutschland und die USA haben ein Sonderabkommen getroffen, wonach die Zahlungen Deutschlands an die USA aus dem Gesamtkomplex des Young-Planes herausgenommen und nicht über die BIZ geleitet, sondern unmittelbar an die USA bezahlt werden. Hierbei wurden Deutschland in bezug auf Moratorien usw. die gleichen Bedingungen gewährt wie allen anderen Schuldnerländern der USA. Auch verzichteten die USA auf alle besonderen Pfänder zur Sicherung ihrer Forderungen.

Die USA konnten sich diese Großmut leicht leisten, da es sich um ganz kleine Summen handelt. Jedenfalls bedeutet dieses Vorgehen der USA *eine Absonderung von den anderen Reparationsgläubigern*, eine politische Avance an Deutschland. Damit bleiben die USA amtlich von jeder Beziehung zur BIZ fern. Dies bedeutet aber natürlich nicht, daß die Bank unter gegebenen Umständen nicht trotzdem zu einem Institut des Bankkapitals der USA werden könnte. Diese Befürchtung ist noch unlängst in der französischen Kammer zur Sprache gebracht worden, und Briand mußte beruhigend eingreifen.

61 Vgl. Népszava vom 19. Dezember 1929.

3. Auf der II. Haager Konferenz wurde vor allem die Frage des Wirkungskreises des im Young-Plan und im Statut der BIZ vorgesehenen *Ausschusses* (der zusammentreten und die Lage prüfen soll, wenn Deutschland seine Transfer- bzw. Zahlungsunfähigkeit erklärt) behandelt. Dies ist eine äußerst heikle politische Frage! Die Deutschen sehen bekanntlich im Ausschuß das Instrument für eine eventuelle Revision des Young-Planes. Im Young-Plan selbst ist dieser Wirkungskreis des Ausschusses in sehr vagen Ausdrücken umrissen. Es ist unklar, was für Vorschläge er machen darf. Inwieweit sind auf seine Vorschläge hin die Regierungen verpflichtet, diese Vorschläge zu beraten usw.? All dies ist völlig dunkel.

4. Um in der Frage Klarheit zu schaffen, haben die Franzosen das Problem der Sanktionen für den Fall, daß Deutschland den Young-Plan überhaupt als für sich nicht verpflichtend erklären sollte, aufgeworfen. Nach langwierigen Verhandlungen kam eine Vereinbarung zustande, die im wesentlichen folgendes enthält: Wird gegen Deutschland der Vorwurf erhoben, daß es den Young-Plan durchbrochen habe, so wird der Sachverhalt dem Internationalen Gerichtshof im Haag zur Entscheidung unterbreitet. Entscheidet der Gerichtshof gegen Deutschland, so wird der Young-Plan als nicht mehr bestehend betrachtet und die im Versailler Friedensvertrag vorgesehenen Sanktionsrechte — militärische Besetzung usw. — treten wieder in Kraft. Diese Lösung wurde von der deutschen Delegation mit der Motivierung angenommen, daß ja Deutschland keinesfalls daran denke, die im Young-Plan übernommenen Verpflichtungen nicht einzuhalten.

Die große Sensation der Konferenz war aber die Mitteilung von Schacht, die Direktion der Reichsbank behalte sich die Entscheidung über eine Beteiligung an der Zeichnung des Aktienkapitals der Reparationsbank vor. Diese Mitteilung machte Schacht angeblich ohne vorherige Verständigung der deutschen Delegation bzw. der deutschen Regierung. Auf die Mitteilung Schachts wurde im Haag beschlossen, nötigenfalls an Stelle der Reichsbank die Reichskreditgesellschaft in die Organisation der Reparationsbank einzustellen. Doch erklärte sich Schacht später bereit, wenn ein Gesetz dieses ausdrücklich vorsehen sollte, seiner Weigerung zu entsagen. Der Vorstoß Schachts war einerseits ein Manöver aus innenpolitischen Gründen, anderseits ein Teil des Kampfes um die Beherrschung der Reparationsbank.

5. Durch die Beschlüsse der II. Haager Konferenz wird der Young-Plan nunmehr auch formell in Kraft treten. Die Reparationskommission stellt ihre Tätigkeit ein, die ausländischen Mitglieder der Reichsbank- und der Reichsbahndirektionen, die verschiedenen Kommissäre verlassen zusammen mit dem Reparationsagenten das Land. Die Zahlung der Reparationssummen und die Verbindung Deutschlands mit den Reparationsempfängern werden ausschließlich auf dem Wege der Reparationsbank vor sich gehen. Die dringendsten Aufgaben werden nunmehr die Übergabe der Reparationsobligationen an die Reparationsbank und die Mobilisierung eines Teiles von ihnen sein. Bei dem gegenwärtigen Zustand des internationalen Kapitalmarktes kommt für die Mobilisierung vor allem Frankreich selbst in Frage. Wir werden darauf später zurückkommen.

6. Es ist zweifellos, daß die Wirtschaftskrise und insbesondere der Preisfall das Gewicht der Reparationslasten für Deutschland sehr erschweren werden. Die Last ist in Goldmark festgelegt. Fällt das Preisniveau um 10%, so bedeutet dies, daß Deutschland um 10% mehr Waren, d. h. um 10% mehr an Wert hingeben muß, um seine Reparationsverpflichtungen abzutragen. Das ökonomische Gewicht der Reparationen steigt und fällt mit dem Preisfall, der in dieser Krise ein ziemlich starker sein dürfte.

7. Neben den Fragen des Young-Planes spielten die sehr komplizierten Fragen der Ost-

reparationen, die gegenseitige Verrechnung von Schulden und Forderungen der sogenannten „Nachfolgestaaten", die Reparationszahlungen von Ungarn, Bulgarien und Österreich eine Rolle. Die Schulden der Länder, die auf seiten der Entente gekämpft haben, an die einzelnen Ententeländer sind in den Hintergrund getreten.

Das Interesse an der II. Haager Konferenz wurde durch die am 21. Januar beginnende Seeabrüstungskonferenz in London sehr stark beeinträchtigt.

# IV. Spezieller Teil

## Deutschland

Wir haben uns mit den allgemeinen Problemen des deutschen Kapitalismus im II. Teil unserer Übersicht beschäftigt. Wir beschränken uns im folgenden nur auf die Skizzierung der Ereignisse der letzten Monate.

*In den letzten Monaten ist eine allgemeine Verschlechterung der Konjunktur in Deutschland eingetreten.* Diese Verschlechterung ist rein innerwirtschaftlichen Vorgängen zuzuschreiben. Die Wirkung der Krise in den USA auf die Wirtschaft Deutschlands hat sich bisher kaum geltend gemacht, im Gegenteil, der Börsenkrach in den USA und die darauf folgende Entspannung auf dem internationalen Geldmarkt ermöglichten am 2. November die Herabsetzung des Bankzinsfußes von $7^1/_2$ auf 7% und Anfang Januar auf $6^1/_2$%, was mit einer gewissen Erleichterung auf dem Geldmarkt verbunden war.

Diese kleine Erleichterung hat aber auf den allgemeinen Zustand des deutschen Geld- und Kapitalmarktes und auch auf den Gang der Konjunktur keinen nennenswerten Einfluß gehabt. Die zum Jahresschluß erscheinenden Betrachtungen der Wirtschaftslage in den verschiedenen Zeitungen und Zeitschriften sind im allgemeinen in einem sehr pessimistischen Ton gehalten.

Eine gewisse Ausnahme hiervon macht der Bericht des Instituts für Konjunkturforschung, der allerdings von Ende November datiert ist. Es heißt darin: „In der ersten Hälfte dieses Jahres war die Wirtschaft den vom Kapitalmarkt ausgehenden Hemmungen in gewissem Umfange entzogen, da der Auslandsabsatz verstärkt zunahm, der Wohnungsbau durch öffentliche Mittel gestützt wurde und die Saisonbewegung eine Entlastung brachte. Seit Jahresmitte sind diese Faktoren nicht mehr in gleicher Weise wirksam. Die Arbeitslosigkeit steigt mehr als saisonüblich. Auftragseingang und Rohstoffeindeckung nehmen ab. Produktion und Umsatz konjunkturempfindlicher Waren sinken. Die Preisbewegung ist weiter abwärts gerichtet . . . Obwohl die auf einen Konjunkturrückgang hindrängenden Spannungen somit nachgelassen haben, sind sie noch nicht überwunden. Ob die zu erwartende Entlastung der Kreditmärkte für sich ausreichen wird, den gegenwärtigen Konjunkturabschwung schon in den nächsten Monaten zum Stillstand zu bringen, ist daher nicht sicher. Die Wirtschaft dürfte jedenfalls nicht mehr weit davon entfernt sein, in eine konjunkturelle Depression einzutreten, in eine Phase also, die in ihrem weiteren Verlauf neuen Auftriebstendenzen Raum zu geben pflegt."

Wie wir bereits in unserer allgemeinen Darlegung bemerkten, will das Institut für Konjunkturforschung den seit zwei Jahren feststellbaren Stillstand in der Entwicklung der deutschen Wirtschaft als einen einfachen „Konjunkturabstieg" darstellen. Es will die Schranken des Aufstiegs der deutschen Wirtschaft — unabhängig von der zyklischen Bewegung — nicht sehen. Nach unserer Auffassung war konjunkturell die erste Hälfte des Jahres 1929 keine Abstiegsphase, sondern im Gegenteil eine nicht zur Entfaltung gelangte Aufstiegsphase, der gegenwärtig die Krisenphase folgt.

Betrachten wir die Entwicklung der deutschen Wirtschaft in den letzten Monaten, so sehen wir die für ein Heranreifen der Krise typische Gestaltung: Überproduktion von Konsumtionsmitteln (Waren der Abteilung II), während die Produktion von Produktionsmitteln (Waren der Abteilung I) noch ziemlich lebhaft weitergeht. „Die Konsumgüterindustrie, die Textil-, Leder-, Schuh-, Fahrrad-, Automobil- und Möbelindustrie verspüren die durchgängige Wirkung davon, während die Produktionsmittelindustrien auf Grund des strukturellen Bedarfs international einen höheren Stand bewahren. Man könnte zur Veranschaulichung so weit gehen zu sagen: Diese Verhältnisse haben in Europa einen Zustand entstehen lassen, der keinem der dem alten Konjunkturschema entnommenen Ausdrücke ganz entspricht, ein Stadium, bei dem Börse und Kreditmärkte die Symptome einer Depression und andererseits Teile der Produktionssphäre Anzeichen einer günstigen Konjunkturphase zeigen."[62]

Typisch für diese Entwicklung ist die Gestaltung der Textilindustrie: „Die im Oktober vorhandene hoffnungsvollere Stimmung im Textilgeschäft hat im November nicht ganz standgehalten. Wenn überhaupt noch verkauft wird, handelt es sich um kleinere Partien, die sofort lieferbar sein müssen . . .

Es liegen — namentlich im Westen Deutschlands — mehrere Spinnereien vollkommen still und es ist noch nicht abzusehen, wann diese an eine Wiedereröffnung denken können . . .

Auch die Leinenindustrie liegt noch schwer danieder. Selbst die Seidenindustrie, die in den vergangenen Jahren unter den Textilzweigen immer am besten gegangen ist, vermag sich jetzt nur mühsam durchzuhalten. Kunstseidenartikel finden zwar noch immer guten Verbrauch, indessen ist mittlerweile sowohl was Herstellung als auch was Verwertung von Kunstseide betrifft der Wettbewerb so groß geworden, daß die besten Zeiten vorüber sein dürften."[63]

Die bessere Konjunktur der Schwerindustrie hat lange angehalten. Erst in den letzten Monaten zeigt sich ein gewisser Rückgang der Produktion (siehe Tabelle 28):

*Tabelle 28*
Produktion der Schwerindustrie (in Tsd. t)

| 1929 | Steinkohle* | Braunkohle* | Roheisen* | Rohstahl* |
|---|---|---|---|---|
| September | 13480 | 14220 | 1109 | 1234 |
| Oktober | 14835 | 16050 | 1157 | 1377 |
| November | 14157 | 15623 | 1091 | 1286 |
| Dezember | 13652 | 14520 | 1100 | 1156 |

* ohne Saargebiet.

Die Produktion der Schwerindustrie bleibt also zwar immer noch über Vorjahreshöhe, bewegt sich aber im vierten Vierteljahr mit gewissen saisonbedingten Abweichungen auf einer abgleitenden Linie. In den nächsten Monaten dürfte zweifellos eine weitere Verschlechterung in der Schwerindustrie eintreten, als Folge des verminderten Auftragseingangs in der Maschinenindustrie sowohl aus dem Ausland als auch aus dem Inland sowie infolge des Stillstandes der Bauindustrie. Der Beschluß des internationalen Stahlkartells, die Produktion um 10% einzuschränken, nimmt diese Entwicklung vorweg.

62 Frankfurter Zeitung vom 19. November 1929.
63 Deutsche Bergwerks-Zeitung vom 7. Dezember 1929.

*Die Klagen über mangelnde Rentabilität*

Die Hauptnote in den Berichten über die deutsche Wirtschaft im Jahre 1929 in den Äußerungen der führenden Kapitalisten und Interessenverbände ist die ungenügende Rentabilität der deutschen industriellen Unternehmungen. Wir haben uns mit den strukturellen Gründen, die zu dieser ungenügenden Rentabilität führen — Stillstand eines bedeutenden Teils des Produktionsapparates, was eine zu hohe organische Zusammensetzung des gesellschaftlichen Gesamtkapitals gegenüber der technisch bestimmten organischen Zusammensetzung des Kapitals im Einzelbetrieb bedingt, unverhältnismäßig hoher Anteil des Leihkapitals am Profit — im zweiten Teil beschäftigt. Hier wollen wir nur einige uns zufällig vorliegende Angaben über den Stillstand des Produktionsapparates wiedergeben: „Seit rund fünf Monaten arbeitet die deutsche Baumwollindustrie mit nur 60 Prozent ihrer Leistungsfähigkeit."[64] „Aus den einzelnen Angaben ist zu schließen, daß im Durchschnitt des Jahres die Ausnutzung der deutschen Fabrikation in Personenwagen bei nur 50 bis 60 Prozent der Kapazität liegen dürfte."[65] „Die Ursache für die namentlich in der westdeutschen Ecke bestehende Spannung im Zementsyndikat besteht in dem starken Mißverhältnis zwischen Kapazität und Absatz ... Der Wicking-Konzern, von dem man wußte, daß er die Leistungsfähigkeit seiner bisher bestehenden Fabriken nur zu 40 bis 50 Prozent ausnutzte, ist mit der Errichtung einer großen neuen Fabrik in Neu-Wied beschäftigt."[66]

Die andere Ursache der Klagen über mangelnde Rentabilität ist das im Laufe des Jahres 1929 fallende Preisniveau. Der Großhandelsindex gestaltete sich in der letzten Zeit wie folgt (siehe Tabelle 29):

*Tabelle 29*
Großhandelsindex

| | Agrarstoffe | Kolonialwaren | Rohstoffe und Halbwaren | Industrielle Fertigwaren | | | Gesamtindex | Veränderung (in %) |
|---|---|---|---|---|---|---|---|---|
| | | | | Produktionsmittel | Konsumgüter | Insgesamt | | |
| 1927 | 137,8 | 129,2 | 131,9 | 130,2 | 160,2 | 147,3 | 137,6 | +2,4 |
| 1928 | 134,3 | 132,8 | 134,1 | 137,0 | 174,9 | 158,6 | 140,0 | +1,7 |
| Jan. 1929 | 131,7 | 123,9 | 134,0 | 137,7 | 174,7 | 158,8 | 138,9 | −0,7 |
| Sept. 1929 | 132,6 | 131,0 | 131,6 | 139,7 | 170,4 | 157,2 | 138,1 | — |
| Okt. 1929 | 131,7 | 126,2 | 130,9 | 139,6 | 169,5 | 156,6 | 137,2 | −0,7 |
| Nov. 1929 | 128,4 | 120,1 | 129,9 | 139,6 | 169,2 | 156,5 | 135,5 | −1,2 |
| Dez. 1929 | 126,2 | 115,0 | 129,3 | 139,6 | 168,7 | 156,2 | 134,3 | −1,2 |
| 8. Jan. 1930 | 123,9 | 113,9 | 128,6 | 139,5 | 168,4 | 156,0 | 133,1 | −1,2 |

Es bedarf keiner näheren Erklärung, daß fallende Preise ceteris paribus fallende oder fehlende Gewinne im Kapitalismus bedeuten.

64 Deutsche Allgemeine Zeitung vom 3. November 1929.
65 Kölnische Zeitung vom 24. November 1929.
66 Frankfurter Zeitung vom 3. November 1929.

*Der Außenhandel*

Die deutschen Industriekapitalisten haben in der zweiten Hälfte 1929 erfolgreich versucht, die Verschlechterung der Inlandskonjunktur durch forcierten Absatz im Ausland auszugleichen. Die Ausfuhr von Fertigwaren ist stark gestiegen und in den Monaten August, September, Oktober hatte Deutschland bekanntlich eine sehr aktive Handelsbilanz. Die wichtigsten *Daten des Außenhandels* sind folgende (siehe Tabelle 30):

*Tabelle 30*

| | Fertige Waren | | Reiner Warenverkehr | | | |
|---|---|---|---|---|---|---|
| | Einfuhr | Ausfuhr | Einfuhr | Ausfuhr mit Reparations-Sachlieferungen | Einfuhr-überschuß | Ausfuhr-überschuß |
| | Gegenwartswert in Mio Mark | | | | | |
| 1928 | 2458 | 8701 | 14047 | 12055 | 1993 | |
| Monatsdurchschnitt | 204 | 725 | 1171 | 1005 | 166 | |
| 1929 erste elf Monate | 2103 | 9058 | 12427 | 13071 | — | 644 |
| Monatsdurchschnitt | 191 | 823 | 1130 | 1188 | — | 58 |
| August | 179 | 884 | 1073 | 1191 | — | 118 |
| September | 180 | 879 | 1038 | 1204 | — | 166 |
| Oktober | 190 | 923 | 1107 | 1254 | — | 147 |
| November | 177 | 851 | 1161 | 1154 | 8 | — |
| Dezember | 163 | 775 | 1013 | 1063 | — | 50 |

Selbstverständlich hat die Möglichkeit der Ausdehnung der deutschen Ausfuhr ihre Schranken in der Aufnahmefähigkeit des Weltmarktes.

Die allgemeine Wirtschaftskrise und das Vordringen des amerikanischen Exports an Industriewaren in den nächsten Monaten wird wahrscheinlich einen Rückgang des deutschen Exports an Industriewaren nach sich ziehen. Im November ist bereits ein starker Rückgang eingetreten.

*Geld- und Kapitalmarkt*

Der Bankzinsfuß ist am 2. November von $7^1/_2$ auf 7 Prozent herabgesetzt worden, aber eine allgemeine Erleichterung trat auf dem deutschen Geldmarkt trotz der rückläufigen Konjunktur bisher nicht ein. Die Nachfrage des deutschen industriellen Kapitals — im Sinne von Marx — (Landwirtschaft, Industrie, Bergbau, Transport) ist fortlaufend so groß, daß sie aus der Kapitalbildung des eigenen Landes nicht befriedigt werden kann. Es ist für die Anarchie der kapitalistischen Produktionsweise bezeichnend, daß, obwohl bedeutende Teile des Produktionsapparates stilliegen, die innere und die internationale Konkurrenz zu immer weiteren Neuerrichtungen von Betrieben zwingen, um die Konkurrenzfähigkeit zu erhalten. Daher ständiger Kapitalmangel und ungemein hohe Sätze für Leihkapital in Deutschland.

Die folgenden Daten zeigen, daß im Laufe des letzten Jahres und insbesondere der letzten Monate dem deutschen Industriekapital viel geringere Summen an neuem Kapital zugeflossen sind als in früheren Zeiten. Wir geben die Hauptdaten der Zusammenstellung der „Frankfurter Zeitung" (siehe Tabelle 31):

*Tabelle 31*

Die deutsche Emission im In- und Ausland (in Mio Reichsmark)

| | Anleihen | | Neue Emission des Realkreditinstituts Insgesamt | Aktienemissionen* Insgesamt |
|---|---|---|---|---|
| | Inland | Ausland | | |
| 1926 | 1517 | 1306 | 2093 | 1287 |
| 1927 | 1686 | 994 | 1946 | 933 |
| 1928 | 1647 | 1081 | 1938 | 1165 |
| 1929 | 639 | 585 | 1114 | 666 |
| 1928 | | | | |
| September | 113 | 10 | 112 | 26 |
| Oktober | 41 | 61 | 143 | 197 |
| November | 243 | 11 | 115 | 261 |
| Dezember | 64 | 38 | 141 | 56 |
| letzte 4 Monate | 462 | 120 | 511 | 540 |
| 1929 | | | | |
| September | 2 | 20 | 46 | 10 |
| Oktober | 36 | — | 65 | 15 |
| November | — | 2 | 59 | 76** |
| Dezember | 4 | 2 | 70 | 28 |
| letzte 4 Monate | 42 | 24 | 240 | 129 |

* Echter Kapitalbedarf ohne Sacheinlagen und Fusionsaktien.
** Darunter 30 Mio Reichsmark der RWE.

*Quelle*
Frankfurter Zeitung vom 5. Januar 1930.

Die Gesamtsumme von neuem Kapital, das im Jahre 1929 dem industriellen Kapital zugeflossen ist, beträgt erst rund die Hälfte des Betrages vom Jahre 1928. Die letzten Monate des Jahres haben, verglichen mit dem Vorjahr, einen noch stärkeren Rückschlag gebracht.

Was die künftige Gestaltung des Kapitalmarktes anbelangt, so gibt es darüber verschiedene einander widersprechende Ansichten. Von mancher Seite wird behauptet, daß die Kapitalausfuhr aus den Vereinigten Staaten zum Stocken kommen wird, weil die Industrie in den USA alles Kapital zu ihrer Reorganisierung in der Depressionsperiode brauchen wird und daher Deutschland von dort kein Kapital bekommen würde. Wir halten diese Ansicht für unrichtig. Der Kapitalüberfluß wird in den USA in der auf die Krise folgenden Periode der Depression so groß sein, daß er sowohl dem eigenen Bedürfnis der Vereinigten Staaten genügen als auch für Kapitalexport frei bleiben wird.

Eine andere Frage ist aber, ob die deutsche Industrie in der Lage sein wird, neues Kapital aufzunehmen. In der Krise und der darauf folgenden Depression wird die Rentabilität der deutschen Industrie stark fallen. Viele kleine Unternehmungen dürften zugrunde gehen bzw. von den größeren aufgesogen werden. Wir glauben, daß eine Stockung des Kapitalexports aus den USA wohl eintreten wird, aber nicht als Folge eines Kapitalmangels in den Vereinigten Staaten, sondern weil sich der Kapitalist der USA infolge der Krise in Deutschland nicht beeilen wird, den deutschen Industrieunternehmungen Kredit zu gewähren.

*Die Lage der Arbeiterschaft*

Die letzten zwei Monate brachten massenhafte Entlassungen von Arbeitern und ein rasches Anschwellen der Zahl der Arbeitslosen und Kurzarbeiter. Wir haben darüber bereits im allgemeinen Teil geschrieben.[67] Hierdurch ist eine starke Verschlechterung der Lage der Arbeiterklasse eingetreten. Wir geben die interessanten *Berechnungen J. Kuczynskis*[68] wieder (siehe Tabelle 32):

*Tabelle 32*

| | Wöchentl. Lebenshaltungskosten | Reallohn der einzelnen Arbeiter | Index aller Arbeiter (Krankenkassen) | Index der Beschäftigten* (ohne Kurzarbeiter, umgerechnet auf Vollarbeiter) | Index der Produktion |
|---|---|---|---|---|---|
| 1927 | 100 | 100 | 100 | 100 | 100 |
| 1928 | 102,8 | 105 | 102,9 | 101 | 96 |
| 1929 (erste 10 Monate) | 104,3 | 102,7 | 102,1 | 95,7 | 100,1 |

* Umfaßt Bergbau, Metall und Maschinen, Elektro-, Chemie-, Textil-, Bekleidungs-, Holz-, Nahrungs-, Bauindustrie.

*Quelle*

Siehe Wirtschaftspolitische Korrespondenz vom 30. Dezember 1929.

*Die wöchentlichen Lebenshaltungskosten sind also gestiegen, der Reallohn ist um 2,3% (bis Ende Dezember um über 13%) gefallen, die Zahl der Beschäftigten, wenn wir die Kurzarbeiter einkalkulieren, um 5,4% gefallen, während die Produktion um 4% gestiegen ist.* Die Ausbeutungsrate ist daher dem Vorjahr gegenüber stark gestiegen, die Lebenshaltung der Arbeiterklasse stark gefallen.

Die Arbeitslosigkeit ist nicht gleichmäßig in allen Produktionszweigen, wie folgende Daten der freien Gewerkschaften zeigen (siehe Tabelle 33):

67 Die Zahl der unterstützten Vollarbeitslosen betrug am 8. Januar 1930 1920000. Hierzu kommen Krisenunterstützte und Vollarbeitslose ohne jegliche Unterstützung — zusammen an die 3 Millionen. Außerdem Kurzarbeiter mindestens 1 Million.

68 Kuczynski ist kein Kommunist! Er ist ganz und gar in den Gedankengängen der A.F. of L. befangen! Seine Daten sind keinesfalls in unserem Sinne politisch gefärbt.
(Im Juli 1930 wurde J. Kuczynski Mitglied der KPD. Über seine Tätigkeit in der A.F. of L. berichtet er in seinen „Memoiren. Die Erziehung des J. K. zum Kommunisten und Wissenschaftler", Berlin 1973, Kap. V. Im November 1930 lernte Eugen Varga den Kommunisten Jürgen Kuczynski persönlich kennen. — D. Hrsg.)

*Tabelle 33*
Die Arbeitslosigkeit in den Fachverbänden des ADGB (in % der berichtenden Mitglieder)

| Verband | Arbeitslose | | | | Kurzarbeiter | | | |
|---|---|---|---|---|---|---|---|---|
| | Aug. | Sept. | Okt. | Nov. | Aug. | Sept. | Okt. | Nov. |
| Bergarbeiter | 1,3 | 1,3 | 1,8 | 1,8 | 3,1 | 2,7 | 3,2 | 2,1 |
| Feinkeramiker | 9,8 | 10,4 | 11,5 | 10,4 | 8,2 | 7,2 | 6,5 | 5,4 |
| Chemie | 6,4 | 6,8 | 8,0 | 9,7 | 5,8 | 6,5 | 6,6 | 8,4 |
| Metallarbeiter | 8,1 | 8,9 | 9,7 | 11,3 | 9,1 | 9,4 | 10,5 | 12,2 |
| Textilarbeiter | 10,5 | 11,1 | 10,9 | 10,8 | 26,1 | 26,3 | 23,3 | 21,2 |
| Bekleidungsarbeiter | 16,9 | 15,5 | 13,0 | 15,9 | 17,0 | 14,8 | 14,1 | 15,4 |
| Schuhmacher | 18,3 | 17,1 | 16,1 | 16,7 | 19,2 | 19,3 | 18,8 | 27,1 |
| Buchdrucker | 10,8 | 11,5 | 11,8 | 11,3 | 0,4 | 0,7 | 0,7 | 0,5 |
| Lederarbeiter | 13,4 | 15,0 | 13,8 | 14,3 | 11,9 | 9,2 | 14,2 | 10,9 |
| Holzarbeiter | 14,9 | 15,1 | 15,7 | 17,5 | 7,1 | 7,2 | 6,0 | 7,0 |
| Nahrung und Getränke | 7,0 | 6,6 | 6,6 | 7,2 | 3,2 | 2,6 | 2,5 | 2,8 |
| Zucker, Konserven | 10,1 | 10,1 | 7,1 | 8,0 | 3,4 | 3,0 | 2,5 | 3,3 |
| Tabakarbeiter | 13,4 | 12,2 | 12,6 | 12,4 | 16,0 | 12,8 | 12,1 | 10,2 |
| Verkehrsbund | 4,5 | 4,8 | 4,9 | 5,2 | 0,5 | 0,5 | 0,5 | 0,7 |
| Konjunkturgruppe | 8,6 | 8,8 | 9,2 | 10,2 | 8,2 | 8,0 | 8,1 | 8,6 |
| Bauwerksbund | 10,1 | 12,5 | 16,5 | 27,4 | — | — | — | — |
| Zimmerer | 12,7 | 15,0 | 20,2 | 33,4 | — | — | — | — |
| Steinarbeiter | 10,1 | 12,9 | 20,3 | 31,2 | 4,8 | 5,7 | 6,5 | 8,4 |
| Grobkeramik | 7,0 | 10,3 | 19,1 | 27,9 | 1,8 | 1,3 | 3,0 | 4,7 |
| Saisongruppe | 10,4 | 12,8 | 17,7 | 28,6 | 0,6 | 0,6 | 1,1 | 2,1 |
| Erfaßte Mitglieder (in Mio) | 4,26 | 4,27 | 4,24 | 4,29 | — | — | — | — |
| ADGB insges. 1929 | 9,0 | 9,6 | 11,0 | 13,8 | 6,7 | 6,5 | 6,7 | 7,3 |
| ADGB insges. 1928 | 6,5 | 6,6 | 7,3 | 9,4 | 6,6 | 6,3 | 6,3 | 7,1 |

Bereits im November waren 21% aller Gewerkschaftsmitglieder arbeitslos oder Kurzarbeiter. Gegenwärtig ist die Zahl sicher auf 28% gestiegen. In wichtigen Produktionszweigen, wie Textil-, Bekleidungs-, Schuh-, Leder- und Holzarbeiter, gibt es seit vier Monaten eine Arbeitslosigkeit von 30% und darüber. Und dies wird offenbar viele Monate andauern! Da sich außerdem die Zollerhöhungen, die Verteuerung aller kommunalen Dienste (Gas, Straßenbahn, Elektrizität, Wasser), Kopfsteuer und Abbau der Sozialpolitik alsbald geltend machen werden, *wird die Lebenshaltung der deutschen Arbeiterklasse im nächsten Jahre offenbar weiter sinken!*

*Wirtschaftspolitik: Erhöhung des Profits auf Kosten des Reallohns*

Mit Hilfe der Sozialdemokratie ist es der Bourgeoisie gelungen, einen großen Vorstoß gegen die Arbeiterschaft erfolgreich durchzuführen. Die Ereignisse sind aus der Tagespresse genügend bekannt. Erst wurden die Lebensmittelzölle fast auf das Doppelte der Vorkriegszeit erhöht. Um den Widerstand der Arbeiter zu mildern hieß es anfangs, es sei eine *gleitende Zollskala* vorgesehen. Aber dies wurde im Laufe der Verhandlungen wieder fallengelassen. Der hohe Zollsatz blieb bestehen. Dann kam die Finanzreform. Die Bourgeoisie hat durch Verhinderung einer rechtzeitigen Finanzreform die Regierung bewußt in eine Zwangslage gebracht. Das Kassendefizit des Reiches sollte bis Ende Dezember auf 1700 Mio Mark steigen, wovon 1370 Mio durch kurzfristige Anleihen gedeckt waren, für 330 Mio stand überhaupt keine Deckung zur Verfügung.[69]

Die Regierung wollte, da der inländische Kapitalmarkt zu versagen schien, von der USA-Bankierfirma Dillon Read eine Anleihe aufnehmen. Schacht erhob als Mitglied des Ausschusses zur Begutachtung ausländischer Anleihen öffentlichen Protest dagegen! Die Anleihe mußte rückgängig gemacht werden.

Hilferding und der Staatssekretär Popitz — ein alter bürgerlicher Berufsbeamter — mußten zurücktreten. Die Anleihe mußte unter den von Schacht diktierten Bedingungen (Schaffung eines Amortisationsfonds aus den laufenden Einnahmen bei den deutschen Großbanken) aufgenommen werden, wodurch auch die Finanzreform ganz und gar nach den Wünschen der Großbourgeoisie, als deren Beauftragter Schacht handelte, erledigt werden mußte. Der gleichzeitige Vorstoß Schachts gegen den Young-Plan — bei dessen Schaffung er entscheidend mitgewirkt hatte — war zum Teil zur Diskreditierung der Regierung, zum Teil zur Verdeckung des eigentlichen Zweckes — die Schaffung einer die Interessen der Großbourgeoisie völlig befriedigenden Finanzreform — bestimmt. „Deutschland hat sich der Finanzkontrolle durch die Reichsbank unterworfen", schreibt G. Stolper im „Volkswirt" (vom 3. Januar 1930). Dies ist aber nur der äußere Schein. Nicht von Deutschland und der Reichsbank ist die Rede, sondern von dem Parlament, das noch gewisse demokratische Illusionen hegte oder zumindest vortäuscht und von dem Monopolkapital!

Das Wesen ist, daß der Anteil der Arbeiterklasse am Wertprodukt durch die Zoll- und Finanzreform zugunsten der Bourgeoisie vermindert wird. Statt unmittelbar mit Lohnherabsetzungen vorzugehen, hat die Bourgeoisie auf dem Umweg über die Staatsfinanzen das deutsche Proletariat um einen Teil seines Lohneinkommens gebracht. Das ist das Wesen der Sache. Alles andere ist äußeres Beiwerk!

## Frankreich

Die neue Regierung Tardieu hat sich mit dem *Schlagwort der Prosperität* im französischen Parlament vorgestellt. Indessen scheint es, daß der langandauernde stetige Aufstieg der französischen Wirtschaft nun sein Ende erreicht hat. Dies ist das Ergebnis sowohl der sich während der langen Dauer des Aufstiegs entwickelten inneren Widersprüche als auch — wenn auch zu einem viel geringeren Teil — der Auswirkung der Krise in den USA auf die französische Wirtschaft.

Bei der Mangelhaftigkeit der französischen Wirtschaftsstatistik und ihrem sehr verspäteten Erscheinen ist es heute noch sehr schwer, festzustellen, ob wir es schon mit dem Eintreten Frankreichs in die internationale Wirtschaftskrise zu tun haben oder ob es sich vorläufig nur um eine zum Teil saisonmäßige Verminderung der Geschäftstätigkeit handelt. Die Fülle von Leihkapital, Gold und ausländischen Devisen, der sehr niedrige Zinsfuß und die gewaltigen Überschüsse des Staatshaushaltes, kurzum die gegenüber Deutschland und Großbritannien hervortretende günstige Lage des Geldmarktes blendet die Beobachter und verhindert sie, den Vorgängen in der Produktionssphäre die notwendige Aufmerksamkeit zuzuwenden. Daher auch die widerspruchsvolle Berichterstattung über Frank-

69 Vgl. Frankfurter Zeitung vom 13. Dezember 1929.

reich. So schreibt z. B. der Handelsattaché der Vereinigten Staaten — im allgemeinen sind die Kommerz-Attachés sehr zuverlässige Beobachter — am 18. Oktober folgendes: „Das hohe Produktionsniveau in den französischen Grundindustrien blieb im September aufrecht, und die allgemeinen Perspektiven sind dauernd günstig.“[70] Zwei Wochen später lesen wir im „Statist“ bereits folgendes: „Man fürchtet hier eine Wirtschaftsdepression in Amerika . . ., weil eine solche Depression ihren Rückschlag in ganz Europa hätte, Frankreich eingeschlossen, für dessen Luxusindustrie und Touristenverkehr Amerika der wichtigste Klient ist.“[71]

Weitere zwei Wochen später gibt die „Deutsche Bergwerks-Zeitung“ bereits eine lebhafte Schilderung des in Frankreich eingetretenen Konjunkturrückschlages: „Jedwede graphische Darstellung des Konjunkturverlaufes in Frankreich müßte auf Grund der letzten vorliegenden Wirtschaftszahlen fast für die Gesamtheit der hiesigen Wirtschaft absteigende Kurven aufweisen. Die Rekordepoche der ökonomischen Intensität, die in jeder Hinsicht zwischen Juli und August dieses Jahres erreicht wurde, ist im Abflauen begriffen. Neugründungen von Industrien oder irgendwelchen anderen Erwerbsunternehmungen können seit vielen Wochen kaum noch festgestellt werden . . . Man ahnt die Krise in Frankreich in den meisten Finanzkreisen, die sich über die für sie vorliegenden wirtschaftlichen Anzeichen klar geworden sind . . . Die bisherige Hochkonjunktur im *Bergbau*, die alle Streikgefahren überstand, besitzt in der Eigenart der Lage der britischen Gewerke allerdings eine mehr oder minder problematische Krisensicherung. In der *Metallurgie* liegen die Dinge aber schon etwas anders . . . Die französische *Automobilindustrie*, bis zum Ende des diesjährigen Sommers mit aller Kraft produzierend, muß in den großen Fabriken der Serienwagen halbe und Drittelproduktion der sommerlichen Wagenanzahl vornehmen und ist außerdem durch die kommende Preisherabsetzung der Ford-Wagen stark bedroht. Die Exporte steigen wohl nach einzelnen Ländern, dafür aber geht der Inlandsabsatz konstant zurück und infolge der Börsenkrise mehren sich von Tag zu Tag die Angebote zweithändiger Wagen auf dem Markt, der für Neuwagen immer schlechter wird . . . An eine Belebung des Automobilmarktes ist natürlich erfahrungsgemäß vor Sommerbeginn nicht zu denken . . . Die *Textilindustrie*, die mit wirklich großen Anstrengungen die verschiedensten Baumwoll- und Wollkatastrophen der letzten Jahre überwand, ist durch die neue Baumwollbaisse neuerlich vor nicht unbedeutende Probleme gestellt . . . Der Boom in der *chemischen* Industrie scheint ebenso wie im Kalibergbau vorläufig Absatzorganisierungen Platz gemacht zu haben. Die Luxusindustrie, das weltberühmte Pariser Schneidergewerbe mit den ihm anhaftenden Industrien einschließlich des Hotelwesens stehen infolge der großen Auslandskundschaft vor bedeutenden Problemen, da die Ereignisse in Wall-Street ihr beinahe von einem Tag auf den anderen einen ganz beachtenswerten Teil ihrer Kundschaft raubt . . . Die *Bautätigkeit* in Frankreich, in Paris noch gut fortschreitend, hat sich in der Provinz verlangsamt und besonders im nördlichen Wiederaufbaugebiet, wenn man sich so ausdrücken kann, Überproduktion erreicht.“[72]

Der Produktionsindex der „Statistique Générale“ zeigt für die letzten Monate folgendes Bild:

70 Annalist vom 18. Oktober 1929.

71 Statist vom 20. November 1929.

72 Deutsche Bergwerks-Zeitung vom 13. November 1929.

Produktionsindexziffern (1913 = 100)

| | 1928 | 1929 |
|---|---|---|
| Januar | 116 | 137 |
| Juli | 129 | 139 |
| August | 130 | 139 |
| September | 127 | 138 |

Die spärlichen Daten über den Gang der einzelnen Wirtschaftszweige fassen wir in folgender Tabelle 34 zusammen:

*Tabelle 34*
Produktion

| Monatsdurchschnitt | Steinkohle | Roheisen | Rohstahl | Hochöfen in Betrieb Monatsende | Kalisalze (Kaligehalt K 20) (in Tsd. t) | Arbeitstägliche Wagengestellung (in Tsd.) |
|---|---|---|---|---|---|---|
| | (in Tsd. t) | | | | | |
| 1913 | 3338 | 434 | 391 | 131 | 29,2 | — |
| 1925 | 4003 | 708 | 621 | 150 | 25,8 | 62 |
| 1926 | 4367 | 786 | 703 | 151 | 30,5 | 64 |
| 1927 | 4404 | 777 | 692 | 144 | 31,0 | 60 |
| 1928 | 4369 | 841 | 783 | 149 | 34,2 | 63 |
| September 1928 | 4266 | 822 | 757 | 149 | 35,2 | 66 |
| Oktober 1928 | 4701 | 857 | 834 | 150 | 40,0 | 77 |
| November 1928 | 4477 | 850 | 800 | 152 | 37,4 | 68 |
| August 1929 | 4662 | 893 | 827 | 156 | 42,4 | 64 |
| September 1929 | 4393 | 851 | 763 | 157 | 39,9 | 67 |
| Oktober 1929 | 4971 | 894 | 846 | 157 | — | 70 |
| November 1929 | 4706 | 856 | 790 | — | — | — |

*Die Daten* geben noch kein Bild über den eingetretenen Rückschlag in Frankreich. Daß er vorhanden ist, daran ist nicht zu zweifeln. Selbst „Le Temps" schreibt in seiner Nummer vom 30. Dezember 1929 folgendes: „Gegenwärtig verzeichnet man, wenigstens nach außen hin, eine gewisse Verlangsamung in der Aktivität der Schwerindustrie, eine Verlangsamung, die zum großen Teil *eine Rückwirkung der amerikanischen Finanzkrise ist.*"

Wie wir wissen, hat das kontinentaleuropäische Stahlkartell am 1. November eine zehnprozentige Reduktion der Stahlproduktion vorgenommen. Im Laufe des Jahres war die Aufnahmefähigkeit des inneren Marktes an Eisen und Stahl sehr groß; während im Jahre 1927 41% der Produktion exportiert wurden, fiel der Anteil des Exportes in den ersten neuen Monaten des Jahres 1929 auf 25%.[73]

Die Modernisierung und Rationalisierung der Schwerindustrie hält an. Über den Kohlenbergbau lesen wir folgendes: „Viele Bergwerke haben ihre Rekonstruktionsarbeiten beendet, alle haben ihre Produktion erhöht, ihren Produktionsapparat verbessert und die angeschlossenen Verarbeitungsindustrien (Koks, chemische Produktion, Gas, Elektrizität)

73 Vgl. Le Temps vom 30. Dezember 1929.

bedeutend entwickelt. Diese angeschlossenen Industrien, die im Wesen erst in der Nachkriegszeit geschaffen wurden, tragen gegenwärtig einen bedeutenden Teil zu dem Profit dieser Unternehmungen bei . . .

Die französische Kohleindustrie scheint infolge der Stärkung ihres Produktionsapparates und der Expansion der angeschlossenen Industrien von allen Ländern am besten zur Abwehr ausländischer Konkurrenz gerüstet zu sein."[74]

Ein Beispiel für die Entwicklung der Ferngasleitung: Eine Gesellschaft mit einem Kapital von 120 Mio Franc wurde gegründet, um die Gase, die in den Kokswerken von Lens entstehen, nach Paris zu leiten. Der Verkauf von Gas durch die Kokereien der Bergwerke ist jetzt im nördlichen Industriegebiet allgemein üblich geworden. Douai, Roubaix und andere große Städte werden mit Gas aus diesen Quellen versorgt werden.[75]

Wie die Arbeitsleistung im Kohlenbergbau allein im Laufe des Jahres gestiegen ist, zeigt, daß die tägliche Ausbeutung im Oktober 184 Tsd. t war, gegen 174 Tsd. t im Jahre 1928, während die Zahl der beschäftigten Arbeiter um 2500 zurückgegangen ist. „Die Produktionssteigerung ist vor allem der Neuausrüstung der nördlichen Bergwerke mit den modernsten mechanischen Produktionsmitteln und der Anwendung von modernen Arbeitsmethoden zuzuschreiben. Die Zahlen zeigen, daß die größere Arbeitsleistung nunmehr die Folgen der erhöhten Lohnkosten als Ergebnis des Acht-Stunden-Gesetzes überkompensiert hat."[76]

Verschiedene Konzentrationen, insbesondere eine Vereinigung von sechs Flugzeuggesellschaften, zeigen den weiteren Gang der Rationalisierung in Frankreich.

*Der Geld- und Kapitalmarkt*

Die Besonderheit des französischen Geldmarktes, die außerordentliche Flüssigkeit und der niedrige Zinssatz, haben weiter angehalten. Der Bankzinsfuß beträgt nach wie vor $3^1/_2$% und man erwartet allgemein eine Herabsetzung auf 3%.

Der Goldzustrom nach Frankreich hat während des ganzen Jahres angehalten. Der Goldbestand der Bank von Frankreich, der Ende 1928 32 Mrd. Franc betragen hat, ist Ende 1929 auf $41^1/_2$ Mrd. Franc gestiegen. Der Goldzufluß erfolgte im ersten Halbjahr in der Weise, daß die Bank von Frankreich einen Teil ihres Devisenvorrats in Gold umsetzte. Im zweiten Halbjahr erfolgte der Goldimport automatisch, d. h. die fremden Devisen, vor allem Pfund Sterling und Dollar, standen unter dem Goldimportpunkt. Es war daher für die französischen Banken ein günstiges Geschäft, Gold zu importieren und es der Bank von Frankreich zu dem statutenmäßig festgesetzten Preis zu übergeben.

Die Bank von Frankreich ist, wie die meisten zentralen Notenbanken, verpflichtet, jedes angebotene Goldquantum anzunehmen. Sie zahlte dafür in Banknoten, wodurch sich die Notenzirkulation entsprechend der Zunahme des Goldvorrates erhöhte. Die Notenzirkulation in der Höhe von 67 Mrd. Franc bei Jahresschluß ist fast zu 100% durch Gold und ausländische Devisen gedeckt. Die Golddeckung allein beträgt 48% gegenüber $38^1/_2$% Ende 1928. Da die legale Deckung zu 35% besteht, wäre die Bank von Frankreich bei ihrem heutigen Goldvorrat in der Lage, die Zirkulation um weitere 31 Mrd. Franc zu erhöhen. Diese Tatsache ist von großer Wichtigkeit für den Fall, daß sich bei Eintritt der Krise eine Geldknappheit ergeben würde. Der große Goldvorrat ist eine Sicherung gegen eine Geldkrise im Falle einer ökonomischen Krise.

74 Ebenda.

75 Vgl. Economist vom 2. Oktober 1929.

76 Economist vom 14. Dezember 1929.

Die Flüssigkeit des Geldmarktes ist zum Teil durch die gewaltigen Kassenüberschüsse des Staates bedingt. Aus dem Bericht der Finanzkommission des Parlaments geht hervor, daß der Staat allein an Zinsen aus seinem Besitz an Devisen ein Einkommen von 430 Millionen Franc hatte. Dies bedeutet, daß der Bestand an Devisen, wenn man eine vierprozentige Verzinsung annimmt, über 10 Milliarden beträgt.

Man forderte im Parlament, daß dieser Besitz abgestoßen und zur Herabsetzung der Steuern verwendet werden solle.[77] Dies wurde vom Finanzminister mit der Notwendigkeit, für ausländische Zahlungen bereitzuliegen, abgelehnt. Aber die nächsten ausländischen Zahlungen sind 45 Mio Dollar im Jahre 1934 und 60 Mio Dollar im Jahre 1941. Und selbst diese Summen ergeben nur $2^1/_2$ Mrd. Franc. Ein Teil des Valutavorrats wurde offenbar seinerzeit angesammelt, um für die eventuelle Bezahlung der Schuld an die Vereinigten Staaten für die in Frankreich zurückgelassenen Güter der Armee der USA bereit zu sein. Durch die Ratifikation des Abkommens entfiel bekanntlich die Notwendigkeit, diese kommerzielle Schuld zu begleichen.

Außer diesem Besitz an Devisen hat die Staatskasse ein Guthaben von 8 Mrd. Franc bei der Notenbank. Der Überschuß der Einnahmen über die Ausgaben im Jahre 1929 beträgt nicht weniger als 7 Mrd. Franc. Der Mehreingang an Steuern, vor allem auf den Massenverbrauch, gegenüber dem Voranschlag beträgt nicht weniger als 5 Mrd. Franc. Alle diese Überschüsse der Staatskasse fließen der Notenbank und über diese dem Geldmarkt zu. Daher die ungemein niedrigen Zinssätze.

Um diese Überfülle an kurzfristigem Leihkapital besser verwenden zu können, wurde in Paris in den letzten Monaten durch eine gemeinsame Aktion der Großbanken eine sogenannte Akzeptbank gegründet, mit dem Zwecke, Wechsel des internationalen Warenverkehrs zu akzeptieren bzw. zu diskontieren. Außerdem wurde eine Reihe von Steuermaßnahmen, die bisher dem Kapitalexport hindernd im Wege standen, abgeschafft (Herabsetzung des Wechselstempels, Aufhebung der Steuer auf Devisenoperationen, Herabsetzung des Effektenstempels auf ausländische Wertpapiere).

Es ist selbstverständlich, daß unter diesen Umständen die Aktienkurse im Verhältnis zu den Dividenden sehr stark in die Höhe gegangen sind (siehe Tabelle 35):

*Tabelle 35*

Gestaltung der Rendite im Laufe des Jahres 1929 (1913 = 100)

| | Monatsende | | |
|---|---|---|---|
| | Januar | Juli | November |
| Aktienindex | 543 | 497 | 461 |
| davon Banken | 406 | 356 | 336 |
| davon Eisen | 308 | 291 | 261 |
| davon Chemie | 555 | 523 | 477 |
| davon Elektrizität | 740 | 680 | 628 |
| Auslandsaktien | 711 | 672 | 602 |
| Aktienrendite (in %) | 2,24 | 2,88 | 3,07 |

*Quelle*

Frankfurter Zeitung vom 28. Dezember 1929.

77 Tatsächlich nahm das neue Ministerium Tardieu eine Herabsetzung der Steuern in der Gesamthöhe von 1447 Mio Franc vor. Die Steuerherabsetzung trägt offen den Charakter einer Wählerbestechung. Die Bauernschaft erhielt eine Herabsetzung von 324 Millionen, Kleinhändler 144 Millionen, um 300 Milli-

Wir sehen: Obwohl Ende Oktober ein bedeutender Rückgang der Aktienkurse in Verbindung mit dem Neuyorker Börsenkrach eingetreten war, beträgt die Rendite auch gegenwärtig nicht mehr als 3%.

Die niedrige Verzinsung befindet sich im Einklang mit dem niedrigen Zinsfuß des kurzfristigen Leihkapitals, wobei außerdem noch die Tatsache eine Rolle spielt, daß die französischen Aktiengesellschaften in der Hoffnung auf eine Steuerherabsetzung große Teile ihres Gewinnes in den letzten Jahren nicht als Dividende ausgeschüttet, sondern als offene oder geheime Reserven zurückbehalten haben.

Neuemissionen (in Mio Franc)

| | Aktien | Anleihen |
|---|---|---|
| Monatsdurchschnitt 1925 | 221 | 86 |
| 1926 | 240 | 160 |
| 1927 | 238 | 281 |
| 1928 | 546 | 350 |
| 1929 August | 330 | 291 |
| September | 552 | 369 |
| Oktober | 675 | 1622 |

In einem Artikel der „Frankfurter Zeitung" wird von wachsenden Schwierigkeiten bei der Unterbringung von Aktien gesprochen. „Die Placierung der Aktien durch die Banken begegnet in der letzten Zeit wachsenden Schwierigkeiten, so daß die Garantie-Syndikate häufig gezwungen sind, erhebliche Aktienpakete selbst zu übernehmen, für die sie dann — wenn überhaupt — nur mit großer Mühe Abnehmer finden können."[78]

Ob dies eine Folge der niedrigen Rendite oder bereits eine Zurückhaltung als Folge der herannahenden Krise ist, können wir nicht beurteilen.

*Außenhandel und Zahlungsbilanz*

Der Goldzustrom nach Frankreich beweist, daß die Zahlungsbilanz des Landes im Laufe des Jahres stark aktiv war. Dies ist um so bemerkenswerter, als die Handelsbilanz in diesem Jahr im Gegensatz zum Vorjahr eine starke Passivität aufweist. In den ersten elf Monaten des Jahres beträgt der Einfuhrüberschuß 7,6 Mrd. Franc. Die Einfuhr war gegenüber dem Vorjahr um 5 Milliarden gestiegen. Hiervon waren rund 2 Milliarden Rohstoffe, 2 Milliarden Fertigwaren und 1 Milliarde Lebensmittel. Die Ausfuhr ist im Jahre 1929 gegenüber dem Vorjahr um 900 Millionen zurückgeblieben.

Es ist offenbar, daß die vermehrte Einfuhr von Fertigwaren dem Umstand zuzuschreiben ist, daß trotz der hohen Schutzzölle diese Waren im Ausland billiger beschafft werden können als im Inland. Wäre dies nicht der Fall, so hätte der Mehrimport nicht stattgefunden. Hieraus läßt sich der Schluß ziehen, daß das französische Preisniveau im Jahre 1929 gegenüber dem Weltmarktpreis relativ höher stand als im Jahre 1928.

onen wurde die Erwerbssteuer gekürzt, die allgemeine Luxussteuer von 12 auf 6% herabgesetzt, die Stempel- und Wertpapiersteuer um 239 Millionen vermindert. Die Bedeutung der Massenverbrauchssteuern wird durch diese ausschließlich den Besitzenden zugute kommenden Steuerreform noch weiter erhöht werden.

78 Frankfurter Zeitung vom 7. Dezember 1929.

Tatsächlich zeigt die Preisentwicklung in Frankreich ein recht eigenartiges Bild: Der Großhandelsindex ist von November 1928 bis November 1929 von 630 auf 590 zurückgegangen, d. h. um $6^1/_2\%$. Dies ist ungefähr in Übereinstimmung mit der Preisgestaltung auf dem Weltmarkt, wie wir sie im II. Teil unsrer Übersicht darstellten. Hingegen stiegen die Kleinhandelspreise auch im Jahre 1929 weiter. Der Lebensmittelindex von Paris stieg von 585 Ende November 1928 auf 618 Ende November 1929, also eine der Preisentwicklung im Großhandel entgegengesetzte Erscheinung. Dies erklärt sich daraus, daß sich die Anpassung der Preise des Kleinhandels an den neuen Franc erst jetzt vollzogen hat. Während im allgemeinen die Kleinhandelspreise überall im Vergleich zu 1913 stärker gestiegen sind als die Großhandelspreise, haben in Frankreich die Kleinhandelspreise erst in diesem Jahr das Niveau der Großhandelspreise erreicht. Wir können also von nun an eine parallele Entwicklung der Groß- und Kleinhandelspreise erwarten.

Daß die französischen Inlandspreise bzw. Produktionskosten die Konkurrenzfähigkeit der französischen Industrie auf dem Weltmarkt nicht günstig beeinflußt haben, geht aus der Gestaltung der Handelsbilanz klar hervor. Die Tatsache der fortschreitenden Rationalisierung in Frankreich spricht auch dafür, daß sich der Kampf um den ausländischen Absatz für die französische Industrie erschwert hat. Unter diesen Umständen ist es sicher, daß im Zusammenhang mit der Verschlechterung des Geschäftsganges ein neuer Angriff des französischen Kapitals auf die Arbeitsbedingungen erfolgen wird. Das Verhältnis zwischen Kapital und Arbeit in Frankreich wird zwar gegenüber den Zuständen in den Vereinigten Staaten, Großbritannien und Deutschland wesentlich modifiziert durch den Umstand, daß es keine chronische Massenarbeitslosigkeit gibt, sondern im Gegenteil infolge des vollständigen Stillstandes in der Vermehrung der Bevölkerung ständig ausländische Arbeitskräfte in Frankreich arbeiten. „In Frankreich bleibt der Arbeitermangel auch weiterhin eine ständige Erscheinung in allen Industrien“.[79]

Nach den Untersuchungen, veröffentlicht in der „Rundschau der Arbeit“ (Septemberheft 1929), sind in der französischen Wirtschaft etwa 1,6 Millionen Ausländer erwerbstätig. Hiervon 29,7% Italiener, 15,6% Belgier, 14,4% Polen, 12,7% Spanier. Der Rest verteilt sich auf Russen, Deutsche, Tschechen, Portugiesen usw. Der Beschäftigungsart nach ist die Verteilung folgende: Bauindustrie 326000; Metallindustrie 265000; Landwirtschaft 254000; Bergbau 170000. Im Bergbau beträgt der Anteil der ausländischen Arbeiter 47%. Es gibt Bergwerke im Gebiet von Calais, in denen 62% der Gesamtbelegschaft und 75% aller untertags beschäftigten Arbeiter Ausländer — vor allem Polen — sind. Es gibt Betriebe, die unter ihren Arbeitern Angehörige von zwanzig verschiedenen Nationen aufweisen.

Es ist selbstverständlich, daß die Organisierung der Arbeiter und ihre Heranziehung in die Arbeitskämpfe durch diese Zustände sehr erschwert werden. Andererseits ist es klar, daß, wenn eine starke Wirtschaftskrise in Frankreich kommt, diese vor allem die ausländischen Arbeitskräfte treffen wird. In diesem Fall wird die Massenarbeitslosigkeit in der Heimat dieser ausländischen Arbeiter mit einem Schlag anschwellen. Das französische Kapital wird sich der Sorge um das Schicksal der arbeitslos gewordenen ausländischen Arbeiter durch massenhafte Entziehung der Aufenthaltsbewilligung entziehen.

79 Deutsche Bergwerks-Zeitung vom 13. November 1929.

# Italien

Die wirtschaftliche Entwicklung Italiens bleibt nach wie vor undurchsichtig. Je nach der Parteistellung des Berichterstatters finden wir einander absolut widersprechende Darstellungen. Die faschistischen Wirtschaftskorrespondenten stellen die wirtschaftliche Entwicklung Italiens im günstigsten Sinne dar, die Antifaschisten stellen alles als ganz hoffnungslos hin. Einige Beispiele werden diese Widersprüche illustrieren. Graf Volpi, ehemaliger Finanzminister unter Mussolini, schreibt folgendes: „Die Gesamtproduktion Italiens hat sich, nachdem sie im Jahre 1924 auf zwei Drittel ihrer Vorkriegshöhe gesunken war, in den fünf darauffolgenden Jahren um 100 Prozent gehoben, so daß die Steigerung gegenüber der Vorkriegszeit ein Drittel beträgt. Neue Wege, neue Eisenbahnen, neue Straßen und Stadtteile begegnen dem Reisenden überall ... Der neue Prozeß der Rekonstruktion ist überall offenbar, nicht nur in den städtischen Gebieten, sondern auch in Sizilien und Süditalien, wo der größte Erfolg in der Errichtung von Bewässerungsanlagen, Auswertung besserer Methoden und Verbesserung des Gesundheitswesens gemacht wurde.“[80] usw.

Zwei Tage später veröffentlichte Nitti, ehemaliger liberaler italienischer Ministerpräsident, einen Artikel, in dem wir folgendes lesen: „Was in der italienischen Industrie noch blüht und gedeiht, dient längst als Sicherheit für Auslandskredite oder ist bereits in fremdes Eigentum übergegangen. Der Kredit Italiens ist nunmehr fast erschöpft, so daß der Zusammenbruch in drohende Nähe gerückt ist ... Die italienischen Gerichte sind gezwungen worden, keine öffentlichen Konkurserklärungen zu erlassen, falls nicht eine ausdrückliche Weisung vorliegt. Diese Maßnahme war notwendig geworden, um den Bankrott von mindestens 60 Prozent aller kaufmännischen Betriebe in letzter Sekunde abzuwenden. Dennoch gehen in keinem Land der Welt so viele Wechsel zu Protest wie in Italien, dennoch hat Italien die größte Zahl von Konkursen. Seit über zwei Jahren bleiben täglich mehr als 2000 fällige Wechsel unbezahlt — im Juni 1929 waren es 69271.“[81]

Aus den veröffentlichten statistischen Daten, für deren Richtigkeit wir natürlich keine Verantwortung übernehmen können, scheint sich folgendes zu ergeben: Die italienische Wirtschaft zeigt in den ersten neun Monaten 1929 im großen und ganzen eine aufsteigende Tendenz. Die Ernte ist sehr gut ausgefallen, die Einfuhr von Rohstoffen jeder Art: Kohle, Stahl und Eisen, mineralische Öle, Baumwolle, Jute, Wolle usw. zeigt in den ersten acht Monaten dem Quantum nach eine Steigerung gegenüber der entsprechenden Periode des Vorjahres.

Hingegen ist offenbar, daß in den letzten Monaten unter dem Einfluß der Krise in den USA ein ziemlich starker Rückschlag eingetreten ist. Dies geht selbst aus den vorsichtig gehaltenen Berichten des faschistischen Professors Bacchi hervor. Er schreibt: „Obgleich die Produktionsziffern der Landwirtschaft und einiger Schlüsselindustrien ansehnliche oder sogar steigende Produktivität anzeigen, hat die Wirtschaft im allgemeinen durchweg mit Schwierigkeiten zu kämpfen. *Sie leidet unter Beschäftigungsmangel, gewissermaßen an Auszehrung.*“[82]

80 Deutsche Bergwerks-Zeitung vom 15. September 1929. Einen ähnlichen lobhudelnden Leitartikel schrieb die Times vom 28. Oktober 1929 über die Erfolge Mussolinis auf ökonomischem Gebiet.

81 Deutsche Bergwerks-Zeitung vom 17. September 1929.

82 Korrespondenz in Nummer 50 des „Wirtschaftsdienstes“, datiert aus Rom vom 26. November 1929.

Der „Economist“ spricht offen von einem Rückschlag in Italien infolge der Krise in den USA: „Die Rückwirkungen der amerikanischen Krise sind ernste, und die Zustände in Südamerika, Vorderasien, China und Indien sind (für den italienischen Absatz) ungünstig... In einer Reihe von Industriezweigen besteht eine sehr schlechte Absatzlage. Das größte Flachs und Hanf verarbeitende Unternehmen zahlte in diesem Jahr nach 35 Jahren das erste Mal keine Dividende. Der Export von Automobilen geht zurück, die Aussichten für das Wintergeschäft sind infolge der scharfen amerikanischen Konkurrenz nicht gut.“[83]

Die Fiat-Werke mußten im November eine starke Einschränkung ihrer Produktion vornehmen.

Unter der Einwirkung der Krise in den USA ist auch ein scharfer Preisfall der Seide eingetreten. Es mußte unter Leitung der Regierung und unter Beteiligung halbstaatlicher Versicherungsgesellschaften ein Finanzsyndikat zur Stützung der Seidenpreise im September gegründet werden. Dieses beleiht lagernde Seidenpartien über die gewöhnliche Höhe hinaus und erwirbt diese nötigenfalls auch selbst. So sehen wir, daß die Krise in den USA sowohl in Form der Verminderung des Bezugs von italienischen Waren (Seide) als auch durch Bedrängung des italienischen Exports auf dem Weltmarkt (Automobile) die ohnehin schwach fundierte italienische Wirtschaft trifft.

Die faschistische Regierung macht große Anstrengungen, um die Industrialisierung des Landes parallel mit der Besserung der landwirtschaftlichen Produktion zu fördern. Es wird mit staatlicher Hilfe versucht, die spärlichen Rohstoffquellen Italiens besser auszunutzen, die Industrie, insbesondere mit Rücksicht auf die mit großer Intensität betriebene Kriegsvorbereitung, zu entwickeln.

Die Erfolge auf diesem Gebiet sind offenbar nicht besonders groß. Während die Weltproduktion an Maschinen laut der Zusammenstellung der Dresdner Bank „Die wirtschaftlichen Kräfte der Welt“ zwischen 1925 und 1928 im Durchschnitt um 15% gestiegen ist, wird die Maschinenproduktion Italiens für das Jahr 1928 in der gleichen Höhe angegeben wie 1925[84]. Die Maschinenproduktion Italiens, die 1925 jener der Schweiz gleich war, bleibt 1928 mit rund 20% hinter der Schweiz zurück und beträgt weniger als 7% der Maschinenproduktion Deutschlands.

Die Armut des Landes, der Mangel an Kapital, die gewaltigen unproduktiven Ausgaben, die das faschistische Regime mit sich bringt, machen es der italienischen Industrie sehr schwer, in der Erneuerung ihres Apparates mit der ausländischen Konkurrenz Schritt zu halten. Wir lesen in dem Rechenschaftsbericht der großen italienischen Metallurgischen Gesellschaft folgendes: „In Anbetracht der Transformation, die durch den ständigen Fortschritt der Industrie gefordert wird ... kann die Amortisation nicht mehr auf die Maschinen und Vorräte beschränkt werden. Es muß zur Erneuerung der maschinellen Einrichtung geschritten werden, weil ein großer Teil der Maschinen, obwohl noch in einem gebrauchsfähigen Zustand, tatsächlich nur einen Abfallwert besitzt. Die Hochöfen müssen demoliert und rekonstruiert, die Fabrikation muß modifiziert werden.“[85]

Unter diesen Umständen ist die Frage der Kapitalbeschaffung für die italienische Industrie von großer Wichtigkeit. Wir haben schon öfter darauf hingewiesen, daß wachsende Teile der italienischen Industrie unter ausländischen Einfluß geraten. Leihkapital kann Italien nur zu sehr schweren Bedingungen erhalten.

83 Economist vom 4. Januar 1930.

84 Vgl. Kölnische Zeitung vom 21. Dezember 1929.

85 Journée Industrielle vom 14. Oktober 1929.

Im „Berliner Tageblatt“ findet sich eine Zusammenstellung der erstklassigen Anleihe-Kurse.[86] Der Unterschied zwischen den Kosten des Leihkapitals für Italien und für andere Länder springt hier in die Augen. Italienische Anleihen wurden zum Emissionskurs gehandelt, falls ihre Verzinsung 8 bis 9% beträgt. Demgegenüber wurden zum Ausgabekurs notiert Schweiz, USA, Holland, Schweden, die $4^1/_2$% Zinsen trugen. Belgien, Frankreich, Japan mit 6% Zinsen. Selbst Länder wie Brasilien, Kolumbien und Bolivien hatten einen besseren Markt für ihre Anleihen als Italien, das nur vor Polen, Jugoslawien, Rumänien und in bezug auf innere Anleihen vor Deutschland stand. Die eigene Kapitalkraft Italiens ist ziemlich gering. Die Emissionen betrugen im Vorjahr 450 Mio Lire im Monatsdurchschnitt. In diesem Jahr dürften es etwas mehr sein. Diese Summe bleibt sehr stark nicht nur hinter der der großen Kapitalexportländer, sondern auch hinter jener verschiedener kleinerer Staaten zurück.

Was den Geldmarkt anbelangt, so zeigt sich hier keine Veränderung: Banknotenzirkulation und Goldschatz der Notenbank sind ziemlich unverändert. Der Kurs der Lira bewegt sich zwar unter Pari, erreicht aber den Goldexportpunkt nicht (ein Goldexport wäre ohnehin nicht möglich, da eine scharfe staatliche Kontrolle hierüber besteht). Das Budget ist formell balanciert. Ob es tatsächlich der Fall ist, kann schwer festgestellt werden, da sehr große Zahlungsposten von einem Jahr auf das andere hinübergeschleppt werden. Italien hat eigentlich zwei Budgets: ein formelles Budget des laufenden Jahres und ein Sonderbudget, das die Rückstände der früheren Jahre an Einnahmen und Ausgaben aufweist. Im Budget des Jahres 1927/28 betrugen die Ausgaben des laufenden Jahres $13^1/_2$ Mrd. Lire, die rückständigen Ausgaben von früher 8 Mrd. Lire.[87]

Es ist unter diesen Umständen schwer festzustellen, ob das Gleichgewicht im Staatshaushalt vorhanden ist oder nicht. Jedenfalls haben die Steuern in den letzten Jahren stark zugenommen.

Der Außenhandel ist ungefähr in dem gleichen Maße wie in früheren Jahren passiv. Die Passivität dürfte bis Jahresschluß rund 6 Mrd. Lire betragen. Das Defizit wird gedeckt durch Einnahmen aus dem Touristenverkehr, aus Geldsendungen der Auswanderer und aus Auslandsanleihen bzw. Überfremdung des italienischen Kapitals. Da die Geldsendungen der Auswanderer und auch die Einnahmen aus dem Touristenverkehr eine fallende Tendenz zeigen, wird die Rolle der Überfremdung als Ausgleichsmittel des Defizits immer größer.

### *Die Lage der Arbeiterschaft*

Die starke Unzufriedenheit der arbeitenden Massen macht sich in den letzten Monaten, wenn auch stark behindert durch das faschistische Gewaltregime, in verschiedenen Bewegungen geltend. Wie ein Hohn wirkt unter diesen Umständen die faschistische Darstellung des Verhältnisses zwischen Arbeitern und Kapitalisten. „Geradezu zündend wirkte der Erlaß unserer berühmten Carta del Lavoro, des Freibriefs der Arbeiter, der alsbald Gegenstand des lebhaften Neides und sorgfältigen Studiums unserer Nachbarn wurde. Auf dieser Urkunde beruhen viele tausende Arbeitsverträge und geschäftliche Abmachungen, die zusammen das von Mussolini erstrebte Wunder bewirkten. Der Klassenkampf wurde verdrängt durch die einmütige begeisterte Zusammenarbeit aller Bevölkerungsschichten! Während der Sozialismus nur Uneinigkeit, nur nutz- und fruchtlose Kritik

86 Vgl. Berliner Tageblatt vom 1. Dezember 1929.

87 Vgl. Economist vom 11. Januar 1930.

hervorgebracht hatte, beseitigte das Gleichheitsideal des Faschismus alle bolschewistischen Tendenzen."[88]

Tatsächlich ist die Lage der italienischen Arbeiter außerordentlich schlecht, und insbesondere ist die Arbeitslosigkeit von einem viel größeren Umfang als allgemein angenommen wird. Nach den amtlichen Ausweisen beträgt die Arbeitslosenzahl um die Jahreswende rund 400000. Diese Zahl ist aber eine falsche. Sie bezieht sich nur auf jene Erwerbslosen, die Unterstützung erhalten. Aber Unterstützung wird nur nach einer zweimonatigen Arbeitslosigkeit und nur für die Dauer von drei Monaten gezahlt. Hieraus folgt, daß die Zahl der Vollarbeitslosen mindestens doppelt so groß sein muß als die amtlichen Zahlen angeben. Über den Umfang der Arbeitslosigkeit und die Kurzarbeit orientiert uns eine Aufnahme, die sich auf rund 6000 Betriebe, die normal eine Million Arbeiter beschäftigen, erstreckt. Die Ergebnisse dieser Erhebung zeigen folgendes:

Index der Beschäftigung in industriellen Betrieben

| | Bezogen auf September 1926 = 100 | davon % mit längerer | kürzerer |
|---|---|---|---|
| | | Arbeitszeit | |
| Januar | 94,1 | 15,1 | 8,7 |
| September | 96,6 | 15,8 | 9,0 |

Es ergibt sich daraus, daß die Zahl der Arbeiter in diesen Betrieben in drei Jahren abgenommen hat, ferner die interessante Tatsache, daß neben einer Kurzarbeit von 9% systematisch Überstundenarbeit von 16% in Italien besteht. Seit September hat sich die Lage offenbar weiter verschlechtert.

Am interessantesten ist jene Entwicklung, die in den Turiner Fiat-Werken, dem größten derartigen Unternehmen in Italien, vor sich gegangen ist. Die Fiat-Werke mußten im November zu einer starken Einschränkung der Produktion schreiten. Viele Arbeiter sind entlassen worden, andere arbeiten nur drei oder vier Tage in der Woche, wobei sie natürlich einen ungenügenden Lohn empfangen. (Verlautbarung von E. Maiusardi, Provinzsekretär der faschistischen Industriearbeiter für Turin.) Die faschistische Gewerkschaft mußte einschreiten. Mussolini intervenierte selbst in der Sache, und es wurde folgende Lösung zustandegebracht: „Die Fabrik gewährt jedem Arbeiter einen Vorschuß in Höhe von fünf Tagelöhnen pro Woche, auch wenn er nicht für so lange beschäftigt werden kann. Dieser Vorschuß wird als ausreichend erachtet, um die dringendsten Bedürfnisse der Arbeiter zu stillen. Diejenigen Arbeiter, welche nicht vollbeschäftigt werden können, müssen den erhaltenen Vorschuß abarbeiten, sobald die Arbeit wieder voll aufgenommen werden kann. Auf diese Weise wird sich die Rückzahlung auf einen größeren Zeitraum erstrecken und den Arbeitern ist dadurch über den Winter geholfen."[89]

Wir sehen also in Wirklichkeit eine Wiedereinführung der alten Schuldknechtschaft in der italienischen Großindustrie. Die Arbeiter, die gegenwärtig Vorschüsse erhalten, werden offenbar von den faschistischen Gewerkschaften bzw. dem Staatsorgan gezwungen, so lange bei den Fiat-Werken zu arbeiten, bis sie diesen Vorschuß abgezahlt haben. Da dies

88 Graf Volpi in der „Deutschen Bergwerks-Zeitung" vom 15. September 1929.
89 Deutsche Bergwerks-Zeitung vom 24. November 1929 im gleichen Communiqué.

bei den niedrigen Löhnen der Arbeiter nur sehr schwer möglich sein wird, gelangen die Arbeiter in ein Schuldknechtschaftsverhältnis zur Fabrik.

Zu den schweren Fesseln, die das faschistische Regime den Arbeitern auferlegt, gesellen sich auf diese Weise neue hinzu. Die berühmte „Freiheit der Arbeiter" des faschistischen Systems verwandelt sich in ein System der Schuldknechtschaft, wie es in den kolonialen Plantagensystemen üblich ist. Es ist kein Wunder, daß sich unter diesen Umständen die Unzufriedenheit der Arbeiterschaft trotz des faschistischen Terrors in der verschiedenartigsten Weise kundgibt.

## England

Wohl selten war die Beurteilung der Wirtschaftslage Englands seitens der bürgerlichen Presse so widersprechend wie gegenwärtig. Liest man die Artikel von Lord Rothermere in der „Daily Mail", so gewinnt man den Eindruck, als ob die englische Wirtschaft in einem sehr raschen Tempo zugrunde gehen würde. „Die Grundlagen unserer nationalen Existenz schwinden dahin." Oder „Unsere Wirtschaft schrumpft immer mehr zusammen" heißt es bei ihnen!

Indessen ist diese Darstellung des Zustandes der englischen Wirtschaft sicherlich übertrieben. Sie dient der Agitation für die Schutzzölle, über die wir später sprechen, als Hintergrund.

Demgegenüber finden wir in den Jahresübersichten anderer Organe wie immer ein optimistisches Bild. Tatsächlich hat die Krise in den USA auf die englische Wirtschaft vorläufig eher entlastend als erschwerend gewirkt. Die Kreditkrise, die für das dritte Vierteljahr 1929 bezeichnend war und ihren Ausdruck in der Erhöhung des Bankzinsfußes auf $6^1/_2\%$ Ende September findet, ist vorüber. Der Rückstrom englischer Kapitalien aus dem Börsengeschäft in den USA, der sich zum Teil in Form von Goldimport vollzog, ermöglichte es der Bank von England, ihren Zinsfuß in rascher Folge dreimal um $1^1/_2\%$ herabzusetzen. Zugleich trat eine Flüssigkeit auf dem Geldmarkt ein, was sowohl für die englische Industrie als auch insbesondere für den internationalen Handel und für die internationale Bankierstätigkeit Englands von großer Wichtigkeit ist. Auf Grundlage der eingetretenen Geldflüssigkeit erhofft „London and Cambridge Economic Service", das angesehenste Organ der Konjunkturforschung in London, eine Besserung der Wirtschaftslage im Frühjahr. „Es kann dreier Monate bedürfen, nachdem der Fall der Zinsrate vollzogen ist, bevor deren Ergebnisse im Beschäftigungsgrade und in der Produktion sichtbar werden. Auf dieser Grundlage können wir, wenn nicht unvorhergesehene Umstände dazwischenkommen, einen schwierigen Winter und eine nennenswerte Besserung für das Frühjahr erwarten."[90]

Betrachten wir die Produktionsdaten, soweit solche vorhanden sind, so finden wir keine Ursache, dem Alarm der populären Presse allzuviel Glauben zu schenken. Der amtliche Produktionsindex des Board of Trade zeigt für die letzten Vierteljahre folgendes Bild:

Produktionsindex (1924 = 100)

| 1928 | III. Viertelj. 1928 | II. Viertelj. 1929 | III. Viertelj. 1929 |
|---|---|---|---|
| 105,5 | 100,2 | 111,9 | 110,3 |

90 Oktoberbulletin.

Die Produktion erreichte im dritten Vierteljahr eine Höhe, die jene des entsprechenden Vierteljahres 1928 um volle 10 Prozent übersteigt. Über die Gestaltung der Wirtschaft in den letzten Monaten orientiert uns der „Economist"-Index:

Index des Geschäftsganges (1924 = 100)

| | Nov. 1928 | Aug. 1929 | Sept. 1929 | Okt. 1929 | Nov. 1929 | Dez. 1929 |
|---|---|---|---|---|---|---|
| Reine Einfuhr von Rohstoffen | 96 | 92 | 96 | 104 | 116 | 128 |
| Verbrauch von farbigen Metallen | 107 | 123 | 117 | 117 | 114 | 117 |
| Eisen und Stahl | 79 | 114 | 118 | 119 | 122 | 120 |
| Baumwolle | 101 | 85 | 76 | 85 | 110 | 122 |
| Kautschuk | 314 | 299 | 354 | 358 | 339 | 309 |
| Kohle | 102 | 95 | 96 | 99 | 107 | 111 |
| Elektrizität | 115 | 102 | 102 | 109 | 121 | 130 |
| Eisenbahnfrachtenverkehr | — | 94 | 95 | 98 | — | — |
| Fertigwarenausfuhr | 110 | 109 | 111 | 109 | 108 | 110 |

Auch hier sehen wir, daß die Produktion und der Verbrauch im November höher war als im Vorjahr und daß der Monat November noch keine Verminderung gegenüber den vorhergehenden Monaten zeigt.

Insbesondere erreichte die Eisen- und Stahlproduktion im zweiten Halbjahr 1929 den höchsten Stand seit Kriegsende, zeigt jedoch im November—Dezember einen Rückschlag gegenüber den Vormonaten:

Eisen- und Stahlproduktion (in Tsd. t)

| | Eisen | Stahl |
|---|---|---|
| 1928 September | 504 | 719 |
| Oktober | 544 | 756 |
| November | 544 | 763 |
| Dezember | 540 | 683 |
| 1929 September | 665 | 848 |
| Oktober | 689 | 890 |
| November | 631 | 815 |
| Dezember | 643 | 661 |

Auch die *Kohleproduktion* — eines der schwächsten Glieder in der englischen Wirtschaft — zeigt im Jahre 1929 eine Steigerung gegenüber den vergangenen Jahren. Die Produktion beträgt im Monatsdurchschnitt:

(in Tsd. t)

| | |
|---|---|
| 1925 | 20590 |
| 1926 | 10692 |
| 1927 | 21355 |
| 1928 | 20129 |
| 1929 | 21649 |

Im Gegensatz zu der relativ hohen Produktion in der Schwerindustrie ist die Lage in der Verbrauchsindustrie, insbesondere in jenen, die auf einen starken Export angewiesen sind, also vor allem in der Textilindustrie, andauernd ungünstig. Es scheint, daß sich trotz des Fehlens eines Aufstiegs in England eine starke Disproportion zwischen Produktions- und Absatzmöglichkeiten herausgebildet hat.

*Die Preisbewegung*

Was die englischen Kapitalisten am meisten beunruhigt, ist der stetige Preisfall. Es ist selbstverständlich, daß bei der besonderen Struktur der englischen Wirtschaft, die ihren Charakter als industrielle Werkstätte der Welt noch immer im weitesten Maße beibehalten hat — es ist zweifellos jene imperialistische Macht, in deren Wirtschaft der Außenhandel relativ die größte Rolle spielt —, der Preisfall besonders vermindernd auf den Profit wirken muß. Die englischen Kapitalisten kaufen ihre Rohstoffe an den Produktionsstätten in weit entlegenen Gebieten, sie vertreiben ihre Waren ebenfalls zu einem großen Teil in fremden Weltteilen. Baumwolle wird aus Amerika und Ägypten importiert, die fertigen Waren werden nach Indien und China verkauft. Die Umschlagszeit des Kapitals der englischen Exportindustrie ist daher sehr lange, und das Risiko des Preisfalls in der Zeitspanne zwischen Einkauf des Rohstoffes und dem Verkauf des Produktes ist sehr groß. Daher muß ein fortgesetzter Preisfall auf die Profite der englischen Industrie verheerend wirken.

Nun zeigen alle Preisindexe in den letzten Jahren ein stetiges Fallen der Preise, wie wir dies im allgemeinen Teil zeigten. Was die letzten Monate anbelangt, so hat sich der Preisfall fortgesetzt. Der *Index des „Economist“* zeigt in den letzten Monaten folgende Entwicklung:

| 1927 = 100 | Getreide und Fleisch | Andere Lebensmittel | Textilien | Mineralien | Verschiedenes | Gesamtindex |
|---|---|---|---|---|---|---|
| Ende August | 101,3 | 86,2 | 91,7 | 96,2 | 91,0 | 93,6 |
| Ende September | 95,8 | 86,6 | 87,7 | 96,2 | 91,5 | 91,2 |
| Ende Oktober | 84,4 | 85,0 | 85,2 | 94,6 | 90,7 | 90,2 |
| Ende November | 90,6 | 84,0 | 83,6 | 92,4 | 89,8 | 88,2 |
| Ende Dezember | 92,3 | 83,6 | 82,6 | 92,4 | 89,2 | 88,3 |

Das Preisniveau in England ist, verglichen mit 1924, im Durchschnitt 1929 um volle 20% gesunken, wobei sich die Preissenkung auf alle Gebiete ziemlich einheitlich verteilt mit Ausnahme von Textilien, die gegenüber 1924 um 33% gesunken sind. Dieser Vorgang ist es, der die englischen Kapitalisten vor allem beunruhigt. Daher die zahllosen Theorien, die eine künstliche Stabilisierung der Preise von der Geldseite her anstreben[91]. Diese Bestrebungen dürften aber angesichts der Krise in den Vereinigten Staaten und der daraus sich entwickelnden Weltwirtschaftskrise keinesfalls von Erfolg gekrönt sein.

91 Symptomatisch für diesen Zustand ist die Gründung einer „Liga für gesunde Valuta“ (Sound Money League), an der eine Reihe hervorragender englischer Industrieller, Bankleute und Wirtschaftstheoretiker beteiligt sind.

*Der Außenhandel*

Mit der sinkenden Tendenz der Preise und der damit verbundenen Verminderung des Gewinns der englischen Industrie stehen die Schwierigkeiten im Außenhandel in enger Verbindung. Der Außenhandel der letzten Monate zeigt ein ziemlich ungünstiges Bild; insbesondere ist der Einfuhrüberschuß stark gestiegen:

Außenhandelsbilanz (in Mio £)

| | Einfuhr | Ausfuhr | Einfuhrüberschuß |
|---|---|---|---|
| 1928 September | 80,8 | 56,6 | 24,2 |
| Oktober | 93,8 | 64,3 | 29,5 |
| November | 96,0 | 63,8 | 32,2 |
| Dezember | 92,4 | 60,4 | 32,0 |
| 1929 September | 91,6 | 60,4 | 32,0 |
| Oktober | 101,1 | 64,6 | 36,6 |
| November | 100,0 | 63,1 | 36,9 |
| Dezember | 98,6 | 58,4 | 40,2 |

Wenn wir die Außenhandelsdaten nach Warengruppen untersuchen, finden wir einen Aufstieg in der Ausfuhr von Kohle und Eisen, dagegen eine Fortsetzung des Rückganges im Ausfuhrquantum der Textilindustrie. Die Ausfuhr der sogenannten neuen Industrien gestaltet sich ebenfalls ziemlich günstig.

Ausfuhr Januar bis November

| | 1929 | 1928 | 1927 |
|---|---|---|---|
| Kohle (Mio t) | 55,3 | 45,9 | 47,3 |
| Eisen und Stahl (Mio t) | 4,2 | 3,9 | 3,8 |
| Baumwollgarn (Mio £) | 152,2 | 156,1 | 186,0 |
| Baumwollgewebe (Mio Quadratyards) | 3398,1 | 3576,1 | 3827,1 |
| Wollgewebe (Mio Quadratyards) | 144,1 | 158,3 | 155,9 |
| Wollgarn (Mio £) | 50,8 | 53,9 | 55,7 |

Indessen genügt die Erhöhung der Ausfuhr von Eisen und Stahl keinesfalls, um die Disproportion zwischen Produktionskapazität und Absatzmöglichkeit auszugleichen. Daher die Notwendigkeit, die Ausfuhr weiter zu steigern, was nur durch billigeres Preisangebot auf dem Weltmarkt, d. h. durch Herabsetzung der Produktionskosten, erreicht werden kann. Daher sehen wir das Bestreben der englischen Industrie nach Rationalisierung einerseits, den Angriff auf die Löhne der Arbeiter andererseits.

*Rationalisierungsbestrebungen*

Die Idee der Rationalisierung hat sich in der öffentlichen Meinung Englands bereits durchgesetzt. Die Verwirklichung stößt auf die widerstrebenden Interessen der einzelnen Kapitalisten bzw. Kapitalarten bei der Durchführung der Rationalisierung. Indessen wird dieses Hindernis langsam, aber erfolgreich überwunden. Große Konzentrationsbewegungen sind in der Eisen- und Stahlindustrie im Gange. Nachdem die Unternehmungen von Bolckow, Vaughan & Comp. von der Gruppe Dormann, Long & Comp. absorbiert wurden, wurde nunmehr eine Arbeitsgemeinschaft zwischen dieser Gruppe und der Furniss-Gruppe geschlossen, so daß die Eisen- und Stahlindustrie des ganzen Mittelgebietes mit *einer* Ausnahme unter einheitliche Leitung gebracht wurde.

Ein großer Zusammenschluß findet auch in der Kohlenindustrie von Süd-Wales statt. Alle Kohlenbergwerke, die unter der Kontrolle von Guest, Keen & Nettlefolds einerseits und D. R. Llewellyn anderseits stehen, wurden in einen Trust vereinigt. Die neue Unternehmung hat eine Produktion von 8 Mio t jährlich und eine Produktionskapazität von 10 Mio t. Die neue Unternehmung wird ein Aktienkapital von 10 Mio £ besitzen.[92]

Auch die Zusammenfassung der Baumwollindustrie in Lancashire macht Fortschritte. Am 6. Januar beschloß die Lancashire Cotton Corporation, ihr Aktienkapital um 1,65 Mio £ zu erhöhen. Dieses Kapital soll zur Verschmelzung von weiteren 29 Textilunternehmungen mit $2^1/_2$ Millionen Spindeln und 5200 Webstühlen dienen. Die Corporation sieht eine weitere Erhöhung ihres Kapitals in den nächsten Monaten zwecks Übernahme von weiteren Textilunternehmungen vor.[93]

Wir hatten seinerzeit ausgeführt, daß die englische Großbourgeoisie von der Regierung der Arbeiterpartei eine energische Unterstützung der Rationalisierung, vor allem die Brechung des Widerstandes, den die Gewerkschaften einer Neuordnung der Arbeitsweise in den Fabriken entgegensetzen, erwartet. Der Vorkämpfer der Rationalisierung in diesem Sinne ist der alte Vertraute der englischen Bourgeoisie im Lager der Gewerkschaften, der Arbeitslosenminister Thomas. In einer großen Rede, die er am 10. Januar in Lancashire vor den Großkapitalisten („the Big Business interests") auf einem Bankett hielt, versprach er die Unterstüzung nicht nur der Regierung, sondern auch der Londoner City bei der Durchführung der Rationalisierung: „Bei der Untersuchung jener Schritte, die durch Besserung der Organisation und Ausrüstung der englischen Industrie zu besseren Arbeitsmöglichkeiten führen könnten, finde ich, daß ein Gefühl besteht, wonach die Fabrikanten in der Vornahme der nötigen Reorganisierung und Neuausrüstung behindert sind. Die lang andauernde Wirtschaftsdepression hat sie genötigt, den Kredit, den sie von ihren Bankiers erhoffen können oder den die Bankiers ihnen zur Verfügung stellen könnten, bis zur äußersten Grenze auszunutzen.

Als Resultat von Besprechungen, die ich hatte, bin ich nunmehr in der Lage festzustellen, daß die City ein tiefes Interesse daran nimmt, die Industrie auf eine breite und gesunde Basis zu stellen und daß sie bereit ist, jeden Plan zu unterstützen, der nach ihrer Meinung zu diesem Ziel führt. Jene City-Leute, die die Frage studiert haben, sind davon überzeugt, daß eine Anzahl unserer wichtigsten Industrien von Grund auf reorganisiert und modernisiert werden müssen, damit sie fähig sind, zu Preisen zu produzieren, die ihnen eine Konkurrenz mit der übrigen Welt ermöglicht. Industrien, die Vorschläge machen, die der Meinung jener, die die City beraten, entsprechen, werden die ... Mitwirkung der City bei der Ausarbeitung der Pläne und der Beschaffung der nötigen Finanzmittel finden."[94]

Wir sehen: Herr Thomas, der Gewerkschaftsführer und Minister der Arbeiterpartei, überbringt den Großkapitalisten der Textilindustrie die Versicherung der Londoner City,

92 Vgl. Times vom 10. November 1929.

93 Vgl. Times vom 7. Januar 1930.

94 Times vom 11. Januar 1930.

daß sie eine Rationalisierung der Textilindustrie finanziell unterstützen wird. Die Rede Thomas' könnte Wort für Wort ein konservativer oder ein liberaler Minister gehalten haben.

*Die Arbeitslosigkeit*

Die Kapitalisten sind mit der Tätigkeit des Herrn Thomas vollkommen zufrieden. Viel weniger die Arbeiter. Herr Thomas sollte das Versprechen der Arbeiterpartei im Wahlfeldzug, die Arbeitslosigkeit im Verlaufe von einem Jahr auf ein Normalmaß zurückzuführen, verwirklichen. Von dieser Aufgabe haben Thomas und die gesamte Arbeiterparteiregierung nicht das geringste gelöst. Die Arbeitslosigkeit Ende 1929 ist genauso groß wie vor einem Jahr. Es gab nach den amtlichen Zahlen Vollarbeitslose:

| | |
|---|---|
| 31. Dezember 1928 | 1520730 |
| 31. Dezember 1929 | 1510200 |

Trotz der besseren Wirtschaftslage konnte der englische Kapitalismus höchstens den natürlichen Nachwuchs in dem Produktionsprozeß unterbringen, keinesfalls aber die chronische Armee der Arbeitslosen vermindern. Indessen geben diese Zahlen der Vollarbeitslosigkeit infolge der großen Ausdehnung der Kurzarbeiter kein Bild der wirklichen Arbeitslosigkeit. Über die Kurzarbeit wird in England keine periodische Statistik, wie jene der deutschen Gewerkschaften, veröffentlicht. Aber in den letzten Nummern der „Ministry of Labour Gazette" ist auf Grund von Berichten, die 40000 Unternehmer über 4 Millionen Arbeiter geliefert hatten (es gibt in England rund 10 Millionen Arbeiter), das Ausmaß der Arbeitslosigkeit in der Woche, endend am 27. Oktober 1929, festgestellt. Das Ergebnis ist folgendes:

| | Kurzarbeiter % | Wöchentliche Verkürzung der Arbeitszeit (in Stunden) | Wöchentliche Verkürzung der Arbeitszeit für die Gesamtheit der Arbeiter berechnet (in Stunden) |
|---|---|---|---|
| Baumwolle | 13,4 | 12,7 | 1,7 |
| Wolle | 31,3 | 11,7 | 3,7 |
| Bleichen, Drucken, Färben von Textilien | 45,2 | 11,3 | 5,1 |
| Schneidergewerbe | 41,1 | 11,4 | 4,7 |
| Schuhindustrie | 50,7 | 11,9 | 6,0 |
| Chemische Industrie | 1,4 | 9,7 | 0,1 |
| Konfektion | 12,8 | 10,7 | 1,4 |
| Druckereigewerbe | 2,5 | 10,1 | 0,2 |
| Eisen und Stahl | 13,6 | 13,1 | 1,8 |
| Maschinenindustrie | 4,9 | 12,2 | 0,6 |
| Schiffbau | 2,6 | 16,9 | 0,4 |
| Bauindustrie | 1,5 | 10,0 | 0,2 |

*Quelle*
Economist vom 7. Dezember 1929.

Wir sehen aus dieser Tatsache, daß neben der wöchentlich registrierten Vollarbeitslosigkeit in wichtigen Industriezweigen eine ungefähr ein Viertel der wöchentlichen Arbeitszeit betragende Arbeitslosigkeit besteht, von der an 50% der Arbeiter betroffen werden. Mit

Einrechnung dieser Kurzarbeiter ist die Arbeitslosigkeit noch bedeutend größer, als man allgemein annimmt.

Der Mißerfolg der Regierung der Arbeiterpartei in ihrem Kampf gegen die Arbeitslosigkeit ist der Hauptangriffspunkt der anderen bürgerlichen Parteien gegen die Arbeiterpartei-Regierung. Der Gesetzentwurf, der von Thomas eingebracht wurde, befriedigt weder die Kapitalisten, noch weniger die Arbeiter. In seiner großen Parlamentsrede am 5. November 1929 gab Thomas ein Bild seiner „Tätigkeit" im Kampf gegen die Arbeitslosigkeit. Im ganzen sollen 42 Mio £ für verschiedene staatliche und kommunale Investitionen — Wegebauten usw. — verwendet werden. Er berichtet über seine Verhandlungen in Kanada, wo er die dortigen Kapitalisten zu überreden suchte, Kohle und Eisen aus England statt aus den Vereinigten Staaten zu beziehen usw.

Die Position Thomas' wurde von Lloyd George und von den Konservativen aufs schärfste angegriffen. Es ist bezeichnend, daß die „Times" in ihrem Artikel, der sich mit der Arbeit des Parlaments im Spätherbst beschäftigt, folgendes schreibt: „Lloyd George war scharf kritisch gegen die Tendenz der Regierung, statt Arbeit Unterstützung für die Arbeitslosen zu finden ... Der parlamentarische Erfolg und Verdienst der Liberalen Partei ist unleugbar. Lloyd George selbst war so erfolgreich in der Debatte, daß bei manchen Beobachtern der Glaube entstand, daß er seine frühere herrschende Position in der englischen Politik wieder erobern könnte ... So kann wahrheitsgemäß gesagt werden, daß die Kluft zwischen den Liberalen und der Arbeiterpartei niemals breiter war als gegenwärtig."[95]

Besonders scharf wurde von den Konservativen und ihrer Presse die Neuordnung der Arbeitslosenunterstützung angegriffen. Bisher war es so, daß der arbeitslose Arbeiter, um Unterstützung erhalten zu können, beweisen mußte, daß er tatsächlich Arbeit gesucht habe („genuinely seeking work").

Nach dem neuen Gesetzentwurf soll das zuständige Arbeitslosenamt die Unterstützung nur entziehen können, wenn es den Beweis erbringt, daß der Arbeiter keine Arbeit gesucht hat. Die konservative Presse behauptet, daß infolge dieser Änderung um 200000 Arbeitslose mehr Unterstützung erhalten würden, als dies bisher der Fall war (selbstverständlich kann eine derartige Neuerung auch zu einer starken Verminderung der Unterstützungsempfänger führen, wenn sie entsprechend gehandhabt wird).

Wie groß die Unzufriedenheit der Massen mit dem Wirken der Regierung der Arbeiterpartei sein muß, zeigt das Auftreten von derartigen „linken" Führern wie Maxton und Cook gegen die Arbeiterpartei-Regierung.

Bei der Behandlung des Gesetzentwurfes über die Arbeitslosigkeit griff Maxton Thomas sehr scharf an: „Er hörte Thomas mit sehr großer Unruhe an. Er glaube nicht, daß es einen unglücklicheren Menschen im Parlament gegeben hat als ihn selbst. Nachdem er die Rede von Thomas gehört hatte, zog er den Schluß, daß Thomas anstatt sein eigenes gesundes Arbeiterklassengefühl zu benutzen, die Vorbereitung seiner Rede der gleichen Amtsperson überlassen hatte, die diese Arbeit für Steel-Maitland, seinen Vorgänger, geleistet hatte. Er finde keinen Versuch einer Lösung des Problems auf sozialistischer Linie. Gehen die Vorschläge darauf hinaus, die Kluft zwischen nichtarbeitenden Reichen und arbeitslosen Armen zu überbrücken? Er habe nichts davon gefunden. Gehen die Pläne dahin, der Arbeiterklasse einen größeren Spielraum in der Kontrolle und Direktion der Industrie zu geben? Er habe nichts derartiges gefunden. Er finde keinerlei neue Konzeption, die

95 Times vom 23. Dezember 1929.

nicht bereits von den konservativen und liberalen Ministern in bezug auf das Problem der Arbeitslosigkeit aufgestellt worden wären . . . Er forderte Thomas auf, die Tory-Philosophie der Arbeitslosigkeit über Bord zu werfen . . .

Thomas gebe den Kapitalisten, Eisenbahndirektoren und Grundbesitzern 40 Millionen Pfund Sterling. Er, Maxton, glaube, daß die gleiche Summe, wenn sie unmittelbar in die Taschen der arbeitslosen Arbeiter des Landes fließen würde, nicht zu groß wäre usw."

In einer Rede in Crawley übte Cook eine scharfe Kritik an der Arbeitslosenvorlage der Regierung. Er führte aus: „Sein Glaube und seine Loyalität wurden schwer getroffen durch die Behandlung, die die Regierung den Arbeitslosen und der Arbeitslosigkeit angedeihen lasse. Er sei enttäuscht, daß eine Arbeiterpartei-Regierung einen solchen Entwurf einbringt. Die Bill sei weit entfernt von dem, was man von einer Arbeiterpartei-Regierung mit Recht erwarten konnte. Gegenüber dem beispiellosen Elend der Arbeitslosen, seiner Organisation und den Versprechungen, die ihr von dem Arbeitsminister gemacht wurden, bedeute der Entwurf eine Insultation der Bergarbeitergewerkschaft und der ganzen Gewerkschaftsbewegung, aber was noch schlimmer sei, er bedeute einen Betrug an ihren unglücklichen arbeitslosen Kameraden, die ohne ihr Verschulden ins Elend geraten sind."[96]

Eine ebensolche Enttäuschung für die Arbeiter bedeutet die Kohlevorlage der Regierung. Wir haben darüber bereits einiges in unserer vorhergehenden Übersicht geschrieben. Der Handelsminister Graham wurde von den Kapitalisten immer weiter in ihre Richtung abgedrängt. Das Versprechen, den 7-Stunden-Tag im Bergbau wieder herzustellen, wurde von der Regierung skrupellos gebrochen. Andererseits scheint es, daß in großen Bergbaubezirken die Arbeitgeber nicht einmal geneigt sind, den $7^1/_2$-Stunden-Tag ohne Kürzung der Löhne einzuführen. So wird aus Süd-Wales berichtet, daß im Falle der Einführung der $7^1/_2$-Stunden-Schicht die Kapitalisten unbedingt eine Reduktion der Löhne fordern werden, da trotz der Verminderung der Steuern und der Preisregulierung die Industrie im Laufe des Jahres 1929 noch immer mit einem Verlust gearbeitet habe.[97]

Der Kartellplan, den Graham dem Parlament vorgelegt hatte, will bekanntlich den Kohlekapitalisten, die in fünf geographischen Gruppen zusammengefaßt werden, das Recht zugestehen, die Preise für Inlands- und Auslandsabsatz selbst zu bestimmen. Die ganze verarbeitende Industrie Englands würde natürlich durch die auf diese Weise notwendig werdende Erhöhung der Kohlepreise unangenehm betroffen werden. Daher das Bestreben der ganzen Kapitalistenklasse, die ganze Frage auf Kosten der Arbeiter zu lösen, ohne Preiserhöhung für Inlandskohle. An diesem Punkt spitzen sich die Gegensätze zwischen Kapitalisten und Arbeitern scharf zu. Es ist sehr fraglich, ob die nunmehr von der „Federation of British Industry" amtlich angenommene Politik der Zusammenarbeit mit dem Gewerkschaftsrat diese Gegensätze kampflos zugunsten der Kapitalisten wird entscheiden können . . .

Der Kampf gegen die angeblich hohen Löhne der englischen Arbeiter wird auf der ganzen Linie weitergetrieben. In dieser Beziehung ist eine Publikation der englischen elektrischen Industrie „The Electrical Industry of Great Britain" von besonders großem Interesse. Hier wird eine Statistik aufgestellt, wonach die Lohnkosten der englischen elektrischen Industrie weit höher seien als die der anderen europäischen Länder. Die Lohnkosten betragen laut dieser Publikation in Prozent der gesamten Produktionskosten:

96 Times vom 23. Dezember 1929.
97 Vgl. Economist vom 28. Dezember 1929.

| | England | Deutschland | Frankreich | Schweiz | Belgien |
|---|---|---|---|---|---|
| 1913 | 26,3 | 26,6 | 26,6 | 23,4 | |
| 1928 | 28,5 | 22,0 | 16,8 | 20,5 | 12,6 |

Die Lage der Elektroindustrie wird darin als unbefriedigend dargestellt. Der Reingewinn habe im Jahre 1928 bloß 8% betragen. „Ein solcher Gewinn kann nicht als zufriedenstellend betrachtet werden." In fünf Jahren konnten die 13 Firmen ihre allgemeinen Reserven bloß um 1 Million £ erhöhen, was bei einem Gesamtkapital von 31 Millionen £ nicht genügend sei usw.

Daß tatsächlich viele Unternehmungen in England trotz der Erhöhung der Produktion im letzten Jahr mit sehr schlechten finanziellen Ergebnissen gearbeitet haben, ist zweifellos. Hierfür zeugen die Zusammenbrüche und die Einstellung von Dividendenzahlungen in den letzten Monaten. Die Verluste, die bei dem Hatry-Konzern entstanden sind, erweisen sich als viel größer, als ursprünglich angenommen wurde. Die Gesamtverbindlichkeiten des Konzerns, von der gegenseitigen Verschuldung abgesehen, belaufen sich auf $19^1/_2$ Mio £. Der ungesicherte Teil beträgt $13^1/_2$ Mio £ und gilt als vollkommen verloren. Ein Verlust von 270 Millionen Mark bei einem Konzern ist selbst für das reiche England ein schwerer Schlag.[98]

Auf den Zusammenbruch des Hatry-Konzerns folgten die Schwierigkeiten im Horne-Konzern (Zement, Zeitungen usw.), ferner die Ankündigung, daß die Royal Mail Company, eine der größten Unternehmungen Englands, vorläufig keine Dividenden auf ihre Vorzugsaktien bezahlen werde, die ähnliche Ankündigung des großen Inveresk-Papier-Konzerns. All dies hat eine allgemeine Mißstimmung in den Geschäftskreisen hervorgerufen, die sich in einem allgemeinen Sinken der Kurse der Aktien geltend machte.

### *Kapitalmarkt*

Die Spannung auf dem Geldmarkt und die oben dargelegte schlechte Finanzlage mehrerer Großunternehmungen als auch die fallenden Aktienkurse führten dazu, daß die Emissionstätigkeit in England im Jahre 1929 und insbesondere in den Monaten August bis Oktober viel geringer war als im vorhergehenden Jahr (siehe Tabelle 36):

*Tabelle 36*
Kapitalemission (Mio £ im Monatsdurchschnitt)

| | England | Kolonien | Ausland | Zusammen |
|---|---|---|---|---|
| 1926 | 10,77 | 4,43 | 4,04 | 19,23 |
| 1927 | 17,24 | 8,32 | 4,04 | 29,60 |
| 1928 | 21,97 | 5,26 | 3,53 | 30,75 |
| 1929 | 16,50 | 5,08 | 2,19 | 23,77 |

*Quelle*
Economist vom 4. Januar 1930.

98 Siehe Economist vom 21. Dezember 1929.

Wir sehen einen starken Rückschlag: Rund 7 Mio £ monatlich, 84 Mio £ im Jahr (1,7 Mrd. Mark). Der größte Teil entfällt auf das Inland. Der Kapitalexport in fremde Länder hat sich um 40% vermindert.

In den letzten Monaten gestaltete sich die *Kapitalemission* wie folgt:

Mio £ (ohne englische Regierungsanleihe)

| | England | | Kolonien | | Ausland | | Insgesamt | |
|---|---|---|---|---|---|---|---|---|
| | 1928 | 1929 | 1928 | 1929 | 1928 | 1929 | 1928 | 1929 |
| Monatsdurchschnitt | | | | | | | | |
| Juli—September | 9,19 | 4,22 | 3,99 | 2,11 | 2,28 | 0,35 | 15,29 | 6,22 |
| Oktober | 26,24 | 4,18 | 6,71 | 0,65 | 6,64 | 3,50 | 39,30 | 11,98 |
| November | 13,24 | 4,19 | 2,20 | 3,74 | 4,27 | 1,00 | 19,78 | 8,92 |
| Dezember | 13,14 | 3,47 | 2,11 | 0,28 | 4,50 | 1,67 | 19,30 | 5,42 |

Wir sehen, wie stark die Kapitalemission und der Kapitalexport als Ergebnis der Kreditkrise in den letzten Monaten zusammengeschrumpft sind.

*Die Agitation für Schutzzölle*

Die Agitation der konservativen Tagespresse des Lord Beaverbrook und Lord Rothermere hat in den letzten Wochen eine außerordentliche Schärfe angenommen. Die Differenzen zwischen den zwei von diesen Politikern repräsentierten Richtungen: Freihandel innerhalb des Imperiums und Zollschutz gegenüber allen anderen Ländern einerseits und Schutzzölle für das englische Mutterland anderseits wurden in unklarer Weise überbrückt, und die Agitation wird nunmehr gemeinsam betrieben. Die Idee des Freihandels innerhalb des englischen Weltreichs erfuhr einen schweren Rückschlag durch die Tatsache, daß die neue Arbeiterregierung in Australien einen so hohen Schutzzolltarifentwurf eingebracht hat, daß „die Fabrikanten selbst davon überrascht waren“.[99]

Obwohl der neue Tarif die Vorzugszölle für britische Waren beibehält, wird er zweifellos den britischen Handel mit Australien schwer treffen. Daß Großbritannien der Hauptleidtragende des Schutzzolls sein wird, ist auch in Australien klar. Der „Statist“ zitiert folgende Äußerung aus dem Bericht der Neu-Süd-Wales Handelskammer: „Die ernsteste Konkurrenz für die einheimische Industrie kommt von England.“

Das neue Zollgesetz in Kanada bestimmt, daß nur jene britischen Waren einen Zollschutz genießen sollen, in denen mindestens 50% britische Rohstoffe enthalten sind. Wenn wir noch die Tatsache hinzunehmen, daß sich Indien, Ägypten, Australien und Südafrika weigern, die Konferenz des Völkerbundes, die den vom englichen Handelsminister Graham vorgeschlagenen zweijährigen „Zollfrieden“ erörtern soll, zu beschicken, so ist es klar, daß die Idee des Freihandels innerhalb des britischen Weltreichs infolge der widerstreitenden Interessen der industriellen Entwicklung in den einzelnen Kolonien und Dominions unmöglich zu verwirklichen ist.

Die freihändlerische Presse hat es nicht schwer, wieder einmal zu beweisen, daß eine Zollschutzpolitik für das englische Mutterland keinesfalls geeignet wäre, die Schwierigkeiten

99 Statist vom 14. Dezember 1929.

der englischen Wirtschaft zu lösen. Das Programm Rothermeres läuft nach der Darstellung des „Economist" auf folgendes hinaus:

„Prohibitionäre Schutzzölle gegen jede Art ausländische Industrieartikel.

Eine Subsidierung der englischen Landwirtschaft in der Höhe von 30 Millionen Pfund Sterling jährlich, um den englischen Farmern einen entsprechenden Preis für Weizen, Kartoffeln, Vieh usw. zu sichern.

Indien soll gezwungen werden, englische Industriewaren zollfrei einzulassen, hingegen hohe Zölle gegen die Waren anderer Länder einzuführen.

Die wirtschaftlichen Angelegenheiten der Nation sollen einem Rat von Geschäftsleuten anvertraut werden, deren Entscheidungen von der jeweiligen Regierung anzunehmen sind."

Es ist nicht schwer zu beweisen, daß dieses wirtschaftspolitische Programm rein wirtschaftlich der Gesamtheit der englischen Bourgeoisie keinen Nutzen bringen würde. Es ist aber klar, daß das Hauptgewicht nicht auf das wirtschaftspolitische Programm, sondern auf den vierten Punkt, auf die unmittelbare Entscheidung aller wirtschaftspolitischen Fragen durch eine kleine Gruppe von Großkapitalisten, gelegt ist.

Es handelt sich hier ganz klar und deutlich um den Anfang einer faschistischen Parteibildung in England, deren großkapitalistische Ziele durch chauvinistische Redensarten und Schutzzollmaßnahmen verdeckt werden sollen. Der Arbeiterschaft wird vorgetäuscht, daß durch Schutzzölle die Arbeitslosigkeit bekämpft werden könne, wenn man das Schicksal des Landes wieder der Konservativen Partei bzw. ihrem faschistischen Flügel anvertraue. Das Wirtschaftsprogramm soll die Arbeiter durch Versprechen besserer Arbeitsgelegenheit, die Farmer durch Subventionen usw. zu der neuen faschistischen Partei locken. Das Wesen der Sache ist, daß das englische Kapital, das seit zehn Jahren unfähig ist, einen Ausweg aus der chronischen Depression zu finden, die Lösung auf Kosten der Arbeiterschaft auf faschistischem Weg sucht.

## Vereinigte Staaten von Amerika

Wir haben uns mit den allgemeinen Fragen der Krise in den USA an anderer Stelle eingehend beschäftigt, hier wollen wir nur mehr einige Spezialprobleme berühren.

a) Gibt es überproduzierte Waren in den USA?

Die bürgerliche Presse wiederholt immer wieder, daß es bei Beginn der Krise in den USA keine unverkäuflichen Waren gegeben hat! Sie schließt hieraus auf einen kurzen und milden Verlauf der Krise.

Diese Ansicht ist nur scheinbar richtig! Richtig ist, daß die Warenmasse, die sich in der Zirkulationssphäre befindet, im Verhältnis zum Gesamtvolumen der Produktion geringer ist als vor dem Krieg. Dies erklärt sich durch die *verminderte Bedeutung des Handelskapitals gegenüber dem industriellen Kapital.* Das industrielle Kapital der USA hat in vielen Fällen das Handelskapital, wenn auch nicht formell, so doch tatsächlich vollständig verdrängt und steht mit dem Konsumenten in unmittelbarer Verbindung (Tabaktrust, Automobilfabriken). Hierdurch wird der Markt für das industrielle Kapital übersichtlicher, die Vorräte in der Zirkulationssphäre sind geringer. Auch in der Weltwirtschaft ist durch den Ausbau der Verständigungsmittel, die telegraphische und Radioverständigung, *ja heute* bereits Telefongespräche zwischen allen Großstädten der Welt die Gefahr einer Anhäufung unverkäuflicher Warenvorräte infolge Unkenntnis der Marktlage — wie zu Marx' Zeiten — viel geringer geworden.

An der Stelle der Vorräte des Handelskapitals ist in den USA — wie Genosse Feinberg in einer Diskussion sehr richtig bemerkte — eine Vorratsbildung *bei den Konsumenten in Form der Ratenzahlungskäufe eingetreten!* In der Tat: Wenn Automobile, Möbel, Radios usw. in großen Massen auf Anzahlung den Konsumenten übergeben werden, sind diese Waren zwar formell verkauft, aber ihr Wert für das Kapital ist noch nicht realisiert. Statt wie früher in der Zirkulationssphäre zu lagern, bis die Käufer das nötige Geld zum Ankauf besitzen, und im Falle einer Krise einen unverkäuflichen Warenvorrat zu bilden, befinden sie sich gegenwärtig — zu einem geringen Teil bezahlt — in der Benutzung der Konsumenten. Die tatsächliche Realisierung durch Bezahlung des vollen Preises ist durch die Krise ebenso gefährdet wie wenn die Waren bei dem Händler lagern würden.

Trotzdem ist es ganz mechanisch und daher unrichtig zu behaupten, es seien vor der Krise keine überproduzierten unverkäuflichen Warenvorräte vorhanden gewesen. Die Krise bedeutet ja eben, daß Waren, die früher als verkäuflich galten, unverkäuflich werden, daß Warenvorräte, die früher als dem Geschäftsgang entsprechend, also nicht als zu groß galten, mit *einem* Schlag viel zu groß werden!

Dabei ist es auch bei voller Kenntnis der Marktlage nicht möglich, bei Ausbruch der Krise die Produktion sofort dem verminderten Bedarf anzupassen, weil ja das Ausmaß des Konsumtionsrückganges nicht im vorhinein bestimmbar ist und weil die Einschränkung der Produktion seitens der Kapitalisten nur erfolgt, wenn die Unmöglichkeit des Absatzes ganz offenbar wird. So entstehen in der Krise überschüssige, unverkäufliche Warenvorräte. Hier ein konkretes Beispiel aus der *Baumwollindustrie der Vereinigten Staaten*[100]:

| | Mio Yard | % |
|---|---|---|
| Produktion im November | 345,1 | |
| Verkäufe | 222,9 | |
| Verhältnis des Verkaufs zur Produktion | | 64,6 |
| Ablieferungen | 276,4 | |
| Verhältnis der Ablieferungen zur Produktion | | 80,1 |
| Vorräte am 1. November | 362,7 | |
| Vorräte am 30. November | 431,4 | |
| Zunahme der Vorräte | | 19,0 |
| Bestand der Bestellungen am 1. November | 395,7 | |
| Bestand der Bestellungen am 30. November | 342,2 | |
| Verminderung des Bestandes an Bestellungen | | 13,5 |

Die ganze Dynamik der Vorratsbildung in der Krise ist hier klar sichtbar: Die Ablieferung beträgt nur 80% der Produktion. Daher nahmen die Vorräte um 19% zu. Die Verkäufe betrugen bloß 65% der Produktion. Wird die Produktion im Dezember nicht stark eingeschränkt, so werden die Vorräte Ende Dezember noch größer sein. Ähnlich dürfte es in anderen Industriezweigen sein.

Ein anderes Bild zeigt der US-Steel-Trust. Dort wurde die Produktion so stark eingeschränkt, daß der Bestand an Bestellungen während der Krise sogar etwas zugenommen hat. Doch dürfte das nicht die Regel, sondern der Ausnahmefall sein.

An dem Beispiel der Baumwollindustrie der Vereinigten Staaten sehen wir, wie in der Krise selbst unverkäufliche Vorräte entstehen bzw. wie Vorräte unverkäuflich werden,

100 Nach den Angaben der „Association of Cotton Textil Merchants of New York" im „Financial and Commercial Chronicle" vom 14. Dezember, S. 3707.

auch wenn es beim Anfang der Krise den Anschein hatte, als ob keinerlei überschüssige Vorräte vorhanden wären.

*b) Krise und Monopole*

Die Krise wird die Monopolbildung in mancherlei Richtung beeinflussen. Kartelle, in denen Betriebe, die mit sehr verschiedenen Produktionskosten arbeiten, vereinigt sind, fallen auseinander, da die mit niedrigen Produktionskosten arbeitenden Betriebe das Kartell als Last empfinden. Andererseits setzt dort, wo noch neben den großen Monopolen Außenseiter bestehen, wie z. B. in der Eisenindustrie der Vereinigten Staaten, der Zusammenschluß der Außenseiter zu neuen Monopolorganisationen ein, um den bestehenden Monopolorganisationen nicht zum Opfer zu fallen.

So fand der Zusammenschluß einer Reihe bisher unabhängiger Eisenwerke zu der *Republic Steel Corporation* statt. Das neue Unternehmen verfügt über ein Kapital von 350 Millionen Dollar und steht unter dem Einfluß des Inhabers des Chikagoer Bankhauses Otis and Comp. Cyrus Eaton, der diesen Zusammschluß seit Jahren vorbereitete. Die Produktionskapazität des neuen Konzerns beträgt 5 Mio t Stahl jährlich, etwa 10% der Produktion der Vereinigten Staaten. Es wird das drittgrößte Unternehmen der Eisenbranche nach der US-Steel-Corporation und der Bethlehem Steel Comp. sein. Wahrscheinlich werden noch mehrere bisher unabhängige Unternehmungen in der Periode der Krise und der Depression von der Republic Steel Corporation bzw. von den zwei anderen Riesenunternehmungen aufgesogen werden, so daß diese drei Unternehmungen das ganze Feld beherrschen werden.

Große Zusammenschlüsse sind auch unter den Eisenbahnen im Gange. Hier wird aber der Zusammenschluß durch die „Interstate Commerce Commission" geregelt. Bei der in den Vereinigten Staaten allgemein verbreiteten Korruption und den gewaltigen Interessen, die hier auf dem Spiele stehen, läßt es sich denken, wie die großen Interessenten „arbeiten", um eine günstige Entscheidung zu erlangen.

*Die Wirtschaftskrise und die Einnahmen der Eisenbahnen*

Während der Niederschrift unserer Übersicht sind die Daten über die Einnahmen der Eisenbahnen im Monat November erschienen[101]. Sie zeigen die Tiefe der Krise. Sie zeigen, daß nicht nur einzelne Industriezweige von der Krise getroffen sind, sondern die ganze Wirtschaft der Vereinigten Staaten. Hier die Zahlen der größten Linien:

Einnahmen im November (in Mio Dollar)

| | Roheinnahmen | | Reineinnahmen | |
|---|---|---|---|---|
| | 1928 | 1929 | 1928 | 1929 |
| Great Northern | 13,36 | 10,07 | 5,00 | 2,94 |
| Northern Pacific | 9,24 | 7,90 | 3,23 | 2,05 |
| Illinois Central | 15,19 | 14,35 | 2,66 | 1,69 |
| Southern Pacific | 25,08 | 24,36 | 4,58 | 3,73 |
| Pennsylvania Railroad | 57,01 | 53,77 | 11,24 | 7,06 |
| Baltimore and Ohio | 21,25 | 19,31 | 5,12 | 3,23 |
| Atchison | 21,85 | 23,83 | 7,12 | 7,74 |

101 Siehe Financial and Commercial Chronicle vom Dezember 1928.

Wir sehen folgende Haupttatsachen:

a) Die Einnahmen der großen Eisenbahnlinien sind im allgemeinen sehr stark unter das Vorjahresniveau gefallen;

b) Die Ungleichmäßigkeit ist außerordentlich groß. Während die Eisenbahnen des Südwestgebietes (Atchison) ihre Roh- und Reineinnahmen gegenüber dem Vorjahr noch erhöhten, gingen die Einnahmen der Eisenbahnen der schwerindustriellen Gebiete (Great Northern, Northern Pacific, Baltimore-Ohio) sehr stark zurück;

c) Mit der Verminderung der Roheinnahmen fallen die Reineinnahmen in viel stärkerem Maße — Abnahme bis zu 40%! Dies erklärt das besonders große Interesse der Eisenbahnen an der Aktion Hoovers, ihre Bereitschaft, durch große Bestellungen das Geschäft wieder in Gang zu bringen.

*Monopolkapital und Farmer*

Wir haben schon oft darauf hingewiesen, wie das Kapital der Vereinigten Staaten die Farmer in den verschiedensten Formen ausbeutet und wie die Gesetze, die das Parlament von Zeit zu Zeit im Interesse der Farmer annimmt, von dem jeweiligen Präsidenten immer wieder durch sein Veto außer Kraft gesetzt werden.

Im Senat haben die Farmer aus den Weststaaten eine numerisch starke Vertretung, aber die Vertreter der Großkapitalisten machen sich über die rückständigen Farmervertreter immer offener lustig. Wie offen die Vertreter der Interessen der Farmer von den großen Kapitalisten verhöhnt werden, darüber lesen wir folgende fein beobachtete Einzelheiten: „Mr. Grundy, ein einflußreicher Mann, der Präsident des Verbandes der Fabrikanten in Pennsylvanien . . . brachte es fertig, dem auf seine Würde nicht wenig stolzen Senat ins Gesicht zu sagen, einige seiner Mitglieder aus den „Hinterwäldlerstaaten“ verständen nichts von den Interessen des Landes. Von Rechts wegen dürfte sich ein volksreicher und *bedeutender (!)* Staat wie Pennsylvanien nicht von einer Handvoll rückständiger westlicher Bauern um sein Recht bringen lassen, wobei ausdrücklich bemerkt wurde, die Agrarstaaten — sozusagen Staaten zweiter Klasse — dürften eigentlich auch im Senat nur eine untergeordnete Stimme haben . . .

Es ist im Osten beinahe schon zur Gewohnheit geworden, der Rhetorik gewisser westlicher Senatoren mit der gleichen Belustigung zu folgen, mit der man sich etwa eine gute Komödie anhört, und so mancher politische Don Quichotte aus den „wide open spaces“ erntet mit seinen von komischen Vorurteilen strotzenden Tiraden in New York, Philadelphia und Boston nichts als einen Lacherfolg. Daß dieses Gelächter gewöhnlich am höhnischsten und am lautesten aus den Reihen der Big Business-Barone schallt, fällt dem an und für sich ja schon wirtschaftlich am schlechtesten gebetteten und deshalb ohne weiteres gereizten Farmer am meisten auf die Nerven. Ob zu Recht oder Unrecht (?), er glaubt einer Einheitsfront des östlichen Großkapitals gegenüber zu stehen, die ihm für seine großen Schmerzen und kleinen Wünsche kein Verständnis entgegenbringt. Er sieht — oder meint zu sehen — wie der industrielle Osten eine starke Zentralgewalt aufbaut, die souverän im Interesse der Fabrikanten vorgeht.“[102]

Es ist gegenwärtig das erste Mal, daß die Farmer auf dem Weg des Federal Farm Board tatsächlich eine gewisse Hilfe vom Staat des Monopolkapitals erhalten. Die Anleihe des Board ermöglichte es den Farmern, ihre Produkte nicht massenhaft auf den Markt werfen zu müssen, die Preise halten zu können.

102 Frankfurter Zeitung vom 18. Dezember 1929.

Die Erklärung für die geänderte Politik des Monopolkapitals gegenüber den Farmern liegt darin, *daß ein heftiger Preissturz der Agrarprodukte in diesem Moment für das Monopolkapital selbst große Gefahren heraufbeschwören würde.* Ein solcher Preissturz würde das ganze Preisgebäude ins Wanken bringen und nicht nur massenhafte Bankrotte der Farmer, sondern auch der mit ihnen verbundenen kleinen Bankinstitute und Provinzkaufleute nach sich ziehen. Dies würde einerseits die Situation der Großbanken, die mit Zehntausenden von Effektenkunden keine Verrechnung durchführen, da dies zu massenhaften Bankrotten und zu einem neuen Kurssturz auf der Börse führen würde, sehr gefährlich gestalten. Anderseits würde es das Bestreben Hoovers und des industriellen Kapitals, eine Atmosphäre des Vertrauens und des Optimismus zu schaffen, von Grund aus zerstören. Es liegt im Interesse des Monopolkapitals, eine akute Agrarkrise zu verhindern. Daher erhalten die Farmer gegenwärtig eine gewisse Hilfe vom Staat.

*Der Außenhandel*

Die Wendung im Außenhandel als Folge der Krise — verminderter Import, erhöhter Export — hat sich im November nur noch zu einem Teil vollzogen. Der Import ist stark zurückgegangen, aber auch der Export!

Außenhandel (reiner Warenverkehr) (in Mio Dollar):

| | Import | | Export | |
|---|---|---|---|---|
| | 1929 | 1928 | 1929 | 1928 |
| August | 369 | 347 | 381 | 379 |
| September | 351 | 320 | 437 | 422 |
| Oktober | 391 | 355 | 529 | 550 |
| November | 339 | 327 | 448 | 545 |
| Dezember | 311 | 339 | 434 | 476 |

Der Rückgang des Exports ist offenbar der Störung des gesamten Wirtschaftslebens durch die Krise zuzuschreiben. Die bisherige Basis des Exports wurde erschüttert, die neue Grundlage noch nicht gelegt. Es ist aber zweifellos, daß sich die Industrie der Vereinigten Staaten nach der Umstellung auf dem Weltmarkt mit einem viel größeren Teil ihrer Produktion als bisher auf den Weltmarkt werfen wird.

Sechster Teil

# Die historischen Wurzeln der Besonderheiten des deutschen Imperialismus*

* E. Warga, Die historischen Wurzeln der Besonderheiten des deutschen Imperialismus, Berlin—Leipzig 1946, Verlag der Sowjetischen Militärverwaltung in Deutschland.

# Die historischen Wurzeln der Besonderheiten des deutschen Imperialismus

Mit einer in der Geschichte beispiellosen Raubgier, gleich einer wilden Bestie, stürzte sich der deutsche Imperialismus unter Hitlers Führung, nachdem er das eigene Volk in Ketten geschlagen hatte, auf die Nachbarländer, um sich mit Waffengewalt Europa und die Welt zu unterwerfen.

Der deutsche Imperialismus weist eine Reihe Besonderheiten auf. Sie sind nicht zu erklären durch irgendwelchen „ursprünglichen" Nationalcharakter der Deutschen, wie es die faschistischen Geschichtsfälscher tun. Den Deutschen einfach einen grausamen, räuberischen „Nationalcharakter" zuschreiben und daraus die Besonderheiten des deutschen Imperialismus ableiten zu wollen, hat mit marxistischer Forschung nichts zu tun. Die Quelle der Besonderheiten des deutschen Imperialismus muß in der Geschichte Deutschlands gesucht werden. Der Nationalcharakter eines Volkes ist nicht von „Natur gegeben", nicht eine Rasseneigentümlichkeit, sondern das Ergebnis einer geschichtlichen Gesamtentwicklung.

Kein geschichtliches Ereignis geht an einem Volke spurlos vorüber, jedes trägt zur Gestaltung des Charakters einer Nation bei.

„Also ist die Nation keine Rassen- und keine Stammesgemeinschaft, sondern eine historisch entstandene Gemeinschaft von Menschen."[1]

Es fehlt uns der nötige Raum, um die Gestaltung des heutigen Charakters der deutschen Nation im Verlauf ihrer gesamten Geschichte zu verfolgen. Wir müssen uns auf die Besonderheiten der Geschichte Deutschlands im Zeitalter des Kapitalismus beschränken.

## Die verspätete Entwicklung des deutschen Industriekapitalismus

Eine der wichtigsten Tatsachen aus der deutschen Geschichte, die die Besonderheiten des deutschen Imperialismus bis zur jüngsten Zeit bestimmte, war die verspätet einsetzende Entwicklung der deutschen Industrie, des deutschen Kapitalismus. Im „Kommunistischen Manifest" wird von der „hundertjährigen Klassenherrschaft der Bourgeoisie" gesprochen. Aber dies bezieht sich nicht auf die deutsche, sondern auf die englische und die französische Bourgeoisie. Wie Marx an anderer Stelle sagt, „begann die Entwicklung der Großindustrie in Deutschland erst im Jahre 1848".

Deutschland war nicht immer ein wirtschaftlich rückständiges Land. Bis zum 16. Jahrhundert standen Manufaktur und internationaler Handel, wie die Blüte der Hansestädte, des Bank- und Handelshauses Fugger usw. zeigt, nicht hinter den westlichen Nachbarländern zurück. Die großen Handelswege aus Nordeuropa nach Südeuropa, von Westeuropa nach dem Orient gingen über Deutschland. Das Wirtschaftsleben Deutschlands begann erst im 16. Jahrhundert hinter der Entwicklung in den westlichen Nachbarländern zurückzubleiben, als sich nach dem Sturze des Oströmischen Reiches durch die Türken und der Entdeckung Amerikas und des Seeweges nach Indien der internationale Handel nach Westeuropa verlagerte.

1 J. W. Stalin, Marxismus und die nationale Frage, in: Werke, Bd. 2, Berlin 1950, S. 268.

Engels schreibt hierüber folgendes:

„Die Rückständigkeit der deutschen Industrie hatte mannigfaltige Ursachen, aber zwei werden schon zu ihrer Erklärung genügen: die ungünstige geographische Lage des Landes, seine Entfernung vom Atlantischen Ozean, der zur großen Heerstraße des Welthandels geworden war, sowie die ständigen Kriege, in die Deutschland verwickelt war und die vom sechzehnten Jahrhundert an bis auf den heutigen Tag auf seinem Boden ausgefochten wurden.“[2]

In der Mitte des 19. Jahrhunderts stand die Entwicklung des Kapitalismus in Deutschland weit hinter jener in Westeuropa zurück (vgl. Tabelle 1). „Die Bourgeoisie Deutschlands war bei weitem nicht so reich und konzentriert wie die Frankreichs oder Englands. Die alten Manufakturen Deutschlands waren durch das Aufkommen der Dampfkraft und durch die sich rasch ausbreitende Vorherrschaft der englischen Industrie zugrunde gerichtet worden ... Überdies waren die deutschen Industriebezirke dünn gesät und weit verstreut; sie lagen tief im Innern des Landes ... waren sie außerstande, große Industrie- und Handelszentren zu bilden wie Paris und Lyon, London und Manchester.“[3]

*Tabelle 1*

Vergleichszahlen der industriellen Produktion der drei großen Länder Westeuropas im Jahr 1850

| | Bevölkerung (Mio) | Kohle (Mio t) | Eisen (Tsd. t) | Baumwolleinfuhr (Tsd. t) |
|---|---|---|---|---|
| Deutschland | 35 | 7,4 | 223 | 18 |
| Frankreich | 36 | 4,4 | 406 | 521 |
| England | 27 | 49,0 | 2200 | 560 |

*Quelle*

Mirovye èkonomičeskie krizisy 1848—1935 gg. Tom I, Moskva 1937.

In ganz Preußen, dem größten Land Deutschlands, gab es im Jahre 1846 nur 1147 stehende Dampfmaschinen mit 21000 PS.[4]

Die Kohleförderung Englands betrug das Siebenfache, die Eisenerzeugung das Zehnfache, die Baumwollverarbeitung das Dreißigfache derjenigen Deutschlands. Der schwachen Entwicklung der deutschen Großindustrie entsprach die Schwäche der industriellen Bourgeoisie als Klasse.

„Während in England und Frankreich eine mächtige, reiche, in großen Städten und namentlich in der Hauptstadt konzentrierte Bourgeoisie den Feudalismus völlig vernichtet ... hatte, war dem Feudaladel in Deutschland ein großer Teil seiner alten Privilegien erhalten geblieben. Fast überall herrschte noch das System des feudalen Grundbesitzes. Die Grundherren hatten sogar die Gerichtsbarkeit über ihre Hintersassen erhalten ... sie hatten fast ihre ganzen mittelalterlichen Hoheitsrechte über die Bauernschaft ihrer Domänen sowie die Steuerfreiheit bewahrt ... Dieser seinerzeit außerordentlich zahlreiche und zum Teil sehr reiche Feudaladel galt offiziell als der erste Stand im Lande. Er stellte die höheren Staatsbeamten, er besetzte fast ausschließlich die Offiziersstellen in der Armee.“[5]

2 F. Engels, Revolution und Konterrevolution in Deutschland, in: MEW, Bd. 8, Berlin 1960, S. 8.

3 Ebenda, S. 7/8.

4 W. Sombart, Die deutsche Volkswirtschaft im 19. Jahrhundert, Berlin 1913, S. 152.

5 Ebenda, S. 9.

Die politische Rückständigkeit äußerte sich nicht nur in den Vorrechten des Feudaladels, sondern auch in der staatlichen Zersplitterung Deutschlands. Es gab mehr als 30 „Monarchien" und zahlreiche unabhängige „freie Reichsstädte". Die meisten deutschen Länder und Reichsstädte hatten ein besonderes Geld- und Steuersystem, besondere Maße und Gewichte, ein eigenes Heer, Recht und eine besondere Verwaltung. Diese Zersplitterung bildete ein starkes Hindernis für die Entwicklung des Kapitalismus in Deutschland.

Die deutsche Bourgeoisie versuchte im Jahre 1848, durch eine bürgerliche Revolution die feudalen Hindernisse der Entwicklung des Kapitalismus zu beseitigen. Aber sie verriet die bürgerliche Revolution aus Furcht vor ihrem Bundesgenossen im Kampf gegen die feudalen Mächte, dem Proletariat. Infolge der verspäteten Entwicklung des Kapitalismus in Deutschland begann das deutsche Bürgertum die bürgerliche Revolution zu einer Zeit, als das Proletariat der westeuropäischen Länder bereits eine drohende Kraft gegenüber der Bourgeoisie darstellte. Als die deutsche Bourgeoisie gegen die Feudalmächte den entscheidenden Kampf um die Macht führen sollte — wie die englische Bourgeoisie 1688 und die französische 1789 —, hatte sie bereits eine lähmende Furcht vor dem Proletariat.[6] Diese Furcht führte dazu, daß sie, die Interessenten der bürgerlichen Revolution verratend, bei der Monarchie und den feudalen Kräften Schutz gegen das Proletariat suchte.

Engels schreibt über den Berliner Aufstand im Jahre 1849: „. . . eine Bourgeoisrevolution war im Anzug, . . . [aber] . . . die Pariser Februarrevolution . . . überstürzte die ganze Entwicklung . . . Durch die Februarrevolution wurde in Frankreich gerade die Regierungsform vernichtet, die die preußische Bourgeoisie in ihrem eigenen Lande eben errichten wollte. Die Februarrevolution kündigte sich an als eine Revolution der Arbeiterklasse gegen die Bourgeoisie; sie proklamierte den Sturz der bürgerlichen Regierung und die Emanzipation des Arbeiters . . . [Als] die preußische Bourgeoisie . . . daher an der Spitze der Regierung in Paris Männer sah, die sie als die gefährlichsten Feinde von Eigentum, Ordnung, Religion, Familie und der sonstigen Penaten des modernen Bourgeois betrachtete, kühlte sich ihre eigene revolutionäre Glut sofort erheblich ab . . . Dem siegreichen [Berliner] Arbeiter gegenüber, mochte er auch noch gar keine eigenen Forderungen aufgestellt haben, verbanden sich die Freunde mit ihren langjährigen Feinden, und das Bündnis zwischen der Bourgeoisie und den Anhängern des gestürzten Systems wurde noch auf den Barrikaden von Berlin geschlossen . . . [Die Bourgeoisie] setzte den ganzen alten Staatsapparat in Bewegung, um die ‚Ordnung' wiederherzustellen. Nicht ein einziger Bürokrat oder Offizier wurde entlassen, nicht die leiseste Änderung im alten bürokratischen Verwaltungssystem vorgenommen."[7]

Die Furcht vor dem Proletariat trieb die deutsche Bourgeoisie in die Arme der Reaktion, drückte ihr endgültig das Gepräge der Reaktion auf. Niemals führte die deutsche Bourgeoisie einen konsequenten revolutionären Kampf gegen die feudalen Mächte, für die Eroberung der vollen Macht im Staate. Daher blieb in Deutschland die starke Position der feudalen Agrarier, blieben starke Überreste des Feudalismus bis tief in die imperialistische Periode des Kapitalismus hinein erhalten. Die deutsche Bourgeoisie war daher auch

6 Dabei war im Jahre 1848 — entsprechend der geringen Entwicklung der Großindustrie — auch ein Teil des deutschen Proletariats handwerkmäßig reaktionär. „. . . und daher ist es nicht verwunderlich, wenn ein großer Teil der arbeitenden Klassen bei Ausbruch der Revolution [1848] den Ruf nach sofortiger Wiederherstellung der Zünfte und der mittelalterlichen privilegierten Handwerkerinnungen erhob." (F. Engels, Revolution und Konterrevolution in Deutschland, in: MEW, Bd. 8, a. a. O., S. 11).

7 Vgl. ebenda, S. 39.

außerstande, die deutsche Einheit, die für die kapitalistische Entwicklung so notwendig war, selbst zu erkämpfen. Trotz der Schaffung eines einheitlichen Zollgebiets blieb die politische, administrative, rechtliche Zerrissenheit bestehen, bis die Einheit „von oben" durch das reaktionäre Preußen unter der Leitung Bismarcks verwirklicht wurde — und auch dann noch sehr unvollständig: Bayern, Sachsen, Württemberg behielten ihre Armeen, ihre eigenen diplomatischen Vertretungen usw. auch nach der Reichsgründung. Obwohl die ökonomische Macht der Bourgeoisie parallel mit der raschen Entwicklung des Kapitalismus stieg, obwohl die Großindustrie an volkswirtschaftlicher Bedeutung die Landwirtschaft weit überholte, teilte die deutsche Bourgeoisie die Macht auch weiterhin mit den Agrariern und den Feudalen. Bis 1918 gab es in Deutschland nicht einmal eine bürgerliche parlamentarische Demokratie. Die Regierung war nicht dem Parlament, sondern dem Kaiser verantwortlich. Ein Mißtrauensvotum des Parlaments war kein Grund zum Rücktritt der Regierung, solange sie „das Vertrauen des Kaisers besaß". Der Kaiser aber konnte seiner Laune gemäß, oder den Einflüsterungen unverantwortlicher Ratgeber folgend, die Minister entlassen, ohne das Parlament zu befragen. Die Adligen, die Agrarier und die Junker regierten. Die hohen Staatsämter, die obere Verwaltung, die Offiziersstellen waren bis 1918 fast ausnahmslos mit Adligen besetzt. Minister, Staatssekretäre waren durchweg Adlige.[8] Aber sie regierten — je mehr sich die ökonomische Macht der Bourgeoisie entwickelte — desto mehr im Interesse der Bourgeoisie, insbesondere auf dem Gebiete der Außenpolitik, die immer mehr in den Dienst der Eroberungspolitik des Monopolkapitals gestellt wurde.

## Der preußische Weg in der Landwirtschaft

In engstem Zusammenhang und in Wechselwirkung mit dem — durch die verspätete Entwicklung des deutschen Kapitalismus bestimmten — reaktionären Gepräge des deutschen Bürgertums steht der preußische Weg der Entwicklung der deutschen Landwirtschaft. Da die Versuche einer bürgerlichen Revolution auf halbem Wege steckenblieben, kam es zu keiner Zerschlagung des Großgrundbesitzes. (Bis zur Niederlage Hitlerdeutschlands entfielen von 41,6 Mio ha landwirtschaftlicher Anbaufläche Deutschlands — des Deutschlands innerhalb der Grenzen vor 1938 — 13,5 Mio ha — fast ein Drittel — auf 17300 Großgrundbetriebe mit jeweils mehr als 200 ha.[9]) Die Macht der Großgrundbesitzer als Klasse blieb unangetastet; der ökonomische Charakter des Großgrundbesitzes aber machte eine Wandlung durch.

Marx und Engels hatten auf die Tatsache hingewiesen, daß bereits um die Mitte des 19. Jahrhunderts die deutschen Großgrundbesitzer begannen, mit den Erzeugnissen ihrer Gutswirtschaft als Kapitalisten Handel zu treiben. „Statt Treue, Liebe und Glauben handeln sie jetzt mit Runkelrüben, Speck und Schnaps" — heißt es bereits im Kommunistischen Manifest. Die preußischen, schlesischen, sächsischen Großgrundbesitzer errichteten auf ihren Gütern Dampfmühlen, Spiritusfabriken, betrieben Bergwerke und Eisenhütten. In der Bodenverteilung und in der Arbeitsverfassung blieben aber trotz dieser Eingliederung in die kapitalistische Entwicklung starke feudale Charakterzüge erhalten. Der Boden wurde überwiegend nicht von freien Landarbeitern gegen Geldlohn bearbeitet, sondern von Hin-

8 Es erregte in Deutschland größtes Aufsehen, als 1906 das erstemal ein Bürgerlicher, der Bankdirektor Dernburg, zum Kolonialdirektor ernannt wurde.

9 Landwirtschaftliche Betriebszählung 1933; Statistisches Jahrbuch für das deutsche Reich, 1938, S. 82.

tersassen, Kätnern, Gesinde, die überwiegend Naturallohn (Deputat) und einen Fetzen Boden, den die Familien für sich bebauen konnten, erhielten. Sie waren in jeder Beziehung vom Großgrundbesitzer abhängig, der Arbeitgeber, Inhaber der Staatsgewalt, Richter und Urteilsvollstrecker in eigener Sache war.[10] Diese Entwicklung ist vor allem für Preußen, Sachsen, Schlesien, für die östlichen Gebiete des Deutschen Reichs, bezeichnend. Im Rheinland wurde bekanntlich die Macht des Großgrundbesitzes durch die Französische Revolution gebrochen. In Süddeutschland — Bayern, Württemberg — gab es von jeher viel weniger Großgrundbesitz als im Osten.

Lenin kennzeichnet die Entwicklung der Landwirtschaft in Deutschland, den „preußischen Weg" gegenüber dem amerikanischen Weg wie folgt:

„Die Überreste der Fronwirtschaft können sowohl durch Umgestaltung der Gutswirtschaften als auch durch Liquidierung der grundherrlichen Latifundien, d. h. auf dem Wege der Reform oder auf dem Wege der Revolution, beseitigt werden. Die bürgerliche Entwicklung kann in der Weise vor sich gehen, daß an ihrer Spitze die großen Gutsbesitzerwirtschaften stehen, die allmählich immer mehr bürgerlich werden und allmählich die fronherrlichen Ausbeutungsmethoden durch bürgerliche ersetzen; sie kann auch in der Weise vor sich gehen, daß an ihrer Spitze die kleinen Bauernwirtschaften stehen, die auf revolutionärem Wege aus dem sozialen Organismus den ‚Auswuchs' der fronherrlichen Latifundien entfernen und sich dann, ohne sie, frei in den Bahnen des kapitalistischen Farmertums entwickeln.

Ich würde diese zwei Wege objektiv möglicher bürgerlicher Entwicklung als den preußischen und den amerikanischen Weg bezeichnen. Im ersten Falle wächst die fronherrliche Gutsbesitzerwirtschaft langsam in eine bürgerliche, in eine Junkerwirtschaft hinüber; wobei die Bauern unter Herausbildung einer kleinen Minderheit von Großbauern zu Jahrzehnten qualvollster Expropriation und Knechtschaft verurteilt werden. Im zweiten Fall gibt es keine Gutsherrenwirtschaft, oder aber sie wird von der Revolution zerschlagen, die die feudalen Güter konfisziert und aufteilt. In diesem Falle prädominiert der Bauer, er wird zur ausschließlichen Triebkraft der Landwirtschaft und evolutioniert zum kapitalistischen Farmer. Hauptinhalt der Evolution im ersten Falle ist das Hinüberwachsen der Fronherrschaft in Schuldknechtschaft und kapitalistische Ausbeutung auf dem Grund und Boden der Feudalherren, der Gutsherren, der Junker. Im zweiten Fall ist der ausschlaggebende Hintergrund das Hinüberwachsen des patriarchalischen Bauern in den bürgerlichen Farmer."[11]

Während sich die feudalen Gutsherren, den preußischen Weg einschlagend, immer mehr in Agrarkapitalisten verwandelten und sich auf diese Weise der Bourgeoisie und ihrer wirtschaftlichen Position näherten, waren die reichen Industriekapitalisten bemüht, sich Grundbesitz anzueignen, da gesellschaftlich in Deutschland — wie in allen Ländern mit starken feudalen Überresten — als „Herr" nur galt, wer Grundbesitz besaß. Im Wirtschaftsleben fand so eine starke Verflechtung zwischen Junkern und Großbourgeoisie statt: Im politischen und gesellschaftlichen Leben aber blieb der Adel weiterhin eine abgesonderte, bevorrechtete Kaste. Der preußische Weg der Entwicklung der Landwirtschaft trug wesentlich dazu bei, die feudale Absonderung der „Herrenkaste" von den Werktätigen zu verewigen und

10 Bis 1918 erhielten sich in Preußen die „Gutsgemeinden": alle Bewohner eines landwirtschaftlichen Großgrundbesitzes bildeten eine Gemeinde, an deren Spitze der Grundbesitzer stand, der alle Angelegenheiten und Prozesse selbst entschied.

11 W. I. Lenin, Das Agrarprogramm der Sozialdemokratie, in: Werke, Bd. 13, Berlin 1963, S. 235/6.

die Verachtung der werktätigen Masse durch diese Kaste womöglich noch zu steigern. Die Verachtung der Masse, die wir bei Hitler wiederfinden, hat hier ihren Ursprung.

Der preußische Weg der Entwicklung der deutschen Landwirtschaft beeinträchtigte die weitere Entwicklung des Kapitalismus in Deutschland. Der Landarbeiter, der an die feudalen Güter gebunden war, besaß ein sehr geringes Geldeinkommen: Dies engte die Aufnahmefähigkeit des inneren Marktes für kapitalistisch erzeugte Waren ein. Der niedrige Lebensstandard des Landarbeiters drückte außerdem auf den Lohn der industriellen Arbeiter, da auf dem städtischen Arbeitsmarkt durch den ständigen Zustrom vom Lande immer ein Überangebot an billigen Arbeitskräften bestand. Die niedrigen Löhne in der Industrie hemmten ihrerseits wieder die Anwendung von Maschinen in der Industrie und verlangsamten den Prozeß der Erhöhung der organischen Zusammensetzung des Kapitals.

Indessen darf diese hemmende Wirkung des preußischen Weges nicht überschätzt werden. Trotz des preußischen Weges, trotz der politischen Zerrissenheit des Landes machte die deutsche Großindustrie zwischen 1849 und 1869, in der Zeit zwischen der Niederlage der bürgerlichen Revolution und vor dem Deutsch-Französischen Krieg und der Reichsgründung, bedeutende Fortschritte. Sie überholte Frankreich auf dem Gebiete der Schwerindustrie und holte es fast ein in der Textilindustrie. Der Abstand gegenüber England wurde geringer, war aber noch immer sehr groß (vgl. Tabelle 2).

*Tabelle 2*
Vergleichszahlen der industriellen Produktion der drei großen Länder Westeuropas im Jahr 1869

| | Bevölkerung (Mio) | Kohle (Mio t) | Eisen (Tsd. t) | Baumwolleinfuhr (Tsd. t) |
|---|---|---|---|---|
| Deutschland | 40,5 | 30,0 | 1413 | 81 |
| Frankreich | 37,0 | 13,5 | 1381 | 94 |
| England | 31,0 | 107,0 | 5400 | 950 |

*Quelle*
Mirovye ėkonomičeskie krizisy 1848—1935 gg. Tom I, Moskva 1937. Braunkohle und Steinkohle im Verhältnis von 3 t Braunkohle zu 1 t Steinkohle umgerechnet.

Trotz dieser bedeutenden Entwicklung der Industrie blieb aber Deutschland auch weiterhin ein rückständiges Land. Marx schreibt im Jahre 1867 im Vorwort zum ersten Band des „Kapital“:

„Wo die kapitalistische Produktion völlig bei uns eingebürgert ist, z. B. in den eigentlichen Fabriken, sind die Zustände viel schlechter als in England, weil das Gegengewicht der Fabrikgesetze fehlt. In allen anderen Sphären quält uns, gleich dem ganzen übrigen kontinentalen Westeuropa, nicht nur die Entwicklung der kapitalistischen Produktion, sondern auch der Mangel ihrer Entwicklung. Neben den modernen Notständen drückt uns eine ganze Reihe vererbter Notstände, entspringend aus der Fortvegetation altertümlicher, überlebter Produktionsweisen, mit ihrem Gefolg von zeitwidrigen gesellschaftlichen und politischen Verhältnissen.“[12]

Die Entwicklung der kapitalistischen Industrie machte die deutsche Einheit, die Errichtung eines einheitlichen Reiches für die Bourgeoisie immer notwendiger. Die Reichsein-

12 K. Marx, Das Kapital, Erster Band, in: MEW, Bd. 23, Berlin 1962, S. 12—15.

heit wurde hergestellt, aber nicht auf demokratischem Wege unter Führung des Bürgertums, sondern auf reaktionärem Wege von oben und durch das preußische Heer; eine Tatsache, die sich bis heute auswirkt.

## Die Vorherrschaft Preußens in Deutschland und das Preußentum

Der langandauernde Kampf zwischen Preußen und Österreich um die Vormachtstellung im Deutschen Reich wurde zugunsten Preußens entschieden. Das Schwergewicht der Habsburger Monarchie verlagerte sich im Laufe des 19. Jahrhunderts immer mehr nach Osten, nach den nichtdeutschen Landesteilen. Diese Entwicklung fand ihren Abschluß im Krieg zwischen Österreich und Preußen 1866, als die Habsburger Monarchie, von Preußen rasch und leicht geschlagen, aus Deutschland verdrängt wurde. Mit dem vor allem durch die preußische Armee erfochtenen Sieg über Frankreich 1870/71 errang Preußen endgültig die Vorherrschaft in Deutschland. Die von Bismarck vollzogene deutsche Einigung im „Zweiten Reich" gab Preußen eine beherrschende Stellung in Deutschland. Durch Einverleibung einiger bisher selbständiger Kleinstaaten vergößerte sich die Macht Preußens im Reich noch mehr. Die preußische Hohenzollerndynastie wurde im neuen deutschen Kaiserreich zum erblichen Kaiserhaus. Das Amt des Reichskanzlers des Deutschen Reichs hatte immer der jeweilige preußische Ministerpräsident inne.

Eine Folge dieser geschichtlichen Entwicklung war, daß das „Preußentum", der „preußische Geist", in Deutschland vorherrschend wurde. Zwar liebten die Süddeutschen das Preußentum niemals (in Bayern gilt das Wort „Preiß" noch heute als Schimpfwort), trotzdem aber bekam das „Preußentum" eine immer größere Bedeutung für die gesamtdeutsche Entwicklung und ist eine der historischen Wurzeln der Besonderheiten des räuberischen deutschen Imperialismus.

Wir wollen versuchen, die wichtigsten Elemente des Preußentums anzuführen.

Preußentum bedeutet vor allem Konservatismus, halbfeudale Reaktion. Preußentum, das ist die den Feudalismus kennzeichnende kastenmäßige Scheidung der Klassen, bei der die halbfeudalen Adligen und Junker auf die anderen Klassen herabsehen und von ihnen politische und gesellschaftliche Unterordnung fordern und erzwingen. Die Schwäche und die Feigheit der deutschen Bourgeoisie erleichterten dies. Der preußische Geist, das ist die absolute Unterordnung unter die als staatliche Obrigkeit organisierte Herrenklasse. Preußentum, das ist die Idealisierung der aus dem Mittelalter ererbten Institutionen und Einrichtungen der Monarchie, des Adels, des feudalen Grundbesitzes, des Heeres. Preußentum ist Konservatismus, Fortschrittsfeindlichkeit in der Politik, in den gesellschaftlichen Beziehungen und auf allen Gebieten des öffentlichen Lebens.

Preußentum bedeutet Verachtung der werktätigen Massen, ihre brutale Behandlung, insbesondere durch die preußischen Junker auf dem Lande. Die preußischen feudalen Großgrundbesitzer nahmen für sich das Recht der körperlichen Züchtigung in Anspruch, schossen Wild- und Holzdiebe einfach nieder, ohrfeigten und prügelten ihre Arbeiter, wobei sie sicher sein konnten, von den Richtern, ihren Klassengenossen, nicht verurteilt zu werden. Sie beherrschten den Staatsapparat und nützten ihn ständig zu eigener Bereicherung aus.[13] Folgende Charakteristik Engels' gilt bis heute:

13 Während der Weimarer Regierung erhielten die preußischen Agrarier viele Hunderte Millionen Mark Staatsgelder als „Osthilfe".

„Im größten Kleinstaat, in Preußen selbst, bildet der Offiziers- und Beamtenadel diese Gevatterschaft, die jeder Gemeinheit im wirklichen oder vermeinten Kasteninteresse fähig ist.“[14]

Dieser Geist der Brutalität wurde vom Hitlerfaschismus übernommen und ins Maßlose gesteigert.

Der Militarismus, die Verherrlichung des Heeres, der militärischen Disziplin, ist ein wichtiger Bestandteil des Preußentums.[15] Schon das sogenannte Norddeutsche Parlament hatte bereits im Jahre 1867 unter dem Einfluß Preußens bestimmt, daß jeder Deutsche militärdienstpflichtig sei. Durch eine lange Kette von Eroberungskriegen war Preußen groß geworden, was zu einer Verehrung des Instruments dieser Eroberungen, des Heeres im allgemeinen, des Offizierskorps im besonderen, führte. Das preußische Berufsoffizierskorps war eine streng abgeschlossene Kaste, in der die Generalswürde in vielen Familien durch Generationen beinahe erblich war und die sich aus den jüngeren Söhnen der Junker ergänzte. In gewissen vornehmen Regimentern wurden nur Adlige als Offiziere geduldet. Dem Kastengeist des aktiven Offizierskorps paßten sich die aus bürgerlichen Familien hervorgehenden Reserveoffiziere völlig an. Der preußische Leutnant war das gesellschaftliche Ideal der bürgerlichen Jugend. Wer nicht zumindest Leutnant der Reserve war, galt als nicht gesellschaftsfähig. So blieb dies bis zum Jahre 1918.

Obwohl Heer und Offizierskorps als „unpolitisch“ galten, war das Offizierskorps durch und durch politisch reaktionär, die Hauptstütze der Monarchie und der konservativen „Ordnung“. Der Geist der preußischen Armee, die militärische Disziplin fanden überall Eingang: in der zivilen Verwaltung, im Unterricht, in den Fabriken. Dieser preußisch-militaristische Geist wurde von der deutschen Bourgeoisie in den Dienst ihres imperialistischen Eroberungstriebes gestellt und verschmolz mit ihm. Es ist dieser Geist des Militarismus, den die Hitlerfaschisten mit allen Mitteln belebten, pflegten und verherrlichten.

Zum Preußentum gehört weiter die Idealisierung des Obrigkeitsstaates. Dem preußischen Staat war jede Demokratie fremd, er war immer ein Obrigkeitsstaat, der von dem preußischen Adel, den Junkern verwaltet wurde, von denselben Leuten, die aus ihren Kreisen auch das Offizierskorps des Heeres stellten. Nirgends war die Staatsbürokratie eine solche Macht wie in Preußen, nirgendwo war das ganze Leben der „Untertanen“: Wirtschaft, Schule, Literatur, Kunst und Wissenschaft so tiefgehend und allumfassend reglementiert wie in Preußen. Diese Reglementierung geschah ausschließlich „von oben“; Demokratie gab es nicht. Es gab zwar ein Parlament, den preußischen Landtag. Aber die Abgeordneten wurden bis 1918 auf Grund des „Drei-Klassen-Wahlrechts“ gewählt, das den herrschenden Klassen unter allen Umständen die Mehrheit sicherte, ganz abgesehen davon, daß das Ministerium nicht dem Landtag, sondern dem preußischen König verantwortlich war und durch ein Mißtrauensvotum des Landtags nicht gestürzt werden konnte. Das System des

14 F. Engels, Brief an August Bebel vom 18. August 1886, in: MEW, Bd. 36, Berlin 1973, S. 508.

15 Der Generalrat der Ersten Internationale schrieb in seiner zweiten Adresse über den Deutsch-Französischen Krieg: „Sein jetziges militärisches System, welches die ganze kräftige männliche Bevölkerung in zwei Teile teilt — eine stehende Armee im Dienst und eine andere stehende Armee im Urlaub —, beide gleichmäßig zu passivem Gehorsam gegen die Regenten von Gottes Gnaden verpflichtet, so ein militärisches System ist natürlich eine ‚materielle Garantie‘ des Weltfriedens und obendrein das höchste Ziel der Zivilisation! In Deutschland, wie überall, vergiften die Höflinge der bestehenden Gewalt die öffentliche Meinung durch Weihrauch und lügenhaftes Selbstlob.“ (K. Marx, Zweite Adresse des Generalrats über den Deutsch-Französischen Krieg, in: MEW, Bd. 17, Berlin 1971, S. 274/275.

Obrigkeitsstaates und seiner Idealisierung als eines über den Klassen, über dem Volke stehenden Organismus hat der Hitlerfaschismus unmittelbar aus dem Preußentum entlehnt.

Hitler schrieb im Schlußkapitel seines Buches, daß die Geschichte Deutschlands nur drei bleibende Früchte ergeben hat, darunter „die von den Hohenzollern betätigte Organisation des brandenburgisch-preußischen Staates als Vorbild und Kristallisationskern eines neuen Reiches ... der durch ihn herbeigeführten Züchtung eines besonderen Staatsgedankens ... Das deutsche Volk erhielt auf dem Wege der Disziplinierung durch den preußischen Heeresorganismus wenigstens einen Teil der ... Organisationsfähigkeit zurück.“[16] Ideologie und Praxis des Hitlerfaschismus sind weitgehend dem Preußentum entlehnt.

Ein wichtiger Bestandteil des Preußentums (der freilich auch in der Ideologie mancher anderer Völker anzutreffen ist) ist die Lehre von der Rolle der Preußen — bzw. der Deutschen — als eines von der Geschichte auserwählten Volkes, das berufen sei, alle anderen Völker zu „erlösen“, d. h. zu beherrschen. Dieser Gedanke findet sich besonders klar ausgedrückt bei Fichte und den anderen „Reformern“ der Napoleonischen Ära. Er läßt sich von da an weiter verfolgen über Nietzsche und Sombart („Helden und Händler“) bis zu Hitler, bei dem sich dieser Gedanke bis zu der Form steigert, daß Hitler alle anderen Völker als minderwertig, die Franzosen als „vernegert“, die Engländer als „degenerierte Plutokraten“, die Slawen als „Untermenschen“ bezeichnete. Diese Ideologie, nach der die Deutschen ein besonders auserwähltes Volk seien, das die historische Mission habe, alle anderen Völker zu führen und zu beherrschen, spielte eine große Rolle bei der geistigen Vergiftung des deutschen Volkes durch Hitler.

## Der deutsche Imperialismus der Kaiserzeit

Die Herstellung der Reichseinheit als Ergebnis des Sieges über Frankreich — obwohl politisch nicht vollständig[17] — war der Ausgangspunkt eines raschen Aufstiegs des deutschen Kapitalismus. Die Schaffung eines einheitlichen Reiches erweiterte die Aufnahmefähigkeit des inneren Marktes für kapitalistisch produzierte Waren. Die Vereinigung der Ruhrkohle mit den lothringischen Minette-Eisenerzen gab die Grundlage zur raschen Entwicklung der westdeutschen Metallurgie und der deutschen Schwerindustrie überhaupt. Die Annexion Elsaß-Lothringens führte zu einer großen Steigerung des deutschen Industrieproletariats, vor allem in der Textilindustrie. Die von Frankreich gezahlte Kontribution von fünf Milliarden Goldfranken — für die damaligen Verhältnisse eine sehr große Summe — gab den Anstoß zu einer fieberhaften Gründertätigkeit. Diese führte zwar 1873 zu einer scharfen Börsen- und Geldkrise, der Umfang der industriellen Produktion ging aber nur um 6% zurück und auch dies nur auf kurze Zeit. Das fixe Kapital der Industrie wurde rasch erweitert, die landwirtschaftlichen Großbetriebe maschinisiert. Allein im Jahrzehnt 1870 bis 1879 wurden 15305 km neue Eisenbahnen in Deutschland gebaut.

Gleichzeitig begann die Entwicklung des Monopolkapitals, der langsame Übergang zum

16 A. Hitler, Mein Kampf, München 1938, S. 733f.

17 Bayern, Sachsen, Württemberg, einige Fürstentümer und die drei Freien und Hansestädte Hamburg, Lübeck und Bremen blieben bekanntlich in bezug auf Verwaltung und Innenpolitik selbständig, mit eigenem Landtag, eigener Polizei usw.

Imperialismus und damit der wachsende Drang des deutschen Kapitals nach Außenmärkten und Rohstoffquellen. Aber die verspätete Entwicklung des deutschen Kapitalismus, die verspätete Schaffung des Reiches erschwerte den Kampf um den äußeren Markt. Als das deutsche Kapital den Kampf um einen entsprechenden Anteil am Weltmarkt aufnahm, stieß es auf die Tatsache, daß seine Konkurrenten, vor allem England und Frankreich, bereits die besten Positionen auf dem Weltmarkt besetzt hatten. Der neue „junge Räuber" — wie Lenin den deutschen Imperialismus kennzeichnete — begann einen harten Kampf um seine Stellung auf dem Weltmarkt.

Mit welchen Mitteln kämpfte das deutsche Kapital gegen die vorteilhafte Positionen besetzthaltenden Konkurrenten?

Es wandte ausgesprochen imperialistische Methoden an: Schutzzölle und Dumping. Einerseits sicherte es sich durch hohe Schutzzölle auf Industriewaren den inneren Markt, um so auf dieser Grundlage andererseits Dumping zu treiben, d. h. in das Ausland Waren unter dem Produktionspreis, manchmal sogar unter dem Selbstkostenpreis zu verkaufen.

Dumping erfordert aber die monopolistische Beherrschung des inneren Marktes, um die Preise hochhalten und die durch Dumping erlittenen Verluste auf die inländischen Verbraucher abwälzen zu können. Schutzzölle erschweren bzw. schließen den Wettbewerb der ausländischen Waren aus, sichern aber allein keine hohen Inlandspreise, wenn der freie Wettbewerb zwischen den inländischen Erzeugern bestehen bleibt. Um die Schutzzölle voll auszunützen, entwickelten sich die monopolistischen Vereinigungen der Kapitalisten — Kartelle, Trusts — in Deutschland viel rascher und stärker als in anderen Ländern. Um das gesamte Land umfassende Monopole bilden zu können, war eine entsprechende Wirtschaftspolitik des Staates notwendig. Hohe Zölle allein genügten den deutschen Kapitalisten nicht, sie forderten zumindest eine Duldung, wenn nicht eine positive Unterstützung der Monopolbildung und der hohen Inlandspreise durch den Staat. Die Rolle des Staates in der Wirtschaftspolitik, seine Einmischung zugunsten des Monopolkapitals war in Deutschland größer als in jedem anderen kapitalistischen Lande. Die alte Praxis des preußischen bürokratischen Staates, der sich in alle Angelegenheiten der Staatsbürger einmischte, wurde vom Monopolkapital in seine Dienste gestellt. So entwickelten sich in Deutschland sehr früh, noch vor dem ersten Weltkrieg, gewisse Tendenzen zum Staatskapitalismus. Dies sind die historischen Wurzeln der von Lenin festgestellten Tatsache, daß „. . . in bezug auf die Verwandlung des monopolistischen Kapitalismus in einen staatsmonopolistischen Kapitalismus . . . Deutschland Amerika voraus [war]".[18]

Diese Besonderheit des deutschen Monopolkapitalismus, seine höhere Organisiertheit, war die unmittelbare Folge der verspäteten Entwicklung des deutschen Kapitalismus. Den historischen Vorsprung seiner Konkurrenten auf dem Weltmarkt, vor allem den Besitz von Kolonien, machte das deutsche Monopolkapital durch höhere Organisation im Inland wett.

Das Fehlen eines wichtigen Bestandteils des Imperialismus, der Kolonien, führte dialektisch zur Stärkung der anderen Bestandteile.

Aus der historisch verspäteten Entwicklung des deutschen Kapitalismus folgte dialektisch, daß sich nach Überwindung der Anfangsschwierigkeiten der monopolistische Kapitalismus in Deutschland rascher entwickelte als bei seinen älteren europäischen Konkurrenten — England und Frankreich —, wie dies bereits Lenin betonte.

Hierbei spielte der Umstand eine große Rolle, daß die deutsche Bourgeoisie — eben in-

18 W. I. Lenin, VIII. Parteitag der KPR (B), Bericht über das Parteiprogramm, in: Werke, Bd. 29, Berlin 1961, S. 155.

folge der verspäteten Entwicklung des Kapitalismus — alle früher errungenen technischen Fortschritte ihrer Konkurrenten ausnützen, ihre Fabriken auf Grund der jeweils neuesten Technik errichten und daher mit niedrigeren Produktionskosten produzieren konnte als ihre Konkurrenten, die oft den deutschen gegenüber bereits veraltete Anlagen amortisieren mußten.

Auf diesen Grundlagen überholte der deutsche Kapitalismus in den vier Jahrzehnten nach der Reichsgründung trotz des Mangels an Kolonien England und errang den ersten Platz in Europa (vgl. Tabelle 3).

*Tabelle 3*
Vergleichszahlen der drei großen Länder Westeuropas im Jahr 1910

| | Bevölkerung (Mio) | Kohle | Eisen | Stahl | Baumwolleinfuhr (Tsd. t) | Eisenbahnen (Länge in Tsd. km) |
|---|---|---|---|---|---|---|
| | | (Mio t) | | | | |
| Deutschland | 65 | 175 | 14,8 | 17,6 | 383 | 6,37 |
| Frankreich | 40 | 31 | 4,0 | 3,4 | 158 | 5,12 |
| England | 45 | 264 | 10,0 | 6,4 | 1700 | 3,81 |

*Quelle*
Mirovye ėkonomičeskie krizisy 1848—1935 gg. Tom I, Moskva 1937. Braunkohle und Steinkohle im Verhältnis von 3 t Braunkohle zu 1 t Steinkohle umgerechnet.

Nur in der Kohleförderung und in der Textilindustrie hatte England seine führende Stellung behalten, hingegen in der Metallurgie, in der chemischen, der elektrotechnischen und der optischen Industrie hatte Deutschland England weit überflügelt.

Obwohl infolge dieses Aufstiegs des deutschen Kapitalismus die ökonomische Macht der Großbourgeoisie jene der Agrarier weit überholt hatte, behielten im Unterschied zur Lage in den anderen imperialistischen Ländern die adligen Großgrundbesitzer und die mit ihnen eng verbundenen reaktionären Kräfte der Monarchie — Offizierskorps, hohe Bürokratie — politisch die Oberhand. Ebenso wie im Jahre 1848 fürchtete die deutsche Bourgeoisie vor allem das Proletariat, hütete sich davor, mit dem Proletariat gemeinsam für die Eroberung der vollen politischen Macht gegen die feudalen Mächte zu kämpfen, suchte im Gegenteil bei diesem Schutz gegen das Proletariat. So war und blieb es die Besonderheit des deutschen Imperialismus der Kaiserzeit, daß die Rolle der Bourgeoisie im politischen Überbau nicht ihrer Machtstellung in der Wirtschaft entsprach.

Die Stärke der politischen Macht der feudalen Großgrundbesitzer im Staate wird durch die Tatsache unterstrichen, daß die Großbourgeoisie verschiedentlich gezwungen war, ihr Wohlwollen durch schwerwiegende Zugeständnisse auf wirtschaftlichem Gebiet zu erkaufen.

Die Politik der hohen Industriezölle und des Dumpings entsprach nicht den Belangen der Agrarier, da die Preise der Industriewaren für den landwirtschaftlichen Bedarf, sowohl der Produktionsmittel wie auch der Konsumtionsmittel, zugunsten der Bourgeoisie künstlich über den Weltmarktpreis erhöht wurden. Die Agrarier forderten und erhielten Schutzzölle für ihre landwirtschaftlichen Erzeugnisse. Die Verschiedenheit der Gestaltung der Machtstellung dieser Klassen in England und in Deutschland tritt in dieser Beziehung kraß hervor. In England wurden 1846 die Getreidezölle abgeschafft: Dies bedeutete den endgültigen Sieg der industriellen Bourgeoisie über die Grundrente einheimsenden Lords. In

Deutschland wurden 1875 Getreidezölle neu eingeführt,[19] was klar die politische Ab-
wurden periodisch erhöht[20], es folgten Zölle auf andere für die Agrarier wichtige landwirtschaftliche Waren, bis man vor dem ersten Weltkrieg bei dem von den Agrariern geforderten „lückenlosen Zolltarif", d. h. bei Zöllen auf alle landwirtschaftlichen Erzeugnisse angelangt war.

Das Ergebnis war, daß in Deutschland bis in die Periode des Imperialismus hinein, bis 1914 — wie Professor Sering nachgewiesen hat — im Vergleich zur Zeit von 1851 bis 1875 eine Preisschere zugunsten der Landwirtschaft bestand.

„Der Schwerpunkt der damaligen deutschen Handelspolitik lag in dem Agrarschutz. Sie besteuerte die Städte und Landbezirke zum Zwecke der Erhaltung des Landbaus und verlangsamte den allzu stürmischen Prozeß der Industrialisierung . . ."[21]

Das System der Schutzzölle auf Lebensmittel und auf Industriewaren in Verbindung mit dem Dumping führte zu einer allgemeinen Preiserhöhung, trotz der Erhöhung der Produktivität der Arbeit.[22] Dies bedeutete, daß die zwei herrschenden reaktionären Klassen, Großbourgeoisie und Agrarier, ihre Grundrente und ihre Profite auf Kosten des Proletariats mit Hilfe des Staates künstlich in die Höhe trieben. Die zwei Klassen standen miteinander im Bunde zur Ausbeutung der Werktätigen, vor allem der Arbeiter und der Angestellten.

Obwohl das Agrarkapital zu dieser Zeit noch enger mit dem Industriekapital verflochten war, blieben die Hauptgewinner die Agrarier. Das System der Hochhaltung der Inlandspreise engte den inneren Markt für industrielle Verbrauchsgüter im Vergleich zur fortschreitenden Entwicklung der Industrie immer mehr ein: je näher der Periode der allgemeinen Krise des Kapitalismus, desto mehr. Das Monopolkapital mußte entweder einen wachsenden Teil seiner Produktion zu Dumpingpreisen auf den Weltmarkt werfen oder aber die Produktion einschränken, was mit einer Erhöhung der Produktionskosten je Wareneinheit verbunden gewesen wäre. Beide Methoden mußten zu einer Verminderung des Profits führen. Die Abschaffung der hohen Agrarzölle, die Herabsetzung der Grundrente auf den durch die Weltmarktpreise der landwirtschaftlichen Waren bestimmten „normalen" Stand, hätten nur im Kampf gegen die Agrarier, im Bündnis mit dem Proletariat, erreicht werden können. Der reaktionäre Charakter der deutschen Bourgeoisie, die gegen das Proletariat stets Schutz bei den anderen reaktionären, gegenrevolutionären Klassen suchte, schloß diesen Weg aus.

19 Deutschland hatte damals noch einen Ausfuhrüberschuß an Roggen. Um trotzdem die Getreidezölle zur Erhöhung der Preise im Inland wirksam zu machen, mußte ein verwickeltes System angewendet werden. Bei der Ausfuhr von Roggen erhielt der Exporteur vom Staate einen „Einfuhrschein" in der Höhe der Summe, die als Zoll bei der Einfuhr der gleichen Menge Getreide bezahlt werden sollte. Diese Einfuhrscheine wurden von den Behörden statt Geld zur Bezahlung von Zöllen bei der Einfuhr beliebiger Waren angenommen, d. h., der Staat zahlte in verhüllter Form den Agrariern eine Ausfuhrprämie in Höhe der Zölle. Daher hatten die Getreidepreise in Deutschland die Tendenz, sich auf der Höhe der Weltmarktpreise plus Zölle zu halten.

20 Die Zölle auf Getreide betrugen ein Drittel bis die Hälfte des Preises.

21 M. Sering, Internationale Preisbewegung und die Lage der Landwirtschaft, Berlin 1927, S. 6 u. 7.

22 Besonders stark war die Preiserhöhung in der Periode des vollentwickelten Imperialismus bis 1914. Die Preise des Jahres 1900 = 100 gesetzt, war der Preisstand aller Waren 1914 = 125, der der landwirtschaftlichen Waren allein 149.

Die deutsche Bourgeoisie wählte daher den Weg der gewaltsamen Ausweitung des äußeren Marktes durch die Eroberung von Kolonien als Absatzmärkte und Rohstoffquellen, den Krieg um die Neuverteilung der Welt. Es gelang ihr, das Preußentum, die kriegerischen Traditionen des preußischen Militarismus immer mehr in den Dienst ihrer imperialistischen Ziele zu stellen.

Es war für die deutsche imperialistische Bourgeoisie nicht leicht, die deutsche Außenpolitik in die Linie der kolonialen Eroberungen zu drängen. Bismarck war ein typisch preußischer Politiker. Bekannt ist sein Ausspruch, der ganze Balkan sei nicht die Knochen eines einzigen pommerschen Musketiers wert. Noch skeptischer stand er den überseeischen Kolonien gegenüber: Er sah klar, daß ohne eine starke Flotte der Besitz von überseeischem Gebiet vom guten Willen Englands abhängt. Die Bourgeoisie entfaltete durch Gründung des „Alldeutschen Vereins", der „Deutschen Kolonialgesellschaft", des „Flottenvereins" eine wüste Agitation für koloniale Eroberungen. Kaiser Wilhelm II. trat nach der Entlassung Bismarcks für diese Politik ein, wie der forcierte Ausbau der deutschen Flotte, seine Reise nach Jerusalem, die Entsendung eines Kriegsschiffes nach Agadir (Marokko), seine blutrünstige Rede an das deutsche Expeditionsheer zur Niederschlagung des Boxeraufstandes in China zeigen. Der preußische Militarismus stellte sich immer mehr in den Dienst des imperialistischen Ausdehnungstriebes der deutschen Großbourgeoisie. Die imperialistische Agitation hatte auch weite Volkskreise in Deutschland in ihren Bann gezogen. Bei den Reichstagswahlen 1906 erlitten die sozialdemokratische Partei und die katholische Zentrumspartei, die gegen die Kolonialpolitik Stellung nahmen, eine schwere Niederlage: die Sozialdemokratie verlor die Hälfte ihrer Mandate.

Das Ergebnis des Kampfes um „einen Platz an der Sonne" blieb aber für die deutsche Bourgeoisie sehr mager. Im „Wettlauf um die Verteilung der Welt" zwischen 1876 und 1900 (Lenin) siegten England und Frankreich. Deutschland konnte meist nur Wüstengebiete mit geringer Bevölkerung erlangen, die England nicht der Mühe wert fand, sich anzueignen. Dies zeigt klar folgende Übersicht (vgl. Tabelle 4).

*Tabelle 4*
Bevölkerung der Kolonien 1914 (in Mio)

| England | Frankreich | Holland | Belgien | Japan | Deutschland |
|---|---|---|---|---|---|
| 400 | 56 | 40 | 30 | 19 | 12,3 |

Die deutschen Imperialisten waren mit dieser Lage nicht zufrieden. Sie wiesen zahlreiche Ausgleichsversuche Englands zurück und entfesselten den ersten Weltkrieg, um — wie Lenin sagte — auf den europäischen Schlachtfeldern die Neuverteilung der Kolonien zu erzwingen.[23] Der deutsche Imperialismus erlitt im ersten Weltkrieg eine schwere Niederlage: Diese Tatsache war für die weitere Entwicklung und Gestaltung des deutschen Imperialismus von entscheidender Bedeutung.

23 Die gierigsten deutschen Imperialisten schraubten ihre Ansprüche im Laufe des Krieges immer höher: Sie wollten Belgien, die Nordküste Frankreichs, die baltischen Länder usw. behalten, die Österreich-Ungarische Monarchie im Rahmen „Mitteleuropas" sich unterwerfen, die Türkei zu ihrer Halbkolonie machen — und außerdem überseeische Kolonien erobern.

## Der deutsche Imperialismus: Weimar und der Aufstieg des Nationalsozialismus

Die Niederlage des deutschen Imperialismus im ersten Weltkrieg löste die Revolution von 1918 aus. Ihre treibende Kraft war das Proletariat, ihr Gepräge aber war bürgerlich. Die deutsche Bourgeoisie schloß ein enges Bündnis mit den reformistischen Führern der sozialdemokratischen Arbeiterbewegung, denen sie die Regierung anvertraute. Sie hatte richtig erkannt, daß nur die Sozialdemokratie die bestehende Gesellschaftsordnung retten konnte, da alle alten bürgerlichen Parteien in den Augen der Massen diskreditiert waren. Die von der Bourgeoisie und den reformistischen Führern gelenkte Revolution befriedigte alle traditionellen demokratischen Forderungen der Arbeiterschaft: Abschaffung der Monarchie, parlamentarische Republik, allgemeines, gleiches, geheimes Wahlrecht, Presse- und Versammlungsfreiheit, ebenso alle traditionellen sozialen Forderungen der Gewerkschaften: Achtstundentag, bezahlten Urlaub, Sozialversicherung usw. Es wurde nicht mit demagogischen Versprechungen über eine künftige Sozialisierung der Produktionsmittel gespart, ein „friedlicher Übergang zum Sozialismus" in Aussicht gestellt. So gelang es, die breiten Massen zu beruhigen, sie von der Avantgarde zu trennen. Die Versuche der Avantgarde, die Bewegung über den Rahmen einer bürgerlichen Revolution hinauszutreiben, wurden mit Hilfe gegenrevolutionärer Offiziere und Landsknechtsbanden blutig niedergeschlagen. Die Umgestaltung blieb im Rahmen einer bürgerlichen Revolution. Ja, sie führte selbst diese nicht folgerichtig zu Ende: Der Großgrundbesitz blieb unangetastet. „Der Kaiser ging, die Generale blieben." Die Reichswehr bildete eine von der demokratischen Regierung unabhängige reaktionäre Macht. Die reaktionären adligen Richter, Diplomaten, hohen Verwaltungsbeamten behielten zumeist ihre Stellungen und wirkten zusammen mit den aus den Reihen der Sozialdemokratie hervorgegangenen neuen Bürokraten, mit den Ebert, Braun, Scheidemann, Hörsing, Noske an der Erhaltung der „Ordnung".

Aber die bloße Erhaltung ihrer Herrschaft im Lande selbst befriedigte die deutschen Imperialisten keineswegs. Die Niederlage hatte zum Verlust der Kolonien, der ausländischen Kapitalanlagen, der Stellung Deutschlands als imperialistischer Macht geführt. Die reaktionäre deutsche Großbourgeoisie und ihre Bundesgenossen, die Agrarier, die Junker und die Generale wollten sich weder mit der demokratischen Republik, die ihre Herrschaft über die Werktätigen bis zu einem gewissen Grade zügelte, noch mit dem Verlust ihrer Weltgeltung abfinden. Sie wollten uneingeschränkte Herrschaft über das deutsche Proletariat; sie wollten den Versailler Vertrag umstoßen und einen neuen Krieg um die Neuverteilung der Welt entfesseln. Gleich nach Friedensschluß begannen sie mit den Vorbereitungen hierfür.

Die wichtigsten Vorbereitungen waren folgende:

Erhaltung der Offizierskader durch ihre Einreihung in die Reichswehr. Diese hatte das Vielfache an Generalen, Generalstabsoffizieren usw. wie irgendein Heer der gleichen Größe.

Umwandlung der Reichswehr, die nach den Bedingungen des Friedensvertrages ein Söldnerheer mit zwölfjähriger Dienstzeit sein sollte, in ein Heer zur Ausbildung von Offiziers- und Unteroffizierskadern. Insgeheim wurden neben der Reichswehr illegale Truppenverbände in Form von Freikorps, Schwarzer Reichswehr, Traditionskompanien usw. gebildet und die Vorbereitung für die Aufstellung eines Massenheeres getroffen.

Um die Aufrüstung auch materiell zu sichern, wurden im Lande selbst (außer den im Friedensvertrag vorgesehenen legalen Waffenfabriken) insgeheim Rüstungsbetriebe und

Konstruktionsbüros unterhalten; in den neutralen Ländern wurden mit deutschem Kapital Rüstungsunternehmungen jeder Art gegründet.

Die Mittel hierzu erwarb das deutsche Monopolkapital durch den Verkauf von Marknoten ins Ausland, Beraubung des Staates und des Volkes auf dem Wege der Inflation. Die Mehrwertrate war höher als je. Der dadurch angeeignete Mehrwert wurde vor allem in „Sachwerten" angelegt und für den Neuaufbau des im Krieg abgenutzten Produktionsapparates verwendet. Außerdem beraubte die Finanzoligarchie den Staat auch in der Form, daß sie riesige Kredite bei der Reichsbank aufnahm, diese in Sachwerten anlegte, der Reichsbank aber die Schuld in mittlerweile völlig entwerteten Noten zurückzahlte. Das Monopolkapital raubte das Land aus, während Arbeiter, Angestellte und Beamte hungerten.

Nach der Stabilisierung waren es vor allem riesige Auslandskredite — rund 25 Milliarden Mark —, mit deren Hilfe das deutsche Monopolkapital den Wiederaufbau der Wirtschaft durchführte und von denen nur ein kleiner Teil jemals zurückgezahlt wurde.

Das Ergebnis dieser Entwicklung war, daß der deutsche Kapitalismus im Jahre 1929, elf Jahre nach der Niederlage, trotz der Abtrennung wichtiger Industriegebiete, Frankreich und England wieder ebenso überholt hatte wie vor dem Krieg (vgl. Tabelle 5).

*Tabelle 5*
Vergleichszahlen der drei großen Länder Westeuropas im Jahr 1929

| | Bevölkerung (Mio) | Kohle* (Mio t) | Eisen (Mio t) | Stahl (Mio t) | Baumwolleinfuhr (Tsd. t) |
|---|---|---|---|---|---|
| Deutschland | 65 | 221 | 13,0 | 16,0 | 342 |
| Frankreich | 41 | 68 | 10,0 | 9,5 | 361 |
| England | 44 | 258 | 7,6 | 9,6 | 1530 |

* Braunkohle und Steinkohle im Verhältnis von 3 t Braunkohle zu 1 t Steinkohle umgerechnet.

Die Erstarkung der deutschen Wirtschaft ermutigte die Imperialisten in ihren Kriegsvorbereitungen. Die schwere Krise 1929 bis 1933, die die deutsche Industrieproduktion auf die Hälfte herabsetzte und zum Zusammenbruch der führenden Großbanken führte, stärkte den Willen der deutschen Imperialisten, die Welt von neuem in einen Krieg zu stürzen.

Aber hierzu war auch eine politische Vorbereitung unumgänglich notwendig, da die große Mehrheit des deutschen Volkes nach den bitteren Erfahrungen des ersten Weltkriegs von einem Krieg nicht wissen wollte. Eine neue Partei und eine neue Regierung waren nötig, um das Volk von neuem in den Krieg zu hetzen. Eine neue Partei, weil alle bürgerlichen Parteien — als verantwortlich für den Krieg und die Niederlage — in den Augen der Massen diskreditiert waren. Der Einfluß der Sozialdemokratie auf diese, die bei Kriegsende der Bourgeoisie so große Dienste geleistet hatte, beruhte zu einem großen Teil auf ihrem Pazifismus. Sie war zur Vorbereitung der Massen auf den Krieg nicht geeignet. Auch war sie in weiten Kreisen der Arbeiterschaft durch ihre Zusammenarbeit mit der Großbourgeoisie in Verruf. In Berlin und im Ruhrgebiet, den Mittelpunkten der Arbeiterschaft, hatte die kommunistische Partei die Mehrheit der Arbeiterklasse erobert.

Die neue Partei mußte scheinbar antikapitalistisch sein, da keine Partei, die sich offen für den Kapitalismus einsetzte, Einfluß auf die Arbeitermassen gewinnen konnte. Sie mußte gleichzeitig antipazifistisch, chauvinistisch-militaristisch sein, um das Volk auf einen neuen Krieg vorzubereiten. Von den zahlreichen „völkischen" reaktionären Parteien dieser Zeit schien diejenige Hitlers die geeignetste für diese Aufgabe. Daher erhielt dieser in immer wachsendem Maße die finanzielle und die moralische Unterstützung der Reichswehr, der reaktionären Bürokratie und der imperialistischen Bourgeoisie.

Mit skrupelloser Demagogie nannte Hitler seine Partei „Nationalsozialistische Deutsche Arbeiterpartei". Er wütete in Worten gegen die Plutokratie, hetzte schamlos gegen das „raffende jüdische Kapital" und gleichzeitig auch gegen „Marxismus und Bolschewismus". Er predigte „Volksgemeinschaft", „Abschaffung des Klassenkampfes". Er versprach allen Klassen, was diese sich selbst wünschten. Er hetzte gegen die Demokratie, gegen das Weimarer „System", verkündete, daß die deutsche Armee im Kriege niemals besiegt wurde, forderte die Revanche für Versailles, verherrlichte den Krieg, die Kraft, die Roheit, die Brutalität. Er organisierte Terrorbanden zur Niederschlagung seiner politischen Gegner.

Trotz aller Demagogie gewann er bis zur Krise 1929 nur wenig Einfluß: Bei den Reichstagswahlen 1928 stimmten von 41 Mio Wahlberechtigten nur 800000 für die Faschisten. Erst in den Jahren der Krise liefen die Wählermassen der bürgerlichen Parteien zu ihm über. So wurde die NSDAP 1932, am Tiefpunkt der Wirtschaftskrise, die stärkste Partei in Deutschland.

Auch die Zusammensetzung der Partei änderte sich. Anfangs überwiegend eine Partei von Abenteurern und deklassierten Intellektuellen, wie Hitler, Göring, Röhm, mit einem Anhang von Kleinbürgern, Arbeitslosen und Lumpenproletariern, traten ihr mit der Zeit Vertreter der herrschenden Klassen, in deren Dienst die Partei stand, offen bei. Bereits 1927 stieß der alte Kirdorf, der typischste Vertreter der reaktionären Schwerindustrie, der von den organisierten Arbeitern meistgehaßte Mann Deutschlands, zu der Partei. Ihm folgte 1930 Prinz August Wilhelm, ein Sohn des letzten Kaisers, als Repräsentant der feudalen Großgrundbesitzer. Zur gleichen Zeit trat Schacht, als Vertreter der nichtjüdischen Bankkapitals, der Partei bei! So wurde die Partei der Sammelpunkt der reaktionärsten Schichten aller Klassen.

Die Schaffung dieser Partei und ihre Machtübernahme sicherten den Imperialisten in Deutschland, was sie anstrebten: Abschaffung der Demokratie, schrankenlose Herrschaft über die Werktätigen, vollständige Rechtlosigkeit der Arbeiterschaft und restlose Umstellung aller Kräfte Deutschlands auf die Organisierung eines neuen imperialistischen Krieges.

## Der deutsche faschistische Imperialismus

Mit der Machtergreifung Hitlers erhielt der deutsche Imperialismus seine neue faschistische Form. Die Partei Hitlers wurde die regierende, die einzig legale Partei in Deutschland.

J. W. Stalin kennzeichnete diese Partei bekanntlich wie folgt:

„Die Hitlerpartei ist eine Partei der Feinde der demokratischen Freiheiten, eine Partei mittelalterlicher Reaktion und finsterster Pogrome. Die Hitlerpartei ist eine Partei von Imperialisten, und zwar der gierigsten und räuberischsten Imperialisten unter allen Imperialisten der Welt."[24]

24 J. W. Stalin, Der 24. Jahrestag der Großen Sozialistischen Oktoberrevolution, in: ders., Über den Großen Vaterländischen Krieg der Sowjetunion, Berlin 1952, S. 29 bzw. 28.

Diese Kennzeichnung der Hitlerpartei zeigt gleichzeitig auch die Besonderheiten des deutschen faschistischen Imperialismus.

Eine dieser Besonderheiten war seine offen antidemokratische Politik sowohl im Inlan als in den eroberten Gebieten. Zur Macht gelangt, setzte die Hitlerpartei ihre Feindscha gegen die Demokratie in die Tat um. Die Weimarer Verfassung wurde abgeschafft. Di demokratischen Errungenschaften der Revolution von 1918 wurden rückgängig gemacht Vereins- und Versammlungsrecht, die Freiheit der Presse wurden aufgehoben. An Stelle de „demokratischen Volksstaates" trat der „autoritäre" Staat. Das Deutsche Reich wurd ein „Führerstaat", in dem das Volk von der Teilnahme am politischen Leben ausgeschlosse wurde; in dem die Gesetze grundsätzlich nicht vom Volke, sondern von Hitler gegeber wurden. Hitler war in seiner Macht unumschränkter als der Kaiser im monarchistischen Deutschland. Der Reichstag blieb zwar formell bestehen, aber seine Tätigkeit wurd auf das Anhören der Reden Hitlers beschränkt.

Das autoritäre Prinzip, die Beseitigung der Rechte der Werktätigen, wurde auch auf das Verhältnis zwischen Kapitalisten und Arbeitern ausgedehnt. Die Arbeiter- und die Angestelltengewerkschaften wurden aufgelöst, die Betriebsräte abgeschafft. An der Spitze der Betriebe stand ein Kapitalist als „Führer" mit unbeschränkter Gewalt über die Arbeiter Alle Rechte der Arbeiter im Betriebe wurden abgeschafft.

An Stelle der bürgerlichen Rechtsordnung trat im faschistischen deutschen Imperialismus die Willkürherrschaft des faschistischen Staates und der faschistischen Oberschicht. Millionen wurden ohne Rechtsverfahren eingekerkert, ihres Vermögens beraubt, getötet. Die Unabhängigkeit der Richter wurde offen abgeschafft: Hitler proklamierte für sich das Recht gerichtliche Urteile abzuändern, wenn sie ihm zu milde schienen. Für die Herrschenden galten keine Gesetze: Hitler und seine Bande behandelten das Staatseigentum als ihr Privateigentum, schenkten sich gegenseitig Güter, Landsitze, kostbare Bilder aus Museen usw.

Zweifellos war das kaiserliche Deutschland auch reaktionär, aber es war immerhin ei Rechtsstaat, in dem die einmal erlassenen Gesetze eingehalten, in dem die wenigen Recht der Werktätigen durch die Gerichte geltend gemacht werden konnten. Der deutsche faschistische Imperialismus stellte zweifellos einen Rückschritt gegenüber dem kaiserlichen Deutschland dar.

Der zur Macht gelangte deutsche Faschismus begnügte sich nicht mit der Abschaffun der Demokratie: Er ging in der Einführung und der Durchführung reaktionärer Maßnahme weit darüber hinaus. Er führte eine Erneuerung von feudalen Einrichtungen, eine Rückkehr zu mittelalterlichen Formen der Wirtschaft und des gesellschaftlichen Lebens durc Einige der wichtigsten davon waren: die Schaffung von unverkäuflichen Erbhöfen d Großbauern und der Grundbesitzer; die formelle Wiederaufrichtung der „Stände", denen alle in einem Berufszweig Tätigen ohne Klassenunterschied zusammengefaßt wurde die Handwerkerinnungen mit ihren mittelalterlichen Gesellen- und Meisterprüfungen u anderem Firlefanz; die barbarische Verfolgung der Juden[25] usw. In manchen Fällen ginge die deutschen Faschisten noch hinter das Mittelalter zurück, so in der Verwerfung de Christentums und der Propagierung der Rückkehr zum „germanischen Neuheidentum"

Aber diese mittelalterlichen Einrichtungen und Formen dienten nur als Hilfsmittel un

25 Die unmenschliche Behandlung der Juden in Deutschland und in den besetzten Ländern, ihre kaltblütige, systematisch durchgeführte Beraubung und Ausrottung übertrifft in ihrer Grausamkeit und ihrer völligen Bedenkenlosigkeit alles, was im Mittelalter in dieser Beziehung geschehen ist.

äußere Verkleidung des ökonomischen Wesens des deutschen faschistischen Imperialismus: der schrankenlosen Herrschaft des imperialistischen Monopolkapitals, das durch den autoritären Staat seine Macht ausübte. Unter dem Deckmantel der „Volksgemeinschaft", der „Stände", des Schlagwortes „Gemeinnutz geht vor Eigennutz" usw. vollzogen sich die Konzentration und Zentralisation des Kapitals, das Anwachsen der Macht des Monopolkapitals in einem rascheren Zeitmaß als in irgendeinem anderen imperialistischen Staate. Die „Stände", in denen alle Berufsangehörigen ohne Rücksicht auf ihre Klassenlage zusammengefaßt wurden, waren in Wirklichkeit Machtpositionen des Monopolkapitals und der Großgrundbesitzer. Der Staat diente mit seiner ganzen Macht dem Monopolkapital: Er organisierte die kapitalistischen Unternehmungen in Zwangskartelle; er vernichtete Hunderttausende von Handwerkern und Kleinkapitalisten durch Entziehung der Rohstoffe und anderer Produktionsfaktoren; er lieferte die Arbeiter an Händen und Füßen gebunden an das Monopolkapital aus. Hinter der mittelalterlichen Fassade verbarg sich die Diktatur der imperialistischen, kriegerischsten, räuberischsten deutschen Finanzoligarchie.

Die deutschen faschistischen Imperialisten waren die gierigsten und räuberischsten Imperialisten unter allen Imperialisten der Welt. Der Imperialismus des kaiserlichen Deutschland, des „jungen Raubtiers", wie Lenin es nannte, war auch gierig aus auf Eroberungen, auf Kolonien. Aber es blieb dem deutschen faschistischen Imperialismus vorbehalten, zu versuchen, kapitalistisch vollentwickelte, auf einer hohen Kulturstufe stehende europäische Staaten in seine Kolonien zu verwandeln. Im Rahmen des „neuen Europas" sollte Deutschland die industrielle Werkstätte Europas, die anderen Länder seine Agrar- und Rohstoffanhängsel werden. Deutschland sollte das waffenstarrende Arsenal werden, alle anderen Länder sollten entwaffnet werden. Die Deutschen sollten die herrschende Nation, alle anderen Nationen unterdrückt sein. Die Eroberung Europas sollte zum Ausgangspunkt zur Eroberung der ganzen Welt werden.

Diese beispiellose Gier nach unbegrenzten Eroberungen ist eine Besonderheit des deutschen faschistischen Imperialismus. Hitlers Programm ist in seinem Buch niedergelegt, das ein Jahrzehnt vor der Machtergreifung der Hitlerpartei geschrieben wurde.

„Die Grenzen des Jahres 1914 bedeuten für die Zukunft der deutschen Nation gar nichts ... Die Wiederherstellung dieser Grenzen ist ein politischer Unsinn ... Deutschland wird entweder Weltmacht oder überhaupt nicht sein."[26]

Die Gier der deutschen Imperialisten nach Eroberungen steigerte sich bei Hitler bis zum Wahnwitz.

Zur Vorbereitung des Eroberungskrieges wurde die Wirtschaft Deutschlands nach der Machtergreifung völlig auf den Krieg umgestellt. Das Volk wurde zu Entbehrungen gezwungen, damit Rüstungsfabriken gebaut, strategische Rohstoffe eingeführt, Waffen erzeugt werden konnten. „Kanonen statt Butter", erklärte zynisch der fettgemästete Göring.

Die Ideologie des Hitlerfaschismus diente ebenfalls ausschließlich der Vorbereitung des Kampfes zur Eroberung der Welt.[27] Daher die Geschichtsfälschung, daß die deutsche Armee im Jahre 1918 nicht besiegt worden sei, daß sie überhaupt unbesiegbar sei; daher die Verherrlichung der preußischen Armee, des deutschen Militarismus und die Forderung der unbedingten Unterordnung unter die Obrigkeit; daher die systematische Verächtlichmachung der Humanität, die Verherrlichung der Gewalt, der tierischen Brutalität; daher

26 A. Hitler, Mein Kampf, a. a. O., S. 738—742.

27 Der Hitlerfaschismus strebte vor allem nach der Eroberung Europas, weil seine militärische Stärke im Landheer lag, seine Flotte aber relativ schwach war.

die „Theorie“, daß die Deutschen als „nordische Rasse“, als Germanen, allen anderen Völkern überlegen seien; daher die „Theorie“, daß Deutschland (und Italien) junge „proletarische“ Nationen seien, denen die reichen alten „plutokratischen“ Nationen die Möglichkeit der Entwicklung nehmen. An dem Elend des deutschen werktätigen Volkes, verursacht durch die beispiellose Ausbeutung von seiten des Monopolkapitals und infolge der Kriegsvorbereitungen, sollte der Mangel an „Raum“, die Kleinheit des Reichsgebietes schuld sein. Hitler schrieb: „. . . nicht in einer kolonialen Erwerbung haben wir die Lösung zu erblicken, sondern ausschließlich im Gewinn eines Siedlungsgebietes, das die Grundfläche des Mutterlandes selbst . . . erhöht . . .“[28]

Eine Besonderheit des deutschen faschistischen Imperialismus war seine erbitterte Feindschaft gegen die Sowjetunion. In den ersten Jahren nach der Machtergreifung durch die Hitlerpartei diente die antibolschewistische Agitation, das Gerede von der Rolle Deutschlands als eines „Beschützers der westlichen Zivilisation“, zur Verhüllung der Eroberungspläne gegen die benachbarten Länder, als Entschuldigungsgrund für die Aufrüstung, zur Gewinnung von Sympathien in den reaktionärsten Kreisen der Nachbarländer.

Die Ausdehnung der Grenzen Deutschlands selbst durch Ansiedlung deutscher Bauern in den östlichen benachbarten Gebieten — eine Rückkehr zur deutschen Politik des Mittelalters — war ein wichtiger Punkt der Weltherrschaftspläne Hitlers, allerdings nur durchführbar auf Kosten der Sowjetunion.[29]

Die deutschen Imperialisten kamen nun zu der entscheidenden Einsicht, daß die restlose Unterdrückung des Proletariats in Deutschland unmöglich ist, wenn in dem benachbarten mächtigen Sowjetreich die Arbeiterschaft die vollste Freiheit besitzt und in allen staatlichen Angelegenheiten die entscheidende Kraft bildet. Die deutschen Imperialisten fürchteten den Einfluß der Sowjetunion auf das geknebelte deutsche Volk.

Der räuberische Charakter des deutschen faschistischen Imperialismus zeigt sich in der zum Grundsatz erhobenen Treulosigkeit in der Außenpolitik. Mit fast allen Nachbarländern hatte Hitler feierliche Verträge abgeschlossen, mit Österreich, mit Polen, mit der Tschechoslowakei, mit Belgien und Holland, mit der Sowjetunion: Alle Verträge hat er treulos gebrochen, wehrlose neutrale Kleinstaaten überfallen und ausgeraubt.

Der besonders räuberische Charakter des deutschen faschistischen Imperialismus zeigt sich darin, daß die Ausraubung der Gegner und Feinde zum System erhoben wurde. Den deutschen Juden wurde ihr ganzes Vermögen, ungefähr 8 Milliarden Mark, geraubt. In früheren Kriegen des kapitalistischen Zeitalters wurde das Privateigentum der Bürger der feindlichen Staaten im allgemeinen geachtet; requiriertes Gut wurde bezahlt; die Soldaten verübten zwar Plünderungen, aber dies wurde offiziell verurteilt, und die Soldaten wurden manchmal bestraft. Die deutsche Armee hat zwar auch im ersten Weltkrieg bereits Räubereien verübt, insbesondere in Rumänien und in der Ukraine, aber ihr Ausmaß war gegenüber dem heutigen gering.

In diesem Hitlerkrieg wurde die Beraubung der besiegten Länder von den deutschen Faschisten zum Staatsprinzip erhoben. Nicht nur wurde den besiegten Ländern in der Form von „Besatzungskosten“ ein unerträglich schwerer Tribut auferlegt und alle militärischen und staatlichen Vorräte weggenommen: Auch die einzelnen Bürger wurden ausgeraubt. In Westeuropa wurde das Privateigentum äußerlich meist geachtet, aber die

28 A. Hitler, Mein Kampf, a. a. O., S. 741.

29 „Wenn wir aber heute in Europa von neuem Grund und Boden reden, können wir in erster Linie nur an Rußland . . . dexken“. (Ebenda, S. 742).

Kapitalisten wurden gezwungen, die Mehrheit der Aktien ihrer Unternehmungen zu sehr niedrigen Preisen dem deutschen Monopolkapital zu verkaufen, womit die deutschen Imperialisten Herren dieser Unternehmungen wurden. Daneben liefen der offizielle, amtliche Raub durch Requirierungen, Strafen, und der einfache, gewöhnliche Raub durch die Soldaten. In Osteuropa dagegen — vor allem in Polen — wurden die industriellen Unternehmungen entschädigungslos beschlagnahmt, wurde den Bauern, unter Mißachtung jeglichen Rechtes, ihr Land, ihr Vieh, ihre Häuser mit dem Mobiliar und allen Einrichtungen einfach weggenommen, die Besitzer selbst nach Ostpolen verjagt. In den zeitweilig besetzten Gebieten der Sowjetunion kannten Raub und Diebstahl keine Grenzen; hier wurden der unglücklichen Bevölkerung nicht nur ihre Häuser und ihre Lebensmittelvorräte mit Gewalt geraubt, sondern selbst die Kleider und die Stiefel vom Leibe gezogen.

Die Armee des kaiserlichen Deutschlands verwandelte sich erst im Laufe des Krieges in eine Armee von Marodeuren — wie Lenin sie nannte. Die Armee Hitlerdeutschlands begann den Krieg als Marodeurarmee mit Zustimmung ihrer Offiziere, die selbst für sich raubten, und unter Duldung, ja offener Aufforderung durch die Heeresleitung selbst. Dem räuberischen Charakter des faschistischen Regimes in Deutschland entsprach die Hitlerarmee, die in ganz Europa auf Raub ausging.

Es ist kein Zufall, daß die Grausamkeit und das räuberische Wesen der faschistischen Horden in den vorübergehend besetzten Sowjetgebieten am schärfsten in Erscheinung traten. Hatten doch Hitler und seine Bande die deutsche Jugend zum Haß gegen das Slawentum im allgemeinen, gegen die Sowjetunion im besonderen erzogen. Aber neben dem Haß spielte die Furcht eine große Rolle. Hitler und die deutschen Imperialisten zitterten davor, daß die deutsche Armee auf dem Territorium der Sowjetunion, ähnlich wie im Jahre 1918, durch die Berührung mit der Bevölkerung zersetzt werden würde. Daher wurden die deutschen Soldaten von den Faschisten zu Grausamkeiten, zu Raub und Mord aufgehetzt, um jedem menschlichen Verkehr zwischen den deutschen Soldaten und der friedlichen Bevölkerung der besetzten Gebiete vorzubeugen und so der Gefahr der Zersetzung entgegenzuwirken. Für die unmenschlichen Grausamkeiten, die die deutschen Soldaten in der Sowjetunion verübt haben, sind in erster Linie Hitler und seine Bande verantwortlich. Aber dies bedeutet nicht, daß die Soldaten und das deutsche Volk selbst keine Verantwortung dafür tragen.

Unermeßlich ist das Verbrechen Hitlers und seiner Bande am deutschen Volk. Sie haben das Volk der „Dichter und Denker" in ein Volk verwandelt, das die Räuber und Mörder duldete und verherrlichte, jene Verbrecher, die Millionen unschuldige Menschen — unter ihnen unzählige Deutsche — kaltblütig in Auschwitz, in Maidanek, Dachau, Buchenwald usw. hingemordet haben. Durch sie ist der deutsche Name in der ganzen Welt geschändet worden.

In verbrecherischer Weise hat Hitler das deutsche Volk im Dienste der deutschen Finanzoligarchie in einen Krieg gegen die ganze Welt geführt. Er hat friedliebende neutrale Länder treulos überfallen, ausgeraubt, verwüstet. In sinnloser Verblendung hat er den Krieg auch dann noch fortgesetzt, als er bereits verloren war. Ganz Deutschland machte er zum Kriegsschauplatz. Daß Berlin, Hamburg, Dresden und so viele deutsche Städte in Trümmern liegen, ist ausschließlich die Schuld Hitlers. Schwer muß das deutsche Volk dafür büßen, daß es die Herrschaft Hitlers duldete und sich für diesen Eroberungskrieg begeisterte.

Die Tatsache, daß Hitler und seine Bande im Dienste des deutschen Monopolkapitals imstande waren, zwei Jahrzehnte nach der Niederlage im ersten Weltkrieg das deutsche

Volk zu einem neuen Eroberungskrieg zu führen, zwingt die demokratischen Mächte, solche Maßnahmen gegen die Wiederholung eines deutschen Angriffskrieges zu ergreifen wie: völlige Entwaffnung, zeitweilige Besetzung des Landes, Vernichtung oder Überwachung aller Industriezweige, die Kriegszwecken dienen können. Die Metallurgie, der Bau von Schwermaschinen, die chemische Industrie usw. werden auf das für friedliche Zwecke notwendige Maß eingeschränkt werden.

Die Maßnahmen der demokratischen Mächte sind nicht gegen das deutsche Volk, sondern gegen die Gefahr des Wiederauflebens des angriffslustigen deutschen Imperialismus gerichtet. Wenn das deutsche Volk Beweise dafür gibt, daß es die Lehren seiner eigenen Geschichte begriffen hat und dem Wahn der Welteroberung entsagt; wenn es den Weg der echten Demokratie wählt und den Kampf mit den Anstiftern des Angriffskrieges, mit der Finanzoligarchie, mit den Großgrundbesitzern und dem preußisch-militaristisch-faschistischen Geist aufnimmt und siegreich zu Ende führt, wird seine Zukunft schöner sein, als seine Vergangenheit war . . .

Wir hatten uns die Aufgabe gestellt, die historischen Wurzeln der Besonderheiten des deutschen Imperialismus, kurz, im Sinne des Marxismus-Leninismus darzustellen. Wir fassen noch einmal kurz zusammen:

Die wichtigsten historischen Wurzeln der Besonderheiten des deutschen Imperialismus, insbesondere seines gewalttätigen räuberischen Charakters unter der Herrschaft Hitlers, waren: die gegenüber den westeuropäischen Mächten verspätet einsetzende Entwicklung des industriellen Kapitalismus, die sich zu einer Zeit vollzog, da das Proletariat in den westeuropäischen Ländern bereits eine Bedrohung für die Bourgeoisie darstellte. Aus dieser historisch gegebenen Lage folgte, daß die deutsche Bourgeoisie die bürgerliche Revolution, die sie nur mit Hilfe des Proletariats gegen die feudalen Grundbesitzer hätte zum Siege führen können, im Stiche ließ und bei den reaktionären feudalen Kräften Schutz gegen das Proletariat suchte. Dies gab dem deutschen Kapitalismus — zum Unterschied vom englischen, französischen und amerikanischen — sein besonders reaktionäres Gepräge. Dieses reaktionäre Gepräge wurde gestärkt durch die Vorherrschaft Preußens, das die Herstellung der Reichseinheit „von oben" durchführte, nachdem sich die deutsche Bourgeoisie aus Furcht vor dem Proletariat als unfähig erwiesen hatte, die Einheit „von unten" auf dem Wege einer siegreichen bürgerlichen Revolution durchzuführen. Die Machtstellung der preußischen Junker im besonderen wurde verstärkt durch den „preußischen Weg" der Entwicklung der Landwirtschaft. Obwohl das ökonomische Gewicht der Bourgeoisie mit der Entwicklung des monopolistischen Kapitalismus jenes der Großgrundbesitzer bei weitem übertraf, teilte sie die Macht auch weiter mit den reaktionären, feudalen Kräften, überließ Verwaltung und Heer den Adligen, machte sich aber den militaristischen, preußischen Geist für seine imperialistische Eroberungspolitik dienstbar.

Nachdem der erste Versuch einer gewaltsamen Neuverteilung der Welt zugunsten des deutschen Imperialismus im ersten Weltkrieg mißlungen war, die Herrschaft der Großbourgeoisie aber mit Hilfe der Sozialdemokratie erhalten blieb, nahm das deutsche Monopolkapital zu neuen Mitteln seine Zuflucht, um den Versuch zur Eroberung der Welt zu erneuern. Es brachte Hitler zur Macht, ließ jeden Schein der Demokratie fallen.

In dem deutschen faschistischen Imperialismus vereinigten sich alle alten reaktionären Züge des Preußentums mit jenen der imperialistischen Reaktion des deutschen Monopolkapitals der Epoche der allgemeinen Krise des Kapitalismus, die Verherrlichung des Militarismus und der Eroberungssucht sowie die Forderung der bedingungslosen Unterordnung unter die Autorität des angeblich über den Klassen stehenden Staates, die Theorie von der rassischen Höherwertigkeit des deutschen Volkes, das von der Geschichte angeblich zur Herrschaft über alle anderen, „minderwertigen“ Völker auserwählt sei, und schließlich die Aufpeitschung der brutalsten, tierischen Instinkte.

So entstand auf Grundlage der oben geschilderten historischen Vorbedingungen — durch das Zusammenwirken der deutschen monopolistischen Bourgeoisie, der preußischen Junker und Militaristen und ihren Kettenhunden, den Hitlerschen Verbrechern — der deutsche Imperialismus, der das deutsche Volk in die Katastrophe führte.

# Sachregister

# Personenregister

Erschienen im Akademie-Verlag, 108 Berlin, Leipziger Str. 3—4
Lektor: Rainer Sämisch

Lizenznummer: 202 · 100/300/81
Gesamtherstellung: VEB Druckerei „Thomas Müntzer", 582 Bad Langensalza
Bestellnummer: 753 470 4 (6486/I—III) · LSV 0306
Einband und Schutzumschlag: Dietmar Kunz
Printed in GDR
EVP 58,— M für Band 1 bis 3

FSC
www.fsc.org
MIX
Papier | Fördert gute Waldnutzung
FSC® C083411

Kolibri 360 GmbH
Ferdinand-Jühlke-Straße 7
99095 Erfurt, Deutschland
produktsicherheit@kolibri360.de